Deuchert
Vom Hambacher Fest zur badischen Revolution

Norbert Deuchert

Vom Hambacher Fest zur badischen Revolution

Politische Presse und Anfänge
deutscher Demokratie 1832–1848/49

Konrad Theiss Verlag Stuttgart

Sonderveröffentlichung des Stadtarchivs Mannheim Nr. 5

Gedruckt mit der Unterstützung der Stiftung Wissenschaft
und Presse, Hamburg, sowie der Stadt Konstanz

CIP-Kurztitelaufnahme der Deutschen Bibliothek

Deuchert, Norbert:
Vom Hambacher Fest zur badischen Revolution : polit.
Presse u. Anfänge dt. Demokratie 1832–1848/49 / Norbert Deuchert. – Stuttgart : Theiss, 1983.
 (Sonderveröffentlichung des Stadtarchivs Mannheim ;
 Nr. 5)
 ISBN 3-8062-0336-9

NE: Stadtarchiv ⟨Mannheim⟩: Sonderveröffentlichung des
Stadtarchivs . . .

Bearbeitete Fassung der von der Geschichtswissenschaftlichen Fakultät der Eberhard-Karls-Universität Tübingen 1982 angenommenen Dissertation »Politische Öffentlichkeit und radikale Bewegung im Vormärz und in der Revolution 1848/49 in Baden unter besonderer Berücksichtigung der pressegeschichtlichen Entwicklung«

Umschlaggestaltung: Michael Kasack, Frankfurt

© Konrad Theiss Verlag GmbH, Stuttgart 1983
ISBN 3 8062 0336 9
Alle Rechte vorbehalten
Gesamtherstellung: Grafische Betriebe Süddeutscher Zeitungsdienst, Aalen
Printed in Germany

Vorwort

> »Fortschreitende, immer mehr sich vergrößernde
> Evolutionen sind der Stoff der Geschichte. –
> Was jetzt nicht die Vollendung erreicht, wird
> sie bei einem künftigen Versuch erreichen
> oder bei einem abermaligen; vergänglich ist
> nichts, was die Geschichte ergriff, aus
> unzähligen Verwandlungen geht es in immer
> reicheren Gestalten erneut wieder hervor.«
>
> Novalis (1799)

In der deutschen Geschichte der letzten 150 Jahre kommt der Zeit vom Hambacher Fest 1832 bis zum Ende der Revolution 1849 in Rastatt eine besondere Bedeutung zu. Es waren Jahre des Umbruchs: Die alten Gewalten versagten gegenüber den Bedürfnissen der Zeit, die Kräfte der politischen, sozialen und kulturellen Erneuerung sammelten sich. Zwischen »Hambach« und »Rastatt« gingen vom Südwesten geschichtsmächtige Impulse aus. Hambacher Liberalismus wurde im Großherzogtum Baden fortgesetzt und demokratisch weiterentwickelt. Hier entstand bereits im Vormärz eine von breiten Schichten getragene Bewegung, die schließlich im badisch-pfälzischen Aufstand den Kampf um die Erhaltung der Verfassung der Paulskirche aufnahm. Baden wurde zum historischen Fallbeispiel für die Entstehung einer vorübergehend siegreichen Revolution, für die Errichtung einer im Deutschland des 19. Jahrhunderts einmaligen Republik. Die Umrisse eines demokratischen und sozialen Gemeinwesens zeichneten sich ab. Doch bevor es noch zum südwestdeutschen Modell der Demokratie werden konnte, wurde es mit dem Scheitern der Revolution beseitigt.
Vormärz und Revolution haben ihre grundlegende Bedeutung für heute noch nicht verloren. Vielleicht mögen die Intentionen, Programme und Aktionsformen der frühen Demokraten überholt erscheinen. Doch hinter der geschichtlichen Einkleidung, dem Kampf um »Preßfreiheit«, um »soziale Republik«, wird ein beispielhaftes Ringen um Grundrechte, um die Gestaltung des politischen Lebens sichtbar.
Das Buch ist dem Versuch gewidmet, die verschütteten Wurzeln deutscher Demokratie freizulegen.
Viele halfen, das Buch auf den Weg zu bringen. An erster Stelle möchte ich Herrn Professor Dr. Eberhard Naujoks, Tübingen, danken. Er hat die Entstehung der Arbeit bis zur Annahme als Dissertation der Universität Tübingen 1982 mit seinem Rat begleitet; seine Anregungen insbesondere zur Pressegeschichte waren mir unersetzlich.
Das Buch erscheint als Sonderveröffentlichung des Stadtarchivs Mannheim. Für groß-

zügige Unterstützung bei der Sichtung zusätzlicher Quellen und der Ergänzung des Druckmanuskripts danke ich dem Herausgeber, Herrn Stadtarchivdirektor Dr. Jörg Schadt. Das Buch setzt die von ihm bearbeitete und im selben Verlag erschienene Publikation »Alles für das Volk – Alles durch das Volk, Dokumente zur demokratischen Bewegung Mannheims 1848–1948« für den Vormärz und die Revolutionszeit fort.

Mit verlegerischem Engagement förderte Herr Hans Schleuning die Publikation; Frau Ingrid Lebe leistete die zuweilen mühevolle redaktionelle Arbeit. Ihnen möchte ich danken.

Für die Zuerkennung eines Preises im Rahmen eines 1982 vom Historischen Seminar der Universität Heidelberg ausgeschriebenen Wettbewerbs zur südwestdeutschen Landesgeschichte danke ich Herrn Prof. Dr. Eike Wolgast.

Frau Erika Kohlisch bin ich für die Erstellung des Manuskriptes, Herrn Dieter Völker für das Personenregister, den Mitarbeitern der benutzten Archive und Bibliotheken für vielfältige Hilfe zu Dank verpflichtet.

Für die Unterstützung des Drucks spreche ich der Stadt Mannheim, der »Stiftung Wissenschaft und Presse«, Hamburg, sowie der Stadt Konstanz meinen Dank aus.

Heidelberg-Ziegelhausen, im Januar 1983   Norbert Deuchert

Inhalt

Vorwort   5

Einleitung:
Welche Wege führen von Hambach nach Rastatt?
Thema – Quellen – Aufbau   13

Erstes Kapitel:
Bürger oder Untertan?
Das Scheitern des Frühliberalismus und des Radikalismus
zur Zeit des Hambacher Festes   21

Obrigkeitsstaat oder Demokratie – ein Paradigmenwechsel   23
   Radikalismus und Demokratie: Bewertung und Begriff
   Publizität, Volkssouveränität und öffentliche Meinung
   Zeitung und Journalist

Politische und gesellschaftliche Voraussetzungen einer oppositionellen
Bewegung in Baden (1806–1833)   34
   Der badische Adel: Halbe Entmachtung und soziale Restauration
   Der Grundkonflikt: Liberale Verfassung und Wiedererstarken der alten Mächte

Frühliberalismus in Baden nach der Julirevolution –
sein Erwachen und seine Unterdrückung (1830–1833)   39
   Die konstitutionelle Reformpolitik der badischen Liberalen
   Der *Wächter am Rhein:* Kampf um Pressefreiheit
   Entstehung und Unterdrückung politischer Öffentlichkeit

Die Aporien des frühen Radikalismus (1832/33) — 51
Die Verbreitung: Der Preß- und Vaterlandsverein und das Organisationsbüro Herr
Unterdrückung und Radikalisierung: Georg Herolds *Empörung!*
Radikalisierung und Isolierung: Die Heidelberger Burschenschaft und die Öffentlichkeit
Revolution oder Reform: Der Konflikt zwischen Hambacher Radikalen und badischen Liberalen

Zweites Kapitel:
Zensur und Opposition im Vormärz – die Aushöhlung der Zensur — 67

Das Zensursystem und bundesstaatliche Repression — 69
Die Zensur und der Deutsche Bund: Rechtsbasis und »Legalitätslücke«
Das Zensur- und Repressionssystem der badischen Regierung

Badens innenpolitische Offensive:
Die 2. Kammer und die liberale Presse als Verbündete gegen die Zensur — 78
Die politische Isolierung der 2. Kammer vor dem Jahre 1838
Kampf gegen die Zensur als Kampf gegen den Deutschen Bund
Der Zensor – eine schwankende Säule des Zensursystems

Drittes Kapitel:
Das Wiedererstehen von politischer Presse und Öffentlichkeit (1838–1840) — 87

Presseverhältnisse in Deutschland um 1840 — 87
Die vorherrschende Stagnation im Pressewesen
Die Voraussetzungen für die Entstehung einer politischen Presse in Baden

Der *Rheinische Postillon* in Mannheim und das »unruhige« badisch-hessische Grenzgebiet — 90
Wirkung und Verbreitung des *Rheinischen Postillon*
Die staatlichen Gegenmaßnahmen: Das Einschreiten des Bundestages, Spionage und wirtschaftliche Ruinierung
Konspiration und wiedererstehende Öffentlichkeit

Der *Leuchtthurm* in Konstanz (1838–1839) — 100
Die oppositionelle »Pressestadt« Konstanz
Der *Leuchtthurm* – Mitarbeiter und Gestaltung
Ignaz Vanottis Kampf gegen die Zensur des *Leuchtthurm*

Viertes Kapitel:
Nationalismus oder radikale Demokratie?
J. G. A. Wirth, Georg Herwegh und Josef Fickler   107

Die *Deutsche Volkshalle* (1839–1841)   108
J. G. A. Wirth und Georg Herwegh als Redakteure der *Volkshalle*
Gestaltung, Verbreitung und Wirkung der *Volkshalle*
Die *Volkshalle* und die Zensur: Kampf, Duldung und endgültige Unterdrückung

J. G. A. Wirth und die *Deutsche Volkshalle* –
die Scheidung des nationalen und demokratischen Radikalismus   119
Die politische Vorstellungswelt J. G. A. Wirths
Die Kampagne der *Deutschen Volkshalle* gegen französische Rhein-Ansprüche
Die Haltung der deutschen Opposition gegenüber J. G. A. Wirth – ein politischer Denkmalsturz
Politisches Bewußtsein um 1840 – frühe Meinungskämpfe zwischen liberaler und demokratischer Opposition

Die Anfänge des innerbadischen Radikalismus –
Josef Fickler und die *Seeblätter*   133
Josef Fickler (1808–1865) – zur Biographie eines vergessenen Revolutionärs
Die *Seeblätter* – Entwicklung, Verbreitung und Wirkung
Der Zensurkampf der *Seeblätter*

Entstehung und Konzeption einer radikalen Demokratie bei Josef Fickler   146
Die Landtagswahlkämpfe 1841/42 als politisches Schlüsselerlebnis
Demokratisches Gesellschaftsbild und radikale Strategie
Badischer und preußischer Radikalismus

Fünftes Kapitel:
Presse und öffentliche Meinung als politische Kraft –
die Pressestadt Mannheim im Vormärz   159

Die *Mannheimer Abendzeitung* (1842–1849) –
die Herausforderung der Großmächte   160
Die Redaktion Karl Grüns – Grüns »nationalfreisinnige« Opposition und Ausweisung
Die *Mannheimer Abendzeitung* im Jahre 1843 – das Nachfolgeblatt der *Rheinischen Zeitung*
Der Zensurkampf der *Mannheimer Abendzeitung* – das Einschreiten der Großmächte im Jahre 1844

Soziale Demokratie: Die Entwicklung der *Mannheimer Abendzeitung*   169

Gustav Struve und das *Mannheimer Journal* (1845–1846) –
die Konfrontation von staatlicher Gewalt und öffentlicher Meinung   175
Struves Weg vom radikalen Moralisten zum politischen Radikalen
Uria von Sarachaga und Gustav Struve – obstruktive Zensur und legalistische Taktik
Die Demonstration der Stadt Mannheim für Pressefreiheit – der Einsatz von Militär

Sechstes Kapitel:
Die Mobilisierung der Gesellschaft   185

Politische Öffentlichkeit als Gegenpol des Obrigkeitsstaates –
Entstehung, Formierung und Differenzierung   185
Die Adressen- und Versammlungsbewegung in Südbaden 1842 – beginnende Aushöhlung der Regierungsgewalt
Die Verfassungsfeier 1843 – der Durchbruch zur landesweiten politisch-gesellschaftlichen Bewegung
Religiöse Aufbruchsbewegung und gesellschaftliche Mobilisierung

Siebentes Kapitel:
Vorrevolution und soziale Krise (1846–1848) –
demokratische Bewegung oder liberale »Partei«?   205

Die soziale Krise und die Spaltung der Opposition   207
Wirtschaftliche und gesellschaftliche Krisenerscheinungen
Die Entstehung eines sozialrevolutionären Potentials – das Beispiel der Handwerksgesellen und Volksschullehrer
Die ideologische Spaltung des liberalen und radikalen Lagers – soziale Demokratie und bürgerliche Besitzstandswahrung

Die politische Öffentlichkeit in der Vorrevolution   228
Die Presse- und Zensurverhältnisse
Die Formierung der Opposition – politische und gesellschaftliche Vereinsgründungen

Die radikale Bewegung und die liberale »Partei« –
Programm, Organisation und Strategie   243
Die Anfänge einer radikalen Bewegung – das Offenburger Programm
Die antirevolutionäre Verbindung der Liberalen

Achtes Kapitel:
Revolution und Konterrevolution 1848/49 in Baden   257

Die Konfrontation zwischen Liberalismus und Radikalismus   260
Die Offenburger Versammlung 1848: Sternstunde der radikalen Bewegung?
Der Wendepunkt: Karl Mathy als »Retter«

Erneuter Aufstand oder politische Selbstorganisation?   272
Der Struve-Putsch: Das Scheitern einer revolutionären Minderheit
Die demokratischen und konstitutionellen Vereine 1848

Revolutionäre Demokratie, Reichsverfassungskampagne
und badisch-pfälzischer Aufstand 1849   282
Der Aufbau der demokratischen Volksvereine – das revolutionäre Zentrum Mannheim
Die Machtübernahme der Volksvereine und die Zerschlagung des Aufstandes

Ergebnis: Umbruch und neue Ordnung –
die Umrisse eines demokratischen und sozialen Staates   294

Anhang:
Zur Sozialgeschichte der badischen Revolution   301

Die Träger der demokratischen und sozialen Bewegung   302

Anmerkungen   305

Quellenverzeichnis   382
I. Ungedruckte Quellen
II. Gedruckte Quellen

Literaturverzeichnis   391

Sachregister   401

Personenregister   404

Bildnachweis   407

Einleitung:
Welche Wege führen von Hambach nach Rastatt?
Thema – Quellen – Aufbau

Im Jahre 1949 griffen die Gründer der Bundesrepublik – wie schon zuvor die Gründer der Republik von Weimar – auf Ergebnisse der verlorenen Revolution von 1848/49 zurück.[1] Hauptbestandteil der Verfassung der Frankfurter Nationalversammlung waren die Grundrechte; sie kamen als großer Kompromiß zwischen liberalen und demokratischen Kräften zustande. Sie wurden das Fundament, auf dem das Bonner Grundgesetz aufzubauen suchte.[2] Die Gestaltungsprinzipien der besiegten Demokraten von 1848 erwiesen sich als geschichtsmächtiger als jene der Sieger. Die »unvollendete«[3], die »verdrängte«[4], die »verkniffene«[5], die »gescheiterte, aber nicht vergebliche«[6] Revolution von 1848/49 wurde von den »Männern der ersten Stunde« in den Rang eines Wegbereiters der Demokratie in Deutschland erhoben.[7]

Das Hambacher Fest von 1832 wirkte als ein mächtiges Fanal, das den Beginn des »Vormärz« ankündigte. Doch der übermächtige Obrigkeitsstaat griff schnell ein und erstickte die aufflackernde Volksbewegung. Um so überraschender war der heftige Ausbruch der Revolution im »deutschen März« 1848, der die überkommenen Gewalten erschütterte. Die Revolution erreichte im badisch-pfälzischen Aufstand von 1849, im Kampf um die Durchsetzung der Verfassung der Paulskirche einen Höhepunkt. Die Einnahme der von aufständischen Republikanern gehaltenen Festung Rastatt durch eine preußische Armee im Juli 1849 markiert das Ende eines von breiten Volksschichten getragenen Freiheitskampfes, das Ende der Revolution. Wie kam es zur Revolution? Was war im »Vormärz« in der südwestdeutschen »Wetterecke« geschehen? Welche Wege führen von Hambach nach Rastatt?

Vom deutschen Südwesten gingen wohl in keinem anderen Zeitraum der neueren deutschen Geschichte »vergleichbare Impulse [. . .] Impulse einer freiheitlichen Bewegung« auf die gesamtdeutsche Entwicklung aus wie im Vormärz und in der Revolution.[8] Was mit dem Hambacher Fest in der bayerischen Rheinpfalz begann, fand nach der Unterdrückung der Hambacher Unruhe durch die bayerische Regierung im Laufe des Vormärz eine Fortsetzung im Nachbarland Baden.[9] Baden, so stellte der Historiker Treitschke fest, war neben Sachsen »das radikalste aller deutschen Länder«.[10] Die badischen Abgeordneten der Paulskirche waren, ähnlich wie die sächsischen, weitgehend dem radikaldemokratischen Flügel zuzurechnen.[11] In beiden Ländern wurde während der »Reichsverfassungskampagne« 1849 am heftigsten gekämpft.

Die Geschichte der 48er Revolution kann zuerst nur als Geschichte deutscher Territorialstaaten geschrieben werden. Zwischen Nord- und Süddeutschland, sogar zwischen den südlichen Nachbarstaaten, dem Königreich Württemberg und dem Großherzogtum Baden, bestanden im Vormärz und in der Revolution erhebliche Unterschiede. Während Baden 1849 den Kampf gegen Preußen organisierte, liquidierte der zuvor als »fortschrittlich« geltende württembergische Minister Römer die Reste der nach Stuttgart geflohenen Nationalversammlung.[12]

Ein Blick auf die Karte führt bereits die besondere geographische Lage des ehemaligen Großherzogtums Baden vor Augen. Es erstreckt sich als schmaler Streifen entlang der französischen und schweizerischen Grenze. Die Landesteile im Norden mit den Städten Mannheim und Heidelberg, im Süden mit Freiburg und Konstanz erscheinen gewichtiger als die schmalbrüstige geographische Mitte mit der Residenzstadt Karlsruhe, und sie waren es letztlich auch politisch. Es verwundert nicht, daß dieser Landstrich in besonderem Maße dem Einfluß der politisch fortschrittlichen Nachbarstaaten offenstand. Baden wurde zum »führenden Vermittler westeuropäischer Einflüsse in der politischen und sozialen Gedankenwelt Deutschlands«[13] bereits im frühen Vormärz. Es war zum »Experimentierfeld für alle neuen Ideen«, die nach der »großen Umwälzung in Frankreich auf Deutschland hereindrängten«[14], wie geschaffen.

Früher als in anderen deutschen Staaten entstand hier eine liberale Landtagsopposition. Gegen den Druck der Zensur entfaltete sich eine politische Presse, deren Kampf gegen eine repressive Regierung bereits im Vormärz das Land erschütterte. Nach der preußischen Besetzung Badens Mitte 1849 suchte der preußische Gesandte in Karlsruhe, Arnim, einen badischen »Herkules« zur Reinigung des »Augiasstall[es]«, doch er konnte kaum einen finden, weil alle »kompromittiert« waren.[15] Unmöglich konnte Preußen, wie der Revolutionär Corvin[16] sarkastisch feststellte, zwei Fünftel der Badener erschießen und weitere drei Fünftel ins Zuchthaus stecken[17]. Baden war nach der Revolution »bis in die Grundfesten erschüttert«.[18] Beinahe jede Familie war durch Auswanderung, durch Verhaftung oder Flucht eines Revolutionsteilnehmers betroffen.[19]

Was war in Baden geschehen? Nach der Flucht des Großherzogs, dem Überlaufen des Heeres zu den Republikanern und der Errichtung einer revolutionären Regierung war die Revolution innerstaatlich bereits erfolgreich beendet, bevor Baden in einem mehrwöchigen Feldzug von der Hegemonialmacht Preußen wieder unterworfen wurde. Das Großherzogtum Baden ist ein historisches Fallbeispiel für die Entstehung einer Revolution: In einem langfristigen Prozeß politischer Bewußtseins- und Willensbildung war eine breite Mehrheit der politisch aktiven Bevölkerung zu der Überzeugung gekommen, daß das alte System abgelöst werden und ein »Volksstaat«, ob nun mit oder ohne Großherzog, an seine Stelle treten müsse. Die Legitimationsbasis hatte sich geändert, aus Untertanen waren »Bürgerinnen und Bürger« geworden, wie die offizielle Anrede während der sechswöchigen Republik lautete.

In einem machtpolitisch drittrangigen Mittelstaat wie Baden[20] konnte die Revolution nicht entschieden, von der politischen Peripherie aus konnten die Machtzentren Berlin und Wien nicht aus den Angeln gehoben werden. Die Bedeutung Badens lag auf einem anderen Gebiet: Hier war im Laufe des Vormärz eine oppositionelle Bewegung entstanden, hier zündete der revolutionäre Funke der Februarrevolution in Frankreich zuerst, hier entstand eine radikale Bewegung, die bereits die Prinzipien eines demokratischen und sozialen Gemeinwesens formulierte.[21] Diese relativ autonome Entwicklung zu einer demokratischen Lebensform stellte ein geschichtliches Novum in Deutschland dar.

Diese Thesen mögen kühn erscheinen, widersprechen sie doch einem teilweise schon akzeptierten Bild Badens als einem vormärzlichen Verwaltungsstaat mit biedermeierlichen, sozialkonservativen Zügen.[22] Das Bild des revolutionären und des »biedermeierlichen« Baden erscheint aber nur auf den ersten Blick unvereinbar. Die überraschende Kraft der Revolution wird verständlicher, wenn man berücksichtigt, daß »Herr Biedermeier«[23] vielfach Republikaner geworden war und sein »kleines Lebensglück«[24] im Rahmen politischer Freiheit nur mit Hilfe von Radikalen wie Friedrich Hecker erhalten zu können glaubte.

Lange war die badische Revolution »kein bevorzugter Gegenstand der nationalen Geschichtsschreibung«.[25] Die historische Forschung hat sich bisher überwiegend der 2. Kammer Badens angenommen, die nach einem Wort Schnabels zur »Schule des Liberalismus im Vormärz« geworden war[26]. Doch die liberale 2. Kammer trat in ihrer Mehrheit ebensowenig wie die Frankfurter Nationalversammlung für eine Revolution »von unten« ein, sondern stellte sich der demokratischen Volksbewegung entgegen. Neuerdings haben der Vormärz und die Revolution im deutschen Südwesten breitere Aufmerksamkeit gefunden.[27] Gemeinsam ist allen Arbeiten zum badischen Vormärz, daß sie die Entstehung von politischer Öffentlichkeit, aus der die liberale und demokratische Bewegung hervorging, weitgehend aussparen.[28] Der bisherige Forschungsstand gibt noch keine schlüssige Antwort auf die Frage, *wie* diese Revolution im Grenzland Baden entstand, was ihre Ursachen, ihre Triebkräfte und ihre Träger waren.

Um die Genese der Revolution zu untersuchen, sollen – über den Rahmen der bisherigen Darstellungen hinausgehend – »politische Öffentlichkeit« und »radikale Bewegung« als methodische Leitbegriffe gewählt werden. Für die Entwicklung der bürgerlichen Gesellschaft ist der Begriff »politische Öffentlichkeit« konstitutiv.[29] Verglichen mit den Begriffen »Presse« und »öffentliche Meinung«, ist er jedoch umfassender, weil er die Verdichtung, die Formierung und Gerinnung einer noch vagen »öffentlichen Meinung« in organisatorische Formen, in gesellschaftliche und politische Zusammenschlüsse, die dem Obrigkeitsstaat entgegentraten, einschließt.

Die politische Presse wurde im Vormärz, soweit dies die Zensur zuließ, zum Kommunikationsmittel der Opposition. Was die Dampfmaschine für die Industrialisierung bedeutete, bedeutete die Presse für die Entstehung politischen Bewußtseins in breiten Schichten der Bevölkerung. So entscheidend die politische Presse im Vormärz und in der Revolution als Trägerin der radikalen Bewegung auch war, spätestens zu Beginn des Jahres 1849 gab sie ihre führende Rolle an die landesweite Organisation der demokratischen Vereine ab, deren Dynamik den weiteren revolutionären Ablauf bestimmte.[30]

Charakteristisch für den Vormärz ist die Behinderung und Zensur der öffentlichen Kommunikation über politische Belange. Weil die Presse weitgehend ihr Träger war, konnten »Presse« und »Zensur« als nahezu synonyme Begriffe gelten. Die Freiheit der Presse wie auch ihre Unterdrückung durch die Zensur dienten als Parameter politischen Fortschritts und Rückschritts. Anders als in der nachrevolutionären Zeit, in der auch die Regierungen die Presse zur Beeinflussung der Öffentlichkeit zu gebrauchen lernten[31], war sie im Vormärz vornehmlich das Organ der Opposition. Die Frage, wie im Vormärz überhaupt eine gegen den Obrigkeitsstaat gerichtete kritische Presse entstehen konnte, wird einen Hauptteil der Untersuchung ausmachen.

Die Aushöhlung und Zurückdrängung der Zensur durch die Presse ist eine Besonderheit des badischen Vormärz. Im Nachbarland Württemberg dagegen wurde die Zensur »bis zum 28. Februar [1848] mit gewohnter Kleinlichkeit« gehandhabt.[32] In Preußen hob Friedrich Wilhelm IV. als letzter der großen Souveräne Deutschlands erst am 17. März die Zensur auf.[33]

Aufgrund der vorangegangenen Entwicklung unterschied sich im Revolutionsjahr das organisatorische Niveau der radikalen Bewegung Badens erheblich von dem anderer Bundesstaaten.[34] Während die demokratischen Vereine des Jahres 1849 in Baden als eigentliche Träger der »Reichsverfassungskampagne« anzusehen sind, wurde die politische Öffentlichkeit Preußens auch nach dem März 1848 kein ernsthafter politischer Faktor.[35]

Als »radikale Bewegung« soll politische Öffentlichkeit im vorrevolutionären und im revolutionären Stadium verstanden werden. Eine »Bewegung« wird definiert durch ihren Ausgangspunkt und ihre Bewegungsrichtung.[36] Der zeitliche Anfang wie der ideengeschichtliche Ausgangspunkt der radikalen Strömung waren die Julirevolution 1830 in Frankreich und ihre Auswirkungen in Südwestdeutschland mit dem Hambacher Fest 1832 als Höhepunkt. Die »Bewegungsrichtung« war »radikal«: Sie tendierte nicht zur Teilopposition, sondern zur grundlegenden Veränderung der politischen Verhältnisse. Der Inhalt der Radikalität war jedoch durch die Richtungskämpfe innerhalb der opposi-

tionellen Strömungen des Vormärz, die in der politischen Presse, wie aufgezeigt werden soll, ihren Niederschlag fanden, einem tiefgreifenden Bedeutungswandel unterworfen. Zwar behielt der Radikalismus seine maßgebliche Intention, den Umsturz oder die Transformation der bestehenden Herrschaftsstruktur, bei, doch im Laufe des Vormärz schied er sich vom radikalen Nationalismus J. G. A. Wirths[37], vom kompromißbereiten bürgerlichen Liberalismus wie auch von den kollektivistischen Zügen des Frühkommunismus[38]. Indem die radikale Bewegung Badens nicht nur die Veränderung der politischen, sondern auch der gesellschaftlichen Verhältnisse forderte, wurde sie »sozial-radikal« oder, nach einem Wort Friedrich Heckers, »sozial-demokratisch«.[39]
Der Radikalismus am Vorabend der Revolution, wie er besonders in Baden bereits ausgeprägt war, verstand sich als Interessenvertretung des *ganzen* »Volkes« und damit nicht mehr allein des Bürgertums, sondern in immer stärkerem Maße auch des Kleinbürgertums. Seine gesellschaftlichen Reformbestrebungen wurden vom liberalen Bürgertum, das sich in den Landtagen, dann auch in der Nationalversammlung von 1848/49 überwiegend repräsentiert sah, als Bedrohung empfunden. Ein Staatsaufbau von »unten«, vom »Volk« aus, wie er bei der großen Volksversammlung in Offenburg im März 1848 eingeleitet wurde, erschien führenden Liberalen, wie Heinrich von Gagern, dem späteren Präsidenten der Paulskirchenversammlung, als sozialrevolutionär.[40] Die liberale Mehrheit der Paulskirche scheute davor zurück, eine quasi »außerparlamentarische« Organisation des Volkes zu schaffen, sie begab sich damit auch eines notwendigen Schutzes vor den wiedererstarkenden alten Mächten. Wenn es die Tragödie der Paulskirche war, daß »sie ein Ziel anstrebte, ohne die Mittel zu seiner Errichtung zu wollen (oder wollen zu können)«[41], dann war es das Verhängnis der radikalen Bewegung, daß sie ein revolutionäres Ziel erreichen wollte, ohne jedoch die Mittel dazu zu besitzen.

Welche Impulse, welche politisch wirksamen Triebkräfte bestimmten den historischen Prozeß von Hambach bis Rastatt? Welche Quellen sind zu erschließen, um ihnen auf die Spur zu kommen? Es konnte nicht genügen, das Geschehen von der Warte der »hohen Politik« und Diplomatie des Vormärz, für die die »Unruhe« »unten« ohnehin nur ein polizeiliches Problem war, zu betrachten. Auch die Masse der Polizei-, Zensur- und Überwachungsberichte, die jedes badische Orts- und Bezirksamt für das großherzogliche Innenministerium anfertigte, spiegelt, so unersetzlich diese Quelle auch ist, doch nur verzerrt den im Vormärz zu beobachtenden Bewußtseinswandel. Manchmal fielen der Polizei auch authentische Zeugnisse in die Hände. So wirft zum Beispiel der konspirative Briefwechsel, den Ludwig Herr, Arzt im Schwarzwald, 1832 mit den rührigen Organisatoren des von J. G. A. Wirth initiierten Preß- und Vaterlandsvereins führte, ein neues Licht auf die Gesinnung der Sympathisanten und die Verbreitung des Vereins in Südbaden. Daneben bilden die Jahrgänge der kritischen Presse und die Zensurakten eine we-

sentliche Quellenbasis der Arbeit. Die Bedeutung der Presse als historische Quelle darf nicht unterschätzt werden. Nur aus *ihr* ist ein Bild zu gewinnen, wie ein eigenständiger und in starken Zügen pragmatischer Radikalismus in Baden entstehen konnte.
Vormärz und Revolution erscheinen wie eine kurze, jedoch an gestaltenden Kräften reiche geschichtliche Periode. Die Entwicklung dieses Zeitraums von 1832 bis 1848/49, ihr Beginn, ihre Unterdrückung, ihre revolutionären Durchbrüche treten vor uns wie eine lebendig gewachsene Struktur.[42] Die dynamische Entwicklung dieses Zeitraums würde verlorengehen, betrachtete man handelnde Personen und tragende Strukturen lediglich isoliert, herausgelöst aus dem Gesamtzusammenhang. Die Gestalt des Baumes sollte gleichsam in Umrissen erkennbar werden.
Die Quellen sollen so interpretiert werden, daß die Intentionen und Motive der Handelnden »von innen her« sichtbar werden.[43] *Sie* machen die »Farbe«, den einheitlichen Charakter des Vormärz aus.

Im ersten Kapitel wird die frühe Phase des Liberalismus, des »Freisinns«, die wie ein kurzes Erwachen war, geschildert. Hambacher Radikale und badische Liberale mußten die für den Vormärz grundlegenden Erfahrungen des Scheiterns machen: Der revolutionäre Weg forderte einen nahezu vernichtenden Gegenschlag heraus, und der reformerische Weg blieb aussichtslos, solange nicht eine wache »politische Öffentlichkeit« entstanden war, die dem Obrigkeitsstaat entgegentreten konnte.
Dieser antwortete auf die entstehende Presse und Öffentlichkeit mit einem umfassenden Zensur- und Repressionssystem (zweites Kapitel). Dennoch konnte er, wie in den folgenden Kapiteln dargestellt wird, die aufkommende politische Presse und öffentliche Meinung in Baden nicht verhindern.
Erst als am Ende der dreißiger Jahre kritische Presseorgane entstanden waren, konnte die liberale Opposition wiederaufleben. Eines der frühen Blätter, die *Deutsche Volkshalle* (1839–1841), von Georg Herwegh und J. G. A. Wirth redigiert, mußte, um vor dem konfiskatorischen Zugriff der Polizei sicher zu sein, auf Schweizer Boden gedruckt werden. Nicht selten wurde das Blatt unterm biederen Bürgerrock über die Grenze geschmuggelt und in Konstanz und Umgebung verbreitet. Der seit Ende der dreißiger Jahre einsetzende Kampf zwischen kritischer Presse und Zensurbehörden, zwischen der 2. Kammer – die auf die Presse angewiesen war, um nach außen gehört zu werden – und der Regierung um Pressefreiheit, aber auch die massiven Einwirkungen der Regierungen in Wien und Berlin stellen den roten Faden dar, der sich durch den badischen Vormärz zieht.
Etwa seit dem Jahr 1843 wurde Mannheim zu einem Zentrum der oppositionellen Presse in Deutschland. Die *Mannheimer Abendzeitung* »beerbte« die von Karl Marx redigierte *Rheinische Zeitung* in Köln: Sie übernahm nicht nur einen Teil ihrer Leser, sondern

auch ihrer Mitarbeiter wie Moses Hess und konnte sich als erstes badisches Blatt überregional etablieren. Weil die *Abendzeitung* den Höfen in Berlin und Wien zum dauernden Ärgernis wurde, wollten sie mit Hilfe eines geeigneten Zensors, des in Spanien gebürtigen Uria-Sarachaga, die Mannheimer Zensur zu einem uneinnehmbaren Bollwerk ausbauen. Durch den Widerstand des Redakteurs Gustav Struve, der sich hier vom radikalen Moralisten zum politischen Radikalen wandelte, wurde der Zensurstreit zur Sache einer empörten Mannheimer Bürgerschaft, die sich auch durch den Einsatz von Militär nicht einschüchtern ließ. Gegen Ende des Jahres 1845 erzielte die politische Presse Badens in Mannheim einen entscheidenden Durchbruch im Kampf um Pressefreiheit.

Nicht weniger historisch bedeutsam als die Entstehung von öffentlicher Meinung, politischem Bewußtsein, ist ihr Inhalt. Die ideengeschichtliche Entwicklung des vormärzlichen Radikalismus, wie sie sich 1847 im Offenburger Programm manifestierte, soll in entscheidenden Momenten analysiert werden. Zu Beginn der vierziger Jahre schied sich der nationale vom demokratischen Radikalismus zuerst in den Kreisen politischer Flüchtlinge und Publizisten. Die einflußreichen *Seeblätter* Josef Ficklers in Konstanz nahmen diese Entwicklung auf und unterschieden erstmals zwischen liberaler und radikaler, zwischen »ganzer« und »halber« Opposition. Sie vertieften den liberalen Gedanken und gaben ihm um 1842/43 eine demokratische Wendung, indem sie auch für Kleinbürgertum und Unterschichten (Handwerksgesellen) die Herstellung von politischer Mündigkeit forderten. Geht die demokratische Komponente des badischen Radikalismus ursprünglich auf die *Seeblätter* zurück, so ist dessen soziale Komponente vor allem der *Mannheimer Abendzeitung* zuzuschreiben, die um das Jahr 1844 den »wahren Sozialismus« Karl Grüns aufgriff.

Die Entstehung von politischer Öffentlichkeit, die in den ersten Kapiteln hauptsächlich presse- und ideengeschichtlich untersucht wird, wird im sechsten Kapitel organisationsgeschichtlich dargestellt. Die gesellschaftliche und politische Mobilisierung im Vormärz, die deutsch-katholische Bewegung, der politische Katholizismus, die Turn- und Gesangvereinsbewegung führten zu einer inneren Aushöhlung des Obrigkeitsstaates. Trotz des Verbots von Vereinigungen und Versammlungen entstanden unter der Decke des alten Obrigkeitsstaates neue Formen gesellschaftlicher Organisation und politischer Artikulation.

Nur aufgrund der vorangegangenen presse-, ideen- und organisationsgeschichtlichen Entwicklung konnte um das Jahr 1846/47, das Jahr einer europäischen Wirtschaftskrise, tendenziell eine breite Volksbewegung entstehen (siebentes Kapitel). Badens Sozialstruktur war gekennzeichnet durch eine zahlenmäßig starke Mittelschicht, die zu einem großen Teil aus Handwerkern und Bauern bestand und das nichtbesitzende Bürgertum, Advokaten, Ärzte, Bürgermeister – zumindest teilweise –, einschloß. Soziologisch war diese Mittelschicht – in der Literatur »Kleinbürgertum« genannt – Träger der radikalen

Bewegung. Großbürgertum und »Proletariat« waren kaum ausgeprägt, im deutschen Vergleich noch kaum entwickelt. In der Phase der »Vorrevolution« entstand, hervorgerufen durch die wirtschaftliche Krise, zwischen besitzendem und nichtbesitzendem Bürgertum eine Spannung, schließlich, in der Offenburger Versammlung der Radikalen und der Heppenheimer Zusammenkunft der Liberalen im Herbst 1847, eine ideologische und politische Spaltung.

Die Märzrevolution in Deutschland (achtes Kapitel) erreichte in Baden einen ersten Höhepunkt, aber bereits nach dem Hecker-Aufstand Ende April konnte die liberal-konservative Regierung in Karlsruhe, unterstützt durch die Liberalen, die zum Regierungspartner geworden waren, eine gegenrevolutionäre Entwicklung einleiten und die republikanische Bewegung, wenigstens während des Jahres 1848, eindämmen. Eine demokratische Organisation von unten, im März begonnen, aber mehrfach ohne Erfolg verboten, wurde um die Jahreswende zur Grundlage, auf der die – nunmehr legale – Organisation der »Volksvereine« aufbauen konnte. Innerhalb kurzer Zeit landesweit organisiert, übernahm sie faktisch die Regierungsbefugnisse. Die dritte Offenburger Versammlung im Mai 1849, die an Größe wie an demokratisch-revolutionärem Impetus das Hambacher Fest von 1832 noch übertraf, löste zuerst das geschlossene Überlaufen des badischen Heeres, dann die Flucht des Großherzogs und seiner Regierung aus. Die Spitze der radikalen Bewegung, der »Landesausschuß der Volksvereine«, übernahm quasi legal die Regierung in Baden. Baden hatte die Kraft, eine Revolution im Innern zu vollziehen, nicht aber die Kraft, sie nach außen zu tragen und einer preußischen Übermacht zu widerstehen.

Erstes Kapitel:
Bürger oder Untertan?
Das Scheitern des Frühliberalismus und des Radikalismus zur Zeit des Hambacher Festes

Nach dem Sieg über Napoleon schlossen sich die europäischen Monarchen beim Wiener Kongreß 1815 zur Heiligen Allianz zusammen, um die »Gefahren« der liberalen und nationalen Strömungen in Europa niederzuhalten. Doch bereits nach Ausbruch der Julirevolution 1830 in Paris entstanden in Europa wiederum politische Unruhen und Aufstände, die auch Teile des Deutschen Bundes erfaßten. Im deutschen Südwesten war eine liberale und nationale Bewegung im Entstehen begriffen, deren manifester Ausdruck das Hambacher Fest von 1832 war. Dieses größte politische Volksfest des Vormärz bewies, daß auch diesseits des Rheins die epochalen Ideen von 1789 Wurzel gefaßt hatten.
»Hambach« symbolisiert den Bruch mit der alten Ordnung. Die Wortführer Hambachs artikulierten die neuen politischen Leitbegriffe, deren Konsequenzen noch kaum absehbar waren: Sie wollten an die Stelle des Gottesgnadentums die Volkssouveränität setzen; sie wollten nicht mehr Untertanen, sondern Bürger eines freien und geeinten Volksstaates sein.
Badische Konstitutionelle und Hambacher Republikaner schlugen unterschiedliche politische Wege ein. Der politische Aufbruch Hambachs wurde zum Fanal, das noch heute geschichtlichen Sinn besitzt; doch gemessen am Erfolg scheiterten die Hambacher Republikaner ebenso wie die badischen Liberalen. *Mußten* sie scheitern? Auf diese Frage will das erste Kapitel eine Antwort geben.
Der Deutsche Bund unter Führung Metternichs reagierte auf die Hambacher Opposition als übermächtiger Polizeistaat. Mit politischen Prozessen verfolgte er die Wortführer der Opposition oder trieb sie ins Exil. Das im Innern errichtete Überwachungs- und Zensursystem wurde, sieht man von Baden ab, weitgehend erst im März 1848 erschüttert. Nicht in der bayerischen Pfalz, sondern im benachbarten Großherzogtum Baden konnte Jahre nach Hambach wiederum eine oppositionelle Bewegung entstehen. »Hambach«

wurde in Baden fortgesetzt. Welche politischen und gesellschaftlichen Voraussetzungen erlaubten ein Wiederaufleben der Opposition gerade in Baden?
Zuerst sollen uns Herkunft und Inhalt der politischen Ideale, denen »Hambacher« und 48er Demokraten verpflichtet waren, beschäftigen. Diese neuen Leitbilder, als deren Interpreten die liberalen und radikalen Journalisten in der politischen Presse auftraten, erfaßten immer breitere Gesellschaftsschichten und sind bis heute geschichtsmächtig.

Obrigkeitsstaat oder Demokratie – ein Paradigmenwechsel

Radikalismus und Demokratie: Bewertung und Begriff

Die Ideale der Französischen Revolution wurden im deutschen Vormärz, wie Gustav Struve rückblickend im Jahre 1849 schrieb, »als wiederentdeckte Erinnerung« erlebt:[1] »Die Formel Freiheit, Gleichheit, Brüderlichkeit wirkte elektrisierend auf die Völker Europas«.[2] Freischärler des badisch-pfälzischen Aufstandes zogen mit der Inschrift »Freiheit, Gleichheit, Bruderliebe« auf schwarz-rot-goldner Fahne in den Kampf. Ideale wurden zu historischen Triebkräften, weil sie auf eine »sozialstrukturelle Empfangsbereitschaft«[3] trafen. Für die Entstehung einer Revolution dürfte der utopische Funke ebenso unabdingbar sein wie die sozialen Nöte und Krisen, welche erst die Voraussetzungen zu einer Massenerhebung schaffen. Nicht nur für den Vormärz gilt, daß sich »Ideale und deren ›Blutsbrüder‹, die Ideen«[4] ununterdrückbar zu Wort melden, geht von ihnen doch ein ethischer Impuls, einem Wort Ernst Blochs zufolge, ein »Wärmestrom« aus[5], der eine »in die gesellschaftliche Zukunft, eine in die soziale Verwirklichung weisende Richtung« (Herbert Stein) besitzt[6].
Der Faszination der Französischen Revolution von 1789 konnten sich Zeitgenossen in Deutschland wie Hegel und Kant kaum entziehen. Hegel feierte sie als ein weltgeschichtliches Ereignis, weil der Mensch sich auf den Kopf, auf den Gedanken gestellt habe und die Wirklichkeit nach diesem erbauen wolle: »Es war somit ein herrlicher Sonnenaufgang. Alle denkenden Wesen haben diese Epoche mitgefeiert.«[7] Später verurteilte Hegel die fanatische Tugend- und Terrorherrschaft der Jakobiner[8], weil sie die »absolute Freiheit«, abstrakte Grundsätze der Vernunft, zu unmittelbar in die Wirklichkeit umzusetzen versucht hätten und damit notwendigerweise »Schrecken« erzeugen mußten. Hegel habe zwar, stellt Habermas fest, die Revolution »zum Prinzip seiner Philosophie erhoben«, sie dann aber, um vor ihr sicher zu sein, »im klopfenden Herzen des Weltgeistes selbst [. . .] festgemacht« und sie künftigen Zeiten vorbehalten.[9]
Trotz »Elend und Greueltaten« sah Kant noch 1799 in der Französischen Revolution den Beweis »einer moralische[n] Anlage im Menschengeschlecht [. . .] im beständigen Fortschreiten zum Besseren«.[10]

Die 48er Demokraten teilten mit der philosophischen Aufklärung die Auffassung, daß der Wechsel vom Untertanen zum mündigen Bürger, vom Obrigkeitsstaat zur Demokratie (oder Republik) auf der geschichtlichen Tagesordnung stünde. Die alten »Paradigmen« waren unzulänglich geworden und der Entwicklung von Individuen und Gesellschaft nicht mehr angemessen.[11] Ein Sieg der Revolution von 1848/49 hätte vermutlich eine neue, als gerechter empfundene Ordnung geschaffen und die Befriedigung von Bedürfnissen breiterer Schichten erlaubt. Doch die Revolution wurde erstickt, ein Entwicklungsprozeß verhindert; die geschichtlichen Kosten sind kaum abzuschätzen.
Wenn auch die 48er Demokraten in ihr historisches »Recht« eingesetzt werden sollen, so darf doch die Zeitbedingtheit ihrer Aktionsformen wie ihrer Programmatik nicht übersehen werden. Auch sie wären wohl der »Ambivalenz« der neuzeitlichen Ideale von Freiheit, Gleichheit, Brüderlichkeit, auf die C. F. v. Weizsäcker hinweist[12], kaum entgangen. Nachfolgende Revolutionen boten genügend Anschauungsunterricht über den Widerspruch zwischen Ziel und tatsächlichem Erfolg bei der Verwirklichung politischer Ideale. Die Freiheit aller Bürger, das Ziel des Liberalismus, geriet zur ökonomischen Herrschaft weniger; Brüderlichkeit, das Ziel sozialistischer Revolutionen, schlug um in absolutistische Bürokratie.[13] Die demokratische Forderung nach Gleichheit birgt die – bereits von Tocqueville erkannte[14] – Gefahr egalitärer Nivellierung, des Umschlags in eine »Diktatur der Mehrheit«. Was können dann heute »Freiheit, Gleichheit, Brüderlichkeit« bedeuten?
Die Richtung, in welcher eine Weiterentwicklung und konkrete Anwendung der Forderungen von 1789 möglich sein könnte, sei hier lediglich angedeutet. Einen Weg, die »harte« Struktur der Ambivalenz zu lockern, sieht Weizsäcker in der Entfaltung einer politischen Kultur, die auf »meditativer Wahrnehmung«[15] und »Einsicht« beruht; diese sei gerade »die Substanz, die der Aufklärung«, die allein zum Begriff erzogen habe, fehle[16]. Damit ist die »radikale« Forderung nach Veränderung gesellschaftlich repressiver Strukturen ergänzt durch die wohl gleichwertige Forderung nach Lockerung repressiver Strukturen des Subjekts.
Eine Gestaltung des politisch-sozialen Lebens und zugleich eine konkrete Anwendung der Forderungen von 1789 entwirft neuerdings Stefan Leber[17] im Anschluß an Rudolf Steiner[18]; demnach soll Freiheit für das Kultur- und Geistesleben, Gleichheit für das Rechts- und das politische Leben, Brüderlichkeit für das Wirtschaftsleben gelten. Diese politisch-sozialen Konstruktionsprinzipien bedürften freilich einer sozialen Erfindungsgabe, um in die Wirklichkeit umgesetzt zu werden. Wenn den Idealen von 1789 (in Abwandlung eines Kant-Wortes) der Rang eines gleichsam historischen Imperativs zukommt, dann besitzen auch die »historischen Suchbewegungen«[19], zu denen die 48er Demokraten zu zählen sind, ihren geschichtlichen Sinn.
Politischer Radikalismus besitzt keinen guten Ruf. Helmuth Plessner hält ihn für »die

geborene Weltanschauung der Ungeduldigen, soziologisch der unteren Klassen, biologisch der Jugend«.[20] Auf den Radikalismus des Vormärz, eine Zeit politischer und gesellschaftlicher Krise, trifft diese Charakterisierung Plessners nur teilweise zu. »Grundsätzlich«, das heißt radikal, über die aktuellen Möglichkeiten »hinauszudenken«[21], ist die Voraussetzung, daß politische Ideen zeitgemäß weiterentwickelt und praktisch umgesetzt werden können. Selten war eine Periode deutscher Geschichte ideengeschichtlich so fruchtbar wie der Vormärz. Im Südwesten wurde aus einem radikal verstandenen Liberalismus der demokratische Gedanke entwickelt.

Die frühen Liberalen wie Rotteck galten, zumindest in den Augen der Regierung, als »radikal«[22], sie vertraten nicht die Unterschichten, sondern das Bürgertum. Obwohl die politischen Umstände des Vormärz den Verzicht auf jede radikale, erst recht revolutionäre Attitüde zur Bedingung politischen Handelns machten, kann die Tendenz Itzsteins, des frühen Karl Mathy und Friedrich Bassermann, das alte System durch eine schleichende Transformation zu ändern, doch als radikal-liberal und gesinnungsmäßig republikanisch bezeichnet werden.[23]

Der Wandel des Begriffs »radikal« ging einher mit einer im Bürgertum feststellbaren Distanzierung und Differenzierung des »Freiheit- und Gleichheit«-Ideals.[24] So stellte David Hansemann, liberaler Wortführer des rheinischen Wirtschaftsbürgertums, schon im Jahre 1840 fest, daß das »Prinzip der Gleichheit [. . .] nicht nur eine Verflachung und Vergemeinerung der Ideen, sondern auch die Gefahr des Umsturzes«[25] in sich berge. Gleichheit wurde einerseits zur Rechtfertigung liberaler Verfassungswünsche gegenüber den herrschenden Schichten gefordert, »gegenüber politischen und sozialen Demokratisierungstendenzen«[26] aber pejorativ gebraucht. Als »Angstbegriff« der bürgerlichen Opposition fand er in der um sich greifenden »Republikfurcht« der Revolutionsjahre seinen Niederschlag.[27] »Freiheit und Gleichheit« wurden dagegen zu den »Losungsworten demokratischer Organisationen«.[28] Das Streben nach einer Republik, in der allein die Verwirklichung dieser Forderungen möglich schien, bezeichnete der »Brockhaus« von 1840 als utopisch und unmöglich.[29]

In Anlehnung an die französischen Parteibezeichnungen (*modérée* und *radical*) wurden zu Beginn der vierziger Jahre die Republikaner als »Radikale« bezeichnet.[30] Die Begriffe »radikal« und »republikanisch« gingen ineinander über, und sie sollen im folgenden auch als weitgehend austauschbar verwendet werden. Etwa zu Beginn des Jahres 1844 gebrauchte Gustav Struve die Bezeichnung »radikal« im Sinne einer entschiedenen Oppositionshaltung, um sich von den »halben« Liberalen zu unterscheiden; ein revolutionärer Beiklang war bereits unverkennbar.[31] »Radikalismus« bedeutete bis zum Jahre 1847 in Deutschland die Haltung jener »Männer« von »Willen und Consequenz«, die »tatkräftig« am Fortschritt arbeiteten, zu ihrer Haltung aber durch die »Reaction« gezwungen würden.[32] In der Radikalisierung politischer Haltungen sah man am Vorabend der Revolution einen beinahe zwangsläufigen Prozeß, wie der *Vorwärts* von Robert Blum zu erkennen gibt:

> »Die liberale Presse haben sie unterdrückt und verboten – die radicale ist auf ihrer Leiche emporgewachsen; die radicale schlagen sie [. . .] mit der Keule des Verbots und der Beschlagnahmen todt – die revolutionaire und republikanische gewinnt bereits jeden Tag neuen Boden.«[33]

Als sich Friedrich Hecker am 5. März 1848 im Heidelberger Schloßhof als »Sozial-Demokraten« bezeichnete, schien dies zwar die neueste und aufregendste Version des Radikalismus, sie war aber im badischen Vormärz bereits programmatisch entwickelt; sie verband die liberale Forderung nach Rechtsgleichheit mit einer genossenschaftlichen Sozialreform.[34]

Im Jahre 1848 herrschte besonders im südlichen Baden eine starke republikanische Grundstimmung. Bei nicht wenigen ging sie in eine revolutionäre Haltung über, deren Intensität etwa an der Inanspruchnahme religiöser Inhalte zu ermessen ist. Einen Tag nachdem Gustav Struve in Lörrach die Republik proklamiert hatte, riefen die *Seeblätter* zum revolutionären Kampf in der Nachfolge eines als sozialrevolutionär verstandenen Christus auf:

> »Vor 1848 Jahren ward ein Mensch geboren, und der hieß Jesus Christus; er war der erste Republikaner, der in jener Zeit den Gedanken der Volkssouveränität aussprach. Er war der erste Kommunist, er führte den Krieg gegen die Brozzen, und dafür mußte er sterben. Er predigte die Religion der Gerechtigkeit, der Liebe, der Freiheit, der Gleichheit und Brüderlichkeit. Auf folget ihm nach!«[35]

Spätestens zu Beginn des Jahres 1849 schieden sich die Republikaner in »rote« und »weiße«, die einen wollten allein die Staatsform, die anderen auch die Gesellschaft revolutionieren.[36]

Die wohl bemerkenswerteste Erörterung zum Thema »Was ist und was will die soziale Demokratie?« stellte Ernst Elsenhans, ein junger Theologe, als Redakteur des Rastatter *Festungsboten* während der preußischen Besetzung an. Die Demokratie, schrieb er, gebe zwar »jedem Bürger ein Gefühl der Würde und Unabhängigkeit«, doch sie »wird uns weder Arbeit noch Brod geben«, denn sie stoße »stets auf das Mißverhältnis des Eigentums und des Besitzes«. »Diese Ungleichheit, dieses Mißverhältnis sucht nun der Sozialismus durch Herstellung der Gleichheit aufzuheben.« Statt der Herrschaft des Kapitals strebe er die Herrschaft der Arbeit oder doch deren Gleichstellung mit dem Kapital an. Die Verteilung der Güter solle nach dem Verlangen der Sozialisten »von der Arbeit abhängig gemacht« werden.[37] Ernst Elsenhans war das erste Opfer der preußischen Standgerichte in Rastatt.[38]

Dieser skizzierte Längsschnitt der ideengeschichtlichen Entwicklung in Baden verdeutlicht, wie rapide sich im Vormärz und in der Revolution die politische Haltung zuerst nur

bei wenigen, dann aber bei einer immer breiteren Schicht der Bevölkerung gewandelt hat. Zuerst galt die Idee der Republik als neu und überraschend, einige Jahre darauf der sozial-demokratische Gedanke Heckers oder von Elsenhans. Diese Republikaner und Demokraten waren, wie aus den Teilnehmerlisten der Revolution in Baden hervorgeht[39], keine abgesonderten Einzelgänger, sondern vertraten eine relativ breite Mehrheit der politisch aktiven Bevölkerung. Diese war in ihren Gesinnungen aus der Sicht des alten Systems »radikal«, vom Boden der neuen Legitimität her gesehen aber »demokratisch« geworden. »Bürger« und »Bürgerin« wurde zur Anredeform während der republikanischen Regierung in Baden 1849.
Der Paradigmenwechsel vom Untertanen zum »Bürger« wäre ohne die Impulse der Französischen Revolution wie der politischen Aufklärung in Deutschland nicht möglich gewesen. Damit er zur politischen und revolutionären Kraft werden konnte, mußte zuerst »Öffentlichkeit« entstehen. Das Medium des Vormärz war die politische Presse.

Publizität, Volkssouveränität und öffentliche Meinung

Der unbestimmt und abstrakt gewordene Begriff von »Öffentlichkeit« und »öffentlicher Meinung«[40] läßt dem heutigen Wortverständnis nach kaum noch dessen frühere radikale, das heißt grundsätzliche Qualität ahnen. Öffentliche Meinung, heute vielfach als Quantität von bloß Gemeintem behandelt[41], enthält nur noch wenig von dem ethischen und rationalen Anspruch der Aufklärung. Das Prinzip der »Publizität« bedeutet bei Kant: Was öffentlich ist, ist nachprüfbar und kann an moralischen wie rationalen Grundsätzen gemessen werden.[42]
Das mündige Individuum vermag tradierte Herrschaftsausübung kritisch zu überprüfen[43], muß sich aber auch selbst am Maßstab der Vernunft messen lassen[44]. In diesem Sinn ist, folgt man C. F. v. Weizsäcker, der »friedliche Interessenausgleich mit institutionalisiertem freiem Dialog, also mit der [. . .] Intention auf öffentliche Vernunft«[45] Ideal einer demokratischen Gesellschaft.
Geschichtswirksam wurde »Publizität« erst, als die Ideen der Volkssouveränität und allgemeinen Gleichheit, wie sie sich in der Französischen Revolution – als einer realen Konsequenz der Aufklärung, wie manche deutschen Zeitgenossen meinten[46] – manifestierten, nicht nur dem Individuum, sondern auch dem »Volk« als Kollektiv genuine Rechte zuwiesen. Damit war die Idee demokratischer Selbstbestimmung geboren, aber – gemessen an dem Postulat »öffentlicher Vernunft« – noch längst nicht in der praktischen Politik verwirklicht. Zwischen Anspruch und Wirklichkeit taten sich Klüfte auf, welche die Demokraten mit politischer Pädagogik[47], die Konservativen mit eher pessimistischem Menschenbild, lieber mit einer Gängelung, Manipulation oder Unterdrückung des Volkswillens überbrücken wollten. Der Theoretiker des badischen Liberalismus, Karl

v. Rotteck, dem der »terreur« der Französischen Revolution, wie auch vielen anderen Liberalen, abschreckend vor Augen stand, stimmte zwar in das Prinzip demokratischer Selbstbestimmung ein, als er seinen Landsleuten anläßlich einer Verfassungsfeier zurief: »Fortan aber sind wir Ein Volk, haben einen Gesamtwillen und ein anerkanntes Gesamtinteresse, d. h. ein Gesamtleben und ein Gesamtrecht. Jetzt erst treten wir in die Geschichte mit eigener Rolle ein.«[48] Doch um »den Gefahren und der möglichen Verderbnis des entfesselten Volkswillens« zu begegnen, bekannte er sich allein zu einer »Repräsentativ-Demokratie«[49], in der »Öffentlichkeit« und politische Mitbestimmung im bürgerlichen »Parlament« Badens, der 2. Kammer, praktisch an Besitz und Bildung geknüpft war. Angesichts des politischen Bildungsstandes der Mehrheit der Bevölkerung[50] mochte diese Einschränkung unumgänglich sein, ohne doch dem Prinzip Abbruch zu tun.[51]

Auch der Begriff »öffentliche Meinung« besaß im Frühliberalismus eine qualitative Bedeutung und schien noch durchaus mit der Unfehlbarkeit einer »volonté générale« im Sinne Rousseaus ausgestattet. Öffentliche Meinung stellte nach liberaler Auffassung ein Forum dar, auf dem vernünftige Urteile abgewogen und eine wahrheitsgemäße Entscheidung gefällt werden konnte. »Die öffentliche Meinung wird richten!« konnte Rotteck vor der 2. Kammer Karl v. Blittersdorff, dem hartnäckigsten Gegenspieler der Opposition im badischen Vormärz, entgegenschleudern[52], galt *sie* doch als das »höchste Tribunal«[53].

In dem Maße, wie »öffentliche Meinung« über den überschaubaren Kreis liberaler Besitzbürger hinaustrat und zur Meinung der Presse und potentiell breiterer Schichten wurde, begegneten ihr auch Liberale skeptischer. Der gemäßigte Liberale Johann Baptist Bekk, der spätere erste konstitutionelle Minister des badischen Vormärz, schrieb der öffentlichen Meinung im Jahre 1843 die Bedeutung »einer unsichtbaren Gewalt« zu, er grenzte sie jedoch gegen eine oft leidenschaftliche, nicht im Volke verwurzelte »Meinung des Tages« ab.[54]

Für Zeitgenossen der Julirevolution war die kaum etablierte öffentliche Meinung eine neuartige Erscheinung, welche das führende Lexikon »Ersch-Gruber« den »wundersamen Gestalten des heutigen Volksbewußtseins« zurechnete; während die einen sie schon als die »Königin der Welt« begrüßten, hielten andere sie für ein »selbstschaffenes Gespenst« oder gar für ein »vielköpfiges Ungeheuer«, das es auszurotten gelte.[55] Sehr früh mußten die Liberalen erkennen, daß ihnen ein öffentlich-politisches Leben nicht wie die Verfassung des Jahres 1818 auf dem Gnadenweg gewährt würde. Im Gegenteil suchte die Obrigkeit ihre Untertanen in einem Zustand biedermeierlicher Privatheit zu erhalten und eine politische Bewußtwerdung durch praktizierte Öffentlichkeit mit den Mitteln des Polizeistaates zu verhindern. Doch »Association und Aufklärung«, wie das Motto der *Deutschen Volkshalle* in Konstanz lautete[56], blieb nicht die einsame

Forderung philosophischer Geister, sondern wurde in dem Maße, wie sich eine bürgerliche Gesellschaft entwickelte, zu ihrem unabweisbaren Bedürfnis.

Zeitung und Journalist

Öffentlichkeit konnte sich überall, wo ein lokales Ereignis stattfand, konstituieren: auf dem Markt und im Fürstenhof, im Wirtshaus und im Theater, ohne schon als öffentliche Meinung gelten zu können. Die Vielfalt lokaler öffentlicher Meinungen bedurfte eines Mittlers, eines »Mediums«, um zusammenwachsen, um sich argumentativ klären und in einem Prozeß der Meinungsbildung bündeln zu können. Die Presse stand an der Wiege der öffentlichen Meinung.
Galt im Staat Kants die »Freiheit der Feder« noch als das »einzige Palladium der Volksrechte«[57], so hatte die beginnende Entwicklung des Kommunikationswesens, an deren Anfang die periodische Presse stand, ein potentiell massenwirksames Mittel zur Verfügung gestellt. Im Jahre 1840 konnte J. G. A. Wirth in der Konstanzer *Deutschen Volkshalle* verkünden: »Die Presse ist der Vorposten, der Wächter der Nation [. . .]«[58]
Theodor Welcker, dessen Ruf als machtvoller Streiter gegen Preßzwang sich weit über Baden hinaus verbreitete, erhob die »Preßfreiheit«[59] in den Rang eines unverletzlichen Menschenrechts, ja der »Heiligkeit«[60], konnte doch erst die Presse, die »tägliche wechselseitige Sprache der Staatsbürger über ihre eigenen gemeinschaftlichen Angelegenheiten«[61] ermöglichen. Gustav Struve erkannte in der Preßfreiheit bereits im Jahre 1831 »eine Frage, welche über das geistige Leben oder den geistigen Tod Deutschlands entscheidet«.[62] Welcker schrieb der Preßfreiheit eine ähnliche Bedeutung zu. Als sich die Sturmzeichen der Revolution mehrten, wiederholte Welcker 1846 im *Staats-Lexikon* noch einmal warnend die Frage, die er bereits 1835 gestellt hatte: »Wird sie [die Freiheit] siegen auf dem Weg der Reform, wozu die Preßfreiheit den Weg bahnt, oder auf dem Weg der Umwälzung, wohin die Unterdrückung der Wahrheit führt?«[63]
Eine politische Presse als Sprachrohr der öffentlichen Meinung, als Organ bürgerlicher Autonomie konnte erst im Vormärz entstehen. An Versuchen, Zeitungen zu gründen, hatte es bereits im 18. Jahrhundert nicht gefehlt. Aufklärerische Publizisten wie Schubart[64] und Schlözer[65] erhoben in den *Moralischen Wochenschriften* ihre kritische Stimme, mußten dafür aber nicht selten teuer bezahlen. Allein die staatlich lizenzierten General-Anzeiger und Intelligenzblätter, wegen ihrer Abhängigkeit von Hof und Regierung eine wenig aufregende Lektüre, durften bestehen. Bitter charakterisierte der aufrechte Schubart im Jahre 1776 den zeitgenössischen Hofberichterstatter »wie er mit dem Hütlein unterm Arm krumm und sehr gebückt im Vorsaal steht, und dem nießenden Fürsten und Höfling sein Salus entgegenkeucht [. . .] Alle haben das Gepräge unseres sklavischen Jahrhunderts, und die Zeitungen am meisten.«[66]

Erst die Nachwirkungen der Französischen Revolution machten das Zeitungslesen in Deutschland vorübergehend populär[67], ohne daß jedoch schon eine nennenswerte oder gar kritische öffentliche Meinung entstanden wäre.

Zu Beginn des Vormärz war die eminente Bedeutung, welche die Presse auch für breitere Schichten erhalten sollte, kaum zu ahnen. Sie blieb noch lange wegen des für geringe Einkommen abschreckenden Preises »quasi ein Luxus der vermögenden Schichten«.[68] Der »Hambacher« J. G. A. Wirth berichtete in seinen autobiographischen *Denkwürdigkeiten*, daß er als gutgestellter Advokat vor 1830 die *Augsburger Allgemeine Zeitung* im Bildungs- und Leseverein in Bayreuth, der »Ressource«, gelesen habe; doch nicht durch die Zeitung selbst, sondern durch die darin abgedruckten Leitartikel französischer Zeitungen habe er »großenteils« seine »politische Bildung erhalten«.[69] Was für Wirth der Leseverein bedeutete, war für die Mehrzahl der politischen Neugierigen das Wirtshaus. Dort lagen Zeitungen aus, dort konnte das Zeitungslesen und -besprechen bei aller autoritären Einengung des Lebensfeldes am wenigsten verboten werden.[70]

Zeiten des Umbruchs wie der Vormärz steigern auch das Informationsbedürfnis. Preisgünstige Blätter kamen ihm zunehmend entgegen. Die in ihren Funktionen dynamische Zeitung, die sich durch öffentliches und periodisches Erscheinen, durch aktuelle Berichterstattung und durch populäre Gestaltung auszeichnete[71], wurde auch für breite Schichten unentbehrlich. Tagesnachrichten und Marktberichte – sie nahmen in den untersuchten badischen Zeitungen bis zu einem Drittel des Umfangs ein –, die mit dem Beginn der vierziger Jahre üblichen Leitartikel, die Kunst-, Literatur- und Unterhaltungsbeilagen machten die Zeitung zum leicht zugänglichen neuen Bildungsträger. Sie wurde »zum Universallieferanten geistiger Nahrung für ganz große Volksschichten, der nichts anderes neben sich duldet[e]«.[72]

Durch die Zeitung wurden zunehmend auch die »kleinen Leute«, kleinstädtische Handwerker, Kaufleute und Landbewohner[73], vielfach Leseanfänger, über die Welt draußen informiert und zwischen Juli- und Märzrevolution in einen bisher nicht bestehenden Meinungsbildungsprozeß einbezogen. Die dadurch bewirkte langfristige Veränderung politischer Wertvorstellungen war der Regierung höchst unbequem. »Die Alltagsleserei, das Haschen nach müßiger Unterhaltung«, war in ihren Augen »sehr verderblich, indem dadurch eine müßige Leselust und Angewohnheit an die Politik der Schenken unter die Landsleute gebracht wird.«[74] Im Gegensatz dazu hob Robert Blums *Vorwärts!* des Jahres 1843[75] die Bedeutung der Presse für den »armen Arbeiter« hervor, der »in stiller Feierstunde im Kreis der Seinen [. . .] sich belehren« könne. Wie stieg erst der Wert einer Zeitung, wenn sie ein politisch freies Wort wagte! Verbotene Blätter des Jahres 1832 wie der *Freisinnige* und der *Wächter am Rhein* wurden im Jahre 1834 noch außerhalb Badens »täglich wie ein Evangelium« gelesen.[76]

Ein solch »primitiv« hergestelltes Kommunikationsmittel wie das handgepreßte Zeitungsblatt ermöglichte die Entstehung eines – idealtypisch gesehen – »kulturräsonnierenden« Publikums, während technisch fortschrittlichere Medien, einschließlich der elektronischen, trotz oder wegen »einer immens erweiterten Sphäre der Öffentlichkeit« dazu unter den Bedingungen der modernen Gesellschaft, wie Habermas meint, kaum mehr in der Lage seien und lediglich ein »mediatisiertes Publikum« herstellten, das sich weitgehend »kulturkonsumierend« verhalte.[77] Die Frische, Ernsthaftigkeit und Grundsätzlichkeit der Vormärzpresse, für die der *Freisinnige* Rottecks, die *Seeblätter* Josef Ficklers in Konstanz, aber auch Robert Blums *Sächsische Vaterlandszeitung* als Beispiel stehen können, erscheinen demgegenüber als unmittelbare Quellen liberalen und demokratischen Gedankengutes.

Hielten die einen die Pressefreiheit für den Inbegriff politischer Freiheit und gleichsam für eine »demokratische Erfindung«[78], so brandmarkte Blittersdorff, damals badischer Außenminister, sie vor der 2. Kammer als ein potentiell revolutionäres Medium: »Preßfreiheit in Deutschland müßte zur Umgestaltung aller Verhältnisse, zur Revolution führen. Es sind dies die Ansichten der Cabinette, und zwar sämtlicher Cabinette.«[79] Die Aufrechterhaltung der Pressezensur mußte also dringendes Anliegen der Regierung sein. Umgekehrt erschien jeder Sieg über die Zensur im badischen Vormärz als Fortschritt der politischen Emanzipation überhaupt.

Welche Macht fiel einer freien Presse und den Journalisten zu! Konnten sie doch die »vox populi« ausdrücken, die sich der vom Fürsten in Anspruch genommenen »vox dei« entgegenzustellen vermochte. Historische Umbruchsituationen schaffen sich ihre Sprecher und Interpreten. Der deutsche Vormärz schuf den Journalismus als »wesensgemäße neue Erscheinung« und einen »neuen geistigen Typus, den Journalisten«.[80] Die Philosophen der Aufklärung, die »doctrinaires« und Ideologen der Französischen Revolution, die Schriftsteller und Dichter des Vormärz sind als geistige Wegbereiter – trotz verschiedener Wirkungsebene – in einer Reihe zu sehen mit den Publizisten, Redakteuren und Journalisten, die politische Aufklärung in kleiner Münze unters Volk brachten. Aufklärung bedeutete dabei nicht selten, Mißstände und politische Skandale am Fürstenhof, im Adel und in der Bürokratie aufzudecken.

Die Ideen von einer besseren Zukunft untergruben die Legitimität der etablierten Ordnung; in den Märztagen 1848 brach sie wegen ihrer für viele erwiesenen inneren Unglaubwürdigkeit zusammen wie ein Kartenhaus. Presse und Redakteure hatten dazu nicht wenig beigetragen.

Die Aufgabe des Journalisten und politischen Redakteurs war nicht leicht. Als Nachrichtensammler war er dem Geschichtsschreiber, als Publizist dem Volksredner verwandt.[81] Seine Tätigkeit war eine »halbe Wissenschaft«, der Redakteur selbst »notwendig ein Halbgelehrter«[82], erlaubte doch die gebotene Aktualität der Zeitung keine tiefschürfende Einarbeitung in die vielfältigen Stoffe. Meist war er bürgerlicher Akademiker[83];

Sprachkenntnisse, das Lesen der französischen und englischen Presse waren beinahe Voraussetzung, stellten sie doch eine vorrangige Quelle deutscher Zeitungen dar. Kleinere Zeitungen, und das war die Mehrzahl, verzichteten eher auf die akademische Attitüde und druckten ungeniert wichtige Nachrichten und Berichte aus den großen Zeitungen ab. Autorenschutz gab es nicht. Verleger, Redakteur und manchmal auch der Drucker waren bei kleineren Blättern in einer Person vereinigt. Wurde zu Beginn der vierziger Jahre eine anspruchsvolle Neugründung beabsichtigt, war die Trennung von Redaktion und Verlag bereits vorgegeben: Die Journalisten benötigten einen Verleger als Geldgeber, dieser talentierte Federn.[84] Machte der Journalist sich einen Namen, trat der Geldgeber in den Hintergrund. Mag die Presse des Vormärz sich auch gewissermaßen noch in der Zeit ihrer »Unschuld« befunden haben und tatsächlich dem »täglichen Wechselgespräch« räsonnierender Staatsbürger gedient haben, so lehrt doch ein näherer Blick, daß die Presse auch schon damals die ganze Zwiespältigkeit in sich barg, wie sie später durch ihren Gebrauch und Mißbrauch als politisches Instrument noch offenkundiger wurde. Die Presse selbst garantierte die aufklärerischen Intentionen, welche die Frühliberalen ihr zuschrieben, noch nicht. J. G. A. Wirth, der führende »Publizist« in der Zeit der Julirevolution, strebte mit dem Preßverein die Schaffung eines Instruments an, das sich sowohl zur demokratischen Aufklärung wie zur Massenpropaganda eignete. Zu beidem sind die Ansätze erkennbar.[85] Sie traten bei Wirth einige Jahre später, als er die Redaktion der *Deutschen Volkshalle* in Konstanz 1840 übernommen hatte, noch deutlicher hervor. Wirth, inzwischen Verfechter eines radikalen Nationalismus, benutzte die Presse nicht mehr nur als Meinungs- und Tendenzorgan, sondern als antifranzösisches Propagandainstrument zur Provokation eines deutsch-französischen Konflikts, der zum Geburtshelfer deutscher Einigung werden sollte.[86]

Charakteristisch für Vormärz und Revolution ist die enge Verflechtung zwischen publizistischen und politischen Führungsrollen. Einfluß auf die öffentliche Meinung leitete in der Revolutionszeit vielfach zu einer politischen Rolle über. Umgekehrt arbeiteten die Kammerliberalen, Welcker voran, auch für Zeitungen. Die späteren Revolutionäre Gustav Struve, Josef Fickler, Heinrich Hoff begannen ebenso wie ihr Gegenspieler Karl Mathy als oppositionelle Journalisten ihre öffentliche Wirksamkeit. Friedrich Hecker, mehr noch ein Mann der zündenden Rede als der Schrift, vermochte auch nach dem Scheitern des Aprilaufstandes 1848 mit der Herausgabe des republikanischen *Volksfreund* von der Schweiz aus einen erheblichen Einfluß auf das badische Grenzgebiet auszuüben.[87] Der ungewöhnliche Umstand, daß die »Männer des Wortes« und die »Männer der Tat«[88] in der badischen Revolution Journalisten waren, kann bereits als Hinweis gelten, daß die Presse als maßgebliches Organ der politischen Öffentlichkeit zur Schaffung parteiähnlicher Organisationsformen überleitete.[89] Die mit der Offenburger Versammlung vom Oktober 1847 entstehende radikale Bewegung hätte ohne die Wirksam-

1 Höhepunkt und Ende der Revolution in Deutschland 1849: Der Kampf um die Verfassung der Frankfurter Nationalversammlung. Die Zentren des Aufstandes (weiße Punkte) lagen in Baden und der Pfalz.

Die öffentliche Meinung.

Der eifrige Zeitungsleser.

„Aus belgischen Zeitungen ersieht man, daß die Herzoginnen von Nemours, von Aumale u. von Montpensier, die Prinzessin von Joinville u. die Herzogin von Koburg sämmtlich in „interessanten Umständen" befinden!"

Die neueste Zeitung.

2 Im Vormärz entstanden politische Presse und öffentliche Meinung. Kritik galt der Obrigkeit als Frechheit. Zensur sollte politisches Leben verhindern.
3 Neben Hofberichten drangen auch politische Ereignisse ins biedermeierliche Leben ein.
4 Die Presse befriedigte das Informationsbedürfnis der Bürger.

5 Die Presse — eine »demokratische Erfindung«: sie erfaßte langsam auch die »kleinen Leute«. Sie lernten durch sie oft erst das Lesen. (»Fliegende Blätter« von 1848)

6 Deutsche Kleinstaaterei und gemächliches Postwesen behinderten die rasche Verbreitung von Zeitungen. England galt als Vorbild.

Großherzoglich Badisches
Staats- und Regierungs-Blatt.

Carlsruhe, den 12ten Januar 1832.

(Gesetz über die Polizei der Presse und über die Bestrafung der Preßvergehen.)

Leopold von Gottes Gnaden,
Großherzog von Baden, Herzog von Zähringen.

Mit Zustimmung Unserer getreuen Stände haben Wir beschlossen und verordnen, wie folgt:

I. Titel.
Von der Polizei der Presse.

§. 1.

Alle Zensur der Druckschriften, welche im Großherzogthum herauskommen, oder verbreitet werden, ist aufgehoben.

§. 2.

Was in diesem Gesetz von Druckschriften verordnet ist, gilt von allen mittelst mechanischer Mittel, wie namentlich durch Steindruck, Kupferstich oder Holzschnitt, vervielfältigten Schriften oder Bildwerken.

§. 3.

Keine Druckschrift darf im Großherzogthum herausgegeben oder gewerbsmäßig verbreitet werden, welcher nicht, mit oder ohne Nennung des Verfassers, der Name des Verlegers oder des Druckers, ferner die Angabe des Orts, und die übliche Bezeichnung der Zeit des Drucks beigesetzt ist.

§. 4.

Die Verletzung der Vorschrift des §. 3. hat für den Verleger, Drucker oder gewerbsmäßigen Verbreiter, ohne Rücksicht auf den Inhalt der Schrift, eine Strafe von fünf bis hundert Gulden zur Folge.

Der Verbreiter wird von der Verantwortlichkeit frei durch die Darstellung des inländischen Verlegers oder Druckers, und der Drucker durch die Darstellung des inländischen Verlegers.

§. 5.

Sind die durch §. 3. geforderten, der Druckschrift beigesetzten Angaben falsch, so wird neben der Geldstrafe von fünf bis hundert Gulden auf Gefängniß von drei bis zu vierzehn Tagen erkannt, vorausgesetzt hinsichtlich des Verbreiters, daß er von der Falschheit Kenntniß gehabt habe.

§. 6.

Für jede im Großherzogthum erscheinende Zeitschrift oder Zeitung ist ein badischer Staatsbür-

7   Der Kampf um Preßfreiheit in Baden 1832: Liberales Erwachen im Südwesten nach der französischen Julirevolution 1830. Der badische Großherzog Leopold verkündete am 12. Januar die Aufhebung der Zensur.

Großherzoglich-Badisches Staats- und Regierungs-Blatt.

Carlsruhe, den 30ten Juli 1832.

Leopold von Gottes Gnaden, Großherzog von Baden, Herzog von Zähringen.

Nachdem mittelst eines von der Bundesversammlung am 5ten l. M. gefaßten Beschlusses Unsere sämmtlichen Bundesgenossen einmüthig erklärt haben, daß das von Uns unter dem 28sten December v. J. erlassene Preßgesetz mit der dermaligen Bundes-Gesetzgebung über die Presse unvereinbar sey, und daher nicht bestehen dürfe; nachdem auch die einzelnen Bestimmungen des Preßgesetzes, welche als Anlaß zu dieser Erklärung betrachtet werden müssen, in einem früheren Bundes-Commissions-Bericht verzeichnet sind, dessen Inhalt sich die Bundesversammlung durch ihren Beschluß zu eigen gemacht;

in Erwägung, daß die Bundesversammlung berufen ist, den Sinn der Bundesgesetze, wenn darüber Zweifel erhoben werden, behufs ihrer gleichförmigen Anwendung zu bestimmen; auch daß vermöge §. 17. der Verfassungs-Urkunde die Preßfreiheit nach den Bestimmungen der Bundesversammlung gehandhabt werden soll;

sehen Wir Uns veranlaßt, das Preßgesetz vom 28sten December v. J., insoweit der vorgedachte Commissions-Bericht solches als der Preß-Gesetzgebung des Bundes widersprechend bezeichnet, für unwirksam zu erklären und hiernach weiter zu verordnen, wie folgt:

Art. 1.

Schriften, die in der Form täglicher Blätter oder heftweise erscheinen, deßgleichen solche, die nicht über zwanzig Bogen im Druck stark sind, dürfen nur mit Vorwissen und vorgängiger Genehmigung der betreffenden Polizeibehörde zum Druck befördert werden.

Art. 2.

Wird diese Vorschrift umgangen, so verfällt der Schuldige in eine Strafe von fünf bis fünfzig Gulden, vorbehaltlich derjenigen Strafe, die wegen des Inhalts der Druckschrift eintreten kann.

Art. 3.

Die im vorhergehenden Artikel gedrohte Geldstrafe kann bis zum Doppelten erhöht werden, wenn die nachgesuchte Druck-Erlaubniß ausdrücklich versagt und hierauf der Druck dennoch vorgenommen worden ist.

8   Am 30. Juli 1832 kassierte Großherzog Leopold unter dem Druck des Deutschen Bundes das freiheitliche Pressegesetz. Am 1. März 1848 wurde es wieder in Kraft gesetzt.

Der Beobachter

an der Enz und in der Pfalz.

Mit einem

Anzeige = Blatt

für die

Bezirke Pforzheim, Bretten und Eppingen.

Wahrheit! Recht!   Freiheit! Ordnung!

Nro. 1.   Donnerstag   den 1. März.   1832.

Der ächte Schwarzwälder.

Mittwoch.   Nro. 1.   2. Mai 1832.

Der Wächter am Rhein.

Ein deutsches Volksblatt.

Nro. 1.   Sonntag, den 1. April   1832.

Badisches Volksblatt.

Herausgegeben von
einem Vereine von Vaterlandsfreunden.

Freitag   Nro 1.   13. April 1832.

9   *Die kurze Blüte der Preßfreiheit in Baden 1832*

10 Großherzog Leopold (1790–1852) regierte seit 1830. Zu schwach, um Volk und Thron zu verbinden, rief er 1849 Preußen gegen die Volksbewegung zu Hilfe.
11 War Kaspar Hauser (1812–1832, ermordet) rechtmäßiger badischer Thronerbe? Gerüchte von einem dynastischen Verbrechen wollten in Baden nicht verstummen.
12 J. G. A. Wirth (1798–1848), Wortführer der Hambacher Radikalen
13 Karl v. Rotteck (1775–1840), Wortführer der badischen Liberalen

14 Adam v. Itzstein (1775–1865), liberaler Abgeordneter der 2. Badischen Kammer

15 Philipp Jakob Siebenpfeiffer (1789–1845), Sprecher der Hambacher Radikalen
16 Zeitgenössisches Spottbild auf Siebenpfeiffer und die Hambacher Maifeier

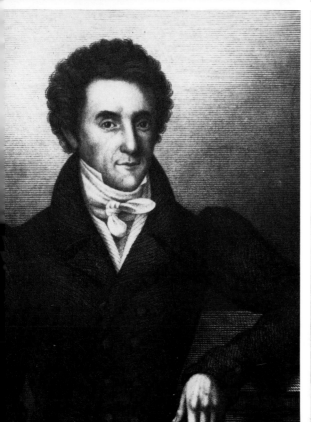

keit der politischen Presse nicht entstehen können, doch in dem Maße, wie diese sich auf Volksversammlungen und in politischen Vereinen organisierte, erst recht, als ein Netz von Volksvereinen zu Beginn des Jahres 1849 in ganz Baden entstand, trat die Presse in ihrer politischen – nicht in ihrer kommunikativen – Bedeutung zurück. Sie sekundierte der radikalen Bewegung oder sank sogar, wie die zum Organ der revolutionären Regierung erklärte *Karlsruher Zeitung*, die bis zu diesem Zeitpunkt offiziöses Sprachrohr im Großherzogtum war, vorübergehend zum Akklamationsinstrument ab.[90]

Wenn man dem Großherzogtum Baden eine »Sonderrolle« im deutschen Vormärz zuschreiben kann, dann allein aufgrund der Entfaltung politischer Öffentlichkeit, die vom konstitutionellen Leben und der politischen Presse getragen wurde und in Umfang und Intensität während des Vormärz wohl einmalig ist. Gerade weil das öffentlich-politische Leben ins »Volk« drang, wurde den nicht-bürgerlichen Schichten relativ früh ihre eigene unterschiedliche Interessenlage bewußt. »Aufklärung« betraf jetzt nicht mehr nur politische, sondern auch soziale Rechte. Die *Seeblätter* in Konstanz, eine der bemerkenswertesten Zeitungen Süddeutschlands, stellten im Jahr 1848 fest:

> »Die Gesellschaft, wie sie jetzo besteht, kann nicht fortdauern. In dem Maße, als die Aufklärung hinabsteigt bis in die untersten Klassen der Gesellschaft, entdecken diese den verborgenen Krebsschaden, welcher an der gesellschaftlichen Ordnung nagt [. . .] Die große Ungleichheit der Stände und des Vermögens hat sich so lange ertragen lassen, als sie verborgen war [. . .] aber mit der allgemeinen Erkenntnis hat sie den Todesstoß erhalten [. . .]; versucht es, ob ihr dem Armen, wenn er lesen kann, wenn das Wort von Stadt zu Stadt, von Dorf zu Dorf tagtäglich zu ihm gelangt, ob ihr diesem Armen, der eben so viel Einsicht hat, wie ihr, beibringen könnt, daß er sich alle Entbehrungen ruhig gefallen lassen solle.«[91]

Die frühliberale Utopie einer homogenen Gesellschaft, die zu einem öffentlich-vernünftigen Interessenausgleich in der Lage ist, zerbrach, wie Gall feststellt, als die ersten sozialen Konsequenzen der Industrialisierung »nicht die klassenlose Bürgergesellschaft, sondern, zunächst jedenfalls, immer ausgeprägter, eine bürgerliche Klassengesellschaft freisetzte«.[92] In Baden war dieser Punkt etwa mit der Wirtschaftskrise des Jahres 1846/47 erreicht.[93] Damit stieß das Ideal einer freien und verantwortlichen Presse an ihre Grenzen. Der soziale Konflikt schlug sich auch in erbitterten Pressefehden nieder. Ein Teil der Presse, die sich konservativ-liberal nannte und wie die *Deutsche Zeitung* 1848 zum Regierungsorgan wurde, agierte vom Standpunkt der Besitzerhaltung des Bürgertums aus. Der andere Teil, so die *Mannheimer Abendzeitung* und der *Deutsche Zuschauer*, neigte zu einem Journalismus der agitatorischen Überwältigung, um die Unterschichten zu sammeln. Vielleicht ist es die Tragik der badischen und deutschen Revolution, daß das Bürgertum angesichts der sozialen Bedrohung von den Idealen der Aufklärung abrückte, noch bevor es im Kampf um die politische Macht gesiegt hatte.[94]

Politische und gesellschaftliche Voraussetzungen einer oppositionellen Bewegung in Baden (1806—1833)

Historisches Geschehen ist einem Gewebe vergleichbar, in dem sich tausendfältige Interdependenzen wie Stränge und Farben zu einem Bild verdichten. In diesem Webmuster gibt es Brüche und Neuanfänge. So stellt auch das zu Beginn des 19. Jahrhunderts im Zuge der napoleonischen Staatsgründungen geschaffene Großherzogtum Baden einen revolutionären Neuansatz in der Geschichte Süddeutschlands dar.[1] Die Gesetzmäßigkeiten der historischen Entwicklung prägen wie ein durchgehendes Webmuster auch das Bild des Vormärz und der Revolution in Baden.

Der badische Adel: Halbe Entmachtung und soziale Restauration

Aus der Markgrafschaft Baden entstand im Zuge der Säkularisierung und Mediatisierung des alten Reiches durch Napoleon das Großherzogtum Baden. Es erhielt durch die staatliche Neuordnung in Süddeutschland einen Zuwachs an Bevölkerung und Gebiet, der die ursprüngliche Größe um ein Vielfaches übertraf. Die Einwohnerzahl Badens wuchs in den Jahren 1801—1806 von 165 000 auf 900 000, das Territorium von 3900 auf 14 000 qkm.[2] Den Zuwachs hatte Baden, das ohnehin unter dem starken Einfluß französischen Zeitgeistes stand, als Teil des Rheinbundes aus dem Geiste der Aufklärung und nach den Reformdirektiven Napoleons neu zu organisieren. Die Bindung an Napoleon machte den badischen Großherzog unfreiwillig zum Revolutionär, Opposition hätte »Verzicht auf die erreichte Machtfülle« bedeutet.[3]
Solange die napoleonische Vorherrschaft in Europa dauerte, konnte die badische Regierung die notwendige Integration eines bunten Gemischs von Territorien unterschiedlicher geschichtlicher Entwicklung[4] ungehindert vorantreiben. Diese Integration ging Hand in Hand mit einer einschneidenden Reform der Verwaltung, der politischen Institutionen wie der Gesellschaft. Mit einer »an Radikalismus grenzenden Konsequenz« wurde der Versuch unternommen, Staat und Gesellschaft auf eine neue rationalistisch-aufklärerische Basis zu stellen.[5] Treibende Kraft dieser Umwälzung war Freiherr von Reitzenstein, der bis in die vierziger Jahre einen großen Einfluß behielt.[6] Er bewirkte in der äußeren Politik die Anlehnung an Napoleon und drängte auch in der inneren Poli-

tik Badens auf einen Umschwung. Unter seinem Einfluß versuchte Großherzog Karl Friedrich in den Organisationsedikten von 1806 bis 1809 einen modernen Staat, ein rationales Verwaltungssystem zu schaffen, dem das historisch Gewachsene zu weichen hatte.[7] Die früheren Provinzen wurden aufgehoben und zehn ungefähr gleich große Kreise nach dem Vorbild der französischen Departements eingerichtet. Die Verwaltung wurde zentralisiert.

Wie in der Verwaltung nahm Reitzenstein auch die Organisation des Rechts- und Steuerwesens, des Handels und der Wirtschaft nach den neuen Prinzipien in Angriff. In wenigen Jahren vermochte er eine »zentralistisch-bürokratische Herrschaftsorganisation« zu schaffen.[8]

Auf die Dauer folgenreicher noch war Reitzensteins Vorgehen gegen die aus dem alten Reich stammenden Adelsschichten, deren Vorrechte er beschnitt, um die Existenz des Staates nach innen zu sichern. Durch Verordnung wurden die Steuer- und Militärfreiheit sowie die standes- und grundherrliche Gerichtsbarkeit des Adels aufgehoben.[9] Die Jahre der napoleonischen Vorherrschaft über Baden waren freilich zu kurz, als daß sie zu einer völligen Entmachtung des Feudaladels hätten führen können. Sie genügten jedoch, um ihn vom Bundesgenossen zum Gegner, von einem ehemals staatstragenden zu einem in Distanz oder in Opposition zum neuen Staat stehenden Stand werden zu lassen. Die später eingerichtete erste oder Adelskammer blieb politisch bedeutungslos, bewährte sich aber als verfassungsmäßiges Widerlager zur zweiten Kammer des liberalen Bürgertums. Konservative Adelskreise zogen den direkten politischen Einfluß über die Kamarilla am Hofe einer öffentlichen Wirksamkeit vor.

An der Lösung der Mediatisiertenfrage entschied sich nach dem Zusammenbruch der napoleonischen Herrschaft die Stellung des neuen Staates zur politischen und gesellschaftlichen Reform. Dank verwandtschaftlicher Beziehungen und feudaler Interessengleichheit vermochten die Mediatisierten mit Hilfe des Deutschen Bundes Druck auf die badische Regierung auszuüben.[10] Die aufkommende Revolutionsfurcht nach dem Attentat auf Kotzebue im Jahre 1819 tat ein übriges, um die badische Regierung zur teilweisen Restaurierung der patrimonialen Sonderrechte des ehemals reichsunmittelbaren Adels zu bewegen. Das dadurch zustande gekommene Adelsedikt[11] blieb im wesentlichen während des gesamten Vormärz geltendes Recht und stellte ein Haupthindernis des bürgerlichen Verfassungslebens dar. Die Standes- und Grundherren behielten einen großen Teil ihrer alten Rechte.[12] Diese Rechte und die vielfältigen an die Standes- und Grundherren zu leistenden Abgaben belasteten das Leben ihrer Untertanen besonders in bäuerlichen Gegenden Nordbadens auf Schritt und Tritt. Die Ablösung der Feudallasten, in Baden wie fast überall in Deutschland Kernstück einer sozialen Reform in der ersten Hälfte des 19. Jahrhunderts, scheiterte weitgehend und hinderte eine zeitgemäße fortschrittliche Entwicklung.

Der Grundkonflikt: Liberale Verfassung und Wiedererstarken der alten Mächte

Nachdem Napoleons Stern in Europa untergegangen war, wurde Baden durch territoriale Forderungen Österreichs und Bayerns – diese hatten Teile Vorderösterreichs bzw. der Kurpfalz an Baden abtreten müssen – in seiner Existenz bedroht. Weil mit einer nur »administrativen Integration« der territorialen Bedrohung Badens nicht zu begegnen war[13], schien eine Verfassung mit abgewogenen politischen Rechten der Untertanen das geeignete Mittel, die heterogenen Elemente des Großherzogtums zu verbinden und die innere Souveränität des Landes zu wahren. Wie die preußischen Reformer ließen sich auch die führenden badischen Politiker, neben Reitzenstein vor allem der junge Karl Friedrich Nebenius[14], von dem Gedanken leiten, daß ein Staat nur Bestand habe, wenn er vom Volk bejaht und in den Untertanen ein gemeinsames Staatsbewußtsein geweckt werden könne. Sollte die Verfassung diesen Zweck erfüllen – und sie erfüllte im Laufe der Jahrzehnte diesen Zweck durchaus –, mußten dem Volk tatsächliche politische Mitwirkungsrechte gegeben werden.[15] Großherzog Karl, selbst keineswegs liberal gesinnt, folgte den dringenden Ratschlägen des Ministeriums Reitzenstein erst, als ein Staatsbankrott drohte und die prekäre Finanzsituation des Landes, die nur durch neue Steuern behoben werden konnte, die Mitwirkung des künftigen Landtags geboten erscheinen ließ.[16]

Verglichen mit den Verfassungen in den übrigen deutschen Staaten, war die badische Konstitution vom Jahre 1818 sehr fortschrittlich. Sie räumte insbesondere den bürgerlichen Schichten Einfluß auf das innenpolitische Leben ein und beschränkte spürbar die Rechte der Krone; die 2. Kammer erhielt zudem das Recht der Steuerbewilligung und das Budgetrecht, die zuerst zwar eine Entlastung der Regierung in der heiklen Frage der Steuererhöhung bedeuteten, sich aber als die wirksamsten Instrumente der späteren Opposition erwiesen.

Das von der Verfassung intendierte politische System war konstitutionell, ohne parlamentarisch zu sein. Die Kammern hatten das Recht, Gesetze anzunehmen oder abzulehnen, nicht aber das der Gesetzesinitiative, das der Regierung vorbehalten blieb. Ebensowenig hatten die Kammern Rechte bei der Bildung der Regierung oder bei deren Ablösung.

Die erste Kammer bestand überwiegend aus Vertretern des Adels sowie der Kirchen und der Universitäten. Während die erste Kammer ein Schattendasein führte, wurde die 2. Kammer, die Vertretung des Bürgertums, zur eigentlichen Wortführerin der Reformkräfte des Landes. Ihrer Funktion nach war sie keine ständische Vertretung mehr, sondern eher ein aus indirekter Wahl hervorgegangenes Parlament mit 63 Abgeordneten. Die Wahlordnung zur 2. Kammer[17], in der sich die politische Absicht des Schöpfers der Verfassung, des Finanzrats Nebenius, am deutlichsten ausdrücken konnte, bevor-

zugte das gebildete und besitzende Bürgertum.[18] Die Wählbarkeit wurde an ein versteuertes Einkommen von wenigstens 10000 Gulden geknüpft. Trotz einer für die damalige Zeit ungewöhnlich breiten Grundlage wurde »die Wahl de facto in die Hand der örtlichen Honoratioren [gelegt], der eigentlichen Bourgeoisie in den Städten, der ›Dorfmagnaten‹ auf dem Lande«[19], aus deren Schicht sich die Wahlmännerkollegien zusammensetzten. Spätestens während der Revolution wurde dieses Wahlrecht zum Stein des Anstoßes, weil sich die Unterschichten nicht ausreichend berücksichtigt sahen.[20] Aufgrund seiner Verfassung, die »in ihrer Tendenz zur Liberalisierung und Demokratisierung« über andere deutsche Verfassungen hinausging, stellte Baden »ein Stück revolutionären Prinzips in einer, wenigstens dem Anspruch nach, noch vorrevolutionären Welt« dar.[21] Das politisch erwachende Bürgertum in Baden mußte gesellschaftliche Gegenkräfte wie den Adel kaum fürchten, es konnte in das Verfassungsleben wie in eine bereitstehende Form hineinwachsen. Der Deutsche Bund mit den innenpolitisch weitgehend feudal geprägten Hegemonialmächten Österreich und Preußen sah dagegen, wie es die Bundesakte von 1815 ausdrückte, in der »Erhaltung der äußeren und inneren Sicherheit« vor dem revolutionären Prinzip sein Hauptanliegen. Unter dem Einfluß Metternichs festigte der Deutsche Bund die bestehenden Herrschaftsverhältnisse und versuchte die freiheitliche sogenannte »demagogische« Regung niederzuhalten. Der Bundestag, das politische Organ der deutschen Fürsten, diente den Hegemonialmächten dazu, kleinere Staaten, vor allem das »gefährdete« Grenzland Baden, zum Einschreiten gegen die aufkommende liberale Bewegung zu zwingen. Es bestand dagegen die Chance, daß Baden zum Modell eines friedlichen, von der gesellschaftlichen Entwicklung her gebotenen Übergangs zu einer neuen Staats- und Gesellschaftsform in Deutschland geworden wäre. Die konstitutionelle Entwicklung Badens hätte die Voraussetzungen geboten, daß das Neue in das Alte gewissermaßen hineinwachsen und das Alte hätte herausbröckeln können. Lautenschlager, ein verdienstvoller badischer Geschichtsschreiber, stellte rückblickend auf die Periode des Vormärz und der Revolution fest: »An der Unvereinbarkeit eines ehrlichen Verfassungslebens mit der von dem deutschen Bunde unter Metternichs reaktionärer Leitung diktierten Bevormundungspolitik ist die Lösung dieser Aufgabe gescheitert.«[22]
Auch Gall erkannte in der Spannung fortschrittlicher Kräfte von unten und der Restauration von oben »das Grundproblem der badischen Geschichte im 19. Jahrhundert«.[23] Wegen dieses strukturell in der badischen Innen- und Außenpolitik angelegten Widerspruchs gingen Großherzog und Regierung den unentschlossenen Mittelweg: Weder versicherten sie sich der Bundesgenossenschaft des aufkommenden Bürgertums, wie es der Konzeption der »Geheimratsliberalen« entsprach[24], noch verhielten sie sich in Distanz zu den konservativen Adelskreisen.
Der politische Widerspruch berührte sich mit einem gesellschaftlichen: Die gesellschaft-

lichen Verhältnisse blieben weitgehend beharrend und einem »sozialrestaurativen Druck« ausgesetzt, politisch aber waren, wie sich dann zu Beginn des dritten Jahrzehnts deutlich zeigte, die Kräfte der »Bewegung« in Gang gekommen. Baden entwickelte sich im Verhältnis von Staat und Gesellschaft umgekehrt proportional wie Preußen, wo sich trotz fehlender Konstitution und politischer Emanzipation die gesellschaftlichen und wirtschaftlichen Kräfte relativ ungehindert entfalten konnten.[25] Der fortschrittliche politische Überbau und die konservative soziale Basis in Baden erzeugten eine Gärung, die der späteren radikalen Bewegung zugute kam. Der Ausbruch der Julirevolution brachte das Grundmuster der politischen Kräfte Badens erstmals zum Vorschein.

Frühliberalismus in Baden nach der Julirevolution – sein Erwachen und seine Unterdrückung (1830–1833)

Die Julirevolution im Jahre 1830 in Frankreich löste eine »gesamteuropäische Kettenreaktion«[1] aus. Es zogen zwar keine Revolutionsarmeen wie nach 1789 über den Rhein, dennoch wurde in Deutschland die Revolution »als politische und Ideenmacht wieder lebendig«[2].
Vom »Krähen des gallischen Hahns« geweckt, erwachten auch die südwestdeutschen Grenzlande, die bayerische Rheinpfalz und das Großherzogtum Baden nach Jahren politischer Agonie. Die Aufnahmebereitschaft für die neuen Ideen war hier, hervorgerufen durch die Reformen der napoleonischen Ära, stärker als in den östlichen Teilen Deutschlands. Erfaßte sie zuerst nur eine dünne bürgerliche Schicht, so drang sie doch bald ins Volk. »Liberale Gesinnung« wurde, wie Philipp Jakob Siebenpfeiffer 1832 feststellen konnte, »fast zur öffentlichen Leidenschaft«.[3]
J. G. A. Wirth, der wie kaum ein anderer nach der Julirevolution publizistisch bahnbrechend in Deutschland wirkte, wurde von den ersten Nachrichten aus Frankreich in einem Zustand taumelnder Freude versetzt. Wirth beschreibt die Wirkung dieses Ereignisses auf ihn wie ein politisches Erweckungserlebnis, das seinem bisherigen gemächlichen Leben als Bayreuther Anwalt eine andere Richtung gab.[4] Über München ging er in die Rheinpfalz und gründete dort zusammen mit Siebenpfeiffer den »Preß- und Vaterlandsverein«. Mit dem ihm eigenen Feuer und Pathos rief Wirth im Februar 1832 in der weitverbreiteten Flugschrift *Deutschlands Pflichten* zur Gründung einer freien politischen Presse als Voraussetzung eines zu schaffenden deutschen Nationalstaates auf.[5] Die »Macht der öffentlichen Meinung« wiege schwerer als die »Macht der Fürsten«; sei erst eine freie Presse geschaffen, so führe diese von selbst zu einer »materiellen Vereinigung« und zum Sturz der »Tyrannen«.
Im benachbarten Baden dagegen schlug die liberale 2. Kammer unter Führung von Rotteck und Welcker einen konstitutionellen Reformkurs ein. Nach der Abschaffung der Zensur in Baden schien einem »wahren öffentlichen Leben« wenig mehr im Wege zu stehen, weil »die Rednertribüne der gesetzgebenden Kammern mit der freien Presse in Wechselwirkung treten«[6] und die politische Umgestaltung vorantreiben konnte. Doch der badische Liberalismus wurde ebenso unterdrückt wie der Hambacher Radikalismus.[7]

Warum konnte sich keine der beiden Richtungen durchsetzen, ja »mußten« sie nicht nach der Logik der Machtverhältnisse scheitern? Wir wollen diese Frage anhand signifikanter Erscheinungsformen der liberalen und radikalen Bewegung, wie sie vor allem in Baden zu beobachten waren, erörtern. Die Entstehung einer öffentlichen Meinung im lokalen Bereich, nämlich in Mannheim, und das Vorgehen staatlicher Organe wird am Beispiel des *Wächter am Rhein* geschildert. Das politische Bewußtsein vieler »Freisinniger« spiegelte sich in den ersten Vereinsgründungen, wie der Polenvereine. Sie neigten beim Einschreiten des Bundestages zwar zum Protest, aber kaum zum Widerstand. Entschiedener dagegen reagierten die radikalen Anhänger des »Preß- und Vaterlandsvereins«. Sie gingen vielfach – wie im zweiten Teil dargestellt wird – in den revolutionären Untergrund. Zwischen »Hambachern« und badischen Liberalen brach ein Konflikt auf, der jedoch wegen der rasch einsetzenden Unterdrückungsmaßnahmen nicht mehr ausgetragen werden konnte.

Die konstitutionelle Reformpolitik der badischen Liberalen

Im Gegensatz zu anderen deutschen Mittel- und Kleinstaaten blieb Baden ruhig. Großherzog Leopold, der am 30. März 1830 nach dem Tod des unbeliebten Großherzogs Ludwig auf den Thron kam, entschloß sich unter dem Druck der Ereignisse zu raschen Konzessionen. Er kündigte für Anfang 1831 die Neuwahl der 2. Kammer an und setzte eine neue Regierung ein.[8] Während die von Ludwig Winter geleitete Innenpolitik die liberale Wende glaubhaft machte[9], blieb die Vertretung der äußeren Politik in konservativen Händen und spiegelte damit Badens Grundkonflikt. Freiherr von Türckheim übernahm das Außenministerium, Freiherr von Blittersdorff[10] – der ein Jahrzehnt später die schweren Landtagskämpfe auslöste – fungierte weiterhin als Bundestagsgesandter. Das Land setzte große Hoffnungen auf den »Bürgerfreund« Leopold, sein eher hilflos-unpolitischer Charakter trat aber vor dem Hintergrund der vormärzlichen Umwälzung immer mehr zutage.[11]

Die neugewählte, mehrheitlich liberale 2. Kammer[12] verfolgte konsequent die Absicht, durch ihre Gesetzgebungstätigkeit auf dem Gebiet der Rechtspflege, der Gemeindeordnung, der Grundentlastung und der Preßgesetzgebung eine bürgerliche Gesellschaft zu schaffen und die politische Basis der Liberalen zu erweitern. Wenngleich manche Reformen – wie das liberale Preßgesetz – wiederaufgehoben wurden, blieben doch andere, weniger »Anstoß erregende«, mehr im stillen wirksame Reformen, wie das Gemeindegesetz, bestehen und »demokratisierte[n] die Fundamente der politischen Gesellschaft«[13], wie Häusser etwas pointiert formulierte.

Das Gemeindegesetz stärkte die Selbständigkeit der Gemeinden und erweiterte die Zahl der Urwähler erheblich.[14] Diese egalitäre Neuerung – weitergehend als in anderen Bundesländern – dürfte wohl entscheidend dazu beigetragen haben, daß die liberale und radikale Bewegung im Vormärz auf Gemeindeebene, bei Bürgermeistern und Gemeinderäten, eine wichtige Stütze fand. Mit stillen Gesellschaftsreformen konnte die 2. Kammer den Widerstand des Deutschen Bundes unterlaufen, doch mit der Welckerschen Motion auf Herstellung einer deutschen Nationalrepräsentation[15] und mit dem Pressegesetz, das leicht Schule machen konnte, rührte sie an die Grundlagen des Deutschen Bundes und forderte dessen Reaktion heraus.

Die Welckersche Motion zur Errichtung eines deutschen Parlaments wurde zum Fanal der Einheitsbewegung und löste ein begeistertes Echo in Deutschland aus. Aufgrund des außenpolitischen Drucks drohte die badische Regierung mit Auflösung des Landtags für den Fall der Beratung. Daraufhin setzte Rotteck, sorgsam darauf bedacht, die Konfrontation mit einem übermächtigen Gegner zu vermeiden, die Nichtbehandlung der Motion, die Verweisung »in die Abteilungen des deutschen Volkes«, an die öffentliche Meinung, durch.[16]

Der größte Erfolg, aber auch die deutlichste Niederlage der badischen Liberalen war mit dem badischen Pressegesetz verbunden. Am 24. März 1831, kurz nach Eröffnung des neuen Landtags, brachte Welcker eine Motion auf Gewährung der »vollkommene[n] und ganze[n] Preßfreiheit« ein.[17] Die seit den Karlsbader Beschlüssen von 1819 bestehende Zensur, so führte Welcker aus, sei ein Verrat an Fürst und Volk und widerspreche zudem der badischen Verfassung. Nach langem Drängen der 2. Kammer, die mit Verweigerung des Budgets drohte, sah sich die Regierung gezwungen, die Hauptforderung der Liberalen zu erfüllen und eine weitgehende Preßfreiheit einzuführen. Die Vorzensur wurde aufgehoben. Zensur galt nur für Schriften, die den Deutschen Bund und andere Bundesstaaten betrafen.[18] Trotz wirksamer Repressivmaßregeln, die den Behörden zur Verfügung standen[19], war dieses seit dem 1. März in Kraft gesetzte Pressegesetz das freiheitlichste im deutschen Vormärz.[20]

Die Reformunfähigkeit und Unnachgiebigkeit des Bundestages trat gerade bei der Behandlung des badischen Pressegesetzes zutage. Die Commission in Preßangelegenheiten befaßte sich am 5. Juli 1832 mit dem badischen Pressegesetz, weil eine »wachsende Anzahl von Blättern [. . .] eine feindselige Tendenz« zeigten.[21] Die »verbreitetsten dieser Blätter sind der zu Freiburg erscheinende ›Freisinnige‹ und der ›Wächter am Rhein‹«, die es sich zur »besonderen Aufgabe« machten, »das demokratische Prinzip zum alleinherrschenden zu erheben«.[22] Während der *Freisinnige* angeblich die Fürsten zu seinen Grundsätzen bekehren, also nur eine Reform wolle, strebe der *Wächter* aus der Wirth-Siebenpfeifferschen Schule »unverhohlen die Volksherrschaft durch Volksgewalt, durch Revolution« an.[23]

Der Vertreter der badischen Regierung, die am Pressegesetz festhalten wollte, um insbesondere dem Großherzog die Peinlichkeit des Widerrufs zu ersparen, stieß auf die geschlossene Ablehnung der anderen Bundesstaaten.[24] Das Präsidium drohte mit Bundesintervention[25], um »mit allen ihm zu Gebote stehenden Mitteln die Vollziehung [seines Willens] zu sichern«.[26] Es gestattete lediglich eine vierwöchige Umstellungsfrist.[27] In der Sitzung vom 31. Juli kapitulierte Baden endgültig.[28] Daraufhin beschlossen die übrigen Bundesländer, die beiden Blätter, den *Freisinnigen* und den *Wächter*, auch ihrerseits zu verbieten.[29]

Das freiheitliche Pressegesetz von 1832 wurde zum Symbol des Kampfes um die freie Presse im Vormärz und während der Revolution in Baden. Die Forderung nach Wiedereinführung dieses ohne Zustimmung der 2. Kammer und damit unrechtmäßig kassierten Pressegesetzes erfüllte den badischen Vormärz. Am 1. März 1848 wurde es »wieder in Wirksamkeit gesetzt«, doch nach der Niederschlagung der Revolution und der Wiedereinsetzung des Großherzogs Leopold durch Preußen im Jahre 1849 ein zweites Mal kassiert.[30]

Der Wächter am Rhein: *Kampf um Pressefreiheit*

In der kurzen Zeit der Pressefreiheit in Baden entstand rasch eine politische Öffentlichkeit. Ebenso rasch brach sie aber wieder zusammen, als die badische Regierung mit polizeistaatlichen Mitteln die restriktiven Bundestagsbeschlüsse durchsetzte.
Freiburg und Mannheim waren die Städte mit dem lebendigsten Pressewesen. Das grenznahe Freiburg mit der liberalen – wenige Jahre später aber ultramontan beeinflußten – Universität entwickelte sich zum Zentrum der bürgerlich-oppositionellen Bewegung. Ihr Organ war der *Freisinnige*; er wurde seit März 1832 von einer Gruppe Freiburger Liberaler um Rotteck herausgegeben, aber bereits am 19. Juli durch Bundesbeschluß verboten.[31] Mannheim öffnete sich dem Einfluß der Pfälzer Demokraten, die mit dem *Wächter am Rhein* gleichsam einen radikalen Brückenkopf im liberalen Baden bildeten. Beide Blätter waren überwiegend lokal verbreitet. Einer überregionalen Presse stand nicht nur die politische Repression von oben, sondern auch ein partikularistisches Bewußtsein von unten entgegen. Der gerne hervorgekehrte badische Patriotismus[32] stieß im Württembergischen auf wenig Gegenliebe, weil man dort, wie ein Kundschafter des Vaterlandsvereins bemerkte, »alles Ausländische verachtete«[33]. Öffentliche Meinung konnte zuerst nur im lokalen Rahmen entstehen.

Pfälzer Republikanismus in Mannheim

Der republikanische *Wächter am Rhein*[34], der vom 1. April bis zum 24. Juli 1832 bestand, trug wesentlich zur Bildung einer öffentlichen, politischen Meinung in Mannheim bei. Um sie zu treffen, gingen badische Regierungsorgane und Bundestag gegen den *Wächter* vor.

Nach dem Schlag des Bundestages gegen die »Preßfreiheit«, der zum Verbot von Siebenpfeiffers *Westboten* und der *Deutschen Tribüne* Wirths sowie zu einem fünfjährigen Berufsverbot für die leitenden Redakteure geführt hatte[35], suchte Wirth in Baden ein Asyl für die freie Presse. Wirth stand als politischer Mentor hinter dem *Wächter*, da er selbst als Redakteur nicht in Erscheinung treten durfte. Franz Stromeyer, ein früherer Mitredakteur des *Westboten*, besorgte die redaktionelle Arbeit, firmierte jedoch selbst nur als Herausgeber, weil er ebenfalls unter das Berufsverbot fiel. Einem kaum des Schreibens kundigen Bauern namens Franz Schlund fiel die Rolle des Strohmanns zu; im Impressum fungierte er als leitender und verantwortlicher Redakteur. Wirth und Siebenpfeiffer begnügten sich nach außen mit namentlich gezeichneten Artikeln. Außerdem gehörten der junge Kölner Advokat Jakob Venedey der Redaktion[36] und Karl Mathy, ein Schwager Stromeyers, dem Kreis der Mitarbeiter an[37]. Auf der Suche nach dem wahren Redakteur tappten Bundestag und badische Regierung zuerst im dunkeln. Franz Stromeyer (1804 oder 1805–1848)[38] trat als einer der heftigsten Redner beim Hambacher Fest zum erstenmal an die Öffentlichkeit. Wie seine damaligen Mitstreiter Obermüller und Giehne näherte er sich im Laufe des Vormärz der konservativen Richtung; zeitweise war er auch als Konfident Metternichs tätig.

Der *Wächter* war, nach der treffenden Charakteristik Gustav Freytags, des Biographen Karl Mathys, eine Zeitung, »die durch den warmen und herausfordernden Ton ihrer Artikel sofort die Herzen der Leser gewann und den Machthabern unbequem wurde«.[39] Badischer Patriotismus und Deutschtümelei fanden bei ihm keine Aufnahme. Gegen die zuweilen auch bei Wirth spürbaren antifranzösischen Anklänge verwahrte sich der *Wächter*: Manche nannten sich leider Patrioten, deren Patriotismus allein »in dem Haß gegen das Nachbarvolk der Franzosen« bestehe.[40]

In der kurzen Zeit seines Bestehens konnte der *Wächter* in Mannheim und Umgebung nur eine geringe Zahl Abonnenten finden.[41]

Es ist nur allzu wahrscheinlich, daß der »Preßverein« Wirths den *Wächter* durch bezahlte Abnahme ganzer Kontingente von Ausgaben unterstützte und diese dann zusammen mit der großen Zahl anderer Flugschriften in Deutschland verbreitete.[42] Dies bestätigte auch indirekt J. G. A. Wirth in seiner Verteidigungsrede.[43] Der Pfälzer Radikale Dr. Schüler, der die Geschäfte des »Preßvereins« übernommen hatte, dürfte, wie ein bayerischer Spitzelbericht wissen wollte, für die finanzielle Unterstützung des

Wächter gesorgt haben.[44] Ideelle und materielle Hilfe flossen zusammen; so spendete der »Preßverein« in Frankfurt dem *Wächter* 200 Gulden für Prozeßkosten, wofür der *Wächter* seinen Dank aussprach[45].

Der *Wächter am Rhein*, ein manifester Anfang demokratischer Ideengeschichte, wurde bezeichnenderweise von Pfälzer Radikalen gegründet. Er steht außerhalb des Konsenses der badischen Konstitutionellen. Obwohl das radikale Gedankengut noch rudimentär erscheint, enthält es gleichwohl wesentliche Elemente des späteren Radikalismus.
Der zum 1. April 1832 herausgekommene *Wächter* hatte in der Presse, so zum Beispiel im *Freisinnigen*, seinen entschiedenen Oppositionskurs angekündigt:

> »Der ›Wächter am Rhein‹ wird sich weniger angelegen sein lassen, die Hof- und Kabinettsneuigkeiten eiligst zur allgemeinen Kenntnis zu bringen, als vielmehr, ähnlich dem nunmehr eingegangenen Westboten und der Tribüne, die großen Angelegenheiten unserer Tage freimütiger, furchtloser Betrachtung zu unterwerfen.«[46]

Im Unterschied zu den Liberalen, die den konstitutionellen Weg der Reform einschlagen wollen, schließt der *Wächter* die direkte Aktion von unten, die demokratische Revolte, nicht aus. Die Freiheit bleibe so lange nicht gesichert, »solange nicht die Feinde der Freiheit gleiche Furcht vor den Schützern der Freiheit haben«.[47] Die Befreiung Deutschlands sei nur dauerhaft, wenn sich die deutschen Volksstämme zu einem Schutzbund zusammenschlössen. Nur aus Angst vor dem Volk würden die Fürsten auf ihre Willkürherrschaft verzichten und Verfassungen erlassen, »welche vielleicht bei *ungestörter Entwicklung* die wahre bürgerliche Freiheit gewähren könnten«.[48] Jede monarchische Regierung sei dem Recht des Volkes und der Vernunft zuwider, kraft seiner Souveränität sei das Volk berechtigt und verpflichtet, die Herrschaftsform zu ändern.
Neben der Idee der Volkssouveränität postuliert der *Wächter* im Sinne Rousseaus eine vorstaatliche, individuelle Freiheit:

> »Die persönliche Freiheit ist eine Muttergabe der Natur an jeden Menschen [. . .] Der Staat, die Gesellschaft, welcher wir angehören, kann diese Freiheit nicht zerstören.«[49]

Herrschaft sei nur legitimiert aus dem Willen der Gesamtheit, dieser Gesamtwille heiße das Gesetz. Weitere Elemente radikalen Ideengutes, wie sie für den Radikalismus des Vormärz konstitutiv sind, sind die Thesen der Gleichheit der Menschen und der Republik als gemäßer Staatsform. Die Gleichheit der Menschen, »eine christliche Wahrheit«[50], gründe in der Ebenbildlichkeit der unsterblichen Seele mit Gott. Der Ursprung der Herrschaft liege in der Gewalt, eine These, wie sie später auch anarchistische Jungdeutsche vertraten.

Das Verbot des *Wächter*: Eine Groteske

Der *Wächter* gab sich als radikaldemokratischer Wortführer der Opposition und beanspruchte, zumindest für Mannheim, die öffentliche Meinung auszudrücken. Die inoffizielle *Karlsruher Zeitung*, die sich bisher von Pressefehden zurückgehalten hatte, drohte mit einem Bürgerprotest gegen diese »Anmaßung« des *Wächter*:

»Er [Stromeyer] möchte durch seine Schreibereien glauben machen, als sei er das Organ der öffentlichen Meinung zu Mannheim [. . .] länger werden die Mannheimer seinen Unfug nicht ruhig mit ansehen.«[51]

Der Protest ging von »eine[r] Anzahl Mannheimer Bürger« aus, die anonym blieben und vielleicht – wie der *Freisinnige* unterstellte – reine »Demonstrationsleichen«[52] waren. Der badischen Regierung und dem Bundestag war der *Wächter* bald ein Dorn im Auge, sein Erscheinen war aber durch das badische Preßgesetz legalisiert. Wenige Wochen nach Erscheinen des *Wächter* befaßte sich auch der Bundestag damit, ob Schlund der eigentliche Redakteur sei »oder nur seinen Namen dazu hergegeben habe«.[53] Nachdem die badischen Behörden Stromeyer als tatsächlichen Redakteur ausfindig gemacht hatten, drängte der Bundestagsgesandte von Blittersdorff Innenminister Winter, Stromeyer unter Berufsverbot zu stellen.[54] Doch die Vorsicht der Redaktion ließ nicht zu, Stromeyer zu überführen. Die folgenden Versuche Blittersdorffs und der badischen Regierung, hinter das Versteckspiel des *Wächter* zu kommen, nahmen groteske Formen an. Blittersdorff schlug vor, den Tarnredakteur Franz Schlund, den Sohn eines Bauern, der auch selbst Bauer sei und »in seinem Leben mehr Furchen geackert, als Zeilen geschrieben« habe, für »notorisch unfähig« zu erklären und ihm eine solche Funktion zu verbieten. Der Innenminister wandte, gestützt auf ein juristisches Gutachten seines Hauses, ein, daß dann ein anderer Strohmann an die Stelle Schlunds treten und das Spiel von neuem beginnen könne. Aus diesem Grunde wehrte Winter auch einen beflissenen Vorschlag des Mannheimer Regierungsdirektors Dahmen ab, Franz Schlund vom dortigen Lyzeumsdirektor auf seine Eignung als Redakteur prüfen zu lassen.[55] Als Blittersdorff auf seinem Vorschlag beharrte, eine polizeiliche Untersuchung durchzuführen, hielt ihm Winter entgegen, daß die Nachforschungen der Polizei unfruchtbar bleiben und sie selbst allzuleicht zum allgemeinen Gespött werden könnten. Um nämlich die wahren Verhältnisse eines vermutlichen Tarnredakteurs aufzudecken, sei es notwendig, in das Innere der Familien- und Gewerbeverhältnisse einzudringen. Dies lehnte Innenminister Winter unter Berufung auf die »öffentliche Meinung« ab: »Nimmermehr würde aber die öffentliche Meinung anerkennen, daß solchen Untersuchungen eine wahrhaft gerechte, die öffentliche Wohlfahrt bezweckende Triebfeder zugrunde liege.«[56] Der Innenminister wollte einen Skandal vermeiden, zumal der *Wächter* von den Mannheimer Stadtbehörden unterstützt wurde.

Stadtamt und Stadtrat von Mannheim gingen zum Schutz des *Wächters* bis zum vorsichtigen Boykott von Regierungsanweisungen. Die Anfrage der Regierung über die Eignung Franz Schlunds als Journalist beantwortete der Stadtrat diplomatisch: Er könne über die Geistesfähigkeiten des Franz Schlund weder etwas Vor- noch etwas Nachteiliges aussagen, die »Notarietät« habe sich seines Wissens noch nicht darüber ausgesprochen.[57]

Die Mannheimer Polizeibehörde beschlagnahmte wiederholt den *Wächter* aufgrund der Weisung von oben.[58] Sie mußte jedoch für jede Beschlagnahme, wie es das neue Preßgesetz vorschrieb, eine Bestätigung vom Stadtamt in Mannheim einholen. Um Repressalien der Regierung gegen Einzelrichter von vornherein zu vereiteln, konstituierte sich das Stadtamt als Collegialgericht und hob mit Mehrheitsbeschluß Beschlagnahmungen der Polizei wieder auf.[59] Diese Protesthaltung erstreckte sich selbst auf die Polizei. Polizeihauptmann Kirn weigerte sich, den *Wächter* einzuziehen.[60] Der *Wächter* konnte sich durch die schleppende Behandlung des Falles seitens des Innenministeriums, durch die Unterstützung der Mannheimer Stadtbehörden und der Öffentlichkeit fast drei Monate halten. Das Verbot des *Wächter am Rhein* erfolgte am 25. Juli durch die badische Regierung.[61]

Stromeyer protestierte dagegen mit einem Flugblatt, in dem er das Verbot als einen »ungesetzlichen Akt«, dem er sich »nicht unterwerfen werde«, bezeichnete. Nur die »äußerste Gewalt« könne ihn an der weiteren Herausgabe der Zeitung hindern.[62] Stromeyer mußte im September ins französische Straßburg flüchten.[63]

Die Protesthaltung der Mannheimer Bevölkerung mochte weit verbreitet sein[64], von einem politisch gezielten Widerstand, wie er sich im Jahre 1845 bei geringerem Anlaß zur Rettung von Gustav Struves *Mannheimer Journal* zeigte, konnte aber noch keine Rede sein. Dennoch zeigte sich erstmals eine öffentliche Meinung von politischem Gewicht. Nicht nur in Mannheim, auch in Freiburg und anderen badischen Orten fanden angesichts des drohenden Einschreitens des Bundestages Bürgerversammlungen statt, die in Adressen den Großherzog beschworen, die Pressefreiheit zu erhalten. Die Freiburger Versammlung versprach, auf Geheiß des Großherzogs Gut und Blut zur Verteidigung der badischen Freiheiten einzusetzen.[65] Eine von 2000 Mannheimer Bürgern unterzeichnete Adresse[66] durfte auf Geheiß der Regierung dem Großherzog nicht überbracht werden[67]; es hätte ihn vor eine unangenehme Situation gestellt, weil er doch – hier »Bürgerfreund«, da Bundestagsfreund – das Pressegesetz »insgeheim hintertrieben« hatte[68]. Die Gutgläubigkeit gegenüber dem Herrscher, die für das (un-)politische Bewußtsein breiter Bevölkerungskreise bezeichnend war, bekam bei einigen wenigen erste Risse.

Entstehung und Unterdrückung politischer Öffentlichkeit

Neben 2. Kammer und Presse entfaltete sich das erwachte öffentliche Leben auch in Form vordemokratischer Willensbildung: in politisch inspirierten Volksfesten wie in Badenweiler und Weinheim, bei Empfängen für die Volksvertreter und in Adressen. Organisatorische Gestalt nahm Öffentlichkeit in den Polenvereinen an, bei denen liberale und humanitäre Haltung sich in einer für den frühen Vormärz charakteristischen Weise verbanden. Die »patriotischen Vereine«, auf liberale Initiative hin entstanden, versuchten zwar tatkräftig, Widerstand gegen die Bundestagsbeschlüsse zu organisieren, scheiterten aber rasch.

Politische Volksfeste und Empfänge

Ein charakteristisches Beispiel, wie »Politik« als bewegende Erfahrung ins biedermeierlich-private Leben eindrang, ist die Heimfahrt Rottecks von Karlsruhe nach Freiburg nach dem Schluß des erfolgreichen Landtags von 1832. Von Ort zu Ort versammelte sich spontan eine begeisterte Menge – Liberale mögen durch entsprechende Benachrichtigung nachgeholfen haben – und bereitete dem in einer mehrspännigen Pferdekutsche reisenden Rotteck einen wahren Triumphzug.[69] Die Bevölkerung säumte den Weg, Rotteck wurde »von der harrenden Volksmenge unter laut schallendem Jubel empfangen« und jeweils zum nächsten Ort weitergeleitet. Die Landbevölkerung zwischen Emmendingen und Freiburg erwartete Rotteck mit Fackeln am Wegrand. Die Stadt Lahr überreichte Rotteck einen Ehrenpokal, die Stadt Kenzingen verlieh ihm das Ehrenbürgerrecht. In Freiburg[70] wurde Rotteck enthusiastisch wie ein Volksfürst gefeiert. Solche Ereignisse markieren den Übergang von einer traditionell-monarchischen Untertänigkeit zur politischen Selbstbestimmung auf psychologischer Ebene, denn das Volk sonnte sich nicht in der Gnade eines Fürsten, sondern erwies quasi einem Volksfürsten spontane Verehrung. Die breite Volkstümlichkeit des badischen Liberalismus hatte hier seine Wurzeln.

Der Glaube, daß Volk und Krone sich unter der gemeinsamen Fahne des Fortschritts vereinen könnten, bestimmte aber noch weitgehend alle Kundgebungen bei den im ersten Halbjahr 1832 gefeierten badischen Volksfesten. So brachten Deputierte beim Badenweiler Fest am Pfingstmontag 1832, bei dem man in »ungezwungene[r] Fröhlichkeit«[71] die neue Freiheit feierte, zuerst dem Großherzog einen Toast aus[72], dem ein »donnerndes Lebehoch« folgte. Die Liberalen waren peinlich darauf bedacht, jeden aufrührerischen Eindruck zu vermeiden, der die neue Freiheit hätte gefährden können. So ließ Rotteck eine von Freiburger Studenten aufgepflanzte deutsche Kokarde beseitigen, weil der Ruf nach deutscher Einheit allzu revolutionär erscheinen konnte.[73] Welcker beeilte

47

sich, nach dem Toast eines »Akademikers« auf Deutschlands Einheit und Freiheit zu beteuern, daß der Weg dahin allein über eine friedliche Reform führen könne.[74]
Zu politischen Auseinandersetzungen zwischen badischen und hessischen Liberalen kam es bei dem »Fest der freien Presse« in Weinheim, weil die badischen Liberalen, unter denen sich auch Itzstein befand, die vorbereitete Adresse des bekannten Frankfurter Rechtsanwalts Reinganum nicht zulassen wollten.[75] Reinganum forderte darin den Bundestag zur Bewilligung der Pressefreiheit auf. Itzstein fürchtete aber, dies könnte als »Aufreizung zu gewaltsamem Umsturz« verstanden werden[76], und verhinderte die Verlesung der Adresse. Die Versammelten trennten sich in Unfrieden.[77]

»Polenvereine« und »patriotische Vereine« – das Aufflammen des Widerstandes

Neben der französischen Julirevolution hat kaum ein anderes Ereignis das öffentliche Leben in Deutschland so sehr erregt wie der polnische Aufstand Ende 1830.[78] Polens Kampf gegen die reaktionären Hauptmächte, Rußland und Preußen, gegen die Unterdrückung nationaler Selbstbestimmung, gegen die Knebelung der öffentlichen Meinung, schließlich der Heldenmut polnischer Offiziere und Soldaten, all dies erschien, verglichen mit der eigenen Situation, ein verwandtes und begeisterndes Vorbild. Die Polenbegeisterung war ein wichtiges Moment der frühen Politisierung.
In mehreren Orten Badens, so in Mannheim und Freiburg[79], bildeten sich »Polenvereine«, um die polnischen Offiziere und Soldaten, die in zersprengten Gruppen und mittellos das Großherzogtum auf ihrem Weg ins französische Exil durchzogen, zu unterstützen.[80]
Die badische Regierung fürchtete, daß die Polenvereine nach den Bundestagsbeschlüssen der Opposition einen Unterschlupf bieten könnten, konnte sie aber wegen ihrer Popularität und humanitären Zielsetzung nicht kurzerhand verbieten.[81] Der Mannheimer Professor Eisenlohr nahm sie vor einer drohenden Unterdrückung in Schutz und erklärte, »viele sehr achtbare Staats-Angehörige« hätten sich diesen Vereinen angeschlossen, ihre plötzliche Unterdrückung käme einer Verfolgung gleich und würde große Erbitterung hervorrufen.[82] Dennoch hob Innenminister Winter sie am 10. August auf, übertrug aber die Kosten für die Verpflegung der durchmarschierenden polnischen Soldaten der Staatskasse; damit hatte er auch diesen Ansatz gesellschaftlicher Aktivität bürokratischem Reglement unterstellt.[83]
Während beim Verbot der Polenvereine Proteste ausblieben, kündigte sich nach dem Verbot aller Vereine[84] – seien sie »öffentlich oder geheim, politischer oder unpolitischer Art« – ein Aufflammen des Widerstandes an.
Das Einschreiten des Bundestages zeichnete sich bereits Ende Mai 1832 ab. Der *Freisinnige*, das Sprachrohr der Liberalen, schlug erstmals radikale Töne an.[85] Die Spannung

zwischen badischer Regierung und Volksbewegung wuchs, der Kampf zwischen der loyalen und der oppositionellen Presse erreichte einen Höhepunkt.
Als der »Staatsstreich gegen die konstitutionellen Verfassungen«[86] vollzogen war, rief der *Freisinnige* zur Bildung »patriotischer Vereine«, zur Übung im Waffengebrauch auf: »Es gibt nur noch *ein einziges und letztes Mittel,* die Volkskraft . . .«[87], und der Leitartikel vom 10. Juli (»Was ist zu tun?«) drohte:
> »Die Vorbereitungen aber, die Herbeiführung *äußerer Hilfsmittel* ist mehr Sache der Besprechung [. . .], der *gemeinsamen* Tätigkeit der patriotischen Bürger in jeder Gemeinde, in jedem Bezirk, in jedem Lande der deutschen Erde [. . .].«[88]

Dieser Aufruf zur Volksbewaffnung wurde nachweislich an mehreren Orten befolgt. Aktenkundig wurden die bewaffneten Vereine in Rastatt[89], in Heidelberg[90] und in Mannheim[91]. »Studenten und Bürger« in Heidelberg nahmen Unterricht im Exerzieren und beabsichtigten bewaffnete Aufzüge. Einer bewaffneten öffentlichen Versammlung in Rastatt kamen die Behörden durch ein Verbot zuvor.[92] Zur Verhinderung einer im unruhigen Schwarzwaldort Ettenheim angekündigten Volksversammlung genügte die drohende Demonstration einer Abteilung Militär.[93]
Die Stoßrichtung dieses Widerstandes richtete sich jedoch nur indirekt gegen den Großherzog und die badische Regierung. Die liberale Opposition fürchtete vielmehr einen Unterdrückungsfeldzug Preußens und Österreichs und meinte den Großherzog, den man wenigstens mit dem Herzen auf der Seite der Landeskinder glaubte, »gegen die Verblendung auswärtiger Despoten und Aristokraten« schützen zu müssen.[94] Es ist charakteristisch für das politische Bewußtsein führender Teile der Opposition um 1830, daß sie keine Revolution gegen die eigene Obrigkeit, sondern einen Freiheitskrieg wie im Jahre 1813 gegen Frankreich im Sinne hatten.[95]
Die Behörden verfolgten die »patriotischen Vereine« wie ein »kriminelles Delikt«. Die Empörung der Opposition brach so schnell wieder in sich zusammen, wie sie aufgeflammt war. Spätestens in den Herbstmonaten waren in Baden die Spuren eines breiten öffentlichen Widerstandes verschwunden.
Die Ansätze politischer Öffentlichkeit, die nach der Julirevolution in Baden entstanden waren, überdauerten die Repression der Jahre 1832/33 nicht. Das Versammlungs- und Vereinigungsrecht wurde von staatlicher Genehmigung und Kontrolle abhängig gemacht und damit faktisch aufgehoben.[96] Der bürgerliche Leseverein in Konstanz, vor die Wahl gestellt, ein namentliches Verzeichnis der Mitglieder vorzulegen oder sich selbst aufzulösen, zog letzteres vor.[97] Vom Stolz der badischen Liberalen, der freien Presse, blieb nicht viel mehr übrig »als Anklageprozesse und eine Anzahl von Volksblättern, denen der Preßzwang«, wie das *Badische Volksblatt* Anfang 1833 schrieb, »die Flügel lähmt«.[98] Selbst das verfassungsmäßig vorgesehene Recht des Petitionierens an die 2. Kammer, die zuletzt einzig noch legale Form der öffentlichen Meinungsäußerung,

wurde, obgleich nicht verboten, so doch von der Regierung wie ein kriminelles Delikt verfolgt. Auf Anweisung des Innenministers verboten die Freiburger Behörden die Verbreitung von ausgearbeiteten Beschwerdeschriften, weil daraus »der Geist der Opposition« spreche.[99]

Ende 1833 fiel das Innenministerium wieder in den unnachsichtigen Ton des Obrigkeitsstaates zurück: Die Adressensammler seien meist voll »Eitelkeit, persönliche[m] Interesse und Wichtigmacherei«, sie seien lediglich Werkzeuge von Drahtziehern im Hintergrund. Ihr Treiben erzeuge Aufregung, störe die Eintracht und Geschäfte des ruhigen Bürgers und verleite ihn zum Besuch der Wirtschaften; ihnen drohte die Regierung strenge Bestrafung an.[100]

Es ist charakteristisch für die politische Situation Badens nach der Julirevolution, daß sich ein immenses Bedürfnis nach politisch-öffentlicher Artikulation kundtat, daraus aber nur ansatzweise eine zielgerichtete Opposition gegen den noch völlig intakten Polizei- und Obrigkeitsstaat entstand. Der Widerstand gegen die Bundestagsbeschlüsse hielt sich am hartnäckigsten in den vom »Preß- und Vaterlandsverein« gegründeten oder unterstützten politischen Vereinigungen. Soweit sie sich nicht ebenfalls auflösten, setzten sie ihre Tätigkeit im geheimen fort.

Die Aporien des frühen Radikalismus (1832/33)

Von einem badischen Radikalismus kann nur für den Zeitraum 1832/33 unter dem maßgeblichen Einfluß des Preß- und Vaterlandsvereins die Rede sein. Die republikanischen, demokratischen und nationalen Richtungen der radikalen Strömung waren noch nicht geschieden; ihnen allen gemeinsam war aber der Wille zur direkten Aktion, zur Gewalt statt zum gesetzlichen Fortschritt.[1]

Die Entwicklung dieser radikalen Ansätze hing eng mit den Unterdrückungsmaßnahmen des Deutschen Bundestages zusammen. Durch die Kriminalisierung der entstandenen politischen Öffentlichkeit wurde zugleich jeder radikalen Agitation in der Bevölkerung der Boden entzogen. Die radikalen Gruppierungen mußten sich aus der Öffentlichkeit zurückziehen; sie agierten im politischen »Untergrund«.

Drei Phasen dieser Entwicklung, die sich etwa von März bis August 1832 drängte, sind zu beobachten. Einer ersten Phase der Ausbreitung, die anhand neuen Quellenmaterials über die Wirksamkeit des Preßvereins in Baden dargestellt werden soll, folgte eine zweite, in welcher aufgrund der eingetretenen oder sich abzeichnenden Bundestagsverbote viele politisch Engagierte resignierten oder rebellierten. Charakteristisch für letztere Haltung ist die Flugschrift *Empörung!* von Georg Herold, der im Sommer 1832 im politischen Untergrund den bewaffneten Widerstand vornehmlich in Südbaden aufzubauen versuchte. In der dritten Phase zeichnete sich der Erfolg der Bundestagsbeschlüsse als eine zwangsweise Entpolitisierung der Öffentlichkeit bereits ab. Diese soll am Verhältnis von Burschenschaft und Bevölkerung in Heidelberg, einem Verhältnis von Annäherung und Entfremdung, Radikalisierung und Isolierung, beispielhaft aufgezeigt werden.

Die Verbreitung: Der Preß- und Vaterlandsverein und das Organisationsbüro Herr

Auf Initiative der beiden Pfälzer Demokraten Siebenpfeiffer und Wirth entstand im Januar 1832 in Zweibrücken der deutsche Preß- und Vaterlandsverein.[2] Im Gründungsaufruf[3] betonte Wirth, daß der Preßverein, der für ein geeintes republikanisch-demokratisches Deutschland eintrete, durch regelmäßige Beiträge der Mitglieder in den Orts-

und Filialvereinen in die Lage versetzt werden solle, Journale, die »Hebel der Nationalsache«, zum Eigentum der Nation zu machen. Die Redakteure sollten den Status von »absetzbaren Dienern des Volkes« erhalten, und die Preßorganisation habe für deren Unterhalt und rechtlichen Schutz zu sorgen. Die Verbreitung der oppositionellen Journale, Flugschriften und Bücher solle durch ein Vertriebssystem mit Expreßboten in ganz Deutschland erfolgen.
Die ideelle und materielle Unterstützung der oppositionellen Presse mit dem beabsichtigten Netz von organisatorischen Stützpunkten in ganz Deutschland stieß auf den entschiedenen Widerstand der Regierungen, die darin zu Recht die Anfänge einer deutschen Oppositionspartei vermuteten. Wirth wurde des Hochverrats angeklagt, jedoch am 14. April 1832 vom Appellationsgericht in Zweibrücken freigesprochen. Dieser Freispruch, allgemein als richterliche Anerkennung der Legalität des Preß- und Vaterlandsvereins verstanden[4], und das bald darauffolgende Hambacher Fest wirkten wie ein Signal zur landesweiten Propagierung des Preßvereins.
Die Advokaten Schüler und Savoye weiteten den Preßverein zu einer überlokalen Organisation aus, der zu diesem Zeitpunkt bereits örtliche Filialen in der Rheinpfalz, in den beiden Hessen, Nassau und Frankfurt angehörten.[5] Im politisch bewegten Baden jedoch konnte der Preßverein wegen der Konkurrenz mit den badischen Liberalen nur mit Mühe Fuß fassen.
Der Regierung waren im März 1832 nur »hie und da« Preßvereine zur Kenntnis gekommen.[6] In Mannheim bestand ein lokaler Preßverein, den der Redakteur des *Wächter*, Franz Stromeyer, der Buchhändler Johann Peter Grohe, der spätere Redakteur der *Mannheimer Abendzeitung*, und Karl Eugen Schund leiteten.[7] Über ihn ist wenig bekannt. Wenn nicht der bedeutendste, so doch der in der Öffentlichkeit auffälligste Preßverein Badens bestand in Heidelberg[8], weil er von den Burschenschaften der Universität maßgeblich bestimmt wurde. Die Radikalisierung der Burschenschaft ging einher mit einer Isolierung in der Bevölkerung, wie weiter unten dargestellt wird.
Obwohl die Aktivitäten des Preßvereins weit gespannt und vielfältig waren[9], ist doch seine innere Organisation und konspirative Tätigkeit noch weitgehend in Dunkel gehüllt. Dank einer glücklichen Quellenlage können die Grundzüge und Verbindungen des Preßvereins in Südbaden für den Aufbaumonat März 1832 erhellt werden. Bei der Hausdurchsuchung des wegen »Umtrieben« verdächtigten praktischen Arztes Dr. Franz Ludwig Herr in Herbolzheim in der Grenzgegend von Lahr entdeckte die Polizei nichts weniger als ein Organisationsbüro der illegalen südbadischen Opposition. Dies geht aus dem aufgefundenen konspirativen Briefwechsel hervor, der sich zusammen mit einem kommentierten Verzeichnis des belasteten Personenkreises bei den Akten des Innenministeriums befindet.[10]
Bei Herr liefen die Fäden der politischen, aber zunehmend konspirativen Aktivität im

Gebiet des oberen Schwarzwaldes zusammen. Herr besaß gute Beziehungen zur Redaktion des *Freisinnigen* und damit zur ersten Garnitur der badischen Liberalen. Er stand in Korrespondenz mit einer Reihe einflußreicher Personen südbadischer Orte. Zugleich fungierte er als Anlaufstelle für die Emissäre des Preßvereins, die häufig vom Zentralkomitee in Saarbrücken Flugschriften überbrachten. Er präsidierte einem recht aktiven politischen Klub, vermutlich einer Filiale des Preßvereins in Herbolzheim, der dreimal in der Woche zusammenkam.[11] Herr bemühte sich darüber hinaus auch um Kontakte zum revolutionären Widerstand um Georg Herold und zu Straßburger Flüchtlingen wie Harro Harring. Die Bedeutung von Herrs Aktivitäten wird noch unterstrichen durch das Auftauchen von Rauschenplatt und Obermüller bei dortigen politischen Versammlungen.

Die Polizei wurde nur bei der Hausdurchsuchung Herrs, nicht aber bei den übrigen belasteten Personen fündig. Herr wurde im Juli 1833 wegen Majestätsbeleidigung und Hochverrats zu eineinhalb Jahren, der Emissär des Preßvereins und Organisator des südbadischen Widerstandes, Busch aus dem Schwarzwaldort Riegel, vom Oberhofgericht im liberalen Freiburg wegen Hochverrats zu einem halben Jahr Zuchthaus verurteilt.[12] Sie fanden sehr gnädige Richter, waren diese doch der Auffassung, daß durch Herrs Tätigkeit »keine nahe Gefahr des Umsturzes der Verfassung (!) entstanden sei«.[13] Hätten sie die Gefährdung des monarchischen Prinzips zugrunde gelegt, hätte das Urteil ganz anders ausfallen können.

Fünfunddreißig Personen gehörten dem Kreis um Herr an. Sie weisen vom Liberalen bis zum Revolutionär alle politischen Schattierungen auf.[14] Diakon Kröll von Lahr verwahrte sich ausdrücklich gegen das revolutionäre Treiben Herolds. Advokat Ruef von Freiburg, Mitherausgeber des *Freisinnigen* und Herausgeber des *Badischen Volksblattes*, der praktische Arzt Schilling von Breisach, der namhafte Professor Lamezan, einer der Redner beim Badenweiler Fest, waren als liberale Parteigänger weithin bekannt. Eine hauptsächlich aus Emissären des Preßvereins bestehende Gruppe verbreitete radikale Propaganda. Eine andere Gruppe um Georg Herold organisierte, wie weiter unten dargestellt wird, den bewaffneten Widerstand. Die Übergänge zwischen beiden Gruppen waren freilich fließend.

Soziologisch gesehen umfaßte die Personengruppe in Herrs Korrespondenz überwiegend das Bildungs-, kaum das Besitzbürgertum, das in Baden ohnehin schwächer vertreten war. Unter 32 mit näheren Angaben versehenen Personen sind drei Advokaten, drei Ärzte, drei Kaufleute, darunter ein Tabaksfabrikant, ein Apotheker, drei Rechtspraktikanten, vier Studenten, zwei Skribenten und vier Lehrer; auch zwei Polen sind dabei. Neben Harring, Rauschenplatt und Obermüller sind auch der politische Flüchtling Johannes Müller von Straßburg und der radikale Ritter, ein Mitarbeiter des Zweibrücker Preßvereins, erwähnt, die beide Flugschriften verbreiteten.

Die freisinnige Bewegung hatte die Jugend besonders stark erfaßt. Studenten, Rechtspraktikanten und Skribenten machen, sieht man von den »Berufsrevolutionären« ab, ein überaus aktives Drittel der ganzen Personengruppe aus. Student Gerwas Torrent begegnet uns wieder als Mitglied des revolutionären Landesausschusses des Jahres 1849.[15] Über Rechtspraktikant Eimer, einen Vertrauten Buschs, bemerkte das Oberamt Lahr, bei dem Eimer tätig war, daß man ihn als »einen moralischen jungen Mann« kennengelernt habe, »der übrigens den sogenannten liberalen Ideen ergeben war, wie überhaupt die jungen Leute mehr von ihrer Phantasie geleitet werden [. . .]«.[16] Die Beobachtung, daß bestimmte Berufs- und Altersgruppen für das ideelle Moment des Frühliberalismus besonders empfänglich waren, wird verschiedentlich bestätigt. Die Behörde des Grenzortes Lörrach stellte fest, daß bei »Aufregungen« in der dortigen Gegend »weniger die bürgerlichen Einwohner als insbesondere Schullehrer, Ortsgeistliche, praktische Ärzte, Staatsdiener und überhaupt Personen, welche dem gebildeten Stande anzugehören glauben, teilgenommen haben, und daß meist letztgenannte es sind, die solche Aufregungen erzeugen«.[17]

Aus dem Briefwechsel ergibt sich, daß die Leiter des Zweibrücker Zentralkomitees, die Advokaten Schüler und Savoye, den Preßvereinen nach außen den Anschein harmloser und singulärer Vereinigungen zur Unterstützung der Presse zu geben suchten, zugleich aber mit Hilfe von Emissären eine Organisation geheimbündlerischen Charakters aufbauen wollten. Mit diesem Doppelspiel glaubten sie, das drohende Verbot des politischen Vereinswesens – wie es durch die Bundestagsbeschlüsse auch eintrat – unterlaufen zu können. Der Arzt Herr bildete dabei eine wichtige Kontaktstelle für die Agenten des Zentralkomitees in Zweibrücken im Bereich des Schwarzwaldes.

In den ersten Monaten bemühte sich der Preßverein, einflußreiche und finanzkräftige Privatpersonen sowie Redakteure von Zeitungen zur Mitarbeit zu gewinnen.[18] Wohl im Auftrage J. G. A. Wirths suchte der junge Ewald Cornelius, ein Mitarbeiter der *Deutschen Tribüne*[19] und Herausgeber des *Constitutionellen Deutschland* in Straßburg, Personen auf, bei denen er Sympathie für die Sache der Demokraten vermutete. Cornelius wandte sich unter anderen an Postdirektor von Fahnenberg und Domänenrat Zimmermann in Karlsruhe, wurde aber abgewiesen.[20] Zu dieser Zeit wurden Versuche zur Gründung von Preßvereinen bekannt, die ebenfalls die stille Regie des Zweibrücker Zentralkomitees vermuten lassen. Anfang März rief der Redakteur des *Lahrer Wochenblattes* die Bürger auf, sich wie in anderen Orten zur materiellen Unterstützung der freien Presse zusammenzuschließen, sich in die bei dem ansässigen Herrn Utmann ausliegenden Subskriptionslisten einzuzeichnen und monatliche Beiträge zu leisten.[21] Wie vorauszusehen war, machte Innenminister Winter Mitte März 1832 das Bestehen solcher Vereine von einer staatlichen Genehmigung abhängig, was einem faktischen Verbot gleichkam.[22]

Als Emissäre des Preßvereins fungierten durchweg junge Leute, vielfach Studenten oder Praktikanten der Rechtswissenschaft. Neben dem früheren Buchhändlergehilfen Ewald Cornelius[23] sind dies Philipp Ebner aus Durlach, ein Skribent bei der Domänenverwaltung in Kork bei Kehl, Gerwas Torrent, Student der Jurisprudenz in Freiburg, sowie der rührige Rechtspraktikant Busch aus Riegel bei Herbolzheim. Ebner trat als kritischer Karikaturist für den *Pforzheimer Beobachter* hervor und mußte deswegen seine Stelle aufgeben.[24] Er übermittelte aus Zweibrücken wohl hauptsächlich Flugschriften und warb damit in der Gegend von Kork für den Preßverein. Busch, ein enger Vertrauter Herrs, versuchte im Schwarzwald bewaffnete Gruppen zu organisieren und in Freiburg einen Preßverein zu gründen.[25] Torrent nahm eine Vertrauensposition beim Zentralkomitee ein. Ihm vertraute Joseph Savoye geheime Mitteilungen über den Stand des Preßvereins an.[26]

Die Emissäre des Preßvereins entfalteten eine rege Tätigkeit und unternahmen Reisen in ganz Süddeutschland. Bei der Werbung neuer Mitglieder war große Vorsicht geboten. Philipp Ebner, der im April 1832 den jungen Redakteur des *Zeitgeist* in Karlsruhe, Karl Mathy, aufsuchte, gab sich naiv und stellte zuerst die Testfrage, an wen er sich wohl zur Aufnahme in den Preßverein wenden könne.[27] Vermutlich sollte der *Zeitgeist* als Organ des Preßvereins gewonnen werden. Mathy reagierte aber wohl zurückhaltend. Andere Zeitungen, wie der *Wächter* in Mannheim und der *Schwarzwälder* in Freiburg, deren Redakteure Stromeyer und Obermüller[27a] ohnehin schon mit den Pfälzer Radikalen in engem Kontakt standen, wurden beim Hambacher Fest zu Organen des Preßvereins erklärt.

Cornelius bereiste Baden und hielt sich im Sommer 1832 auf sicherem Schweizer Boden in Kreuzlingen nahe Konstanz auf, wo er sein »Bureau« eingerichtet hatte und eifrig das Sammeln von Protestadressen gegen die Bundestagsbeschlüsse betrieb.[28] Das Innenministerium bemühte sich vergeblich um seine Festnahme und Auslieferung.[29] Ernst v. Rauschenplatt (1807–1868), eine der schillerndsten Gestalten des Vormärz[30], war zu diesem Zeitpunkt noch Kopf vielfältiger konspirativer Aktivitäten. Sowohl er wie Obermüller waren im geheimen Auftrag des Preßvereins unterwegs; sie besuchten Herbolzheim sowie die Heidelberger und Tübinger Burschenschaft.[31]

Der Preßverein war im Begriff, eine überregionale, parteiähnliche Organisation aufzubauen. Das Zentralkomitee ging dabei, wie aus einem auch an den Emissär Gerwas Torrent versandten Rundschreiben hervorging, nach einem bestimmten Plan vor.[32] Dieser sah einen zentralistischen Aufbau des Preßvereins wie auch eine quasi demokratische Kontrolle durch die Mitglieder vor. In jedem großherzoglichen Amtsbezirk sollte wenigstens ein Lokalkomitee gegründet werden, dessen beitragspflichtige Mitglieder einen Exekutivausschuß, bestehend aus vier bis fünf Personen, wählen sollten. Die gesammelten Unterstützungsgelder für den Preßverein sollten dem Filialverein übergeben werden, der sie in Form von Wechseln an das Zentralkomitee weiterzuleiten habe. Lokal- und Filialkomitees seien gegenüber der Zentrale, diese gegenüber den Mitgliedern zu genauer Rechenschaft über die Verwendung der Gelder verpflichtet.

Der Einfluß des Preßvereins stieß in Südbaden auf die Konkurrenz der Liberalen. Der Emissär Philipp Ebner berichtete aus dem Schwarzwald, daß sich zwar »hier und in der Gegend« viele »liberal« nannten, doch ganz »landeskindlich zurückbebten«, wenn ihnen die Unterstützung rheinbayrischer Blätter durch Beiträge oder Kauf von Anteilen zugemutet würde.[33] In Freiburg war Mitte März noch kein Preßverein zustande gekommen.[34] Emissär Busch beklagte dies in einem Brief an Herr und forderte ihn auf, »teils zur Blamage, teils zur Aufmunterung« einen Artikel an den *Freisinnigen* zu senden und zu fragen, wohin denn die Beiträge der bestehenden Preßvereine überbracht werden sollten, da doch in dem freisinnigen Freiburg sicher schon ein solcher Verein gegründet worden sei.[35]

Nur auf dem Lande, bei Schwarzwaldbauern, hatte die Werbung für den Preßverein mehr Erfolg. Bei ihnen fand die radikale Tendenz des Emissärs Ebner Anklang. In der Gegend von Kork kam eine Vereinsgründung mit 18 Mitgliedern zustande. Die gesammelten Beiträge übermittelte Ebner an Siebenpfeiffer.[36]

Obwohl die Beiträge für den Preßverein, wie aus den in der *Tribüne* abgedruckten Subskriptionslisten zu ersehen ist[37], nur geringe Summen ausmachten und diese wegen der obrigkeitlichen Repression gegen die namentlich bekannten Unterzeichner oft nur für einen, höchstens für einige Monate bezahlt wurden, war das Zweibrücker Zentralkomitee – vermutlich aufgrund der Spenden außerbadischer Preßvereine und »Capitalisten« – in der Lage, in großer Auflage Flugschriften herzustellen und über die Emissäre, die sie dort in Empfang nahmen[38], zu verbreiten. Ein Großteil der Flugschriften dürfte freilich auf dem Postwege in ganz Deutschland versandt worden sein.

Nach Wirths eigenen Angaben wurden ca. 100 000 Flugschriften, zu denen auch die Organe des Preßvereins zu rechnen sind, versandt.[39] »In jeden Verein, ja fast in jedes Bürgerhaus flatterten Pamphlete und Flugblätter aufreizenden Inhalts«, die, nach den Konfidentenberichten für Metternichs Informationsbüro, in allen deutschen Landesteilen Wirkung zeigten.[40] Die Tätigkeit des Preßvereins im benachbarten Baden war besonders vor dem Hambacher Fest sehr intensiv. In den Bierhäusern Mannheims verteilten junge Leute aus dem Linksrheinischen »in Mengen« das Programm für das Hambacher Fest.[41] Die außerordentlich rasch aufgebaute und wirksame Organisation des Preßvereins dürfte zumindest eine Voraussetzung für die überwältigende Beteiligung beim Hambacher Fest gewesen sein.

Die Bundestagsbeschlüsse im Sommer 1832 drängten die politisch Aktiven entweder in die Illegalität oder zwangen sie zur Resignation. Angesichts dieses Dilemmas sank die euphorische Stimmung bei vielen zuvor Entschiedenen.[42] Auch Ludwig Herr verzwei-

felte darüber. Herr gebe die Hoffnung auf Besserung der Zustände auf und müsse wieder aufgerichtet werden, charakterisierte ein politischer Freund Herrs Gemütslage.[43] Und über Vulpius, einen leidenschaftlichen Republikaner, urteilte er: »Man sieht ihm an, daß tiefer Gram und Haß und Zorn in seiner Seele sitzt.«[44]
Von der Verzweiflung zum verzweifelten Widerstand war nur ein kleiner Schritt. Georg Herold tat ihn mit der ihm eigenen Vehemenz.

Unterdrückung und Radikalisierung: Georg Herolds Empörung!

Der Übergang vom Preßverein zu revolutionären Geheimbünden war fließend. Emissäre des Preßvereins bereiteten eine Erhebung vor, umgekehrt suchten einzelne Organisatoren des bewaffneten Widerstandes in Baden, wie Georg Herold, die Verbindung zum Preßverein. Der kaum bekannte Georg Herold wurde von den Überwachungsbehörden Badens als »Hauptleiter der revolutionären Umtriebe in Süddeutschland«[45] eingeschätzt. Neben Burschenschaftern, Revolutionären wie Rauschenplatt, beteiligte sich auch Herold am Frankfurter Wachensturm. Herold hatte die einzige Geheimverbindung in Baden mit praktisch-revolutionärer Zielsetzung zu gründen versucht.
Johann Kaspar Georg Herold aus Frankfurt (ca. 1804–?), ein Theologe und Literat[46], besuchte das Hambacher Fest; aufgrund des Bundesbeschlusses vom 31. 8. 1832 wurde nach Herold polizeilich gefahndet. Nach Wachensturm und Flucht lebte Herold um 1836 als deutscher Flüchtling in Zürich. Dort veröffentlichte er einen Band *Gedichte*, von denen besonders jenes *An Luther* Aufsehen erregte und Georg Herwegh zu einer Replik in der *Deutschen Volkshalle* veranlaßte[47]. Nach Herwegh wäre dieses Gedicht »besser im Pulte oder noch besser in der Feder geblieben [...] Man muß auch gegen Leute verwandter Gesinnung ehrlich sein, wenn sie Mißgriffe tun«. Immerhin geht daraus hervor, daß Herold im Jahre 1840 unter den radikalen Emigranten ein namhafter Mann war. Vielleicht trat zu diesem Zeitpunkt bereits seine Abkehr von ultraradikalen und seine Hinwendung zu liberalen Ideen zutage. Herold nahm bald an der liberalen Entwicklung des Kantons Basel-Land, wo er sich in Liestal als Advokat niedergelassen hatte, regen Anteil.[48]
Wie aus der Korrespondenz Herrs hervorgeht, bestand nicht nur bei Radikalen, sondern auch im liberalen Lager eine Neigung zum Widerstand. In Freiburg drohte, nachdem staatliche Behörden die Druckerpresse des *Freisinnigen* versiegelt hatten, Rotteck die Siegel aber weggerissen hatte, eine Revolte.[49] Der Arzt Bodenheimer aus Freiburg kommentierte: »Man vermutet sehr, daß das alles mit Blut enden wird; – ist auch recht.«[50]
Im weiter nördlich gelegenen Schwarzwaldort Lahr bereitete unterdessen Herold eine

Verbindung zwischen den – so Emissär Busch – »vielen wackeren Leuten« vor, unter denen Verständigung not tue.[51] Zu diesem Zeitpunkt traf Busch auch mit Herold zusammen. Herold befand sich auf dem Weg von Lahr nach Konstanz, »wo er vielleicht verkappter Zeitungsredakteur wird«[52], wie Busch wohl nur aus persönlicher Mitteilung von Herold wissen konnte. Aus Freiburg forderte Busch Ludwig Herr zur tatkräftigen Organisation des Widerstandes auf, weil der günstige Zeitpunkt nicht verpaßt werden dürfe; die neue Revolution in Frankreich für eine Republik stehe bevor:

> »Freund! Sieh dich nach Pulver und Blei um und halte dich marschfertig. In kurzer Zeit wird der gallische Hahn krähen – mögen dann die Männer Deutschlands nicht unvorbereitet sein und schlafen wie im July. [. . .] Verstärke unsere Fahne durch neue Rekruten! Scheue keine Mühe!«[53]

Mit dem Scheitern der Junierhebung in Frankreich war auch diesen Versuchen eines breitgestreuten und nicht nur von isolierten Einzelgängern getragenen bewaffneten Widerstandes die Spitze gebrochen.

Etwa im Juni 1832 wurde Herold als Nichtbadener wegen politischer Umtriebe aus dem Lande verwiesen.[54] In den folgenden Monaten machte er als Organisator eines revolutionären Geheimbundes von sich reden. Er tauchte verschiedentlich im badisch-schweizerischen Grenzgebiet um Konstanz und in Lahr nahe Offenburg[55] auf und verbreitete seine in flammendem Ton geschriebene Flugschrift *Empörung!*[56].
Diese Flugschrift verbreitete Herold auf dem Postweg oder auf seinen Reisen an einflußreiche Personen, unter anderen an Pfarrer Stemmele im Schwarzwalddort Riegel.[57] Die Flugschrift tauchte auch in Konstanz und in der Frankfurter Gegend auf.[58] Sie verrät die ganze Zwiespältigkeit der frühen Radikalen, die ihre politische Ohnmacht mit donnernder Sprache, deutschtümelndem Pathos und Wortgetöse zu kompensieren suchten. Herold predigt darin den Aufstand, dessen Legitimation er im Rückgriff auf die deutsche Geschichte begründet. Die deutschen Vorfahren seien ein freiheitliebendes, »kriegerisches Geschlecht« gewesen. »Kein Land der Erde hat mehr Beispiele von Freiheitslust und Freiheitsmuth aufzuweisen, als unser Vaterland . . .« Die »kampflustige Schar deutscher Heldensöhne« fordert Herold zur »tatkräftigen Aufregung« und zur entschiedenen Ablehnung des liberalen Reformkurses auf:

> »Verlasse die altklugen Kathederhelden, höre nicht auf die abgerichteten Starschwätzer, die Advokätchen. Alle Bücher über Reform, Legalität und gesetzlichen Weg sind bloß gelehrte, hochstilisierte Feigheit.«

Die »promovierten Philister« hätten sich von »gekrönten Meuchler[n]« einschläfern lassen. Doch schon werde in allen Residenzen die »Oper Volksrache« aufgeführt.

> »Von Mund zu Mund geht ein kräftiges Wort als alle Landtagskammern und Zeitungsblätter uns lieferten: Fürsten zum Land hinaus! Das ist die große Parole und un-

ser einzig Gebet: Herr, gib uns unser täglich Schrot! Schon sind in den Werkstätten die Waffen bereitet, schon schleift der Odenwald die Sense.«

Das Flugblatt drückt den stärksten Gegensatz zum liberalen Denken aus; Herold steht der Tradition des Bauernkrieges näher als der eines aufgeklärten Liberalismus. Außer Schlag-drauf-Parolen, der Aufforderung zu Königsmord, gibt Herold kaum ein politisches Programm zu erkennen. Während die Liberalen auf die Einsicht der Fürsten hoffen, will Herold mit dem Schwert »die giftigen Königsblumen abmähen«. Die komplexe politische Situation, das schwierige Kräftespiel zwischen den noch schwachen liberalen und den reaktionären Kräften will er wie einen gordischen Knoten durchschlagen und das Volk selbst, wohl vor allem die Bauern des Schwarzwaldes und des Odenwaldes, zum bewaffneten Aufstand führen. Doch in der Bereitschaft der Bevölkerung zur Revolte täuschte sich Herold ebenso wie die »Wachenstürmer«.

Das Flugblatt diente dem Zweck, Gleichgesinnte auf Herold aufmerksam zu machen. Auch Ludwig Herr bemühte sich, mit Herold in Verbindung zu treten. Dies war freilich nicht ganz leicht, weil sich Herold aus guten Gründen hinter einer Deckadresse verbarg und nur über Mittelmänner erreichbar war. Der praktische Arzt Bodenheimer in Kirst bei Freiburg mußte erst zwischen einem Vertrauten Herolds in Freiburg, La Roche genannt, und Herr vermitteln.[59] Die Korrespondenz zwischen Herr und Herold dürfte aber eher sporadisch gewesen sein. Über die Emissäre Ebner und Busch wurde das Zentralkomitee in Zweibrücken vermutlich von den Aktivitäten Herolds unterrichtet.[60] Wie eine polizeiliche Untersuchung ergab, fungierte ein enger Vertrauter Herolds, der Lörracher Tabaksfabrikant Jacob Braun, als konspiratives Büro. Er empfing an Herold gerichtete Briefe und leitete dessen Korrespondenz weiter.[61] Als Stützpunkt dürfte Herold auch der Apotheker Vulpius in Müllheim südlich von Freiburg, ein leidenschaftlicher Republikaner, gedient haben. Vulpius, der neben Herold auch mit Busch in Verbindung stand, wollte, wie er bekannte, »nicht warten, bis die Franzosen rufen«.[62] Vulpius – er unterschrieb seine Briefe gern mit »Apotheker Vulpius Republikaner« – demonstrierte seine Gesinnung auf recht drastische Weise. An einem Markttag in Müllheim hängte er die Büsten des Großherzogs und der Großherzogin in seinem Hause so auf, daß die Marktbesucher dies sehen und seine Absicht begreifen konnten. Harro Harrings Verse »Dreiunddreißig – vierunddreißig! Seid auf euren Kopf bedacht«[63] dürften nicht gänzlich unbekannt gewesen sein. Die Polizei schritt ein. Vulpius wurde wegen Majestätsbeleidigung zu einem halben Jahr Arrest verurteilt.[64]

Wenn nicht persönlich, so hatte Herold zumindest über seine Kontaktmänner Verbindung zu der ebenso militanten Gruppe deutscher politischer Flüchtlinge in Straßburg um Harro Harring.[65] Unter den beschlagnahmten Briefen Jacob Brauns befand sich auch ein Brief Harro Harrings[66], der als Belastungsmoment genügte, um Braun in Untersuchung zu ziehen. Braun bestritt jedoch, Harring geantwortet zu haben.[67]

Das badisch-französische Grenzgebiet entlang des Schwarzwalds war verständlicherweise von den neuen politischen Ideen am meisten berührt. Politische Flüchtlinge in Straßburg wie Harring[68] sahen ihre Hauptaufgabe darin, diese nach Deutschland hineinzutragen. Wenn Straßburg das Einfallstor der radikalen Propaganda war, dann erhebt sich zugleich die Frage ihrer Wirksamkeit. Um sie zu beurteilen, darf nicht unberücksichtigt bleiben, daß der militante Radikalismus der Straßburger Emigranten auf ganz spürbare Vorbehalte jenseits der Grenze stieß. Selbst badische Radikale mit ganz wenigen Ausnahmen zeigten ihnen gegenüber eine deutliche Berührungsangst. Nicht die radikale Propaganda, sondern die Liberalen der 2. Kammer wurden von den politisch aufgeschlossenen Teilen der Bevölkerung als glaubwürdige Interpreten der neuen Ideen anerkannt.

Aus einem Briefwechsel Herrs mit Harro Harring ging die Differenz zwischen badischem Radikalismus und einer revolutionären Dauerbereitschaft der Emigranten hervor. Harring antwortete[69] nach langem Zögern auf die Zusendung von Ausschnitten aus badischen Zeitungen durch Herr recht abschätzig. Er ließ durchblicken, daß er an einer Fortsetzung der Korrespondenz nur interessiert sei, wenn Herr zur Verbreitung wirklich »kräftiger Flugschriften« bereit sei. Dies traute er Herr, den er mit den verachteten Liberalen in einen Topf warf, jedoch nicht zu.

Mochten radikale Ideen und Aktivitäten von einer aufgeschlossenen Öffentlichkeit vor den Bundesbeschlüssen des Sommers 1832 auch toleriert werden, so mußten sie danach – wegen des eingetretenen Kriminalisierungseffekts – doch auf um so größere Zurückhaltung stoßen. Während die Öffentlichkeit zwangsweise entpolitisiert wurde, radikalisierten sich politisch aktive Gruppierungen wie die Heidelberger Burschenschaft. Sie isolierten sich damit freilich um so stärker von der Bevölkerung.

Radikalisierung und Isolierung:
Die Heidelberger Burschenschaft und die Öffentlichkeit

Unter der gesamt-deutsch zusammengesetzten Studentenschaft Heidelbergs fand der pfälzische Radikalismus, der sich von dem realpolitisch-vorsichtigeren badischen Liberalismus allein schon durch die kühnere nationale Konzeption unterschied, bereits im Oktober 1831 Zustimmung.[70] Am 11. Mai 1832 gründeten über 250 Bürger und Studenten in einem Ziegelhäuser Gasthaus ein Filialkomitee des Preßvereins. Zum Vorstand gehörten der Küfermeister Friedrich Wilhelm Haarbarth, der Handelsmann Ludwig Friedrich Aab sowie die Studenten v. d. Hude und Ludwig Frey.[71] Zur kritischen Zeit der Bundestagsbeschlüsse zogen sich die Bürger jedoch von der aktiven Teilnahme zurück und waren nur noch bereit, Beiträge zu leisten.[72] Der Preßverein beschränkte seine Tä-

tigkeit auf das Abonnement von Zeitungen und ihre Verbreitung[73] in den Bierhäusern. Mitte August löste sich das Komitee schließlich ganz auf.[74]
Zur Überraschung der studentischen Mitglieder des Preßvereins, die sich durch die Freiheitsrechte der badischen Verfassung geschützt glaubten, reagierte der akademische Senat der Universität, vermutlich auf Weisung der Regierung, mit der Relegation der leitenden Burschenschafter.[75] Nach dieser von den Studenten als übermäßig hart empfundenen Maßnahme setzte unter ihnen ein Prozeß politischer Gruppenbildung und Radikalisierung ein. 165 Studenten, unter ihnen Karl Mathy, unterzeichneten einen Protest gegen den Erlaß des Senats.[76] Der Student Ludwig Baur aus Kurhessen fügte hinzu:
»Die ganze freisinnige Verfassung Badens [wäre] nichts als ein schöner Traum, wenn man durch willkürliche Interpretation der Gesetze uns jeden Augenblick das akademische Bürgerrecht aufkündigen dürfte!!!«[77]
In die Begeisterung für Einheit und Freiheit mischten sich studentische Renommisterei und der kühne Traum einer erfolgreichen revolutionären Aktion. Auf dem Hambacher Fest, an dem 300 Heidelberger, etwa ein Drittel der gesamten Studentenschaft, teilnahmen, vertrat ihr Sprecher, Karl Heinrich Brüggemann[78], die politische Linie der Rheinpfälzer Demokraten: Er hoffe auf eine »gesetzliche Revolution«, die zur Vereinigung eines freien Deutschlands mit legalen Mitteln führen müsse; würden die Fürsten aber diesen Fortschritt verhindern, plädiere er für die »gewaltsame Revolution«.[79]
Nachdem sich unter dem Druck der Regierung die Bürger vom Preßverein zurückgezogen hatten, dehnten die Burschenschafter ihre Agitation ohne Rücksicht auf Standesschranken auch auf die »niedere Klasse der Einwohner« aus. Sie verbreiteten in den Bierhäusern aufrührerische, zum Teil in Liedform gehaltene Flugschriften.[80] Das Oberamt in Heidelberg berichtete: »Einige Mitglieder der Burschenschaft trieben es soweit, daß sie gemeinschaftlich mit Tagelöhnern und Sackträgern an Biertischen zechen und diese freihielten.«[81] Dabei benutzten die Burschenschafter die soziale Frage erstmals, um die Unterschichten aufzuwiegeln. Mit dem Hinweis auf die Brotpreise, die in Heidelberg viel höher seien als in Mannheim und Karlsruhe, forderten sie zum Einschreiten gegen die Bäcker auf. Burschenschafter verbreiteten in den Bierhäusern der Stadt auch aufrührerische Liedtexte und Flugschriften wie »Die 6 Gebote des Deutschen Bundestages«, unterzeichnet mit »Partei der Radikalen«.[82] Die Freiheit Deutschlands, so heißt es darin, sei durch die Fürsten aufs höchste bedroht, nur ohne sie könne man die Einheit Deutschlands, die politische Freiheit und allgemeinen Wohlstand schaffen. Diese Agitation der Studenten beunruhigte die Stadt, so daß die Stadtväter und Behörden bei einem Anfang August vorgesehenen Empfang für preußisches Militär, das auf Schiffen ankommen sollte, schon einen nächtlichen Auflauf fürchteten, der, von der »hiesige[n] Partei der Radikalen im Verein mit den Mitgliedern der Burschenschaft«[83] angezettelt, gerade in den Wochen der allgemeinen Empörung über die Bundestagsbeschlüsse sich

zum offenen Aufruhr ausdehnen konnte. Die Stadtväter mahnten in einem Aufruf, dessen Mischung aus Untertänigkeit und Gutgläubigkeit von der Mehrzahl der Bürger wohl geteilt wurde, zur Ruhe: Bisher gäben die Bundestagsbeschlüsse keinen Anlaß zur Besorgnis, man müsse dem Großherzog vertrauen, der ihnen schon die richtige Auslegung zuteil werden lasse. Zudem läge konstitutioneller Fortschritt im eigenen Interesse der Regierungen. Die 2. Kammer würde in den Schranken der Verfassung für die Erhaltung der bürgerlichen Rechte wirksam: Selbst die entschiedensten Verbesserungen auf ungesetzlichem Wege oder mit Gewalt müßten zurückgewiesen werden.[84]
Der befürchtete Aufruhr, zu dem ein nächtliches Feuerwerk günstigen Anlaß bot, blieb aus. Zwar erschollen nach dem Feuerwerk »Pereat!«-Rufe von Studenten, zwar entstand Unruhe, doch der Funke sprang nicht über, die Bürger blieben ruhig. Das Oberamt Heidelberg konnte daraufhin nicht ohne Genugtuung feststellen: »In Heidelberg [wird] jeder Aufstand an dem Widerwillen und der Gegenwirkung der großen Mehrzahl der Bürger [. . .] scheitern.«[85]
Die Heidelberger Burschenschafter versuchten auch die Bauern der umliegenden Orte, die ebenfalls von der Brotteuerung betroffen waren, für ihre Ideen zu gewinnen. Sie erhofften sich von ihnen bewaffnete Unterstützung, weil einige bei Versammlungen ihre Bereitschaft dazu gezeigt haben sollten.[86] Um die Stimmung auf dem Lande zu erkunden und um über jüngste Verordnungen wie das Vereinsverbot zu belehren, ließ das Innenministerium Bürgermeisterversammlungen abhalten. Die in Neckarbischofsheim, im Hinterland von Heidelberg, versammelten Bürgermeister zeigten, »solche Anhänglichkeit an die Regierung und solch musterhaftes Anschließen«[87] an die Regierungsverordnungen, daß selbst die Beamten vom Ausmaß der »hingebenden Liebe« zum Großherzog überrascht waren.[88]
Die Bürgermeister baten sogar noch einstimmig, der Regierung ihre Verehrung übermitteln zu dürfen; sie beteuerten: »Fern sei von uns der Gedanke, jene politischen Schwindeleien zu teilen, welche den [. . .] Staatsverband aufzulösen drohen.«[89] Politische Aufwiegler würden von ihnen verabscheut; in ihren Gemeinden sei nicht die geringste Spur von staatsgefährlichen Vereinen, Fahnen oder Kokarden vorhanden.[90]
Vor dem Hintergrund eines solchen unpolitischen Bewußtseins, das einer radikalen Haltung verständnislos, wenn nicht feindselig gegenüberstand, mußten die Erwartungen der Burschenschafter, daß ein größerer Teil der Bevölkerung eine Revolution unterstütze[91], als blinder Idealismus erscheinen.
Auf dem Stuttgarter Burschentag an Weihnachten 1832 wurde der Heidelberger Burschenschaft wegen der Nähe zu dem nach Frankfurt übergesiedelten Zentralkomitee des Preßvereins die Geschäftsführung des Verbandes für das Jahr 1833 übertragen.[92] Als Verbindungsmann zum Preßverein, von dem man Weisungen entgegennahm, fungierte der Jurastudent Küchler[93], der sich bald darauf neben vier anderen Heidelberger

Burschenschaftern am Wachensturm in Frankfurt beteiligte. Sie zweifelten am Erfolg in Frankfurt »nicht im geringsten«.[94] Die Zurückgebliebenen beabsichtigten, die Kanone Heidelbergs in ihre Gewalt zu bringen; einige wollten auch bei der ersten Nachricht des Gelingens nach Mannheim ziehen und das Zeughaus erobern, wobei sie auf die Teilnahme der Bevölkerung rechneten.[95] Obwohl der Wachensturm wie geplant ablief, löste er keine massenhafte Erhebung der Bevölkerung in Frankfurt und im übrigen Deutschland aus und scheiterte. Der Putschversuch erlaubte aber dem Deutschen Bund, die noch schwache Opposition für Jahre zu unterdrücken. Der wegen Teilnahme am Wachensturm zu mehrjähriger Haft verurteilte Küchler warnte in den vierziger Jahren die Radikalen vor blindem Eifer, weil er selbst seine »Blütenträume« bitter gebüßt habe.[96]

Im Sommer und Herbst 1832 befand sich der »politische Untergrund« in Baden – mit den Zentren Heidelberg und Schwarzwald – insgesamt gesehen in den Anfängen. Geheimbündlerische, bewaffnete Zirkel in den grenznahen Orten wie Lahr und Lörrach, im Schwarzwald und im Odenwald konnten eine selbständige Erhebung noch nicht wagen, und ihre Führer hatten zu diesem Zeitpunkt, als die Initialzündung aus Frankreich ausblieb, auch schwerlich die Absicht dazu. Vermutlich standen diese Gruppen auch noch – dank der eifrigen Organisationsversuche Rauschenplatts[97] – im Frühjahr 1833 bereit, kamen jedoch mit dem Scheitern des Frankfurter Wachensturms nicht mehr zum Zuge.

Revolution oder Reform:
Der Konflikt zwischen Hambacher Radikalen und badischen Liberalen

Die Opposition gegen die alten Mächte vereinigte nach außen badische Liberale und Hambacher Radikale. Ihre grundlegenden Unterschiede kamen jedoch erst nach dem Hambacher Fest zum Ausdruck.
Das Hambacher Fest vom 27. Mai 1832[98] behauptet zwar im gegenwärtigen Geschichtsbild seinen Platz als größte Demonstration frühdemokratischen Geistes, es ist damit aber nur halb beschrieben. Es zeigt auch beispielhaft das Dilemma eines verfrühten Radikalismus, der – jedenfalls kurzfristig – das Gegenteil dessen erreichte, was er anstrebte. Die öffentliche Darlegung einer revolutionären Konzeption[99] durch führende deutsche Radikale bot dem Deutschen Bundestag den erwünschten Anlaß[100], um gegen die gesamte politische Bewegung vorzugehen. Die Bundesorgane gaben sich nicht damit zufrieden, die politische Öffentlichkeit innerhalb des eigenen Territoriums zu unterdrücken, sie setzten auch politischen Flüchtlingen wie Stromeyer und Rauschenplatt bis in die Schweiz nach, weil sie dort »ihr Wesen« trieben[101].
An den Folgen »Hambachs« litt die deutsche Opposition noch lange. Besonders empfind-

lich wurden die badischen Liberalen getroffen, denen die Reaktion auf Hambach den Boden unter den Füßen entzog. »Hambach«, stellte Rotteck rückblickend fest, habe eine »böse Krisis« ausgelöst: »Bis dahin waren die Aktien der Liberalen im Steigen gewesen – jetzt fielen sie plötzlich tief unter Pari!«[102] Angesichts der Folgen »Hambachs« ist die Frage nach den politischen Chancen einer radikalen und gewalttätigen und einer konstitutionell-gesetzlichen Strategie für das Jahr 1832/33 zu stellen.

Auf dem Hambacher Fest traten neben führenden Pfälzer Radikalen wie Wirth und Siebenpfeiffer[103] auch der Wortführer der Heidelberger Burschenschaft Brüggemann und der namhafteste Sprecher der deutschen Emigranten, Rauschenplatt, auf. Aus Baden waren wegen der prekären inneren Lage außer einer Delegation aus Konstanz nur wenige der bekannten Liberalen gekommen.[104] »Sie hielten sich«, wie die offiziöse *Karlsruher Zeitung* feststellte, »sehr zurück und trugen zum Strom der Reden nicht bei.«[105] Die Hambacher Redner wandten sich wie Siebenpfeiffer gegen die »Konstitutiönchen« und forderten die volle Volkssouveränität, Wirth sogar die deutsche und europäische Republik. Die Verwirklichung von Einheit und Freiheit, wenn nötig durch direkte Aktion, durch Revolution, scheiterte vorerst daran, daß die Mehrheit der im Schopmannschen Hause in Neustadt Versammelten sich selbst die »Kompetenz« bestritt.[106] Der Anspruch, im Namen des souveränen Volkes zu sprechen, bedeutete angesichts des weithin noch außerhalb des politischen Geschehens stehenden Volkes[107] praktisch eine Fiktion, deren mangelnde Tragfähigkeit der Mehrheit bewußt war. Diese Aporie demokratischer Legitimation konnte nur durch die kontinuierliche Verbreitung politischer Öffentlichkeit hergestellt werden, wozu die badischen Liberalen den Weg beschritten hatten.

Die Minderheit der Hambacher Radikalen bereitete unter Leitung Rauschenplatts und Brüggemanns den Frankfurter Wachensturm vom 3. April 1833, einen Putschversuch zur Machtübernahme in Deutschland, vor, der jedoch wegen der ausbleibenden Unterstützung der Massen »polizeitechnisch nicht mehr als ein lokaler Tumult« blieb.[108] Damit war auch die machtpolitische Aporie der Revolutionäre offensichtlich geworden. Ihr Scheitern dürfte den späteren badischen Radikalen eine Lehre gewesen sein.

Die badischen Liberalen unterschieden sich von den Hambacher Verfechtern eines »nationaldemokratischen Unitarismus«[109] einmal durch ihre föderalistische Haltung. Sie wollten »lieber Freiheit ohne Einheit, als Einheit ohne Freiheit [. . .] unter den Flügeln des preußischen und österreichischen Adlers«, wie sich Rotteck auf dem Fest von Badenweiler ausdrückte.[110] Zum anderen verfolgten sie einen legalistischen Reformkurs, der sich vom radikalen Aufbegehren der Hambacher wesentlich unterschied und langfristig erfolgreicher zu sein schien, weil er den Regierungen kaum die Möglichkeit zum Einschreiten bot. Rotteck mißbilligte aus diesem Grunde auch die lauten Reden der Hambacher:

»Unsere Freunde haben uns am meisten geschadet, sie haben dem Feinde Waffen in die Hand gelegt; bald wird die Reaktion sich wieder trotzig erheben. Man wird das Hambacher Fest benützen, wie einstens die Tat Sands.«[111]

Der zur Führungsspitze der badischen Liberalen gehörende Advokat M. Ruef, der Besitzer des *Badischen Volksblattes*, der über die Vorbereitungen zum bewaffneten Widerstand vermutlich gut unterrichtet war[112], bekannte sich in einer öffentlichen Erklärung als »entschiedener Feind [...] aller revolutionären Verbindungen« und betonte, daß er »nur vom redlichen, offenen, aber nie ermüdeten Kampf gute und *dauernde* Früchte erwarte«[113]. Damit hatte er die legalistische Strategie der Liberalen angedeutet.

In der langfristigen Strategie, schrittweise und möglichst unprovokativ vorzugehen, jedoch rechtzeitig vor der Übermacht den Rückzug anzutreten und die Konfrontation lieber zu umgehen, als sie zu suchen, war Johann Adam v. Itzstein (1775–1855) Meister.[114] Während des Vormärz verkörperte er, der als hervorragendes parlamentarisches Talent in Deutschland galt, den badischen Reformkurs. Itzstein, dem das Pathos der Liberalen wie die »Exaltiertheit« der Radikalen fremd war, erkannte früh die Notwendigkeit einer übergreifenden Koordination der oppositionellen Kräfte in Deutschland und suchte sie im »Hallgartener Kreis« zu verwirklichen. Itzstein verfolgte einen immanenten Reformkurs, der letztlich aber das herrschende System auszuhöhlen und zu überwinden imstande war. Metternich, der diese Intention frühzeitig erkannt hatte, bezeichnete Itzstein als ersten »eigentliche[n] praktische[n] Radikale[n]«.[115] Auch der badische Innenminister Winter schätzte die »Freiburger [...] Heuchler« als gefährlichere Gegner ein, als Radikale vom Schlage Wirths. Wirth, so äußerte Winter, sei zwar »ein verrücktes Gehirn«, aber als »teutscher Radikaler« sage er »offen, was er will«.[116] Gegen ihn konnte die Regierung leichter vorgehen.

Doch nicht nur die Radikalen, auch die badischen Liberalen waren mit dem im Jahre 1832 eingeschlagenen Reformkurs gescheitert. Der schon bestehende Grundkonflikt Badens, der Gegensatz zwischen Reformkräften im Innern und der restaurativen Macht des Deutschen Bundes, wurde noch verschärft. Die badischen Reformkräfte stießen sich am Deutschen Bund wie an einer eisernen Klammer. Ein Wechselspiel zwischen Reform- und Beharrungskräften, eine »Wahlreform« nach englischem Muster[117], scheiterte in Deutschland an der Starre und Reformunfähigkeit des aristokratisch-obrigkeitsstaatlichen Systems. Für nicht wenige der erwartungsvollen, aber loyalgesinnten Freisinnigen der beginnenden dreißiger Jahre dürfte dies eine politische Grunderfahrung gewesen sein. Das *Badische Volksblatt* stellte Mitte 1832 fest, daß die loyale Volksgesinnung vom Bundestag belehrt worden sei, »daß solange noch ein Schatten seiner Schreckensgestalt besteht, Deutschland keine gesetzliche Freiheit, keine lebensfähige Einheit zu gewärtigen habe«.[118] Der badische und deutsche Vormärz ist ein Fallbeispiel für jene soziologische Regel, wie sie Dahrendorf ausdrückte: »Wird der Wandel aufgehalten, dann [...]

werden auch Energien aufgestaut, die sich später dann in unkontrollierbaren und explosiven Veränderungen Luft verschaffen. Stabilität ist eine gute Sache; aber wenn sie zur Starre ausartet, produziert sie ihren inneren Widerspruch, die Revolution.«[119] In Baden war eine radikale Bewegung strukturell angelegt, weil einer möglichen Verbindung von Krone und Volk, einer maßvollen und kontinuierlichen Reform durch die politische Konstellation in Deutschland der Boden entzogen war.

Die bayerische Pfalz spielte, nachdem die Regierung in München der Hambacher Bewegung Herr geworden war, keine maßgebliche Rolle mehr im deutschen Vormärz.[120] Eine organisierte Opposition konnte nicht aufkommen, in München war die Pfalz kaum noch durch freisinnige Abgeordnete vertreten.[121] Der Schwerpunkt des bald wiedererstehenden Liberalismus in Süddeutschland verlagerte sich nach Baden. An der badischen Bewegung orientierten sich zunehmend auch Pfälzer Oppositionelle.[122]

Der Erfolg der Bundesmaßnahmen gab den herrschenden Gewalten kurzfristig recht. Doch auf Dauer war der Bewußtseinswandel nicht aufzuhalten. Die badischen Reformkräfte konnten sich in der verfassungsrechtlich geschützten 2. Kammer wieder sammeln. Sie benötigten aber die gegen Ende des dritten Jahrzehnts neu entstehende politische Presse, um aus ihrer Isolierung ausbrechen zu können. Diese benötigte den Schutz der 2. Kammer, um sich gegenüber einer übermächtigen Zensur behaupten zu können. Aus dem Zusammenspiel von badischem Konstitutionalismus und Oppositionspresse entstand eine, freilich zuerst lokal begrenzte, politische Öffentlichkeit. Sie wurde zum maßgeblichen Faktor des badischen Vormärz.

Zweites Kapitel:
Zensur und Opposition im Vormärz –
die Aushöhlung der Zensur

Auf die in den Jahren 1832/33 hervorgetretene Krise der Legitimität antwortete der Deutsche Bund mit dem Ausbau eines umfassenden Zensur- und Überwachungssystems.
Es charakterisierte den Zustand des öffentlichen Lebens im Südwesten der vierziger Jahre, daß ein Erinnerungsfest an Hambach im Jahre 1835 nicht in Baden, sondern nur in der Schweiz stattfinden konnte.[1] Schweizer Liberale hatten in Rheinfelden stellvertretend für die badischen Liberalen ein politisches Fest vorbereitet. Rheinfelden, nahe der deutschen Grenze gelegen, war für die Bevölkerung des unteren Schwarzwaldes gut erreichbar. Ein Schweizer Gesangverein mit der imponierenden Stärke von 400 Mann umrahmte das Fest mit Freiheitsliedern. Ein von der badischen Polizeibehörde geschickter Beobachter berichtete, daß die Schweizer Redner – deutsche wagten nicht aufzutreten – Volksfreiheit und Republik in leuchtenden, die Verhältnisse Deutschlands aber in düsteren Farben gemalt hätten.
Zensur und Überwachung wurden zur Signatur des Vormärz. Staat und Gesellschaft traten auseinander; die staatlichen Organe wollten eine möglichst umfassende Zensur und Kontrolle des politisch relevanten Lebens durchsetzen, die bürgerliche Gesellschaft strebte nach Öffentlichkeit.[2]
Die Deutsche Bundesversammlung in Frankfurt und ihre Organe[3] sollten die besonders von Metternich[4] als bedrohlich eingeschätzte liberale Strömung und die aus ihr hervorgehende Selbstverständigung und Organisation der Untertanen unterdrücken[5] und die einzelnen Bundesstaaten überwachen. Das Großherzogtum Baden, das bereits 1832 vor dem drohenden Einschreiten der Exekutivgewalt der obersten Bundesbehörde zurückgewichen war, mußte auch während der Entstehungsperiode der politischen Presse in Baden etwa zwischen 1838 und 1842 wiederholt mit einem Eingreifen des Bundestages rechnen. Metternich übte zudem über diplomatische Kanäle und über die Preßkommission des Bundestages quasi die Funktion eines badischen Oberzensors aus.[6] Als zu Beginn der vierziger Jahre der österreichische Einfluß im Deutschen Bund schwächer

wurde und sich damit der Zugriff der Bundeszentralbehörde lockerte, trat Preußen als neue Hegemonialmacht an Österreichs Stelle. Der seit 1843 in Karlsruhe amtierende preußische Gesandte, Josef Maria v. Radowitz, der als Berater von Großherzog Leopold eine einflußreiche Position besaß, zögerte nicht, gegenüber der für schwach gehaltenen badischen Regierung Bundes- und vor allem preußische Interessen nachdrücklich zu vertreten. Radowitz stellte gleichsam die Außenstelle der preußischen Zensur in Baden dar[7]; die badischen Zensoren orientierten sich an der einmal strengeren, einmal lascheren Zensurpolitik Preußens.

Es ist nicht ohne Ironie, daß gerade erst die auf den Druck Preußens und Österreichs hin erfolgte Einsetzung des Zensors Sarachaga und die rigorose Verschärfung der badischen Zensurpolitik 1844 zu dem heftigen, von Struve initiierten, dann vom Bürgertum der Stadt Mannheim getragenen Kampf um eine freie Presse führte, dessen Ergebnis die Ablösung des Zensors 1846 und eine relative, für vormärzliche Verhältnisse aber bemerkenswerte Freiheit der Presse in Baden war.

Die schwankende Zensurpraxis Badens resultierte aus den sich diametral entgegenstehenden außen- und innenpolitischen Kräften, die auf Regierung, Innenminister und dessen ausführendes Organ, den Zensor, einwirkten. Die außenpolitische Repression stärkte erst die badische Opposition und ermöglichte den Wortführern der öffentlichen Meinung, der 2. Kammer und der Presse, jene innenpolitische Offensive, die den Obrigkeitsstaat aushöhlte. Die Verwerflichkeit der Zensur als Knebelung des geistigen und politischen Lebens rückte im Vormärz ins öffentliche Bewußtsein; das Verbot der Zensur ging, auf die damaligen Verhältnisse zugeschnitten, in die Grundrechte der Verfassung der Paulskirche ein[8] und wurde weitgehend unverändert in spätere deutsche Verfassungen übernommen.[9]

Das Zensursystem und bundesstaatliche Repression

Die Zensur und der Deutsche Bund: Rechtsbasis und »Legalitätslücke«

Die Zensur von Zeitungen[1] stellte im Vormärz zwar nur einen Teil des staatlichen Kontrollsystems der politisch-literarischen Produktion dar[2], betraf aber die politisch relevante Kommunikation. Deswegen soll sie im Vordergrund der Betrachtung stehen.
Die Zensur basierte, obwohl sie in allen deutschen Bundesstaaten unterschiedlich gehandhabt wurde, auf gleichen bundesrechtlichen Grundlagen. Es waren dies einmal Artikel 18 der Bundesakte, der »gleichförmige Verfügungen über die Preßfreiheit« herzustellen versprach, von Metternich aber – zuerst im Jahre 1819 in Karlsbad vor den deutschen Großmächten und danach gegenüber den deutschen Kleinstaaten – mit einer meisterlich-sinnverfälschenden Interpretation in ihr Gegenteil verkehrt[3] und zur Handhabe gegen den »Mißbrauch der Presse« benutzt wurde. Das daraus abgeleitete provisorische Zensurgesetz wurde zur Dauereinrichtung im Vormärz.
Die Frage, ob die Zensur, wie sie im Pressegesetz vom 20. September 1819 vom Bundestag endgültig sanktioniert wurde, mit der »Preßfreiheit« der Bundesakte vereinbar sei, beschäftigte den ganzen Vormärz. Die entschiedene Ablehnung dieser rechtlichen Grundlage und die Behauptung einer »Legalitätslücke«[4] seitens der Opposition, bildete gleichsam das »Rückgrat allen intellektuellen Widerstandes«[5] gegen das herrschende System. Karl Theodor Welckers Publikation der geheimgehaltenen Dokumente über die Karlsbader Verhandlungen von 1843[6] und Gustav Struves publizistische Kampagne 1845 gegen das nichteingelöste Fürstenwort aus dem Jahre 1813 trafen gleichsam die zensurpolitische Achillesferse des Deutschen Bundes. Die Enthüllung des verfahrens- und staatsrechtlich höchst anfechtbaren Zustandekommens der Karlsbader Beschlüsse[7] fügte dem moralischen auch ein legislatives Unrecht hinzu.
Als entscheidende Maßnahme führte das Pressegesetz[8], das zudem durch ein Universitäts- und Untersuchungsgesetz vervollständigt wurde, die Vorzensur für alle Werke unter 20 Bogen (oder 320 Seiten) und für sämtliche Periodika, also auch für Zeitungen, ein. Die Bundesstaaten hatten die Zensur in eigener Verantwortung auszuüben, waren aber in Rahmenrichtlinien zur strengen Beachtung »der Würde des Bundes, der Sicherheit

einzelner Bundesstaaten und der Erhaltung des Friedens und der Ruhe in Deutschland«
(§ 6) verpflichtet. Mit dieser nach Maßgabe des Sicherheitsbedürfnisses des Bundes oder
der Empfindlichkeit einzelner Bundesstaaten interpretierbaren Klausel konnte jede publizistische Kritik als Verstoß gegen das Bundesrecht geahndet werden. Die badische Regierung zitterte nicht selten vor der Verletzlichkeit von Bundesgenossen, die sich auf
diese Bestimmung beriefen und gegen badische Presseorgane beim Bundestag Protest
einlegten. Die damit befaßte Bundespreßkommission subsumierte unter Mißachtung
der »Würde« und »Sicherheit« jede mißliebige Presseveröffentlichung[9], ungeachtet ihres Wahrheitsgehalts.[10]

Die Freiheit der badischen Presse fand endgültig mit den geheimen Wiener Beschlüssen
vom 12. Juni 1834 ihr Ende.[11] Sie stellten einen Maßnahmekatalog zur Niederhaltung
der liberalen Bewegung dar. Unter anderem sahen sie vor, daß eine Zensurbehörde geschaffen und Männer mit »erprobter Gesinnung« zu Zensoren bestimmt werden sollten,
denen konkrete Instruktionen zu erteilen seien. Ferner sollten keine Zensurlücken geduldet werden (§ 28), damit das durch eine Lücke oder durch Gedankenstriche markierte
Wirken der Zensur getilgt würde. Der Zensurstrich wurde zum Symbol einer widersinnigen Zensur.[12] Sein Verbot sollte selbst diesen bescheidenen Protest gegen sie verhindern.

Obwohl die Wiener Beschlüsse nicht zum Bundesgesetz erhoben wurden, erkannten
doch alle deutschen Staaten sie als bindendes Recht an. Nur in Baden, das während des
Ministeriums Winter »als das gelobte Land der liberalen Musterverfassung« galt[13],
wurden die Beschlüsse nicht widerspruchslos durchgeführt.

Als Staatsminister von Reitzenstein das Innenministerium zur Durchführung der entsprechenden Beschlüsse aufforderte, wiesen Ministerialbeamte – vermutlich in Unkenntnis der hochpolitischen und geheimen Beschlüsse – auf den Widerspruch zur bestehenden Gesetzgebung hin, derzufolge die Kennzeichnung eines Zensurstriches
»nichts als eine *in der Wahrheit begründete Thatsache*« anzeige und weder ein Verbrechen oder Vergehen sei, noch die Würde und Sicherheit des Bundes oder von Einzelstaaten verletze.[14]

Die Druckerlaubnis könne in einem solchen Fall nicht versagt werden.[15] Innenminister
Winter verzögerte den raschen Vollzug der Wiener Beschlüsse, indem er seinen Urlaub
antrat. Nach seiner Rückkehr drängte der Staatsminister auf rasche Durchführung.
Winter notierte auf den Rand des Gutachtens seines Ministeriums, er sei »im ganzen«
zwar der »nebenstehenden Ansicht« und habe dies auch »voll geltend zu machen versucht«, doch »andere mir bekannte Gründe und Verhältnisse nötigen mich«, fuhr Winter sich entschuldigend fort, dem Staatsministerium zu willfahren.[16] Winter mußte mit
seiner Unterschrift die Durchführungsverordnung gutheißen, deutete aber an, daß sie
ohne sein Mitwirken während seines Urlaubs zustande gekommen sei.[17]

Von den in Wien gefaßten Beschlüssen verwirklichte das Innenministerium die Maßnahmen zur Unterdrückung der Presse erst im Jahre 1836, also nach zwei Jahren. Es reglementierte außerdem die Publizität der Kammerverhandlungen. Die Gründungen von Zeitungen wurden in Baden wieder – nachdem § 30 der Wiener Beschlüsse zum Bundesgesetz erhoben worden war – konzessionspflichtig. Das Innenministerium verzichtete aber auf die ebenda geforderte uneingeschränkte Widerrufbarkeit der Konzession. Eine Zeitung konnte – und dies war das wichtigste Überbleibsel des Preßgesetzes von 1832 – nicht verboten werden! Diese Gesetzeslücke erwies sich als wichtiger Ansatzpunkt der badischen Opposition.

Das Innenministerium kam der Aufforderung des Staatsministers nach und verbot Zensurlücken.[18] Den Druckern drohte es bei Verstoß eine Polizeistrafe von 5 bis 10 Reichsthalern an. Ferner schärfte die Verordnung ein, bereits zensierte und in außerbadischen Zeitungen publizierte Artikel dem badischen Zensor erneut vorzulegen.[19] Das Verbot, über politische Untersuchungen zu berichten, wurde nochmals bekräftigt.[20]

Die liberale Bewegung war bereits 1832/33 zusammengebrochen. Die politische Presse hatte kapituliert. Die Unterdrückungsmaßnahmen zielten nicht mehr auf die Beschränkung, sondern auf die Beseitigung der liberalen Spuren und die Zerstörung etwaiger neuer Ansatzpunkte ab. In der Phase von 1834 bis 1838 war an die Stelle der nach der Revolution entstandenen politischen Öffentlichkeit wieder ein Vakuum getreten. Konflikte zwischen Zensor und Redakteur konnten erst gar nicht aufkommen, weil keine politisch-kritische Zeitung mehr bestand.

Das Zensur- und Repressionssystem der badischen Regierung

Restriktive Pressepolitik durch Konzessionspflicht und Subventionierung

Trotz des überlegenen rechtlichen und bürokratischen Instrumentariums der Regierung konnte in Baden eine politische Presse entstehen. Welche rechtlichen Ansatzpunkte besaß die Opposition?

Bereits die Gründung einer Zeitung war an die Konzession einer Druckerei gebunden. Bei der faktisch bestehenden Personalunion zwischen Druckern und Verlegern bedeutete die Verweigerung einer Druckereilizenz zugleich auch die Verhinderung einer Zeitungsgründung. Um Schwierigkeiten mit der Presse von vornherein auszuschalten, verweigerte das Innenministerium weitgehend jede Konzession für eine Druckerei und verhinderte damit die Neuherausgabe einer Zeitung. An Konzessionsanträgen mangelte es nicht. Der Villinger Bürger Förderer stellte zum Beispiel seit 1837 elf Anträge auf Bewilligung einer Druckerei- und Zeitungskonzession. Erst dem zwölften Antrag Förderers vom 27. 9. 1847, in dem er ausdrücklich versicherte, ein loyales und gemäßigtes Blatt zu machen, entsprach das Ministerium Bekk.[21] Förderers *Schwarzwälder* wurde 1848/49 in der Villinger Gegend zum führenden republikanischen Blatt.

Die direkte oder indirekte Subventionierung gehörte zum Instrumentarium der Presse- und Zensurpolitik des Vormärz nicht nur in Baden. Die badische Regierung unterstützte die gouvernementale loyale Presse ebenso wie die unpolitischen Amts- und Verkündungsblätter mit der Zuweisung behördlicher Insertionen[22], mit der Abnahme eines Teils der Auflage, die als Gratisexemplare an Behörden und Privatpersonen verteilt wurden oder mit Spenden und verlorenen Zuschüssen[23]. Diese Subventionspolitik darf aber nicht überschätzt werden; sie war machtlos gegenüber dem Strukturwandel der Presse vom General-Anzeiger zum Publikumsblatt. Das Durchsetzungsvermögen der politischen Presse resultierte gerade aus dem wachsenden Bedürfnis des Publikums nach Information und seiner Bereitschaft, ein Blatt der eigenen Wahl zu halten. Das regierungsnahe *Mannheimer Journal* kam trotz des für Mannheim und Umgebung geltenden Insertionsprivilegs in Bedrängnis. Während so die kritische Presse durch die Unterstützung des Publikums finanziell von der Regierung unabhängig wurde, geriet die auflagenschwache und regierungshörige Presse stärker unter ihre Abhängigkeit. Ohne die Insertionsgebühren, die nach Angaben des Ministerialdirektors Rettig vom Innenministerium »bedeutende Summen einbringen«, hätten sie kaum mehr existieren können.[24] Als die Märzregierung unter Bekk das seit dem Mannheimer Konflikt im Herbst 1845 bestehende Insertionsprivileg des reaktionären *Mannheimer Morgenblattes* wiederaufhob und wiederum dem *Journal* übertrug, glaubte sich der reichlich subventionierte Verleger Schmelzer ob dieser Kunde, wie vom »Donnerschlag« gerührt.[25] Gegenüber Staatsminister Bekk klagte er, das *Morgenblatt* würde »mit der Entziehung der amtlichen Inserate [. . .] sofort eingehen«, und er erbot sich, »Titel und Tendenz meines Blattes nach Wunsch zu ändern«[26], um die Subvention zu retten.

Die liberale und radikale Presse, ohnehin von amtlichen Insertionen weitgehend ausgeschlossen, konnte erst gar nicht in eine solche Lage kommen; vermochte sie sich doch zunehmend auf kostendeckende Einkünfte aus dem Zeitungsverkauf und aus Privat- und Firmenanzeigen zu stützen.

Nachdem der badischen Regierung das Instrument der indirekten finanziellen Lenkung der Presse spätestens seit dem Mannheimer Konflikt aus der Hand geschlagen war, vermochte sie nur noch mit den Mitteln der Präventivzensur eine wirksame Kontrolle und Repression auszuüben. Die Zensurpolitik der badischen Regierung soll im folgenden für die Periode 1835 bis 1845 untersucht werden.

Zensurinstruktionen und Zensurpraxis

Im »gouvernementalen Liberalismus« Winters schien die freisinnige Strömung von 1832 »aufgehoben«. Sie hatte zwar ihre oppositionelle Stoßrichtung unter Winter verloren, ihre gesellschaftlichen und wirtschaftlichen Intentionen wurden von Winter aber, wenngleich mit Abstrichen, aufgenommen. Mit Winters Tod Ende 1837 schwand auch die Hoffnung auf eine Teilrealisierung liberaler Vorstellungen von »oben«. Landtag und politische Presse erwachten aus ihrem erzwungenen »Winterschlaf«.

Die Zensoren waren von der unerwarteten Offensive der um die Wende 1837/38 erscheinenden Zeitungen, den *Seeblättern* und dem *Leuchtthurm* in Konstanz sowie dem *Rheinischen Postillon* in Mannheim, vermutlich ebenso überrascht wie die Regierung. Die bestehenden gesetzlichen Rahmenbestimmungen eigneten sich besser zur Verhinderung einer kritischen Presse als zu ihrer täglichen Zensur. Um die normative Lücke zu schließen, gingen die Zensoren in Mannheim und Konstanz von ihren eigenen Vorstellungen einer angemessenen Zensurpraxis aus. Ihre differierenden Vorstellungen sind charakteristisch für die beiden Richtungen der badischen Bürokratie: die gouvernemental-liberale und die obrigkeitsstaatliche. Stadtdirektor und Zensor Riegel von Mannheim, ein Beamter der Winterschen Schule, versuchte von einer relativ großzügigen Faustregel auszugehen: »All das, was nicht gegen die guten Sitten, gegen Religion und die Staatsordnung läuft – darf besprochen werden.«[27] Dies gelte jedoch nur innerhalb gewisser zensurpolitischer Leitlinien, die er folgendermaßen umschrieb: Der Zensor müsse die Richtung anderer zensierter Blätter und die Beanstandungen der vorgesetzten Zensurbehörde mit »Tastsinn« erfassen und anwenden.[28] Daneben sollte die Zensur die »Richtung« des Blattes und seine Wirksamkeit berücksichtigen, ein kritisches und publikumswirksames Organ also schärfer zensieren. Diese beiden angesprochenen Prinzipien der Uniformität und der politischen Opportunität bestimmten weitgehend die Zensurpraxis des badischen Vormärz. Riegel machte aber darüber hinaus den liberal anmutenden Vorschlag, einen »Mittelweg« einzuschlagen, der gesellschaftlichen Entwicklung eine gewisse Freiheit zu lassen und die Presse nicht völlig zu beschneiden. Auf diese Anregung konnte die Regierung wegen der außenpolitischen Folgerungen nicht eingehen.[29]

Im Gegensatz zu der Maxime Riegels, daß alles erlaubt sei, was nicht verboten ist, zensierte Pfister in Konstanz, ein kompromißloser Verfechter des alten Obrigkeitsstaates, nach dem Grundsatz, daß alles verboten sei, was nicht ausdrücklich erlaubt werde. »Aufreizende Ausfälle« gegen ausländische Regierungen verfielen ebenso seinem Zensorenverdikt wie kritisches Räsonnement, aus dem ein liberaler »Parteigeist« sprach.[30] Doch damit nicht genug! Die für einen Redakteur wohl unergründbare Zensorenweisheit faßte Pfister in dem nahezu klassischen Widerspruch zusammen: »Der Zensor muß auch manche unschuldigen Artikel ohne politische Farbe streichen, weil sie schleichendes Gift sind.«[31] Innenminister Nebenius ließ Zensor Pfister unter dem Druck der 2. Kammer bald fallen.[32] Zensor Riegel übte die Funktion des Zensors bis 1843 aus. Zermürbt von der verhaßten Aufgabe, bat er zuletzt inständig um Enthebung, die ihm auch – nach preußischem Protest über die Mannheimer Zensur – 1843 gewährt wurde.[33]

Die anfänglich stark differierende Zensurpraxis suchte die Regierung mit geheimen Instruktionen an die Zensoren zu vereinheitlichen. Um Lücken zu füllen, erließ der Innenminister – nicht selten auf Drängen Blittersdorffs – ad hoc-Anweisungen an die Zensoren.[34] Von einer rechtsstaatlichen Handhabung der Zensur konnte keine Rede sein. Der Konstanzer Abgeordnete, Dekan Kuenzer, erklärte vor der 2. Kammer: »Niemand im Lande weiß, daß und ob die Censoren ihr Amt auf eine bestimmte Verordnung hin ausüben; im Gegenteil weiß man, daß sie geheime Instruktionen haben und sogar Privatbriefe deshalb an sie ergehen.«[35] Alle wußten, daß mit dem geheimen Briefschreiber allein Blittersdorff gemeint war.

Verschärfung oder Lockerung der Zensurrichtlinien handhabte die Regierung nach dem Prinzip politischer Opportunität. Während der deutsch-französischen Krise im Jahre 1840 durfte die Presse, insbesondere nationale Organe wie die *Deutsche Volkshalle* in Konstanz, eine Scheinfreiheit genießen[36], jedoch kam mit dem Ende der Gefahr auch das Ende ihrer »Freiheit«. »Im Sturme«, bemerkte Friedrich Giehne, der Mitarbeiter des *Freisinnigen* und spätere Redakteur der *Oberdeutschen* und *Karlsruher Zeitung*, »läßt man die Presse mit fliegenden Segeln fahren; bei ordinärem Winde rafft man sie ein.«[37] Die badische Regierung orientierte sich bei ihren jeweiligen Richtungsänderungen am preußischen Vorbild. Die preußische Zensurlockerung zu Beginn des Jahres 1840 vollzog die badische Regierung bis in Einzelheiten der Formulierung hinein nach. Die Instruktion vom 7. Januar 1840[38] sicherte eine »freimütige, aber anständige Besprechung der öffentlichen Angelegenheiten, insbesondere des Großherzogtums« zu. Daneben regelte sie den Instanzenweg bei Zensurbeschwerden. Wollte sich ein Redakteur über einen Zensurstrich beschweren, so mußte er den »Rekurs« zunächst an die Kreisregierung, bei abschlägigem Bescheid an ein gemeinsam beratendes und letztinstanzlich entscheidendes Kollegium des Innenministeriums ergreifen.[39] Die Zensur nahm damit rechtsstaatliche Züge an. Die Zusicherung einer »freimütigen, aber anständigen Besprechung«, wenigstens der inneren Angelegenheiten, erregte im Lande Freude.[40] Dennoch verhehlten sich manche Liberale nicht, daß die Instruktion bestensfalls ein erster Schritt zu dem erwarteten Pressegesetz darstellen konnte und weit hinter ihren Erwartungen zurückblieb.[41]

Die Zensurpraxis erwies aber, daß die Instruktion eher ein Zugeständnis vortäuschte als tatsächlich gewährte, konnte doch die Regierung die Leerformel »anständig, aber wohlmeinend« in ihrem Sinne durch geheime Zensuranweisungen interpretieren.[42]

Der Protest Itzsteins führte immerhin zu dem recht windigen Zugeständnis des Vertreters des Innenministers, des Staatsrats Rüdt, daß der Zensor eine solche *geheime* Anweisung dem Redakteur *auf Verlangen* zur Einsichtnahme vorlegen dürfe. Eine Abschrift dürfe aber nicht angefertigt werden.[43] Der Redakteur mußte erst hinter eine geheime Zensuranweisung kommen, bevor er ihre Einsichtnahme verlangen konnte! Die Regierung hätte mit Zeichen guten Willens im Jahre 1840 die ungeteilte Zustimmung aller gefunden. So aber ließ sie sich jedes Zugeständnis entreißen, das sich hinterher sogar als Hohn auf die in sie gesetzten Hoffnungen entpuppte.

Einen Höhepunkt staatlich verordneter Presseunterdrückung mit den Mitteln der Zensur bildete die öffentlich bekanntgemachte »Instruktion für Censoren« vom 4. Januar 1842.[44] Mit ihrer Hilfe konnte Staatsminister Blittersdorff die politische Presse zum Schweigen bringen und freie Hand im Kampf gegen die 2. Kammer gewinnen. Auch darin war Preußen mit einem ähnlichen Schritt vorangegangen. Diese Instruktion brachte unverbrämt die Funktion der Zensur als Herrschaftsmittel des vom Adel beherrschten Obrigkeitsstaates zum Ausdruck. Ihr Zweck war, jeden Angriff auf den politischen und gesellschaftlichen Status quo mit den Mitteln bürokratischer Repression abzuwehren.

Die Instruktion von 1842 wiederholte zwar die frühere Zusicherung »freimütiger, aber anständiger Erörterungen« auch abweichender Meinungen[45], nahm sie aber in einer detaillierten Verbotsliste, die alle politisch relevanten Fragen umfaßte, wieder zurück. Ihr Tenor lautete: Es darf nichts veröffentlicht werden, was »die Staatsgewalt oder die Untertanenpflicht im Allgemeinen als widerrechtlich, entbehrlich oder verächtlich darzustellen sich bemüht«.[46] Der Zensur verfielen Angriffe auf die »Ruhe und Sicherheit« des Deutschen Bundes oder einzelner Bundesstaaten insbesondere dann, wenn sie auf die »demokratische Umgestaltung der Bundesverhältnisse hinwirken« sollten.[47] Mit beliebig interpretierbaren Generalklauseln wurde zugleich Vorkehrung getroffen, daß die innere Brüchigkeit des herrschenden Systems, die sich symptomatisch in politischen Skandalen[48] und im Niedergang des Feudaladels niederschlug, nicht an die Öffentlichkeit dringen konnte. Zum Schutz des sozialen und politischen Besitzstandes des Feudaladels war es verboten, »ganze Stände des Staates im Allgemeinen zu verkleinern und zum Gegenstand des Hasses oder Spottes zu machen«.[49] Mit einer geradezu akrobatischen Argumentationsweise wurden skandalöse Ereignisse, die in der Presse als »vermeidliche und willkürliche Bedrückung« dargestellt würden, zu »Folgen der nothwendigen Beschränkung rücksichtsloser Freiheit in einem Staate« uminterpretiert und deren Veröffentlichung verboten, weil sie »den Geist der Unzufriedenheit [...] verbreiten« konnten.[50]

Neben diesen allgemeinen Richtlinien erteilte der Innenminister den Zensoren zudem die Weisung, alles zu bekämpfen, was die »Wahlfreiheit«, wie sie die Regierung ver-

stand, beschränken konnte.⁵¹ Berichte über den Wahlkampf der Liberalen wurden daraufhin vollständig aus den Zeitungen getilgt.
Mit der Niederlage des Blittersdorffschen Systems fiel auch die Zensurinstruktion vom 4. Januar 1842. Die Regierung, nach Blittersdorffs Rücktritt ohnehin angeschlagen, griff wieder auf die vergleichsweise liberale Instruktion von 1840 zurück. Sie änderte ihre zensurpolitische Taktik und schob den Zensor als scheinbar maßgebliches Exekutivorgan vor, um der 2. Kammer keine leichten Angriffe gegen sie selbst zu ermöglichen. Unter dem Druck Preußens versuchte sie immer wieder zu einer völlig restriktiven Zensurpolitik zurückzukehren, doch was Blittersdorff nicht erreichen konnte, vermochten die nachfolgenden Regierungen gegenüber einer erstarkten Opposition noch weniger durchzusetzen.

In den Übergangsjahren von 1842 bis 1846 schwankte der Zensurkampf zwischen Regierung und Opposition. Auf dem Höhepunkt des Zensurkampfes 1845 amtierte Zensor Sarachaga in Mannheim. Redakteur Struve vom *Mannheimer Journal* war von der rigorosen Zensurausübung am stärksten betroffen; er beschritt den gesetzlich vorgesehenen Beschwerdeweg. Die Kreisregierung unter Regierungsdirektor Schaaff als Zensuraufsichtsbehörde und das Innenministerium als Oberzensurbehörde, an die sich Struve nacheinander mit Rekursbeschwerden wandte, hoben einen Großteil der Zensurstriche Sarachagas wieder auf. Ihre Großzügigkeit hatte jedoch zensurpolitische Methode. Anhand der ersten achtzehn von Struve redigierten Ausgaben des *Mannheimer Journals* Mitte 1845 soll die Zensurpolitik der Regierung demonstriert werden.⁵² Der Zensor strich darin insgesamt 41 Stellen bzw. ganze Artikel.⁵³ Struve appellierte wegen aller Striche an die Rekursinstanzen. Nach mehreren Wochen hob die Kreisregierung alle Striche bis auf fünfzehn im wesentlichen wieder auf. Das Innenministerium als letztinstanzliche Zensurbehörde hob nach zwei Monaten nochmals acht Striche auf, so daß im Ergebnis lediglich ein Sechstel der von Zensor Sarachaga verfügten Striche gültig blieb. Das Innenministerium ließ fast alle Mitteilungen über die deutsch-katholische Bewegung, Kritik an innenpolitischen Zuständen, Bekenntnisse zu geistiger und religiöser Freiheit, die in ihrer Deutlichkeit wenige Jahre zuvor nicht geduldet worden wären, passieren. Das Innenministerium wollte den Anschein relativer Aufgeklärtheit und Parteineutralität wahren, hinderte den Zensor aber nicht, auf dem eingeschlagenen Weg fortzufahren und sogar im Oberrekursverfahren freigegebene Artikel nochmals zu streichen.⁵⁴ Im System der gestuften Abwehr von Presseangriffen war dem Zensor eine äußere Verteidigungsstellung zugewiesen, die für einen Redakteur zu dieser Zeit noch uneinnehmbar war. Das Innenministerium verteidigte die Grundlagen des herrschenden politischen Systems kompromißlos. Kritik am Deutschen Bund, an den Großmächten Österreich und Preußen sowie an Institutionen wie Zensur und Berufsdiplomatie, die

seiner Aufrechterhaltung dienten, wurde unnachsichtig unterdrückt. In politisch weniger relevanten Tageszeitungen zeigte es sich flexibel, zumal diese, wenn dem Rekursbegehren endlich stattgegeben wurde, ihre Aktualität meist eingebüßt hatten.
Das zensurpolitische Instrumentarium diente, was bisher in der Literatur weitgehend unberücksichtigt blieb, auch dazu, die Verbreitung der kritischen Presse und organisatorische Ansätze der deutschen Opposition durch systematischen Eingriff in die Redaktionsarbeit zu hintertreiben. Diese Tendenz ist bereits gegenüber Struves *Journal* zu beobachten, sie nahm aber in der letzten Phase des Vormärz noch zu. Weil zu diesem Zeitpunkt des Vormärz Informationen und Meinungen aufgrund des wachsenden Zeitungswesens kaum noch unterdrückt, sondern nur noch verzögert und an der Verbreitung gehindert werden konnten, nahm die Zensur notwendig eine obstruktive Funktion an.
Für die zersplitterte deutsche Opposition hatten Informationen und Berichte über ihren Entwicklungsstand in den verschiedenen Teilen Deutschlands einen nicht zu unterschätzenden Effekt der Sympathiewerbung und der Verständigung. Nachrichten und Reflexionen über die oppositionelle Sammelbewegung ließ der Zensor kaum, Aufrufe zum organisatorischen Zusammenschluß nie im *Journal* erscheinen.[55] Struve beabsichtigte, über den lokalen Bereich hinaus in ganz Deutschland organisatorische »Zentralpunkte« zu schaffen. Er erließ Aufrufe zu einer Versammlung deutscher Schriftsteller, Redakteure und »Rechtsmänner«[56], doch sie durften nur in seinen Zensurschriften erscheinen. Struve versuchte, sein Blatt zum Sammelpunkt der deutschen Opposition zu machen. Mit überregionalen Korrespondenzen, mit Tagesaktualitäten und Erstmeldungen wollte er vor der publizistischen Konkurrenz herauskommen und seinem Blatt Verbreitung in ganz Deutschland verschaffen. Der Zensor strich gerade solche Beiträge[57], nicht weil sie Angriffe gegen die Regierung, sondern weil sie konstruktive Ansätze der Opposition enthielten oder wenigstens dem unerläßlichen Aufbau eines Korrespondentennetzes dienten. Ausgezeichnete Korrespondenten in der Schweiz, in Frankfurt, Heidelberg, in Königsberg und Berlin seien durch den Zensor »todt censirt« worden[58], wie Struve feststellte.
Anfang 1846 analysierte Karl Mathy die Zensurpolitik der badischen Regierung und kam zu dem Schluß, daß diese nicht mehr in erster Linie auf die Unterdrückung von Gedanken abziele, sondern darauf, daß sich kein angesehenes Oppositionsblatt etablieren und zum Sammelpunkt der Opposition werden könne.[59] Damit hatte er die Hauptintention der vormärzlichen Zensurpolitik getroffen.

Badens innenpolitische Offensive:
Die 2. Kammer und die liberale Presse als Verbündete gegen die Zensur

Im »Eingang zu den Karlsbader Beschlüssen« von 1819 warnte Friedrich v. Gentz[1] vor der Gefahr, daß die konstitutionellen Volksvertretungen, unterstützt durch eine liberale Presse, die bisher erfolgreich verteidigte Geheim- und Kabinettspolitik durchstoßen und eine politische Öffentlichkeit schaffen könnten. Das Zusammenspiel von 2. Kammer und politischer Presse in Baden demonstriert wirkungsvoll, wie in einem deutschen Teilstaat die politische Öffentlichkeit zu einem die Regierungspolitik mitbestimmenden und kontrollierenden Faktor werden konnte.

Die politische Isolierung der 2. Kammer vor dem Jahre 1838

Vor dem Jahre 1838, in dem die ersten politischen Blätter in Baden entstanden, war die 2. Kammer – mit Ausnahme der Jahre 1832/33 – publizistisch isoliert und politisch neutralisiert. Aufgrund der Wiener Beschlüsse[2] wurde die Parlamentsberichterstattung scharf zensiert, und die Reden des Kammerpräsidenten unterlagen einer strengen Reglementierung. Der Kammerpräsident war dazu verpflichtet, Redner mit »ruhestörenden Grundsätzen und Lehren« zu rügen und ihre Äußerungen aus Protokoll und Presse fernzuhalten.[3] Die badische Kammer hatte den angesehenen Juristen und gemäßigten Liberalen Mittermaier ins Präsidentenamt gewählt.[4] Selbst dessen zurückhaltendes Bekenntnis zur Konstitution durfte zur Empörung der Kammer nicht in der Presse erscheinen.[5]
Im Juli 1836 verordnete die Regierung, daß Redakteure und Verleger von Zeitungen Berichte und Informationen über Verhandlungen deutscher Ständeversammlungen nur aus den offiziellen Organen und Verlautbarungen des jeweiligen Staates entnehmen dürften.[6] Zum offiziellen Organ in Baden bestimmte die Regierung die *Karlsruher Zeitung*, der sie einen Vertreter des Staatsministeriums als Zensor an die Seite gab. Die Landtagsberichterstattung der *Karlsruher Zeitung* bildete die einzige erlaubte Quelle der Kammerberichterstattung für die in- und ausländische Presse.[7] Die liberale Kammerminorität blieb damit von der Öffentlichkeit nahezu hermetisch abgeschlossen.

Ein Schlaglicht auf die monopolartigen Presseverhältnisse in Deutschland gegen Ende des dritten Jahrzehnts wirft ein vergeblicher Rechtfertigungsversuch Welckers. Die *Karlsruher Zeitung* hatte ihm eine Religion und Regierung verletzende Äußerung in der 2. Kammer vorgeworfen.[8] Welcker erhob dagegen Protest, die *Karlsruher Zeitung* wies aber Welckers Dementi zurück. Auch keine andere deutsche Zeitung, selbst nicht die im Rufe der Objektivität stehende *Oberpostamtszeitung*, sah sich zum Abdruck imstande, weil sie Mitteilungen über die badische Kammer nur der *Karlsruher Zeitung* entnehmen durfte. Welcker schickte daraufhin empörte Erklärungen an englische, französische, dänische und schwedische Zeitungen, welche die Angelegenheit gern aufgriffen und bissig kommentierten. An dem einzigen badischen Grenzübergang, der für die Einfuhr ausländischer Presseerzeugnisse in Baden vorgesehen war, in Kehl, fing die Polizei die betreffenden Zeitungen ab. Das einzige öffentliche Echo bestand in einer Notiz der *Oberpostamtszeitung*, die auf die »merkwürdigen Erklärungen« Welckers in ausländischen Zeitungen hinwies.[9] Erst durch die Entstehung einer kritischen Presse konnte dieses System der zensurpolitischen Abschottung durchlöchert werden.

Einen Höhepunkt einseitiger und verstümmelter Kammerberichterstattung erreichte die *Karlsruher Zeitung*, als sich nach Winters Tod Blittersdorffs Einfluß in der Regierung verstärkt hatte. Liberale Stellungnahmen zu wichtigen Fragen, wie zum Beispiel zum Hannoverschen Verfassungskonflikt, fanden keine Aufnahme. Rotteck legte daraufhin zwar Protest gegen diese »wahre Beleidigung« der Volksvertreter durch eine anmaßende Zensur ein[10], doch die Regierung ignorierte das einfach. Itzstein brandmarkte solche Zensurmethoden unter allgemeiner Zustimmung der Kammer als »Täuschung der Völker« und Verletzung der badischen Verfassung[11], doch seine Anklage drang nicht über die 2. Kammer hinaus, weil die authentischen Verhandlungsprotokolle[12] erst am Ende einer Sitzungsperiode gedruckt werden konnten und der Öffentlichkeit praktisch unzugänglich blieben.

Erst die gemeinsamen Enthüllungen von Kammer und Konstanzer Presse, die den ersten Zensurskandal in Baden auslösten, brachten Abhilfe. Anhand einer zensierten Druckfahne der *Karlsruher Zeitung*, die sich der Redakteur der *Seeblätter*, Josef Fickler, zu beschaffen wußte, konnte er beispielhaft die verfälschende Zensur dieses offiziösen Organs publik machen.[13] Die weitere Enthüllung, wer der verantwortliche Zensor der *Karlsruher Zeitung* sei, behielt sich Itzstein selbst vor.[14] Sie brachte die Regierung in ernste Verlegenheit. Vor der 2. Kammer bezeichnete er den Minister des Großherzoglichen Hauses und der auswärtigen Angelegenheiten, Freiherr v. Blittersdorff, als eigentlichen Zensor der Zeitung und badischen »Musterzensor«.[15]

Obwohl Zensurangelegenheiten zum Ressort des Innenministers gehörten, fungierte Blittersdorff tatsächlich als badischer »Musterzensor«, dessen Zensurrichtlinien bzw. eigenhändige Zensurpraxis einen Maßstab für die übrigen Zensoren bildete. Blittersdorff leitete seine Anweisungen an den Zensor der *Karlsruher Zeitung*, keine »anstößigen und heftigen Artikel« – etwa über den Hannoverschen Verfassungskonflikt – passieren zu lassen, zugleich an den zuständigen Innenminister weiter, dessen »vorausgesetztes Hochdero Einverständnis« sich Blittersdorff sicher sein durfte. Der Innenminister Winter ließ daraufhin die einzelnen Zensoren des Landes gemäß den Anweisungen Blittersdorffs instruieren.[16]

Kampf gegen die Zensur als Kampf gegen den Deutschen Bund

Die große Preßdebatte der 2. Kammer Mitte 1839, die erste nach den »stillen Jahren«, stand in engem Zusammenhang mit der wiedererstehenden kritischen Presse des Landes. Die liberale Opposition hatte während der Landtage von 1833, 1835 und 1837[17] regelmäßig ihren Protest gegen die Unterdrückung der Presse vorgetragen, ohne jedoch die Regierung damit beeindrucken zu können. Mitte 1839 aber hatte sich eine politische Presse gegenüber einer übermächtigen Zensur behauptet und der Opposition der 2. Kammer durch den Abdruck der Debatte einen wirkungsvollen Zugang zur Öffentlichkeit geschaffen. Der *Rheinische/Deutsche Postillon* in Mannheim und die *Seeblätter*, der *Leuchtthurm* und sein Nachfolger die *Deutsche Volkshalle* in Konstanz, welche auf die Unterstützung durch die Kammerliberalen nicht weniger angewiesen waren als diese auf sie, ermutigten die zuvor weitgehend ohnmächtige Opposition zum Gegenangriff.
Ganz im Sinne der Karlsbader und Wiener Beschlüsse bekräftigte Minister Blittersdorff während der Preßdebatte[18] seine – auch von »sämtlichen Kabinetten« geteilte – Überzeugung, wonach »Preßfreiheit in Deutschland [...] zur Umgestaltung aller Verhältnisse, zur Revolution führen« müsse.[19] Die Gegenposition der Liberalen klang bei aller taktischen Vorsicht doch bereits unversöhnlich an. Der Abgeordnete Sander leitete aus Blittersdorffs Bemerkung die Folgerung ab, daß die Verhältnisse des Deutschen Bundes also derart sein mußten, daß sie die Pressefreiheit nicht ertragen könnten.[20] Welcker warf dem einstigen Berater Metternichs, Friedrich v. Gentz, politische Täuschung vor, weil er Preßfreiheit in Pressemißbrauch uminterpretiert habe.[21] Der Konstanzer Abgeordnete Aschbach erklärte die Pressefreiheit zu einer Frage, die »über das Seyn oder das Nichtseyn eines constitutionellen Staates« entscheide.[22] Die Kräfteverhältnisse zwischen Kammeropposition und Presse auf der einen und der badischen Regierung und dem Deutschen Bund auf der anderen Seite waren noch derart ungleich, daß allein eine von Rotteck recht bescheiden vorgetragene Motion Gehör bei der Regierung zu finden versprach: »Nicht die volle Preßfreiheit verlange ich, sondern nur einigen Rechtszustand, nur eine Milderung der über uns lastenden Preß-Sklaverei«.[23] Blitters-

17 Die Unterdrückung der politischen Presse im Vormärz: Vom Zensor übel zugerichtet, mit Stempelsteuer belegt, gelangte sie nur mühsam zum Publikum. (»Fliegende Blätter« 1847)

18 Anstelle von Zensorenwillkür forderten die Liberalen ein Pressegesetz. Nur Richter sollten Repressivmaßregeln verhängen dürfen. (»Fliegende Blätter« 1848)

Der Flug der freien deutschen Presse im Jahre des Heils 1848 auf 1849.

Da aber richtete sich Michel auf und ward ein Michael, trat den Censor-Leviathan in den Staub und fragte Wollt ihr Krieg oder Frieden? —

Preßfreiheit.

— Aber, Herr Policius, wie können Sie nur so übel mit mir umgehen, da wir doch Preßfreiheit haben?
— Ja, mein Freund Eulenspiegel, gerade weil Preßfreiheit besteht, nehme ich mir die Freiheit, dich zu preßen.

19/20 Die freie Presse: Wunschbild . . .
21/22 . . . und Wirklichkeit. Noch während der Revolution wurde die Presse vielfach gerupft und »gepreßt«.

Der Steckbrief.

23 Die steckbriefliche Verfolgung Oppositioneller im Vormärz (»Fliegende Blätter« 1845)

24 Kritische Schriftsteller mußten emigrieren.

Kennen Sie dieses Buch?
„Ja, es ist mein Werk: "Ueber den besten Staat."
So? Da können wir Sie in unserm nicht brauchen.

25 Wiedererstehen der politischen Presse in Baden um 1840: Josef Fickler (1808–1865), Redakteur der »Seeblätter«
26 Ignaz Vanotti (1798–1870), Konstanzer Verleger des »Leuchtthurm« und der »Deutschen Volkshalle«.
27 Honorarverzeichnis des »Mannheimer Journals« 1844: Auch Metternichs Agent Herrmann Ebner, alias »Dr. Lichtweiß«, befand sich unter den Korrespondenten. (Stadtarchiv Mannheim 44/1968 Nr. 60)
28 Die Konstanzer und Mannheimer Zeitungen um 1840.

Rheinischer Postillon.

Sonntag 7. Januar   1838.   Nr. 2

Deutscher Postillon.

Mittwoch 1. Januar   1840.   Nr. 1.

Mannheimer Morgenblatt.
(Fortsetzung des neuen Mannheimer Abendblatts.)

№ 51.   Samstag, den 4. April   1840.

Deutsche Volkshalle.

Constanz.   № 1.   Sonntag den 1. September 1839.

Seeblätter.

Freitag   № 227.   22. September 1848.

Der Leuchtthurm.

Der Leuchtthurm erscheint täglich einen kleinen Bogen stark; Montags zugleich als unterhaltendes Blatt, in verdoppeltem Umfang. Preis jährlich 8 Fl. rhn.
Einrückungsgebühren die Zeile nur 2 Kreuzer.
Entferntere Abnehmer abonniren sich auf dem nächsten Postamt.

Druck, Expedition und Annahme der Abonnements für Constanz und die Umgegend sowie von Ankündigungen in Plätzer's Buchdruckerei, Kanzleistrasse Nr. 701. Die Niederlage am Bodensee und Rhein nehmen auch die Dampfschiff-Niederlagen an; für die Schweizerische Umgegend das Postamt Zurzweilen.

Dienstag   № 1.   1. Januar 1849.

»An das litterarische Comptoir in Zürich.

Wie Sie bereits wissen werden, hat Herr Herwegh mich aufgefordert an dem teutschen Boten mitzuarbeiten. Sie erhalten beigehend 2 Artikel für denselben. Dem Einen ›der badische Landtag von 1842‹ könnte leicht eine Fortsetzung gegeben werden, wie Herr Professor Follen Ihnen sagen wird.
Da unsere Regierung leicht in Versuchung kommen könnte die Manuskripte auf der Post sich anzueignen, so geben Sie mir jedenfalls eine sichere Gelegenheit der Beförderung der Manuskripte an. [...]
Über das Honorar der Aufsätze werden Sie mir gefälligst Auskunft erteilen.

Mit vollkommenster Hochachtung

ergebener
Dr. Hecker
Obergerichtsadvocat
und Procurator.
Abgeord. der II. Bad. Kammer«

29 Julius Fröbel (1805–1893) gründete in Zürich das »Litterarische Comptoir« und verschickte politische Literatur nach Deutschland.
30 Georg Herwegh (1817–1885), Redakteur der »Deutschen Volkshalle« in Konstanz und des »Deutschen Boten« in Zürich.
31 Friedrich Hecker sagte Fröbel seine Mitarbeit am »Deutschen Boten« zu.

32 Die 2. Badische Kammer in Karlsruhe: »Schule des Liberalismus« in Deutschland.

33 Als Volksvertretung anerkannt: Dankadresse an die 2. Badische Kammer 1842 aus Stockach.

Hohe zweite Kammer der Stände!

Dankadresse der unterzeichneten Bewohner des dritten Aemterwahlbezirks für die würdige Haltung der Volks-Abgeordneten auf gegenwärtigem Landtage.

Wie unser seliger, leider für uns nur viel zu früh durch den Tod entrissener Volksabgeordneter **v. Rotteck** treffend sagt, soll der Landtag so viel möglich identisch mit dem Volke d. h. eine möglichst getreue Darstellung desselben und ein wahrhaft natürliches Organ der im Schooße der Gesammtheit lebenden Gesinnungen, Wünsche, Bedürfnisse und Forderungen sein, und nur die **freie Wahl** der Repräsentanten durch die zu Repräsentirenden kann der hier zu realisirenden Idee entsprechen.

Dieser **Wahlfreiheit**, dieser Grundbedingung einer wahren Volksvertretung, sollte es gelten, als die von unsern Ministern durch die bekannten Circularien an unserm politischen Himmel zusammengetriebenen schwülen Gewitterwolken unseren Athem zu beengen begannen und sodann über unsern Häuptern sich entleerten.

34 Liberale Abgeordnete der 2. Badischen Kammer: Hoffmann, Sander, v. Rotteck (Mitte oben), Aschbach, Fecht, Duttlinger (Mitte unten), Kuenzer, Winter.
35 Politischer Fortschritt und religiöse Reformbewegung: die deutsch-katholischen Prediger Ronge und Dowiat am 28. September 1845 in Bassermanns Garten in Mannheim.
36 Die deutsch-katholische Bewegung breitete sich aus: hier Ronge vor dem religiösen Reformverein in Wien.

Die Vorfälle zu Mannheim
am 19. November 1845.

Seit längerer Zeit herrscht hier in Mannheim, wie der untenerwähnte Bericht der Gemeindebehörde, der hoffentlich bald gedruckt werden wird, näher ausführt, große Unzufriedenheit mit der Art und Weise wie die Censur und die Polizei hierselbst gehandhabt werden. Bittere Klagen über den Censor Herrn von Uria Sarachaga hatten sich schon auf dem letzten Landtage vernehmlich gemacht, aber vergeblich. In demselben Maaße als die Zeit-Ereignisse bedeutender und _____ _____ _____ _____ _____ _____ _____ _____ _____ letzender, ward die Censur-Verhältnisse drückender und verletzender. Censur und Polizei verfuhren in einer Weise, daß man Gewissensfreiheit, Eigenthumsrecht und persönliche Freiheit verletzt und in hohem Grade gefährdet sah. Die Mißstimmung über das willkürliche Verfahren der Behörden wurde immer allgemeiner und theilte sich auch solchen Bürgern mit, welche in der Regel an den öffentlichen Angelegenheiten keinen besondern Antheil nehmen. Mit richtigem Takte erkannten die Einwohner Mannheims, es handle sich hier nicht um einen unfruchtbaren Wortstreit, sondern um die Frage, ob Verfassung und Recht, oder Willkür und Gesetzlosigkeit hier in Mannheim herrschen sollten.

nicht gelte, sondern die Willkür schalte. Es trugen daher vier und achtzig hiesige Bürger in einer vom achtzehnten Oktober laufenden Jahres datirten Eingabe bei dem Gemeinderathe darauf an, den größeren Bürger-Ausschuß zu berufen demselben die angedeuteten Verhältnisse vorzutragen und ihm die Frage vorzulegen, ob dieselben als Gemeindesache behandelt und auf deren Beseitigung vermittelst einer bei großherzoglichem Staats-Ministerium und eventuell bei der zweiten Kammer der Ständeversammlung einzureichenden Eingabe bi_____ _____ _____ _____ _____

In Gemäßheit des §. 38 Nr. 5 der Gemeinde-Ordnu_ mußte diesem Antrage von Seiten des Gemeinderaths u_ kleinen Bürger-Ausschusses Folge gegeben werden. Demgemäß wurde von dem Gemeinderathe der große Bürger-Ausschuß auf Mittwoch den 19. November Morgens 10 Uhr den Aula-Saal eingeladen.

Die betreffende Bekanntmachung kam der Mannh. Abendzeitung zu, nachdem die Zeit zum censiren schon vorüber w_ (Der Censor censirt nämlich unbekümmert um die Erfordernisse der Zeitungs-Literatur des Nachmittags nicht) und wur_

37 Protest der Stadt Mannheim gegen die Zensur: Militär ging gegen die Bürgerversammlung vor. Die Opposition errang einen moralischen Sieg über die Zensur.

38 Gustav Struve (1805–1870), Redakteur des »Mannheimer Journals«, löste den Konflikt aus.

Socialer Barometer.

Der Wohlstand wächst täglich, das Elend nimmt rasch ab. Das ist der Segen einer langen und glücklichen Friedenszeit.

Der Wohlstand ist gänzlich zerrüttet, das Proletariat ist zur Herrschaft gekommen. Das sind die unseligen Folgen einer aus anarchischen Bestrebungen hervorgegangenen Revolution.

Das Elend in Schlesien.

Hunger und Verzweiflung.

Offizielle Abhülfe.

39 Soziale Gegensätze zwischen Bürgertum und Unterschichten verschärften sich in der Wirtschaftskrise 1846/47.
40 Der Aufstand der schlesischen Weber 1844: Die »soziale Frage« brach auf. Die »Mannheimer Abendzeitung« berichtete über die tatsächlichen Vorgänge.

Nichts ohne Ursache.

„Ich möcht' aber doch wissen, warum Itzstein und Hecker gar so sehr gegen die Unterstützung der Fabriken gesprochen haben; man möchte beinahe glauben, sie wären mit Rothschild im Bunde!"

„Das weißt du nicht? Die Sache ist doch so einfach! Werden die Fabriken unterstützt, dann werden 4—5000 Menschen auch nicht brodlos, wo sollen dann die beiden Herren Stoff hernehmen zu Reden über Proletariat und Pauperismus? — Das ist der Grund, warum sie lieber die Fabriken ruinirt gesehen hätten."

41 Die »Dreifabrikenfrage« in Baden: Die Opposition spaltete sich in »Ganze« und »Halbe«. Friedrich Heckers Reformvorstellungen stießen auf Ablehnung in der liberalen Presse. (»Fliegende Blätter« 1848)

Gog ist Gog.

„Sie sind arretirt!"
„Warum — warum?"
„Sie sind ein Demagog — und noch dazu ein ausgezeichneter — die Herren an dem Tisch dort haben's g'sagt."
„Pädagog, lieber Mann — Pädagog!"
„Ach was! — Gog is Gog — nur mit!"

42 Schullehrer in Baden nahmen für Hecker Partei. Sie wurden als Demagogen verdächtigt.

43 Spottbild auf die Redakteure der »guten«, obrigkeitstreuen Presse: Sie lassen sich vom Maulwurf, dem Sinnbild der Reaktion, und vom Zensor führen. (»Leuchtthurm« 1847)

Die Forderungen des Volkes.

Unsere Versammlung von entschiedenen Freunden der Verfassung hat stattgefunden. Niemand kann derselben beigewohnt haben, ohne auf das Tiefste ergriffen und angeregt worden zu sein. Es war ein Fest männlicher Entschlossenheit, eine Versammlung, welche zu Resultaten führen muß. Jedes Wort, was gesprochen wurde, enthält den Vorsatz und die Aufforderung zu thatkräftigem Handeln. Wir nennen keine Namen und keine Zahlen. Diese thun wenig zur Sache. Genug, die Versammlung, welche den weiten Festsaal füllte, eignete sich einstimmig die in folgenden Worten zusammengefaßten Besprechungen des Tages an:

Die Forderungen des Volkes in Baden:

I. Wiederherstellung unserer verletzten Verfassung.

Art. 1. Wir verlangen, daß sich unsere Staatsregierung lossage von den Karlsbader Beschlüssen vom Jahr 1819, von den Frankfurter Beschlüssen von 1831 und 1832 und von den Wiener Beschlüssen von 1834. Diese Beschlüsse verletzen gleichmäßig unsere unveräußerlichen Menschenrechte wie die deutsche Bundesakte und unsere Landesverfassung.

Art. 2. Wir verlangen Preßfreiheit; das unveräußerliche Recht des menschlichen Geistes, seine Gedanken unverstümmelt mitzutheilen, darf uns nicht länger vorenthalten werden.

Art. 3. Wir verlangen Gewissens- und Lehrfreiheit. Die Beziehungen des Menschen zu seinem Gotte gehören seinem innersten Wesen an, und keine äußere Gewalt darf sich anmaßen, sie nach ihrem Gutdünken zu bestimmen. Jedes Glaubensbekenntniß hat daher Anspruch auf gleiche Berechtigung im Staate.

Keine Gewalt dränge sich mehr zwischen Lehrer und Lernende. Den Unterricht scheide keine Confession.

Art. 4. Wir verlangen Beeidigung des Militärs auf die Verfassung.

Der Bürger, welchem der Staat die Waffen in die Hand gibt, bekräftige gleich den übrigen Bürgern durch einen Eid seine Verfassungstreue.

Art. 5. Wir verlangen persönliche Freiheit.

Die Polizei höre auf, den Bürger zu bevormunden und zu quälen. Das Vereinsrecht, ein frisches Gemeindeleben, das Recht des Volkes sich zu versammeln und zu reden, das Recht des Einzelnen sich zu ernähren, sich zu bewegen und auf dem Boden des deutschen Vaterlandes frei zu verkehren — seien hinfüro ungestört.

II. Entwickelung unserer Verfassung.

Art. 6. Wir verlangen Vertretung des Volks beim deutschen Bunde.

Dem Deutschen werde ein Vaterland und eine Stimme in dessen Angelegenheiten. Gerechtigkeit und Freiheit im Innern, eine feste Stellung dem Auslande gegenüber gebührten uns als Nation.

Art. 7. Wir verlangen eine volksthümliche Wehrverfassung. Der waffengeübte und bewaffnete Bürger kann allein den Staat schützen.

Man gebe dem Volke Waffen und nehme von ihm die unerschwingliche Last, welche die stehenden Heere ihm auferlegen.

Art. 8. Wir verlangen eine gerechte Besteuerung.

Jeder trage zu den Lasten des Staates nach Kräften bei. An die Stelle der bisherigen Besteuerung trete eine progressive Einkommensteuer.

Art. 9. Wir verlangen, daß die Bildung durch Unterricht allen gleich zugänglich werde.

Die Mittel dazu hat die Gesammtheit in gerechter Vertheilung aufzubringen.

Art. 10. Wir verlangen Ausgleichung des Mißverhältnisses zwischen Arbeit und Capital.

Die Gesellschaft ist schuldig die Arbeit zu heben und zu schützen.

Art. 11. Wir verlangen Gesetze, welche freier Bürger würdig sind und deren Anwendung durch Geschworenengerichte.

Der Bürger werde von dem Bürger gerichtet. Die Gerechtigkeitspflege sei Sache des Volkes.

Art. 12. Wir verlangen eine volksthümliche Staatsverwaltung.

Das frische Leben eines Volkes bedarf freier Organe. Nicht aus der Schreibstube lassen sich seine Kräfte regeln und bestimmen. An die Stelle der Vielregierung der Beamten trete die Selbstregierung des Volkes.

Art. 13. Wir verlangen Abschaffung aller Vorrechte.

Jedem sei die Achtung freier Mitbürger einziger Vorzug und Lohn.

Offenburg, 12. September 1847.

44   Die »13 Forderungen des Volkes« in Baden: ein demokratisches Parteiprogramm von 1847, angenommen bei der 1. Offenburger Versammlung.

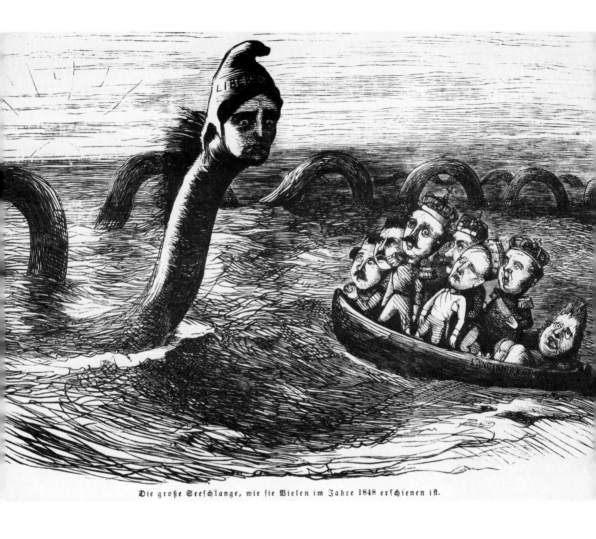

Die große Seeschlange, wie sie Vielen im Jahre 1848 erschienen ist.

45 Der Ausbruch der Februar-Revolution 1848 in Frankreich. Die deutschen Könige und Fürsten erzitterten.

46 Deutsche Revolutionäre wollten den »Palmesel« zum Aufstand bewegen, damit er die Last der Könige abwerfe und sich aus den Fesseln befreie. (»Leuchtkugeln« 1849)

dorff wies jedoch alle Bitten, Anträge und Motionen der Liberalen um Zensurmilderung mit dem schon zur Genüge bekannten Hinweis auf die übergeordneten, jeder Verhandlung mit der Kammer entzogenen Bundesgesetze zurück, deren Aufrechterhaltung er – im Gegensatz zu Innenminister Winter im Jahre 1832 – eifrig betrieb.[24] Blittersdorff hielt an einer uneingeschränkten Zensur fest, weil sich dadurch allein »Kollisionen mit dem Bundesgesetz«[25], wie sie ein halbes Jahr zuvor gegenüber der liberalen Presse Badens aufgetreten waren, vermeiden ließen.

Kammeropposition und kritische Presse, die eigentlichen Träger des badischen Liberalismus, gingen ein Bündnis zur gegenseitigen Existenzsicherung ein, das bis zum liberalen Kammersieg im Jahre 1842 wohl unersetzbar war. Dieses im Deutschen Bund sicherlich einzigartige Bündnis von Presse und Parlament war eine Voraussetzung für die Entstehung einer politischen Öffentlichkeit Badens.

Die politische Presse war in der Lage, die Parlamentsberichte unters Volk zu bringen und damit die Kammeropposition aus ihrer Isolierung zu befreien. Sie konnte auch außerhalb der nur in einjährigem Turnus für wenige Monate stattfindenden Kammersessionen für den Liberalismus werben. Umgekehrt bedurfte die politische Presse, zumal in ihrer Anfangszeit, des wortgewaltigen Schutzes der 2. Kammer, vor dem Zensoren[26] und Regierung nicht selten bangten. Die Redakteure pflegten gestrichene Beiträge an Abgeordnete wie Welcker, Rotteck, Aschbach und Bassermann weiterzuleiten, die dann mit einem Packen Zeitungen ans Rednerpult traten und die Zensurbeschwerden der Redakteure aufgriffen.[27] Rotteck persönlich nahm sich der Zensurbeschwerden an, die Ignaz Vanotti und Josef Fickler an die Kammer gerichtet hatten.[28] Die Drohung Vanottis, des Herausgebers des *Deutschen Volkshalle*, er wolle sich an die bald zusammentretende 2. Kammer wenden, genügte, um Innenminister Nebenius zu Konzessionen zu veranlassen.[29]

Die Oppositionsblätter revanchierten sich, indem sie ausführlich und oft wörtliche Auszüge aus den Landtagsprotokollen brachten. War ein Einschreiten des Zensors zu befürchten, umgingen die Redakteure die Zensur und versandten – eine Strafe in Kauf nehmend – die Zeitung ohne Zensur. Die von Mathy seit 1842 herausgegebene *Landtagszeitung*[30], die von radikalliberalen Abgeordneten politisch unterstützt wurde[31], befaßte sich hauptsächlich mit der Veröffentlichung von Landtagsverhandlungen, deren weitgehend unzensierter Abdruck um 1842 zum Gewohnheitsrecht geworden war. Erst nachdem eine starke Oppositionspresse entstanden war, konnte die 2. Kammer zum offenen Angriff auf die Zensur übergehen.

Die Einsetzung des Mannheimer Zensors Sarachaga löste zu Beginn des Jahres 1845 eine der heftigsten Zensurdebatten des Landtags aus.[32] Welcker nannte anläßlich der Diskussion einer Motion Karl Mathys zur »freien Presse« die Zensur den »geheime[n]

Alliierte[n] aller Schurken, Schufte und Spitzbuben«.[33] Eine radikale Gruppe von Abgeordneten um Mathy und Bassermann führte die Hauptangriffe gegen die Regierung, um ihr ein Pressegesetz abzuringen. Doch die Regierung, der wegen Bündnisrücksichten die Hände gebunden waren, deutete lediglich vage Konzessionsbereitschaft an. Der Zeitpunkt könne kommen, äußerte Ministerialdirektor Rettig, wo die Zensur »nicht mehr für notwendig erachtet wird und [. . .] die badische Regierung der Aufhebung nicht entgegen sein [werde]«.[34] Im übrigen müsse die Presse erst »durch die Tat beweisen, daß sie die Freiheit ertragen könne«.[35] Staatsminister Dusch vertröstete auf eine allgemeine deutsche Preßgesetzgebung.[36]

Solche Hinhaltetaktik führte der Kammeropposition die Ohnmacht vor Augen, tatsächliche Freiheiten auf parlamentarischem Weg erreichen zu können. Die Angriffe besonders der linken Kammerfraktion richteten sich daher zunehmend gegen die Machtstruktur des Deutschen Bundes. Hecker warf die Frage auf, von wem das »Geistesgut« durch Zensur zurückgehalten werde, und gab darauf selbst die Antwort: »Es sind keine Millionen [. . .], sondern es ist ein kleines Häuflein Diplomaten, adlige, hochadlige Diplomaten, die in Frankfurt sitzen.«[37] Der Abgeordnete Sander, Gesinnungsfreund Heckers, führte die Aufrechterhaltung der Zensur auf die politischen Interessen und Ansichten derjenigen zurück, »die die Macht in Händen haben«.[38]

Der Streit um die Zensur förderte die Radikalisierung eines führenden Teils der Kammeropposition, die nicht mehr, wie Sander äußerte, auf die »gnädigste Rücksicht« von oben warten wollten[39], sondern zum »außerparlamentarischen« Konflikt, den Struve 1845 in Mannheim auslösen sollte, bereit waren. Weil man aber den Bundestag nicht treffen konnte, schlug man den Zensor.

Der Zensor – eine schwankende Säule des Zensursystems

Die literarische Figur des geistmordenden Zensors mit der Schere, der am Tage zerstörte, was der emsige Redakteur nächtens geschaffen hatte, hat den Blick dafür verstellt, daß der Zensor objektiv die unangenehme Funktion eines Puffers zwischen »rebellischer« Öffentlichkeit und repressivem Herrschaftssystem übernehmen mußte und sich subjektiv nicht selten ebenso als Opfer des Zensurinstituts fühlte wie der Redakteur. Zensor Riegel in Mannheim, der seine Kollegen gerne als »Leidensgenossen« zu bezeichnen pflegte, stand damit nicht allein.[40] Die Regierung verteidigte das Institut der Zensur im Landtag, überließ aber nach außen hin ihre Handhabung dem Zensor. Damit wurde der Zensor zum tragenden Element der Zensurpolitik. Die Anweisungen der Regierung besaßen nur soviel Wert, wie sie ein gegenüber Redakteur und Öffentlichkeit standhafter Zensor durchzusetzen vermochte.

Solange sich der Innenminister schützend vor einzelne Zensurmaßnahmen stellte, mochte die Lage des Zensors noch erträglich sein, doch je mehr sich Baden im Vormärz einer faktischen Pressefreiheit näherte, wurde das »Geschäft« des Zensors »das wohl Unangenehmste, das Undankbarste, aber auch das Bodenloseste«, wie Riegel meinte, denn, so fuhr er fort: »Vieles, was heute mißfällig, anstößig erscheint, in wenigen Wochen oft gesprochen ja gedruckt werden darf, bringt den Zensor in die Gefahr, zur Verantwortung gezogen oder der schnödesten Beurteilung preisgegeben zu werden.«[41] Zudem mußte er fürchten, »von der Tribüne« der Volksvertretung aus »als ein borniertes Individuum hingestellt und lächerlich gemacht« zu werden.[42]

In den größeren badischen Städten Karlsruhe, Mannheim, Freiburg, Konstanz übte gewöhnlich ein eigens dazu freigestellter Zensor, in kleineren Gemeinden der Leiter der Ortsbehörde die Kontrolle der periodischen Literatur, der Flugschriften und Broschüren unter 20 Bogen aus. An den Orten mit politisch bedeutenden Verlagen wie Konstanz (Belle-Vue-Verlag) und vor allem Mannheim (Verlage Hoff und Bassermann)[43] hatte der Zensor neben der Tagespresse noch eine stark anschwellende Verlagsproduktion zu überwachen. Waren dies noch im Jahre 1838 zwei Tageszeitungen und drei Wochenblätter in Mannheim[44], so stieg ihre Zahl innerhalb von fünf Jahren merklich an[45].

Wie andere Zensoren auch befand sich Zensor Riegel in Mannheim täglich unter Zeitdruck. Nach einer Verordnung vom 28. 7. 1832 mußte er sich mit dem Redakteur über den Zeitpunkt der Vorlage der Zeitung oder des Probedrucks verständigen. Ein erneuter, durch Zensurstriche bedingter Umbruch und der Druck der Auflage kosteten Zeit. Damit die Zeitung rechtzeitig mit der Post spediert werden konnte, war der Zeitpunkt der Zensur frühzeitig anzusetzen. Daher war Zensor Riegel genötigt, während seines Mittagessens zwischen ein und zwei Uhr die vorliegenden Zeitungen zu lesen und Anstößiges unter Wahrung des inneren Zusammenhanges des Artikels zu streichen.[46] Unter Zeitdruck ließ sich mancher Zensor von Redakteuren irreführen, die in »unverfänglich scheinende[n] Formen einen verfänglichen oder strafwürdigen materiellen Gehalt einkleideten« und damit »Spezialitäten« berührten, die nur Eingeweihten bekannt waren.[47] Nicht selten ließ ein Zensor auch nichtsahnend etwas passieren, was den Protest der gegenüber der badischen Presse besonders empfindlichen Großmächte hervorrief[48], während zugleich in bayerischen und preußischen Zeitungen viel schärfere Angriffe – wie Riegel glaubte – gedruckt werden durften.[49] »Selbst bei der strengsten Zensur«, räumte Riegel ein, seien Beschwerden der Großmächte nicht immer zu vermeiden.[50]

Dessen ungeachtet gab das Innenministerium die vielfachen Beschwerden anderer Bundesstaaten in Form von Rügen an die Zensoren weiter. Es zögerte aber auch nicht, unter dem Druck der öffentlichen Meinung Konzessionen zu machen und einen stattgegebenen Rekurs mit »empfindlichen Rügen« zu verbinden. Solche Maßnahmen mußten die »Ängstlichkeit« der Zensoren nur noch mehr steigern.[51]

Die Regierung in Baden verteidigte zwar grundsätzlich die Zensur in der Öffentlichkeit, ließ aber zu, daß die Zensoren in der Öffentlichkeit zu Sündenböcken des unhaltbaren Zensurwesens wurden. Mit Recht beklagte Riegel, daß von seiten der Regierung »kein Wort zu ihrem Schutz gesagt« würde.[52]

Die Regierung konnte nicht verhindern, daß die badische Opposition ihre Taktik darauf abstellte, den Zensor als beinahe letzte noch tragende Säule aus dem Zensursystem herauszubrechen. Sie deckte die Zensoren mit heftigen Angriffen ein. Bassermanns Wort in der 2. Kammer von der Zensur als einem »geistigen Henkersamt«, zu dem sich kein Ehrenmann verwenden lassen sollte, machte die Runde in der in- und ausländischen Presse und verfehlte seine Wirkung auf die Zensoren nicht.[53] Die politische Verdammung und die soziale Ächtung des Zensors[54] vermochten die beruflich heikle und zudem nur mäßig besoldete Aufgabe des Zensors nicht anziehender erscheinen zu lassen[55]. Kaum ein Beamter drängte sich zum Zensorenamt. Die Seekreisregierung konnte die »wegen der Persönlichkeit der Redaktoren« lästige und zeitraubende Stelle des Zensors in Konstanz nur mit Mühe besetzen.[56] Stadtdirektor Riegel bat mehrmals um Entbindung vom Amt des Zensors, das er seit mehreren Jahren ausübte. Er wiederholte seine Bitte im Mai 1843 und begründete dies mit Arbeitsüberlastung. Ironisch fügte er hinzu, die vielfachen preußischen Proteste gegen seine Zensurausübung würden seine Bitte wohl ausreichend unterstützen.[57] Als die Suche nach einem neuen Zensor schwierig wurde, schlug die Unterrheinkreisregierung sogar vor, einen Zensor aus der Liste der Staatspensionäre ausfindig zu machen.[58] Zensor Ernst Lamey, ein Nachfolger Uria v. Sarachagas, versuchte sich sogar mit seiner mangelnden Eignung zu entschuldigen: »Zum Censor« sei er »unendlich viel zu unschuldig und arglos«[59]; doch ohne Erfolg. Mochte auch der Innenminister die Zensoren zu strengem Vorgehen ermahnen – es blieb weitgehend wirkungslos. Die Regierung besaß kaum mehr die Machtmittel, dies durchzusetzen. Ende 1846 war es in Konstanz bereits so weit gekommen, daß der Innenminister nicht mehr selbstverständlich auf die Loyalität des Zensors bauen, ihn aber ebensowenig ersetzen konnte. Des Zensors »Wunsch, ihn von der Funktion des Zensors zu entheben«[60], kam beinahe einer Drohung gleich und offenbarte die Ohnmacht der Regierung gegenüber unbotmäßigen Zensoren.

Die Liberalen der 2. Kammer machten sich die Schwäche der Zensoren zunutze. Bassermann berichtet, daß sie »längst zu der Einsicht gekommen, daß der Krieg gegen die Zensur mit Erfolg nur als Krieg gegen die Zensoren geführt werden könnte«.[61] Kammer und Presse hatten ihre eigenen Techniken der Zensurumgehung entwickelt. So war Mathy dazu übergegangen, den Strich des Zensors in den für die Residenz bestimmten Exemplaren wohl zu beachten, nicht aber in den mit der Post versandten Exemplaren. Bassermann erinnerte sich in seinen »Denkwürdigkeiten«: »Während so ganz Deutschland die verpönten Stellen las, konnten die Regierungsmitglieder glauben, die vermeintliche Gefahr glücklich abgewendet zu haben.«[62]

Dem Zensor entgingen solche Tricks nicht lange, doch er ließ die Drucker Malsch und Vogel, die auch die Landtagsverhandlungen in Buchform herausbrachten, gewähren und bemerkte nur bei »besonderen Anlässen« nachsichtig, daß dieser Strich auch in den auswärtigen Exemplaren beachtet werden müsse.[63] Bequemte sich der Zensor nicht zu einer solch nachsichtigen Zensurpraxis, dann suchten sich Abgeordnete des Landtags für wichtige Veröffentlichungen schon im voraus einen gefügigen Zensor[64], der, noch bevor eine spezielle Zensurinstruktion erlassen werden konnte, in der Provinzpresse zum Abdruck freigab, was der Karlsruher Zensor unterdrückte.[65]

Die Abgeordneten machten sich die Schwäche, ja Erpreßbarkeit des Zensors zunutze. Es kam vor, daß sie einen mißliebigen Zensor in dessen Wohnung aufsuchten, ihm öffentliche Angriffe in der 2. Kammer androhten, ihn aber mit dem Versprechen, dies zu unterlassen, zur Zurücknahme eines Striches bewegen konnten.[66]

Die Aushöhlung der Zensur überwog spätestens nach der Ablösung Uria v. Sarachagas 1846 ihre möglichen Vorteile. Hohe Beamte kamen schon frühzeitig zu der Auffassung, daß »zensierte Umtriebe [noch] viel gefährlicher [wirken] als zügellose«.[67] Die badische Regierung war um das Jahr 1845/46 durchaus zur Abschaffung der Präventivzensur und zur Einführung eines Pressegesetzes – wie bereits 1832 – bereit, der Deutsche Bund konnte sich jedoch vor 1848 mehrheitlich nicht dazu durchringen, eine durchaus nicht unwirksame Repressivgesetzgebung an die Stelle der Zensur zu setzen, obwohl der Zwang dazu unabwendbar geworden war.[68]

Seitdem die Zensureinrichtung zur Belastung für die Regierung geworden war, gab sich die Opposition nicht mehr mit einer Zensurmilderung zufrieden. Mathy erklärte vor der 2. Kammer:

>»Ein *milder* Zwang, eine *seidene* Schnur, ein *leiser* Druck, ein *sanfter* Tod – das sind Vorrechte der türkischen Paschas und der persischen Großen, die auf dem Teppiche liegend, die Bastonade empfangen.«[69]

Die blumige Argumentation sollte selbst vor der Öffentlichkeit eine Milderung der Zensur als unerträglich hinstellen, um der Opposition ein wirksames Agitationsmittel gegen die Regierung zu erhalten. Der Kampf um die Zensur hatte sich verselbständigt; den Liberalen ging es, wie sich aus Bassermanns Worten schließen läßt, nicht mehr um die Sache, sondern um die »Ehrensache, selbst eine milde Zensur aus Deutschland zu vertreiben«.[70]

Dem Zensor, der in der Konfliktzone einer machtvoll entstehenden Öffentlichkeit und dem hartnäckig verteidigten Zensursystem der Regierung stand, wurde die Bewältigung eines Konfliktes aufgeladen, für den er zu schwach war.

Die vereinte und scheinbar unaufhaltsame Wirkung von Presse und öffentlicher Meinung im Vormärz mußte als eine sich verstärkende Welle erscheinen, die den Obrigkeitsstaat zu verschlingen drohte. Was nützte das gerade in Kraft getretene Verbot der

Rheinischen Zeitung in Köln, wenn zum Beispiel die *Mannheimer Abendzeitung* ihre Nachfolge antreten und dabei noch, vor direktem preußischen Zugriff geschützt, die preußische Regierung »systematisch verdächtigen« durfte?[71] Wie mußte die Schrift des Königsbergers Walesrode[72] wirken, welche die unsinnigen Grobheiten der preußischen Zensur der Lächerlichkeit preisgab und ungehindert im Verlag Bassermann in Mannheim erscheinen konnte! Deutete sich darin nicht bereits die Möglichkeit einer kraftvollen deutschen – nicht badischen oder preußischen – Opposition an?[73] Ein Blick auf die Stagnation im deutschen Pressewesen um 1840 kann verdeutlichen, welch rapide Entwicklung innerhalb weniger Jahre erfolgt war.

Drittes Kapitel:
Das Wiedererstehen von politischer Presse und Öffentlichkeit (1838–1840)

Presseverhältnisse in Deutschland um 1840

Die vorherrschende Stagnation im Pressewesen

Die Misere des politischen Systems in Deutschland spiegelt sich in den Presseverhältnissen. Seit der Zeit Schubarts bis zum Beginn der vierziger Jahre hatte sich nicht allzuviel verändert. Die Satire Hoffmanns von Fallersleben über die Langweiligkeit der Zeitungen ist dafür beredtes Beispiel.[1]

Die Bedeutung einer in Baden entstehenden politischen Presse ist nur vor dem Hintergrund der damaligen Pressezustände voll zu würdigen. Die wohl informativste Darstellung der damaligen Pressezustände stammt aus der Feder des badischen Journalisten und namhaften Redakteurs Friedrich Giehne.[2] Danach kamen auf 40 Millionen deutsche Einwohner nicht mehr als 100 Zeitungen; nur etwa ein Dutzend konnten als Zeitungen ersten Ranges gelten.[3]

Die einzige über ganz Deutschland verbreitete Zeitung von Bedeutung, die *Augsburger Allgemeine Zeitung,* stellte überwiegend eine politisch konforme Quellensammlung dar.

Die bestehenden Zeitungen ließen sich in Primärzeitungen, Kompilations- und Anzeigenblätter unterteilen. Letztere, für das Publikum nicht ersetzbar, zeichneten sich nach der wohl kaum übertriebenen Meinung Giehnes durch »ihre innere Leere und gedruckte Stellung« aus.[4] Die Kompilationsblätter durften wegen des – bis zum Beginn des 20. Jahrhunderts – fehlenden Autorenschutzes Originalartikel beliebig und ohne Namensnennung wiedergeben.[5] Die Primärzeitungen waren derartigen Zensurbeschränkungen unterworfen, daß sie als Forum politischer Diskussion ausschieden.

Es sei dahingestellt, ob die Zensur, oder mehr noch die territoriale Zerrissenheit Deutschlands, am mangelnden Niveau der politischen Presse schuld war. Das fehlende politische Zentrum erschwerte das Aufkommen überregionaler Blätter außerordentlich. Presseorgane, die an der politischen oder geographischen Peripherie Deutschlands entstanden – das Großherzogtum Baden war peripher im doppelten Sinne –, vermochten sich nur in seltenen Fällen über weitere Teile Deutschlands zu verbreiten. Aus Baden gehörten immerhin die *Deutsche Volkshalle*, die *Mannheimer Abendzeitung*, der *Deutsche Zuschauer* als radikale Blätter, sowie ab Mitte 1847 die liberale *Deutsche Zeitung*, die von vornherein überregional konzipiert war, dazu. Hatten Zeitungen den Sprung ins deutsche »Ausland« geschafft, konnte auch die »Kleinstädterei« des Postwesens und ihre prohibitive Verteuerung[6] ihre Verbreitung nicht grundsätzlich beschränken, so war diese doch meist recht gering; die *Mannheimer Abendzeitung* hatte um 1845 ganze 134 preußische Abonnenten.[7]

Dem heutigen Leser muß freilich der – scheinbare – Widerspruch zwischen der angenommenen Bedeutung der Vormärzpresse und ihrer Auflagenhöhe auffallen. Die Auflagenhöhe einer Zeitung, die gerne als Parameter des Einflusses angesehen wird, sagt für die Presseverhältnisse des Vormärz in Baden relativ wenig aus. Eine Auflagenhöhe von 2000 *(Mannheimer Journal)* ist an der heutigen Massenpresse gemessen recht wenig, für den Vormärz aber ganz beachtlich.[8] Die Zeitung des Vormärz, die durch viele Hände ging[9], galt als ein Mittel der Volksbildung. In Robert Blums *Vorwärts!* des Jahres 1843 hieß es sogar, man müsse die kritische Zeitung lesen wie »Gotteswort«.[10] In der erzwungenen Eintönigkeit der deutschen Presse war, wie ein Kenner der vormärzlichen Publizistik, der Redakteur des *Rheinischen Postillon* und spätere Metternich-Agent, Wilhelm Fischer, betonte, »nichts gering«: »Ein Wort, durch das unbedeutendste Organ in die Welt geschleudert, welches Anklang findet, ist durch keine irdische Macht zu vernichten [...]«.[11]

Die für Metternich tätigen literarischen Agenten beobachteten im Jahre 1838 eine Verschiebung des Zentrums der radikalen Bewegung von Frankfurt nach Mannheim und Konstanz.[12] Anfang 1841 konnten sie feststellen, »daß die Tagespresse in Süddeutschland sich immer mehr kräftigt und in ganz Deutschland an Abonnenten gewinnt«; sogar nach Norddeutschland dringe sie vor.[13] Es ist nicht unberechtigt, die um 1840 entstehende politische Presse Badens als Avantgarde der vormärzlichen Publizistik anzusehen. Für Baden und darüber hinaus wurde sie zum Neuansatz einer Opposition, zum Kern einer demokratischen Bewegung.

Die Voraussetzungen für die Entstehung einer politischen Presse in Baden

Die Entstehung einer politischen Presse steht in engem Zusammenhang mit dem ökonomischen Wachstum der dreißiger Jahre, das die Bildung eines selbstbewußten Bürgertums förderte; dieses wiederum besaß ein steigendes Informationsbedürfnis und kam vornehmlich als Pressepublikum in Frage.
Das vierte, politisch »stille« Jahrzehnt[14] brachte dem Großherzogtum Baden einen merklichen, doch nicht überstürzten wirtschaftlichen Fortschritt. Entscheidende Verbesserungen im Verkehrswesen – der Eisenbahnbau in der Rheinebene wurde in Angriff genommen, die Rheinschiffahrt intensivierte sich durch den Ausbau des Mannheimer und Konstanzer Hafens[15] – und nicht zuletzt der Anschluß an den Zollverein im Jahre 1836 begannen sich langsam auszuwirken. So hatte sich, um nur wenige Indikatoren des wirtschaftlichen Aufschwungs zu nennen, das Steuerkapital aller Fabriken seit 1829 von 1,8 Millionen Gulden auf 5,8 Millionen im Jahre 1840 erhöht und damit verdreifacht.[16] Zugleich stiegen die Staatseinnahmen von 1833 bis 1840 von 12 auf 14 Millionen Gulden, eine Steigerung, die in den früheren Jahrzehnten einer stagnierenden Wirtschaft undenkbar schien.[17] Die Zahl der Fabriken hatte sich innerhalb von fünf Jahren um 29 Prozent, die der Arbeiter um 71 Prozent vermehrt.[18] Bezeichnend ist, daß die Regierung dem Bedürfnis nach »höheren Bürgerschulen«, die technische und naturwissenschaftliche Bildung vermitteln sollten, durch Neugründungen und Erweiterungen von Schulen nachkommen mußte.[19]
In den beiden vormärzlichen Pressezentren Badens, Mannheim und Konstanz, machte sich der wirtschaftliche Aufschwung besonders bemerkbar. Mannheim[20] wurde zur Handels- und Industriestadt, in der sich eine großbürgerliche Schicht entwickelte; Konstanz, die ehemals freie Reichsstadt[21], dagegen wurde zum Sitz eines gewerbetreibenden mittleren Bürgertums, das durch zwischenstaatlichen Handel zu einem bescheidenen Wohlstand kam. Mannheim lag im politisch virulenten Grenzgebiet der beiden Großherzogtümer Baden und Hessen-Darmstadt. Konstanz kam aufgrund seiner weltoffenen Tradition und seiner deutsch-schweizerischen Grenzlage die Rolle eines Umschlagplatzes der neuen politischen Strömungen zu. Die Schweiz und Frankreich lagen vor der Tür und boten eine lebendige, von keiner staatlichen Macht zu verhindernde Anschauung vom Kampf um politische Selbstbestimmung.
Das Wiedererstehen der politischen Presse in den Jahren 1838–1840 ist wie ein Präludium der späteren Pressekämpfe. Der *Rheinische Postillon* in Mannheim und der *Leuchtthurm* in Konstanz ermöglichten allein durch ihre Existenz die Sammlung der zersprengten Liberalen und schufen die Voraussetzungen für die Entstehung einer zuerst lokal begrenzten politischen Opposition.

Der *Rheinische Postillon* in Mannheim
und das »unruhige« badisch-hessische Grenzgebiet

Der *Rheinische Postillon* (1838–1840) ist ein Beleg für die Macht wie für die Ohnmacht eines kritischen Presseorgans ein Jahrzehnt vor der Revolution. Seine bereits 1840 erzwungene Einstellung verhinderte nicht, daß sich die konspirativen Gruppen im badisch-hessischen Grenzgebiet an die Öffentlichkeit wagen konnten.
Heinrich Hoff (1808–1852), der Verleger des *Rheinischen Postillon,* zählt zu den führenden Männern des badischen Vormärz und der Revolution. Er wurde mehrfach wegen Preßvergehens belangt, zuletzt im Jahre 1848; nach mehreren Monaten Untersuchungshaft wurde er ohne Anklage wieder entlassen; sein Verlagsgeschäft war zwischenzeitlich dem Ruin nahe. Bei der Wahl zur badischen Konstituierenden Versammlung 1849 vereinigte er die meisten Stimmen auf sich. Vor seiner Verurteilung zu 20 Jahren Zuchthaus wegen Teilnahme an der Revolution konnte er in die USA fliehen. Dort starb er im Alter von 44 Jahren in einem New Yorker Krankenhaus. Hoffs reichhaltiges Verlagsprogramm, das im Reiss-Museum in Mannheim gesammelt ist, konnte zwar nicht mit den größten deutschen Verlagen konkurrieren, an oppositioneller Schärfe stand es ihnen jedoch keineswegs nach. Im Jahre 1846 gab Hoff Karl Heinzens Streitschrift *Die Opposition,* im Jahr darauf Gustav Struves *Deutschen Zuschauer* heraus. Zusammen mit der Verlagsbuchhandlung Bassermann und dem Verlag des »Katholischen Bürgerhospitals«, dem Herausgeber des *Mannheimer Journals*[1], machte er Mannheim zu einem bedeutenden publizistischen Zentrum des Vormärz.

Wirkung und Verbreitung des Rheinischen Postillon

Am 1. Januar 1838 eröffnete Hoff mit dem *Rheinischen Postillon* die Reihe kritischer Presseorgane im vorrevolutionären Jahrzehnt Badens. Als Mitarbeiter hatte Hoff den Hessen Dr. Carl Heuser und den aus Preußen stammenden Literaten Wilhelm Fischer, zwei bemerkenswerte Vertreter der vormärzlichen Publizistik, gewonnen. Heuser, Associé des auch konspirativ tätigen Buchverlags Preller in Offenbach, wechselte im Sommer 1834 zu dem bedeutenden Verleger und Buchhändler C. W. Leske in Darmstadt, dem Schwiegervater Prellers, über.² Heuser stellte zu Georg Büchner, der im Jahre 1834 die »Gesellschaft der Menschenrechte« in Gießen gründete, eine Verbindung her.³ In die revolutionären Pläne der Gesellschaft war Heuser eingeweiht.⁴ Ende 1835 wurde ihm in Hessen der Boden zu heiß, und er wanderte rechtmäßig nach Baden aus. Heuser brachte seine konspirativen Verbindungen zu hessischen Oppositionsgruppen in die Redaktion des *Postillon* ein. Der Preuße Wilhelm Fischer war kurzzeitig Richter, bevor er sich der journalistischen Opposition zuwandte.⁵ Er war maßgeblicher Redakteur des *Postillon* und später bei der *Badischen* und *Mainzer Zeitung* tätig. Zwischen Juli 1841 und Revolutionsausbruch 1848 gehörte Fischer zu den aktivsten wie auch kenntnisreichsten Konfidenten Metternichs.⁵ᵃ Er konnte es sich leisten, sich in seinen zuweilen kritischen Berichten zur Pressefreiheit und zu Preußen zu bekennen. Durch seine treffsichere und witzige Feder trug Fischer wesentlich zum schnellen Erfolg des *Postillon* bei.⁶

Ebenso wie die 2. badische Kammer konnte auch der *Postillon* nur eine vorsichtige Opposition wagen. Für ein liberales Programm war die Zeit noch nicht reif. Im Unterschied zur servilen Tagespresse aber sprach der Geist der Opposition aus jeder Ausgabe des *Postillon*. Das Geschehen am Hofe ließ er unbeachtet, auf monarchische Häupter häufte er soviel Spott, wie es die Zensur eben zuließ. Doch er war mehr »als eine Dorfzeitung, die über die Weltlage mit Humor zu berichten suchte«, wie ihn eine spätere Pressegeschichte charakterisiert.⁷ Der *Postillon* wurde zum Politikum und zog die Aufmerksamkeit der Metternich-Agenten rasch auf sich. Bald urteilte der literarische Geheimagent Hermann Friedrich Georg Ebner unter dem Pseudonym »Dr. Lichtweiß«⁸ über die Wirkung des *Postillon*: Er richte »ungeheuren Schaden« an, er sei »ein sehr schlechtes, ja das schlechteste Blatt in ganz Deutschland«; treffend charakterisierte er den *Postillon*:

»Dieses kleine Blatt, hier in einem Kaffeehause ausgelegt, doch von mehreren Liberalen gehalten, nagt mit Spott und Hohn an jedem legitimistischen Gefühle, es ist ein Nachbild der Hambacher, freilich en miniature.«⁹

Der *Postillon*, so berichtete der Agent weiter, sei bis in die Rheinlande verbreitet, er liege in allen Wirtshäusern aus und sei zum »Lieblingsblatt der Liberalen« geworden.¹⁰ Der *Postillon* berichtete nach dreimonatigem Bestehen von einer beachtenswerten Auflage von 1500¹¹, der Agentenbericht rechnete unter Berufung auf »unterrichtete Leute«¹² ein halbes Jahr später bereits mit einer Auflage von 6000, was jedoch sehr großzügig gerechnet sein dürfte. Am 1. Juli 1839 erhielt die Zeitung aufgrund der überregionalen Verbreitung den Namen *Deutscher Postillon*.

Der dreimal wöchentlich erscheinende *Postillon* brachte eine Nachrichtenauswahl aus größeren deutschen Zeitungen, und er berichtete ausführlich über die Sitzungen der 2. badischen Kammer, der er durch gezielte Veröffentlichungen Auftrieb verschaffen konnte. Dabei verstand sich der *Postillon* quasi als demokratisches Kontrollorgan, das

»der Willkürherrschaft vieler Gemeinde- und vorzüglich Staatsbeamten« einen »kräftigen Daumen« entgegensetzen wolle.[13]

Die Wirkung einer von einem kleinen Blatt hergestellten Publizität stellte der *Postillon* mit Berichten über skandalöse innenpolitische Verhältnisse in Hessen-Darmstadt unter Beweis. Mit erstaunlicher Detailkenntnis, zurückzuführen auf Heusers hessische Informanten, berichtete der *Postillon* über den zum Selbstmord getriebenen Pfarrer Weidig und über Gefangenenmißhandlung in hessischen Gefängnissen.

Nicht zuletzt als Reaktion auf die autoritär-bürokratische Regierung du Thil[14] war Hessen-Darmstadt zum Zentrum geheimbündlerischer Bewegungen in Deutschland geworden.[15] Hier gründeten Georg Büchner und Pfarrer Weidig im Jahre 1833 die »Gesellschaft der Menschenrechte« und verbreiteten den revolutionär-demokratischen *Hessischen Landboten*.[16] Die Regierung du Thil verfolgte die Urheber und Mitglieder der Geheimgesellschaft. Dreißig schwerer beschuldigte »Verschwörer«, die nicht wie Büchner zuvor fliehen konnten, wurden in die berüchtigte hessische Untersuchungshaft genommen. Minder Belastete warteten auf freiem Fuße auf die Eröffnung des Verfahrens, das jedoch von Untersuchungsrichter Georgi – nach Meinung des Bundestages »ein verdienter Inquirent«[17], der freilich am Delirium tremens litt[18] – verschleppt wurde.

Am 6. November veröffentlichte der *Postillon* in einer gemeinsamen Aktion mit dem Konstanzer *Leuchtthurm*[19] einen Bericht über die Lage der politischen Gefangenen in Rheinhessen:

> »Aus Rheinhessen. (Correspondenz) Man erzählt sich, einige frühere politischer Verbindungen Verdächtigte seyen dieser Tage nach Darmstadt gekomen, um sich nach dem Stand ihrer Angelegenheit zu befragen; daselbst erfuhren sie, daß ihre Acten nicht mehr in den früheren Händen sich befänden, und daß der jetzige Referent aus der höchsten Stelle sich sehr offen geäußert habe, daß sie nach dem Stand der Sache (nicht aus der Art der geführten Untersuchung) Hoffnung zu einem guten Ausklang hätten. Jeder Hesse würde gewiß den jetzigen Referenten ehren, wenn er endlich die Untersuchungen zu Ende bringt und dadurch Hunderten von Familien ihr häusliches Glück und Ruhe wieder gibt.«

Der *Postillon* setzte seine Angriffe gegen Hessen-Darmstadt fort. Über den Zustand der Darmstädter Inhaftierten bemerkte er: Diese lebten von »D.......... Gefangenenkost, die das Blut in die Adern treibt«.[20] Bereits einen Tag nach Veröffentlichung der Korrespondenz aus Rheinhessen kündigte der Verlag Hoff im *Postillon* einen Gedenkband zu Ehren Weidigs an. Dieser sollte Schriften und teilweise im Gefängnis verfaßte Gedichte Weidigs sowie Erinnerungen seiner Freunde enthalten.[21] Weidig, so hieß es in der Verlagsanzeige, sei ein bedeutsamer Mann gewesen, »der im Feuereifer für das deutsche Volk und Vaterland sich selbst, seine bürgerliche und Familienstellung Preis gab und in bestem Bestreben unterging«.

Bereits wenige Wochen nach diesen Veröffentlichungen im *Postillon,* im Dezember 1838, wurden die dreißig Angeklagten mit Ausnahme von fünf verurteilt.[22] Der hessische Großherzog sah sich aber unter dem Druck der öffentlichen Meinung, die »stürmisch« Aufklärung der Vorgänge in den Gefängnissen forderte[23], zum Erlaß der Freiheitsstrafen für alle Verurteilten gezwungen.[24]

»Unendlich gerührt« darüber, bemerkte der *Postillon* bei einem weiteren Gnadenakt, seien nur wenige Journale, »die gerne speichellecken«.[25] Deutsche Presseorgane griffen die hessischen Zustände auf[26] und stellten die von der Regierung du Thil vergebens versuchte Vertuschung des Falles Weidig in der öffentlichen Meinung als unmoralisch hin. Theodor Welcker und Wilhelm Schulz nahmen sich in einer Dokumentenveröffentlichung, die mehrere Auflagen erlebte[27], des Falles Weidig an und stempelten ihn zum Justizverbrechen, der während des ganzen Vormärz der hessischen Regierung als Makel anhing.

Die Wirksamkeit des *Postillon* rief vielfältige Gegenmaßnahmen seitens der hessendarmstädtischen Regierung, der Metternichschen Agenten wie auch des Deutschen Bundestages hervor, der sich zum erstenmal seit dem Vorgehen gegen das »Junge Deutschland« 1836 veranlaßt sah, gegen Publikationsorgane einzuschreiten.

Die staatlichen Gegenmaßnahmen: Das Einschreiten des Bundestages, Spionage und wirtschaftliche Ruinierung

Die Regierung von Hessen-Darmstadt versuchte zuerst, die Redaktion des *Postillon* mit psychologischen Mitteln einzuschüchtern. Der für politische Delikte zuständige hessische Untersuchungsrichter Georgi ließ nach dem bekanntermaßen in Mannheim lebenden Carl Heuser im *Frankfurter Journal* und in der *Hessischen Zeitung* steckbrieflich fahnden.[28] Heuser habe sich als Offenbacher Ortsbürger der gerichtlichen Untersuchung wegen der beschuldigten Teilnahme an revolutionären Unternehmungen entzogen. Alle in- und ausländischen Behörden würden ersucht, Heuser aufgrund des Signalements im Betretungsfalle festzunehmen und ihn nach Darmstadt »gefänglich einliefern zu lassen«.

Heuser druckte den Steckbrief zusammen mit einer Rechtfertigung am 15. August 1838 im *Postillon* ab.[29] Er habe sich aus Hessen ordnungsgemäß entfernt und sei seit 1835 badischer Staatsbürger. Vor den zuständigen badischen Behörden, nicht den hessischen, würde er sich verantworten. Die badischen Behörden hätten die Akten über seine Rezeption als badischer Staats- und Ortsbürger geprüft, sie in Ordnung befunden und ihn deshalb nicht ausgeliefert.[30] Auf den Inhalt der Beschuldigungen ging Heuser nicht ein. Sowohl Untersuchungsrichter Georgi wie hessische Staatsbehörden hätten sich seit einem Jahr an die badischen Gerichte aller Instanzen und zuletzt an das Ministerium des Innern gewandt, um seine Auslieferung zu erwirken. Sie seien jedoch abgewiesen worden.

Die hessische Regierung du Thil verfolgte, wie aus dem Steckbrief Heusers, mehr aber noch aus ihrer Korrespondenz mit der badischen Regierung, hervorgeht, den Zweck, von den politischen »Umtrieben« im eigenen Lande abzulenken und den innenpolitisch vergleichsweise milden Nachbarstaat als Herd der Unruhe hinzustellen. Die Kritik der badischen Oppositionspresse an hessischen Zuständen belastete während des Vormärz zunehmend die Beziehungen zwischen der hessischen und badischen Regierung.[31]

Wegen kritischer Berichte über Hessen verbot die Regierung du Thil – wenige Tage vor Erscheinen der Korrespondenz »aus Rheinhessen« – die Verbreitung des *Postillon* im Großherzogtum unter Strafe.[32] Der *Postillon* glossierte das hessische Vorgehen: »Wir haben das Großherzogtum Hessen genauso nötig, wie es uns.« Ironisch fordert der *Postillon* den Großherzog auf, das Verbot in allen deutschen Zeitungen bekanntzumachen.[33] Solch antifürstliche Frechheit war in der deutschen Presse schon lange nicht mehr vernommen worden.

Die Proteste gegen den *Postillon* weiteten sich aus. Der bayerische Geschäftsträger Oberkranz protestierte »in allerhöchstem Auftrag« gegen die »Ausfälle« des *Postillon*.[34] Bald darauf wurden die badischen Preßverhältnisse vor dem Bundestag verhandelt. Die badische Regierung konnte nicht verhindern, daß aufgrund Artikel 28 der Wiener Schlußakte die Preßzustände des Landes – wie im Jahre 1832 – am 29. November 1838 erneut von der Preßkommission des Bundestages behandelt wurden.[35] Der Vorgang war der badischen Regierung, wie Blittersdorff einräumte, »unangenehm«, lag doch der Vorwurf politischer Unzuverlässigkeit und der Verletzung von Bundesinteressen nahe.[36]

Der königlich-sächsische Gesandte erstattete im Namen der Preßkommission Bericht. Nach vollständiger Zitierung des im *Postillon* und *Leuchtthurm* gleichzeitig erschienenen Korrespondentenberichtes vom 6. November räumte der Berichterstatter ein, daß dieser – offenbar wegen des unzweifelhaften Wahrheitsgehaltes – keine juristische Handhabe böte, die beiden Blätter zu verbieten.[37] Allein »die Tendenz beider Zeitschriften [ist] in sehr hohem Grade verwerflich, [...] weil darin obrigkeitliche Verfügungen verspottet und Tagesereignisse entstellt werden. Die Censoren hätten dies streichen sollen.«[38] Die Ruhe, der Frieden und die Sicherheit des Deutschen Bundes oder von Einzelstaaten würden jedoch durch diese »unbedeutenden Blätter«, wie der Berichterstatter mit einer gewissen Bauernschläue einräumte, nicht in einem solchen Maße gefährdet, daß die Bundesversammlung zur sofortigen Unterdrückung schreiten müsse. Damit zog sich die Preßkommission aus der Affäre, denn das Verbot einer Zeitung, dazu noch wegen Aufdeckung eines Skandals, konnte gerade erst jene Publizität schaffen, die beschränkt werden sollte. Dem Bundestag standen neben einem politisch zweischneidigen Verbot aber auch noch die lautlosen Mittel einer verschärften Zensur zur Verfügung, mit dem er dieselbe Wirkung erreichen konnte. Die badische Regierung ihrerseits vermied gerne unnötiges Aufsehen und war froh, mit dem Versprechen einer künftig strengeren Zensurhandhabung Schlimmeres vermeiden zu können.[39]

Gegen die nun einsetzende willkürliche Zensur, der jede politische Kritik zum Opfer fiel, war Heinrich Hoff machtlos. Er beschwerte sich beim Innenminister wegen der »übergroßen Strenge« der Zensur, die auf eine Unterdrückung des Blattes hinauslaufe.[40] Seine wiederholten Beschwerden über Zensor Riegel konnten freilich keinen nachhaltigen Erfolg haben.[41] In Unkenntnis des hochpolitischen Hintergrundes ließ sich Hoff schließlich zu einer Beleidigung Riegels hinreißen, die ihm eine vierzehntägige Gefängnisstrafe einbrachte.[42]

Der Obrigkeitsstaat des Vormärz wußte sich nicht nur offener polizeistaatlicher Gewalt, sondern auch versteckter Mittel der Infiltration und der Abwerbung zu bedienen. Bei der »Umdrehung« des Redakteurs Fischer[43] hatte der Metternich-Agent Ebner (alias »Dr. Lichtweiß«) vermutlich seine Hand im Spiel. Ebner war auf die politische Szene Mannheims angesetzt und hatte zu den Redakteuren des *Postillon* Fischer und Heuser wie zu Verleger Hoff einen so vertraulichen Zugang gewinnen können, daß er sie als »ergiebige Quelle« seiner »Nachforschungen« einschätzen konnte.[44] Ebner blieb auch nach Einstellung des *Postillon* der Mannheimer Presse verbunden. Auf der Honorarliste des *Mannheimer Journals* ist bis 1844 ein vierteljährliches Honorar von 50 Gulden für »Hermann Ebner Frankfurt« ausgewiesen.[45]

Agent »Lichtweiß« stellte Fischer wohl nicht ohne Übertreibung als überzeugten »Ultraliberalen« und im Zusammenhang mit den Vorgängen im Odenwald und an der Bergstraße als deren publizistischen Hauptsrädelsführer hin. Zugleich betonte er seine Klugheit und Vorsicht, die keineswegs zu »Gewaltanstrengungen zum Umsturz des Bestehenden« neige.[46] Zweifellos wußte Metternich eine authentische Quelle der publizistisch-radikalen Szene zu schätzen und wohl auch entsprechend zu honorieren. Schließlich überwarf sich Wilhelm Fischer mit Hoff; er schied im Sommer 1840 aus der Redaktion aus[47] und ging nach Karlsruhe, um neben Karl Mathy als Mitredakteur die *Badische Zeitung/Nationalzeitung* (1. 1. 1841 bis Ende 1841) vorzubereiten. Spätestens ein Jahr darauf trat Fischer in die Reihen der Konfidenten. Bis zum Ende seines Bestehens behielt der *Deutsche Postillon* seine oppositionelle Linie bei. Wiederholt machte er die »Freunde edler Freisinnigkeit« auf ein »eigentliches Volksblatt«, die *Seeblätter* in Konstanz, aufmerksam, »die mit so vielem Geist als redlicher Gesinnung« geschrieben seien.

Hoff verkaufte das Blatt zum 1. September 1840, nachdem die gesamte Redaktion zurückgetreten war[48], an Druckerei und Verlag Ferdinand Kauffmanns Witwe in Mannheim[49]. Nach wenigen Monaten wurde der *Postillon* ohne Angabe von Gründen eingestellt. Selbst bei niedrigem Kaufpreis wirkt eine solche Geschäftspraxis auffallend, zumal der *Postillon* fast ohne Anstandsfrist auf das Niveau eines Hofblattes zurückfiel und sich zu den »Freunden des Adels« zählte.[50] Es ist durchaus wahrscheinlich, daß das Mainzer Informationsbureau, die Zentrale der Metternich-Agenten, im Zusammenspiel mit der badischen Regierung den *Postillon* über Mittelsmänner aufkaufte.[51] Diese Methode obrigkeitlicher »Pressepolitik« versuchte man auch im Jahre 1846 gegenüber den *Seeblättern* in Konstanz anzuwenden – allerdings erfolglos.[52]

Das Scheitern des *Rheinischen/Deutschen Postillon* im Jahre 1840 führt die vielfältigen und überlegenen Machtmittel des Obrigkeitsstaates vor Augen, angesichts derer die Gründung einer kritischen Zeitung ein politisch wie finanziell riskantes Unternehmen darstellte, dessen Ausgang beinahe unzweifelhaft war. Doch der Kampf des *Postillon* hatte im badisch-hessischen Grenzgebiet Spuren hinterlassen, die nicht zu beseitigen waren.

Konspiration und wiedererstehende Öffentlichkeit

Der Kolportagehändler Klein und der Verlag Hoff

In den Diensten des Verlags Hoff – »Sitz der Verschwörung«[53] im badisch-hessischen Grenzgebiet – stand der als »Ultraliberaler« bekannte Zeitschriften-Kolporteur[54] Klein aus dem hessischen Birkenau. Er fungierte als Verbindungsmann zwischen der Redaktion des *Postillon* und oppositionellen Gruppen in der Gegend um Mannheim, Weinheim an der Bergstraße und im Odenwald. Seine Bekanntschaft mit dem Burgwirt Härter, dem Haupt der Weinheimer radikalen Gesellschaft, konnte nicht nachgewiesen werden, darf aber als sicher gelten, zumal Klein von seinem Heimatort Birkenau aus nur einen halbstündigen Waldweg zur Burg Windeck zurückzulegen hatte.[55] Klein, der nach Meinung des Agenten Ebner »nicht bloß des pekuniären Nutzens wegen, sondern [auch] ›mit Liebe‹« seine Tätigkeit ausübte[56], erscheint in den Berichten der badischen, hessischen und der Frankfurter Zentralbehörde als ein Kolportagehändler, der seine konspirative Tätigkeit geschickt zu tarnen wußte.[57] Durch eine Unvorsichtigkeit kamen ihm allerdings die hessischen Behörden auf die Spur.

»Makler Klein« verbreitete im Odenwald und an der Bergstraße neben einem gängigen Verlagssortiment ein von Fischer und Heuser hergestelltes *Wochenblatt*, einen Ableger des *Postillon*, und daneben auch andere, zum Teil wohl von Heuser stammende »ausführliche Drucksachen«[58] geheimbündlerischen Inhalts.

Klein hatte dem Landgerichtsaktuar Hunzinger zu Fürth im hessischen Odenwald das Quartblatt *Deutsche Vaterlandsfreunde!* zugestellt und dazu bemerkt, er besäße noch mehrere davon; außerdem schmuggelte er unter die ausgelieferten Blätter die *Erklärung der Menschen- und Bürgerrechte*.[59]

Beide Flugschriften erlauben einen Blick in den konspirativen Untergrund am Ende der dreißiger Jahre, der, wie aus den Untersuchungsberichten hervorgeht, besonders in der Gegend um Darmstadt und Weinheim Stützpunkte besaß. Die *Erklärung der Menschen- und Bürgerrechte* war 1834 im damaligen Bund der Geächteten in Paris entstanden und bot in eingängigen Formulierungen eine »kleine Verfassungslehre« über politische Rechte, ohne jedoch schon von einer gesellschaftlichen Klasseneinteilung auszugehen.[60]

Die Flugschrift *Deutsche Vaterlandsfreunde!* war nach den Ermittlungen der Zentralbundesbehörde eines jener Exemplare, die eine Frankfurter Gruppe des Bundes der Geächteten am Weihnachtstage 1837 verfertigt hatte.[61] Mehrere Indizien wiesen darauf hin, daß der in Straßburg lebende Revolutionär Rauschenplatt sie verfaßte und verbreitete.[62]

Offensichtlich lehnte er sich an Gedankengut und Organisationsform des früheren Preß- und Vaterlandsvereins an, ohne jedoch an die überlegene politische Konzeption J. G. A. Wirths heranreichen zu können. So sollte eine zu gründende »Gesellschaft der Vaterlandsfreunde« mit »geistiger Kraft«, mit der Macht der Überzeugung in Wort und Schrift, in Versammlungen und Vereinen wirken und die Schaffung eines großen deutschen Vaterlandes mit einer freigewählten Nationalversammlung anstreben. Würden sich aber die Fürsten diesem freien Volksleben widersetzen, dann sei gewaltsamer Widerstand erlaubt, wie er in dem Wort des Dichters Bürger zum Ausdruck komme: »Feder gegen Feder: aber Schwert gegen Schwert vom Leder.«

Die wortradikale Geste und die Vorliebe für detaillierte, aber undurchführbare Organisationsformen gehörten zum Stil geheimbündlerischer Agitation. Überraschen muß dabei aber, daß die ausländische Propaganda auch in oppositionelle Kreise Hessens und Badens Eingang fand. Obwohl der Kreis der Leute um Hoff über Klein weitreichende Informationsmöglichkeiten besaß, ist seine Mitgliedschaft in einem solchen Geheimbund aus Gründen der Vorsicht wie der mangelnden Effektivität kaum anzunehmen.

Klein war jedoch bei Hunzinger an den Falschen geraten; dieser machte der hessischen Polizei eine Mitteilung. Anfang Mai 1840 unterrichtete der hessische Ministerpräsident du Thil die badische Regierung über diese Vorgänge. Bald darauf arretierte die hessische Polizei den verdächtigen Klein und durchsuchte sein Haus. Sie stieß auf »erhebliche Resultate«, neben den Statuten des »Bundes der Geächteten« fand sie Texte revolutionärer Lieder, wie *Fürsten zum Lande hinaus*. Bei der Leibesvisitation kam auch ein belastender Brief Carl Heusers vom 11. Mai zum Vorschein, worin er Klein bat, dringend zu einer Unterredung mit Hoff nach Mannheim zu kommen. Klein begab sich tatsächlich nach Mannheim. Seine Schutzbehauptung, Hoff habe ihm nur bestimmte Verlagsartikel[63] empfehlen wollen, hielt der Überprüfung nicht stand, weil die angegebenen Artikel nach hessischer Version bereits in seinem Sortiment enthalten waren.[64]

Eine andere Schutzbehauptung Kleins war glücklicher gewählt. So wollte er die Statuten des »Bundes der Geächteten«, den Aufruf *Deutsche Vaterlandsfreunde!* sowie die übrigen belastenden Schriften von dem inzwischen verstorbenen Weinheimer Lehrer Elsäßer, einem vermutlichen Bundesmitglied, erhalten haben.[65] Klein, dessen Charakter nicht aus weichem Holz geschnitzt war, belastete während seiner halbjährigen hessischen Untersuchungshaft keinen lebenden Gesinnungsfreund. Die hessischen Richter konnten sein »hartnäckiges Leugnen« nicht brechen und ihn nicht zu Aussagen über Organisation und Mitgliedschaft des Bundes der Geächteten zwingen.[66]

Während der Inhaftierung Kleins fürchteten Fischer und Heuser die Aufdeckung belastender Momente. Gegenüber dem Agenten Ebner, der sich vertraulichen Umgang mit ihnen erschlichen hatte, äußerten sie sich mit den Ansichten Kleins ganz einverstanden, tadelten aber seine Unachtsamkeit, durch welche nun »politische Freunde und Vertraute« in der Gegend Mannheims und der Bergstraße in Gefahr geraten seien.[67]

Die hessischen Untersuchungen führten lediglich zu dem Ergebnis, daß im badisch-hessischen Grenzgebiet »Umtriebe« bestanden hätten, was aber schon zuvor bekannt war. Über Hoff und Heuser – nicht über den späteren Agenten Fischer – verhängte Regierungsdirektor Dahmen von Mannheim, wohl nicht zuletzt, um sich vor dem bundesstaatlichen »Ausland« zu rechtfertigen, eine mehrjährige Polizeiaufsicht.[68]

Die Hambach-Gedenkfeier der »Weinheimer Gesellschaft« 1839

Erst um das Ende des Jahrzehnts regte sich der oppositionelle Geist wieder in der Öffentlichkeit. Gewiß nicht zufällig bildete sich im unruhigen badisch-hessischen Grenzgebiet, in der Kleinstadt Weinheim, eine erste bekanntgewordene politische Gesellschaft. Ihre enge Verbindung zum *Rheinischen/Deutschen Postillon* zeigt, daß politische Öffentlichkeit zu diesem Zeitpunkt aus der Wirksamkeit von geheimen Oppositionsgruppen und der kritischen Presse hervorging.

Die sogenannte »Weinheimer Gesellschaft« traf sich insgeheim bei dem Wirt der Burg Windeck, Friedrich Härter[69], in dem die hessischen Behörden den »Depositar« wichtiger »Geheimnisse und Literation«[70] der Gesellschaft sahen. Diese Gesellschaft ist eine der frühesten bekannten oppositionellen Gruppen; sie wagte bereits 1839 öffentlich hervorzutreten. Geistiger Mentor der Gesellschaft war der angesehene Pfarrer vom benachbarten Heddesheim, der in Weinheim geborene Georg Friedrich Schlatter (1799–1875).[71] Schlatter, ein ehemaliges Mitglied der Burschenschaft[72], übte 1849 das Amt des Alterspräsidenten der republikanischen verfassunggebenden Versammlung aus[73]. Wegen seiner humanen Dienstführung als Schulvisitator des Bezirks Weinheim und wohl auch aus

Sympathie für seine liberale aufrechte Gesinnung ehrten ihn 1839, wie der *Postillon* berichtete[74], evangelische Lehrer mit einem silbernen Pokal. Im Landtagswahlkampf 1842 sicherte er Welcker durch tatkräftigen Einsatz einen Kammersitz im Bezirk Weinheim. Wegen seines »Oppositionsgeistes« wurde er von der Regierung 1844 strafversetzt[75] und unter allgemeiner Teilnahme der Bevölkerung verabschiedet.[76]

Die »Weinheimer Gesellschaft« beging am 29. Mai 1839, am Himmelfahrtstag, auf Burg Windeck ein Hambach-Gedächtnisfest. Der unverfängliche Aufruf zu diesem »Volksfest« von seiten »mehrerer Bürger« im *Deutschen Postillon* veröffentlicht[77], genügte als Andeutung für Gesinnungsfreunde – Mundpropaganda dürfte ein übriges getan haben.

Die Polizeibehörde stellte Brigadier Stenz zur Observation ab. Das Maifest nahm Züge einer politischen Burleske an.[78] Die Teilnehmer, unter denen sich auch, wie Brigadier Stenz feststellte, »die bekannten politischen Umtreiber« aus Weinheim, Mannheim und Birkenau befanden[79], tarnten ihre Zusammenkunft als Picknick im Grünen. Sie brachten ein Fäßchen Wein, Schinken und Brot mit, auch Musikanten waren gekommen. Das Fest begann ganz harmlos mit dem deutschen Mailied. Bürgermeister Kraft von Weinheim hielt eine kleine, unverfänglich gehaltene Ansprache. Die Anwesenden sprachen dem Wein tüchtig zu und versuchten auch den Brigadier mit Wein zu »traktieren«. Als sich die Stimmung des Festes gehoben hatte, wollte Schneidermeister Gillig die anwesenden Musiker zum Spielen der »Wersaillè« bewegen. Es muß offenbleiben, ob die von Brigadier Stenz gebrauchte Schreibweise der Marseillaise auf die Aussprache Gilligs zurückzuführen ist. Die Bitte Gilligs wurde aber abgeschlagen, war man doch besonnen genug, eine offene Provokation mit dem Abspielen der französischen Revolutionshymne zu vermeiden. Der noch als Soldat dienende Maler Löwenhaupt aus Mannheim, der im Jahr 1848 im Mannheimer Demokratischen Verein führend tätig war[80], hielt darauf eine Ansprache, in der er die deutsche Einheit mit »kräftigen Worten« schilderte, namentlich das polnische und das hannoversche Volk als Vorbild hinstellte und den Abgeordneten Itzstein als wahren Volksverteidiger pries. Dem Stil solcher Feste gemäß folgte darauf wieder ein freudiger Toast.[81] Politisches Leben entstand wieder und äußerte sich zuerst als scheinbar unverfängliches, volkstümliches Ereignis. Außer im badisch-hessischen Gebiet bestanden im Jahrzehnt vor der Revolution nur noch im südlichen Teil Badens, in der Stadt Konstanz, Voraussetzungen für die Entstehung politischen Lebens.

Der *Leuchtthurm* in Konstanz (1838–1839)

Die oppositionelle »Pressestadt« Konstanz

Ende der dreißiger Jahre kam die Konstanzer Presse in den Ruf »die zügelloseste im Großherzogtum, ja vielleicht in ganz Deutschland zu sein«, wie der Direktor des Seekreises und Oberzensor Rettig im Jahre 1838 beklagte.[1] Mochte dies auch übertrieben sein, so stellte sich doch wenige Jahre später heraus, daß die Konstanzer Presse zum Ansatz einer wirksamen politischen Opposition in Baden geworden war.
Diese Entwicklung war zu einem Zeitpunkt zu beobachten, als die badische 2. Kammer resignierte und manche Abgeordnete sogar freiwillig austraten.[2] Doch dieser Schritt, als Protest gedacht, blieb ohne Echo, weil er wegen fehlender Publikationsorgane kaum an die Öffentlichkeit drang. Keine bedeutende Motion, keine Debatte rührte mehr an die großen Fragen von Einheit und Freiheit. »Unmut und Niedergeschlagenheit« verbreiteten sich in der 2. Kammer und im Lande.[3]
Die Entwicklung von Konstanz zu einer oppositionellen »Pressestadt« des Vormärz setzte allerdings das Zusammentreffen ungewöhnlicher politischer, geographischer wie persönlicher Umstände voraus. Das Konstanzer Bürgertum hatte sich seit den Tagen Hambachs eine gewisse politisch-kulturelle Eigenständigkeit bewahren können, die im »Bürgermuseum«, einer im Jahre 1834 gegründeten Lese- und Bildungsgesellschaft – dem nahezu einzigen legalen Verein Badens während der dreißiger Jahre –, ihren Ausdruck fand.[4]
Das Bürgertum der Stadt besaß in der »Museumsgesellschaft« einen Ort gesellschaftlicher Selbstdarstellung. Die Museumsfeste, die Rotteck gern durch seine Anwesenheit und eine gehaltvolle Rede beehrte[5], die jährlichen Faschingsbälle, die nur den »Vornehmen« vorbehalten blieben, waren Höhepunkte des Vereinslebens. Im Lesezimmer lagen Zeitungen, auch ausländische, aus. Die Bücherei enthielt fortschrittliche Werke, unter denen Rottecks *Allgemeine Weltgeschichte* den Rang eines politischen Lehrbuches einnahm.[6] Die Behörden, welche diesen Ansatz gesellschaftlicher Emanzipation nicht gerne sahen, hielten ein wachsames Auge auf ihn. Bereits im Jahre 1834 berichtete Gendarm

Stolz, der Verein benutze den Deckmantel der Geselligkeit allein, um »verbotene Schriften zu halten und politische Umtriebe ungestört treiben zu können«.[7] Wenngleich solche Aktivitäten nicht auszuschließen waren, politisierte sich das »Museum« erst im Jahre 1837 unter dem maßgeblichen Einfluß des Verlegers der ersten Konstanzer Oppositionsblätter, Ignaz Vanotti.

Die Museumsgesellschaft spaltete sich im Sommer 1837 in eine »gesellige« und in eine »politische« Fraktion.[8] Als letztere sich durchsetzte, traten viele Frauen aus; der Bestand des Vereins schien vorübergehend gefährdet. Doch offensichtlich wurde das politische »Bürgermuseum« zum organisatorischen, zumindest aber ideellen Stützpunkt der Opposition, dem Verleger Vanotti und vorübergehend wohl auch Wirth eng verbunden waren.[9] In Konstanz – wie später auch in anderen Teilen Badens – wurde die Entwicklung zur politisch-gesellschaftlichen Emanzipation anfänglich von einem Zirkel freisinniger und republikanisch gesinnter Bürger der Oberschicht getragen. In einem Überwachungsbericht des Bezirksamtes Konstanz wird die Entstehung dieser »Partei«, die der fürstlichen Regierung »heimlich entgegenstehe«, auf das Jahr 1831 gelegt. Ihre Wirksamkeit begann sichtbar jedoch erst im Jahr 1837/38, als sich diese »Partei«, »die Sekte der liberalen, meistens wohlhabenden, auch geistig gebildeten Personen«, im »Bürgermuseum« zusammenschloß[10]. »Ihr Wahlspruch ist Freiheit und Gleichheit, am liebsten wäre ihr Selbstherrschaft«[11], charakterisierte die Konstanzer Behörde die Ziele dieser frühen »Radikalen«.

Der Anwalt am Konstanzer Hofgericht Ignaz Vanotti (1798–1870) wird als philanthropischer Charakter geschildert, der sein beträchtliches Vermögen der publizistisch-politischen Aufklärung sowie gemeinnützigen Zwecken opferte.[12] Mit dem *Leuchtthurm* im Jahre 1839 und mit dem Verlag Belle-Vue[13] wirkte Vanotti als bahnbrechender politischer Publizist im Vormärz.[14] Vanotti, der frühe Republikaner, dem Rotteck vor der 2. Kammer »Geist, Kraft und patriotische Entrüstung« zuschrieb[15], ließ aber politische Ausdauer vermissen[16]. Die Leitung der Tageblätter entglitt seinen Händen, der Verlag fallierte.[17] Gemessen an seinen verschiedentlich verkündeten aufklärerischen und völkerverbindenden Idealen[18] mußten *Leuchtthurm* und *Volkshalle* letztlich für ihn einen politischen Mißerfolg bedeuten. Die Beteiligung an der Revolution im Jahre 1848 zwang ihn zur Emigration.[19] Das Schicksal des Verbannten und Vergessenen teilte er mit nicht wenigen seiner Mitkämpfer.[20]

Vanottis pressepolitische Leistung, bisher noch nicht gewürdigt, ist daneben um so mehr hervorzuheben. Ohne seine finanzielle und verlegerische Rückendeckung hätten die beiden Blätter *Leuchtthurm* und *Deutsche Volkshalle* die Repressalien der Zensur nicht überdauert.[21] Die Zensurakten[22] weisen ihn als versierten Juristen aus, der als selbstbewußter Gegenspieler der Obrigkeit auftrat und für sich, den Publizisten, die Fähigkeit zur politischen Mitsprache und Mitentscheidung beanspruchte. In der Eröffnungsausgabe der *Volkshalle* verglich Vanotti, die »gottgewollte« Ordnung auf den Kopf stellend, die Aufgabe des Publizisten mit der eines Arztes: »Der Publizist ist ein Arzt, der den Puls der Zeit ergreift, um derselben passende Mittel zur Erhaltung oder Wiedergewinnung der Gesundheit vorzuschlagen.«[23] Metternich hielt Vanottis legalistische Argumentation, sein geschicktes publizistisches Vorgehen immerhin für so gefährlich, daß er die badische Regierung zu einem entschiedeneren Vorgehen drängte.[24] Mit der Verlegung des Druckortes der *Volkshalle* in das Schweizer Emmishofen, das über eine beinahe offene Grenze gut erreichbar war, konnte Vanotti seine Zeitung vor dem Zugriff der badischen Polizeibehörde schützen.

Der Leuchtthurm – *Mitarbeiter und Gestaltung*

Ignaz Vanotti verwirklichte am 20. September 1838 einen schon lange gehegten Plan[25] und gab den *Leuchtthurm, ein politisches Tageblatt für Deutschland und die Schweiz* heraus. Im Impressum zeichnete er selbst verantwortlich.
Die optimistische Aufbruchstimmung des Bürgertums kam bereits in der bildhaft-anspruchsvollen Wahl des Titels zum Ausdruck. Er lag vielleicht nahe, weil zum gleichen Zeitpunkt der Leuchtturm des neuen Seehafens in Konstanz errichtet wurde.[26] Wirtschaftlicher Fortschritt und Verbreitung allgemeiner Aufklärung durch eine freie Presse schienen zusammengehörig. Vanottis Absicht, auf die »große Macht der öffentlichen Meinung erfolgreich und entscheidend einzuwirken«[27], mußte auf den Widerstand einer übermächtigen Zensur stoßen. Ihr war man aber nicht ganz hilflos ausgeliefert. Eine gestrichene Stelle erschien nicht selten in den Zeitungen des Kantons Thurgau mit »pikanten Zusätzen« und wurde »dann geflissentlich in großer Zahl in die badische Umgegend spediert«, wo sie dann erst recht Aufsehen erregte.[28] Der Leiter des Stadtamtes und Zensor von Konstanz, Oberamtmann Pfister, scheute daher vor manchem Strich zurück.[29]
Faktischer Redakteur des *Leuchtthurms* war Dr. Heinrich Elsner (1806–1858)[30], der sich im Februar 1838 einer Verurteilung wegen Preßvergehens in Württemberg durch die Flucht entzogen hatte.[31]
Vermutlich hätte die finanzielle Ausstattung des *Leuchtthurms* den Aufbau eines in- und ausländischen Korrespondentennetzes ermöglicht und die Chance überregionaler Verbreitung erhöht. Elsner ging mit dem Etat der Zeitung aber zu großzügig um[32] und produzierte doch nur ein für Vanotti höchst unbefriedigendes Blatt[33]. Zu Beginn des Jahres 1839 erschien der *Leuthtthurm* in verbesserter Aufmachung, ohne jedoch an Bedeutung zu gewinnen. Selbstkritisch bekannte der *Leuchtthurm*, er sei »heutzutage fast nichts als ein steineres, unerbittliches Erinnerungsmal«; er möchte wohl, könne aber

nicht »liberal« sein, weil ihm die Zensur »die Laterne beliebig löscht«.[34] Zensor und Redakteur trugen auf ihre Weise dazu bei, den anspruchsvollen Titel der Zeitung zu karikieren.[35]

Die politischen Vorstellungen der Zeitung gingen nicht über einen liberalen Zeitgeist hinaus. Dieser naive Liberalismus war noch vom Vertrauen in die Macht der Aufklärung als Mittel politischer Veränderung getragen und entsprach den Anschauungen des politisch noch unerfahrenen Bürgertums.

Verleger Vanotti selbst hatte diese Position bereits verlassen. Er begnügte sich in der Eröffnungsausgabe nicht mit dem Appell an die »Oberen«, sondern forderte »*Association und Aufklärung*«[36] als Garanten des Fortschritts.

Verleger Vanotti distanzierte sich später vom *Leuchtthurm*, der »nicht einen Funken [des] göttlichen Feuers« eines Prometheus gehabt habe.[37] »Fast nirgends in diesen Blättern, die doch meinen Namen trugen, für die ich verantwortlich war, erkannte ich auch nur eine Spur der Grundsätze, für die ich lebe.«[38]

In der festen Absicht, an der Zeitungsherausgabe festzuhalten, duldete er den *Leuchtthurm* so lange, bis er als neue Mitarbeiter »edle und wackere Freunde des Volkes«, nämlich J. G. A. Wirth und Georg Herwegh, gefunden hatte. Zur Erhaltung des *Leuchtthurm* hatte Vanotti einen stillen Kampf gegen die Zensur geführt, dem für die Entfaltung der badischen Opposition größeres Gewicht zukommt als dem Blatt selbst.

Ignaz Vanottis Kampf gegen die Zensur des Leuchtthurm

Eine kritische Tageszeitung konnte im sonst ruhigen Baden des Jahres 1838 zum Sammelpunkt der Opposition außerhalb der 2. Kammer und damit, wie Minister Blittersdorff befürchtete, einmal zu einem gefährlichen »Kern des Widerstandes« gegen die Regierung werden.[39] Die Unterdrückung eines potentiell »gefährlichen« Blattes war für die Regierung politisches Gebot. Die Zusammenarbeit der beiden oppositionellen Tageszeitungen Badens, des *Rheinischen Postillon* und des *Leuchtthurm*, hatte mit einem gegen die Regierung von Hessen-Darmstadt gerichtete Artikel[40] darüber hinaus die Möglichkeiten der politischen Presse vor Augen geführt und sie zum Politikum gemacht, was der Aufmerksamkeit Metternichs nicht mehr entging. Über Minister Blittersdorff wirkte er im Sinne einer Zensurverschärfung auf die badische Presse ein. Zwischen dem Minister des Äußeren, Blittersdorff, und Innenminister Nebenius, dem der innenpolitische Frieden am Herzen lag, kam es darüber zu Differenzen, die auf dem Rücken des Zensors ausgetragen wurden.

Der Leiter des Amtes Konstanz, Oberamtmann Pfister, fungierte als Zensor der Konstanzer Blätter. Als Repräsentant der Obrigkeit stand er der konservativen Wahlmännervereinigung, der »Beamtenpartei«, vor und agitierte gegen die liberalen »Umstürzler«.[41] Einer widersprüchlichen Zensurpolitik konnte er ebensowenig gerecht werden wie sein Mannheimer Kollege Riegel.

Noch vor der Bundestagssitzung vom 29. November 1838, die sich mit der badischen Oppositionspresse befaßte, beklagte sich Blittersdorff bei Innenminister Nebenius über die »mehr als nachlässige Handhabung der Censur« insbesondere des *Leuchtthurm*.[42] Zwei Tage vor der anberaumten Bundestagssitzung erteilte Nebenius dem Konstanzer Zensor Pfister eine Rüge, gerade rechtzeitig, um sie in Frankfurt zur Entlastung der badischen Regierung vorweisen zu können.[43]

Die Verschärfung der Zensur nach der Bundestagssitzung[44] bekam der *Leuchtthurm* bald zu spüren. Aufgrund der neuen Zensuranweisung des Innenministers[45] übte Pfister die Zensur äußerst rigoros aus. Vanotti sah darin nicht zu Unrecht die Absicht, das Blatt zu unterdrücken, eine Maßnahme, die nur dem Bundestag zustünde.[46] Er ergriff den Rekurs zur Wiederherstellung aller vom Zensor gestrichenen Stellen. In der Begründung gibt er sich als harmloser Verfechter zeitgemäßer, im Staatsinteresse liegender Reformen, der selbst für die Zensur Verständnis aufzubringen vermag. »Proklamationen der Freiheit«, wie sie im Auslande öffentlich möglich seien, bemerkt Vanotti satirisch-ernst, könnten in den deutschen Bundesstaaten, »wo der Untertan die Leitung von oben vertrauensvoll annehme«, nur die Eintracht zwischen Volk und Fürsten stören.[47] Vergebens warnte Zensor Pfister den Innenminister vor dem »Wolf im Schafspelz«, der in Beschwerdebriefen den Unschuldigen spiele, tatsächlich aber zu den »unverbesserlichen Haupt-Radicalen« gehöre.[48]

Der Innenminister zögerte mit der Entscheidung über Vanottis Beschwerde so lange, bis sich die Aufregung über den Bundestagsbeschluß gelegt hatte, und hob dann fast sämtliche Striche des Zensors wieder auf.[49] Diese Maßnahme war gefahrlos, da gestrichene Stellen meist jeder Aktualität entbehrten und für die Zeitung wertlos waren; dennoch bedeutete sie eine versöhnliche Geste. Doch Vanotti ging auf dieses »stille« Angebot nicht ein, sondern beschwerte sich in einer weiteren Eingabe über den ungünstigen Zeitpunkt der täglichen Zensur, der zu Differenzen mit Zensor Pfister geführt hatte. Vanottis Bemerkung, er werde sich, falls die Entscheidung gegen ihn ausfalle, an die 2. Kammer wenden, entbehrte unter den gegebenen Umständen nicht eines drohenden Untertones, den Nebenius auch sogleich verstand. Der Minister erledigte Vanottis Beschwerde, indem er Zensor Pfister aus fadenscheinigen Gründen ablöste und dies Vanotti persönlich – ein unüblicher bürokratischer Weg – mitteilte.[50]

Die überraschende Nachgiebigkeit des Innenministers hing mit dem Zusammentritt der 2. Kammer und der angekündigten Debatte über Preßfreiheit zusammen. Der Innenminister wollte die Situation entschärfen und Zensor Pfister, gegen den sich die Beschwerde-Petitionen der Redakteure der *Seeblätter* und des *Leuchtthurm*, Ficklers und Vanottis, richteten, aus der Schußlinie ziehen. Pfister selbst wurde beauftragt, dem neuen Zensor zur Seite zu stehen.

Kein geringerer als Rotteck nahm sich der Petitionen Vanottis und Ficklers während der großen Debatte über Preßfreiheit und Zensur an.[51] Der Abgeordnete Aschbach, ein liberaler Beamter, dem Konstanzer »Bürgermuseum« eng verbunden, erstattete den Bericht der Petitionskommission. Vom *Leuchtthurm* und den *Seeblättern* seien eine Menge zensierter, jedoch ungefährlicher Blätter aus den beiden Jahren 1838/39 der 2. Kammer eingereicht worden, welche die »ertödtende Wirkung [...] der Censurtyrannei« deutlich machten. Fast täglich verspäte sich das Blatt wegen der Zensur, die Druckkosten erhöhten sich, den Lesern müßten die Ursachen unverständlich bleiben.[52] Die Redakteure verdienten Anerkennung für die Opfer, die sie im gerechten Interesse des Publikums brächten. Innenminister Nebenius, dem parlamentarische Rechthaberei fremd war, tat sich schwer, die Position der Regierung, die schon weitgehend von seinem Amtsnachfolger Blittersdorff bestimmt wurde, zu verteidigen. Mit seinen Maßnahmen habe er »Schlimmeres« verhüten wollen. Mit dem Hinweis auf die bestehenden, für Baden unumstößlichen Gesetze des Deutschen Bundes versuchte der kooperationsbereite Innenminister, Verständnis für seine Zensurmaßnahmen zu gewinnen.[53] Doch Blittersdorff hatte bereits die Weichen für eine Verschärfung des innenpolitischen Kurses gestellt, dem 1841 die Nachfolgerin des *Leuchtthurm*, die *Deutsche Volkshalle*, zum Opfer fiel.

Viertes Kapitel:
Nationalismus oder radikale Demokratie?
J. G. A. Wirth, Georg Herwegh und Josef Fickler

Mit dem Jahre 1840, dem Jahr einer internationalen Krise und eines deutsch-französischen Streites um die Rheingrenze, begann der eigentliche »Vormärz«, die Inkubationszeit der »März«-Revolution in Deutschland. Den Kämpfen der radikalen Konstanzer Presse, die sich in einer kurzen Zeit geminderten Zensurzwanges auch der deutschen Emigration in der Schweiz öffnete, kam für die Entwicklung des südwestdeutschen Radikalismus richtungweisende Bedeutung zu. Vorkämpfer einer radikal-nationalen Richtung war der frühere »Hambacher« J. G. A. Wirth, einer radikal-demokratischen Richtung der Dichter des Vormärz Georg Herwegh; beide waren Redakteure der *Deutschen Volkshalle* in Konstanz. Wirth konnte sich nicht durchsetzen und zog sich von der politischen Bühne zurück. Der vergleichsweise wenig bekannte, doch nicht unbedeutende Redakteur der *Seeblätter* und später führende Revolutionär Josef Fickler griff den radikal-demokratischen Impuls auf und gab ihm eine auf badische Verhältnisse zugeschnittene pragmatische Richtung.

Die *Deutsche Volkshalle* (1839–1841)

Während der in Konstanz erscheinende *Leuchtthurm* den freisinnigen Anschauungen verpflichtet blieb, vertrat die auf ihn folgende *Deutsche Volkshalle,* von J.G.A. Wirth und Georg Herwegh redigiert, bereits nationale und demokratische Positionen der vierziger Jahre. Auf die epochemachenden Ereignisse des »Wendejahres 1840«[1], den Thronwechsel in Preußen, die internationale Krise und die außenpolitische Isolation Frankreichs, die den deutsch-französischen Konflikt um die Rheingrenze nach sich zog, reagierte die *Volkshalle* nicht nur berichtend, sondern politisch aktivierend und den Konflikt vorantreibend. Die mit Schärfe vertretenen nationalen Anschauungen der *Volkshalle* provozierten einen Streit mit führenden französischen Zeitungen, lösten aber auch eine Auseinandersetzung im oppositionellen deutschen Lager aus, die zu einer frühen Klärung und Scheidung der politischen Richtungen beitrug.
Die Bedeutung der politischen Presse als historische Quelle läßt sich an der *Deutschen Volkshalle* beispielhaft demonstrieren.[2] In der Literatur wird die *Volkshalle* als »entschieden liberal«[3] und »demokratisch«[4] charakterisiert. Zwar vertrat sie diese Position unter dem Einfluß Georg Herweghs; nach dessen Ausscheiden aus der Redaktion jedoch machte Wirth die *Volkshalle* zum Sprachrohr eines radikalen Nationalismus. Auch Herausgabe und Verlag der *Volkshalle* werden meist irrtümlich dem »radikalen Demokraten«[5] Wirth zugeschrieben, der noch den »Hambacher Traditionen verhaftet«[6] geblieben sei. Wolfgang Schieder geht noch darüber hinaus: »Der Wirth von 1840 war [...] nicht mehr der Hambacher von 1832 [...] politisch radikal, erstrebte [er] auch eine soziale Reform.«[7] Wirth habe seine frühere formalpolitische Haltung aufgegeben und sich einem sozialdemokratischen Radikalismus zugewandt.
Demgegenüber soll die These vertreten werden, daß sich Wirth im Jahre 1840, als er auf dem Höhepunkt der deutsch-französischen Krise die *Deutsche Volkshalle* leitete, von Hambacher Idealen abkehrte und eine – wie er es selbst bezeichnete – »deutsch-nationale« Richtung propagierte. Dieser Aspekt in Wirths politischer Biographie wurde bisher kaum beachtet.[8] Die politischen Intentionen, die Wirth mit einer antifranzösischen Kampagne der *Volkshalle* verfolgte, sollen dabei ebenso berücksichtigt werden wie seine im selben Jahr in Buchform niedergelegte Konzeption einer »politisch-reformatorischen

Richtung der Deutschen«.[9] Die Zensurakten vervollständigen das Bild des »Nach-Hambachers« Wirth. Seine politische Rolle als antifranzösischer Sprecher der Opposition lag zeitweise im Interesse der Regierungen. Die Regierung Blittersdorff in Baden duldete vorübergehend die Volkshalle, unterdrückte sie jedoch rigoros, als die Kriegsgefahr vorüber war.

Nicht nur die Person Wirths, auch das breitgefächerte oppositionelle Spektrum der Volkshalle leistet Irrtümern und Fehleinschätzungen Vorschub. Sie dürfen aber nicht dazu verleiten, das Gewicht zwischen »deutsch-nationalen« und sozialen Anschauungen Wirths zu verschieben oder die radikaldemokratische Position Herweghs mit jener Wirths zu verwechseln.

Welche Variante des Radikalismus die Volkshalle auch vertrat, einen demokratischen oder einen – ideengeschichtlich noch »verfrühten« – nationalen, er besaß einen avantgardistischen Charakter: Herwegh wendete die Literaturkritik zur Kritik der politischen Verhältnisse, republikanische Stimmen warfen dem badischen Liberalismus lange vor Gustav Struve[10] Halbheit vor, die nationale Kampagne Wirths provozierte innerhalb der Opposition eine folgenreiche Auseinandersetzung über das Verhältnis zu Frankreich und den Stellenwert sozialer Reformen. Für Wirth selbst, der sich danach – bis 1848 – von der politischen Bühne zurückzog, kam sie einem Denkmalssturz gleich.

J. G. A. Wirth und Georg Herwegh als Redakteure der Volkshalle

Wirth, ein glänzender politischer Publizist, konnte nach mehrjähriger Gefängnishaft und Polizeiaufsicht Ende 1836 ins Elsaß fliehen[11] und dort mit der deutschen Opposition im Exil in Verbindung treten. Doch erst durch die ihm von Vanotti übertragene Redaktion der Volkshalle kam Wirth in den Besitz eines publizistischen Instruments, das seinen politischen Ambitionen genügen konnte.

Seit den Tagen Hambachs und der Deutschen Tribüne war Wirth eine Berühmtheit. In Konstanz gedachte man der Tage von Hambach, indem man in der Spitze des 1836 restaurierten Stephansturms die Hambacher Reden Wirths und Siebenpfeiffers niederlegte.[12] Nachdem sich Wirth mit seiner Familie im grenznahen schweizerischen Emmishofen, heute ein Ortsteil von Kreuzlingen, niedergelassen hatte[13], dürfte sich seine neue Tätigkeit – obwohl zuerst geheimgehalten – wie eine Sensation verbreitet haben. Der Zensor konnte bald melden, Wirth sei eigentlicher Redakteur der Volkshalle.[14]

Der politische und persönliche Entwicklungsweg Wirths kann für die Jahre zwischen Hambach und Konstanz nur mit Mühe erhellt werden.[15] In einem schon damals vergessenen, von Wirth selbst später verschwiegenen Werk, das noch im Gefängnis unter extremen psychischen Belastungen entstand, begab sich Wirth auf das Feld der Astrono-

mie.[16] Mit dem Sendungsbewußtsein eines Reformators verkündete er ein epochemachendes, neues »astronomisches System«[17] und setzte darauf eine spekulative Geschichtstheorie. Bedeutungsvoll im Hinblick auf die Anschauungen über das »Germanische«, wie sie Wirth in der *Volkshalle* und in seinen späteren Geschichtswerken vertritt, ist darin lediglich die Unterscheidung »niederer« und »höherer« Völker und Rassen. Kolonisierung der niederen Stämme durch höherstehende sei Konsequenz der natürlichen Entwicklung. Einen Biographen muten die von Wirth »neu und wohl original« vertretenen Rassentheorien sogar »wie eine Vorahnung der Gedanken Gobineaus« an.[18] Diese Spur Wirthschen Denkens sollte bei der Beurteilung seiner komplexen Persönlichkeit nicht unberücksichtigt bleiben, zumal sie im spannungsreichen Jahr 1840 in der »rationaleren« Form der Superiorität alles Germanischen wiederaufersteht.
Mit dem Scheitern der *Volkshalle* endete Wirths führende Rolle in der deutschen Publizistik. Seine historischen Arbeiten in den folgenden Jahren blieben politisch wirkungslos. In der Öffentlichkeit fast vergessen, konnte er nur noch dank des Verzichts eines treuen Anhängers kurz vor seinem Tod in die Frankfurter Nationalversammlung einziehen.[19]
Wirths letzter Lebensabschnitt begann mit der Redaktion der *Volkshalle*. Während sein Stern sank, stieg Georg Herwegh, Repräsentant des Vormärz wie kaum ein zweiter, meteorhaft empor. In der *Volkshalle* gab er ein glänzendes Debüt.

Georg Herwegh (1817–1875)[20] begann seine Laufbahn als Redakteur der *Deutschen Volkshalle* im badischen Konstanz. In Baden erlitt er später auch die wohl einschneidendste Niederlage seines Lebens. Die Hilfe der von Herwegh angeführten deutschfranzösischen Legion, zur Unterstützung des deutschen Freiheitskampfes von Paris herbeigeeilt, wurde von Hecker zurückgewiesen, später von Regierungstruppen aufgerieben.
Georg Herwegh, Sohn unbegüterter Gastwirtsleute, sollte Pfarrer werden. Mit achtzehn Jahren bezog er im Oktober 1835 das Tübinger Stift. Die pietistischen Erzieher konnten neuartige oppositionelle Schriften nicht völlig aus ihren Mauern fernhalten. In einem 1840 für die *Volkshalle* geschriebenen, vom Zensor aber gestrichenen Artikel[21] berichtet Herwegh, wie er – zur Empörung des Lehrers – mit Börnes *Briefen aus Paris*[22] unter der Schulbank Bekanntschaft machte. Herwegh fährt fort: »Hätte er vollends gewußt, daß die Reden, die beim Hambacher Feste gehalten wurden, in meinem Pulte gewesen wären! Ich schlechter Mensch!« Wirth selbst hatte die Ausgabe der Hambacher Reden besorgt.[23]
Der politisch erwachende Herwegh kam in Konflikt mit dem Tübinger Stift[24] und mußte es bereits nach einem Jahr verlassen. Herwegh zog es vor, sich »die poetische Mitgift des Lebens ganz und ungeschmälert«[25] zu erhalten. Nicht zufällig stieß der unbändige

22jährige Herwegh mit dem württembergischen Kommiß, den früher bereits der junge Schiller kennengelernt hatte, zusammen. Der militärische Zwang war dem sensiblen Dichter verhaßt, das Militärwesen mußte Herwegh als Instrument politischer Unterdrückung erscheinen.[26] Herwegh floh aus Württemberg.

Herwegh, der Verehrer der Jakobiner und Vertreter einer Revolution »ohne Kompromisse«[27], erlebte den Triumph des »politischen Dichters«, der grandios die Stimmung des vormärzlichen Deutschland zu treffen verstand. Er erfuhr auch das Vergessenwerden, als die Revolution verloren und ihm anscheinend die Quelle seiner Inspiration genommen war. Daran freilich war er nicht schuldlos, denn Herwegh, dem die Qualitäten eines politischen Führers merklich abgingen[28], erlag seiner eigenen Selbstüberschätzung. Sein dichterischer Erfolg prädestinierte ihn noch nicht – wie er selbst glauben mochte – zum praktischen Revolutionär.[29] Während bereits Mitte April 1848 die Regierungstruppen um seine deutsch-französische Legion zusammengezogen wurden, schrieb er an Johann Jacoby:

»Ich kann den Parlamentstrab nicht einhalten und gehe meinen Sturmschritt weiter, ich mag die Republik nicht votieren lassen, sondern will sie *machen* suchen, sei's auch im entferntesten Winkel Deutschlands. Einmal ein fait accompli, so nehmt ihr sie doch alle an [...] Glückt's nicht, so geh ich hin, wo ich hergekommen, was ich auch tun würde, wenn's glückte, denn von der deutschen Freiheit auch in einer Republik habe ich gar keine großen Begriffe.«[30]

Herwegh steht für den Typus eines Revolutionärs, der überwiegend aus subjektiven Impulsen handelt, der durch sein Temperament, seine revolutionäre Ergriffenheit mit den Anforderungen, welche die aufgewühlte Zeit stellen mochte, und mit den tatsächlichen Bedingungen einer Revolution – man vergleiche dagegen J. Ph. Becker, den »Hambacher« und späteren General im badisch-preußischen Revolutionskrieg 1849 – in Konflikt gerät. So wenig heldenhaft Herwegh, gemessen an dem kämpferischen Pathos seiner Gedichte auch erschien – das Gefecht von Dossenbach soll dem sensiblen Dichter buchstäblich »in die Hose« gegangen sein[31] –, das tragische Moment des revolutionären Dichters, ja vielleicht einer Revolution überhaupt, darf dabei nicht übersehen werden. Nicht nur Herwegh, auch weite Kreise des Bürgertums[32] waren im Vormärz, der Zeit der Dichter[33], anfänglich von einem »elysischen« Freiheitsgefühl berührt. Gegenüber einer utopisch verstandenen Freiheit, wie sie Herwegh auch gegenüber Jacoby andeutete, mußte sich die Freiheit der liberalen oder selbst der demokratischen Programme des Jahres 1848 recht bescheiden ausnehmen. Das Übermaß der Erwartungen, welches im Vormärz die Bereitschaft zur Revolution in weiten Kreisen, nicht zuletzt durch die Dichter, gefördert hatte, konnte gerade die Realisierung erreichbarer revolutionärer Ziele verhindern. Vielleicht »nützte« Herwegh der Revolution ebensoviel, wie er ihr schadete.

Nach seiner Flucht kam Herwegh im Juli 1839 im Hause des schwäbischen Landsmannes Heinrich Elsner, des Redakteurs des *Leuchtthurm*, im Schweizer Emmishofen unter, der zwar das dichterische Talent Herweghs, weniger jedoch seine politischen Anschauungen schätzte.[34] Bei Elsner wohnte Herwegh während seiner Tätigkeit für die *Volkshalle* bis April 1840.[35] Danach übersiedelte Herwegh nach Zürich.[36]

Möglicherweise erleichterte Heinrich Elsner Herwegh den Zugang zur *Volkshalle* und zum Verleger Vanotti, obwohl er aus der Redaktion ausschied.[37] Vermutlich empfahl sich Herwegh durch eigene Arbeiten, aber auch durch die Umstände seiner Flucht als »Freund des Volkes«. Herwegh dürfte seine neue Arbeit mit großen Erwartungen begonnen haben, die er wohl nicht zuletzt auf die Zusammenarbeit mit dem Freiheitshelden seiner Jugend, Wirth, setzte. Durch die Aufteilung der redaktionellen Arbeit, bei der Wirth den politischen Teil, Herwegh bis Ende Oktober 1839 den literarischen Teil verantwortlich besorgte[38], konnte sich der junge Literat bereits einen Namen machen. Herweghs Frühwerk imponiert wegen des kritisch-witzigen Stils, des Umfangs und wegen des zunehmend revolutionär-demokratischen Ansatzes, der in der deutschen Literatur neu war. Im literarisch-kritischen Teil der *Deutschen Volkshalle*, zu deren »tätigsten Mitarbeitern« er zählte[39], erschienen 76 Beiträge[40] – darunter fünfzehn Gedichte –, in denen er engagiert eine Verbindung von Poesie und Politik, von Literatur und Volk vertrat. Herwegh sei »ein glühender Freiheitsheld«, berichtete Konfident Fischer, der glaube, daß nur durch die Republik die Menschheit »zu ihrem höchsten Glücke, zu der uneingeschränkten Freiheit« gelangen könne.[41] Die Republik als eudämonistischer Endzustand war eine Vorstellung des frühen Herwegh, die er, mit der aufbrechenden Diskussion über den Unterschied von politischer und sozialer Freiheit zu Beginn der vierziger Jahre, vermutlich relativierte. Ganz hatte er sie aber auch 1848 noch nicht aufgegeben. Bald tauchten die ersten Differenzen mit der *Volkshalle* auf. Am 29. Dezember 1839 schrieb Herwegh an Karl Gutzkow:

»Mit der Volkshalle geht es schlecht; die Leute taugen nichts. Das spreizt sich ewig, Deutschland zu retten, ohne die dürftigen Kenntnisse eines Schulknaben zu besitzen!... Ich bin mit so großen Erwartungen an diese Republikaner herangetreten und habe nichts gefunden, als Kernlosigkeit, Hohlheit und alle Arroganz der Ignoranz.«[42]

Mit den »Republikanern«, an die Herwegh erwartungsvoll herangetreten war und von denen er sich nun tief enttäuscht abwandte, dürfte er Wirth an erster Stelle gemeint haben. Die Enttäuschung hatte ihre Ursache in den differierenden politischen Anschauungen Wirths und Herweghs. Das demokratische Prinzip, zu dem sich Herwegh bekannte, und das Germanische, das Wirth zunehmend propagierte, waren, wie noch dargestellt wird, unvereinbar. Auf Herweghs publikumswirksame Mitarbeit wollte die *Volkshalle* jedoch nicht verzichten. Herwegh setzte seine geringer werdende Mitarbeit von Zürich aus fort. Den letzten Beitrag schickte Herwegh am 9. Juni 1840 aus der Schweiz.

Gestaltung, Verbreitung und Wirkung der Volkshalle

Die *Deutsche Volkshalle* bestand vom 1. September 1839 bis zum 30. März 1841. Sie erschien zuerst viermal, dann nach einer Einführungszeit von zwei Monaten fünfmal pro Woche im Folioformat zu acht Seiten. Die Aufmachung unterstrich ihre überregionale Orientierung und ihren theoretischen Anspruch.
Vermutlich änderte J. G. A. Wirth, der die Schriftleitung des *Leuchtthurm* übernommen hatte, den Namen der Zeitung um in *Deutsche Volkshalle*. Der neue Name weckte revolutionäre Assoziationen, nannte sich die Zentralbehörde des deutschen Geheimbundes der Gerechten doch ebenso, ohne daß freilich eine Verbindung nachweisbar wäre.[43] Wenn vom Zensor nicht gestrichen, stand ein Leitartikel Wirths »in blühender, verführerischer Sprache«[44] voran. Im zweiten Teil folgten ausführliche Wiedergaben französischer, englischer und schweizerischer Zeitungen, bevorzugt aus *Morning Chronicle*, daneben auch aus *The Standard* und *Moniteur*. Sie sollten Lehrstücke des Parteikampfes und -fortschrittes im Ausland sein. Über Tagesereignisse wurde durch Korrespondenzartikel und Zitate aus gleichgesinnten Zeitungen berichtet. Nicht zu entscheiden ist, ob tatsächlich, wie der Zensor ironisch anmerkte, manche der sogenannten »Original-Korrespondenzartikel« nicht von auswärtigen Korrespondenten, sondern von Redakteuren in Emmishofen produziert wurden.[45] Der kritisch-literarische Teil nahm einen verhältnismäßig breiten Raum ein. Einen Anzeigenteil besaß das Blatt nicht.
Die *Volkshalle* war schwerpunktmäßig in der Gegend von Konstanz verbreitet. Kurz nach ihrem ersten Erscheinen wurde sie bereits »gierig verschlungen« und in jedem bürgerlichen Hause gelesen.[46] Sie brachte es hier allein auf 80 Abonnenten.[47] Beschlagnahmte Ausgaben fanden noch eifrigere Leser. Selbst angesehene Bürger schmuggelten unterm Rock Exemplare der Zeitung über die Grenze. Die Druckerei in Kreuzlingen war nur eine halbe Fußstunde von Konstanz entfernt.
Die *Volkshalle* war über Konstanz hinaus in Baden, ja in halb Deutschland und im Elsaß verbreitet.[48] Nur in Norddeutschland war sie nach Meinung Wirths »gänzlich unbekannt«.[49] In Straßburg gebrauchten deutsche Flüchtlinge die *Volkshalle* als ihr Organ.[50] In der Schweiz fand sie Eingang in deutsche Handwerkervereine.[51]
Wo die *Volkshalle* verbreitet war, drang sie auch zur Verwunderung der zeitgenössischen Beobachter »in die Reihen des Volkes« ein.[52] In Frankfurt wanderte sie »von Hand zu Hand« und fand Eingang bei freisinnigen Handwerkern.[53] In ihrem Verbreitungsgebiet erzielte die Volkshalle einen nachhaltigen Erfolg. Für den Seekreis um Konstanz und für Baden überhaupt markiert das Erscheinen der *Volkshalle* den Beginn des politischen Radikalismus. Die Wirkung der *Volkshalle* blieb kein Geheimnis. Metternichs Agenten, die ihr Augenmerk von Anfang an auf sie gerichtet hatten, wunderten sich ebenso wie ihre Leser über das ausbleibende Verbot des »durch und durch demokratischen Blat-

tes«.⁵⁴ Metternich sah sich schließlich gezwungen, der badischen Regierung mit Ratschlägen beizustehen.⁵⁵ Die Wirkung der *Volkshalle* kann anhand der Beobachtungen durch Zensur und Polizei recht genau verfolgt werden.

Nachdem die *Volkshalle* ein Jahr lang bestand, mußte Zensor Schütt ein für ihn wie die Polizeibehörde wenig schmeichelhaftes Resümee ziehen.⁵⁶ Die Zensur in Konstanz sei erfolglos, die Ideen der *Volkshalle* hätten, da wieder mehr Leute an den »Freiheitsschwindel« glaubten, »wachsenden Einfluß« gefunden und gingen der Bevölkerung »in Fleisch und Blut« über; der Grenzkreis würde nach und nach »förmlich republikanisiert«; selbst die Beschlagnahme der *Volkshalle* sei nutzlos, wie Zensor und Seekreis-Direktor⁵⁷ übereinstimmend feststellten; sie erklärten sich außerstande, die Gesinnung der Stadt noch ändern zu können.⁵⁸

Der Prozeß der Politisierung im Konstanz des Jahres 1840 kann als prototypisch für ganz Baden gelten. Er erfaßte zuerst die politisch und wirtschaftlich maßgebende Oberschicht der Stadt.⁵⁹ Nach Ansicht der Behörden setzte sie alle Mittel ein, um ihre Ideen zu verbreiten. Insbesondere benutze sie die Presse, die *Volkshalle* und die *Seeblätter*, um die zuvor »friedliebenden Untertanen [. . .], die Klasse der Arbeiter und Handwerksleute« zu beeinflussen, die in »pecuniärer Beziehung« von ihr abhängig seien und ihr gesellschaftliches Vorbild nachahmten.⁶⁰ Gerade die Politisierung der kleinbürgerlichen Unterschicht, in die die *Volkshalle* Eingang gefunden hatte und von der sie aufs eifrigste gelesen wurde, wertete der Zensor als äußerst bedenklich⁶¹, denn die bisher im Verborgenen bestehende republikanische »Partei« in Konstanz trete nunmehr an die Öffentlichkeit und verbreite sich über alle Klassen⁶².

Die Volkshalle *und die Zensur: Kampf, Duldung und endgültige Unterdrückung*

Die *Volkshalle* verdankt ihre unter den vormärzlichen Zensurbedingungen relativ lange Lebensdauer nicht nur der geschickten Verteidigung ihres Verlegers Vanotti, sondern auch den politischen Verhältnissen im Jahre 1840, die es der Regierung opportun erscheinen ließen, die *Volkshalle* als Stimme der deutschen Opposition gegen Frankreichs Rhein-Ansprüche auszuspielen.

Nachdem Oberamtmann Pfister im März 1839 die Zensur des *Leuchtthurm* abgegeben und Regierungsrat Fröhlich die Aufgabe interimistisch bis Ende des Jahres versehen hatte⁶³, übergab der Innenminister die Zensur der Konstanzer Blätter dem literarisch ambitionierten Rechtsassessor Dr. Adolf Schütt (1810–1888). Schütts Vorgesetzte zeigten sich mit ihm zufrieden.⁶⁴ Nachdem die sanfte Methode, den Redakteuren ins Gewissen zu reden und mit ihnen scheinbar zu kooperieren, nichts fruchtete⁶⁵, übte Schütt die Zensur zunehmend schärfer aus. Um die *Volkshalle* zu einer gemäßigteren Richtung

oder zur Einstellung zu zwingen, begnügte er sich nicht mehr mit dem Beseitigen einzelner Stellen, sondern ging zum Streichen »einer Menge« Artikel und schließlich zur Beschlagnahme ganzer Ausgaben über.
Redakteur und Zensor vertraten die neue und die alte Ordnung. Der stellvertretende Charakter ihres gegenseitigen Ringens machte den Kampf nur noch verbissener. Den täglichen Kleinkrieg Wirths mit dem Zensor deutete ein zeitgenössischer Beobachter – ebenfalls der Zensur unterworfen – an:

»Im oberen Stocke sitzt Wirth den größten Teil des Tages vor seinem Schreibtische, auf dem Blätter und Flugschriften durcheinander liegen, und schreibt Aufsätze für die Volkshalle ... Den Hauptartikel schreibt Wirth beinahe täglich selbst, welcher die erste Kolumne füllt, der aber wenigsten 3 mal in der Woche gestrichen wird.«[66]

Der »Gänsekiel von Konstanz«[67] dürfte Herwegh nicht weniger verhaßt gewesen sein als Wirth. Mit Vergnügen ergriff Herwegh die Gelegenheit, dem Amateurdichter »Ado Schütt« mit einer sarkastischen Rezension lächerlich zu machen.[68]
Bei der Zensur des Blattes, »das einem eigens dafür angestellten Zensor in Konstanz täglich den Angstschweiß auf die Stirne treibt«[69], stand für Schütt nicht wenig auf dem Spiel. Eine einzige Nachlässigkeit konnte unangenehme politische Folgen nach sich ziehen. Wirth bediente sich eines akademischen Stils, der voller Andeutungen und Verschleierungen steckte und dem Zensor das Streichen einzelner Stellen erschwerte. Besonders liebte Wirth eine Gedankenführung, die dem Leser selbst den logischen und manchmal revolutionären Schluß überließ. Forderte Wirth Preßfreiheit, Nationalrepräsentation und ein »Zentralband«, so konnte der Leser daraus unschwer den notwendigen Umsturz der Verhältnisse folgern.[70] Daneben benutzte Wirth den Kunstgriff, »unerlaubte Äußerungen« durch die Zensur zu bringen, indem er diesen »einige erlaubte, die ersteren mißbilligende, selbst lobenswerte« beifügte.[71] Der Zensor ging daher dazu über, ganze Leitartikel Wirths wegen »revolutionärer Tendenz« zu streichen.
Die Zensur der Beiträge Georg Herweghs kann dank eines besonderen Umstandes genauer verfolgt werden. Der Belle-Vue-Verlag wollte am späteren Erfolg Herweghs partizipieren und gab ohne Herweghs Zustimmung dessen für die Volkshalle verfaßte Beiträge heraus.[72] Als Druckvorlage dienten offensichtlich Herweghs Handschriften. Die Publikation ermöglicht einen Vergleich mit dem zensierten Erstdruck[73], in dem der Zensor zwei Aufsätze Herweghs[74] sowie politisch aggressive Äußerungen getilgt oder durch Harmlosigkeiten ersetzt hatte. Gestrichen wurde unter anderen Herweghs versteckt-revolutionäre Stelle:

»Wird die alte Julisonne auf Blumen oder Schlachtfelder scheinen? ...
Wird es Blut geben und wem wird es den Purpur färben? Ich weiß es nicht.«[75]

Verleger Vanotti, der für die gesamten Kosten der Volkshalle aufkam[76], hat vermutlich die Volkshalle von der ersten Ausgabe an, spätestens jedoch seit Anfang November auf seinem eigenen Druckapparat in Emmishofen, wo auch die Mitarbeiter wohnten, herstellen lassen. Der Freund J. G. A. Wirths und Kollege Vanottis am Oberhofgericht, Dr. Ludwig Stephani, firmierte als Drucker.[77] Vom 24. Mai 1840 an besorgte die von Vanotti gegründete Buchdruckerei Belle-Vue[78] den Druck. Vanotti selbst zeichnete mit wenigen Ausnahmen bis Ende Februar 1840[79], dann der Geschäftsführer der Druckerei, der Schweizer P. Schlumpf, verantwortlich. Erst ab 4. März 1841 gibt sich J. G. A. Wirth als »verantwortlicher Hauptredakteur« zu erkennen, was jedoch längst bekannt war. Dennoch war Vanotti zur Zensur des Blattes gezwungen. Hätte er die *Volkshalle* nicht der Zensur in Konstanz unterworfen, wäre das Blatt vom gewöhnlichen Postvertrieb in Deutschland ausgeschlossen und von den Regierungen nur zu gerne verboten worden. Der Druckort außerhalb Badens nahm der großherzoglichen Polizei jedoch die Möglichkeit, eine gesamte Ausgabe noch druckfrisch beschlagnahmen zu können. Da die Versendung der *Volkshalle* innerhalb Deutschlands durch das Postamt Konstanz erfolgte, konnte dieser relativ kleine Teil der Ausgabe bereits vor den Toren der Stadt beschlagnahmt werden. Die Leser in Konstanz erhielten das Blatt »privatim«, wenn nötig unter Umgehung der Polizeiaufsicht zugestellt.[80] Die für die Schweiz und Frankreich bestimmten Exemplare – identisch mit der badischen Ausgabe – spedierte unmittelbar das Schweizer Postamt Tägerwilen.[81]

Den Druckort außerhalb Badens nahm Innenminister Rüdt zum Anlaß, Ignaz Vanotti die gesetzlichen Eigenschaften eines inländischen Verlegers abzusprechen und ihm damit die legale Verbreitung des Blattes innerhalb Deutschlands zu untersagen.[82] Vanotti sei weder im Besitz einer Buchdruckerei- noch einer Buchhändlerlizenz und deswegen nicht haftbar zu machen. Tatsächlich waren aber Verleger rechtlich nicht an eine Konzession gebunden. Die Kontrolle war dadurch sichergestellt, daß sich üblicherweise Verlag und Druckerei, nicht selten auch der Buchhandel, in einer Hand befanden. Nur die beiden letzteren waren lizenzbedürftig. Vanotti vermochte die Unhaltbarkeit des ministeriellen Rechtsstandpunktes in einer Eingabe gegenüber dem Innenminister und Großherzog Leopold eindeutig darzulegen.[83] Justizminister Eichrodt, zur Begutachtung des Falles angefordert, hielt die Einsprache Vanottis für begründet und machte außerdem noch im Dezember 1839 »Gründe der Klugheit« für eine weitere Zensierung und legale Verbreitung des Blattes geltend.[84] Der Innenminister hatte einige in Emmishofen gedruckte Ausgaben konfiszieren lassen, die dessenungeachtet doch nach Konstanz kamen. Der beflissene Leiter des Bezirksamtes, Pfister, ließ diese Exemplare von Polizisten zur Empörung der Bevölkerung in Wirts- und sogar Privathäusern einziehen.[85] Zugleich verfügte er rechtswidrig die »gerichtliche« Bestätigung der Beschlagnahme.[86] Das zuständige Hofgericht des Seekreises wahrte in Preßentscheidungen trotz mehrfacher Pressionen seitens der Regierung[87] seine Unabhängigkeit. Es hob bald darauf die Beschlagnahme wieder auf.

Nach zweimonatigem Stillhalten – während der Session der 2. Kammer – ging der Innenminister zu einer neuen Taktik über. Er behandelte die *Volkshalle* nunmehr als ausländisches Blatt. Den Konstanzer Zensor Schütt wies er an, den Ausgaben der *Volkshalle* vor deren Zulassung im Großherzogtum pauschal die Zustimmung zu geben oder zu verweigern.[88] Diese Anweisung bedeutete faktisch die mögliche Beschlagnahmung einer ganzen Ausgabe unter Umgehung der gesetzlich dafür vorgesehenen Zustimmung des Gerichts. Vanotti blieb nur der Protest gegen den »offenen Angriff auf die Verfassung und die gerichtliche Gewalt« und die Drohung mit dem späteren Zusammentritt der 2. Kammer.[89] Vanotti zog sich bald als verantwortlicher Redakteur von der *Volkshalle* zurück. Er bekundete seine Absicht, die *Volkshalle* an einen Schweizer Bürger abzutreten.[90] Die Zeitung blieb jedoch in Vanottis Besitz. Für die Druckkosten der *Volkshalle* kam er auch weiterhin auf.[91] Für sie brachte er »ohne Rücksicht auf Verluste sein Vermögen zum Opfer«.[92] Kurz darauf gab sich J.G.A. Wirth als verantwortlicher Redakteur zu erkennen. Vanotti nahm von diesem Zeitpunkt an offensichtlich keinen Anteil mehr an der Zeitung und wandte sich anderen Projekten zu.

Die badischen Presseverhältnisse entgingen der Aufmerksamkeit Metternichs nicht. Er billigte zwar den Versuch, das Blatt zu unterdrücken, kritisierte aber das juristische Vorgehen der badischen Regierung. Seiner Ansicht nach biete die Gesetzgebung Badens, wie er in bezug auf Vanottis Verteidigungsschrift *Der Rechtszustand der deutschen Volkshalle* darlegte, keine Mittel, Vanotti den Druck seiner Werke zu verbieten. Metternich fuhr fort: »Meines Dafürhaltens [ist] kein Mittel wirksamer als eine verschärfte Censur und möglichst strenge Bestrafung etwaiger Censurübertretungen.«[93] Die Zensur und Beschlagnahme stellten jedoch nur einen Teil des repressiven Instrumentariums dar. Minister Blittersdorff standen noch quasi diplomatische Kanäle offen, um die *Deutsche Volkshalle* in ihrer Existenz zu treffen. Blittersdorf wies im Februar 1840 die badischen Gesandten in Deutschland an, »auf vertraulichem Wege« gegen die *Volkshalle* vorzugehen.[94] Diese diplomatisch-diskrete Aktion fand nur andeutungsweise ihren aktenmäßigen Niederschlag. Ihr Erfolg zeigte sich bereits einen Monat später, als sich Minister Blittersdorff vom preußischen Gesandten in Karlsruhe mündlich berichten lassen konnte, daß die Postversendung der *Deutschen Volkshalle* in Preußen untersagt worden sei.[95] In den nächsten Monaten folgten die meisten deutschen Staaten nach und verboten ebenfalls den Vertrieb der Zeitung.[96] Wider Erwarten verhinderte das Verbot die Verbreitung der *Volkshalle* im Jahre 1840 nicht entscheidend. Noch am Jahresende konnte J.G.A. Wirth an eine Ausweitung des Korrespondentennetzes und eine weitere Verbreitung denken.[97] Zu Beginn des Jahres 1841 wurden aber jene Verbotsmaßnahmen durchgeführt, welche offensichtlich im kritischen Jahr 1840 suspendiert waren – sehr zum Ärger des Zensors, der auf eine Erleichterung seiner »Arbeit« hoffte.[98] Die Gründe politischer Opportunität, welche zur vorübergehenden Duldung der *Volkshalle* führten, blieben ihm jedoch verborgen.

Die *Volkshalle* unter der alleinigen Leitung Wirths hatte sich seit Mitte 1840 als deutscher Vorkämpfer gegen französische Rhein-Ansprüche profiliert. Lag es nicht im Interesse der deutschen Regierung, ein Sprachrohr der deutschen Opposition zu tolerieren, das der auf französischer Seite verbreiteten Meinung entgegentrat, die unterdrückte deutsche Bevölkerung warte nur auf eine neue »Befreiung« durch ein republikanisches Frankreich? Betrieb Wirth nicht objektiv die Politik der Regierung, die demokratische Opposition von ihrem Lehrmeister Frankreich abzuwenden? Ein Verbot der *Volkshalle* durch die Bundesversammlung hielt Minister Blittersdorff Ende 1840 für »nicht räthlich«.[99]

Im Einvernehmen mit der obersten Zensurbehörde, dem Ministerium des Innern, wurde der Zensor zu einer selektiven Zensur angehalten: Er strich Artikel mit republikanischer Tendenz, ließ jedoch jene, die dem »Kampf gegen die Kriegspartei in Frankreich« galten, passieren. Der Zensor mußte sogar wegen der Beschlagnahme einer Ausgabe, die heftige Angriffe auf die französische Regierung enthielt, den Tadel einstecken, »zu weit« gegangen zu sein. Die *Volkshalle* gelte nicht als inländisches Blatt und die Regierung müsse die politischen Folgen solcher Angriffe auch nicht verantworten.[100] Diese Ansicht stand völlig im Gegensatz zur bisher gepflogenen Zensurpolitik in prekären außenpolitischen Angelegenheiten. Von der Zensur unbelästigt, durfte Wirth eine Kampagne gegen französische Rhein-Ansprüche betreiben.

Als die Kriegsgefahr mit Beginn des Jahres 1841 vorüber war, hatte die badische Regierung kein Interesse mehr, die *Volkshalle* länger zu dulden. Zu diesem Zeitpunkt ließ sie das Mittel der Beschlagnahme konsequent anwenden und zwang damit den Verleger Vanotti zur Aufgabe des Blattes. Die Beschlagnahmungen erfolgten seit Ende Dezember bis zur Einstellung der Zeitung, Ende März, regelmäßig ein- bis zweimal, zuletzt sogar dreimal pro Woche. Sie wurden am Tor von Konstanz, in sämtlichen Bier- und Wirtshäusern sowie auf der Post von der Polizei durchgeführt.[101] Verleger Vanotti sah offensichtlich keinen Grund mehr, für das Weiterbestehen der *Volkshalle* finanzielle Opfer zu bringen, obwohl es ihm nicht an Mitteln fehlte.[102]

J. G. A. Wirth versuchte, die *Volkshalle* mit einer neuen Zeitung fortzusetzen.[103] Das *Deutsche Volksblatt* erschien seit Juli 1841 ebenfalls im Belle-Vue-Verlag bei Kreuzlingen. Der Eröffnungsbeitrag Wirths über die »alte deutsche Freiheit« gab seine bekannten Lieblingsgedanken wieder. Das Blatt konnte, da seine Verbreitung in Baden verboten war, nur im Kuvert auf Privatwegen an die Abonnenten versandt werden. Zuweilen fand sich ein Exemplar in den Konstanzer Wirtshäusern. Nach einigen Monaten verschwand das *Deutsche Volksblatt* wieder lautlos.[104]

J. G. A. Wirth und die *Deutsche Volkshalle* –
die Scheidung des nationalen und demokratischen Radikalismus

Die politische Vorstellungswelt J. G. A. Wirths

Obwohl Wirth sein 1841 erschienenes Werk über »Die politisch-reformatorische Richtung der Deutschen« für den »Inbegriff aller meiner bisher gedruckten Schriften«[1] hielt, wurde sie in der historischen Forschung kaum beachtet. Auch als Redakteur der *Volkshalle*, der sich während der deutsch-französischen Krise zum Sprecher des erwachenden Nationalismus machen konnte, zeigte Wirth bisher kaum bekannte Züge. Hier tritt Wirth als Vorkämpfer einer »deutsch-nationalen«[2] Richtung auf, die das demokratisch-kosmopolitische Denken seiner früheren Jahre ebenso hinter sich läßt wie »deutsch-jüngelnde Emanzipationsfaselei«, die er zuletzt mit dem ihm eigenen Temperament bekämpfte[3].

Wirth leitete von a-priori-Erkenntnissen über den Wert deutscher Nationalität, germanischer Kulturüberlegenheit und dem »sich nun offenbarenden Gang der Weltordnung«[4] politische Schlußfolgerungen ab. Die Superiorität des germanischen Volkstums begründet Wirth in ähnlich lautenden Formulierungen etwa so: »Welches Element zeigte sich in Künsten und Wissenschaften tiefer und gründlicher, welches errang das Übergewicht im Welthandel? Das Germanische!« Wirth, »vom Geist der Erleuchtung« berührt, propagiert seine Ideen in affirmativem Stil und heute schwer erträglichem Pathos. Die von ihm verkündete Lehre verleiht Volkstum und Nationalwürde den Rang einer Religion, die Vaterlandsliebe macht sie zum »Cultus«[5]. Die Freiheit verweist Wirth auf den zweiten Platz. Nicht um die Freiheit, wie früher angenommen, gehe der Prinzipienkampf, sondern um die Entfaltung der Stammeseigenschaft, der Nationalität[6] und der Reichseinheit. An die Stelle der Volkssouveränität ist im Jahre 1840 die Nationalität getreten.

Wirth projizierte seine politischen Ideale in die deutsche Vergangenheit[7]: Volkssouveränität und Gewaltenteilung sah Wirth bereits in der deutschen Frühzeit verwirklicht. Die alte deutsche Verfassung bestand für Wirth weiter, obwohl später Fürsten und Könige ihre Ämter durch Vererbung usurpierten.[8] Die Einführung einer Republik in Deutschland zur Wiederherstellung der »rechtmäßigen Reichsverfassung« bezeichnete Wirth als »Reformation«.

Die »offensichtlich [. . .] nachträgliche Konstruktion«[9] einer freiheitlichen alten deutschen Reichsverfassung diente Wirth dazu, die Selbständigkeit einer »germanischen« gegenüber einer »wälschen Freiheit«[10] zu begründen. Die Wirkung der beiden vorangegangenen französischen Revolutionen auf Deutschland sieht Wirth als gering, wenn nicht sogar als schädlich an. »In Beziehung auf die Nationalität hat sie uns aber vollends zugrunde gerichtet.«[11]

Wirths antifranzösischer Affekt ist nur *ein* Indiz für seine veränderte politische Werthaltung seit den Tagen Hambachs. Damals sah er Frankreich als Teil eines »konföderierten republikanischen Europas«[12], dem er nur einen nationalen Vorbehalt in bezug auf Elsaß-Lothringen entgegensetzte[13].

Das neue deutsche Reich soll nach Wirth mit einer Zentralregierung und Zentralrepräsentation ausgestattet sein, dem ein starkes Oberhaupt voransteht. Der Adel findet darin keinen Platz mehr.[14] Einem preußischen Kaiser an der Spitze gibt Wirth den Vorzug vor einem republikanischen Staatsoberhaupt. Die Hohenzollern hätten den historischen Beruf, »den Aufschwung zur deutschen Kaiserwürde, die Herstellung der Reichseinheit und die Begründung des bleibenden europäischen Gleichgewichts« zu schaffen.[15] Die *Deutsche Volkshalle* habe, leider vergeblich, den Versuch gemacht, die Hohenzollern von ihrer Aufgabe zu überzeugen.[16]

Ein hegemoniales Deutschland definiert Wirth als Voraussetzung eines europäischen Gleichgewichts der Staaten. Wirth fordert die »Wiedervereinigung aller von Deutschland abgerissenen deutschen Stämme mit dem Mutterland«.[17] Erst wenn Holland eine »deutsche Provinz« sei, könne Deutschland seine »wahre Lebensfrage«, die Bedingung »seiner Eigenschaft als Großmacht«, nämlich die »allmählige Aufstellung einer großartigen deutschen Seemacht« lösen.[18] »Hierdurch ist erst der Schlußstein der socialen und politischen Reform Deutschlands gegeben.«[19] Wirths Zukunftsbild vom Deutschen Nationalstaat, der mit Frankreich und England konkurrieren, seinen Anteil am Welthandel erobern und »dem äußern Wohlstande reiche und unversiegbare Hülfsquellen eröffnen« könne[20], gibt den Blick frei auf den späteren europäischen Imperialismus.

Der Stellenwert sozialer Reform ist innerhalb dieses politischen Gedankengebäudes zu suchen. Wirth wendet sich nicht gegen den Klassencharakter der Gesellschaft, er läßt auch die bürgerliche neben der »unteren Schicht« bestehen. Der Wohlstand der oberen käme auch den »unteren Volksklassen« zugute.[21] Als Mittel sozialer Reform zugunsten der armen Schichten empfiehlt Wirth die Einrichtung von Sparkassen zur Bildung von Rücklagen, von staatlichen Altersheimen und Gemeinschaftsküchen. Als »wahre Quelle socialer Verbesserungen«[22] aber wirbt er für »milde Stiftungen« aus dem Überschuß der Reichen. Vorschläge französischer Sozialisten wie progressive Einkommensteuer und Gewinnverteilung lehnt er ebenso ab wie »ein Übermaß in der Forderung gleichmäßigen Wohlstandes«.[23]

Noch weitergehende Vorstellungen nach Gütergemeinschaft verwirft er als Bedrohung »individueller Freiheit und Selbständigkeit« der »gebildeten Gesellschaft«.[24] »Unsere Gefühle und Begriffe über sociale Reformen [verhalten] sich zu den französischen wie geradezu feindliche Gegensätze.«[25]

Der Vorrang einer gebildeten bürgerlichen Gesellschaft ist in Wirths Menschenbild verankert. Die geistigen und sittlichen Eigenschaften des Menschen seien »Naturanlagen«, die in ihrer Qualität einem organischen Wechsel unterlägen und durch ihr Fallen im Adel ein Aufsteigen im Bürgertum bewirkten.[26] Der Wohlstand der »mittleren Stände« werde auch an die unteren Schichten weitergegeben und sei Voraussetzung für deren Wohlergehen.[27] Doch die »wahre soziale Reform ist nur durch Sittenverbesserung, Verbreitung von Fleiß und Mäßigkeit möglich«.[28]

»Versittlichung« der Unterschichten[29], verbunden mit sozialreformerischen Verbesserungen, kann kaum als »radikal« bezeichnet werden. Die Sozialreform Wirths, wenn sie diesen Namen verdient, hat in seinem Gedankengebäude einen Stellenwert, der den Streit, inwieweit Wirth ein politischer und sozialer Radikalismus zuzuschreiben sei[30], obsolet erscheinen läßt. Wirths »höchstes Gut« ist die Nationalität, sie bedeutet ihm »Wurzel und Grundlage der wahren Freiheit«.[31] Sie gilt ihm mehr als nur »ein materielles Brodmittel«.[32] Radikal in des Wortes Bedeutung war Wirth also in der nationalen Frage, weil er die Nation als Primär- und Wurzelwert aller übrigen Werte ansah. Auch das Dilemma zwischen deutscher Einheit und Freiheit löst Wirth im Jahre 1840 im Gegensatz zu den meisten Mitstreitern des Jahres 1832, die, wie Rotteck, vor den »preußischen Adlersfittichen« warnend, der politischen Freiheit den Vorzug gaben. Wirths Forderung, die Freiheit dem höheren Zweck der Einheit zu opfern und die »innere Frage« angesichts eines möglichen Krieges gegen Frankreich zu »verschieben«, entspricht dem Muster eines späteren national-deutschen Denkens.[33] Vollends als Vorläufer einer chauvinistischen Richtung erscheint Wirth durch das Propagieren eines angeblich unausweichlichen, tatsächlich aber erwünschten, Krieges gegen Frankreich. Ihm sollte die Funktion eines Geburtshelfers deutscher Einigung zukommen.

Die Kampagne der Deutschen Volkshalle *gegen französische Rhein-Ansprüche*

Der Kampf um deutsche Einheit und Freiheit bedeutete auch Kampf um eine doppelte Identität: um eine nationale, wie sie einem zusammengehörigen Volke entsprach, und um eine demokratische, wie es das Bedürfnis nach Selbstbestimmung des freien Bürgers verlangte. Diese deutsche Identitätskrise spiegelte sich im zwiespältigen Verhältnis zu Frankreich: Durfte Frankreich als Lehrmeister der Demokratie gelten, oder war es eine Bedrohung der noch »unvollendeten Nation«?[34] Für die deutschen Liberalen und Demokraten galt seit der Julirevolution das erste. Zu ihrer großen Verlegenheit rief aber die internationale Krise des Jahres 1840 die seit über zwanzig Jahren scheinbar vergessenen deutsch-französischen Feindseligkeiten hervor. Teile der französischen Öffentlichkeit verlangten wieder nach der schützenden Rheingrenze. Deutschland antwortete mit dem trotzigen »Sie sollen ihn nicht haben . . .«[35] und bezog aus dem gemeinsamen Feindbild ein Gefühl nationaler Stärke und Einheit.

Edgar Quinet, französischer Republikaner und führender Publizist, seit seiner Heidelberger Studienzeit mit deutschen Verhältnissen wohlvertraut, warb um Verständnis dafür, daß Frankreich angesichts drohender Koalitionen der schützenden Rheinlande bedürfe.[36] Könne nicht wieder die Gegenrevolution wie 1813 von den Festungen Landau, Luxemburg und Mainz aus in wenigen Tagen in das Herz Frankreichs vorstoßen? Dürften deutsche Demokraten das freie Frankreich, die Hoffnung der Menschheit, der Vernichtung preisgeben? Quinet wies Eroberungsabsichten weit von sich. Er schlug einen politischen Handel vor: Hätte Frankreich seine sichere Stellung am gemeinsamen Rhein, könnten Deutschland und Österreich sich zum Balkan hin ausdehnen, einem Bündnis zwischen französischer Demokratie und deutscher Nationalität stünde nichts mehr im Wege. Die geschickte Vertretung französischer Interessen durch Quinet blieb noch durchaus im Rahmen politischer Rationalität. Wirths Antwort auf sie mutet dagegen wie ein in Deutschland noch »verfrühter« Ausbruch eines irrationalen Nationalismus an. Die Presse – bisher wenigstens noch »unschuldiges« Mittel aufklärerischer Kommunikation – gebrauchte Wirth, dem schon in den Tagen Hambachs eine Vorliebe für massenhafte Agitation eigen war, zur propagandistischen Überwältigung.

Wirths große Stunde kam ein zweites Mal im Jahre 1840. Die französischen Rhein-Ansprüche, die er »nicht bloß [für] eine Interessen-, sondern auch für eine Ehrenfrage« hielt, betrachte er als nationale Kränkung. Von Mitte bis Ende des Jahres 1840 verdrängten Wirths Leitartikel zum deutsch-französischen Verhältnis zunehmend alle anderen Fragen. Wirth überhöht die Differenzen in eine schicksalhafte Feindschaft: Die »unvertilgbare Eroberungssucht« und die radikalen Sozialtheorien Frankreichs verhinderten »für immer« einen Ausgleich mit der von ihm vertretenen deutsch-nationalen oder reformatorischen Richtung.[37] Beteuerungen der Friedensliebe französischer Demokraten seien unglaubwürdig, der Krieg scheine »unvermeidlich, sehr nahe bevorstehend«.[38]

Zwar warnten Korrespondenten der *Volkshalle* aus Paris und Straßburg vor einem Völkerkrieg, der Fortschritt und Freiheit auf ein Jahrhundert verhindere, Frankreich, das Mutterland der Freiheit, bedrohe, und wiesen auf die Möglichkeit einer Versöhnung hin.[39]

Doch Wirth verschärfte die Angriffe noch, indem er auf die öffentliche Meinung Frankreichs, welche die Intentionen Quinets unterstütze, hinwies. Als selbst die bisher maß-

vollen linksradikalen Blätter Frankreichs ihre Sympathie für Quinets Gedanken bekundeten, glaubte Wirth Deutschlands Geduld nun völlig »am Ende«.[40] Versöhnliche Stimmen ließ er fortan, wie man auch in Kreisen der deutschen Opposition bemerkte[41], nicht mehr zu Wort kommen. Wirth trat publizistisch für eine Entscheidungsschlacht gegen Frankreich ein; es gelte jetzt, »die inneren Fragen zu verschieben und die gesamte Kraft der Nation zunächst gegen Außen zu wenden [. . .] selbst ohne den Regierungen Bedingungen zu machen [. . .]. Vor allem Sieg über den französischen Übermuth und dann erst ordnen der inneren Verhältnisse! So sagen alle Meinungen und Parteien.«[42]
Als erstes französisches Blatt ging der demokratische *Niederrheinische Courier* in Straßburg auf die laute Stimme aus Konstanz ein: »Unter allen deutschen Zeitungen zeichnet sich die ›Volkshalle‹, die den Dr. Wirth zum Verfasser hat, seit einiger Zeit durch die Heftigkeit ihrer Schmähungen und ihrer Angriffe gegen Frankreich aus.«[43] Die deutschen Zeitungen suchten, fährt der *Courier* fort, den Nationalhaß gegen Frankreich wiederaufleben zu lassen, nur weil gewissen französischen Blättern unüberlegte Bemerkungen entfahren seien.[44]
Die Tatsache einer solchen Stellungnahme läßt Wirth triumphieren:
»Endlich haben wir eines der französischen Blätter aus seinem Schlupfwinkel hervorgetrieben, endlich hören wir, daß es nicht bloß die censirten deutschen Zeitungen sind, welche wider die welsche Eroberungssucht sich erheben, sondern auch die ›Volkshalle‹, welche nicht censirt wird, nicht bloß Anhänger des Absolutismus, sondern auch ›Männer, welche einen Ruf von Patriotismus genießen‹.«[45]
Letzteres war eine kühne Halbwahrheit, denn der Patriotismus der *Volkshalle* lag im Interesse der deutschen Regierungen, und vor der Zensur konnte sie sich nur so lange retten, wie es ihnen gefiel.
Obwohl die französische Regierung sich in der Frage der Rheingrenze zurückhielt, sah Wirth einen französischen Einmarsch im badischen Oberland voraus und forderte deutsche Rüstungsmaßnahmen.[46] Die Pariser Presse und selbst Edgar Quinet reagierten auf die »Ausfälle des Herrn Wirth« verwundert.[47] Habe Wirth nicht ehemals in der *Tribüne* ähnliche Gedanken Quinets zustimmend wiedergegeben? Wolle Deutschland jetzt gegen Frankreich und Demokratie Sturm laufen, obwohl nirgends in Frankreich ein ungemäßigter Eroberungsgeist herrsche? »Indem ihr euch gegen Frankreich kehrt, predigt ihr Selbstmord; denn ohne Freiheit gibt es keine Nationalität; und wenn Frankreich endlich erliegt, gibt es keine Freiheit mehr!«
Wirth setzte die eingeschlagene Richtung konsequent fort, obwohl durch einen französischen Regierungswechsel allen expansiven Spekulationen der Boden entzogen wurde. Er verkündete die Abwendung von Frankreich »für immer« und propagierte Rußland, bei allen Freisinnigen als Hort der Reaktion angesehen, zum neuen Bundesgenossen.[48] Ein solcher »Sündenfall« konnte nicht nur taktisch bedingt sein.[49] Wirths Haltung gegen-

123

über Frankreich sollte auch nicht als journalistisches Imponiergehabe unterschätzt werden, denn sie war objektiv antidemokratisch und lag im Interesse einer hochkonservativen Politik. Die Krise von 1840 erschien dem preußischen General und – gerade auch in Baden – sehr einflußreichen Diplomaten Joseph Maria v. Radowitz später als ungenutzte Chance der Regierungen gegen die demokratische Flut. Auf dem Höhepunkt der Märzrevolution, als er an der Erhaltung der alten Gewalten verzweifelte, resümierte er rückblickend: »Von außenher bot sich ein anderes Rettungsmittel dar: der Krieg im Jahre 1840. Auch dieses ist unerkannt und unbenutzt vorübergegangen.«[50]

Mit der Werbung für einen neuen Mitarbeiterstab, begann Wirth die *Volkshalle* zum Organ »deutsch-nationalen Geistes« umzugestalten.[51] »Patriotische Schriftsteller«[52] sollten sich nach Wirths Auffassung vorteilhaft »von der widrigen, unklaren Emanzipationsfaselei unserer deutsch-jüngelnden Literatur« unterscheiden.[53] Doch Wirth konnte auch mit dem neuen Kurs die Zeitung nicht retten. Gleichsam als Vermächtnis der *Volkshalle* prophezeite er die »unwiderrufliche« Entzweiung« mit Frankreich; die Leser des Blattes verwies er an die konservative *Oberdeutsche Zeitung* in Karlsruhe.[54]

Die Haltung der deutschen Opposition gegenüber J. G. A. Wirth – ein politischer Denkmalsturz

So gewiß J. G. A. Wirth kein Hambacher Demokrat mehr war, so wenig war er freilich ein »Deutsch-Nationaler« in der Bedeutung der Kaiserzeit. Das »Deutsch-Nationale« im Denken Wirths besaß, gemessen an dem Verlangen nach deutscher Einheit und einer politischen Emanzipation des Bürgertums, durchaus progressive Elemente. Mit der Forderung nach deutscher Einheit, vielleicht sogar Republik, stand Wirth weiterhin im Gegensatz zu den Fürsten und Königen. »Deutsch-nationale« Elemente, sogar die Forderung nach »Germanisierung« abtrünniger Nachbarländer, traten in unverfänglicher Form auch bei radikalen Zeitgenossen wie zum Beispiel Friedrich Engels auf.[55] Doch Wirth übersteigerte das berechtigte Verlangen nach nationaler Einheit zum antifranzösischen Chauvinismus. Er gab nach nationalistischem Muster der Stärke nach außen den Vorrang vor innerer Freiheit.[56] Das völkerverbindende Element der Hambacher ist einer aggressiven Vertretung germanischer Superiorität gewichen. Die deutsche Opposition rückte in ihrer Mehrheit von Wirth ab. Wirth zog sich in den folgenden Jahren auch von seinen extremsten Positionen zurück. Nichtsdestoweniger nahm Wirth eine deutsche Haltung vorweg, die das Bedürfnis nach nationaler Identität nur in ideologischer Verzerrung zum Durchbruch kommen ließ.

Wirth förderte ungewollt die Entwicklung der radikalen deutschen Opposition, die sich zu diesem Zeitpunkt nur vom Ausland her äußern konnte. Georg Herwegh schied nach wenigen Monaten enttäuscht aus der Redaktion der *Volkshalle* aus. Seine radikaldemokratischen Vorstellungen standen im Gegensatz zu denen Wirths.[57] »Nicht der alte Barbarossa«[58], sondern eine demokratische Revolution sei die Antwort auf die nationalen Probleme. Herwegh plante zusammen mit dem Republikaner Georg Fein (1803–1869) die Herausgabe des *Deutschen Boten aus der Schweiz*, eines radikalen Parteiblattes.[59] Auch Friedrich Hecker, damals gerade in die 2. Kammer gewählt, war von Herwegh zur Mitarbeit aufgefordert worden. Hecker teilte dem »Litterarischen Comptoir« in Zürich, dem Verlag Herweghs, mit, daß er zwei Beiträge über den badischen Landtag liefern könne; nur fürchte er, daß die badische Regierung die Manuskripte auf der Post abfange, deswegen frage er nach, wie die Zusendung sicher erfolgen könne.[60]

Wirths nationale und antifranzösische Kampagne hatte den Nerv der deutschen Opposition getroffen. Die Diskussion zwischen nationalen und demokratischen Radikalen fand in der *Volkshalle*, dem maßgeblichen Forum der deutschen Exil-Opposition, statt. Wirth konnte sie aus seiner Zeitung nicht fernhalten, verschaffte aber den nationalen Stimmen ein deutliches Übergewicht. Der preußische Flüchtling in Paris, August Ludwig von Rochau (1810–1873)[61], konnte in der *Volkshalle* den Franzosen zurufen:

»Ich habe keinen einzigen unter meinen Mitverbannten gefunden, der nicht bereit wäre, lieber sein Leben lang die Uniform eines preußischen Soldaten zu tragen, als einen Zoll von dem Gebiete unseres Vaterlandes in euren Händen zu sehen.«[62]

Georg Fein aus Braunschweig[63], der mit Wirth in den Emigrationsjahren vielfach in Berührung gekommen war und für die *Volkshalle* korrespondierte[64], erwiderte darin: Er sei wie 1832 auch jetzt noch ein *deutscher Republikaner*, dessen Platz allein unter dem *schwarzrotgoldenen Banner* sei[65]. Er stehe keineswegs allein. Er fährt mit einer Bemerkung fort, der eine gewisse Hellsicht nicht abzusprechen ist:

»Meiner Ansicht nach wäre es ein namenloses Unglück für die Freiheitsbewegung, ja für die ganze Civilisation unserer Zeit, wenn die deutschen Fürsten – ohne Zweifel im Bund mit dem russischen Czar – je wieder in die Mauern von Paris einziehen sollten. Mit dem besten Glauben von der Welt würden die Deutschen als Sieger nur neue Ketten für sich aus Frankreich in die Heimat zurückbringen.«[66]

Wirth ließ darauf Pfarrer Hochdörfer, der ebenfalls nach dem Hambacher Fest geflohen und im Genfer Leseverein der deutschen Handwerker führend war, antworten. Im Genfer Leseverein machte die *Volkshalle* die Hauptlektüre aus.[67] Wirth wurde wie ein Idol verehrt.[68] Hochdörfers Chauvinismus war kaum noch zu überbieten.[69] Er entsprang einem nationalen Minderwertigkeitsgefühl, dem die »jämmerliche Selbsterniedrigung«, als »verächtliche Freiheits-Bettler« vor der Tür Frankreichs zu stehen, unerträglich war. »Mit altem Germanenmuth« sollten die heiligen deutschen Farben gegen die Trikolore geführt werden:

»Rufen wir unser Volk und unsere Regierung zu den Waffen[70], um endlich der Nationalbeleidigung zu begegnen, die Frankreich durch seine offen ausgesprochenen, stets wiederholten Eroberungsabsichten auf das linke Rheinufer schon seit 10 Jahren uns ungestraft zufügt.«[71]

Jakob Venedey (1805–1871), seit 1831/32 in der Oppositionsbewegung und mit Wirth seither persönlich verbunden[72], arbeitete als Korrespondent an der *Volkshalle* mit. Gegenüber Frankreich nahm er eine versöhnliche Haltung ein, die Wirth aber nicht duldete.[73] In einer erfolgreichen Schrift, die im Belle-Vue-Verlag erschien, vertrat er die Auffassung von Frankreich und Deutschland als »natürliche Bundesgenossen«[74] Bei Wirth stieß er ebensowenig wie Wilhelm Schulz, der mit Venedey später Mitglied der Nationalversammlung war, auf Gegenliebe. Den Vorschlag von Schulz, einen Interessenausgleich zwischen beiden Staaten anzustreben[75], wies Wirth scharf zurück. Die Sache mit Frankreich sei »unwiderruflich entschieden«.[76]

Führende Männer der Opposition wandten sich von Wirth ab. Ein literarischer Konfident Metternichs resümierte seine Beobachtungen:

»Die Wirthsche Volkshalle wird bald (factum) als zu einseitig verschrien [...] Wirth ward nämlich als zu anti-französisch, als der allgemeinen Völkerfreiheit nachteilig, als prédicateur insuffisant auf die Seite gestellt und ein neues Organ ersehnt. Diesem Umstand verdankt der ›Deutsche Bote aus der Schweiz‹ seine Begründung.«[77]

Auch im Großherzogtum Baden führte Wirths Haltung gegenüber Frankreich zu einer Klärung und Abkehr von ihm. In den im Vergleich zur *Volkshalle* recht bescheidenen Konstanzer *Seeblättern* drückte Josef Fickler die politische Vernunft badischer Liberaler aus. Es sei ein »perfider Kunstgriff«, Entrüstung über französische Anmaßungen in eine feindselige Stimmung gegen französische Institutionen zu verwandeln.[78] Er rief den demokratischen Grundsatz wieder in Erinnerung, daß die allgemeinen, natürlichen und vernünftigen Rechte des Menschen über der Nationalität stünden. Zugleich wandte er sich gegen expansionistische Bestrebungen zur Einverleibung des freien Holland.[79]

Das aufkommende Klassenbewußtsein wie ein – freilich erst vereinzelt – aufkeimendes Gefühl internationaler Verbundenheit[80] unter den emigrierten Handwerksgesellen war mit dem Nationalstaatsdenken Wirths unvereinbar. Manche von ihnen, wie der Däne und vermutliche Jungdeutsche Nils Schack[81], betrachteten die »gelehrten Patrioten«, vornehmlich Wirth, mit deutlichem Mißtrauen. Hinter der Wirthschen Reichsidee witterten sie lediglich eine neue ideologische Verbrämung der alten Despotie, weil diese eine Mißachtung der Rechte der Unterdrückten, der »arbeitenden Klasse« und der kleineren Völker nach sich ziehe.[82]

Selbst Wirth nahestehende Mitarbeiter der *Volkshalle*, wie der ehemalige Gießener Burschenschaftler und Mitverschwörer Weidigs, August Becker (1812–1875), der sich nach vierjähriger Gefängnishaft 1839 dem Genfer Handwerkerverein angeschlossen hatte[83], wandten sich von ihm ab. Hatte Becker zuerst bei den Genfer »Jungdeutschen« für die

Lehren Wirths geworben, Beiträge für die *Volkshalle* verfaßt und Korrespondenten vermittelt[84], so propagierte er nach dem Eingehen der Zeitung unter den Deutschen in der Schweiz einen Weitlingschen Arbeiterkommunismus.[85] Die Entwicklung der »jungdeutschen« und der »kommunistischen« Handwerkervereine ließen den Nationalismus Wirths wie den radikalen Liberalismus Feins[86] überholt erscheinen.[87]

Der Ruhm Wirths überdauerte noch einige Jahre in den deutschen Handwerkervereinen der Schweiz, insbesondere in Genf. Spätestens um 1843/44 hatte Weitlings humorige Polemik gegen die »Hambacher und Wirths«, die den Mund mit dem »Brei der Preßfreiheit« vollnähmen und das Volk durch politische Phrasen hinters Licht führten, das frühere Idol gestürzt.[88] Von Wirths »wahrer Sozialreform« ließ Weitling nicht viel übrig: »Sparkassen! – Warum nicht auch Sparbüchsen? [. . .] Milde Stiftungen! Solche Gnadenbrotanstalten unter der Vormundschaft der Beamten und Gelehrten [. . .] Armenhäuser! Pfui doch, ein freies Volk, Armenhäuser, das ist ein Unsinn Herr Wirth.«[89] Wirth erlitt mit dem von ihm propagierten Nationalismus politisch Schiffbruch. Er konnte weder die früheren »Hambacher« unter der neuen Fahne sammeln, noch einen nachhaltigen Einfluß auf die deutschen Handwerksgesellen im Ausland ausüben. Eine etwa noch bestehende personelle und ideelle Kontinuität der Hambacher Bewegung splitterte sich zu Beginn der vierziger Jahre nicht ohne Zutun Wirths auf.

Wirths Versuche, die Gesinnungsfreunde aus den Zeiten Hambachs, wie Georg Fein, Jakob Venedey, Wilhelm Schulz und Johann Philipp Becker, in der *Volkshalle* um sich zu scharen, zerschlugen sich weitgehend noch vor deren Ende. Um Wirth für eine einheitliche Haltung der deutschen Revolutionäre gegenüber Frankreich zu gewinnen, suchten Fein und Rauschenplatt Wirth in Belle-Vue bei Konstanz auf, trennten sich von ihm aber »in höchster Feindschaft«.[90] In der Auseinandersetzung mit dem deutschen Handwerkerkommunismus nahmen andere Hambacher, wie Johann Philipp Becker[91] und Wilhelm Schulz[92], von Wirth abweichende, ja konträre Haltungen ein. Auch ein anderer Hambacher, der Mitbegründer des Preß- und Vaterlandsvereins, Friedrich Schüler (1791–1873), spielte später eine maßgebliche Rolle innerhalb der deutschen Opposition.[93] Schüler, nach Frankreich emigriert, gehörte dem Paulskirchenparlament als Mitglied der linken Donnersberg-Fraktion an und beteiligte sich führend an der Reichsverfassungskampagne in der Rheinpfalz.[94]

Wirth zog sich mit dem Ende der *Volkshalle* völlig aus der Öffentlichkeit zurück und betrat als Abgeordneter der Paulskirche nur für kurze Zeit wieder die politische Bühne. Von der erstarkenden badischen Opposition nahm Wirth, der sich bis zum Ausbruch der Revolution historischen Werken widmete, noch weniger Notiz als diese von ihm. Nachklänge seiner nationalen Haltung sind gelegentlich in der *Oberdeutschen Zeitung* oder in der *Mannheimer Abendzeitung* Karl Grüns zu finden.[95]

Die Reserve Wirths gegenüber dem aktuellen Geschehen ging so weit, daß er eine beiläufige Berufung auf ihn in den *Seeblättern* mit einem Dementi abwehrte.[96] Bevor er völlig in Vergessenheit geriet, erwies die *Mannheimer Abendzeitung* dem Denkmal Wirth ihre Reverenz anläßlich der Herausgabe seiner *Geschichte der Deutschen*.[97] Der respektvolle Rezensent scheute sich aber nicht, »gegen alle Tendenzhistorie Protest ein[zu]legen« und die historischen Daten kritisch zu überprüfen.[98]

Wirths Sohn Max trat im Jahre 1847 als Redakteur des konservativen Konstanzer *Tages-Herold* hervor, den er im Sinne einer »unverdächtigen Bravbürgerlichkeit« gestaltete.[99] Er folgte darin einem früheren Weggefährten seines Vaters, dem ehemaligen Redakteur des *Wächter am Rhein*, Franz Stromeyer, nach, der sich nach Jahren des schweizerischen und englischen Exils vom umstürzlerischen Hambacher zum Konfidenten Metternichs und antirevolutionären Fürsprecher der Regierung gewandelt hatte.[100] Der Renegat Stromeyer kehrte sich wohl am weitesten von Hambacher Idealen ab. Mit dem »Fluch der Verachtung« laufe er durch die Gassen der Stadt, notierte Bürgermeister Hüetlin, weil er »sich selbst verkauft« habe.[101] Stromeyer erkrankte im Jahr 1847 schwer und erlebte den Ausbruch der Revolution nicht mehr.

Politisches Bewußtsein um 1840 – frühe Meinungskämpfe zwischen liberaler und demokratischer Opposition

In den ersten Monaten des Bestehens der *Deutschen Volkshalle* kamen neben Georg Herwegh auch andere republikanische Mitarbeiter, vermutlich aus dem Lager der deutschen Emigranten in der Schweiz, zu Wort. Die von ihnen begonnene Diskussion mit den badischen Liberalen kündigt wie ein frühes Wetterleuchten die späteren Richtungskämpfe zwischen der liberalen und der radikalen Opposition an. Angesichts einer rigorosen Zensur, die die oppositionellen Gruppierungen weitgehend isolierte, wirft diese Diskussion ein Schlaglicht auf die politische Bewußtseinsbildung am Ende des dritten Jahrzehnts. Die politischen Fronten innerhalb Badens waren noch nicht geschieden: Josef Fickler, der Redakteur der *Seeblätter*, trat als Verteidiger der konstitutionellen Liberalen auf, und die *Volkshalle* beklagte, daß die Zensur nur die loyalen *Seeblätter* zu Wort kommen lasse.

Die *Volkshalle* nahm eine anspruchslose politische Chronik, die der Redakteur des *Deutschen Postillon*, Wilhelm Fischer, zum Jahresende 1839 verfaßt hatte[102], zum Anlaß, mit der konstitutionellen »Bewegungspartei« publizistisch abzurechnen. Es war bekannt, daß ihr Verleger Heinrich Hoff den Spitzen der Kammeropposition, darunter dem in Mannheim ansässigen Adam von Itzstein, nahestand.[103] Die darin bekundeten naiv-liberalen Vorstellungen Fischers gaben dazu einen willkommenen Popanz ab. Fischers Chronik, für ein breites Publikum geschrieben, huldigt den »Säulen des konstitutionellen Prinzips« in Deutschland und insbesondere der »musterhaften« badischen Kammer. Ungebrochen ist auch Fischers Vertrauen in den guten Willen der Regierung, die im allgemeinen konstitutionell handle und eine radikale Opposition überflüssig erscheinen lasse.[104]

Die *Volkshalle* gesteht der konstitutionellen Partei zwar »Eifer und Protestation gegen Gewalt, Unrecht und Unterdrückung« zu, geht aber sonst hart mit ihr ins Gericht.[105] Mehr um einer Pflicht zu genügen, unterzogen sich die *Seeblätter* der Aufgabe, die konstitutionelle Idee mit Erörterungen grundsätzlicher Natur zu verteidigen, ohne jedoch die naiv-liberalen Bekenntnisse Fischers in Schutz zu nehmen.[106] Die *Volkshalle* ging daraufhin zum offenen Angriff über. Konstitutioneller Liberalismus und republikanische Staatsform, gibt sie zu verstehen, seien unvereinbar. Die »rechte Sache«, als welche sie das demokratische wie republikanische Prinzip ansieht, könne durch den »erbitterten Kampf mit jenen Blättern«, das heißt den *Seeblättern*, nur gewinnen. Die *Volkshalle* fährt fort: »Wir wollen diesem Organ des constitutionellen Liberalismus nichts ersparen, es soll auch uns nichts ersparen.«[107]

Die Zensur unterdrückte einen offenen Richtungskampf[108] und ersparte den Liberalen eine für sie verfrühte und nicht ungefährliche öffentliche Diskussion ihrer Strategie. Eine solche hätte leicht ihr einziges Faustpfand gegenüber der Regierung, das loyale Beharren auf konstitutionellen Reformen, entwerten können. Immerhin trat der unüberbrückbare Gegensatz zwischen loyaler und radikaler Haltung deutlich hervor.

Die radikale Kritik nahm das spätere Repertoire der »Ganzen« gegen die »Halben« in wesentlichen Punkten vorweg: Die Liberalen würden »lieber sprechen als handeln«; ihre mangelnde Tatkraft entspringe einem politischen Opportunismus und verbinde sich mit einer Verkennung der tatsächlichen Machtverhältnisse.[109]

Vor allem jedoch sei die Hoffnung der Liberalen, daß das Verfassungsleben dem Fortschritt den Weg bereite, daß die Fürsten Zugeständnisse ans Volk nicht verweigern könnten, völlig wirklichkeitsfremd. Auf die Fürsten anspielend, stellte sie fest: »Die Türken sind von constitutionellen Begriffen sosehr entfernt, wie Herr Fischer von republikanischen.«[110]

Die Vorwürfe berührten den neuralgischen Punkt jeder liberalen Vereinbarungspolitik im Vormärz und während der Revolution: Besäßen denn die Verfechter konstitutionellen Fortschritts in den hessischen, württembergischen und badischen Kammern eine Garantie, wenn ihre Verfassungswünsche nach Preßfreiheit, Steuerbewilligung, Assoziation und Volksbewaffnung tatsächlich erfüllt würden? Könnten sie mehr als protestieren und petitionieren, wenn die »monarchische Oberaufsicht« diese wieder kassiere?[111] Nur das Volk selbst, so mußte sich in Konsequenz dieser Gedanke ergeben, konnte sich die Garantien seiner Freiheit, die letztlich nur in einer demokratischen Republik liegen konnten, schaffen.

Diese Kernfrage des Radikalismus konnte im Jahre 1840, also vor der bitteren Erfahrung der Landtagswahlkämpfe 1841/42, welche die tatsächlichen Machtverhältnisse vor Augen führten, noch keine Resonanz finden. Die Anschauungen der führenden Liberalen, wie Rotteck, Welcker, Itzstein, auf die der pauschale Vorwurf der *Volkshalle*, einem bequemen Bourgeois-Liberalismus anzuhängen, sicher nicht zutraf, waren jedoch von solch radikalen Fragestellungen weit entfernt. Sie sprachen der Regierung die Bereitschaft zur Reform nicht völlig ab.

Von einem führenden badischen Liberalen dürfte eine pseudonym im Verlag Heinrich Hoff in Mannheim erschienene Schrift *Die Radical-Reform des Staats- und Privatrechts*[112] stammen, die den Stand der politischen Diskussion in Kreisen der Liberalen widerspiegelt und für die noch nebeneinander bestehenden Ansätze aus naiv-liberalen, gemäßigten und radikalen Anschauungen repräsentativ ist. Das Werk war über 20 Bogen stark und damit von der Vorzensur befreit. Nur auf Antrag eines Bundesstaates hin konnte es der Bundestag verbieten. Die Preßkommission des Bundestages erstattete einen ausführlichen Bericht über das Werk, das sie – vermutlich aufgrund von Spitzelinformationen – dem Autor Itzstein zuschrieb[113], und warnte vor dessen »verwerflicher Tendenz«. Als Urheber der publizistischen Umtriebe sah sie den Verlag Hoff, die Redakteure des *Rheinischen Postillon* und die mit ihnen verbundenen badischen Liberalen an.[114]

Die frappierende Ähnlichkeit von Anschauungen und Formulierungen mit einem Beitrag des *Leuchtthurm* spricht jedenfalls dafür, daß der Verfasser im Umkreis der Konstanzer Liberalen zu suchen sein muß. Wahrscheinlich war sogar Ignaz Vanotti der Autor.[115]

Der Verfasser konstatiert in Deutschland eine politische und gesellschaftliche Dichotomie.[116] Es bestehe ein Interessenkonflikt zweier Klassen, einer am Volkswohl orientierten und vorwärtsschreitenden und einer reaktionären Klasse, zu der er den Stand der Privilegierten, den Feudaladel, die Pfaffen und die Beamten zählt.[117] Bezeichnenderweise wird die volkstümliche Richtung nicht soziologisch, etwa als Bürgertum, definiert, sondern als klassenübergreifende allgemein-menschliche Haltung, zu der alle, auch Monarchen und Regierungen guten Willens, fähig seien, solange sie nicht unter dem verwerflichen Einfluß des Feudaladels stünden. Zwischen beiden Richtungen, die »Klassen« genannt werden, stehe eine politisch amorphe Masse, der unentschiedene, teils vornehme, teils gemeine Pöbel.

Die gesellschaftliche und politische »Radical-Reform« strebte die Abschaffung oder den freiwilligen Verzicht des Geburtsadels auf seine Privilegien und die Herstellung einer allgemeinen Rechtsgleichheit an. Das politische System sollte mit Hilfe der »Allgewalt des öffentlichen Meinens und des Zeitgeistes«[118], durch Einführung von Volksrepräsentation und einer möglichst weitgehenden Selbstverwaltung der Gemeinden reformiert werden. Eine nationale Bewaffnung sollte an die Stelle des stehenden Heeres treten. Der Verfasser setzt den Reformenkatalog der durchweg aufklärerisch-liberale, noch nicht radikal-revolutionäre Züge trägt, fort mit der Forderung nach Geschworenengerichten und Öffentlichkeit von Verhandlungen, ferner nach Abschaffung der Todesstrafe, einer Forderung, wie sie besonders von französischen Linken vertreten wurde. Der Verfasser strebt nicht die Republik an. Vielmehr plädiert er, durch die französischen »Wechselfälle der Staatsumwälzung« gewarnt, für einen »parteilosen«, vom Einfluß der Feudalkaste befreiten Monarchen, der nach den Richtlinien eines souveränen Parlaments streng rechtlich regieren solle.[119]

Neben dem tendenziell revolutionären Prinzip der Volkssouveränität stellt vor allem die verbale Abrechnung mit dem Feudaladel, so etwa der Topos von den »privilegierten Volksverrätern«[120], ein Moment des späteren Radikalismus dar.

Doch ein »Revolutionair« – noch in französisch geschrieben! – möchte der Verfasser der *Radical-Reform* nicht sein. Diese Rolle schiebt er der ränkeschmiedenden Adelsdiplomatie zu, die durch »Erregung der Unzufriedenheit [. . .] revolutionairer als irgend etwas anderes« wirke.[121] Vor ihr seien die nichtsahnenden Könige, deren Legitimität der Verfasser nicht in Zweifel zieht, zu warnen.[122]

Das Bewußtsein einer »sozialen Frage« ist noch nicht erwacht. Als bedrohlich für die überkommene Sozialordnung sieht der Verfasser einzig die im Zuge der Industrialisierung aufkommenden Tendenzen einer frühkapitalistischen »Löwengesellschaft« an.[123] Solche Anschauungen waren Teil der Zeitkritik. So warnte Rotteck vor der 2. Kammer vor einer »Geldaristokratie«, die im Bündnis mit der Blutaristokratie zu einer Gefahr der politischen Erneuerung werden könne.[124] Im biedermeierlichen Baden wuchsen sich solche Ansätze freilich noch kaum zu einer Bedrohung des Ideals friedlichen Mittelstandes aus.[125]

Die öffentliche Diskussion um 1840 in Baden war noch weitgehend vom freisinnigen Gedankengut der frühen dreißiger Jahre erfüllt. Radikale Kritik von seiten der deutschen Emigranten stieß in Baden auf Ablehnung. Wurde sie gleichwohl rezipiert, haftete ihr ein akademischer Ton an. Konstitution, Preßfreiheit und Monarchie sind die wesentlichen Elemente des politischen Konsenses der badischen Opposition um 1840. Die soziale Frage existierte noch nicht; um die nationale Frage zu stellen, reichte die politische Kraft nicht. Die zunehmende Unzufriedenheit richtete sich gegen »Mißstände«, gegen Zensur und Polizeiüberwachung, die man für Auswüchse, noch nicht für Konstruktionselemente des obrigkeitlichen Systems hielt. Mochte das naive Vertrauen in den Großherzog bei den besser informierten Liberalen auch im Schwinden sein, seine sakrosankte Stellung erlaubte noch keine Kritik in der Öffentlichkeit. Die Hoffnung, ihn eines Tages als Verbündeten zu finden, erlöste angesichts der eigenen Ohnmacht und der Übermacht der Gegner von der scheinbar zwingenden Alternative, resignieren oder rebellieren zu müssen. Die Emigranten, die zu letzterem neigten, mochten zwar die Machtverhältnisse von außen realistisch beurteilen, doch die Schlußfolgerung, das Volk selbst als Garanten der Verfassung, als politischen Souverän einzusetzen, scheiterte vorläufig an dessen politischer Sprachlosigkeit.

Ein dritter, für die liberale wie radikale Richtung erfolgversprechender Weg konnte nur in der Schaffung einer politischen Presse und Öffentlichkeit bestehen.

Die Anfänge des innerbadischen Radikalismus – Josef Fickler und die *Seeblätter*

Josef Fickler (1808–1865) – zur Biographie eines vergessenen Revolutionärs

Im Rahmen einer Untersuchung über Presse und Radikalismus in Baden gewinnt Josef Fickler, der Journalist und populäre Agitator, der Revolutionär der Jahre 1848/49, zunehmend an Bedeutung. Die Verkennung seiner politischen Potenz lag nahe, ging er doch nicht durch spektakuläre Unternehmungen wie Hecker und Struve, sondern durch wenig heroische Mißgeschicke in die Annalen ein. Karl Marx bemerkte sarkastisch: »Seine einzigen Taten während der Revolution waren erstens seine Verhaftung durch Karl Mathy nach dem Vorparlament und zweitens seine Verhaftung durch Römer in Stuttgart 1849; dank dieser Verhaftungen ist er an der Gefahr, sich zu kompromittieren, glücklich vorbeigeschifft.«[1]

Nach seiner ersten Verhaftung befand sich Fickler während des ganzen ersten Revolutionsjahres in Haft und wurde erst mit Beginn der Reichsverfassungskampagne entlassen. Es mag deswegen paradox erscheinen, wenn neuere Untersuchungen in Josef Fickler, bisher eher eine Randfigur der historischen Forschung[2], »die stärkste Persönlichkeit der revolutionären Bewegung« in Baden sehen[3]. Tauschwitz hält Fickler im Jahre 1848 für den »Kristallisationspunkt der Revolution«, der sich auf eine »in Vereinen organisierte und durch seine ›Seeblätter‹ agitierte, politisch bewußte Basis«, stützen konnte.[4] Diese Neubeurteilung oder vielmehr die Wiederentdeckung Ficklers, wie sie im folgenden Abschnitt versucht wird, könnte durchaus noch vertieft werden. Ficklers politisches Talent zeichnete sich durch einen pragmatischen Zug, durch einen bei Revolutionären recht seltenen Sinn für das Mögliche aus. Vielleicht wird Fickler, ist er einmal wiederentdeckt, als Vorkämpfer der demokratischen Idee und als revolutionärer Stratege mit Augenmaß statt als – wenn überhaupt – demagogische Provinzgröße in die Geschichtsbücher eingehen. »Theorie« und Praxis revolutionärer Veränderungen gingen bei Fickler eine gelungene Verbindung ein. Die Frage, was gegenwärtig von den radikalen Postulaten mit Erfolg durchsetzbar sei, könnte gewissermaßen als strategisches Grundmuster, das sich durch Ficklers politische Tätigkeit zieht, verstanden werden. Die Einseitigkeit des revolutionären Ideologen lag ihm nicht; er war zu sehr Volksmann, um von einer reinen Technik des Umsturzes das ganze Heil zu erwarten. An demokratischen Idealen hielt Fickler fest, auch wenn dies, wie bei der Frage der Judenemanzipation, die er kommunalpolitisch und journalistisch förderte, unpopulär war.[5] Auf die weitgehend rechtlosen Juden dehnte er das liberale Postulat politischer Gleichberechtigung ebenso aus wie auf soziale Unterschichten.[6]

Als praktischer Revolutionär bereitete er um die Jahreswende 1847/48 die badische Erhebung vor und drängte im März 1848 während der Offenburger Versammlung auf die Ausrufung der Republik, weil er diese Gelegenheit, nicht zu Unrecht, wie sich zeigen sollte, als nicht wiederkehrende Sternstunde der Revolution ansah.[7] Doch später, vom Gefängnis aus, als die Vorbereitungen zum Struve-Putsch im vollen Gange waren, riet Fickler von einer gewaltsamen Erhebung ab.

Zwischen den beiden auseinanderbrechenden Fraktionen der revolutionären Regierung Badens im Mai 1849, zwischen dem Revolutionarismus Struves und der Revolutions-Verhinderungs-Taktik des Advokaten Lorenz Brentano fiel Fickler eine vermittelnde Position zu, die, wie aus den Protokollen des republikanischen »Landesausschusses« hervorgeht, wohl die einzig realistische und erfolgversprechende sein konnte. Selbst der führende Kammerliberale des Jahres 1849 und spätere Historiker der badischen Revolution, Ludwig Häusser, der seine Gegner gern mit kräftigen Farben malte, ließ an Ficklers Person und Rolle 1849 doch noch manches gute Haar, wenngleich sich der professorale Repräsentant des Bildungsbürgertums für den »Volksmann« wenig erwärmen konnte:

»Ein Talent als Volksredner und Journalist im niederen Genre war Joseph Fickler: Ob er auch zum Regieren und Erschaffen dieselbe Tüchtigkeit bewährte, wie im Wühlen und Auflösen, war eine Frage, die durch sein rasches, unfreiwilliges Abtreten vom Schauplatz unbeantwortet blieb. In jedem Falle war er ein Mann, der das Volk zu behandeln verstand und dem die diplomatisierende Advokatentaktik ohne Zweifel ebenso zuwider war, wie die terroristischen Prahlereien des Struve'schen Schweifes.«[8]

Es muß freilich auf den ersten Blick kühn erscheinen, in Fickler, der sich durch Leibesumfang und unkriegerische Mentalität gleicherweise auszeichnete[9], einen führenden 48er Revolutionär zu sehen. Er war es nicht im üblichen Sinne, von ihm sind keine Bilder bekannt, die ihn etwa wie Hecker und Struve im modisch-revolutionären Aufzug mit Schlapphut und Patronengurt zeigen. Ficklers Sache war es nicht, revolutionäre Scharen zum Kampf zu führen. Seine Stärke war das Argumentieren und die volkstümliche Agitation. Der Stil ruhiger, doch beeindruckender Überredungskunst, wie ihn Fickler in den *Seeblättern* pflegte, unterschied sich doch wesentlich von einem agitatorischen Fanatismus, wie er vielleicht bei dem »hitzigen Völkchen«[10] Struves Anklang finden mochte, doch kaum bei der lebensklugen Bevölkerung Südbadens. Doch gerade *sie* wollte die Republik, deren Durchsetzung Fickler betrieb. Sie stand auch hinter Fickler, als ihn die ba-

dische Regierung nach Ausbruch der Revolution verhaften wollte. Sie konnte ihm aber nichts anhaben, weil »die ganze Bevölkerung auf seiner Seite« stand[11] und eine nur »mit ansehnlicher Militärmacht« durchsetzbare Verhaftung einen »allgemeinen Aufstand und die größte Gewalttätigkeit zur Folge« gehabt hätte[12].
Nach Ficklers »Verhaftung« im April 1848 nahm der Konstanzer Gemeinderat eine Entschließung an, in der es hieß, daß »Tausende der Männer aus dem Volke, namentlich aus der Masse der Landleute, allerwärts im Seekreise und auch in andern Teilen des Landes, all dasjenige gegen sich selbst gerichtet betrachten«, was Fickler von der Regierung geschehe.[13] Im Jahre 1850 bemühte der Rechtsanwalt Ficklers den Vergleich mit einer patriarchalischen Vaterfigur – die öffentlichen Leitbilder hatten sich gewandelt –, um Ficklers Rolle im Seekreis zu beschreiben; sein früheres Publikum hänge »ihm heute noch samt und sonders wie ein wohlerzogenes Kind seinem braven Vater mit Liebe und Ergebenheit« an.[14]
Wenn es überhaupt für die Revolution von 1848 in Deutschland gilt, daß ihre Ideen nicht nur abstrakt blieben, sondern bereits in der Lebensform des Volkes Wurzel geschlagen hatten, dann für Südbaden, wo man das Beispiel Frankreichs und der Schweiz vor der Tür hatte. Die Popularität des »Volksmannes« Fickler bestand wohl gerade darin, daß er leibhaftiger Ausdruck dieser eigenwüchsigen Volkskultur war, der er zu politischer Selbstbestimmung, zu einer ihr gemäßen republikanisch-freiheitlichen Verfassung verhelfen wollte.
So unterschiedliche zeitgenössische Beobachter wie der preußische Gesandte von Arnim in Karlsruhe und der Teilnehmer des badisch-pfälzischen Feldzuges, Friedrich Engels, waren sich schon damals in der Beurteilung der Rolle Ficklers einig. Nach Ansicht von Arnims, der über die badischen Verhältnisse wohlinformiert war, stand Fickler »an der Spitze der werdenden Republik«[15], liefen bei ihm doch die Fäden des geplanten Aufstandes zusammen.[16] Friedrich Engels sah in Fickler einen der wenigen ebenbürtigen Gegenspieler des »schein-revolutionären« Lorenz Brentano, der 1849 nach der Flucht des Großherzogs die provisorische Regierung leitete.[17] Schließlich machte der scharfsinnige und energische Karl Mathy[18], dessen Konversion vom revolutionären Republikaner zum tatkräftigen Gegner einer Revolution selbst seine ehemaligen Freunde überraschen mußte, durch seinen persönlich riskanten Einsatz klar, daß er in Josef Fickler den eigentlich gefährlichen Kopf der beginnenden Revolution sah. Mathy und Fickler, die ehemaligen Freunde und Kampfgefährten, traten sich als potentielle Führer einer liberalen Reformpartei und einer revolutionären demokratischen Bewegung in Baden gegenüber. Sie verkörperten unterschiedliche Klasseninteressen und konträre politische Positionen. Mathys Ziel eines kleindeutschen, preußisch-hegemonialen Staates mit einem ökonomisch dominierenden Bürgertum[19] war mit der von Fickler angestrebten egalitär-demokratischen Republik unvereinbar[20].

Unter den schwierigen Bedingungen des Vormärz war sein politisches Engagement seit den Tagen der Julirevolution notwendigerweise weniger aufsehenerregend, aber gewiß nicht unbedeutender. Seine politische Laufbahn, zuerst als Herausgeber und Redakteur von Zeitungen, dann als Volksredner, Agitator und Vorkämpfer der deutsch-katholischen Bewegung, schließlich – um die Wende 1847/48 – als Organisator einer republikanischen Erhebung, ist beispielhaft für eine Vormärz-Karriere. In der Schule des Vormärz wandelte sich seine Gesinnung, der Konsequenz und Dynamik seines Charakters entsprechend, vom loyalen Freisinnigen zum revolutionären Republikaner.

Ficklers Biographie weist, besonders was seine Herkunft und sein Exil in den USA betrifft, Lücken auf, auf die hier lediglich hingewiesen werden kann. Seine Herkunft aus dem Konstanzer Kleinbürgertum, deren Annahme naheliegend erscheint, bedarf vermutlich der Differenzierung.

Als gesichert darf gelten, daß Josef Fickler aus einer armen, früher aus Tirol zugezogenen Konstanzer Familie stammt.[21] Er wurde im Jahre 1808 als eines von dreizehn Kindern von Jakob und Eva Fickler geb. Knäble in Konstanz geboren und Josef-Ferdinand geheißen. Eine vorliegende »Généalogie des Fickler de Konstanz«, von einer Urenkelin eines Bruders von Josef Fickler verfaßt[22], weist darüber hinaus auf eine Herkunft aus einem alten und reichen Geschlecht hin. Durch die Schuld des Vaters Jakob Fickler, der durch politische Abenteuer[23], Fehlspekulationen und Verschwendung das Familienvermögen zugrunde gerichtet haben soll, sei die Familie sozial deklassiert worden.[24] Für diese Version spricht, daß die Familie Fickler ein Kabinett großenteils kirchlicher Antiquitäten besaß, die vermutlich aus dem nach 1780 säkularisierten österreichischen Klosterbesitz stammten. Dies würde den früheren Reichtum der Familie erklären.[25]

Josef Fickler, durch sein politisches Engagement und die zuschußbedürftigen *Seeblätter* voll in Anspruch genommen, machte das Antiquitätenkabinett[26] gegen Eintritt zugänglich und bestritt damit wohl überwiegend seinen Lebensunterhalt. Diese für einen Revolutionär nicht alltägliche Beschäftigung machte später in Londoner Flüchtlingskreisen, wo sich Fickler aufhielt, die Runde und diente Marx zur farbigen Beschreibung der »großen Männer des Exils«[27].

Trifft die Version der »Généalogie des Fickler de Konstanz« in vollem Umfange zu, dürfte der soziale Abstieg für den jungen Josef Fickler ein einschneidender, was seinen Charakter und seine politische Motivation betrifft, jedoch schwer zu gewichtender Vorgang gewesen sein. Die Mittellosigkeit der Familie verhinderte eine höhere Schulbildung der Kinder. Josef Fickler begann eine Kaufmannslehre, sein Bruder Karl Alois erlernte anfänglich das Schneiderhandwerk, später konnte er sich Zugang zu einem theologischen und historischen Studium verschaffen und wurde in den badischen Schuldienst aufgenommen.[28]

Von ihm stammt die Schrift *In Rastatt*, nach Valentin[29] eine »besonders wichtige Quel-

le« der badischen Ereignisse; trotz des konservativen Standpunktes hat sie die lebensvolle Anschauung doch mit dem revolutionären Bruder gemein.
Aus Josef Ficklers früher Zeit ist wenig überliefert. Er heiratete und hatte eine Tochter namens Bertha, die später in die USA auswanderte. Fickler legte kirchliche Bindungen ab und wurde Freimaurer.[30] Politisch öffnete sich der Autodidakt dem liberalen Zeitgeist. Im Jahre 1832/33 gab er im Alter von 24 Jahren das lebendig geschriebene und kämpferische *Konstanzer Wochenblatt* heraus.[31] Die politisch toten Jahre waren noch kaum zu Ende, als Fickler 1837 die Redaktion der *Seeblätter* übernahm. Sie wurden zu diesem Zeitpunkt das einzige badische Oppositionsblatt. Sie bestanden bis zum Ende der badischen Revolution 1849. Kein anderes politisches Blatt des vormärzlichen Baden und wenige andere im übrigen Deutschland konnten auf eine ähnlich lange Erscheinungsdauer zurückblicken.
Bis zum Ausbruch der Revolution, als Fickler auf der Offenburger Versammlung neben Hecker als treibende Kraft der radikalen Demokraten in Erscheinung trat, war er innerhalb der oppositionellen Bewegung Badens, lange auch im Seekreis, ein politischer Außenseiter. Anerkennung seitens der Kammerliberalen fand Fickler nur in den ersten Jahren der *Seeblätter*. Nach seiner Hinwendung zum Radikalismus, der Verhinderung seiner Landtagskanditur im Jahre 1842[32], stand er politisch so lange allein, bis er sich seinen eigenen Anhang im Volk schaffen konnte. Im Kreise der liberalen Akademiker und gelehrten Publizisten hatte er es schwer, sich durchzusetzen. Der Redakteur des konkurrierenden *Leuchtthurm* in Konstanz, Dr. Elsner, fertigte Ficklers lebensnahe, kritische Journalistentätigkeit als ungebildet ab.[33] Ähnlich klang auch eine Distanzierung Welkkers vor der 2. Kammer.[34] Selbst die *Rheinische Zeitung* von Karl Marx, das progressivste deutsche Blatt des Jahres 1842/43, charakterisierte Ficklers *Seeblätter* geringschätzig als ein »etwas graues Journal im Quart, dessen Gesinnung weiter reicht, als seine Intelligenz und Kraft«. Immerhin seien sie »der einzige etwas schwächliche Gehülfe«, welcher der *Mannheimer Abendzeitung* während der Landtagswahlkämpfe beigestanden habe.[35] Ficklers Erwiderung ist für seinen Charakter wie für sein empirisches Verständnis politischer Praxis recht aufschlußreich: Seine Aufgabe sehe er im Gegensatz zu manchen anderen Blättern nicht darin, theoretische Systeme aufzustellen, wozu ihm »Beruf und Raum« mangele; vielmehr sei er »zufrieden, im kleineren Kreise zu wirken«; sein hauptsächlicher Wunsch sei, »dem Bürger- und Bauernstande zugänglich und verständlich zu sein, weil vorzüglich dieselben den Kern des Volkes bilden, und nur durch sie im Staatsleben die Ideen praktisch werden können [. . .]«[36]
Der Volksredner Fickler holte die liberalen und demokratischen Ideen aus ihrer abstrakten Höhe und übersetzte sie für breite Volksschichten, für die Seebauern, Kleinbürger und Handwerksgesellen. Ähnlich wie der Autodidakt und kleinbürgerliche Demokrat Robert Blum in Leipzig[37], mit dem ihn einige Jahre später die Propagierung der

deutsch-katholischen Bewegung verband, blieb er mit dem einfachen Volk in Berührung und griff seine Bedürfnisse und Interessen auf. Doch anders als Blum gab Fickler sich mit der provinziellen Enge des Seekreises zufrieden, von der aus freilich keine deutsche Revolution zu machen war. Übergreifende Organisationsversuche der deutschen Opposition, wie sie Itzstein im Hallgarten-Kreis etwa 1839 unter Beteiligung führender Liberaler – auch Robert Blums – unternahm, gingen an ihm vorüber.[38]

Von der letzten Lebensperiode Ficklers im amerikanischen Exil fällt ein Schatten auf ihn. Nach der Festnahme 1849 in Stuttgart wurde Fickler auf dem Hohenasperg festgesetzt.[39] Ungeklärt ist, warum er von dort nicht in das preußisch besetzte Baden ausgeliefert, was einem sicheren Todesurteil gleichgekommen wäre, sondern freigelassen wurde.[40] Über die Schweiz floh Fickler nach England, wo er unter den deutschen Flüchtlingen große Achtung genoß. Zusammen mit seinem Freund Arnold Ruge suchte er die politisch zerstrittenen Emigrantenkreise auszusöhnen.[41] Im Winter 1851/52 wanderte Fickler in die USA aus. Dort konnte er bald festen Fuß fassen und in New York das »Shakespeare-Hotel« übernehmen, das zum Treffpunkt deutscher Flüchtlinge wurde.[42] Im Gegensatz zu allen politischen Freunden, zu Hecker und Struve, zu Carl Schurz, der aus der Festung Rastatt geflohen war, zu Franz Sigel, dem Freischarenführer während der badischen Aufstände, unterstützte Fickler während des Sezessionskrieges nicht die fortschrittlichen Republikaner, sondern die Sklavenhalterpartei.[43] Hatten die physischen und psychischen Schwierigkeiten Fickler gebrochen? Nichts kann diesen Bruch in Ficklers Leben bisher ausreichend erklären. Struve zeigte später Verständnis für Ficklers »unglückliches Schicksal« und deutete die Umstände des Geschehens an.[44]

Am 9. September 1865 kehrte Fickler, wie alle anderen 48er amnestiert, beinahe wie ein Unbekannter nach Konstanz zurück. Er litt an Magenkrebs.[45] Am 26. November 1865 starb er im Alter von 57 Jahren. Kirchlichen Beistand hatte er abgelehnt.[46]

Ficklers tatsächliche Bedeutung für den badischen Radikalismus liegt weniger in seinen fehlgeschlagenen Aktionen während der Revolutionszeit als vielmehr im Vormärz. Nach dem fehlgeschlagenen Sprung in die 2. Kammer engagierte er sich verstärkt im kommunalen Bereich, wo er sich gegen heftigen Widerstand gemäßigt-liberaler Kreise behaupten konnte.[47] Im Seekreis wuchs seine Popularität, zumal bei Wahl- und Volksversammlungen sein praktischer Verstand die »studierten Theoretiker« beherrschte.[48] Die Politisierung gerade der leseungewohnten Unterschichten[49] ist historisch kaum faßbar, spielte sie sich doch weitgehend »unterhalb« der gedruckten öffentlichen Meinung dialogisch und agitatorisch auf der Straße, auf dem Marktplatz, in Wirtshäusern, später bei Volksversammlungen ab. Es darf nicht außer acht bleiben, daß Zeitungen längst noch nicht zum Allgemeingut geworden waren und daß sie das primäre Kommunikationsmittel, das Gespräch, nur ergänzen und anregen konnten. Dort, wo öffentliche

Meinung entstand, fand Fickler sein Betätigungsfeld, verkörperte er doch mit Humor und Schlagfertigkeit den agitierenden »Volksmann« des badischen Vormärz.[50]

Die Seeblätter *– Entwicklung, Verbreitung und Wirkung*

Die *Seeblätter*, »ein in der parteipolitischen Geschichte Deutschlands bedeutsames Blatt«[51], sind mit dem Namen Josef Ficklers untrennbar verbunden. Seitdem Fickler die 1836 gegründeten *Seeblätter* im April 1837 redaktionell, im Juli als Verleger übernommen hatte[52], sah er sich vor eine doppelte Aufgabe gestellt: gegen den Widerstand einer mißtrauischen Obrigkeit ein politisches Blatt und in einer Atmosphäre der Resignation eine Leseröffentlichkeit zu schaffen. Obwohl ihm dies beispielhaft gelang, kamen die *Seeblätter* nie über eine Auflage von 400 um das Jahr 1845 und höchstens 700 im Revolutionsjahr hinaus.[53] »Das Stimmchen vom Bodensee«[54], konnte sich als Zeitung nicht mit den anderen badischen Oppositionsblättern messen, als Sprachrohr Ficklers stellten sie aber ein publizistisches Organ von kontinuierlichem Einfluß dar, wie es kein anderer badischer Politiker besaß oder sich schaffen konnte. Doch Fickler verstand nicht nur, »die Gefühle und Meinungen der Seebauern mit Glück in Druckerschwärze zu übersetzen«, wie Marx ironisch meinte[55], sondern trug auch wesentlich zur Entwicklung eines gewissermaßen »badischen« radikalen Demokratieverständnisses bei.
Entsprechend Ficklers politischer Entwicklung kann man verschiedene Phasen der *Seeblätter* unterscheiden. Bis zum Jahre 1842 nahmen sie die Stellung eines freiwilligen Hilfsorgans der 2. Kammer ein, ohne deren Schutz sie kaum überlebt hätten. Sie durchbrachen die Isolierung der 2. Kammer, indem sie, freilich in verhaltenem Ton, von Deputiertenwahlen berichteten, Abgeordnete nach ihrer »Farbe« unterschieden und – dank der Unerfahrenheit eines Ersatzzensors[56] – sogar offene Kritik an einem mißliebigen Regierungskandidaten übten. Einen nicht geringen Erfolg für das konstitutionelle Leben erfochten die *Seeblätter* mit dem Abdruck vollständiger Sitzungsberichte der 2. Kammer, den sie gegen die Zensur durchsetzten.[57] Bis zu diesem Zeitpunkt durften nur die oft persönlich vom Oberzensor der offiziösen *Karlsruher Zeitung*, Minister Blittersdorff, frisierten Berichte nachgedruckt werden.[58] Die 2. Kammer konnte seitdem in ganz Deutschland gehört werden. Rotteck warb Mitte 1839 für die *Seeblätter*, er lobte sie als eine »wegen der rein constitutionellen Richtung und Wahrheitstreue der Redaktion sehr lesenswerthe Zeitung«.[59]
Nach Ficklers Hinwendung zu einer radikalen Position seit 1842 nahmen die *Seeblätter* gegenüber dem Landtag die Haltung einer Opposition in der Opposition, schließlich im Jahre 1847 einer außerparlamentarischen Opposition ein. Sie brachen damit erstmals die Einheitlichkeit des badischen Liberalismus auf.

Seit dem Jahre 1844/45 propagierte Fickler die »deutsch-katholische« Bewegung. Die *Seeblätter* übernahmen zeitweilig die Aufgabe eines Verkündigungsblattes dieser religiös-politischen Reformbewegung, die in Leipzig und Konstanz ihre wichtigsten Stützpunkte besaß. Aus der Einsicht, daß religiöse und politische Aufklärung eng miteinander verbunden seien, wurde der Freimaurer Fickler zum »Aposchtel« der Bewegung, eine Rolle, die er sich, wie er gegenüber Julius Fröbel bekannte, nie hätte träumen lassen.[60] Während der mehrmonatigen Abwesenheit Ficklers um Anfang 1848 und während seiner vom April 1848 bis Mai 1849 dauernden Gefängnishaft, leiteten der katholische Pfarrer Benedikt Früh, J. N. Letour und Franz Josef Egenter die Redaktion.[61] Nach Aufhebung der Zensur versuchte die Regierung die *Seeblätter* mit der Konfiskation ganzer Ausgaben[62] und der Verhaftung von Redakteuren wegen Preßvergehens zu treffen. (Ernst Elsenhans, ein Mitarbeiter der *Seeblätter*, wurde wegen Aufforderung zu Hochverrat durch die Presse zu acht Monaten Festungshaft verurteilt und nach Rastatt gebracht.[63] Dort gab er den *Festungsboten*, ein demokratisch-soziales Blatt, heraus. Er wurde als einer der ersten von einem preußischen Standgericht verurteilt und hingerichtet.[64]) Wegen Verbreitung revolutionärer Flugschriften ließ die Regierung den Redakteur Letour am 30. November 1848 verhaften, und sie, »die nichts verabsäumt die verhaßten Seeblätter zu unterdrücken«[65], verbot sofort die Zeitung, die erst einige Wochen später wieder erscheinen konnte[66]. Auch während seiner dreizehnmonatigen Inhaftierung gab Fickler die Leitung der *Seeblätter* nicht ganz aus der Hand. In einem – vermutlich dem einzigen – erhaltenen Brief Ficklers[67], den er, datiert vom 12. September 1848, aus dem Gefängnis in Karlsruhe an Redakteur Letour schrieb, erteilte er redaktionelle Anweisungen und fügte »wieder Manuskripte« zur Veröffentlichung bei.
In ihrer letzten Ausgabe vom 9. Juli 1849 verschmähten es die *Seeblätter*, welche die revolutionäre Untätigkeit Brentanos zuvor kritisiert hatten, dieser »gefallenen Größe« den »Eselstritt« zu geben und ihn ausschließlich für die bereits feststehende Niederlage verantworlich zu machen.

In den ersten Jahren der *Seeblätter*, die hier besonders betrachtet werden sollen, schrieb, redigierte und verlegte Fickler die Zeitung selbst. Vor dem Jahre 1845/46 dürften die *Seeblätter*, soweit dies aus der besonders schwierigen Quellenlage zu schließen ist, kaum Mitarbeiter und Korrespondenten gehabt haben. Gelegentlich lieferten Abgeordnete der 2. Kammer, unter ihnen später auch Hecker (mit dem Signum +§+), Beiträge. Vorübergehend dürfte auch ein Konstanzer Richter am Oberhofgericht, der bei Preßsachen mitentschied, »Hauptmitarbeiter« des Blattes gewesen sein.[68]
Fickler verstand es, sein Blatt gegen die Widerstände der Zensur attraktiv zu gestalten. Besonderes Geschick zeigte Fickler bei der Informationsbeschaffung. Er nutzte Kanäle, die ihm Abgeordnete und manchmal wohl auch höhere Beamte zugänglich machten.

Seine Leser konnten zum Beispiel die Nachrichten von einem wichtigen Beamtenrevirement noch vor Abdruck im Regierungsblatt erfahren.[69] Selbst eine zensierte Druckfahne der offiziösen *Karlsruher Zeitung*, deren Zensur sich Minister Blittersdorff vorbehalten hatte, wußte sich Fickler zu beschaffen. Deren Veröffentlichung mußte um so peinlicher für Blittersdorff sein, als sie die Kleinlichkeit seiner Zensuranweisungen, die einem Rotteck nicht einmal das Attribut eines »vorzüglichen Volksredners« gönnten, der Lächerlichkeit preisgab. Es verstand sich von selbst, daß die 2. Kammer solche Pikanterien aufgriff und einer breiteren Öffentlichkeit zugänglich machte.[70]

Wie in der Vormärzpresse, die an kein Urheberrecht gebunden war, üblich, informierten die *Seeblätter* über das außerbadische Geschehen vornehmlich durch kostenlosen Nachdruck aus größeren Zeitungen des In- und Auslandes. Tatsachenberichte aus englischen und französischen Zeitungen dienten nicht nur der Information über die Fortschritte der Reformparteien oder die »Rückschritte« des Jesuitismus in der Schweiz, sondern zugleich der »Camouflage«, der getarnten Kritik an den eigenen Zuständen, die vom Zensor schwerlich gestrichen werden konnte. Mit der zeitweiligen Lockerung der Zensur Ende 1842 häuften sich die Auszüge aus der radikalen deutschen Oppositionspresse, insbesondere aus den *Sächsischen Vaterlandsblättern* von Robert Blum und der *Rheinischen Zeitung* von Karl Marx. Die *Seeblätter* verstanden sich wie diese als Avantgarde der Opposition und bezogen ihre Leser in den beginnenden Prozeß demokratischer Selbstverständigung in Deutschland mit ein.

Während der ersten sieben Jahre ihres Bestehens blieben die *Seeblätter* von Zuschüssen abhängig, die sich nach Ficklers eigenen Angaben auf insgesamt 3000 fl. beliefen[71]; er konnte sie wohl nur aus den Einnahmen des Kunstkabinetts decken. Pfarrer Künzer von Konstanz, ein liberales Kammermitglied, unterstützte die *Seeblätter*, wie Fickler andeutete, längere Zeit mit einem zinslosen Kredit[72], den er Ende 1843, möglicherweise wegen politischer Differenzen, zurückzahlen mußte.[73] Im Jahr darauf standen die *Seeblätter* vor dem Ruin und erschienen zeitweise nur unregelmäßig. Es war erstaunlich genug, daß sich die als politisch extrem eingeschätzten *Seeblätter*, deren Eingehen wiederholt, aber vergebens von den Behörden angekündigt worden war[74], neben der örtlichen Konkurrenz, der sich gerne liberal gebenden *Konstanzer Zeitung* und dem konservativen *Tagesherold*, im Vormärz behaupten konnten. Mehr machte den *Seeblättern* vermutlich die Konkurrenz der *Mannheimer Abendzeitung* zu schaffen, die mit größerem Format und besserer Aufmachung aus dem gleichen Leserreservoir wie die *Seeblätter* schöpfte. Die Konkurrenz der attraktiveren Schwester konnte Ficklers Blatt kaum überstehen.[75] Mit einer »letzten Erklärung an das Publikum« mußte er mit Einstellung drohen, sollte sich die Abonnentenzahl von 400 nicht auf wenigstens 600 bis 700 erhöhen.[76] Für den Fall, daß er seine Kräfte den *Seeblättern* »ausschließlich oder vorzugsweise« widmen könne, versprach er eine konkurrenzfähige Zeitung.[77] Als jedoch am Ende des Halbjahres wieder die erhofften Abonnenten ausblieben, nahm sich die *Mannheimer Abendzeitung*, der an einer Schwächung der radikalen Parteipresse nicht gelegen sein konnte, der *Seeblätter* an und forderte zu ihrem Abonnement auf.[78] Die *Seeblätter* konnten überleben. Die Rettungsaktion hatte aber vor Augen geführt, daß sich der Schwerpunkt der Oppositionspresse von Konstanz in die nun politisch dominierende Industrie- und Handelsstadt Mannheim verlagert hatte.

Der für den Vormärz oft typische Gegensatz zwischen geringer Auflage und unvermutet nachhaltiger Wirkung ist bei den *Seeblättern* besonders augenfällig. Obwohl sich die Auflage der *Seeblätter* während des Vormärz nur geringfügig erhöhte, spiegelt das Urteil der Zensoren eine – wohl nur in einer vorrevolutionären Phase mögliche – Steigerung ihres politischen Einflusses.

Im März 1838 fand Zensor Pfister von Konstanz die *Seeblätter* noch kaum der Beachtung wert: Sie seien »ein so indifferentes Blatt, daß durch sie für das Allgemeine durchaus nichts zu befürchten sei [. . .] Sie werden nur in der hiesigen Umgegend gehalten und in den benachbarten württembergischen, bairischen und österreichischen Staaten kennt man sie gar nicht.«[79] Anfang 1841 mußte das Bezirksamt besorgt feststellen, daß die *Seeblätter* »mit jedem Tag mehr Zuspruch und Anerkennung bei dem gemeinen Volke« fänden.[80] Als Kriterium der Gefährlichkeit der Zeitung galt der Seekreisregierung nicht die Verbreitung in der politisch bereits aufgeschlossenen bürgerlichen Schicht, sondern gerade »die sehr gemischte Natur« des Lesepublikums.[81]

Im Laufe des Vormärz verbreiteten sich die immer noch auflageschwachen *Seeblätter* im ganzen Großherzogtum[82] sogar bis in kleine Orte. Wirtshäuser und Lesezirkel[83] vervielfachten ihre Leserzahl. Eine besonders intensive Wirkung entfalteten sie im Gebiet Konstanz, wo sie am Vorabend der Revolution nach Meinung Zensor Friederich bereits für die *Regierung* – nicht mehr nur für die Bevölkerung – »äußerst schädliche Folgen« zeitigten.[84]

Der Zensurkampf der Seeblätter

Repressivmaßnahmen der Regierung gegen Zeitungen erfolgten nicht nur auf dem Wege der Zensur, sondern gingen auch andere, gewissermaßen »diplomatische« Wege, deren Erfolg sichtbar ist, sich aber nicht in den Zensurakten niederschlug. Die Zensurakten der *Seeblätter* stellen keineswegs eine Chronik der Ereignisse dar, sondern weisen Lücken auf, die nur mit vorsichtigen Vermutungen zu schließen sind.

Im Windschatten der radikaleren, anfangs republikanischen *Deutschen Volkshalle* erhielten die *Seeblätter* während der »Rheinkrise« 1840 einen gewissen Spielraum, wie auch eine neuere Untersuchung[85] bestätigt. Der Zensor wollte nicht den Vorwurf drükkenden Zensurzwanges auf sich laden und die Leser der Oppositionspresse mit weißen Seiten verärgern.[86] Doch seine Rechnung, erst die *Volkshalle*, dann die *Seeblätter* mundtot zu machen, ging nicht auf, die Redakteure der Konstanzer Blätter wurden vielmehr immer »widerspenstiger«[87], weil sie die Zensurmaßnahmen geschickt zu unterlaufen vermochten.

Fickler praktizierte vorübergehend mit finanzieller und richterlicher Hilfe von Gesinnungsfreunden in Konstanz und vermutlich mit stiller Duldung Konstanzer Postbeamter ein vorübergehend wirksames System der Zensurumgehung. Ohne zuvor die Druckgenehmigung beim Zensor einzuholen, verschickte er die *Seeblätter* mit der Post. Einmal narrte er den Zensor durch die Versendung einer unzensierten, aber völlig harmlosen Ausgabe, dann verschickte er einen aufsehenerregenden Nekrolog auf Rotteck, den der Zensor gestrichen hatte, weil Fickler ihn – als gelte es einen verblichenen Landesfürsten zu ehren – mit einem schwarzen Trauerrand versehen hatte.[88] Bevor die Polizei einzugreifen vermochte, befand sich das Postgut bereits auf dem Wege. Der Zensor deckte den Redakteur der *Seeblätter* mit Anklagen wegen Preßvergehens vor Gericht ein, doch Fickler mußte diese Urteile nicht fürchten, weil die Richter mit ihm sympathisierten und einer von ihnen, der dabei »dienstlich mitzuwirken hat[te]«, vermutlich Mitarbeiter des Blattes war.[89] Die im Einzelfall meist nur geringen Geldstrafen – um 5 fl. – summierten sich zusammen mit den übrigen Gebühren auf immerhin 500 fl. in einem Jahr[90], die Fickler allein nicht hätte aufbringen können[91]. Ein Kreis von Gesinnungsfreunden, der ihm »eine solche Strafe reichlich [zu] ersetzen« bereit war[92], subventionierte seinen Zensurkampf.

Unter solchen Umständen lehnte der völlig überlastete Zensor, dem die Disziplinierungsmittel aus der Hand gewunden waren, eine weitere Verantwortung für die Konstanzer Presse gegenüber dem Innenministerium ab: Er könne »unter solchen Umständen für nichts mehr gut stehen«.[93] Administrative Verbotsmaßnahmen hielt der Regierungsdirektor des Seekreises für aussichtslos, weil die *Seeblätter* einen solchen Rückhalt in der Bevölkerung besäßen, daß diese ungehindert gedruckt und unter der Hand verbreitet werden könnten.[94]

In dieser Lage schritt Minister Blittersdorff ein, um die Konstanzer Presse, den »Prüfstein seines Systems«[95], und mit ihr die Kammeropposition entscheidend zu treffen. Ein erster Schritt bestand darin, das Zensurloch der *Seeblätter* zu stopfen und ihre Versendung durch die Post einzuschränken. Minister Blittersdorff stieß aber auf Schwierigkeiten, zu deren Überwindung er Zeit und Geschick aufbieten mußte. Der Auftrag der badischen Regierung bei der Thurn-und-Taxisschen Oberpostdirektion in Frankfurt, nur zensierte Zeitungsausgaben zu befördern, stieß auf Ablehnung.[96] Das Postamt Konstanz entzog sich dem wiederholten Ansinnen des Zensors, Postgüter zurückzuhalten, mit dem Hinweis auf fehlende höhere Erlaubnis.[97] Die Taxissche Post, die ihren Palast –

zugleich Sitz des Bundestages – in der Eschenheimer Gasse hatte und dem vorherigen Bundestagsgesandten Blittersdorff wohl vertraut war, hatte im allgemeinen wenig Bedenken, ihre »polizeilichen Künste« konservativen Kräften zur Verfügung zu stellen.[98] Offensichtlich aber scheute sie in einer für sie unbedeutenden Angelegenheit vom vertraglich vorgeschriebenen Grundsatz allgemeiner Beförderung abzuweichen und in einer für sie unwichtigen Angelegenheit einen Präzedenzfall zu schaffen, der den guten Ruf und das Monopolgeschäft schädigen konnte. Auch der konservative, aber streng rechtlich denkende Innenminister Rüdt[99] verwies den auf Postsperre drängenden Zensor immer wieder auf den gerichtlichen Weg.[100] Den legalistischen Vorbehalten des Innenministers setzte Staatsminister Blittersdorff seine absolutistische Rechtsinterpretation entgegen: Kein öffentliches Institut – so ließ er ihn wissen – dürfe demjenigen Dienste leihen, der sie durch Umgehung der Gesetze mißbrauchen wolle; eine weitere Umgehung der Zensur durch die *Seeblätter* solle nach vorheriger Warnung mit einem Verbot der Postversendung durch Baden verhindert werden.[101]

Entweder konnte sich Blittersdorff gegenüber dem Innenminister oder – was wahrscheinlicher ist – gegenüber dem Generalpostdirektor, Freiherr v. Dömherz, der sich auf die rechtsverbindliche Vorschrift allgemeiner Beförderung berufen konnte, nicht generell durchsetzen. Indizien sprechen aber dafür, daß Postdirektor Dömherz dennoch kooperationswillig genug war, um Blittersdorff eine Postsperre der *Seeblätter* gleichsam durch die Hintertür mit Hilfe eines Konstanzer Postbediensteten zu ermöglichen.

Spätestens Ende 1841 war den *Seeblättern* die Möglichkeit der Postversendung unzensierter Ausgaben genommen. Zur Aufklärung des Vorgangs, über den die Zensurakten schweigen, kann möglicherweise eine spätere Meldung des Großherzoglichen Regierungsblattes über Ordensverleihungen für besondere Verdienste beitragen.[102] So wurde nicht nur dem Thurn-und-Taxisschen General-Postdirektor Freiherr v. Dömherz das Großkreuz des Zähringer Löwen verliegen, auch der Konstanzer Postmeister Barth, dessen Name sich zwischen den Adelstiteln in der Ordensliste recht singulär ausnahm, wurde mit dem Ritterkreuz geehrt.

Als weitere Maßnahme gegen die Presse verfügte Blittersdorff rigorose Zensurverschärfungen. Sie kündigten den Beginn der heftigen Landtagswahlkämpfe von 1841/42 an. In den *Seeblättern* sind sie aber nur als fernes Echo eines Donnergrollens zu vernehmen. Durchhalteadressen aus der Bevölkerung an die 2. Kammer, so waren die Zensoren angewiesen, sollten aus den Oppositionsblättern gestrichen werden.[103] Die Wahlkampfreise Itzsteins, sein Aufenthalt in Konstanz, durfte in den *Seeblättern* nur als unpolitisches »feierliches« Ereignis erwähnt werden.[104] Im Januar und Februar 1842 wiesen die *Seeblätter* solch strotzende Zensurlücken auf, daß die letzte Seite teilweise oder ganz freibleiben mußte. Die erwachende politische Öffentlichkeit sank wieder zur Mundpropaganda ab. Der Bezirksvorsteher und ehemalige Zensor Pfister, der eine öffentliche

Bloßstellung seiner Person der Wahlagitation Ficklers zu verdanken hatte[105], trug diesmal Vorsorge, daß Fickler gerade auf dem Höhepunkt des neuen Wahlkampfes eine dreiwöchige Gefängnisstrafe wegen Beleidigung des Zensors antreten mußte.[106]
Nach dem Sieg der liberalen Kammer von 1842 und dem ratenweisen Rückzug Blittersdorffs aus einer geschwächten Regierung konnte die badische Vormärzpresse aufblühen. Der liberale Zeitgeist setzte sich durch. Die Anfänge eines Zeitungsmarktes leiteten die Umstrukturierung vom politischen Bekenntnisblatt im Stil der *Seeblätter* zu größeren und reichhaltigeren Wochen- und Tageszeitungen ein, deren Zentrum Mannheim wurde. Die Rolle der *Seeblätter* schien ausgespielt. Etwas wehmütig, doch nicht ohne Stolz konnte Josef Fickler auf eine Leistung während der Phase von Zensur- und Landtagskämpfen zurückblicken, die für die badische und letztlich auch für die deutsche politische Presse protagonistische Bedeutung hatte.

»Sechs Jahre haben wir den Kampf geführt mit wie wenigen Mitteln! mit welchen Gegnern! Wenn wir zurückblicken, so erröthen wir nicht über die Unvollkommenheit unseres Tagewerk – die wir am besten selbst fühlen – sondern wir wundern uns, daß wir so lange ausgehalten, da ausgehalten haben, als die gesamte Oppositionspresse in Baden spurlos verschwunden war. Der Zeitgeist, das badische Tageblatt, die Schwarzwälder, der rheinische und der deutsche Postillon, die badische und die oberdeutsche Zeitung, der Leuchtthurm, die deutsche Volkshalle, meistens von tüchtigen Männern an Intelligenz und Gesinnung redigiert, allesamt mit ungleich größeren materiellen Mitteln ausgerüstet, zum Theil mit ungewöhnlichen Opfern unterstützt, sind alle dem Druck der Verhältnisse erlegen; sie mußten ihm umso sicherer erliegen, je thätiger ihre Opposition und je weniger sie geeignet waren mit jener Abwehr sich zu begnügen, welche allein dem bald heftigen bald minderen Druck eines stets überlegenen Gegners in die Länge zu widerstreben vermag.«[107]
Doch die Rolle der *Seeblätter* war nicht ausgespielt, obwohl sich die altliberalen Freunde von Fickler zurückzogen. Die Zeit ihres auflagenmäßigen Tiefstandes fiel mit einem politischen Neuansatz zusammen, der für den badischen Radikalismus wegweisend wurde.

Entstehung und Konzeption einer radikalen Demokratie bei Josef Fickler

Die Landtagswahlkämpfe 1841/42 als politisches Schlüsselerlebnis

Für die deutsche Opposition bedeutete das Jahr 1842 »einen Wellenberg politischer Erregung«.[1] In diesem Jahr erschienen die aufrüttelnden *Vier Fragen eines Ostpreußen* von Johann Jacoby, Arnold Ruges radikal-philosophische *Deutsch-Französische Jahrbücher*, in Köln kam die *Rheinische Zeitung* von Karl Marx als Sprachrohr des rheinpreußischen Bürgertums heraus. In Sachsen schlugen die *Sächsischen Vaterlandsblätter* Robert Blums radikaldemokratische Töne an. In Preußen entstand eine liberale bürgerliche Verfassungsbewegung. Das Großherzogtum Baden wurde in den Jahren 1841/42 von Verfassungskämpfen erschüttert[2], die durch das »schärfere Regierungssystem«[3] Blittersdorffs ausgelöst worden waren.

Der hochkonservative Freiherr v. Blittersdorff (1792–1861)[4] wurde gleichsam zum Katalysator der politischen Entwicklung Badens im Vormärz. Er hatte sich zum Ziel gesetzt, das »Spektakel« einer konstitutionell-liberalen Opposition, diese »Nachäffung des politischen Treibens der Franzosen in Deutschland«[5] sowie die »vielerlei Umtriebe, die sich in immer neuen Formen zum Umsturz des Bestehenden reproduzieren«[6], endgültig zu beseitigen.

Hinter den sozialen und geistigen Veränderungen seiner Zeit, dem Wandel der Wertvorstellungen, sah er, der Gesinnungsgenosse Metternichs, eine große inszenierte Verschwörung weniger Radikaler. Den badischen Liberalismus glaubte er ohne Wurzeln im Lande und leicht beseitigen zu können. Gegen ihn begann Blittersdorff in den Jahren 1839/40 einen Kampf, der letztlich das bestehende konstitutionelle System überhaupt treffen sollte. Paradoxerweise führten erst die folgenden Landtagskämpfe zu einer breiten Verankerung des Verfassungslebens im Volk. Der anschließende Wahlkampf von 1842 zeigt – den gedruckten Quellen nach – ein außerordentliches Übergewicht der Regierung.[7]

Die Zensur unterdrückte jede nicht regierungskonforme Äußerung. Die Kammeropposition erzielte ihren Erfolg aber durch volksnahes, persönliches Auftreten und örtliche Versammlungen. Zum erstenmal ist eine zentrale Wahlkampfleitung durch den erfahrenen Itzstein zu erkennen.[8] Der Kampf entbrannte mit solcher Heftigkeit, daß zum erstenmal nicht nur die bürgerlichen Honoratioren als Wahlmänner, sondern auch die unteren Volksschichten, die durch die Gemeindeordnung von 1831 volle Bürgerrechte erhalten hatten und in den Urwahlen die Wahlmänner zu bestimmen hatten, in die Agitation einbezogen wurden.

Mit dem Sieg über Blittersdorff 1842 und dessen im darauffolgenden Jahr erfolgten Rückzug aus der badischen Innenpolitik hatte die liberale Kammeropposition zum erstenmal faktisch ein parlamentarisches Mißtrauensvotum gegen eine deutsche Regierung durchgesetzt[9] und sich als ebenbürtige Gegenspielerin der Regierung erwiesen. Sie konnte für sich in Anspruch nehmen, die tatsächliche Stimme des Volkes zu sein. Bis zum Ende der Revolution hatte eine reaktionäre Regierung keine Chance mehr.

Dieser Sieg der badischen Liberalen war eine grundlegende Voraussetzung für die Entstehung eines *inner*badischen Radikalismus, der – will man ein Märchenbild zum Vergleich heranziehen – zuerst der Fittiche des Adlers bedurfte, um in die Lüfte getragen zu werden, bevor er diesen selbst, wie dies noch vor der Revolution offenkundig wurde, »überflügeln« konnte.

Im Oktober 1842 hielt Metternich die politische Unruhe in Deutschland – »die neuesten Vorgänge in Baden, die unvorsichtigen Tendenzen Preußens, die journalistische Verschwörung in Sachsen, Preußen und am Rhein« – für vorläufig wenig gefährlich, es sei denn, räumte er ein, diese würde sich mit dem Radikalismus der Exildeutschen in der Schweiz, mit »Herwegh, Schulz, Fein und Konsorten« verbinden.[10] Im südbadischen Konstanz war dies der Fall.

Konstanz, geographisch an der Nahtstelle zwischen Deutschland und der Schweiz gelegen, nahm sowohl die Einflüsse des badischen Liberalismus wie radikaler Emigranten auf. Doch nicht die dort entstandene *Deutsche Volkshalle*, das Organ politischer Emigranten, stand am Beginn eines *inner*badischen Radikalismus, sondern die *Seeblätter* Josef Ficklers. Zwar konnte den relativ kleinen *Seeblättern* nur die Rolle einer radikalen Initiatorin zukommen – erst die Mannheimer Oppositionspresse war in der Lage, publizistische Breitenwirkung zu erzielen –, doch in Baden, wo der Konstitutionalismus bereits ins Volk gedrungen war, sollte die radikale Idee größere politische Wirkung erzeugen als zum Beispiel in Preußen, wo ein intellektuell geprägter Radikalismus auf linkshegelianische Kreise beschränkt blieb.

Die eingehende Darstellung der Konstanzer *Seeblätter* kann eine pressegeschichtliche Forschungslücke[11] schließen. Darüber hinaus soll die ideengeschichtliche Analyse dieser frühen und eigenständigen politischen Zeitung dazu beitragen, die verschütteten Wurzeln deutscher Demokratie[12] im Vormärz freizulegen.

Wenn man bei Fickler im Jahr der Landtagswahlkämpfe von einem politischen

Schlüsselerlebnis sprechen kann, dann in einem doppelten Sinne: Blittersdorff, der Repräsentant des Deutschen Bundes in Baden, hatte die Reformunwilligkeit der Machthaber in den Augen Ficklers bewiesen; doch auch die Liberalen der 2. Kammer zeigten sich zu einem entschiedenen Reform- und notfalls Konfliktkurs, wie ihn die *Seeblätter* propagierten, nicht in der Lage. Fickler zweifelte, ob die Liberalen überhaupt zu einer Politik im Interesse der breiten Mehrheit des Volkes fähig seien. Im Begriff des »Volkes« zeichnete sich die grundlegende Differenz zwischen frühen Demokraten und Liberalen ab. Dem politischen Bruch mit der Kammeropposition waren persönliche Zwistigkeiten mit führenden Liberalen, die Ficklers Kandidatur für den Landtag 1842 verhindert hatten, vorausgegangen. Allerdings weisen nur Indizien auf einen grundsätzlichen Konflikt hin; der Konflikt selbst ist nicht rekonstruierbar.

Der radikalliberale Adolf Sander (1801–1845), mit Welcker und Itzstein zur Führungsspitze der Kammeropposition gehörend, hatte, wie aus einer späteren Kontroverse der *Mannheimer Abendzeitung* mit den *Seeblättern* hervorging[13], zusammen mit dem gemäßigt-liberalen Kammerpräsidenten J. B. Bekk Ficklers Kandidatur für die 2. Kammer verhindert. Fickler selbst agitierte gegen die Wahl J. B. Bekks, der nur mit knapper Mehrheit in seinem Wahlkreis gewählt wurde.[14]

Ein ähnlicher, ebenfalls von politischen und persönlichen Motiven gespeister Konflikt entstand bald darauf anläßlich der Gemeinderatswahlen in Konstanz, für die Fickler kandidierte.[15] Hier zeichneten sich die ersten Spuren einer Spaltung von gemäßigter und entschiedener Opposition, eine Polarisierung von Oberschicht und Unterschicht, ab. Liberale des Mittelstandes, Geschäftsleute und Advokaten, wollten nach Darstellung der *Seeblätter* mit »einer künstlich geschaffenen« öffentlichen Meinung Ficklers Anhang in den unteren Schichten schmälern. Fickler bekämpfte in öffentlichen Wahlversammlungen die »Juristen und insbesondere Advokaten« und warnte namentlich vor der Wahl Ignaz Vanottis, des Sprechers der gegnerischen Gruppierung. Für eine schon bestehende Konsolidierung der Anhängerschaft Ficklers wie Vanottis spricht, daß beide, Vanotti für die Klasse der höher Besteuerten, Fickler für die Klasse der mittel Besteuerten, in den engeren Ausschuß der Stadt gewählt wurden.[16]

Die Vorgänge in Konstanz und in der 2. Kammer erhärten die Vermutung, daß führende Liberale die abweichenden Anschauungen Ficklers mißbilligten und ihn von der Rednertribüne der 2. Kammer fernhalten wollten. Fickler trug bald darauf die Auseinandersetzung mit den Liberalen in den *Seeblättern* aus.

Nach den heftigen Landtagswahlkämpfen hatte die 2. Kammer 1842 als erstes deutsches Parlament eine liberale Mehrheit gewonnen. Die Hoffnung Ficklers wie auch anderer Oppositioneller, die 2. Kammer würde ihre gestärkte Position zu einer entschiedenen, letztlich gegen den Deutschen Bund gerichteten Reformpolitik nutzen, erfüllte sich aber nicht.

Die *Seeblätter* drängten immer wieder auf einen entschiedenen Reformkurs. Wie lange noch sollte ein relativ fortschrittliches Land wie Baden auf Konzessionen des Deutschen Bundes warten? Der badischen Kammermajorität fiel nach Meinung der *Seeblätter* eine in Deutschland vorrangige Aufgabe zu:

> »Weil uns zehn Jahre des Zusagens und Nachgebens nicht weitergebracht haben [. . .] darum wollen wir es einmal auf die Probe ankommen lassen, was eine unerschütterliche Kammermehrheit im Sinne des Fortschritts zu bewirken vermöge [. . .] Hat sie in zehn Jahren sich nicht besser erprobt, als das Justemilieu, dann wollen wir diesem wieder den Vorzug geben, weil bei seiner Politik der Kopf nicht zu sehr angestrengt und die Lebensthätigkeit nicht zu sehr in Anspruch genommen wird. Etwas wollen und die Mittel zurückweisen, womit es zu erreichen ist, das zeugt von Schwäche und Feigheit, Stumpfsinn oder Lüge. Wenn irgendein deutscher constitutioneller Staat geeignet ist, die Verwandlung verfassungsmäßiger Verheißungen in wirkliches Leben zu bewerkstelligen, so ist es Baden.«[17]

Wegen der »Gesinnung und Bildung des Volkes, [der] geographischen Lage und [der] Intelligenz seiner Repräsentation« sei Baden für diese Aufgabe prädestiniert.[18] Beinahe unverhüllt forderte Fickler von der 2. Kammer den Weg einer gewissermaßen legalen Revolution mit den »äußersten verfassungsmäßigen Mitteln«[19] zu beschreiten. Hinter dieser Erwartung Ficklers blieb die liberale Kammermajorität bereits im Herbst 1842 zurück. Fickler zeigte sich über die Politik der »Protokollerklärungen und Verwahrungen« enttäuscht; der Ausgang des Landtages sei, was den materiellen und geistigen Fortschritt des Volkes angehe, »unbefriedigend«. Bildkräftig fährt er fort: »Unmut hierüber erfüllt manche Brust, und Viele, selbst der Kräftigsten, sind geneigt, ihren Stein auf das constitutionelle System zu werfen, weil der treibende Baum abermals keine Frucht zur Reife brachte.«[20] Die Kammermajorität, so kritisiert Fickler, habe »von vornherein den Weg verfehlt [. . .] um auf *kurzem Wege* ein der Lage entsprechendes Ergebnis zu erzielen«.[21]

Diesen Mißerfolg lastete Fickler den liberalen Abgeordneten an, »welche den Pelz waschen möchten ohne ihn naß zu machen oder die wohlfeilen Preises als weise Väter des Vaterlandes zu Markte sitzen möchten«.[22] Eine solche »blasphemische« Kritik an den hochangesehenen »Volksgesandten« mußte Fickler zumindest vorübergehend zum politischen Außenseiter stempeln. Fickler weitete seine Kritik, die sich zuerst nur auf die politische Taktik der Liberalen bezog, ins Grundsätzliche aus, indem er die Leistung der 2. Kammer an der Erfüllung »volkstümlicher«, d. h. demokratischer Forderungen maß, die in der öffentlichen Meinung Badens ein Novum darstellten.

In einer programmatischen Artikelserie nach dem »Verfassungsfest« 1843 fragte Fickler, inwieweit die Kammerliberalen der Mehrheit des Volkes zur Einsicht in die eigenen Interessen und zur politischen Selbstbestimmung verholfen hätten. Die 2. Kammer, so antwortete er selbst, sei an ihrer wesentlichen Aufgabe vorbeigegangen, nämlich »außerhalb der Sitzungszeit das Volk politisch zu erziehen, namentlich die unteren Klassen heran[zu]bilden«.[23] Die Abgeordneten müßten in engere Fühlung mit dem Volk treten und jede Versammlung zur politischen Unterrichtung nutzen.[24] Fickler ging auf dem Weg zu einer direkten Demokratie noch einen Schritt weiter und forderte, daß die Abgeordneten in ihrem Wahlkreis regelmäßig Rechenschaft vor ihren Wählern abzulegen hätten.[25] Um seiner letztlich radikaldemokratischen Zielsetzung näherzukommen, betonte Fickler die Notwendigkeit politischer Volkserziehung:

> »Unser verfassungsmäßiges System befindet sich noch in der Kindheit; kaum zwei Jahrzehnte sind verflossen, seit die politische Erziehung des constitutionellen Deutschlands begonnen hat – kaum der Zeitraum der Bildung eines einzelnen Menschen – somit bloß eine Spanne Zeit in der politischen Erziehung eines Volkes! Zwischen Volk und Regierung sind die Ansprüche noch nicht einmal festgestellt [. . .] In diesem Abschnitt der Erziehung ist der *Kampf schon Gewinn*.«[26]

Alle Länder mit volkstümlichen Regierungsformen wie England, Frankreich und die USA hätten diesen langfristigen Kampf durchgefochten, teilweise seien sie noch im Kampfe begriffen. Die Wahlen zum nun geschlossenen Landtag seien der »*erste Kampf* um eine verfassungsmäßige Lebensfrage an welchem die badischen Bürger *allgemein*« teilgenommen hätten.[27] Hierin liege der »Hauptgewinn«, die »Bürgschaft der *Zukunft*«, weil dadurch »die Begriffe über verfassungsmäßige Rechte und Pflichten ins Fleisch und Blut des Volkes übergegangen sind«.[28]

Wesentliche Elemente des wenige Jahre später entstehenden badischen Radikalismus sind in den Vorstellungen Ficklers bereits enthalten: die Überzeugung, daß der »unverbesserliche« Deutsche Bund Hauptgegner jeder Reformbemühung sei und der Kampf gegen ihn unausweichlich werde; um ihn aufzunehmen empfiehlt er jedoch nicht den gewaltsamen Umsturz, die direkte Aktion im Sinne der Radikalen von 1832/33, sondern die Schaffung einer demokratischen Basis durch Volkserziehung.

Dieser noch rudimentären politischen Konzeption lag eine bereits als demokratisch zu bezeichnende Vorstellung von »Volk«, ein neues Bild der Gesellschaft zugrunde.

Demokratisches Gesellschaftsbild und radikale Strategie

Im Mittelpunkt des liberalen Gesellschaftsbildes standen die Interessen des gebildeten und besitzenden Bürgertums.[29] Das Gesellschaftsbild Ficklers wie auch der badischen Radikalen erscheint dagegen »nach unten« hin verschoben. Fickler zufolge stellt der Bürger-, Bauern- und Handwerkerstand den »Kern des Volkes«[30] dar; nur durch ihn könnten die Reformideen im Staatsleben praktisch werden[31]. Fickler konkretisierte seine

Auffassung noch, indem er den unteren Klassen die Aufgabe zuschrieb, mit Hilfe der Presse und der »Volkswortführer« die politische Freiheit zu erringen:
»Die sogenannten unteren Stände sind dazu bestimmt, dem Verlangen der Volkswortführer nach gesetzlichen, edleren Zuständen der Presse Nachdruck zu geben; wenn diese Klasse, welche nicht vom Wohlleben entnervt, nicht die Sklaven tausendfältiger Üppigkeit sind, wenn diese Stände, welche noch die Wahrheit ertragen können, einst vollkommen einsehen werden, von welcher Wichtigkeit es ist, daß die Wahrheit frei ist, dann wird die freie Äußerung des gedruckten Wortes auch nicht mehr gehemmt werden können.«[32]

Mit der Ansicht, daß das Bürgertum nicht mehr an der Spitze des Fortschritts stehe, verallgemeinert Fickler eine Erfahrung seiner Heimatstadt, sie mochte aber darüber hinaus von der in Frankreich zu beobachtenden Entwicklung zur Klassengesellschaft, zur Bourgeoisie angeregt worden sein.[33] Fickler glaubte, daß ein Großteil des Bürgertums politisch retardiere, daß ihm das »Wohlleben« wichtiger geworden sei als politischer Fortschritt. Er folgerte, daß das Kleinbürgertum die politische Führung übernehmen solle, und stimmte in die zuvor schon in der *Deutschen Volkshalle* erhobenen, damals aber von ihm zurückgewiesenen Vorwürfe ein[34], daß sich der »Patriotismus« nicht weniger Liberaler »stets auf Worte beschränke, tatsächlich aber äußerst selten zu Tage« träte.[35] Der spätere Konflikt zwischen den »halben« Liberalen und den »ganzen« Radikalen klang damit bereits an. Fickler hatte ihm aber eine, wie es scheinen mußte, demokratisch-utopische Richtung gegeben.

Auch wenn später frühsozialistisches Gedankengut durch Gustav Struve und die *Mannheimer Abendzeitung* in den badischen Radikalismus eingebracht wurde, ist seine liberale Wurzel nicht zu übersehen. Das liberale Postulat des sich vom Staat emanzipierenden Bürgertums, daß »Bevormundung und Überherrschung« durch die Obrigkeit aufgehoben werden müsse, dehnte Fickler ausdrücklich auch auf die Unterschichten, namentlich die Handwerksgesellen, aus. Nur wenn ihre »gedrückte Lage« beseitigt würde, könnte sich auch ihr »Selbstgefühl« heben, nur durch soziale Besserstellung könnten sie, die doch später zum »Kern des Volkes« gehörten, auch politisch gleichberechtigte Bürger werden.[36] Die vom Bürgertum polemisch gegenüber dem Adel geforderte Gleichberechtigung erschien nun, wurde sie im Interesse des vierten Standes gegen den dritten geäußert, als radikale, vom Bürgertum als Bedrohung empfundene Forderung.[37] Für das Bürgertum und seine liberalen Vertreter blieb eine »ambivalente Stellung gegenüber dem Gleichheitsbegriff charakteristisch«.[38] Für die frühen Demokraten wurde die Forderung nach politischer und sozialer Gleichheit aber zum zentralen Begriff.

Das Wort »Demokratie« war im frühen Vormärz zur Kennzeichnung der eigenen politischen Haltung nicht üblich.[39] Die in den *Seeblättern* und von den Radikalen häufig gebrauchten Wörter wie »Volk« und »Volkstümlichkeit« enthielten aber bereits die verhüllte Forderung nach politischer Selbstbestimmung; sie zählten zu den von der Obrigkeit »bestgehaßten Worten«[40]. Der Umkehrschluß, daß den Liberalen solche Wortwahl angenehm gewesen wäre, ist keineswegs zutreffend. Ihnen, wie zum Beispiel Rotteck, galten »Radikale« ebenso als Gegner wie die »Reaktionäre«[41]; die konstitutionelle Monarchie sollte auf beide ausgleichend wirken. »Radikal« als Bezeichnung einer entschiedenen Oppositionsrichtung wurde in Baden erst zu Beginn des Jahres 1846 von Struve gebraucht. In dem Maße, wie das »Volk«, seine politische und materielle Entfaltung, einen zentralen Ort im politischen Wertsystem der Radikalen einnahm, veränderte sich der Stellenwert der bisher leitenden Begriffe wie »Monarchie«, »Konstitution« und »liberale Freiheit«.[42] Dies bedeutet jedoch nicht, zumindest noch nicht für die Anfänge des Radikalismus, daß zum Beispiel an die Stelle der Monarchie die Republik getreten wäre. Fickler hielt nach außen hin noch lange an der konstitutionellen Monarchie fest, interpretierte aber die »Verheißungen und Folgerungen« (!) der Verfassung extensiv und bekannte sich zur Anwendung der »äußersten gesetzlichen Mittel«.[43]

Fickler strebte eine konsequente Verwirklichung der Idee der Volkssouveränität an; seine politischen Vorstellungen sind aber im Kern radikaldemokratisch. Volkssouveränität wird nicht mehr als abstraktes Naturrecht im Sinne der Liberalen oder als vernünftiger Gesamtwille wie bei Rotteck, sondern als eine *real zu verwirklichende Willensbildung*, als Entscheidungsprozeß aller Schichten des Volkes verstanden. In ihrer Tendenz war diese Forderung egalitär und revolutionär, sie ging über die bisher gemeinsame ideologische Basis mit der Gesinnungsgemeinschaft liberaler Honoratioren hinaus und führte zu einer neuen politischen Strategie. Nicht mehr erhoffte Vereinbarungs-, sondern Konfrontationspolitik, nicht mehr Bitten und Proklamationen um Freiheitsrechte an die Adressen von »oben«, sondern Selbsthilfe des Volkes von »unten« war die Konsequenz dieses postulierten Dualismus von Regierung und Regierten.

Es ist verständlich, daß die politische Position und Person Ficklers bei den Liberalen, welche doch eine Aufhebung des politisch-sozialen Spannungsfeldes, eine »Versöhnung« durch verfassungsmäßige Mittel anstrebten[44], auf Ablehnung stießen. Fickler wies auf gesellschaftliche Unterschiede hin, deren Aufhebung er aber nicht den Liberalen als Repräsentanten der Bürgertums, sondern dem »Volk« selbst in die Hände legen wollte. Ein solches Verständnis von politischer Selbstbestimmung des »Volkes« eilte den Gegebenheiten in Baden noch weit voraus.

Die breite Popularität der Kammerliberalen beruhte gerade darauf, daß sie sich der politischen und materiellen Belange des »Volkes« vielfach persönlich und väterlich annahmen. Allerdings unterschieden sich das liberale und das »demokratische« Verständnis von »Volk« grundlegend. Das vom Wahlrecht bevorzugte, von einer sich verbreiternden Welle der Politisierung erfaßte »Volk« bestand zuerst aus bürgerlichen Schichten.[45] Das »Volk« Ficklers wurde erst einige Jahre später während der Wirtschaftskrise von der Politisierung erfaßt, hatte sich aber im Jahre 1842 bis auf verschwindende Ausnahmen noch nicht politisch artikuliert.

Es versteht sich von selbst, daß der nach 1842 in Baden anerkannte und gefeierte Führungsanspruch der 2. Kammer langfristig mit der von »Volkswortführern« geforderten politischen und sozialen Emanzipation des Kleinbürgertums kollidieren mußte. Eine mit Fickler sympathisierende Gruppe von etwa sechs bis zehn Abgeordneten, zu denen auch Mathy und Hecker gehörten[46], dürfte dem Gedanken einer allgemeinen Politisierung aufgeschlossen gewesen sein. Ihnen versuchte Fickler vermutlich, als praktische Konsequenz, die Gründung einer überregionalen Oppositionszeitung, die unter der Ägide der 2. Kammer herauskommen sollte, schmackhaft zu machen[47], doch ohne Erfolg. Von den Kammerabgeordneten schwenkte nur Hecker um das Jahr 1846 auf die »außerparlamentarische Opposition« der radikalen Presse ein.

Eine umfassende Politisierung mußte eine Eigendynamik entwickeln, die das monarchische Prinzip aushöhlen und das politische System durch eine faktische Machtverschiebung verändern mußte. Damit sie in der Anfangsphase nicht an der Machtüberlegenheit der »größeren Kabinette« des Deutschen Bundes scheiterte, verfolgte Fickler eine doppelbödige Politik. Es ist unwahrscheinlich, daß Fickler in seinen Grundanschauungen schwankte, wie Ruckstuhl andeutet[48], oder daß er die republikanischen und im Ergebnis revolutionären Konsequenzen seiner politischen Konzeption übersehen hätte. Vielmehr verhüllte Fickler zur Absicherung taktischer Teilziele das strategische Ziel einer demokratischen Republik. Diese Vorsicht war nicht nur geboten, um sich vor dem Zugriff der Polizei zu schützen, sondern auch, um sich bei den Liberalen nicht aller Einwirkungsmöglichkeiten zu berauben.

Während des badischen Verfassungsfestes 1843 war Fickler vorübergehend auf die oppositionelle Leitlinie Itzsteins, »möglichst ruhige Haltung zu beachten, um nicht die Furchtsamen abzustoßen«[49], eingeschwenkt, hielt aber dennoch an seiner radikalen Zielsetzung fest, wie in den folgenden Jahren deutlich wurde. Er bekämpfte die Kompromißbereitschaft der »bürgerlichen sogenannten Mäßigungspartei« der 2. Kammer unter Leitung des späteren Ministers J. B. Bekk, weil sie weder auf die »Schnellkraft des Volkes« vertraue, noch für dessen Rechte eintrete.[50] Nicht Vereinbarungs-, sondern Konfrontationspolitik, nicht Bekk, sondern Blittersdorff habe »das constitutionelle Leben sichtbar vorwärts getrieben«[51], weil der Kampf die Volkskraft erweckt habe. Das »Justemilieu« übernehme die Schutzbehauptung der Regierung, wonach seitens des Deutschen Bundes »unüberwindliche Hindernisse« im Wege stünden und »das Schlimmste« zu befürchten sei, wenn man sich nicht mäßige[52]: »Dieser Popanz hat seit Jahren schon gewirkt in unserem Kammerleben; er hat die Zaghaftigkeit stets ins Bockshorn gejagt und unbeschreiblich viel Gutes in unserem öffentlichen Leben gehindert, recht viel Schlimmes darin hervorgebracht.«[53]

Bereits im Jahre 1844 dürfte Fickler, der schon um die Wende 1847/48 praktisch die Revolution vorbereitete, den gewaltsamen Umsturz für unvermeidlich gehalten haben. Für diese künftige Auseinandersetzung wollte er das Volk vorbereiten.[54] Er wollte den Kampf beschleunigen, um ihn zu verkürzen. Dazu sollte zuerst die 2. Kammer mit allen ihr zu Gebote stehenden Mitteln die Regierung bekämpfen. Würde diese dann aufgelöst, sollte das Land mit den klassischen Mitteln des Volkskampfes, mit Steuerverweigerung und passivem Widerstand, die Regierung in die Knie zwingen. Diese Strategie wurde von den Radikalen im Jahre 1846 anzuwenden versucht, weil sie aber wiederum an der liberalen Kammer scheiterte, propagierten die Radikalen nach der Offenburger Versammlung eine landesweite Steuerverweigerung, allerdings nur mit geringem Erfolg.

Badischer und preußischer Radikalismus

In der Entstehungszeit des badischen und des preußischen Radikalismus[55] bestanden Berührungspunkte, die freilich bald zur Klärung der unterschiedlichen Voraussetzungen und Zielsetzungen führten. Im Rahmen dieser Arbeit soll hauptsächlich auf einen grundsätzlichen Unterschied zwischen dem junghegelianischen Radikalismus in Preußen und dem badischen Radikalismus hingewiesen werden: Der eine hatte einen philosophisch-theoretischen, der andere einen konstitutionell-praktischen Ausgangspunkt; sie trafen sich in der Kritik an den »Halbheiten« des Liberalismus, sie differierten aber in der Frage der einzuschlagenden Strategie. Die Herkunft des frühen badischen Radikalismus aus dem Liberalismus tritt durch einen Vergleich mit der junghegelianischen Opposition deutlich hervor. Die Charakterisierung des Liberalismus bei Gustav Mayer gilt sinngemäß auch für den badischen Radikalismus: »Da der Liberalismus in der politischen Sphäre seine Heimat sah, so konnte er von der politischen Realität nicht so völlig abstrahieren wie der Radikalismus, der aus der Wurzel des Prinzips aufschießt und auf nichts ängstlicher bedacht ist, als dieses rein zu erhalten.«[56]
Treffend beschrieb ein zeitgenössischer Beobachter aus Köln, wie sich dieser Unterschied in der praktischen Politik auswirkte: Bei ihnen gehe alles von oben, von Gelehrten, von Zeitungsredaktionen, von Oberpräsidenten aus, in Baden agiere das Volk selbst; »Öffentlichkeit« dringe in die Poren des Volkes, während in Köln zuviel »abstrakter Liberalismus« – womit die radikale Opposition gemeint war – vorherrsche.[57]
Der badische Radikalismus, der in Ficklers *Seeblättern* seinen pressegeschichtlichen Anfang nahm und sich, wie noch darzustellen ist[58], in der junghegelianisch beeinflußten *Mannheimer Abendzeitung* »frühsozialistisch« fortentwickelte, berührte sich in der Ablehnung der »Zwitterhaftigkeit« des Liberalismus[59] mit den Philosophen der Hegelschen Linken. Doch Prinzipienstreit und abstraktes Infragestellen des badischen Libera-

lismus lag Fickler fern. Worauf sollten die badischen Radikalen bauen, wenn nicht auf die Verfassung *und* die liberale Bewegung?! Sie bildeten die Grundlage der Opposition; Fickler wollte zwar »demokratisch« über sie hinausgehen, er durfte und wollte sie aber unter keinen Umständen gefährden, es sei denn um den Preis der Gefährdung der radikalen Position selbst.

Differenzen zwischen badischem Radikalismus und preußischem Radikalismus traten erstmals zutage, als der in Baden gefeierte Theodor Welcker bei einem Besuch in Berlin 1841 die Erfahrung machen mußte, daß er in den junghegelianisch beeinflußten Oppositionskreisen »gar nicht ernst genommen« wurde.[60] Im Jahr darauf vertiefte Edgar Bauer die junghegelianische Kritik am Liberalismus. In einer Artikelserie der *Rheinischen Zeitung* setzte er sich vernichtend mit dem »Juste-Milieu« und insbesondere mit den »Halbheiten der Theorie« des südbadischen Liberalismus auseinander[61] und löste damit eine publizistische Sensation aus. Der Konfident Wilhelm Fischer beschrieb sie folgendermaßen:

»Alle noch so stürmischen und gewissermaßen groben Debatten der badischen Kammer, alle Petitionen um Preßfreiheit, um Amnestie, ja alle Schmähungen auf den Deutschen Bund sind nichts gegen die Art, das Bestehende zu untergraben, und das Schlimmste ist, diese spaltenlangen Artikel werden verschlungen, von schlichten Bürgern gelesen und wieder gelesen [. . .]«[62]

Vermutlich setzte sich auch Fickler, der eifrige Leser der *Rheinischen Zeitung*, mit Bauers Artikelserie auseinander und ließ sich von ihr zu seiner eigenen Kritik des Kammerliberalismus ermutigen. Ein weitergehender Einfluß ist nicht erkennbar und nach dem Eingehen der *Rheinischen Zeitung* wohl auch auszuschließen. Im Gegenteil: Die Veröffentlichung der *Deutsch-Französischen Jahrbücher* Ruges, deren philosophische Bedeutung Fickler weder ermessen konnte, noch wollte, veranlaßten ihn, die pauschale Verdammung der Verhältnisse – »alles faul, alles ist eine große Lüge« – und antinationale Schmähungen wie zum Beispiel die Charakterisierung der Deutschen als »jenes Volk von Knödelfressern, Bierbäuchen und aufgeblasenen Hambachern«[63] als »traurige Folgen der Gewalt, welche man in Deutschland über die Geister verhängte, und der Mißhandlung, welche zum Wahnsinn treibt«, zurückzuweisen. »Die Roheit« dieser Partei sei »nicht weniger wahrer Freiheit Feind« als der Absolutismus.[64] Ruges lebensfremden Übertreibungen war Fickler ebenso abgeneigt wie politischen Modeerscheinungen. Dem nationalistischen Überschwang der Vorjahre stand er skeptisch gegenüber, Anklänge an den spitzfindigen Wortradikalismus der Brüder Bauer[65], der dem Volk fremd blieb, vermied er.

Wesentliche Eigenschaften des Politikers, die nach dem bekannten Wort Max Webers Augenmaß für die tatsächlichen Verhältnisse und Hartnäckigkeit in der Zielsetzung sein sollten, dürften auch für einen Revolutionär unverzichtbar sein. Auch wenn Ficklers historische Gestalt kaum über die einer Provinzgröße hinauszuwachsen Gelegenheit hatte, verdient die seltene, für ihn charakteristische Verbindung von radikaler Zielsetzung und pragmatischer Handlungsweise Beachtung. Sie machte ihn in der revolutionären Regierung des Jahres 1849 zum entscheidenden Bindeglied zwischen den auseinanderbrechenden Fraktionen.[66] Sie zeichnete ihn bereits im Jahre 1842 aus, als er den schmalen Grad politisch aussichtsreichen Handelns gegenüber unentschiedenen Liberalen wie wortradikalen Theoretikern deutlich zu machen versuchte. Letzteren hielt er in einer Kritik politischer Fehlhaltungen entgegen:

»Wieder andere, deren Theorie wir von der Hand weisen, weil wir sie für unausführbar halten, schelten uns feige und heuchlerisch [. . .diese] fragen wir, wie viele ihrer Genossen ihren Worten und Handlungen Kraft geben, und ob es nicht besser ist, in dem was man zu erreichen sich vornimmt, entschieden zu *handeln* als in dem was man in der Theorie für besser hält bei *Worten* stehen zu bleiben?«[67]

Gesinnungsfreunde bestärkte Fickler in ihrer Kritik an den seiner Meinung nach schwächlichen Kammerliberalen, er warnte sie aber vor einer Haltung ungeduldig-emotionaler Radikalität, vor »Unmut« und Resignation, die über das Ziel hinausschieße und auf das konstitutionelle System überhaupt »den Stein« werfen wolle.[68]

Ficklers Haltung pragmatischer Radikalität kann anhand der Rezeption der *Rheinischen Zeitung* in den *Seeblättern* noch verdeutlicht werden.

Die *Seeblätter* begleiteten den Aufstieg und Überlebenskampf der *Rheinischen Zeitung* von Karl Marx in Köln[69], des »vorderste[n] Organ[s] der Freimütigkeit in Deutschland«[70], mit großer Aufmerksamkeit. Sie berichteten eingehend über den Zensurkampf der *Rheinischen Zeitung*; mehrfach druckten sie ganze Beiträge aus ihr ab, so zum Beispiel das sarkastische Gedicht von Robert Prutz *Unserem König* anläßlich des Kölner Dombaufestes, in dem er einen »Dom der Freiheit« forderte.[71] Die *Seeblätter* berichteten über den Austritt von Karl Marx aus der Redaktion[72] und über die Abschiedsausgabe der *Rheinischen Zeitung*.[73]

Freilich geschah dies nicht ohne innenpolitische Absicht. Die Phase der Zensurlockerung[74] in Preußen, während der die *Rheinische Zeitung* entstehen konnte, wirkte sich auch auf badische Zensurverhältnisse aus. Was der Kölner Zensor passieren ließ, durfte der Konstanzer Zensor nicht ohne weiteres streichen. Die *Seeblätter* nutzten den zensurpolitischen Windschatten der *Rheinischen Zeitung*, waren dann aber wieder den rauhen Winden preisgegeben wie zuvor. Als sich in Preußen wieder eine Verschärfung der Zensur abzeichnete und diese auch in Baden zu erwarten war, eröffneten die *Seeblätter* den erneuten Kampf gegen die Zensur mit einem aus der *Rheinischen Zeitung* entlehnten Beitrag des Junghegelianers Bruno Bauer.[75]

Dieser Beitrag *Anständig und wohlmeinend*[76] griff im Titel die neue Zensurmaxime des

preußischen Königs auf, die ähnlich auch in Baden verkündet worden war, und unterzog sie einer vernichtenden Kritik. Sei es unanständig, die erkannte Wahrheit zu äußern? Jede politische Entwicklung, die von Grundsätzen ausgehe, sei über den Begriff des Anstandes weit erhaben. »Jede neue Wahrheit spricht sich leidenschaftlich aus[...] Ohne Haß keine Energie – ohne Energie keine Handlung – ohne Handlung kein Fortschritt.« Die *Seeblätter* stimmten zwar in die Forderung mit ein, daß nur durch »vollständige Preßfreiheit« den »theoretischen Gebrechen der Zensur« abgeholfen werden könne, gaben aber zu erkennen, daß die Zensur als Stütze des herrschenden Systems nur mit diesem zusammen beseitigt werden könne. Von der Zensur selbst dürfe man nicht mehr verlangen, als sie geben könne.[77] Dementsprechend hielten die *Seeblätter* zu diesem Zeitpunkt nicht mehr den Kampf gegen die Zensur für politisch vorrangig, obwohl er weiterhin Teil der täglichen Auseinandersetzung blieb, sondern die Politisierung breiter Schichten des Volkes. Um diesen Prozeß voranzubringen, dürfe aber die Existenz der kritischen Presse nicht gefährdet werden. Daher kritisierten die *Seeblätter* die ihrer Ansicht nach zur Unzeit eingeschlagene Strategie totaler Opposition.
Den Kampf der »äußersten Demokratie« mit den Regierungen könne das Volk, so betonen die *Seeblätter*, nicht gewinnen, weil es ohne Vorbildung und Vorbereitung die teuer erkaufte (!) Freiheit gegen einen wiederkehrenden Despotismus nicht zu halten vermöge.[78] »Höchst gefährlich« sei es, gaben die *Seeblätter* zu verstehen, »mit Fortschritten zu experimentieren« und feindliche Kräfte herauszufordern, für die man zu schwach sei.[79] Deshalb dürfe die oppositionelle Presse keinen Vorwand zum Einschreiten gegen sich liefern. Sie mache aber ihrem Gegner die Vernichtung unmöglich, wenn sie sich innerhalb der konstitutionellen Grenzen bewege und sich von Provokationen freihalte.[80] Die *Rheinische Zeitung*, obgleich schuldlos, habe »höchst unklug« gehandelt, betonen die *Seeblätter*, weil sie die Übermacht herausgefordert haben, ohne noch einen »Rechtsboden für ihre eigene Wirksamkeit« zu besitzen.[81] Einen »Rechtsboden« konnte, wie Fickler überzeugt war, nur die erweckte Kraft des »Volkes« schaffen und garantieren.

Im badischen Radikalismus, wie er in den »Seeblättern« vorgeprägt wurde, nimmt die Entfaltung politischer Öffentlichkeit einen zentralen Platz ein. Ficklers Verdienst war es, die Zeichen der Zeit, den deutlich spürbaren Drang breiter Bevölkerungsschichten nach politischer Mündigkeit – gewissermaßen das Entwicklungsgesetz des Vormärz – frühzeitig zu erkennen. Die Zeit arbeitete für die Opposition.
Von voreiligen Bekenntnissen zur Republik hielt Fickler deswegen nicht viel. Weder, erklärte er im Jahre 1843, sei »Gesinnung und Bildungsstufe des Volkes für die Republik geeignet«, noch könne er auch nur entfernt die politischen Mittel für ihre Durchsetzung erblicken.[82] Im gegenwärtigen Zustand müßten erst die Gegner der konstitutionellen Sache beruhigt und die Massen mit dem Verfassungsleben vertraut gemacht werden.[83]

Das Maß politischen Fortschritts sollte sich also nach der politischen Bildungsstufe des Volkes, nach der Entfaltung politischer Öffentlichkeit richten.

Die Charakteristika des badischen Radikalismus – wie er im Offenburger Programm von 1847[84] niedergelegt wurde – sind bereits in den Jahren 1842–1844 erkennbar: die Herkunft aus dem Liberalismus, die Basis im Konstitutionalismus, die demokratische Tendenz durch die Einbeziehung der kleinbürgerlichen und Unterschichten. Im Vertrauen auf ein sich verbreiterndes Verfassungsleben hoffte der Radikalismus – ähnlich wie bereits der badische Liberalismus der Julirevolution – auf die Wirkung entschiedener, der Regierung Stück um Stück abgetrotzter Reformen. Die politische Macht sollte den Radikalen wie eine reife Frucht in den Schoß fallen. Sie wollten das alte System unterlaufen, aushöhlen, aber nicht voreilig zum Kampf herausfordern, zumindest nicht, solange das Volk noch schwach war. Wesentliches Merkmal des Radikalismus aber war, daß er über einen vermittelnden Liberalismus hinausgehen und den Dualismus zwischen Regierung und Volk durch die Schaffung eines freien Volksstaates aufheben wollte.

Die Konstanzer Presse – der *Leuchtthurm*, die *Deutsche Volkshalle* und die *Seeblätter* – hatte entscheidend zur programmatischen Klärung der badischen Opposition beigetragen. Doch nur in einem politischen und wirtschaftlichen Zentrum, zu dem Mannheim sich im Vormärz zunehmend entwickelte, konnten Presse und öffentliche Meinung zum Gegenpol des Obrigkeitsstaates werden.

Fünftes Kapitel:
Presse und öffentliche Meinung als politische Kraft – die Pressestadt Mannheim im Vormärz

Nach den Landtagswahlkämpfen 1841/42 in Baden und nach dem Rücktritt des Ministers Blittersdorff 1843 war die Opposition stärker als zuvor. Kritische Presse und öffentliche Meinung etablierten sich als politische Faktoren, welche die Regierung – trotz ihrer wiederholten Versuche – nicht mehr unterdrücken konnte. In diesem Konflikt zwischen Zensur und Öffentlichkeit spiegelte sich der strukturell im Vormärz angelegte »Dualismus« zwischen Obrigkeitsstaat und bürgerlicher Gesellschaft.[1] Mit einer gewissen Notwendigkeit mußte er in Mannheim ausbrechen, entfalteten sich doch hier am frühesten die gesellschaftlichen Triebkräfte des politischen Umbruchs; liberales Denken verband sich mit der Stoßkraft von Interessen; eine bürgerliche Klasse erwarb sich Geld und Einfluß und sprengte den vorgegebenen Rahmen des halbabsolutistischen Staates.
Mehrere Momente veränderten grundlegend die Struktur der damaligen Kleinstadt Mannheim.[2] Der Beitritt zum deutschen Zollverein ermöglichte den freien Handelsverkehr.[3] Der Ausbau des Rheinhafens, im Winter 1839/40 beendet, brachte für Mannheim die Anbindung an die holländischen Hafenplätze und damit an den Welthandel.[4] Wirtschaftliche Expansion[5], der Beginn der Industrialisierung[6] und gesellschaftliche Umschichtung[7] machten Mannheim zur geheimen »ersten« Stadt des Landes, in der das Bürgertum – die Kaufleute, Hofgerichtsanwälte, Abgeordneten und Journalisten – tonangebend war. Die *Mannheimer Abendzeitung*, das *Mannheimer Journal* und Struves *Deutscher Zuschauer* machten Mannheim zu einer bedeutenden Pressestadt des Vormärz. Im Kampf um eine freie Presse erzielte das Bürgertum der Stadt einen entscheidenden Durchbruch.
Die Presse Mannheims nimmt auch ideengeschichtlich einen besonderen Rang ein: Die *Mannheimer Abendzeitung*, das »Nachfolgeblatt« der *Rheinischen Zeitung* von Karl Marx, entwickelte sich vom liberalen zu einem frühsozialistischen Organ, Struves *Zuschauer* von 1847 zum vorrevolutionären Kampfblatt.

Die *Mannheimer Abendzeitung* (1842–1849) – die Herausforderung der Großmächte

Die Redaktion Karl Grüns – Grüns »nationalfreisinnige« Opposition und Ausweisung

Der unfreiwilligen Hilfestellung von Regierung und Beamten verdankte die badische Vormärzpresse entscheidende Durchbrüche. Im bürokratisch-obrigkeitlichen Weltbild stellte das neuartige Phänomen der Öffentlichkeit einen Fremdkörper dar, den Zensoren, Bezirks- und Staatsregierung mit vereinten Kräften eliminieren wollten. In ihrer Unerfahrenheit im Umgang mit der öffentlichen Meinung trugen sie durch ihr Verhalten gegenüber der *Mannheimer Abendzeitung* Karl Grüns – wie einige Jahre später gegenüber Gustav Struves *Mannheimer Journal* – zur Entstehung einer homogenen, politisch reagierenden Öffentlichkeit ganz gegen ihre Absicht entscheidend bei.
Die Besetzung der Redaktion der seit 1843 bestehenden kleinen und unbedeutenden *Mannheimer Abendzeitung* mit Dr. Karl Grün (1817–1887)[1], einem politisch noch unprofilierten, aber agilen Jünger des Fortschritts, der wenige Jahre später zum einflußreichen Vertreter eines »philosophischen Sozialismus« wurde, war von seiten des Verlegers, Friedrich Moritz Hähner, nicht übel berechnet. Die Stadt Mannheim entbehrte seit dem Jahre 1840, dem Ende des *Rheinischen/Deutschen Postillon,* ein politisches Blatt. Das *Mannheimer Journal* versuchte zwar mit einigen Korrespondenzen über Preußen wider den Stachel zu löcken – es wagte zum Beispiel den gleich monierten Ausdruck »sogenannte Majestätsbeleidigung«[2] –, zog es aber vor, auf ein bequemes Insertionsprivileg der Regierung, statt auf ein gestiegenes, aber relativ unsicheres Informationsbedürfnis der Mannheimer Bevölkerung zu bauen. Rechtzeitig zu Beginn der politischen Kämpfe in Baden übernahm Karl Grün im Januar 1842 die Redaktion der *Abendzeitung.* Er charakterisierte sie als »ein Blatt, das keinen Namen, nie einen Redacteur von Belang hatte, dem aber auch jedes böse Antezedens, jeder ominöse Beigeschmack fehlte, so recht integrum vitae [...]«[3]. Grün machte die Zeitung zum Oppositionsblatt. Unterstützt von Liberalen, vor allem von Friedrich Bassermann, aus dessen Feder teilweise die recht wirkungsvollen Landtagsberichte kamen[4], trat er für die Kammeropposition ein. Die *Abendzeitung* fand Zuspruch und war dabei, sich einen festen Platz zu erobern.
Der Umstand, daß der unbequeme Redakteur Grün die preußische Staatsbürgerschaft

47 Hecker-Aufstand im April 1848. Mannheim verteidigt sich gegen hessisch-nassauische Truppen.

48 »Festnahme« Josef Ficklers durch Karl Mathy am 8. April 1848 in Karlsruhe.
49 Die Nationalversammlung verwirft Heckers Wahl. Die Abgeordneten Jucho und Möhring versperren Revolutionären den Eingang zur Paulskirche.
50 Bassermann als krebsfüßiger Reaktionär, ein demokratisches Spottbild.
51 Hecker wird zur revolutionären Schreckgestalt.

Deutsche Parlaments-Gallerie Wache.

Kommt einer geritten
Der muthig gestritten
Mit Hecker am Rhein
Der darf nicht herein
Der darf nicht herein

Kommt einer die Quere
Der freundlich mit wäre
Dem Hecker am Rhein
Auch der darf nicht rein
Auch der darf nicht rein

Aus der Reichs-Curiositäten-Sammlung.

Der Wassermann.
Ein Sinnbild der Reaction.

Der neue Wauwau.

„Hoheiten! die Zeit des Spielens ist nun vorüber, jetzt heißts lernen. Sonst kommt der Hecker!"

Associationen.

„Geld müssen mer haben. — Ich besorg' den Crawall. — Du schreibst den Zeitungsartikel darüber und der n[…] die Illustration dazu."

Wohlstand ohne Arbeit!
(Struve's Republik im Schlaraffenlande)

52–54 Die Revolutionäre in der Gegenpropaganda.

55/56 Josef Fickler bleibt bis April 1849 inhaftiert. Aus dem Gefängnis gibt er dem Redakteur Letour Anweisungen für die »Seeblätter«.

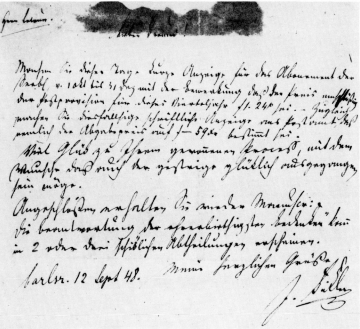

Der Brief lautet:
Herrn Letour
Lieber Freund!
Machen Sie dieser Tage kurze Anzeige für das Abonnement der Seebl. v. 1. Okt. bis 31. Dez. mit der Bemerkung daß der Preis ausschlüßig der Postprovision für dieses Vierteljahr fl. 24 kr. sei. –
[...]
Viel Glück zu Ihrem gewonnenen Prozeß, mit dem Wunsche daß auch der gestrige glücklich ausgegangen sein möge.
Angeschlossen erhalten Sie wieder Manuscripte. Die Beantwortung der ehrerbietigsten Bedenken kann in 2 oder drei schicklichen Abtheilungen erscheinen.
Carlsr. 12. Sept. 48.

(Stadtarchiv Mannheim, Kleine Erwerbungen 150)

Meine herzlichen Grüße
J. Fickler

Nro. I.
Republikanisches Regierungs-Blatt.

Hauptquartier Lörrach, 22. September 1848.

Inhalt.
1) Aufruf an das deutsche Volk. 2) Dienstanweisung an sämmtliche Bürgermeister. 3) Verfügung über Abgaben. 4) Zollgesetz.

Aufruf an das deutsche Volk!

Der Kampf des Volkes mit seinen Unterdrückern hat begonnen. Selbst in den Straßen der Stadt Frankfurt a. M. am Sitze der ohnmächtigen Centralgewalt und der geschwätzigen konstituirenden Versammlung ist auf das Volk mit Kartätschen geschossen worden. Nur das Schwert kann das deutsche Volk noch retten. Siegt die Reaktion in Frankfurt, so wird Deutschland auf dem sogenannten gesetzlichen Wege furchtbarer ausgesogen und geknechtet werden, als dieses in den blutigsten Kriegen geschehen kann.

Zu den Waffen deutsches Volk! Nur die Republik führt uns zum Ziele nach dem wir streben.

Hoch lebe die deutsche Republik!

Lörrach den 21. September 1848.

Im Namen der provisorischen Regierung

Gustav Struve.

Der Kommandant des Hauptquartiers:
M. W. Löwenfels.

Der Schriftführer:
Karl Blind.

57/58 Gustav Struve ruft am 21. September 1848 in Lörrach die deutsche Republik aus.

(Begleitschreiben zu den ersten Verfügungen, welche vor der Ausgabe des Regierungsblattes besonders abgedruckt und versendet worden sind.)

An den republikanischen Ausschuß zu

Deutsche Republik.
Wohlstand, Bildung, Freiheit für Alle!

Beifolgend übersende ich Euch die ersten Verfügungen der provisorischen Regierung Deutschlands und spreche dabei die Erwartung aus, daß Ihr mit allen euern Kräften diesen Verfügungen Nachdruck und Anerkennung verschafft.

Im Namen der provisorischen Regierung Deutschlands

Gustav Struve.   Der Schriftführer:
Karl Blind.

Hauptquartier Lörrach, am ersten Tage der deutschen Republik, am 21. Sept. 1848.

Befehle der provisorischen Regierung.

Der Träger dieses, Pedro Dusar, hat den Befehl, sich der Druckerei von Gutsch zu Lörrach zum Zwecke der deutschen Republik zu bemächtigen, wobei übrigens dem Druckereibesitzer eine den Umständen entsprechende Vergütung vorbehalten bleibt. In allen die Druckereiangelegenheiten der Republik zu Lörrach betreffenden Angelegenheiten ist dem genannten Pedro Dusar genau Folge zu leisten.

Lörrach den 21. September 1848.

Im Namen der provisorischen Regierung:
G. Struve.

Deutsche Republik!

Das Personal der Druckerei, wie der Besitzer, haben nur dem Bürger Dusar auf seinen Befehl zu gehorchen.

Lörrach am 22. September 1848.

K. Blind.

59   Struve hatte die republikanische Machtergreifung nur auf dem Papier gut vorbereitet. Der 2. badische Aufstand bricht schnell zusammen.

besaß, bot Regierung und Behörden einen willkommenen Anlaß, sich des »Ausländers« zu entledigen. Regierungsdirektor Dahmen von Mannheim wollte sich durch die »Anmaßungen« Grüns nicht »das Hausrecht streitig machen lassen« und entschied sich, ahnungslos welche Reaktion der Öffentlichkeit er heraufbeschwören würde, für eine gegenüber einem kritischen Vormärzjournalisten exemplarische Maßnahme:
»Ich bin ganz damit einverstanden, daß man diesen Dr. Grün, der selbst Preuße, seinen König und die demselben gegebene Bürde zum Spielball seiner armseligen Witze und Ironien macht, der die Ehrerbietung gegen den Souverän des Landes, wo man ihn als Gast aufgenommen und ihm den Broderwerb gestattet hat auf empörende Weise bei Seite setzt, das ihm gewährte Gastrecht nicht nur aufkündige, sondern ihm in seinen Paß schreibe: ›Inhaber wird wegen Versuchs, aufregende, deutsche Souveräns und Regierungen schwächende Artikel durch den Druck zu verbreiten, in der Richtung nach seiner Heimat über die Grenze gewiesen‹.«[5]
Die Regierung stimmte dem Vorgehen Dahmens zwei Tage später zu. Daraufhin ließ Stadtdirektor Riegel von Mannheim Karl Grün am 5. Oktober 1842 – die Kammersession war zu Ende – mit Polizeiaufgebot über die Grenze abschieben wie einen Verbrecher.[6]
Die bürokratische Einfalt glaubte mit der Abschiebung eines Redakteurs die politische Presse und die rege Öffentlichkeit Mannheims treffen zu können. Die polizeistaatliche Maßnahme empörte den liberalen Zeitgeist, die Haltung unzeitgemäßer Kleinstaatlichkeit, die aus der Beschränkung der Freizügigkeit sprach, verletzte die nationalen Gefühle. Der Vorgang wurde zum Skandal, und die damit verbundene Publizität in ganz Deutschland – ein Glücksfall für Redakteur und Zeitung – kam der Karriere des »Märtyrers der Freiheit« zustatten.[7] Sie verhalf zugleich der *Mannheimer Abendzeitung* zum Sprung über die badischen Grenzen.[8]
Karl Grün konnte die *Abendzeitung* einige Monate von der anderen Seite des Rheins, von der auf bayerischem Gebiet gelegenen Rheinschanze aus, redigieren, bis ihn die bayerische Polizei auch von dort weiterbeförderte.[9]
Der Skandal ließ die Auflage der Zeitung auf über das Doppelte, auf 1200 Abonnenten hochschnellen.[10] Sie verbreitete sich in Süddeutschland und vor allem in Preußen und fand auch in Berliner Kaffeehäusern Eingang.[11] Als einziges badisches Blatt konnte sie sich überregional etablieren.[12]
Bevor die *Mannheimer Abendzeitung* die ein halbes Jahr später eingestellte *Rheinische Zeitung* »beerben« konnte, vertrat sie eine eher modische nationale und liberale Orientierung. Weder zeigte sie die Selbständigkeit politischen Denkens noch die Radikalität der Ficklerschen *Seeblätter*.
Das Blatt erschien täglich außer sonntags im Folio-Format. Die Hälfte der vier Seiten füllten Landtagsberichte und in unregelmäßiger Folge auch »Leitartikel«. Nachrichten

aus Baden, Deutschland und aller Welt, kritisch und fortschrittlich im Ton, schlossen sich an. Auf der letzten Seite befanden sich Privatanzeigen und obrigkeitliche Bekanntmachungen. Für letztere revanchierte sich das Blatt mit der einen oder anderen höfischen Schmeichelei wie zum Beispiel dem artigen Gedicht zum Geburtstagsfest Seiner Königlichen Hoheit, des Großherzogs Leopold *(Badens Hort)*[13], eine Geste, zu der sich der *Rheinische/Deutsche Postillon* nie bereitgefunden hatte.

Die *Abendzeitung* gedieh in der Atmosphäre des erfolgreichen Bürgertums der Handelsstadt Mannheim, die wußte, daß die Zeit für sie arbeitete. »Daß es in der That besser mit uns geworden ist und immer besser mit uns wird«[14], dessen zeigte sich das Blatt, zumindest was Presse und öffentliche Meinung anging, überzeugt.

Von Friedrich Bassermann (1811–1855)[15] stammte vermutlich ein für diesen Fortschrittsoptimismus aufschlußreicher Beitrag[16]. Er versprach sich von der wirtschaftlichen Entwicklung einen zwangsläufigen politischen Fortschritt. Bewies doch der Eisenbahnbau als aktuelles Beispiel, wie sich eine verkehrstechnische und wirtschaftliche Notwendigkeit über den Willen von Einzelstaaten hinweg durchsetzte und der nationalen Einigung vorarbeitete. Aus der Selbsttätigkeit des Volkes, aus der Privatinitiative, erwachse, so gab der Beitrag zu verstehen, auf evolutionärem Wege eine Umwälzung. Diese »politische Reform kostet keinen Blutstropfen«.[17]

Die Wirtschaftsliberalen hatten die Erfahrung von Klassengegensätzen noch nicht gemacht.[18] Sie unterschätzten auch die Widerstandskraft der alten Machtstrukturen. Nationalität und Liberalität, die Parolen sich »schroff gegenüberstehender Parteien« wollte der frühe Karl Grün ebenfalls nicht als unüberbrückbare Gegensätze anerkennen. Beide Richtungen hätten ihre Berechtigung, beide Seiten meinten es gut mit dem Vaterland.[19]

Die ideengeschichtliche »Originalität« der *Mannheimer Abendzeitung* unter Karl Grün bestand darin, den optimistischen Bourgeois-Liberalismus der Handelsstadt und den nationaldeutschen Gedanken, der im übrigen über die *Oberdeutsche Zeitung* direkt auf J. G. A. Wirth zurückzuverfolgen ist, »in nationalfreisinniger Weise« zu harmonisieren. Seine Auffassung vom »Volk«, das »nach politischer Erfahrung und bei ordentlich bestelltem Schulunterricht« durchaus einen klaren Willen besäße[20], ging nicht über die der Kammerliberalen hinaus. Für die Zeit bis etwa Mitte 1843, also bevor der publizistische Schub der *Rheinischen Zeitung* wirksam wurde, sind bei der *Mannheimer Abendzeitung* – entgegen der Auffassung Ruckstuhls – höchstens versteckt radikale Ansätze zu erkennen.[21] Zwar distanziert sich die *Abendzeitung* ähnlich wie die *Seeblätter* von den revolutionären Bestrebungen deutscher Emigranten – gemeint ist der Republikaner Georg Fein –, mit denen sie »nimmermehr gemeinschaftliche Sache« machen wolle, doch in der *Abendzeitung* trug dies einen grundsätzlichen, in Ficklers *Seeblättern* nur einen taktischen Charakter.[22]

Die Mannheimer Abendzeitung *im Jahre 1843 – das Nachfolgeblatt der* Rheinischen Zeitung

Während Karl Grün noch mit der Redaktion der *Rheinischen Zeitung* über seinen möglichen Eintritt verhandelte[23], war die preußische Regierung bereits entschlossen, die Zeitung zu verbieten. Die Redaktion und der Mitarbeiterstab mußten sich nach einem geeigneten Nachfolgeblatt umsehen. Die *Mannheimer Abendzeitung* bot sich als ausbaufähiges und dazu vergleichsweise freies Blatt an. Das konstitutionelle Leben Badens schien der Oppositionspresse einen gewissen Schutz zu bieten, konnte sie doch nicht wie in anderen Bundesstaaten kurzerhand verboten werden.
Die *Rheinische Zeitung* führte in den letzten Monaten ihres Bestehens die *Mannheimer Abendzeitung* bei ihren Lesern als Nachfolgeblatt ein.[24] Sie übernahm teilweise ihre politische Berichterstattung über das südwestliche Deutschland. Umgekehrt deckte sie in der *Abendzeitung* ihre bisher geheimgehaltenen redaktionellen und personellen Verhältnisse auf.[25] Sie beabsichtigte sogar, im Falle eines Verbots durch die Zensur, ihr politisches Testament in der *Mannheimer Abendzeitung* unterzubringen.[26]
In ihrer Vermächtnisausgabe verwies die *Rheinische Zeitung* ihre Leser an die *Mannheimer Abendzeitung*.[27] Diese »erbte« einen Großteil ihrer Mitarbeiter[28] und gewissermaßen ihre politische Tendenz; außerdem übernahm sie wohl auch einen Teil ihrer Abonnenten. Als Nachfolger Karl Grüns leitete der eifrige Korrespondent der *Rheinischen* Ferdinand Cölestin Bernays (1815–1879) seit April 1843 die Redaktion der *Mannheimer Zeitung*.[29] Ein Konfident, vermutlich Fischer, berichtete über die Absichten der neuen Redaktion: »Sämtliche Mitarbeiter und Redakteure der ›Rheinischen Zeitung‹ sollen [...] darauf hinarbeiten, aus der ›Mannheimer Abendzeitung‹ ein großes Blatt, wie es die ›Rheinische Zeitung‹ war, zu schaffen.«[30]
Die Verbindung von radikaler Intelligenz und liberaler Bourgeosie, wie sie schon bei der *Rheinischen Zeitung*[31] zu beobachten war, bestimmte auch bei der *Abendzeitung* die politische Richtung. Neben Bernays, der schon mit Ende desselben Jahres wieder ausschied[32], zählten bald Karl Heinzen, Moses Hess[33] und Adolf Rutenberg aus dem engeren Kreis der *Rheinischen* zu den Mitarbeitern der *Abendzeitung*[34], auch der Berliner Journalist Eduard Meyen wechselte zu ihr über[35]. Als Korrespondent schrieb Karl Gutzkow anonyme »Tendenzartikel«[36]. August Becker lieferte regelmäßig Beiträge aus Genf; vornehmlich exzerpierte er französische Zeitungen und berichtete über den deutschen Handwerksburschen-»Kommunismus« in der Schweiz mit merklich apologetischer Absicht: Er wollte dessen Ruf verbessern und damit die gefährdeten Vereine sichern.[37]
Wie bei der Vormärzpresse überhaupt waren auch die Mitarbeiter der *Abendzeitung* darauf bedacht, ihre Anonymität zu wahren. Sie versteckten sich nicht selten, wie zum

Beispiel Moses Hess[38], unter den verschiedensten Korrespondenzzeichen. Seit Anfang 1844 schrieben schließlich 24 Korrespondenten aus Preußen, 23 aus Baden, 14 aus anderen deutschen Staaten für die *Abendzeitung.* Vier Korrespondenten befanden sich in Paris bzw. Lausanne.[39] Das starke Gewicht der preußischen Mitarbeiter ließ voraussehen, daß sich die *Abendzeitung* eingehend mit preußischen Verhältnissen beschäftigen werde.

Wie Metternich selbst[40] richteten auch die Konfidenten ihr besonderes Augenmerk auf die *Mannheimer Abendzeitung.* Einer hatte schon – ähnlich wie beim *Postillon* – Vorbereitungen getroffen, ihr »inneres Getriebe« auszukundschaften.[41] Der Leipziger Konfident sah in der *Abendzeitung* das gegenwärtig schlechteste Blatt in Deutschland, aus dem eine »echte Jakobinerwut« leuchte.[42] Sein Kollege aus Frankfurt entrüstete sich: »Es bleibt unbegreiflich, wie die Mannheimer Zensur mithelfen kann, die bestehende Ordnung durch die Tendenz der ›Mannheimer Abendzeitung‹ zu untergraben.«[43] Mit dieser Meinung befand er sich in Übereinstimmung mit den Ansichten auswärtiger Regierungen.

Der Zensurkampf der Mannheimer Abendzeitung *– das Einschreiten der Großmächte im Jahre 1844*

Nach der Niederlage Blittersdorffs und der Ausweisung Grüns, die zur Genüge die Reaktion der Öffentlichkeit auf administrative Maßnahmen bewiesen hatte, lag es kaum noch in der Hand der Regierung, ihre Zensurrichtlinien im direkten Zugriff durchzusetzen. Die Zensurpraxis entschied sich auf der Ebene von Redaktion und Zensor. Die publizistische Opposition bemühte sich nach Kräften, den Zensor zum bestgehaßten Mann des Vormärz zu machen. Niemand nahm das Amt gerne auf sich – mit Ausnahme Uria von Sarachagas, mit dem die Regierung Ende 1844 endlich einen unerschütterlichen Zensor für Mannheim glaubte gefunden zu haben. Wider Willen machte er sich jedoch um die badische Publizistik in ähnlicher Weise verdient wie Blittersdorff um das badische Verfassungsleben.

Der preußische Gesandte in Baden und langjährige Berater des Großherzogs Leopold, Radowitz[44], warnte, kaum daß die redaktionelle Umbesetzung der *Mannheimer Abendzeitung* abgeschlossen war, die badische Regierung vor dem Blatt, das »in die Fußstapfen der Rheinischen Zeitung getreten« sei; nunmehr genügten nicht mehr verschärfte Zensuranweisungen, sondern nur noch Zensoren, die »mit der Einsicht auch den ernsten Willen vereinen« würden, diese zu befolgen.[45] Ihn kümmerten dabei weniger die Wirkungen der Zeitung in Baden als in Preußen. Die Beobachtung Radowitz', daß die *Abendzeitung* in Rheinpreußen bereits sehr verbreitet sei[46], löste angesichts der peinvollen Erfahrungen, die der gegenüber Presseangriffen empfindliche preußische

Monarch machen mußte[47], ein schnelles Vorgehen seiner Regierung aus. »In ausdrücklichem Auftrage meines allerhöchsten Hofes« erinnerte der preußische Gesandte die großherzogliche Regierung unverblümt an die Bündnispflicht, »die Würde und Sicherheit anderer Staaten« durch Preßprodukte nicht gefährden zu lassen.[48] Sie sei zu rigorosen Maßnahmen verpflichtet, die vom Auswechseln der Zensoren über den Entzug der Konzession bis zum Verbot der Zeitung reichen müßten, wie es ähnlich bei der *Rheinischen Zeitung* geschehen sei.[49] Diese Maßnahmen waren in Baden teils aus rechtlichen, teils aus politischen Gründen nicht möglich.

Der amtsmüde Zensor Riegel von Mannheim nahm die preußischen Proteste zum Anlaß, Innenminister Rüdt um Entbindung vom Zensorenamt zu bitten.[50] Neuer Zensor wurde der Mannheimer Stadtamtsassessor Fuchs.[51]

Die Beschwerden der preußischen Regierung, bereits im Jahre 1843 nicht selten, häuften sich, als die *Mannheimer Abendzeitung* über aktuelle innenpolitische Konflikte Preußens berichtete. Dies führte schließlich zur Androhung äußerster Maßnahmen seitens der beiden deutschen Führungsmächte, Preußen und Österreich, gegenüber der badischen Regierung. Dieser zensurpolitische Vorgang entbehrte nicht einer gewissen Komik, denn die diplomatische Empörung der Großmächte, die nach heutigen Vorstellungen recht geringfügige Anlässe hatte, richtete sich lediglich gegen eine Handvoll Redakteure, deren Zeitung in ganz Preußen nur 134 Abonnenten zählte, von denen 44 in Berlin und den östlichen Provinzen lebten.[52] Weder die preußische Regierung allein noch der badische Staatsminister, noch sein Innenminister wollten aber für den Skandal eines Zeitungsverbots verantwortlich sein. So reichten sie die Entscheidung wie einen Schwarzen Peter untereinander weiter.

Der Innenminister hatte dem Zensor wiederholt die strengste Kontrolle über die preußische Berichterstattung eingeschärft.[53] Er hatte außerdem dem preußischen Gesandten das Sonderrecht zugestanden, jederzeit in der *Mannheimer Abendzeitung* eine Gegendarstellung abdrucken zu dürfen[54], doch Radowitz wollte verhindern, daß innerpreußische Vorgänge überhaupt publik wurden.

Die *Abendzeitung* hatte mit am ausführlichsten unter den süddeutschen Zeitungen über die Vorbereitung und Durchführung der rheinischen Provinziallandtage berichtet.[55] In der Berichterstattung vertrat die *Abendzeitung* die Auffassung, daß der Fortschritt vom Volke ausgehe und allein durch die Schaffung einer geschriebenen Verfassung, nicht durch königliche Versprechen garantiert werden könne.[56] Die »frechen« und »gehässigen« Korrespondenzen aus Rheinpreußen veranlaßten Radowitz, mit einem Verbot der Zeitung durch den Bundestag – dem äußersten Rechtsmittel, das aufgrund der Karlsbader Beschlüsse bestand[57] – zu drohen.[58] Staatsminister Dusch empfahl Innenminister Rüdt dringend, »wahrhaft eingreifende Mittel« anzuwenden, weil eine Erörterung im Bundestag »nur unangenehm« sei.[59] Der Innenminister wollte aber die Verantwor-

165

tung nicht übernehmen; er wisse sich keinen Rat, welche weiteren Machtmittel er noch einsetzen könne. Offen gestand er Dusch, er würde sogar das Einschreiten des Bundestages und sein Verbot der Zeitung in Kauf nehmen, könne er sich doch mit dem vielfach gezeigten guten Willen und der unzulänglichen Preßgesetzgebung Badens entschuldigen.[60] Am liebsten sähe er, »wenn die kgl.-preußische Regierung den Debit der Mannheimer Abendzeitung in ihren Staaten gänzlich verbieten würde [...] und wir gestehen es offen, daß uns damit ein wahrer Dienst geleistet wäre, da die fragliche Zeitung nicht wohl ohne die Subskribenten aus Preußen bestehen kann«.[61] Die preußische Regierung ließ es vorläufig bei der Drohung bewenden und ging auch nicht auf den Vorschlag eines Verbots der Zeitung ein, dessen Erfolg höchst zweifelhaft gewesen wäre.

Innenminister Rüdt nahm Zensor Fuchs gegenüber dem Vorwurf nachlässiger Zensur in Schutz, denn an seiner Stelle könne kein besserer gefunden werden. Von einer Strafe wegen der von preußischer Seite erhobenen Vorwürfe solle man absehen, da Fuchs bei der Opposition in besonders üblem Ruf stehe.[62]

Dies war gewiß keine Übertreibung, vermittelt doch die gegen Fuchs gerichtete Philippika des ausgeschiedenen Redakteurs Bernays einen Eindruck von den Anfeindungen, die ein Zensor hinnehmen mußte. In den »Schandgeschichten zur Charakteristik des deutschen Censoren- und Redaktorenpacks«, die Bernays in Straßburg erscheinen ließ[63], griff er Zensor Fuchs in einem bisher unbekannten, rüden Ton an:

>»Er hat keine Seele im Leib, drum streicht er sie andern aus dem Körper; er hat kein warmes Blut und kein schlagend Herz, denn nur die Kaltblütigen morden aus Überzeugung, und der Mord ist sein Geschäft. So einem Kerl ins Gesicht spucken, das ist zwar unartig, aber doch kein Mord.«

Gleichgültig ob Bernays nun aus verletztem Schriftstellerstolz handelte oder voller Absicht den Zensor als schwächstes Glied des repressiven Systems treffen wollte, er personalisierte das Zensurproblem, er verstärkte den Druck der Öffentlichkeit auf das verhaßte Amt des Zensors, zu dessen Übernahme sich badische Beamte in der Regel nur widerstrebend bewegen ließen.

Die einzige Konzession, die der badische Innenminister dem preußischen Gesandten noch machen konnte, bedeutete die Rückkehr zur früheren Zensurpraxis. Er befahl dem Zensor, künftig auch *ganze* Artikel, die der preußischen Regierung mißfallen könnten, zu streichen.[64] Außerdem sollten ihm monatlich die entsprechenden Zensurexemplare der *Abendzeitung* zur Kontrolle vorgelegt werden.[65]

Für kurze Zeit fand die preußische Regierung an der *Abendzeitung* nichts auszusetzen. Wegen der rigorosen Zensur der preußischen Berichterstattung wechselte die *Abendzeitung* vorübergehend auf ein anderes Kampffeld über. Im Jahr der Massenwallfahrten zum Heiligen Rock in Trier[66] nahm sie sich auf ihre Weise der religiösen Aufklärung an. Die *Abendzeitung* verbreitete junghegelianische und Feuerbachsche Ideen, die trotz philosophischer Verkleidung nicht weniger brisant wirkten als offene Kritik an kirchlichen Zuständen, die von vornherein als Verletzung religiöser Gefühle und des Religionsfriedens der Zensur verfallen wären. Feuerbachs mittelbarer, doch höchst revolutionärer Denkansatz implizierte die Auflösung der Theologie als Voraussetzung geistiger Freiheit sowie die Abschaffung der Monarchie zur Herstellung der politischen Freiheit. Das kam in der *Abendzeitung* jedoch nur in vorsichtigen Wendungen zum Ausdruck. Dennoch sahen der katholische und evangelische Oberkirchenrat in Baden den Boden von Staat und Kirche wanken und trugen vereint ihre Warnung dem Innenminister vor.[67] Gegen die Krankheit der Zeit, ließen sie durchblicken, wüßte die Regierung kein Gegenmittel; auch vor der Französischen Revolution habe es nicht an Schriften gefehlt, die den »religiösen Boden zu unterwühlen sich bemühten«. Der Staat als ein »christlich-sittliches Institut« müsse aber seine Fundamente, welche die »ultraradikalen« Schriftsteller, der »sogen. Jung-Hegelschen Schule« auflösten, mit einer schärferen Zensur erhalten und gegen sie verteidigen.

»Die dermaligen Gesetze über Zensur und Preßfreiheit genügen nicht, gegenüber solchen schlauen Köpfen; die Zensoren behandeln das Geschäft als Nebensache und zwar als sehr verdrießliche, sind ohnehin nicht in unabhängiger Stellung und jene Journalisten, die es wagen, der Tendenz der sogen. jungen Deutschen entgegenzutreten, bezahlen ihre Mühe mit einem frühen und schmählichen Tod.«[68]

Die Spitzen der badischen Kirchen – ihr Wortführer war das Erzbischöfliche Ordinariat in Freiburg – ersuchten die Regierung dringend, das Treiben der *Mannheimer Abendzeitung* zu beenden.[69] Der Innenminister zeigte sich davon nicht sonderlich gerührt und leitete den Brief dem Zensor zur Kenntnisnahme weiter.[70]

Aufs höchste alarmiert zeigte sich aber die badische Regierung, als der preußische Gesandte wegen der Berichterstattung der *Mannheimer Abendzeitung* über den schlesischen Weberaufstand und seine militärische Niederschlagung sowie über das Tschechsche Attentat[71] im Sommer 1844 ein *gemeinsames* Vorgehen der Regierungen Österreichs und Preußens ankündigte.[72]

Die Berichte der *Mannheimer Abendzeitung* trugen wesentlich dazu bei, die tatsächlichen Vorgänge in Schlesien bekanntzumachen, wie aus Koszyks Darstellung hervorgeht.[73] In den ersten eigenen Korrespondentenberichten sprach die *Mannheimer Abendzeitung*, abweichend von den verschleiernden Berichten der loyalen oder zensierten deutschen Presse nicht von dem »Haufen« Arbeiter und der »traurigen Katastrophe«, die durch den Einsatz preußischen Militärs entstanden sei, sondern von einer Sozialrevolte, von einem »Arbeiteraufstand«, der sich gegen die »Fabrikherren« richtete.[74] Die verzweifelten Weber seien zu »Gewaltsamkeiten gegen die Kaufleute getrieben worden, das Militär ist den Kaufleuten zu Hilfe gezogen und hat unter den Halbverhungerten geschossen.«[75] Die Tatsachenberichterstattung der *Abendzeitung* über die schlesischen Vorgänge riefen den empörten Protest des preußischen Gesandten hervor, griffen sie doch zugunsten der Opposition in die gespannte innenpolitische Situation Preußens ein. Noch deutlicher wurde dies bei der Berichterstattung der *Abendzeitung* über das *Tschechsche Attentat*.

Das mißglückte Attentat Ludwig Tschechs am 26. Juli 1844 auf den preußischen König Friedrich Wilhelm IV.[76], das trotz seiner unpolitischen Motive gern als Ausdruck des »unbotmäßigen Hochmuts«[77] der Zeit hingestellt wurde, hatte dazu geführt, daß eine Reihe liberaler Presseorgane sich mit der Kritik an preußischen Zuständen merklich zurückhaltender zeigte. Doch die *Mannheimer Abendzeitung* störte die Atmosphäre des Mitgefühls mit dem Monarchen:

»Es ist wunderbar wie wir durch einen Pistolenschuß in Preußen auf einmal vorwärtsgekommen sind. Es gibt jetzt garnichts mehr im Lande zu tadeln, es gibt keine Übelstände mehr aufzudecken und abzustellen. Alles ist befriedigt und befriedigend, die Presse wie die Weber, das Volk wie die Verwaltung [...] und wer noch irgendeinen Übelstand zu rügen sich unterfangen sollte, den wird man als Rebellen bezeichnen.«[78]

Der »verhöhnende Ton« der Berichterstattung der *Abendzeitung* war der preußischen Regierung unerträglich geworden.[79] Die badische Regierung hatte ihre angedrohten Schritte bisher noch nicht ganz ernst nehmen müssen, weil bei einem Verbot der Zeitung ein Skandal zu erwarten war, den die preußische Regierung offenbar scheute. Nachdem sie sich aber bei Metternich rückversichert hatte, beschwor Staatsminister Dusch seinen Innenminister Rüdt, nach Wegen zu suchen, damit »der großherzoglichen Regierung die große Unannehmlichkeit *vereinter* diplomatischer Beschwerden von Österreich und Preußen erspart werden.«[80]

Wenige Tage darauf hatte Innenminister Rüdt einen neuen Zensor gefunden, mit dem auch die österreichische und preußische Regierung zufrieden sein konnte. Zensor Fuchs wurde abgelöst, weil der »nicht der diesseitigen Intention gemäß« sein Amt ausgeübt habe.[81] An seine Stelle trat Regierungsrat Uria v. Sarachaga, ein ursprünglich aus Spanien stammender Edelmann, der am Freiburger Stadtamt tätig war. Aufgrund seiner hochkonservativen und ultramontanen Gesinnung, die sich bereits gegen Zeitgeist und öffentliche Meinung resistent erwiesen hatte, kam er dem obrigkeitsstaatlichen Ideal des Zensors recht nahe.[82] Die *Abendzeitung* vermochte gegen dieses Bollwerk des Obrigkeitsstaates wenig auszurichten. Sie war oft gezwungen, Artikel aus anderen, weniger streng zensierten badischen Blättern, besonders den *Seeblättern*, abzudrucken. Der neue Zensor »zähmte« das Blatt innerhalb kurzer Zeit.[83]

In Gustav Struve, der im Jahre 1845 die Leitung des *Mannheimer Journals* übernahm, erwuchs ihm jedoch ein zumindest ebenbürtiger Gegner. Das Ergebnis ihres Kampfes verkehrte die Absichten der Großmächte ins Gegenteil und verhalf der badischen Presse Ende 1845 zu einem entscheidenden Durchbruch.

Soziale Demokratie: Die Entwicklung der *Mannheimer Abendzeitung*

In der radikalen Bewegung Badens vereinigten sich unterschiedliche ideologische Strömungen[1]: die radikaldemokratische der *Seeblätter*, die frühsozialistische[2] der *Mannheimer Abendzeitung* auf der einen und die radikalliberale und republikanische, welche eine Reform der politischen, kaum jedoch der gesellschaftlichen Verhältnisse anstrebten, auf der anderen Seite. Obwohl sich diese Richtungen im Jahre 1848/49 zu einer revolutionären Aktionseinheit zusammenschlossen, erwies sich ihre politisch-revolutionäre bzw. sozialrevolutionäre Zielsetzung, wie sie von Lorenz Brentano und Gustav Struve während der Reichsverfassungskampagne 1849 vertreten wurde, als unvereinbar. Die *Mannheimer Abendzeitung*, die sich als Avantgarde des gesellschaftlichen Fortschritts verstand, stellte bereits Ende 1846 die Spaltung beider Richtungen als wünschenswert hin: »Die Linke selbst aber, die eigentliche Linke, die man am besten als Radikalismus bezeichnet, wird wohl auch ihre Spaltung nicht vermeiden können, wenn die gesellschaftlichen Fragen mehr in den Vordergrund gedrängt und die Sozialradikalen von den bloß Politischradikalen getrennt werden müssen.«[3]

Die *Mannheimer Abendzeitung* stand aufgrund ihres Mitarbeiterstabs, dem Moses Hess und Karl Grün angehörten, in vorderster Front der Meinungsbildung innerhalb der radikalen deutschen Opposition. Seit dem Jahre 1844 griff sie frühsozialistisches Gedankengut auf, und etwa um das Jahr 1846 hatte sie eine Position sozialer Demokratie entwickelt, an der sie auch während der Revolutionszeit festhielt.

Zwei Momente der politischen Entwicklung der *Abendzeitung* leiteten zur Entstehung einer sozialreformerischen Partei über: einmal die Abkehr von ihrer bisherigen Vertretung bürgerlich-liberaler Interessen und die Hinwendung zu den sozialen Anliegen der Unterschichten; zum anderen vollzog die *Abendzeitung* auf ideologischer Ebene den Schritt von einem theoretischen, »philosophischen Sozialismus« in die sozialpolitische Praxis. Als Sprecherin der Unterschichten wurde sie zum Kristallisationspunkt einer »Partei« sozialer Reform. Diese Verankerung in der praktischen Politik Badens dürfte vor allem dem Redakteur und späteren Besitzer der Zeitung, Johann Peter Grohe, zuzuschreiben sein, unter dessen Leitung die *Abendzeitung* zum bedeutendsten badischen Presseorgan neben der *Deutschen Zeitung* wurde.[4]

Neuerdings wurde die *Mannheimer Abendzeitung* im Rahmen der marxistischen Geschichtsforschung, die auf die demokratischen Bewegungen Süddeutschlands aufmerksam wurde[5], monographisch dargestellt. Tullner[6] zeichnet die Entfaltung des ideologischen Standpunktes der *Abendzeitung* vor dem Hintergrund bewußtwerdender Klassengegensätze nach. Im Bewertungsrahmen von Engels' *Deutscher Reichsverfassungskampagne*[7] stehend, läßt er sich zu dem Widerspruch verleiten, die Stärke und ideengeschichtliche Eigenständigkeit der demokratischen Bewegung Süddeutschlands am Beispiel der *Mannheimer Abendzeitung* aufzuzeigen, ihr aber als Organ eines »kleinbürgerlichen Demokratismus« per definitionem die »gesellschaftliche Perspektive« abzusprechen.[8]

Die *Mannheimer Abendzeitung* vollzog eine Entwicklung vom bürgerlich-liberalen Organ zum sozialradikalen Parteiblatt. Wer waren die Träger dieser Entwicklung? In welchen Phasen vollzog sie sich?

Auf die maßgebliche Rolle der radikalen Intelligenz im Vormärz wies bereits Stadelmann[9] hin. Wende hat neuerdings bekräftigt, daß »Gelehrte und Publizisten«, die »auf der Basis der Ideen der Parteien [konstituierten]«, am Beginn der parteipolitischen Entwicklung im Vormärz standen.[10] Exemplarisch gilt dies für den frühen »Sozialismus« der *Mannheimer Abendzeitung*. Vor allem der frühere Redakteur der *Abendzeitung* Karl Grün[11] und Moses Heß[12], die zu Hauptvertretern des »philosophischen Sozialismus« geworden waren, leiteten die Aneignung sozial-radikaler Positionen in der *Abendzeitung* ein.[13] Sie antizipierten die Abkehr des deutschen Radikalismus vom Bürgertum als maßgeblicher Führungsschicht. In der praktischen Politik behielt die *Abendzeitung* bis zum Ende 1846 aber durchaus ihre Haltung bürgerlich-gemäßigter Opposition bei. Erst in der letzten Phase vor der Revolution bestimmte der soziale Radikalismus die Redaktionslinie vollständig.

Ähnlich wie bei der eingegangenen *Rheinischen Zeitung* bestand 1844 zwischen der radikalen Intelligenz, die in der *Abendzeitung* zu Wort kam, und dem fortschrittlichen Bürgertum noch keine Kluft. Vorsichtig anklingende republikanische Gesinnung etwa in der Frage, ob eine konstitutionelle Monarchie »dem Geist des Fortschritts« genügen könne[14], war lediglich rhetorisches Einsprengsel, nicht Redaktionslinie. Deutlich grenzt sich die *Abendzeitung* nur gegenüber der liberalen Mittelpartei um Bekk ab, deren Zwischenstellung sie als »politisches Mulattentum« verurteilt.[15] Die eigene Haltung bezeichnete sie ideologisch noch undifferenziert als »radikal«.[16]

In den für die Entstehung einer sozialradikalen Strömung in Deutschland grundlegenden Jahren 1844 und 1845 fand die deutsche und französische Sozialphilosophie vor allem durch das bahnbrechende Werk Lorenz Steins[17] ein breites Echo in Deutschland. Der Aufstand der schlesischen Weber und seine Niederschlagung enthüllte die gesellschaftlichen und politischen Widersprüche der bestehenden Ordnung. Diese Momente

trugen wesentlich zur Klärung des sozialen Inhalts, der Intensität und Stoßrichtung der Radikalität der *Mannheimer Abendzeitung* bei; ihre ideologische und politische Entwicklung kann hier jedoch nur skizziert werden.
Die *Deutsch-Französischen Jahrbücher*, von Marx und Ruge herausgegeben, markierten den am weitesten fortgeschrittenen Teil des demokratischen Radikalismus. Während Ruge aber im Horizont einer Reform des Bewußtseins blieb, postulierte Marx die Veränderung der ökonomischen Strukturen durch das Proletariat, dem er – die Philosophie als Kopf, das Proletariat als Herz – die Rolle eines historischen Subjekts im künftigen Befreiungskampf zuwies.[18]
Der Einfluß Arnold Ruges und seiner *Deutsch-Französischen Jahrbücher*, weniger der von Karl Marx, fand zu Beginn des Jahres 1844 in der *Abendzeitung* seinen sichtbaren Niederschlag.[19] Insbesondere stellte sie sich hinter Ruges Auffassung, daß »wahre deutsche Nationalität« gerade darin bestehe, »sich aller nationalen Borniertheit zu entschlagen« und den Franzosen als Vorkämpfer der Menschheit Gerechtigkeit widerfahren zu lassen.[20] Die nationale Frage trat hinter der sozialen weitgehend zurück.
Begeistert begrüßte die *Abendzeitung* die Lehren Ludwig Feuerbachs, erlaubten sie doch vom philosophischen Radikalismus der Linkshegelianer eine Brücke zur sozialen Wirklichkeit zu schlagen und im Sinne eines sozialen Humanismus für die Belange der unteren Volksschichten einzutreten.[21]
Den entscheidenden Einfluß auf die Entwicklung der *Mannheimer Abendzeitung* gewann jedoch noch einmal Karl Grün, der, wie er bekannte, die »Konstitutionswut des Jahres 1842«[22] hinter sich gelassen hatte und zum »wahren Sozialisten« geworden war. Auf seinen Reisen nach Belgien und Paris war er den führenden Sozialphilosophen seiner Zeit, Considerant, Cabet und insbesondere Proudhon[23], begegnet; er hatte die Lehren Saint-Simons und Fouriers studiert und sich dem Sozialismus zugewandt. Seit dem Sommer 1844 nahm die *Mannheimer Abendzeitung* mit den aufsehenerregenden Vorträgen Karl Grüns in Westfalen über die »Organisation der Arbeit« und »wahre Bildung« die Berichterstattung über die neue Weltanschauung, den Sozialismus, auf.[24]
Die Auseinandersetzung von Liberalen und Demokraten über die Einführung von konstitutioneller Monarchie oder Republik erschien dieser neuen Weltanschauung in gleicher Weise überflüssig. Vorrangig waren für sie allein die Frage des Pauperismus und das Problem der Abhängigkeit der Nichtbesitzenden von den Besitzenden. Nach Auffassung Grüns scheiterten Liberale und Demokraten an gesellschaftlichen Fragen: »Die Besitzenden herrschen und die Herrschenden besitzen; hier ist die Konstitution am Ende. Der Proletariatsfrage gegenüber knacken ihr die Knie.«[25] Zur Lösung des Pauperismusproblems schlug Karl Grün vor, das Armenwesen nicht zu verbessern, sondern aufzuheben. Eine politische Reform des Staates nütze nichts, der Staat selbst müsse als Prinzip der Unterdrückung aufgehoben werden. An seine Stelle würde dann die freie Ge-

sellschaft, die volle Selbstregierung des Menschen treten können.[26] Schritte dazu seien die »Organisation der Erziehung«, die den »wahren Menschen« hervorgehen lasse, und die »Organisation der Arbeit«, die die »wahre Gesellschaft« schaffe, vor der die äußeren Mächte *von allein* verschwinden würden.[27] Der wahre Sozialismus wolle mit dem Wort, der Aufklärung, der »Macht des Geistes«[28], nicht mit politischer Gewalt siegen.
Die *Mannheimer Abendzeitung* betonte weniger den utopischen als den sozialpolitischen Zug des »wahren Sozialismus«; sie definierte:

> »Wir verstehen unter Sozialismus [...] nicht Kommunismus, der das Eigentum aufheben will, um es zu sichern, der mit seinen unpraktischen Organisationstheorien Anarchie, und mit seinen Egalisierungsideen nur gesellschaftlichen Tod verbreiten würde; wir verstehen, um praktisch die Sache mit dem kürzesten Wort zu benennen, unter Sozialismus die Lehre, die Zahl der Armen zu vermindern, den Menschen den Lebensunterhalt zu sichern, und als Mittel hierzu von Staates wegen die Arbeit zu organisieren, auf Abzugswegen der Noth bedacht zu sein, die Lasten zu erleichtern oder verhältnismäßig zu vertheilen und auf Verminderung der ungeheuren Ungleichheiten in den Vermögensverhältnissen hinzuwirken.«[29]

Eine solche modern anmutende, eine »Versöhnung« der Klassen anstrebende Auffassung vom »Sozialstaat« stieß auf die Kritik von Karl Marx, weil sie das Proletariat lediglich zum Objekt bürgerlicher Philanthropie mache, aber nicht zu seiner Befreiung führe.[30] Marx sparte auch nicht mit persönlichen Invektiven gegen Karl Grün.[31] Der »Sozialismus« der *Abendzeitung* stand noch keineswegs in Widerspruch zur karitativen Zuwendung bürgerlicher Schichten zu den Armen, wie sie besonders der Aufstand der hungernden Weber in Schlesien hervorgerufen hatte.
Der schlesische Weberaufstand erzeugte in der radikalen deutschen Intelligenz einen nachhaltigen Lerneffekt. Die Presse wandte sich verstärkt dem Pauperismusproblem zu. Die *Abendzeitung* machte sich dabei die in weiten Kreisen des Bürgertums verbreitete Furcht zu eigen, daß man dem armen Volk geben müsse, »was ihm gebührt, wenn wir nicht von ihm zertreten werden wollen«.[32] Mit solchen wohl auch taktisch gemeinten Äußerungen lenkte sie die Aufmerksamkeit auf die konkrete gesellschaftliche Lage in Mannheim. Kritisch stellte sie fest, das Wort von der »Blüte Mannheims« gelte nur für die »Handelswelt«, nicht aber für den »Gewerbestand im Allgemeinen« und für die unteren Volksschichten, die wirtschaftlich benachteiligt seien.[33]
Die im Zuge der Industrialisierung hervortretenden Klassengegensätze standen aber erst an ihrem Anfang. Zu Beginn des Jahres 1846 äußerten sie sich als eine unverhältnismäßig starke Vermehrung der Zahl der Lohnarbeiter und als eine Verschärfung des Existenzkampfes vieler Handwerker in Mannheim.[34] Drohend äußerte sich die *Mannheimer Abendzeitung* zu der anwachsenden Abhängigkeit breiter Schichten vom Kapital, welcher die Regierung untätig zusehe:

»Sie vermehrt die Geldmacht, obwohl sie dieselbe fürchtet, aber gestattet dem Volk nicht, dieselbe zu bekämpfen. Das heißt, die arbeitenden Klassen dem langsamen Untergang zu weihen. An diesem unglückseligen Prinzip der Bevormundung müssen wir alle zu Grunde gehen, wenn wir nicht den Entschluß fassen, dasselbe mit Gewalt zu zerbrechen.«[35]

Die verbale Radikalität richtete sich zwar nur gegen ein »Prinzip«, es mußte aber auffallen, daß die *Abendzeitung* zu einem Zeitpunkt, als die liberale Bürgerschaft geschlossen gegen die Knebelung der Presse demonstrierte, sich zur Sprecherin der Unterschichten machte und die Regierung zur Wiederherstellung sozialer, nicht politischer, Rechte aufrief. Bereits ein Jahr später, Ende 1846, zog die *Abendzeitung*, die für die Opposition bisher als verbindlich angenommenen politischen Zielsetzungen des Bürgertums selbst in Zweifel. Diese zielten vor allem darauf ab, erklärten sie, »Handel und Wandel des Bürgertums sicher zu stellen und ihr Einkommen zu verbessern«;[36] die Interessen der Unterschichten fänden beim Bürgertum dabei nur insoweit Berücksichtigung, als sie ihren eigenen nicht zuwiderliefen. Die »sittliche und wirtschaftliche Erhebung der arbeitenden Klassen«, so gab die *Abendzeitung* zu erkennen, könne nur durch eine »auf die Dauer notwendige Umgestaltung unseres gesellschaftlichen Organismus« durchgesetzt werden.[37] Eine solche Egalisierung der Klassenunterschiede wurde jedoch im bürgerlichen Lager als verwerflicher »Communismus« abgelehnt. Die *Abendzeitung* kommentierte:

»Das war zuviel für unsere hohe Bürgerschaft, eine solche Sprache war ihren Ohren durchaus ungewohnt, so ernste, so weitgreifende Gedanken waren ihr nie in den Sinn gekommen, das klang ja revolutionär, ja ganz gewiß, das war es, wovon die Augsburger Allgemeine schon früher als einem drohendem Gespenst gesprochen hatte.«[38]

Die »communistischen« Forderungen der *Abendzeitung* hatten einen ausgesprochen »kleinbürgerlichen« Charakter. »Organisation der Arbeit«, »Assoziation« und Schutz des arbeitenden Volkes vor der »Geldmacht« sollten Lohnarbeiter und gewerbliche Kleinproduzenten vor der übermächtigen Konkurrenz bzw. der Ausbeutung von seiten eines kapitalkräftigen Bürgertums, das Handel und Manufakturwesen betrieb, schützen. »Das große Geheimnis sozialer Reform« bestand für die *Mannheimer Abendzeitung* aber nicht darin, deren Eigentum abzuschaffen, sondern darin, daß jeder die Möglichkeit habe, »Eigenthümer werden [zu] können«.[39] »Sozialismus« bedeutete für die *Abendzeitung*, nach Tullner, die »staatlich organisierte Garantie, daß die unteren Volksschichten in gesicherten materiellen, geistigen und politisch-freien Verhältnissen leben können«.[40]

Dies implizierte keine antagonistischen Klassengegensätze, sondern die Möglichkeit einer »Annäherung«, vielleicht einer »Versöhnung« der Klassen. Karl Heinzen, der der *Abendzeitung* seit 1842 nahestand, griff den vormarxistischen Kommunismus in einer

1846 im Verlag Hoff in Mannheim erschienenen Schrift als bloße »Eßtheorie« an und äußerte die Überzeugung: »Wenn es einmal dahin gebracht ist, daß jeder Staatsbürger durch den Staat vor Not geschützt werden muß, daß jeder gleiche (unentgeltliche) Ausbildungsgelegenheit erhält und gleiche politische Rechte besitzt, dann seh' ich nicht ein, wie der soziale Unterschied zwischen Proletariern und Bourgeois noch Geltung wird haben können.«[41]

Sowohl Heinzen als auch die übrigen »Sozial-Radikalen« waren sich bewußt, daß die Schaffung einer sozialen Demokratie auch eine Änderung der Staatsform bedingte. Hierin trafen sie sich mit den Radikalliberalen. Sie hielten aber die alleinige Änderung der Staatsorm für ebensowenig ausreichend wie eine von den »wahren Sozialisten« propagierte Gesellschaftsreform unter Mißachtung der Machtverhältnisse. Das von der *Mannheimer Abendzeitung* entwickelte Verständnis sozialer Demokratie kann als ein wesentliches Element des späteren Offenburger Programms von 1847 angesehen werden.[42]

Gustav Struve und das *Mannheimer Journal* (1845–1846) – die Konfrontation von staatlicher Gewalt und öffentlicher Meinung

Der politische Durchbruch der badischen Opposition um das Jahr 1845/46 in Mannheim stellt eine ähnliche Zäsur der vorrevolutionären Entwicklung dar wie die Landtagskämpfe 1841/42.[1] Doch nicht die bürgerlich-liberale Kammer trat als Vorkämpferin der Opposition in Erscheinung, sondern die radikale Presse. Sie konkurrierte mit der bisher unangefochtenen Führungsrolle der 2. Kammer. Als sich nach dem Mannheimer Konflikt Liberale und Radikale spalteten, gewann die radikale Presse die Oberhand im politischen Meinungskampf des Großherzogtums.

Die rigorose Zensurpraxis des von der Regierung gestützten Zensors Uria v. Sarachaga und die geschickte Taktik Gustav Struves, des Redakteurs des *Mannheimer Journals*, erregten jeweils auf ihre Weise die öffentliche Meinung Mannheims. Als die Regierung in Konsequenz ihrer bisherigen Politik auf dem Höhepunkt des Konflikts Militär gegen eine für Pressefreiheit eintretende Bürgerversammlung aufbot[2], war der patriarchalische Mantel des halbabsolutistischen Systems endgültig gefallen, denn vor aller Augen trat die Regierung als fortschrittsfeindliche Gewalt auf. Unter dem Eindruck dieses politischen Skandals formierte sich die öffentliche Meinung als ihr Gegenpol. Selbst bei bisher noch loyal gesinnten Bevölkerungsschichten hatte das herrschende System an Glaubwürdigkeit verloren. Die ohnehin verhaßte Zensur war aber nur Anlaß einer breiten Solidarisierungswelle, ihre Ursachen lagen in der Polarisierung von Staat und Gesellschaft im Vormärz.

Nach mehrfachem Zensorenwechsel konnte die badische Regierung mit der Bestellung Uria v. Sarachagas, eines von der Gegenseite bald als intransigent, reaktionär und jesuitisch verrufenen Mannes, erste Erfolge gegen die widerspenstige Presse erzielen. Sie hatte die Stellung des Zensors zudem durch die Ernennung eines Hauptvertreters der Blittersdorffschen Richtung, des Beamten und Abgeordneten Schaaff[3], zum Stadtdirektor von Mannheim abgesichert und damit bereits ihre harte politische Linie zu erkennen gegeben.

Struves Weg vom radikalen Moralisten zum politischen Radikalen

Mit einer geschickten Konfliktstrategie machte Struve seinen Kampf um Pressefreiheit, der zuerst nur ein Streit zwischen Zensor und Redakteur zu sein schien, zur Sache der Stadt Mannheim und damit zur Angelegenheit der badischen Opposition. Er bedurfte allerdings der »Hilfe« des Zensors Sarachaga, der wie Blittersdorff wenige Jahre zuvor unfreiwillig zum größten Förderer seiner Gegner wurde. Seine pedantische und willkürliche Zensur verzichtete auf jeden Anschein moralischer Legitimation[4] und spielte dadurch Gustav Struve, einem erklärten politischen Moralisten, der ihm an Hartnäckigkeit nicht nachstand, entscheidende Trümpfe in die Hand. Struve konnte die Konfrontation von staatlicher Gewalt und bürgerlicher Öffentlichkeit auf die Formel »Gewalt gegen Recht« bringen. Gewiß traf Struve auf eine »reife« politische Situation. Aber es waren doch ein unbeugsamer Charakter, die Fähigkeit zur politischen Analyse der Verhältnisse und taktisches Kalkül, Eigenschaften, wie sie Struve in sich vereinigte, nötig, um den latenten Konflikt zum Ausbruch zu bringen.[5]

Struve bewegte sich, wie bereits revolutionäre Zeitgenossen vermerkten, nicht selten »auf der schmalen Linie, welche das Erhabene vom Lächerlichen scheidet«.[6] Auch bei Historikern wurde Struve, wie Wende feststellt, gerne als der »fanatische Exzentriker« eingeschätzt, als der er zuweilen erscheinen mochte.[7] Es blieb darüber unberücksichtigt, daß Struve als politischer Theoretiker im Vormärz durchaus beachtlich war und sich als politischer Praktiker zu einem in Deutschland neuartigen Typ des »révolutionnaire professionel«[8], des Technikers des Umsturzes entwickelte. Zum führenden Revolutionär fehlten ihm freilich Charisma und Volkstümlichkeit.

Gustav Struve (1805–1870), als Sohn des russischen Staatsrates Johann von Struve geboren, studierte in Göttingen und Heidelberg die Rechte und war Mitglied der deutschen Burschenschaft. Er wurde Sekretär der Oldenburgischen Gesandtschaft am Bundestag in Frankfurt und sammelte hier nachdrückliche Erfahrungen. In der diplomatischen Welt offensichtlich fehl am Platze, ging Struve nach kurzer Zeit als Assessor an das Landgericht in Jever, wo er aber 1831 wieder ausschied. Seine Versuche, sich in Göttingen und Jena zu habilitieren, scheiterten ebenfalls. Im Jahre 1833 wechselte Struve nach Karlsruhe, 1836 wurde er als Advokat am Hofgericht des Unterrheinkreises in Mannheim zugelassen. Struve kam mit Hecker und besonders Mathy in enge Berührung.[9] Mathy war seit Mitte 1845 Hauptmitarbeiter des *Journals* und arbeitete, wie Struve später darlegte, eng mit ihm zusammen. Während sich Struve anfänglich mit Heckers cholerischem Temperament schwertat, zeigten sich Mathy und Struve in Anschauungsweise und Stil so ähnlich, daß Struve später die von ihnen verfaßten Zeitungsartikel kaum mehr unterscheiden konnte.[10] Im Kampf gegen Zensur und Polizei vertrat Mathy Struves Bestrebungen tatkräftig gegenüber Ministerien und Öffentlichkeit.[11] Doch die politischen Differenzen zwischen Mathy und Struve zeigten sich spätestens im Herbst 1846, als Mathy während Struves viermonatiger Haft wegen Preßvergehens und Beamtenbeleidigung die Redaktion des *Journals* interimistisch übernommen hatte und sich darin gegen Struve wandte.[12]

Struve hatte erkannt, wie er in den Ende 1847 erschienenen *Grundzügen der Staatswissenschaften* erläuterte[13], daß die bürgerliche Gesellschaft[14] den Schritt von der politischen Aufklärung zur Organisation, das heißt zu einem freien Assoziationswesen[15], vollziehen müsse. Struves politisches Vorgehen während des Mannheimer Konflikts zielte gerade auf die Herstellung gesellschaftlicher und potentiell politischer Assoziation als Pendant der Obrigkeit.

Wie bereits Welcker[16] postulierte auch Struve eine dem »absolutistischen Staat« gegenüberstehende freie bürgerliche Gesellschaft. Der Staat müsse von Eingriffen in die »natürliche Evolution« der Gesellschaft, deren Träger die »Vereine« seien, absehen.[17] Der dadurch in Gang gekommene gesellschaftliche Prozeß führe unweigerlich auch zur politischen Reform. Friedrich Bassermann war bei der Betrachtung des wirtschaftlichen Prozesses zu ähnlichen Folgerungen eines gleichsam automatischen, durch Marktgesetze erzeugten politischen Fortschritts gekommen. Doch Struve ging darüber hinaus. Sollte der Staat in diesen Prozeß eingreifen, dann müsse, so postulierte er, das friedliche Vereinsleben zur »Schule des Parteilebens« werden. Die »Partei« müsse kriegerisch organisiert und zum revolutionären Kampf fähig sein.[18] Er selbst, Struve, sei kein Freund der Revolution, doch ziehe er diese dem Ruin des Volkes vor.[19] Als Struve im Sommer 1845 ein freies Assoziationswesen in Mannheim praktizieren wollte, als er einen Turnverein und eine Badeanstalt gründete, den bestehenden Volksleseverein unterstützte, reagierten die Behörden mit bürokratischer Obstruktion.[20] Sie bekämpften die »staatsgefährlichen« Aktivitäten des »Wühlers« Struve[21] und suchten bei jedem Anzeichen politischer Tendenz gesellschaftliche Zusammenschlüsse zu verhindern. Struve hatte den wunden Punkt des politischen Systems im Vormärz getroffen.

Struve kämpfte mit einer treffsicheren Polemik und einem in Baden neuartigen Einsatz agitatorischer Mittel. Er fand rasch den Beifall der deutschen Opposition. Alexander Ruge verglich Struves publizistisches Talent mit dem Johann Jacobys.[22] Struves politische Wirksamkeit beruhte auf einem zumindest subjektiv glaubwürdigen gekränkten Rechtsempfinden. Seine Berufung auf die badische Verfassung und die Deutsche Bundesakte, die er »zur Wahrheit werden lassen« wollte[23], steht dafür als Beispiel.

Die Berufung auf die Freiheitsversprechen der deutschen Fürsten wie auf ein historisches Recht[24] war von seiten der liberalen Opposition üblich. Struve machte sie zum Kernpunkt einer gleichsam juristischen Beweisführung gegen die Unrechtsherrschaft der Fürsten und führte sie als Agitationselement in die vormärzliche Publizistik ein. Struve verwies die fürstlichen »Hochverräter« auf die Anklagebank; seine legalistische und zugleich radikale Argumentation war, wie ein Metternichscher Konfident einräumen mußte, schwer angreifbar: »Er behauptet, die Revolution sei nur bei den Fürsten zu suchen, denn diese erfüllten nicht die Verheißungen der Bundesakte und mehr wollten ja die deutschen Völker nicht.«[25] Der revolutionäre Kern seiner verfassungsrechtlichen Interpretation stellte sich unter dem Druck des Zensurkampfes ebenso schnell heraus wie seine Wandlung vom radikalen Moralisten zum politischen Radikalen.

Als Redakteur des *Journals* ging Struve mit den Forderungen nach religiöser und politischer Freiheit, nach Freiheit des Handels, der Schiffahrt und nach Nationalrepräsentation auf die Interessenlage des liberal-aufgeklärten Mannheimer Bürgertums ein.[26] Doch Ende 1845, als die politische Einheitsfront der Stadt wankend wurde und seine Gefolgschaft in den bürgerlichen Schichten abbröckelte, griff er die soziale Frage auf und betonte, ähnlich wie zu diesem Zeitpunkt die *Mannheimer Abendzeitung,* das »Recht der materiellen Existenz des Menschen«, das mit politischen Reformen allein nicht hergestellt werden könne.[27] Spätestens mit der Herausgabe des *Deutschen Zuschauers* Anfang 1847 hatte sich Struve vom Bürgertum abgewendet. Während der Revolution stand Struve an der Spitze der sozialen Republikaner.

Uria von Sarachaga und Gustav Struve – obstruktive Zensur und legalistische Taktik

Das *Mannheimer Journal*[28], ein unprofiliertes Tageblatt, bot Struve die publizistischen Voraussetzungen, um es als »Hebel für ganz Deutschland« zu benutzen.[29] Die Zeitung gehörte dem Verlag des Katholischen Bürgerhospitals, einer gemeinnützigen Stiftung mit karitativ-religiöser Zielsetzung.[30] Durch die Konkurrenz der populären *Mannheimer Abendzeitung* auf der einen und des reaktionären *Mannheimer Morgenblattes* auf der anderen Seite wurde das *Journal,* das sich dank des staatlichen Anzeigenmonopols für Mannheim wirtschaftlich gerade noch halten konnte, auf Dauer in seiner Existenz bedroht.

Auch die Kosten amtlicher Bekanntmachungen waren lange ein Streitpunkt zwischen Verlag und Behörden. Er wurde erst im Jahre 1838 mit einem Vertrag über die Herausgabe eines *Anzeigenblattes für den Unterrheinkreis,* der Anfang 1845 erneuert wurde[31], aus dem Wege geräumt. Das *Anzeigenblatt* – ab 1845 *Verordnungsblatt* – sollte als Beilage des *Journals* herauskommen und von den Behörden des Unterrheinkreises abonniert werden; diese sollten auch Bestellungen und Zahlungen im Auftrag des Verlags entgegennehmen.[32] Damit hatte sich das *Journal* einen festen Abonnentenstamm im Tausch gegen einen offiziösen Status gesichert. Nicht zuletzt deswegen hatte das *Journal* im Jahre 1844 eine merkliche Einbuße an Abonnenten erlitten[33] und nach Ansicht fortschrittlicher Leute »allen Kredit« verloren[34]. Mit einer gemäßigt fortschrittlichen Richtung wollte sich der Vorstand des Bürgerhospitals den Aufwind der vorherrschenden Tendenz in der Öffentlichkeit zunutze machen.

Gustav Struve schien die Gewähr für eine maßvoll fortschrittliche Zeitungsgestaltung zu bieten. Doch selbst seine anfänglich nüchterne, nur dem politischen und religiösen Fortschritt verpflichtete Berichterstattung mußte mit der verschärften Zensur, mit der die Regierung ein gewisses Maß faktisch bestehender Pressefreiheit wieder zurücknehmen wollte, in Konflikt geraten.

Der Kampf Struves entzündete sich am kleinlichen Zensurreglement Uria v. Sarachagas.[35] So legte der Zensor die Zeit der Zensur auf 1 Uhr mittags fest und verweigerte danach jede weitere Bearbeitung von Artikeln, die Struve zum Auffüllen der Zensurlücken einreichte.[36] Das *Mannheimer Journal* erschien oft mit leeren Spalten, nicht selten waren Worte und Sätze sinnentstellend gestrichen. Die Kennzeichnung einer Zensurlücke mit einem formalrechtlich unzulässigen Gedankenstrich[37] bedeutete dem Zensor Anlaß genug, um die Beschlagnahme einer ganzen Ausgabe zu veranlassen.[38]

Vollends maßlos reagierte der Zensor auf die erschöpfende Berichterstattung des *Mannheimer Journal* über die Gründung und Ausbreitung der deutsch-katholischen Gemeinden. Struve drückte seine Sympathie mit den Deutsch-Katholiken allein schon durch die Häufigkeit der Berichte aus, die in einer schwer angreifbaren, quasi faktizistischen Objektivität gehalten waren. Der Zensor fand dennoch Anlaß, einen Großteil der Berichte zu streichen: Die Bezeichnung »deutsch-katholische Gemeinde« störe, wie er erklärte, den konfessionellen Frieden. Er schlug statt dessen die diffamierenden Titulierungen »Sekte«, »Verein der s. g. Deutsch-Katholiken« u. ä. vor.[39] Struve beharrte auf der Bezeichnung »deutsch-katholische Gemeinde«.

Der selbst gegenüber anderen Behörden unumschränkten Zensorenherrschaft Sarachagas fielen auch in Baden bereits zensierte Artikel oder Nachdrucke aus dem unter den Augen des Bundestages gedruckten *Frankfurter Journal*, schließlich sogar vom badischen Innenminister freigegebene Rekurs-Artikel zum Opfer.[40] Zu gleicher Zeit aber durfte das dem Zensor gesinnungsverwandte *Mannheimer Morgenblatt* Struve und die deutsch-katholische Bewegung mit Angriffen eindecken.[41] Der Zensor konnte sich die Eigenmächtigkeiten gegenüber seiner vorgesetzten Zensurbehörde, dem Innenministerium, leisten, weil er offensichtlich die Rückendeckung konservativer Kreise der Regierung und des Bundestagsgesandten Blittersdorff besaß.[42]

Vielleicht reagierten Regierung und Behörden auch aus Uneinigkeit oder Schwäche widersprüchlich, doch das Verhalten zumindest der lokalen Behörden, der Regierung des Unterrheinkreises in Mannheim und der örtlichen Zensur und Polizei sah doch allzusehr nach einem Spiel mit verteilten Rollen aus, bei dem die Widersprüchlichkeiten gern in Kauf genommen wurden, um Struves immer erneute Beschwerden und Rekurse an der bürokratischen Obstruktion scheitern zu lassen.[43] In Zusammenarbeit mit Zensor und

Polizei versuchte die Kreisregierung unter der Leitung des Regierungsdirektors Schaaff, Struve mit einem harten und für den Betroffenen zeitraubenden Vorgehen zu zermürben. Sie deckte ihn mit Geldstrafen und nicht weniger als zehn Preßprozessen ein, sie ließ mehrfach das *Journal* und schließlich den noch im Druck befindlichen dritten Band seiner Zensurschriften beschlagnahmen. Als Struve mit Beschwerdeschriften gegen Zensor und Polizei antwortete, blieben diese teils unerledigt, teils wurden sie verworfen, teils dem Verfasser wegen »nicht anständigen Tones« zurückgegeben. Als Struve den vielfach geäußerten Vorwurf des Rechts- und Verfassungsbruchs gegenüber den maßgeblichen Beamten wiederholte, führte dies zu einer Beleidigungsklage und zur Verurteilung Struves zu vierwöchiger Gefängnishaft.[44] In einer Eingabe an die Regierung klagte Struve: »Es ist also dahin gekommen, daß mir jeder Weg abgeschnitten wird, auch nur Gehör von Seiten der hiesigen Behörden zu erlangen.«[45] Struve wandte sich daher mit der Veröffentlichung seiner dreibändigen *Censuracten* an die Öffentlichkeit. Mit dieser publizistischen Sensation dekuvrierte er eine zum Selbstzweck gewordene, ungerechte und manchmal auch unfreiwillig komische[46] Zensurpraxis. »Drastischer ließ sich der Aberwitz des Karlsbader Preßgesetzes nicht erweisen«[47], kommentierte Treitschke Struves Zensurakten. Dieser Aberwitz entsprach jedoch nicht nur der persönlichen Willkür eines Zensors, wie auch dessen Ernennung nicht nur einer jener »bedauerliche[n] personelle[n] Mißgriffe [...] der konservativen Kreise« im Großherzogtum war[48], er war vielmehr strukturell im obrigkeitsstaatlichen System Deutschlands angelegt, das zu seiner Erhaltung, wie das Vorgehen Preußens und Österreichs nahelegt, den Einsatz solcher Zensoren gegen die aufkommende liberale und radikale Opposition für nötig erachtete.

Den staatlichen Behörden standen neben der Zensur noch andere Mittel gegen Struves *Mannheimer Journal* zur Verfügung. Sie übte auf den Besitzer der Zeitung Druck aus. Ultimativ forderte die Kreisregierung den Vorstand des Katholischen Bürgerhospitals zur Richtungsänderung des *Journals* und zur Ablösung des neuen Redakteurs auf, weil die angeblich religionsfeindliche Haltung Struves im Widerspruch zu den Stiftungsstatuten stünde.[49]

Als diese Pression nichts fruchtete, entzog die Kreisregierung dem *Mannheimer Journal* das bislang unangefochtene Insertionsprivileg und übertrug es dem *Mannheimer Morgenblatt*.[50] Der Entzug dieser wichtigen Einnahmequelle erschöpfte den Kassenvorrat des Verlags »fast gänzlich«[51], eine Entlassung Struves konnte der Verlag mit Rücksicht auf die Stimmung in der Stadt nicht wagen. Die Maßnahme der Regierung spielte Struve einen Trumpf in die Hand, sie steigerte die schwelende Unruhe in Mannheim und erwies sich als ein weittragender politischer Mißgriff. Es sei dahingestellt, inwieweit sich Struve selbst mit der ihm eigenen Mischung von Larmoyanz und Unerbittlichkeit in die politisch günstigere Position des Zensuropfers hineinmanövrierte, jedenfalls wußte er seine Lage mit kämpferischem Kalkül und überlegener Taktik zu nutzen und die badische Opposition für sich zu gewinnen.

Die Demonstration der Stadt Mannheim für Pressefreiheit – der Einsatz von Militär

Die Ereignisse im Spätjahr 1845 in Mannheim[52] verliefen – anders als die Demonstration der Leipziger Bevölkerung gegen den Kronprinzen Wilhelm von Preußen[53] – ohne Blutvergießen. Dies jedoch weniger wegen der zum Äußersten entschlossenen Regierung, sondern weil die Liberalen mit überlegener Taktik Meister der Situation blieben. Sie probten nur den Machtkampf und zogen sich dann wieder zurück. Moralisch aber blieben sie Sieger, weil der Einsatz von Militär gegen Bürger an die Zeiten schlimmsten Despotismus erinnerte und viele Loyalgesinnte und Unentschiedene verschreckte und auf die Seite der Opposition trieb.

In einer gemeinsamen Adresse[54] protestierten die angesehensten Bürger Mannheims, die liberalen Abgeordneten Itzstein, Bassermann, Mathy und Hecker, die kommunale Spitze unter Bürgermeister Jolly, die Verleger und Redakteure Heinrich Hoff und Joh. Peter Grohe gegen den offensichtlichen Versuch der Regierung, das *Mannheimer Journal* zu unterdrücken. Die Regierung, so hieß es in der Eingabe, solle erfahren, »daß die dermalige Censur planmäßig darauf ausgeht, der Redaktion des Mannheimer Journals das Beharren [...] auf einer gewiß gemäßigten Richtung unmöglich zu machen [...] daß das Preßfreiheit genießende Morgenblatt als ultramontaner Denunciant das Mannheimer Journal [...] verfolgt [...]«. Regierung und Behörden wurde vorgeworfen, daß es ein »beklagenswerter Mißgriff von ihrer Seite war, das Monopol der öffentlich zur Kenntnisnahme des Publikums bestimmten Ankündigungen einem Blatte zu übertragen, das wegen Mangels an Abonnenten unter dem Publikum nicht verbreitet ist, zum Nachteil desjenigen öffentlichen Organs, welches in der Stadt, in der Provinz, ja im In- und Auslande sehr viele Leser hat und allgemein wohlverdiente Achtung genießt«.[55] Die Unterzeichner des öffentlichen Protestes riefen zu einer Gemeindeversammlung auf, die über die Zensur und Polizeimaßnahmen der Regierung beraten sollte.[56]

Die Behörden verboten aber diese Versammlung, weil den Gemeindebehörden eine solche Beratung rechtlich nicht zustehe.[57] Der Zensor strich die Ankündigung der Versammlung aus den Zeitungen.[58] Der überwiegend liberale Gemeinderat beharrte auf seinem Recht, über solche Fragen beraten zu dürfen. Die Liberalen riefen mit »fliegenden Blättern« zur Gemeindeversammlung im Aulasaal am Theaterplatz auf. Am 19. November trat die Gemeindeversammlung, bestehend aus führenden Vertretern des Mannheimer Bürgertums, zusammen.[59]

Während noch Gemeinderat Eller die Vorlage des Gemeinderats vorlas, erschien Stadtdirektor Riegel und forderte zur Aufhebung der Versammlung auf. Bürgermeister Jolly mahnte zur Ruhe, und Eller las weiter. Kurz darauf waren Trommelschlag und Kommandorufe zu hören. Auf dem Theaterplatz marschierte eine Abteilung Kavallerie und Infanterie auf, nahm Aufstellung und besetzte die Eingänge des Aulasaales. Regierungsdirektor Schaaff, ein unbeliebter Vertreter des Polizeistaates, stürzte in den Saal und ließ in das empörte Raunen der Versammelten die Aufruhrakte verlesen. Als Schaaff die Frage Bürgermeister Jollys, ob Gewaltanwendung beabsichtigt sei, bejahte, erklärte Jolly die Versammlung für aufgelöst. Die Anwesenden entfernten sich ruhig. Militär schritt nicht ein.

Der Konflikt wurde vermutlich von einer Gruppe entschiedener Liberaler, zu der Struve, und möglicherweise auch sein enger Vertrauter, Mathy, gehörten, provoziert.[60] Mit der nahezu einhelligen öffentlichen Meinung und der Rechtslage – zumindest aber der Moral – auf ihrer Seite, ergriffen sie die taktische Initiative. Struve selbst deutete an, daß sie die polizeistaatliche Reaktion der gegnerischen Charaktere und das Kräfteverhältnis der streitenden Parteien richtig einzuschätzen wußten und den Konflikt bewußt eskalierten.[61] Dabei konnten sie sich auf die »Grundlage des Gesetzes« berufen, jederzeit die Schärfe des Konflikts bestimmen und sich ohne Gesichtsverlust wieder zurückziehen.[62]

Das Mannheimer Ereignis führte, wie zu erwarten war, zu einer Solidarisierung der badischen Opposition mit der Stadt Mannheim. Die Kammeropposition griff den Vorfall auf. Ihr Sprecher, Theodor Welcker, der ihn mit der blutigen Leipziger Demonstration vom August verglich und ihn auf den Gegensatz von Despotie und Freiheit zurückführte, sah bereits den »Vorabend der Revolution« hereinbrechen.[63]

Auch die Bevölkerung ergriff Partei. Dreihundert Weinheimer Bürger und über hundert Freiburger solidarisierten sich in Adressen mit der Haltung der Mannheimer Kommunalbehörden.[64] Die Stadt selbst wählte am 29. Dezember auf Empfehlung Itzsteins den Rechtsanwalt Lorenz Brentano mit großer Stimmenmehrheit in die 2. Kammer, einen Radikalen, der 1849 an die Spitze der revolutionären Bewegung trat.[65] In der öffentlichen Meinung gewann die liberale Partei die Oberhand. Struve konnte voll Genugtuung feststellen: »Die Zeiten sind vorbei, da man sich schämte liberal zu sein, jetzt schämt man sich, es nicht zu sein, und selbst der ärgste Reaktionär, selbst der Jesuit und der Absolutist gibt sich den Anschein zeitgemäßen Fortschritts.«[66] Bestand bereits zuvor eine Polarisierung unter den Bürgern zwischen Konservativen und Liberalen, die in einer Stadt wie Heidelberg bis zum Boykott liberaler Handwerker ging, so brachten die Mannheimer Ereignisse auch hier einen Umschwung zugunsten der Opposition.[67]

Die badische Regierung, in der Blittersdorff seinen Einfluß behauptet hatte – er wäre gern als Außenminister in sie zurückgekehrt[68] –, liebäugelte zwar mit dem Gedanken, die Verfassung staatsstreichartig außer Kraft zu setzen und die 2. Kammer aufzulösen[69], doch Metternich lehnte dies wie auch eine Intervention des Bundes ausdrücklich ab, weil ihm ein solches Vorgehen wegen der Stärke der badischen Presse zu riskant erschien.[70]

Nachdem Karl Mathy am 20. Januar 1846 vor der 2. Kammer heftige Angriffe gegen die Zensur gerichtet hatte, zog die Regierung ihren Mannheimer Zensor Sarachaga zurück.[71] Damit gab sie jedoch nicht nur einen Zensor, sondern ein ganzes Zensursystem auf, zu dem sie, allein schon mangels eines geeigneten Zensors, vor der Revolution nicht mehr zurückkehren konnte. Im Kampf um Pressefreiheit hatte die oppositionelle Bewegung einen entscheidenden Durchbruch erzielt, der weit über Baden hinaus beachtet wurde. Dort habe sich gezeigt, kommentierte der Blumsche *Vorwärts!*, »daß das politisch berechtigte Volk angefangen hat, die politischen Kinderschuhe zu zertreten und zum Bewußtsein [...] der ihm verliehenen Rechte gelangt«.[72] Der Sieg der Opposition, der im Frühjahr 1846 noch durch eine liberale Kammermajorität gekrönt wurde[73], stellt einen Höhepunkt der bürgerlich-liberalen Bewegung in Baden im Vormärz dar; doch sie trug den Keim der Spaltung bereits in sich. Um die Jahreswende 1845/46 eröffnete Struve den Kampf gegen die liberalen »Worthelden«[74], die gegen die Bedrohung durch die politische Reaktion nicht zum Äußersten entschlossen seien. Struve selbst und die Männer der »strengsten Opposition« nannten sich fortan »Ganze« im Gegensatz zu den von ihnen so genannten »Halben« der gemäßigten Opposition. Die besonders im Pressewesen einflußreiche Richtung der Radikalen trat erstmals öffentlich in Erscheinung. Während der mehrmonatigen Gefängnishaft Struves wegen Preßvergehen und Beamtenbeleidigung im Spätjahr 1846 führte Karl Mathy die Redaktion interimistisch weiter.[75] Am 9. Dezember 1846 schied Struve aus der Redaktion aus, nachdem Regierung, erzbischöfliches Ordinariat und der hochkonservative Abgeordnete der 1. Kammer, Freiherr v. Andlaw, den Vorstand des Bürgerhospitals zur Kündigung gedrängt hatten.[76] Wilhelm Obermüller, der frühere radikale Student, Mitarbeiter des *Freisinnigen* und spätere Fourierist, führte das *Journal* danach wieder auf Justemilieu-Kurs zurück.[77] Noch im November ließ Struve im Verlag Heinrich Hoffs, des früheren Verlegers des *Rheinischen/Deutschen Postillon*, eine Probenummer seiner neuen Wochenzeitung, des entschieden radikalen *Deutschen Zuschauers* erscheinen.

Die badische Opposition bestand aber nicht allein aus radikalen Zeitungsredaktionen, sondern wurde bereits von einer breiten, sich formierenden Bewegung getragen. Protest ging über in den Zustand gesellschaftlich-politischer Organisation.

Sechstes Kapitel:
Die Mobilisierung der Gesellschaft

Politische Öffentlichkeit als Gegenpol des Obrigkeitsstaates –
Entstehung, Formierung und Differenzierung

In der historischen Forschung wurde die Entstehung der politischen Öffentlichkeit im deutschen Vormärz als Voraussetzung politischer Organisation bisher kaum berücksichtigt.[1] Die Organisation von Parteien wurde relativ spät angesetzt[2], oder man ging von der Existenz reiner »Fraktionsparteien« aus.[3] Auch Koszyk, der vor allem das Verhältnis der Presse zu den Parteien der Nationalversammlung im Auge hat, stellt fest: »Die Presse nahm Partei, aber sie hatte noch keine Partei hinter sich.«[4] Obwohl dies generell stimmen mochte, würde dies doch der genuin demokratischen Entwicklung im südwestlichen Deutschland, vor allem in Baden, nicht gerecht. Hier ging das demokratische Vereinswesen aus einer politischen Öffentlichkeit hervor, die spätestens am Vorabend der Revolution tendenziell alle Klassen der Bevölkerung und alle Regionen des Großherzogtums – freilich in unterschiedlicher Intensität – erfaßt hatte und dem Verlauf der Revolution den Stempel aufdrückte. Baden nimmt allerdings in dieser Hinsicht eine Ausnahmeposition ein.

Im Nachbarland Württemberg, das keine mit Baden vergleichbare Politisierung der Bevölkerung kannte, nahm die Revolution einen ruhigen Verlauf.[5] Die Presse fungierte nicht als Vorkämpferin der Opposition. Noch im Herbst 1847 konnte ein Metternichscher Konfident feststellen:

> »Die württembergische Zeitungspresse ist, obgleich in Stuttgart der süddeutsche Buchhandel seinen Zentralpunkt hat, außerordentlich beschränkt, denn als eigentliche Zeitung ist nur der ›Schwäbische Merkur‹, das halbamtliche Organ der württembergischen Regierung anzusehen.«[6]

Die in den Jahren 1848/49 entstandene politische Presse in Württemberg stellte auch kaum einen eigenständigen politischen Faktor dar, vielmehr bedienten sich die politischen Vereine ihrer als Hilfsmittel, um weniger eine revolutionäre als vielmehr »organische« politische Veränderung zu propagieren.[7]

Im Königreich Sachsen dagegen, wo die Revolution ähnlich heftig verlief wie in Baden[8], traten die radikale Presse und das politische Vereinswesen als Träger der Umsturzbewegung auf.[9] Verschiedenartig, wenngleich gegentypisch, erscheint jedoch die im Vergleich zu Baden »verspätete« politische und gesellschaftliche Entwicklung in Sachsen im Vormärz. Vor dem Hintergrund des sächsischen Vormärz lassen sich die Ursachen und die Entstehung der politischen Öffentlichkeit Badens verdeutlichen. Im Großherzogtum Baden hatten die Strukturveränderungen aus der napoleonischen Zeit den Adel als herrschende Klasse weitgehend beseitigt. In Baden wurden dem Bürgertum, das als treuer Untertan gewonnen werden sollte, im Rahmen des Verfassungsoktroi im Jahre 1818 gewisse politische Mitwirkungsrechte eingeräumt.[10] Der sächsische Staat blieb dagegen weitgehend »das Machtinstrument der Adelsklasse«[11], er hatte keine tiefgreifenden inneren Veränderungen erfahren. Anders dagegen die gesellschaftlichen Verhältnisse: Die frühindustrielle Entwicklung in Sachsen erzeugte eine Arbeiterklasse und ein hausindustrielles Proletariat. Die dadurch verursachten sozialen Spannungen[12] konnte die starr feudal geprägte Gesellschaftsordnung zwar politisch unterdrücken, aber nicht auffangen. Während der Revolution brachen sie um so heftiger aus. Während die radikale Presse Badens bereits republikanische Position vertrat, war dies bei der sächsischen erst eindeutig im Frühjahr 1848 der Fall.[13] Dem »fortschrittlicheren« Baden fiel gegenüber der sächsischen[14] wie auch der württembergischen Opposition über einige Zeit die Rolle eines Vorbildes und Vorkämpfers zu.

Im vornehmlich agrarisch strukturierten Baden dominierte das liberale Bürgertum. Mit dem Sieg über Blittersdorff hatte es den noch bestehenden feudalen Einfluß weitgehend beseitigt. Eine zuerst lokal und regional entstehende politische Meinungs- und Willensbildung konnte nicht mehr unterbunden werden.

Die historische Kardinalfrage, wie in einem deutschen Teilstaat des Vormärz eine politische Öffentlichkeit und aus ihr eine revolutionäre Organisation entstehen konnte, sollte in den vorhergehenden Abschnitten in bezug auf die Träger dieser Entwicklung, die Presse und die 2. Kammer, untersucht werden. Doch sie initiierten nur die Entstehung von politischer Öffentlichkeit, sie konstituierten sie noch nicht. Wer machte die Masse der Zeitungsleser, der Sympathisanten, der Anhänger, der Agitatoren aus? Wer waren die personellen »Transmissionsriemen« zwischen oppositionellen Führern und potentiellen Anhängern? Welche Schichten und Klassen der Bevölkerung wurden zu welchem Zeitpunkt und mit welcher Intensität von der Politisierung erfaßt?

Es ist überflüssig, auf die spezifisch historische Quellenlage hinzuweisen, die sich weder auf exakte Umfrageergebnisse noch soziologische Erhebungen stützen kann. Weder die

Abonnentenliste einer oppositionellen Zeitung noch die aufgeschlüsselten Ergebnisse einer Landtagswahl stehen für den Vormärz zur Verfügung. Das historische Material erlaubt daher auch nur annähernde Antworten auf die gestellten Fragen.

Die Adressen- und Versammlungsbewegung in Südbaden 1842 – beginnende Aushöhlung der Regierungsgewalt

Die Politisierung der Bevölkerung und der gesellschaftliche Aufbruch in der Zeit von 1835 bis 1845 verlief in einer dreifachen Wellenbewegung. Der Landtagswahlsieg 1842 löste in Südbaden eine erste Wellenbewegung aus, die sich in politischen Versammlungen und Adressen bekundete. Sie setzte sich fort im Verfassungsfest 1843 und führte zu einer nahezu landesweiten Propagierung und Anerkennung der konstitutionellen Idee als Grundlage der Innenpolitik. Der religiöse Aufbruch innerhalb der katholischen Kirche und die von ihm hervorgerufene deutsch-katholische Bewegung in den Jahren 1844 bis 1846 leiteten die gesellschaftliche Mobilisierung ein. Sie verstärkte – als dritte Welle – die Formierung und Polarisierung der politischen Kräfte.
Der Landtagswahlkampf 1841/42 hatte breite Bevölkerungsschichten erfaßt. Der Sieg der Kammeropposition schuf endgültig die Voraussetzungen für die Entstehung einer politischen Öffentlichkeit. Ihre innere Dynamik erhielt sie durch die Verbindung mit den gesellschaftlichen Aufbruchsbewegungen, etwa dem Deutsch-Katholizismus. Die innenpolitische Situation von 1842 unterschied sich grundlegend gegenüber der von 1832: Kein Anstoß von außen, sondern ein harter Kampf zwischen Regierung und Opposition hatte zu einer Wahlentscheidung plebiszitären Charakters geführt und die Liberalen beinahe unerwartet als tatsächliche Volksrepräsentanten eingesetzt. Breite Bevölkerungsschichten identifizierten sich nicht nur auf emotionale Weise mit dem Freisinn, wie dies im Jahre 1832 vornehmlich der Fall war, sondern fingen an, ihre Interessen politisch-rational zu artikulieren. Ihr Adressat war die überwiegend liberale 2. Kammer, unter deren Schutz diese Bewegung überhaupt Fuß zu fassen und die Regierungsgewalt auf unterer Ebene zu neutralisieren vermochte.
Kaum stand der liberale Kammersieg 1842 fest, erwachte das politische Leben in Südbaden.[15] Es äußerte sich in Dankadressen und Petitionen an die 2. Kammer sowie in lokalen Versammlungen, obwohl diese Formen politischer Willensbekundung ungesetzlich waren. Erlaubt waren nur dem Inhalt nach unpolitische Petitionen an die 2. Kammer und Zusammenkünfte von Wahlmännern[16], sofern diese von der Amtsbehörde einberufen wurden.
Gegen die einsetzende Flut von Dankadressen, die aus vielen südbadischen Orten, so aus Donaueschingen, Hüfingen, Geisingen, Dürrheim, Sunthausen, Hochemmingen, aber

187

auch aus dem nordbadischen Sinsheim sowie noch aus anderen Orten an die 2. Kammer ergingen[17], waren die Behörden machtlos. In Villingen bekannten sich 218 Personen, in Lahr 600, in Freiburg und Umgebung 1300, in Mößkirch sogar über 1500 Personen durch ihre Unterschriften zu den Kammerliberalen.[18] Eine Adresse aus Emmendingen und Thingen stellte bündig fest: Das Volk habe mit der Wahl einer liberalen Kammermehrheit bekundet, daß die volle Verwirklichung der Verfassung nach den Grundsätzen von Vernunft und Freiheit die einzig feste Basis einer volksfreundlichen Regierung sein könnte.[19] Die übrigen Adressen bekräftigten diese Aussage.

Die Liberalen werteten diese Adressen von der Rednerbühne aus als Beweis dafür, daß sie die Partei des Volkes seien.[20] In der Tat wurde die 2. Kammer zur Anlaufstelle für die vielfachen alltäglichen Nöte der Bevölkerung vom Schwarzwald bis zum Odenwald.[21] Die 2. Kammer erweiterte auf Antrag Heckers die zweiköpfige Petitionskommission gleich um vier Abgeordnete, um den Petitionssturm bewältigen zu können.[22]

Eher kläglich nahmen sich demgegenüber die Versuche der Regierung aus, ihre eigenen Anhänger zu mobilisieren. Lediglich aus Freiburg, das sich von der einst liberalen Hochburg zum Stützpunkt der ultramontanen Partei gewandelt hatte, bekannten sich 500 Urwähler zu den Grundsätzen der Regierung.[23]

Nach dem Ende der Kammersession von 1842 häuften sich die geheimgehaltenen und meist kleinen Zusammenkünfte von Deputierten und Anhängern. In den südbadischen Orten Östringen, Emmendingen und Eichstätten trafen sich die Abgeordneten Itzstein, Welcker und Zittel mit der örtlichen Oppositionspartei. Erkundigungen der Polizei wurden von einer »Mauer des Schweigens« abgeschirmt.[24] Bürgermeister und Wahlmänner hatten dazu einfache Bürger, »Gutgesinnte und deren Freunde« eingeladen.[25] In Eichstätten kamen unter Vorsitz von Welcker und Zittel der örtliche Pfarrer namens Helbing, der Apotheker, zwei Ärzte, ein Kaufmann, vier Gastwirte, mehrere Bürgermeister und Gemeinderäte, insgesamt vierzig Personen, zusammen[26], die alle zur wirtschaftlich und politisch führenden Schicht der bürgerlichen Gesellschaft gehörten. Als die Polizei einschritt und den örtlichen Bürgermeister, den Initiator der Versammlung, verhörte, entstand in der Bevölkerung Unruhe. Die Regierung mußte peinliche Angriffe seitens der Abgeordneten befürchten, die die Versammlung mit ihrer Anwesenheit geschützt hatten[27], und wich zurück. Um künftig solche »Mißgriffe« einzelner Beamter zu vermeiden, wies das Innenministerium die Polizeibehörde an, bei politisch relevanten Tagesfragen künftig nicht mehr einzuschreiten, sondern zuerst der Kreisregierung Bericht zu erstatten.[28]

Eine Versammlung von Bürgermeistern und Wahlmännern in der Nähe von Waldshut, zu der »Engelwirt« Weißhaar, der spätere Mitorganisator des Hecker-Zuges, aufgerufen hatte[29], steht beispielhaft für den beginnenden Autoritätsverlust von Regierung und Ortsbehörden. Die Versammlung stand im Widerspruch zu dem wiederholt bekräftigten

Rechtsstandpunkt des Innenministers, wonach nur der 2. Kammer das verfassungsmäßige Recht der Beratung und Abstimmung über Landesangelegenheiten zustehe.[30] Die Wahlmänner seien »nicht dazu berufen, [...] das Benehmen der Regierung wie der Kammer mit öffentlichem Tadel und öffentlichem Beifall zu *begrüßen*«.[31] Trotzdem schreckte der lokale Oberamtmann vor einem eigenmächtigen Verbot der Versammlung zurück, weil er befürchtete, als Volksfeind angeprangert zu werden.[32] Er holte beim Innenministerium Anweisung ein und teilte seine Bedenken mit:

»In diesem Falle aber wird voraussichtlich in der 2. Kammer wieder großes Spektakel gemacht, was in mir Bedenken erregt, ob ich diese Ordnungswidrigkeit nicht eher mit Stillschweigen übergehen oder lediglich mit einem Verweise abtun sollte.«[33]

Erst nachdem (!) die Versammlung abgehalten war, erteilte das Innenministerium dem Fragesteller eine Antwort; nachdem nichts Strafbares (!) geschehen sei, könne von einem nachträglichen Einschreiten keine Rede mehr sein.[34] Im Widerspruch dazu erteilte es sogleich den Regierungsämtern und Amtsvorständen die Weisung, künftig streng gesetzlich zu verfahren und politische Versammlungen und Unterschriftsleistungen zu verbieten.[35] Der Innenminister bürdete damit den untergeordneten Behörden die Verantwortung für ein unpopuläres Einschreiten auf, vor dem er selbst zurückschreckte. Viele Behörden waren verunsichert; stillschweigend duldeten sie ungesetzliche Vorgänge, um Aufsehen zu vermeiden; so schritt das Stadtamt Mannheim nicht gegen eine Geldsammlung für eine »silberne Bürgerkrone« zu Ehren Itzsteins ein[36]. Manche Behörden machten mit den Liberalen gemeinsame Sache. Im Seekreis ließen Bürgermeister Dankadressen an die 2. Kammer vom Ortspolizeidiener herumtragen[37]; sie gingen davon erst ab, als eine dienstpolizeiliche Bestrafung drohte[38]. Wollte eine Polizeibehörde aber eingreifen, zirkulierten die Adressen im geheimen. Gegenüber einer mit der Opposition sympathisierenden Bevölkerung waren der Ortspolizei die Hände gebunden. Von ihr sei »keine sehr eifrige Unterstützung« zu erwarten, klagte die Bezirkspolizei in Pforzheim, weil sie sich nicht »in solchen Angelegenheiten [...] mit ihren Mitbürgern verfeinden mögen«.[39]

Dem Innenministerium blieb nur, die Adressensammler von »zuverlässigen Ortsvorgesetzten und Bürgern« belehren und mit Strafandrohung einschüchtern zu lassen.[40] Außerdem erschwerte es das Petitionswesen, indem es die verfassungsmäßig vorgeschriebene, aber wenig beachtete Prozedur der »Enthörung«, wonach die Petenten sich zuerst an die zuständigen Behörden, dann erst an die 2. Kammer wenden dürften, bekräftigte. In einem besonders krassen Fall, bei dem rührigen Rechtspraktikanten Straub von Stockach, der eine Dankadresse an die 2. Kammer in ganz Südbaden verschickt und Unterschriften gesammelt hatte[41], sah sich das Innenministerium zur gerichtlichen Klageerhebung genötigt.[42] Das Hofgericht Konstanz verhängte aber nur eine relativ milde Strafe von 15 Gulden und ließ die fehlende polizeiliche Druckerlaubnis unberücksichtigt.[43]

Adressensammeln und politische Zusammenkünfte wurden zum Gewohnheitsrecht. Bei einer Versammlung im Dezember 1843 in Hüfingen, bei der mehrere hundert Personen zusammenkamen und sich mit praktisch-politischen Tagesfragen befaßten, schritt die zuständige Behörde nicht ein.[44] Das Innenministerium drängte aber die Versammlung, nicht an die 2. Kammer zu petitionieren, sondern eine »gehorsamste Vorstellung an die Staatsregierung« zu beschließen[45], und ließ durchblicken, daß auf diesem Wege ihre Wünsche eher erfüllt werden würden.

Anfang 1844 hob die Regierung das Verbot des Unterschriftensammelns und das Verbot von – unpolitischen – Versammlungen in einer gewundenen Anweisung an die Kreisregierung praktisch auf.[46] Versammlungen, so hieß es, dürften dann stattfinden, wenn sie rechtzeitig angemeldet würden und die öffentliche Sicherheit nicht gefährdeten.[47] Dies war ein halbes Zugeständnis, das die Regierung bei nachlassendem Druck der Öffentlichkeit aber wieder zurücknehmen konnte.

Wie eine Karte des Großherzogtums Baden zeigt, entstand ein öffentliches politisches Leben – ein für Deutschland noch ungewöhnlicher Vorgang – im schweizerisch-französischen Grenzgebiet zwischen Konstanz und Freiburg, in Mannheim, aber auch in manchen Kleinstädten Badens, wie zum Beispiel in Weinheim, das an der unruhigen Grenze zu Hessen lag. Willensbekundungen aus Nordbaden und dem Odenwald, Petitionen um materielle Verbesserungen an die 2. Kammer, trugen dagegen einen weitgehend unpolitischen Charakter.

Die tragende Schicht der ersten politischen Welle war durchweg das gehobene, das »wohlhabende« Bürgertum. Pfarrer, Bürgermeister, Apotheker, Kaufleute, Ärzte, Gastwirte, also die einflußreichen bürgerlichen Honoratioren, die »Meinungsmultiplikatoren« der Städte und Dörfer, ergriffen Partei für den Liberalismus und zogen das Kleinbürgertum mit sich.

Das spätere »Geständnis« eines Weinheimer Teilnehmers der Revolution von 1848, des Schuhmachers Valentin L., der, um Strafverschonung bittend, die Entstehung der liberalen Partei und den stillen Zwang zum Anschluß schilderte, stellt ein farbiges Zeugnis des politischen Geschehens auf lokaler Ebene dar.[48] Bereits im Jahre 1833, so berichtete Valentin L., habe sich eine liberale »Partei« in Weinheim gebildet, von der er sich jedoch ferngehalten habe. Er mußte im Laufe der Jahre erleben, daß sein Gewerbe »etwas flauer« ging: »Ich schrieb die Ursache dem Umstande zu, daß ich mich der genannten Partei nicht anschloß, welcher, wie dies wohl allgemein bekannt ist, sich immer die wohlhabenderen Bürger besonders in kleinen Städten anschlossen.«[49] Erst im Jahre 1842, so berichtete Valentin L. weiter, sei er mit der liberalen Partei in nähere Berührung gekommen, weil er mit der Pacht der Gemeindewaage in Weinheim häufiger öffentliche Lokale habe besuchen müssen.[50] Der oppositionelle Geist, der nur in einem Kreis von Honoratioren, bei vereinzelten mutigen Bekennern oder kleinen politischen Gruppen überlebt hatte, erfaßte zuerst die »wohlhabenderen Bürger« und griff dann auch in den sozialen Mechanismus ein.

Der Kern der liberalen »Partei« stand in enger Verbindung mit der Kammeropposition, die als die eigentliche Führungsspitze der beginnenden liberalen Bewegung vom Volk anerkannt wurde.[51]

Die 2. Kammer hatte ihre Isolierung durchbrochen. Von fern und nah strömte das Publikum zu den Kammerdebatten. Galerie und Saal konnten die Zuhörer bei wichtigen Sitzungen nicht fassen.[52] Das Volk feierte die von der Session heimkehrenden Abgeordneten mit triumphalen Empfängen, mit Festbanketten, Ehrenbechern und Bürgerkronen.[53] In Mannheim empfingen Tausende von Menschen ihren Abgeordneten Itzstein wie einen Volksfürsten.[54] Gefühle der Verehrung und Loyalität wurden nicht mehr allein dem Großherzog, sondern auch – wie bereits im Jahre 1832 – den Volksvertretern zuteil.

Die Verfassungsfeier 1843 – der Durchbruch zur landesweiten politisch-gesellschaftlichen Bewegung

Das Fest des Bürgertums: Der Anspruch auf politische Teilhabe

Die zweite Welle der Politisierung im badischen Vormärz wurde durch die Verfassungsfeier im August 1843 ausgelöst. Sie führte zu einer Verbreiterung der gesellschaftlichen Basis und zu einem landesweiten Durchbruch der liberalen Bewegung, die ihre Wertvorstellungen auf populäre Weise zu vermitteln verstand. Die Verfassungsfeier am 22. August 1843, die am 25. Jahrestag der Gewährung einer Konstitution durch Großherzog Karl in allen größeren Orten Badens begangen wurde, war die erste machtvolle Kundgebung der Liberalen seit den Tagen Hambachs.[55] Sie kam auf Initiative der Kammerliberalen zustande, die auch als Festredner der örtlichen Feiern auftraten. Die Regierung erklärte die Verfassungsfeier für ein »Privatfest«[56] und hielt sich von ihm fern; sie wagte nicht, die lokalen Vorbereitungskomitees zu behindern. Die Liberalen waren darauf bedacht, sich als konstruktive und loyale Opposition zu präsentieren, und achteten auf einen ruhigen Ablauf der Feiern.

Die Zentralfeier fand in dem kleinen Schwarzwalddorf Griesebach statt, in dem 25 Jahre zuvor Großherzog Karl während eines Kuraufenthaltes die Verfassung unterzeichnet hatte. Hauptredner Itzstein brachte Toaste auf das großzerzogliche Haus und die Verfassung aus und betonte die Notwendigkeit liberaler Reformen, insbesondere die Verantwortlichkeit höherer Beamter und Minister gegenüber der Volksvertretung, und forderte die Einführung der Pressefreiheit. In diese Forderungen stimmten die Redner anderenorts mit ein, einige ließen aber auch unüberhörbar radikal-liberale Töne anklingen.[57]

Besonderes Geschick verrieten die Mannheimer Liberalen mit der Inszenierung des größten Festes im Lande. Den Vorabend der Feiern begingen sie mit dem Pomp eines Volksfestes, mit Kanonendonner und Glockengeläut, Feuerwerk und Militärmusik. Am Tag darauf sammelten sich Schüler und Lehrer, das Festkomitee und eine große Anzahl Einwohner, um die auf einem prachtvollen Kissen vorangetragene Verfassungsurkunde prozessionsartig durch die Stadt zu geleiten. Die Menge sang das Lied »Es blüht im Lande Baden / ein Baum so wunderbar . . .«[58], das der in Mannheim ansässige Hoffmann von Fallersleben eigens verfaßt und einer Volksliedmelodie unterlegt hatte. In einigen Orten begab sich der Festzug auch in die Kirche und sang das Tedeum. Die Schuljugend wurde manchenorts mit Verfassungsbüchlein und Brezeln beschenkt.[59]

Aus dem ganzen Land wurde eine große Zahl von Festteilnehmern gemeldet. In Schwetzingen, wo Karl Mathy als Redner auftrat, kamen 3000 Menschen[60], in Ettenheim im Schwarzwald sogar 10000 Menschen zusammen.[61] In Mannheim nahmen auch »Ausländer« am Fest teil, wie die *Mannheimer Abendzeitung* berichtete: »Von nah und fern waren eine Menge Verfassungsfreunde herbeigeeilt [. . .] viele Nassauer, Hessen, Frankfurter und vor allem Preußen unter denen eine Zier deutscher Männer, Hoffmann von Fallersleben und Walesrode.«[62] Auf »ausländische« Beobachter wie den Königsberger Ludwig Walesrode[63] machte das politische Leben im Großherzogtum einen unauslöschlichen Eindruck. Enthusiastisch berichtete Walesrode an Johann Jacoby, daß er »um eine unschätzbare politische Überzeugung reicher geworden sei, daß die Sache der Freiheit auch auf deutschem Boden siegen kann, ja faktisch hier gesiegt hat.«[64] Die badischen Oppositionsmänner – nach Walesrode »wahrhaft tüchtige Diplomaten der politischen Praxis«[65] – hatten das Verfassungsfest von Mannheim aus »vortrefflich organisiert«. Karl Mathy hatte, wie aus seinen vertraulichen Mitteilungen an einen Freund hervorgeht[66], dabei eine Hauptrolle gespielt. Die Liberalen verstünden sich, wie Walesrode bewunderte, auf die »politische Agitation wie keine andern Deutschen mehr«; sie wüßten auch »populär zu sein« und dank des pfälzischen Idioms »so leicht ins Herz des Volkes« hineinzureden, daß der Gegensatz zu den Norddeutschen, die »im Sprechen viel zu vornehm und spröde« wirkten, sehr auffalle.[67]

Der Umfang und die Verbreitung der Verfassungsfeiern in Baden verdeutlichen, wieweit die Politisierung des Landes fortgeschritten war und wo ihre Schwerpunkte und ihre Hindernisse lagen. In der politischen Geographie des frühen Liberalismus war der Odenwald noch ein weißer Fleck. Er gehörte zu den ärmsten Gegenden des Landes, aus dem »fast durchgehends« die konservative Minorität der 2. Kammer hervorgegangen war.[68] In den grund- und standesherrlichen Gebieten, in Buchen, Walldürn, fanden keine Feiern statt. Einige dort ansässige Liberale besuchten aber das Mannheimer Fest.[69]

Der Einfluß der Beamten war noch stark genug, das »Constitutionsfest nicht zu einem Oppositionsfest« werden zu lassen.[70] Ein »stummes Fest« beging auch Freiburg. Dort hatte der überwiegend konservative Gemeinderat öffentliche Reden und Zeremonien verhindert.[71] Die Liberalen reklamierten für die Verfassung hoheitliche, ja quasi religiöse Verehrung, stießen dabei aber auch auf Ablehnung. So untersagten Pfarrer und Bürgermeister in Ettlingen bei Karlsruhe die Zeremonie in der Kirche.[72]

Es war unübersehbar, daß das Verfassungsfest, von dem sich Adel und Beamte fernhielten, zu einem Höhepunkt bürgerlicher Eintracht wurde; die »angesehensten« Bürger[73] traten als neue, quasi staatstragende Klasse in Erscheinung. Gerade indem die Regierung das Fest desavouiert habe, berichtete Walesrode, »provozierte [sie] auf diese Weise eine Erhebung des reinen Bürgertums in Masse, ein politisches Massenbewußtsein, das nicht mehr zu unterdrücken, ja auch nur zu schwächen sein wird.«[74] Obergerichtsadvokat Eller in Mannheim meldete den Anspruch des Bürgertums auf politische Teilhabe an. Zwischen Volk und Fürst bestünde eine Interessengleichheit, die nur von einem eigensüchtigen Adel bedroht sei.[75] Das Bürgertum dagegen trete für Fortschritt und Gemeinwohl ein, es sei die wahre Stütze der Krone. Die Hoffnung der Liberalen auf eine langfristige »Vereinbarungspolitik« zwischen Krone und Bürgertum wurde gestärkt durch erste Anzeichen einer sich anbahnenden Kooperation zwischen Kammer und Regierung.[76]

Die Bildung von Interessengemeinschaften, das Wirtshaus als »Institution« und das Auftreten politischer Agitatoren

Nach der Verfassungsfeier setzte die zweite Welle einer politischen Bewegung in Baden ein. Walesrode erlebte Mitte September 1843 bei einer Reise durch das Renchtal im oberen Schwarzwald, welche Sympathien der liberalen Sache entgegenschlugen. Weil sich herumgesprochen hatte, daß er ein Freund »Vater Itzsteins« sei, wurde er in jedem Ort »aufs fürstliche bewirtet«.[77] Er konnte beobachten, wie sich ein kräftiges politisches Leben regte. Während seines anschließenden Aufenthalts auf Itzsteins Gut in Hallgarten faßte er seine von Sympathie geprägten Beobachtungen in einem Brief an Jacoby zusammen:

> »Ich war erstaunt darüber, wie die anwesenden Landleute öffentlich auftraten und aus dem Stegreif famose Reden hielten, wie sie so tüchtig leider von keinem unserer Königsberger Landtagsdeputierten gehalten worden sind. Diese politische Bildung ist lediglich das Werk der entschiedenen offenen Opposition der Badener Deputierten.«[78]

Das Zeugnis Walesrodes ist deswegen so aufschlußreich, weil sich die Anfänge einer politischen Volkskultur in den übrigen Quellen wie Zeitungen und Polizeiberichten kaum widerspiegeln; die Lebenskraft der oppositionellen Bewegung in Baden müßte aber unverständlich bleiben, berücksichtige man nicht die enge Verbindung, welche politisches

Freiheitsstreben, ursprüngliche Volkskultur und wohl auch das alemannische Wesen eingingen.

Die zweite Welle der politischen Bewegung wurde nicht mehr nur von Bürgermeistern und Wahlmännern, sondern auch von einem weiten Kreis von Wirten, Pfarrern, Schullehrern und Bauern getragen. Sie formierten sich in wirtschaftlichen und politischen Interessengemeinschaften. Das Wirtshaus wurde gleichsam zur Institution einer sich verbreiternden öffentlichen Diskussion. Politische Agitatoren traten unter dem Schutz der Bevölkerung auf.

Beispielhaft für die praktizierte Mitsprache breiterer Schichten verlief eine Versammlung von mehreren hundert Bürgermeistern, Gemeinderäten und einfachen Bürgern in Hüfingen bei Donaueschingen am 2. Weihnachtstag 1843, die von dem Steuerperäquator Au und dem Rechtskandidaten Willmann initiiert worden war. Wie ein kommunales Parlament berieten die Teilnehmer über drückende Steuerlasten, über die Besserstellung der Volksschullehrer und über die Herstellung »einiger Preßfreiheit«.[79] Die Versammlung bereitete eine Petition vor, die in allen Gemeinden, die damit einverstanden seien, zirkulieren und dann an die 2. Kammer weitergeleitet werden sollte.[80]

Wirtschaftliche[81] und gesellschaftliche Interessengruppen konnten erstmals ungehindert zusammenkommen. Evangelische Pfarrer vom Dekanat Karlsruhe veranstalteten »theologische Konferenzen« und petitionierten an die 2. Kammer um Durchführung von Synodal-Diözesankonferenzen, eine Bitte, die auf Mitsprache in der Kirche abzielte, von der Regierung aber als Aufbegehren gegen die bischöfliche und staatliche Gewalt gewertet und abgelehnt wurde.[82]

Die Volksschullehrer kamen vielerorts zur Beratung von Petitionen an die 2. Kammer zusammen, ein Recht, das ihnen lange verwehrt[83], jetzt aber nicht mehr vorenthalten werden konnte. Ihre soziale Unterprivilegierung[84], die Reglementierung durch die staatliche und kirchliche Obrigkeit prädestinierten sie zu besonders eifrigen Parteigängern der Opposition.

Die 2. Kammer nahm sich der Petitionen der Volksschullehrer in besonderer Weise an[85], glaubte sie doch, mit der Hebung des Volksschullehrerstandes auch die Volksbildung, die Voraussetzung der »Volksbefreiung«[86], fördern zu können. Die Feststellung der Revolutionsforschung[87], daß soziale Unterprivilegierung erst unter der Voraussetzung der Information und Aufklärung über die eigene Lage zu politischer Radikalisierung führt, wird auch im Falle der badischen Schullehrer bestätigt. Die politischen Zeitungen ermöglichten ihnen, auf billige und leicht zugängliche Weise das Informationsbedürfnis zu stillen. Die Schullehrer galten als die »lebendigen Zeitungs-Comptoirs«.[88] Die konservativ-katholische *Süddeutsche Zeitung* warf ihnen vor, »antikirchliche Schriften und radikale Blätter« zu halten; diese würden sie in den Wirtshäusern kommentieren, nachdem sie dieselben »während ihrer langweiligen Schulstunden und während des Kirchendienstes studiert hatten«.[89] Andere, wenngleich polemisch übertriebene Zeugnisse stimmten darin überein, daß im Jahre 1844 »beinahe alle Schulmeister« die *Mannheimer Zeitung* als ihr Leib- und Magenblatt hielten.[90]

Etwa seit dem Jahre 1844 tritt in den Überwachungsberichten der Behörden der Typus des politischen Agitators auf. Er stand häufig in Verbindung mit den Kammerliberalen und bildete deren Stützpunkt im abgelegenen Wahlkreis. Der Amtmann des Bezirks Ettenheim im Schwarzwald charakterisierte eine kleine Gruppe – einen Steuerperäquator, einen Buchbinder, einen Ökonomen und dessen Gehilfen – als politische Propagandisten, welche »keine Mühe, kein Geld und kein Opfer überhaupt scheuen, eine Partei für sich zu gewinnen, um den in der 2. Kammer so oft geforderten radikalen Ideen Geltung und Verbreitung zu verschaffen«.[91] Zwei von ihnen fungierten als Wahlmänner und standen mit Kammermitgliedern in Korrespondenz, was den bereits zitierten Amtmann zu der Bemerkung veranlaßte: »Der böse Geist wird ihnen von einigen Mitgliedern der 2. Kammer zugeschickt.«[92] Schärfste Überwachung blieb fruchtlos, weil diese Propagandisten das Wohlwollen der Bevölkerung besaßen und niemand sich, wie die Behörden verwundert feststellten, bereit fand, sie zu denunzieren. Der Amtmann von Ettenheim wußte sich keinen Rat mehr, wie er das radikale Treiben abstellen könne. Selbst seine vorgesetzte Behörde, das Oberamt Lahr, sei ihm gegenüber hilflos, würde aber dem Radikalismus nicht in Lahr Einhalt geboten, könne er noch weniger in Ettenheim gegen ihn ausrichten.[93]

Als erster Agitator und Volksredner von überlokaler Bedeutung wird der Redakteur der *Seeblätter*, Josef Fickler, genannt. Ludwig Häusser berichtete über ihn am Ende der Revolution:

> »Fickler war seit Jahren das agitatorische Element im Seekreise gewesen. Die Opposition gegen Blittersdorff, dann der Deutschkatholizismus, jetzt die Republik waren nacheinander die Gegenstände seiner Agitation gewesen. Auch besaß er einen wesentlichen Einfluß auf das Volk, in dessen Mitte er lebte; er verstand in dessen Sprache zu reden und zu schreiben.«[94]

Der »berüchtigte Demagoge Fickler«[95] hielt im Seekreis Versammlungen ab, er sammelte Unterschriften für Petitionen, die er persönlich der 2. Kammer in Karlsruhe überbrachte. Fickler unternahm im Jahre 1844 die ersten planmäßigen Agitationsreisen vom Seekreis bis nach Mannheim und hielt unterwegs jeweils in Gaststätten Versammlungen ab.[96]

Das Wirtshaus, welches von den Behörden wohl kaum geschlossen werden konnte, wurde zum Ersatz für den fehlenden politischen Versammlungsort, es wurde zum Umschlagplatz politischer Meinungen.[97] Politische Diskussionen und Propaganda waren hier »fast an der Tagesordnung«[98], blieben sie doch der Aufsicht der Behörden weitgehend entzogen. Liberale Parteigänger in der Gegend von Lahr und Offenburg hielten bereits regelmäßig Versammlungen in den anliegenden Gasthäusern ab; mit Hingabe sangen sie dabei radikale Lieder, bevorzugt Verse des Dichters Hoffmann von Fallersleben, die bekannten Melodien unterlegt waren.[99] Wer wie der Pächter der Gemeindewaage in Weinheim geschäftlichen Auftrieb suchte, fand ihn am besten durch eine Annäherung an die liberalen Parteigänger, die er im Wirtshaus antreffen konnte: »Bekanntlich wurde alles in den Wirtshäusern besprochen und ausgedacht, und später bildeten sich auch in den Wirtshäusern ständige politische Vereine.«[100] Großherzogliche Beamte wollen beobachtet haben, daß Wirte und Gemeinderäte umlaufende Adressen unterschrieben, weil sie sich dadurch mehr Gäste bzw. mehr Stimmen bei Wahlen erhofften.[101] Wirtschaftliche Interessen verbanden sich mit politischen und erzeugten zunehmend eine gesellschaftliche Dynamik, die, von bürgerlichen und – im Schwarzwald – von bäuerlichen Schichten getragen, auch kleinbürgerliche und Handwerkerkreise berührte, die sich jedoch noch nicht politisch selbständig artikulierten.

Woher kamen die entscheidenden Impulse für die Politisierung breiter Bevölkerungsschichten? Die Feststellung, daß die Politisierung Badens vom südlichen Saum, dem Grenzgebiet Frankreichs und der Schweiz, ausging, wurde von manchen Autoren mit einer ausländischen Flugschriftenpropaganda erklärt, die, teilweise zentral gelenkt, in erheblichem Umfang betrieben worden sei.[102] Als Beleg wird meist die Landtagsverhandlung vom 19. 8. 1842 herangezogen, in der die Regierung die verlorene Wahl mit der aus den Nachbarländern einströmenden Flugschriftenpropaganda erklären wollte.[103] Die Liberalen konnten sich nicht hinter die radikale Propaganda stellen und wichen aus.[104]

Tatsächlich wurde eine solche betrieben, wenngleich die Zahl der Flugschriften, wie aus dieser Quelle hervorgeht, recht gering war. Manche wurden von den Gebrüdern Konradt und Fidel Hollinger, die mit radikalen politischen Flüchtlingen in Verbindung standen, später auch Heckers *Volksfreund* druckten[105], hergestellt und verbreitet. Die Hollingers hatt ihre Druckerei 1841 von Waldshut auf schweizerisches Gebiet verlegt und gaben in den beiden darauffolgenden Jahren den *Rheinboten* heraus, der vielfach im Badischen auftauchte. Daneben dürften die wandernden Handwerksgesellen, die »Propaganda zu Fuß«, vielfach radikale Schriften aus der Schweiz geschmuggelt und verteilt haben.[106] Hatte diese Art Propaganda tatsächlich das Gewicht, das ihr zugemessen wird? Wohl kaum, weder vom Umfang noch von der Wirksamkeit her, denn französische Propaganda dürfte bei den badischen Liberalen auf den verbreiteten antijakobinischen Affekt[107] wie auf einen nationalen Vorbehalt gestoßen sein.

Frankreich und die Schweiz wirkten vor 1845 weniger durch Propaganda als durch das Vorbild eines freien Staatswesens. Der Zeitgenosse Eduard Kaiser, ein aufmerksamer Beobachter aus dem Markgräflerland, stellte fest: »Frankreich und die Schweiz waren dem kleinen Nachbarn Baden, was einem Dorfe die Amtsstadt ist: Muster und Mo-

dell.«[108] Den politischen Bewegungen der Nachbarländer galt das besondere Augenmerk der badischen Presse. Die weithin offene Grenze zur Schweiz, mehr noch die große Zahl von Einheimischen, die im Nachbarland Arbeit suchten und fanden[109], förderte einen stetigen Einfluß, der wie eine Art politischer Osmose wirkte.
Diese Impulse von außen konnten aber erst durch den badischen Konstitutionalismus und die politische Presse Breitenwirkung erzielen und die Dynamik der Politisierung in Gang setzen.

Religiöse Aufbruchsbewegung und gesellschaftliche Mobilisierung

Der politische Katholizismus als soziale Unterströmung

Die sich ausweitende Politisierung in Baden wurde seit Mitte 1844 überlagert von einer – zuerst – religiös motivierten gesellschaftlichen Aufbruchsbewegung, deren Erschütterungen sich bald tiefgreifend politisch auswirkten. Die katholische Sammlungsbewegung und die ihr gegenübertretende »deutsch-katholische« Dissidentenbewegung, die der Opposition nahestand, bestimmten den Charakter der politischen Auseinandersetzungen von Mitte 1844 bis Frühjahr 1846. Die Kammerneuwahlen zu diesem Zeitpunkt erwiesen die badische Opposition als maßgebliche innenpolitische Kraft.
Die religiösen Aufbruchsbewegungen konnten aufgrund der bereits bestehenden Öffentlichkeit gesellschaftlich mobilisierend und massenwirksam werden. Die Richtung der romtreuen und traditionalistischen Katholiken[110], die in den ersten Jahrzehnten des 19. Jahrhunderts eine Minderheit innerhalb der Kirche geblieben war, gewann an Einfluß und konnte mit mächtigen Wallfahrten zum Trierer Rock im Sommer 1844 ihre dominierende Stellung innerhalb des Katholizismus demonstrieren.[111] In Baden wurde die aufklärerische Wessenberg-Richtung von der seit etwa 1840 von der Universität Freiburg ausgehenden ultramontanen und hochkonservativen Richtung zurückgedrängt. Sie konnte ihren Einfluß auf das Kirchenvolk verstärken, die Wessenberg-Richtung hatte ihren Einfluß auf viele Geistliche besonders des Bodensees und des Schwarzwaldes aber noch keineswegs verloren.[112] Radikale katholische Geistliche spielten während der Revolution eine maßgebliche Rolle.[113]
Es ist charakteristisch für die »ambivalente Struktur«[114] der ultramontanen Bewegung, daß sie einerseits für eine reaktionäre Politik Partei ergriff[115] und sich als Damm gegen den Radikalismus empfahl, andererseits aber als soziale Bewegung mobilisierend auf Landbevölkerung und Unterschichten wirkte[116] und damit den Boden für die Ausbreitung der radikalen Bewegung bereitete.
Die prominentesten Sprecher des Katholizismus in Baden waren der Freiburger Jura-

professor Franz Joseph Buß (1803–1878)[117] und Heinrich Freiherr von Andlaw (1802–1871)[118]. Beide gaben auch die *Süddeutsche Zeitung für Kirche und Staat* [119], die von 1845 bis 1848 erschien, heraus und vertraten den katholischen Bevölkerungsteil in der 1. und 2. Kammer. Buß hatte bereits 1837 erstmals in einem deutschen Parlament die soziale Frage zur Sprache gebracht und Staatshilfe gegen das Elend des vierten Standes verlangt.[120] Die katholische Sozialkritik, die Buß unter dem Eindruck der Frühsozialisten entwickelte und mit konservativ-ständischen Ideen verquickte[121], wirkte gesellschaftlich aufrüttelnd, ja revolutionär, zumal Buß selbst als sozialer Agitator und seit 1843 auch als Organisator des katholischen Vereinswesens im Großherzogtum auftrat[122]. Zu Beginn der vierziger Jahre hatte diese katholisch-soziale Bewegung das niedere Volk auf dem Lande bereits hinter sich geschart.[123]

Diese verband Ultramontanismus und Demokratie auf eigentümliche Weise. Einerseits trat sie als soziale Emanzipationsbewegung auf, die sich auch demokratischer Mittel wie Presse, Versammlungen und Adressen bediente, andererseits widersprach sie den aufklärerischen Intentionen des Liberalismus und ersetzte »Freiheit« mit kirchlicher Bindung. Der Januscharakter der katholischen Partei stand in reziprokem Verhältnis zur liberalen Partei, die für politische Freiheit eintrat, der sozialen Frage aber fremd gegenüberstand. Die katholisch-soziale Bewegung, von Liberalen wie Bassermann gern als »Communismus in der Kutte« hingestellt[124], legte den Finger auf die strukturelle Schwäche des bürgerlichen Liberalismus. Sie kritisierte ihn als eine Vertretung von Klasseninteressen und zog den Anspruch der Liberalen, Partei des Volkes zu sein, massiv in Zweifel. Im Zusammenhang mit aufkommenden sozialen Fragen blieb diese Kritik nicht ohne Rückwirkung auf das oppositionelle Lager. Zunehmend traten eine bürgerliche und eine kleinbürgerliche Richtung hervor.

Die radikale Affinität der deutsch-katholischen Bewegung

Die katholische Bewegung erzeugte ihre eigene Gegenbewegung. Die Wallfahrten zum Trierer Heiligen Rock im Sommer 1844, die wie eine Heerschau des erwachten Katholizismus anmuteten, stießen auf den vereinten Protest des aufgeklärten Zeitgeistes.[125] Der oberschlesische Kaplan Johannes Ronge löste mit seinem Brief an Bischof Arnoldi von Trier, in dem er Arnoldi den »Tetzel des neunzehnten Jahrhunderts«, die Ausstellung des Heiligen Rockes ein »Götzenwerk« nannte, ein gewaltiges Echo in ganz Deutschland aus. Ronges Brief erschien am 1. Oktober 1844 in den *Sächsischen Vaterlandsblättern* von Robert Blum. Aufgeklärte Katholiken, die sich im Unterschied zu den romtreuen »deutsch-katholisch« nannten, gründeten Gemeinden.

Mit Ronges theologischem Rationalismus und seiner Forderung nach Gründung einer Nationalkirche[126] hatte er tatsächlich, wie er nach Ausbruch der Revolution feststellte, einen »Zunder in die Massen geworfen«[127] und zur gesellschaftlichen Mobilisierung des Vormärz erheblich beigetragen.

Ronge suchte erfolgreich die Verbindung zum radikalen Liberalismus. Robert Blum, der führende sächsische Demokrat, der mit badischen Liberalen in enger Verbindung stand[128], schloß sich an. In Baden eroberte sich die deutsch-katholische Bewegung durch die offene Unterstützung Bassermanns, Mathys, Heckers, Struves und Gervinus'[129] neben Sachsen einen zweiten wichtigen Stützpunkt.[130] Neben Mannheim wurde Konstanz zur führenden deutsch-katholischen Gemeinde in Baden. Der Redakteur der *Seeblätter*, Josef Fickler, betrieb selbst die Gründung, obwohl er anfänglich dem »Seifenblasenenthousiasmus« der neuen Bewegung sehr skeptisch gegenüberstand.[131] Was hatte seinen Umschwung bewirkt?

Bei der offenen Diskussion über die Chancen der Deutsch-Katholiken gab Fickler politisch-taktische Erwägungen preis. Die Opposition habe bisher erfolgreich den Weg der Umwandlung politischer Strukturen von innen eingeschlagen. Ein solcher Weg verspreche auch bei kirchlichen Reformen Aussicht auf Erfolg. Die *Seeblätter* hätten daher schon lange die kirchliche Synodalverfassung propagiert.[132] Diese solle eine Demokratisierung und Reinigung der Kircheneinrichtung von innen bewirken und den »despotischen Druck« Roms wie der Bischöfe auf die niedere Geistlichkeit aufheben und das Volk vom Aberglauben – »ein mächtiges Förderungsmittel der allgemeinen Verdummung« – befreien.[133] Weil eine deutsch-katholische Abspaltung aber, wie Fickler völlig richtig erkannte, dem Verdikt der Kirche verfallen werde, würde die ihr hörige Masse von der Aufklärung unberührt bleiben. Ein unbedingter Anschluß der Opposition an die Reformbewegung könne darüber hinaus diese selbst gefährden, weil die Regierung dann eine Handhabe besitze, deren politische Rechte zu beschneiden.[134]

Der Triumphzug der deutsch-katholischen Prediger durch Deutschland weckte bei führenden Liberalen jedoch die Hoffnung auf eine erfolgreiche religiöse Reformbewegung außerhalb der Kirche. Vermutlich wollte Fickler nicht die Einheit der Opposition – und seine mühsam eroberte Position in ihr – gefährden. Er schwenkte noch vor der Reise Ronges nach Mannheim und Konstanz um und betrieb energisch das sich abzeichnende Bündnis zwischen politischer und religiöser Opposition.[135] Für eine Beeinflussung durch Robert Blum fehlen die Beweise. Eine enge Verbindung zwischen Fickler und Blum dürfte sich aber spätestens 1844/45 ergeben haben, als die *Seeblätter* – ähnlich wie Blums *Vaterlandsblätter* – zum Organ des Deutsch-Katholizismus wurden.

Im September 1845 traf Ronge im politisch erregten Mannheim ein. Dort hatten führende Liberale bereits eine deutsch-katholische Gemeinde gegründet.[136] In Bassermanns Garten hielt Ronge eine Kundgebung ab. Der von der Bevölkerung als Reformator gefeierte Ronge wurde aber von der Mannheimer Polizei wie ein Verbrecher ausgewiesen.[137] Die badische Regierung konnte jedoch Ronges öffentlichen Auftritt in Konstanz nicht verhindern, weil die Rednertribüne auf schweizerischem Boden errichtet worden war und die Zuhörer sich davor auf badischem Boden versammelten.[138]

Die Anziehungskraft von Ronges religiöser Reformbewegung auf selbst atheistische Radikale entbehrte nicht einer gewissen Komik. Aus Zürich kamen Julius Fröbel und Arnold Ruge angereist, um der Gründung der deutsch-katholischen Gemeinde in Konstanz beizuwohnen.[139] Ruge berichtete darüber an Robert Prutz, daß er bei der religiösen Zeremonie »Ronge und Dowiat als Laienbruder still und subordiniert, wie sich's gehört, assistiert habe (!!)«. Er fährt fort: »Schließlich packte ich dem Dowiat seinen katholischen Priesterrock in seinen Koffer unter allgemeiner Heiterkeit; denn noch vor wenigen Monaten hätte ich mich verschworen, daß so etwas nur Eugen Sue erfinden, nicht die philiströse Geschichte ausführen könnte.«[140] Der Freimaurer Fickler faßte während der Kutschenfahrt zur Kundgebung gegenüber Ruge und Fröbel die für ihn ungewohnte Situation in dem Ausspruch zusammen: »Hätt' ich doch nimmer denkt, [...] daß ich sollt' ein Aposchtel werde.«[141]

Die *Seeblätter* der Jahre 1844 und 1845 besaßen oft den Charakter eines deutsch-katholischen Verkündigungsblattes. »Die Zentrale der neuen Glaubensgemeinschaft war zweifelsohne Konstanz«, stellt Diesbach fest.[142] In Baden hatten sich trotz erheblicher Widerstände in Mannheim, Heidelberg sowie in den Seekreisorten Konstanz, Hüfingen und Stockach Gemeinden gebildet.[143]

Die Unterdrückung der neuen Religionsgemeinschaft seitens des Staates[144] – durch das Verbot öffentlicher Gottesdienste und vor allem die Aberkennung der staatsbürgerlichen Rechte – setzte ihre Mitglieder der jüdischen Minorität gleich und verhinderte dadurch ihre zahlenmäßige Verbreitung.[145] Diese Diskriminierung bewog den Abgeordneten Zittel, einen protestantischen Pfarrer aus Bahlingen[146], in der 2. Kammer die Motion auf Gleichstellung des deutsch-katholischen Bekenntnisses mit anderen christlichen Religionen einzubringen[147].

Der Wahlsieg der Opposition 1846: »Halbe« oder »Ganze« – immanente Reformpolitik oder radikale Veränderung?

Die Zittelsche Motion löste eine ungeahnte Reaktion in der katholischen Kirche aus, wagte doch die politisch-religiöse Opposition ein jahrhundertealtes Privileg der Kirche anzugreifen. Das Freiburger Ordinariat unter dem klerikal-konservativen Erzbischof Vicari[148] rief zur Verteidigung der Kirche auf. Buß mobilisierte das Landvolk zur ersten Massenpetition der deutschen Geschichte.[149] Vom überwiegenden Teil der katholischen Geistlichen unterstützt, organisierte Buß 353 Petitionen aus 415 Gemeinden mit über 50000 Unterschriften.[150]

Die Liberalen waren von dem popularen Massensturm geschockt, bekundete sich doch darin eine antiliberale Bewegung, die sich der von den Liberalen erkämpften politischen Mittel bediente, um diese entscheidend zu treffen. Die liberale und radikale Presse fürchtete um ihren Ruf, Trägerin der öffentlichen Meinung zu sein, war sie doch mit einer unerwarteten Gegenöffentlichkeit konfrontiert, an der die Proteste gegen »geimpfte Petitionen«[151], die durch das Einwirken der »Mönchspartei [. . .] auf das ungebildete Volk« hervorgerufen seien, wirkungslos abprallten. Die Opposition bemühte sich, unlautere Methoden des Zustandekommens der Petitionen aufzudecken.[152]

Der Jubel um Ronge in Baden hatte den Großherzog persönlich verletzt.[153] Zudem teilte er die Auffassung konservativer Adelskreise wie zum Beispiel des Grafen Bismarck, »daß dies Treiben keinen anderen Zweck hat, als das Fundament aller Ordnung, das *religiöse Element* zu zerstören, um zur Auflösung der gesellschaftlichen Bande zu gelangen und so den Sieg der radikalen Partei vorzubereiten.«[154] Die Massenpetition der katholischen Partei rückte das von Blittersdorff ins Auge gefaßte Zweckbündnis mit der katholischen Partei in greifbare Nähe.[155] Im Vertrauen auf die Stärke der konservativen Bewegung löste der Großherzog am 8. Februar 1846 die 2. Kammer auf und verordnete Neuwahlen. Ihr Ergebnis war in dieser Eindeutigkeit nicht vorhersehbar. 36 Oppositionsmännern, Liberalen, verstärkt durch Radikale, standen 27 Regierungsanhänger gegenüber. Von der katholischen Partei kam nur Buß in die 2. Kammer.[156] Berücksichtigt man die Begünstigung liberaler bürgerlicher Schichten durch das indirekte Wahlsystem – die Wahlmänner waren auch oft die Honoratioren des Ortes –, so bleibt doch die Frage offen, warum der katholische Bevölkerungsteil die politischen und sozialen Belange besser bei der Opposition aufgehoben sah.[157] Zweifellos hatte die Presse einen wichtigen Teil dazu beigetragen. Ein anderes Moment, das die Verwurzelung der oppositionellen Bewegung im Volk nur noch einmal bestätigte, kam hinzu: Die katholische Bevölkerung hatte in einer Art doppelter Loyalität im Petitionssturm der Kirche gegeben, was der Kirche sei, in den Kammerwahlen aber der liberalen Volksvertretung gegeben, was, wie sie glaubte, der Volksvertretung zukäme.[158]

Die badische Regierung stand im Jahre 1846 vor der Wahl, mit zweifelhaftem Erfolg wieder eine Politik reaktionärer Gewalt zu praktizieren[159], wovon Metternich abriet, oder der überwiegend liberalen öffentlichen Meinung Konzessionen zu machen. Im Dezember 1846 ernannte er den gemäßigten Liberalen Johann Baptist Bekk zum Minister; Bekk war der erste liberale Minister in Deutschland.[160]

Nicht zuletzt dieser Erfolg auf der einen und die latente Bedrohung durch den Deutschen Bund auf der anderen Seite brachte im Lager der Opposition eine Krise zum Ausbruch. Bisher hatte sie ihre Einheit – sieht man von der Bildung einer gemäßigt-liberalen Mittelpartei ab – bewahren können. Jetzt entspann sich, von Struve provoziert, eine heftige Diskussion zwischen »Ganzen« und »Halben«, zwischen »Männern der Tat« und »Männern des Wortes«.

Die Kontroverse war nicht neu. Sie entstand in Baden bereits zu Beginn der vierziger Jahre.[161] Eine von Itzstein klug gezügelte radikal-liberale Fraktion hatte sich – mit Sander, Hecker, Bassermann und Mathy – in der 2. Kammer gebildet.[162] Josef Fickler hatte eine radikale Position frühzeitig in den *Seeblättern* formuliert, sich aber ebenfalls wieder der einheitlichen Oppositionslinie gebeugt. Die Überlegenheit des Gegners hatte ohnehin kaum eine andere Wahl als die einer immanenten Reformpolitik gelassen.

Nach dem Landtagswahlsieg 1842 hatten die Liberalen eine langfristige Vereinbarungspolitik mit dem Thron eingeschlagen, an deren Ende ihnen, wie sie hofften, die konstitutionelle Monarchie als reife Frucht in den Schoß fallen sollte. Der Druck der politischen Öffentlichkeit sollte die staatliche Macht neutralisieren und die Regierung zur Kooperation mit der liberalen Kammermehrheit zwingen. Sie selbst gebrauchte ihre schärfste Waffe, das Budget-Recht, gegenüber der Regierung mit großer Zurückhaltung. Sie suchte nach Möglichkeit die Kooperation. Die Budget-Beratungen trugen das »Gepräge patriotischer Gesinnung, die auch den Schein der Feindseligkeit gegen die Regierung zu vermeiden [. . .] strebte«.[163] Zwischen Regierung und Opposition bestand durchaus ein gewisses Wechselspiel, das die Liberalen in parlamentarisch-rechtliche Formen überleiten wollten. Die Konfliktzone zwischen Regierung und Opposition wurde weniger durch innenpolitische Fragen markiert als durch das Einwirken des Deutschen Bundes. Die alte Streitfrage, die Zensur, führte während jeder Preßdebatte aufs neue vor Augen, daß auch eine kooperationswillige Regierung an Grenzen stieß, die ihr der Deutsche Bund setzte.

Die Erfahrung eines zehnjährigen politischen Kampfes und Leidens hatte die Opposition aber vorsichtig gemacht. Der frühere Heidelberger Student und Teilnehmer des Wachensturms, Rechtsanwalt Küchler, warnte während der Verfassungsfeier 1843 die Radikalen vor »Kampfesübermut«, habe er doch »jene schönen Träume bitter gebüßt«, denen er damals anhing.[164] Sein Wahlspruch »Vorwärts in geschlossenen Reihen!« auf dem »festen Boden des Rechts«[165] konnte insgesamt auch als ungeschriebenes Motto der badischen Opposition bis zum Jahre 1846 gelten.

Bereits nach dem Mannheimer Konflikt hatte sich das Bild gewandelt. Die Opposition konnte sich als nahezu ebenbürtigen Herausforderer der badischen Regierung ansehen. Spätestens zu diesem Zeitpunkt spaltete sich die Opposition über der Frage, ob sie die radikale Konfliktstrategie Struves fortsetzen oder zur gemäßigten Vereinbarungspolitik mit der Regierung zurückkehren sollte. Die »Ganzen« konnten darauf verweisen, daß die Erfolge einer immanenten Reformpolitik auf dem Wege der stillen Aushöhlung der Regierungsgewalt durch den Versuch erneuter Reaktion bedroht seien, ja daß die Freiheit des Volkes und die Herrschaft der Fürsten unvereinbar sei. Einflußreiche Männer der Opposition bekannten sich daher zur »strengen Opposition«.[166] Sie gaben sich nicht mehr damit zufrieden, auf die immanente Umgestaltung des Staates zu hoffen, sie wollten vielmehr das herrschende System in Deutschland überhaupt beseitigen, sie wollten die Republik. Wenngleich sie sich noch nicht offen dazu bekennen konnten, bestanden an ihrer revolutionären Intention kaum Zweifel. Philipp Degen, der spätere Revolutionär[167], rief in einem Gedicht zum Kampf auf; sein Refrain lautete: »Drum greift zu den Waffen und holt euch das Recht!«[168]

Erst die Unzufriedenheit breiter Schichten, die durch die Wirtschaftskrise des Jahres 1846/47 betroffen waren, verhalfen der noch kleinen radikalen Strömung zum Durchbruch. Der Vorabend der Revolution brach im Südwesten früher an als im übrigen Deutschland.

Siebentes Kapitel:
Vorrevolution und soziale Krise (1846–1848) – demokratische Bewegung oder liberale »Partei«?

Die für die Endphase des Vormärz in Baden gebrauchte Bezeichnung »Vorrevolution« wäre ein fragwürdiger Terminus post festum, könnte nicht die potentiell revolutionäre Situation Badens anhand eindeutiger Kriterien beschrieben werden. Die historische Streitfrage, ob die Erhebung von 1848 eine tatsächliche, eine »halbe« oder gar nur eine von Frankreich importierte Scheinrevolution ohne Wurzeln im Volk war[1], dürfte für das südwestdeutsche Grenzland eindeutiger wohl als für andere deutsche Teilstaaten zu beantworten sein.
Im Zeitraum vom Beginn des Jahres 1846 bis zum Ausbruch der Revolution im März 1848, innerhalb von wenig mehr als zwei Jahren, beschleunigte sich der politische Prozeß, aus dem die radikale Bewegung hervorging, rapide. Entscheidende Triebkraft der Entwicklung war die wirtschaftliche Krise der Jahre 1846/47, durch welche besonders Kleinbürgertum und Unterschichten betroffen wurden.
Doch wirtschaftliche Krisen verursachen Unruhen und Hungerrevolten, aber noch keine Revolution. Was war der Unterschied? In Baden bestand eine politische Krise, eine Krise der Legitimität, des Zweifels an der inneren Berechtigung der bestehenden Herrschaft; diese reichte weit in den Vormärz zurück und hatte sich nachhaltig im Bürgertum verbreitet. Die wirtschaftliche Not erzeugte auch eine soziale Krise, diese verstärkte und verbreitete die politische. Die soziale Krise, der Zweifel an der Berechtigung der bestehenden Gesellschaftsordnung war vergleichsweise neu, erfaßte aber die Unterschichten mit zunehmender Kraft. Die Überlagerung und Verknüpfung dieser Krisenerscheinungen kann als erster Ausdruck des sozialen Umbruchs des Industriezeitalters im Sinne der neueren sozialgeschichtlichen Forschung[2] oder als umfassende Krise der überkommenen Wertordnung im Sinne Stadelmanns[3] angesehen werden. Die Berechtigung beider Ansätze liegt auf der Hand; sie erscheinen im historischen Geschehen als zwei zusammengehörige Aspekte des sozialen Wandels.
Unbestreitbar dürfte sein, daß die wertverändernde Wirksamkeit der radikalen Presse im weitgehend noch vorindustriellen Baden ein besonderes Gewicht besaß. Unter ihrem

Einfluß wurden sich die Unterschichten ihrer vom Bürgertum abweichenden Interessenlage bewußt. Sie wandten sich der entschiedenen Opposition Heckers und Struves zu und kehrten sich zugleich von der Führung des liberalen Bürgertums ab. Diese hatte in Presse und 2. Kammer eine Entwicklung zur politischen Selbstbestimmung in Gang gesetzt, wollte sie aber auf bürgerliche Schichten beschränkt wissen. Die »demokratische« Idee hatte aber im Kleinbürgertum und in den Unterschichten Wurzeln geschlagen. Unter dem Eindruck der sozialen Krise, durch welche die vorrevolutionäre Phase zeitlich terminiert wird, vertrat die radikale Opposition ein »sozial-demokratisches« Programm und vertiefte damit zugleich die Differenzen mit den gemäßigten Liberalen.

Mit einer Analyse der Ursachen und des Ausmaßes der sozialen Krise soll der verbreitete Wille zu politischer Änderung, eine latente und teilweise auch manifeste Revolutionsbereitschaft, aufgezeigt werden, von der die liberale und konservative Seite bei Ausbruch der Märztage 1848 überrascht wurde.

Aufgrund der vorangegangenen Politisierung, gesellschaftlichen Formierung und Differenzierung in Vereinen und Volksversammlungen auf lokaler Ebene konnten die führenden Radikalen in der 2. Kammer und in Zeitungsredaktionen den organisatorischen Zusammenschluß der Gesinnungsfreunde im Lande in Angriff nehmen. Mit dem Offenburger Programm setzten sie im Herbst 1847 ein Fanal, das weit über Baden hinaus gehört wurde. Verbal zwar noch verhalten, ließ dieses Programm, das parteipolitisch am Beginn des deutschen Radikalismus steht, an der demokratisch-revolutionären Qualität der Bewegung keinen Zweifel.

Führende badische Liberale ergriffen daraufhin die Initiative zu einer Versammlung einflußreicher Gesinnungsfreunde in Heppenheim. Dieser Kreis maßgeblicher Repräsentanten des Bürgertums, die wirtschaftliche Macht, Reichtum und Intelligenz vertraten, einigte sich auf eine im wesentlichen antirevolutionäre Strategie, welche den Königen das Gewicht der deutschen Liberalen vor Augen führte, sich ihnen aber zugleich als Gegengewicht zu den Radikalen empfahl.

Die vorrevolutionäre Phase Badens gleicht dem Beginn eines Dramas: Die Hauptakteure treten auf, die bestimmenden Kräfte werden erkennbar, doch der Ausgang des Dramas ist noch in Dunkel gehüllt. In Baden wurde die Einleitung zur deutschen Revolution gespielt.

Die soziale Krise und die Spaltung der Opposition

Wirtschaftliche und gesellschaftliche Krisenerscheinungen

Nicht nur in Baden, in ganz Europa ging die Wirtschaftskrise der Jahre 1846/47, die durch eine zweijährige schwere Mißernte und Kartoffelseuche hervorgerufen wurde, wie ein Präludium der Revolution von 1848 voraus.[1] In einem überwiegend agrarisch genutzten Land wie Baden[2], in dem die Industrialisierung – vergleicht man mit den industriell fortgeschritteneren Rheinlanden und Sachsen – gerade erst begonnen hatte, weitete sich die ökonomische Krise zur Krise des politischen und sozialen Systems aus. Sie wurde noch verschärft durch eine Bevölkerungszunahme, die nun nicht mehr wie in den Jahrzehnten zuvor durch ein kontinuierliches Wachstum der wirtschaftlichen Produktion aufgefangen werden konnte.

Das Großherzogtum Baden, der siebtgrößte deutsche Teilstaat, hatte im Jahre 1847 1,366 Millionen Einwohner[3], die sich zu etwa zwei Dritteln auf Land- und etwa zu einem Drittel auf Stadtgemeinden aufteilten[4]. Die Bevölkerung war im Zeitraum von 1816 bis 1848 um 40 Prozent gestiegen, die Bevölkerungsdichte hatte um die Mitte des Jahrhunderts mit 88 Einwohnern auf 1 qkm einen Stand erreicht, wie er nur von Sachsen und Hessen-Nassau noch übertroffen wurde.[5] Im Agrarland Baden hingen, nach Fischer[6], etwa 50 Prozent der Bevölkerung direkt, ein übriges Drittel als Gewerbetreibende zumindest indirekt von der Landwirtschaft ab.

Die langsame Industrialisierung hatte bewirkt, daß statt 1 Prozent wie im Jahre 1809 bereits 5 bis 6 Prozent der Bevölkerung von der Fabrikindustrie lebten.[7] Der eintretende Absatz-, Beschäftigungs- und Kreditmangel wirkte sich auf alle Klassen der Gesellschaft, freilich in unterschiedlichem Maße, aus. In Mannheim, der führenden Industrie- und Handelsstadt Badens, sank die im Hafen umgeschlagene Gütermenge, die in den Jahren zuvor sprunghaft gestiegen war, wieder rapide.[8] Die vermögenden bürgerlichen Schichten waren jedoch nicht in dem Ausmaße betroffen wie ein Großteil der kleineren Gewerbetreibenden, Bauern, Tagelöhner und Arbeiter.

Die Bauern des Schwarzwalds, noch im Besitz größerer geschlossener Hofgüter mit Waldbesitz, konnten durch Ausschlachtung des Waldes ihre wirtschaftliche Existenz vorläufig sichern.[9] Die Güterzerstückelung im Odenwald hatte jedoch die dort ansässigen Bauern besonders krisenanfällig gemacht. Ihr Einkommen sank in vielen Fällen unter die steuerliche Mindestgrenze.[10] Die zusätzlichen und keineswegs geringen Abgaben für die Grund- und Standesherren, die in Zeiten ökonomischer Prosperität noch erträglich sein mochten, wurden nun als drückende Last empfunden, die man abschütteln wollte.[11]

In Gebieten, in denen die Zehntablösung noch voll im Gange war, wie im Seekreis, konnten besonders die Kleinlandwirte die Ablösesummen nicht mehr aufbringen. Sie sanken zum Landproletariat ab, ja stellten sich oft noch schlechter als die unverschuldeten Tagelöhner, die sich durch den Anbau eines Stückchen Landes vor der größten Not bewahren konnten.[12] Eine erschreckend hohe Anzahl Kleinbauern geriet, wie die *Karlsruher Zeitung* berichtete, in Gant, sie mußten Äcker, Wiesen, Wald und Garten versteigern und Konkurs anmelden.[13] In den Tageszeitungen häuften sich die Gantanzeigen. Von der einsetzenden Absatzkrise und Teuerung war das Handwerk, die tragende Schicht des Kleinbürgertums – ein Drittel der Bevölkerung[14] – kaum weniger betroffen als die Landwirte, zumal dieser Berufszweig oft noch auf einen landwirtschaftlichen Nebenerwerb angewiesen war[15]. Sie spürten zudem die Anfänge der Industrialisierung als die Konkurrenz der »großen Kapitalien«.[16] Der wirtschaftliche Strukturwandel kündigte sich an. Die großgewerblichen Unternehmungen waren mit Beginn der vierziger Jahre in der kapitalintensiven Mechanisierung so weit vorangeschritten, daß sie billiger produzieren konnten als die Kleinhandwerker.[17]

Die Möglichkeiten der Knechte und Tagelöhner – ein Bevölkerungsanteil von immerhin 6 Prozent[18] –, außer beim Bauern auch in der Heimindustrie und in Fabriken Arbeit zu finden, waren zwar gestiegen, von der durch Absatzstockung ausgelösten Arbeitslosigkeit wurden sie jetzt aber besonders hart getroffen[19].

Die geringe Zahl der Arbeiter – rund 17 000 im Jahre 1848 (1,25 %) – konnte noch kaum Auswirkungen auf die Sozialverfassung des Landes haben.[20] Doch in der Krise der »Dreifabrikenfrage« zeichnete sich der »Pauperismus«[21] bereits als soziale Gefahr ab. Die Krise[22] wurde ausgelöst durch die Zahlungsunfähigkeit des Bankhauses Haber in Karlsruhe, das – hervorgerufen durch die Zahlungseinstellung Frankfurter Banken, darunter die Bank Rothschilds – die drei größten Fabriken des Landes, die Zuckerfabrik in Waghäusel, die Spinnerei und Weberei in Ettlingen und die Maschinenfabrik Kessler in Karlsruhe, zusammen mit 4000 Beschäftigten, nicht mehr mit den notwendigen Krediten versehen konnte[23]. Karl Blind, Korrespondent der *Mannheimer Abendzeitung* in Karlsruhe und Anhänger Struves, nutzte sie für eine gezielte Agitation.[24]

Die Politisierung erfaßte auch die Arbeiter, und der Ruch des Sozialrevolutionären umgab bald nicht nur die Handwerksgesellen, sondern auch sie. Beide Berufsgruppen – die Handwerker und Arbeiter – bildeten, wie weiter unten dargestellt wird, das Rückgrat des revolutionären Kampfes im Jahre 1849.

Die Wirtschaftskrise deckte eine schleichende Sozialkrise auf, welche bisher durch das langsame ökonomische Wachstum aufgefangen worden war.[25] Ganz im Unterschied zu früheren »stillen« Sozialkrisen konnte sich jetzt die Unzufriedenheit in der Presse artikulieren. Die vom Bürgertum in Gang gesetzte Dynamik politischer Selbstbestimmung machte vor dem vierten Stand nicht halt, zumal sich die radikale Presse zur Vertreterin der Interessen der Unterschichten machte. Zwischen der vom liberalen Bürgertum geforderten politischen Freiheit und einer materiell verstandenen sozial orientierten Freiheit tat sich eine Kluft auf. Die radikale Presse problematisierte nicht nur das politische, sondern auch das gesellschaftliche System.

Kritisch stellten die *Seeblätter* – fast wörtlich aus Gustav Struves Beitrag im Rotteck-Welckerschen *Staats-Lexikon* »Proletariat« zitierend – fest: Adel, Geistlichkeit und Bürgertum, der erste, der zweite und der dritte Stand bildeten die Nation, der vierte sei hingegen ausgeschlossen.[26] Zu ihm zählten sie vor allem die Kleinbauern und Tagelöhner, die unter der wirtschaftlichen Not ebenso zu leiden hätten wie unter der sozialen Unterprivilegierung. Der Bauer sei »verachtet von den Bürokraten« und praktisch rechtlos, da ihm das Geld fehle, sein Recht zu vertreten. Der Tagelöhner sei vollends den Launen des Schicksals preisgegeben; unbeachtet von den Staatsorganen könne er mit Frau und Kind Hungers sterben, ohne daß die Staatsorgane sich darum kümmerten. Sogar das Betteln sei ihm verboten. Eine solche Vernachlässigung der Bedürfnisse und Wünsche des vierten Standes könne »verderbliche Folgen« nach sich ziehen.[27]

Unzufriedenheit hatte nicht nur den vierten Stand, sondern auch »weite Schichten der Bevölkerung« erfaßt[28]; sie war nicht nur ökonomisch, sondern zu einem großen Teil auch politisch motiviert. Unerfüllte Versprechungen, steckengebliebene Reformen und die zögernde Beseitigung feudaler Relikte verbanden sich, nach Fischer, mit den schon lange uneingelösten politischen Forderungen breiter bürgerlicher Schichten, welche die Opposition aufgriff, zu einem gefährlichen Konfliktstoff.[29]

An dieser Stelle soll anhand der Kriterien, welche die moderne Revolutionsforschung[30] bietet, das vorhandene »revolutionäre Potential«[31], von dessen Größe der Verlauf, die zeitliche Dauer und die Gewaltsamkeit einer Revolution abhängig sind, näher bestimmt werden[32]. Die neuere Revolutionsforschung schlägt dazu die Anwendung von »Indikatoren« vor.[33] Von diesen sei nur einer, nämlich die Auswanderungsbewegung, herausgegriffen, die ein langfristiges, während des ganzen Vormärz zu beobachtendes »gesellschaftliches Ungleichgewicht« erkennen läßt.

Die Auswanderung nach Nordamerika, dem gelobten Land von Freiheit und Wohlstand, erschien einer rapide anschwellenden Zahl von Deutschen als Ausweg aus einer hoffnungslosen Lage. Die alte Heimat, die ja auch das vom Amtmann, von der Obrigkeit eingeengte Lebensfeld war, konnte viele Auswanderungswillige nicht mehr zurückhalten, die wirtschaftliche Not vertrieb sie ganz. Einerseits war die Auswanderung Verzweiflungstat, andererseits sprach aus ihr eine starke Hoffnung auf eine neue Heimat, wo nicht nur die Not überwindbar, sondern auch ein freieres Leben fern dem politischen Druck der alten Heimat winkte. Dieser Doppelaspekt von Hoffnung und Verzweiflung, wirtschaftlicher Not und vielleicht nur empfundener neuer Wertordnung dürfte auch für die Motivationsstruktur potentieller Revolutionäre charakteristisch sein.

In den Jahren von 1847 bis 1849 wanderten beinahe 36000 Menschen aus Baden aus; die Quote der Auswanderer hatte sich damit gegenüber dem Vergleichszeitraum von 1841 bis 1843 verzehnfacht.[34]

Etwa 80 Prozent der überseeischen Auswanderer waren Bauern, Landarbeiter oder Handwerker[35], eine Quote, durch welche die Not der Unterschichten zum Ausdruck kommt. Selbst ganze Gemeinden, so die Gemeinde Rineck mit 503 Personen, siedelten aus.[36] Die Auswanderung wirkte wie ein Ventil der angestauten Unzufriedenheit; sie senkte auch das revolutionäre Potential, weswegen die radikale Presse die »auswandernden Republikaner« zum Bleiben zu bewegen suchte.[37] Nach Ausbruch der Revolution, als viele – und wohl nicht allein wegen der abflauenden Wirtschaftskrise – wieder Hoffnung auf Besserung schöpften, sank in Deutschland die Zahl der Auswanderer merklich, stieg aber wieder erheblich zu Beginn der fünfziger Jahre.[38]

Die *Karlsruher Zeitung*, zuweilen ein Diskussionsforum der herrschenden Kreise, war sich der Doppelgesichtigkeit der Auswanderungsbewegung wohl bewußt. Sie schwankte zwischen einer Verurteilung der Auswanderung als Ausdruck mangelnder Vaterlandsliebe[39] und ihrer Befürwortung als Remedium gegen Überbevölkerung und Sozialismus, eine Auffassung, wie sie auch Nebenius vertrat[40].

Sie liebäugelte mit Plänen, die Auswanderung des überschüssigen Bevölkerungsteils zu erzwingen oder den Bevölkerungsüberschuß durch »Bodensperre«, das heißt Eindämmung der bäuerlichen Grundstückszersplitterung, sowie durch erzwungene Ehelosigkeit für Teile der Unterschichten[41] zu verhindern, um damit sozialistischen Bestrebungen den Nährboden zu entziehen[42].

Doch im Grunde wußte sich die *Karlsruher Zeitung* gegenüber der Krise des wirtschaftlichen und sozialen Systems keinen Rat. Zwar prangerte sie frühkapitalistische Auswüchse seitens monopolartiger Aktiengesellschaften an, weil diese die kleinen Gewerbetreibenden mit Massenprodukten brot-, die Fabrikarbeiter bei einer Absatzkrise arbeitslos mache[43], doch wirksame Gegenmaßnahmen wußte sie ebensowenig vorzuschlagen wie die Regierung.[44] Die offiziöse *Karlsruher Zeitung* gab einem allgemeinen »Pessimismus«[45] Ausdruck, indem sie warnte: »Jetzt stehen wir am jähen Abgrund; noch einen Schritt weiter und wir stürzen hinab.«[46]

Ein Ausweg aus der Krise sollte nach Ansicht führender Liberaler wie Karl Mathy in der Wiederbelebung von Handel und Industrie, in der Verbesserung des Kredits, in der Gründung einer badischen Noten- und Zettelbank, kurz: in der Schaffung von Arbeitsgelegenheiten, gesucht werden.[47] Die Meinungen der Radikalen dürften anfänglich ebenso geteilt gewesen sein wie die der Liberalen, sie waren aber ebensowenig wie diese, wie Gall unterstellt[48], generell industriefeindlich. Die *Seeblätter* Josef Ficklers stimmten mit Mathy darin überein, daß maschinenstürmerische Aktionen »hungernder Arbeiter« gerade jene Arbeitsmöglichkeiten in der aufkommenden Industrie zerstörten, die zur Lösung der sozialen Frage benötigt würden.[49] Die Radikalen forderten aber darüber hinaus eine umfassende Sozialreform, die im Offenburger Programm mit der Formel »Ausgleich zwischen Kapital und Arbeit« umschrieben wurde.

Die akuten Nöte der unteren Klassen entluden sich im Frühjahr 1847 in spontanen Hungertumulten[50], die sich wie ein Vorspiel der Bauernaufstände im Frühjahr 1848 ausnahmen. In Mannheim und Villingen stürmte eine aufgebrachte Menge die Geschäfte der Bäcker, Korn- und Mehlhändler, denen sie die Schuld an der Teuerung durch Horten von Lebensmitteln vorwarf.[51] Gerade weil diese unpolitischen Revolten ohne Unterstützung der Opposition, ja gegen ihren Willen ausbrachen[52], verrieten sie, wie anfällig das gesellschaftliche System bereits geworden war.

Die Hilflosigkeit der Regierung angesichts der drängenden sozialen Frage vergrößerte noch ihre Angst vor sozialreformerischen oder gar sozialrevolutionären Bestrebungen. Regierung und Behörden zeigten sich unfähig, Randgruppen wie die Handwerksgesellen und Arbeiter gesellschaftlich und politisch zu integrieren. Mit Methoden obrigkeitsstaatlicher Repression trugen sie noch selbst zur Schaffung eines sozialrevolutionären Potentials bei.

Die Entstehung eines sozialrevolutionären Potentials – das Beispiel der Handwerksgesellen und Volksschullehrer

Das »Gespenst des Communismus« – die Kriminalisierung alternativer Gesellschaftsvorstellungen

Die Wirtschaftskrise dürfte in Teilen der betroffenen Bevölkerung eine *latente* Bereitschaft zur revolutionären Veränderung erzeugt haben. Bei zwei Berufsgruppen allerdings, den Handwerksgesellen und den Volksschullehrern, verdichtete sich eine langangestaute Unzufriedenheit zur *manifesten* Revolutionsbereitschaft. Im Revolutionsjahr gehörten sie zum Kern der radikalen Bewegung.

Im Verständnis nicht nur der badischen Behörden besaßen Assoziationsversuche von Unterschichten bzw. von Randgruppen von vornherein den Charakter des sozial Gefährlichen, hinter denen sie bereits das »Gespenst des Communismus« – ein Ausdruck, wie er bereits im *Staats-Lexikon* Verwendung fand[53] – lauern sahen.

Das zu Beginn der vierziger Jahre aus Frankreich herüberkommende und in Deutschland übernommene Schlagwort vom »Communismus«[54] bedeutete bei Konservativen und Liberalen den Inbegriff der Staatsgefährdung, der Auflösung der Gesellschaft, kurz: der Negation des Bestehenden. Die Furcht vor den kaum faßbaren »communistischen« Umtrieben beherrschte nicht nur badische, sondern auch deutsche und Schweizer Behörden. Die badischen Behörden, besonders jene im Grenzgebiet um Konstanz, sollten auf Anweisung des Innenministers[55] streng auf alle propagandistischen Umtriebe achten, vermutete man doch in der Schweiz und besonders in Genf wie kommunistische »Pest-Übel« wirkende[56] Schulungsvereine für Handwerksgesellen. Leibesvisitationen bei den von dort kommenden Handwerksburschen förderten tatsächlich auch »gedruckte Aufrufe, Journale etc.« zutage, die nach Ansicht der Grenzbehörde »von dortigen Vereinen, besonders von Genf aus« verbreitet wurden.[57]

Die Regierung hatte bereits im Jahre 1842 ein Wanderverbot für die Handwerksgesellen in die Schweiz erlassen, dieses aber wegen des Protestes der 2. Kammer wiederaufgehoben.[58] Im August 1845 drängte der Minister des großherzoglichen Hauses, Dusch, wieder auf ein Wanderverbot, ließ sich aber von Innenminister Nebenius von dem Vorhaben abbringen. Nebenius wies darauf hin, daß die Zahl der Handwerksburschen im Kanton Waadt, dem schweizerisch-französischen Unruheherd, gering sei und erst ein Verbot die Aufmerksamkeit auf ihn lenken würde.[59] Außerdem stünden die Arbeitsplätze vieler Badener, die im Grenzgebiet zwischen Basel und Zürich beschäftigt seien, auf dem Spiel.[60]

Daraufhin verschärfte die Regierung die Untersuchungen gegen wandernde Handwerksgesellen. Als diese wegen des solidarischen Schweigens der Betroffenen »zu keinem Resultate« führten[61], versuchten es die Behörden mit der Androhung empfindlicher Strafen. Der sonst eher milde Innenminister Nebenius vertrat die Ansicht: Wenn sich ein Handwerksgeselle trotz vieler Warnungen vor »communistischen Umtrieben« – welche ins Wanderbuch eingetragen wurden – auf sie einlasse, »möge er die Folgen des Übertretens büßen«.[62] Zwei badische Gesellen konnten schließlich durch die Nachforschungen der badischen Gesandtschaft in der Schweiz als Mitglied der inkriminierten Vereine ermittelt werden.[63] Sie sollten nach ihrer Rückkehr unnachsichtig bestraft werden. Mit der sofortigen Unterrichtung des Bundestages wollte die für schwach gehaltene badische Regierung zugleich ins rechte Licht rücken, wie ernst sie ihre Bündnispflichten nahm.[64]

Die Suche nach dem kommunistischen Gespenst nahm zeitweilig groteske Formen an. Einmal glaubte die Behörde von Konstanz bereits zum entscheidenden Schlag gegen die »Filial-Agentur des in Paris und Genf bestehenden Haupt-Comités der Communisten«[65] ausholen zu können, das sich im Hause und unter Leitung Ignaz Vanottis, des Inhabers des Belle-Vue-Verlags, »förmlich etabliert« habe[66]. Trotz monatelanger Observierung

des auf Schweizer Boden stehenden, von »Emissären und Kolporteuren« besuchten Verlagshauses ergab sich aber nur, was bereits zuvor bekannt war, daß nämlich Vanottis Haus als Treffpunkt für »alle dem conservativen Grundsatze feindlichen Personen« diente.[67] Obwohl die Behörden hinter der sich ausweitenden politischen Opposition allein kommunistische Rädelsführer am Werk sahen, konnten sie doch keines leibhaftigen Kommunisten habhaft werden. Wo sie aber ihre Spuren erkennen zu können glaubten, etwa in der Konstanzer Presse, zögerten sie nicht, jeden Artikel, »welcher auch nur einigermaßen nach Communismus riecht, ohne weiteres zu streichen«.[68]
Die seltene Gelegenheit, die gegenüber einem leibhaftigen Kommunisten für notwendig erachteten Vorsichtsmaßnahmen unter Beweis zu stellen, erhielten die badischen Behörden im Mai 1844, als die Schweizer Behörden Wilhelm Weitling – er hatte eine sechsmonatige Gefängnisstrafe wegen »Gotteslästerung« verbüßt – auswiesen.[69] Die Schweizer Polizei führte Weitling zur Weiterleitung in seine preußische Heimat – wo man schon darauf wartete, ihn in die USA abzuschieben[70] – gefesselt an die badische Grenze.[71] Die badische Regierung bot eine ganze Polizei-Eskorte auf, um diesen »gefährliche[n] Mensch[en]«, der sich in Baden hätte herumtreiben und den Kommunismus verbreiten können, schnellstens aus dem Land zu schaffen.[72]
»Kommunistische Propaganda« – für die Regierung vielfach synonym mit dem Wunsch nach sozialer Besserung und Reform – konnte erst während der Wirtschaftskrise breiteren Anklang finden. Die Regierung, welche die sichtbar gewordenen Klassenunterschiede nicht beseitigen konnte, verfolgte um so entschlossener jenes Gedankengut, das auf deren Veränderung abzielte. Beim Mannheimer Gesellenverein wurde es insgeheim gepflegt.

Gründung und Verbot des Mannheimer Handwerksgesellenvereins

Die wandernden Handwerksgesellen repräsentierten wegen ihrer zumeist schlecht bezahlten, sozial vielfach diskriminierten Lage das heimatlose Proletariat des Vormärz.[73] Sie stellten im In- und Ausland eines der stärksten Unruheelemente dar. Die Regierungen erwehrten sich der von ihnen betriebenen Assoziationsversuche mit unnachsichtiger Unterdrückung. Diesen Weg schlug auch die badische Regierung gegenüber dem Mannheimer Arbeiter- und Gesellenverein ein.
Wichtigste Quelle über den Arbeiterverein ist der Untersuchungsbericht des Geheimen Rats, des Stadtdirektors Riegel in Mannheim.[74] Er wurde bei Hippel zugrunde gelegt, um die Entstehung und die Auflösung des Vereins eingehend darzustellen.[75] Als weitere Quelle soll hier der wohlinformierte Spitzelbericht des Polizeiaktuars Benzinger aus Freiburg aus dem Jahre 1850 berücksichtigt werden. Er führt die Beobachtungen Riegels zeitlich und überregional weiter. Die Wohlinformiertheit Benzingers geht bereits daraus

hervor, daß er Riegels Bericht auch mit dem bezeichnenden Detail ergänzt, ein verschuldeter Tapeziergeselle habe erst Riegel bei der Aufdeckung des Mannheimer Vereins auf die Sprünge geholfen.[76] Anhand von Riegels wie Benzingers Bericht soll die Frage untersucht werden, inwieweit sich die Handwerksgesellen bereits vor dem Jahre 1848 zu einem sozialrevolutionären Potential entwickelten.

Das rigorose und juristisch kaum gerechtfertigte Einschreiten der Mannheimer Behörden entsprang vermutlich der Befürchtung, daß die radikale Opposition der Stadt, die durch ihr Presse- und Vereinswesen bereits eine starke Bastion besaß, durch den Anschluß unzufriedener Handwerksgesellen zur direkten Gefahr werden könnte. Stadtdirektor Riegel stellte deswegen »unausgesetzt Nachforschungen« an[77], um potentiell gefährliche Vereinigungen ausfindig zu machen, doch lange ohne Erfolg. Die gerade erschienene Schrift Wilhelm Marrs über das »Junge Deutschland«[78] dürfte Riegel aber eine Spur gewiesen haben. Marr erklärte darin seine Absicht, auch in Deutschland Ableger der Schweizer Bünde zu gründen; außerdem beschrieb er seine Kontakte zur Mannheimer Opposition.[79] Mochten diese der Beschreibung nach auch einen harmlosen Charakter haben, so schürten sie doch Riegels Angst vor einer akuten Bedrohung seitens internationaler Verschwörungen.

Tatsächlich hatten vier Schneidergesellen im Oktober 1844 einen Verein gegründet.[80] Die Vereinsmitglieder achteten derart sorgfältig auf die Geheimhaltung, daß Riegel den Verein erst im Frühjahr 1847 aufdecken konnte. Dem Verein gehörten insgesamt 141, zum Zeitpunkt der Entdeckung etwa 50 Mitglieder[81], ausschließlich Handwerker, an. Unter ihnen waren immerhin 70 Prozent Schneider, ein Anteil, aus dem der hohe Grad der Politisierung gerade dieser Berufsgruppe im Vormärz zum Ausdruck kommt. Riegel hielt dies für einen wichtigen Hinweis auf den Tarncharakter des Vereins, konnte er sich doch auf die Feststellung Marrs, »Schneider und Communist sein«, sei in der Schweiz »fast synonym«[82], berufen.

Im Vereinslokal, dem Gasthaus »Zum Maierhof« in Mannheim, befanden sich an der Wand die Bildnisse von Struve, Ronge und Dowiat. Im Hinterzimmer lag die radikale und liberale Presse, die *Seeblätter*, Struves *Deutscher Zuschauer*, Mathys *Rundschau*, aus.[83] Wahrscheinlich wurde aber auch die *Mannheimer Abendzeitung* gelesen, denn ihr Redakteur Grohe, ein häufiger Besucher des Vereins, nahm sich mit Vorliebe der sozialen Belange der Gesellen an.[84] Eine kleine Bibliothek stand den Mitgliedern zur Verfügung.[85] Hauptzweck des Vereins war neben Geselligkeit und gemeinsamem Gesang auch Fortbildung im Lesen und Schreiben, um im Sinne bürgerlicher Wertvorstellungen »höhere Bildung« zu erwerben. Dies hätten die Behörden vielleicht noch hingenommen, doch daß dabei auch unvermeidlich »politisiert« wurde, war ihnen ein Greuel.

Itzstein und Hecker hatten in einer bei ihnen eingeholten Rechtsberatung den Handwerksgesellen bestätigt, daß eine Vereinsgründung erlaubt sei, wenn sie keine staatsgefährlichen Absichten verfolge, was auch keineswegs der Fall war. Nach der Aufdeckung des Vereins vermochte Riegel keine Beweise im strafrechtlichen Sinne zu erbringen, er bemühte sich aber, einen »politischen Indizienbeweis«[86] zum Nachweis seiner Staatsgefährlichkeit zu führen. Auch der liberale Innenminister Bekk hielt – ohne ein gerichtliches Vorgehen wegen etwaigen Gesetzesverstoßes einzuleiten – die Absicht des Vereins, »unter Handwerksgesellen Unzufriedenheit mit ihrem Zustande und einen Haß derselben gegen die Besitzenden und gegen die Staatsordnung zu nähren«, für erwiesen.[87] Als staatsgefährlich interpretierte er also bereits die Befassung der Handwerksgesellen mit ihrer eigenen Lage, die nun einmal von Gefühlen der »Unzufriedenheit« und vielleicht auch von »Haß« nicht zu trennen war. Viele Mannheimer Handwerksmeister lobten hingegen in einer Eingabe an das Stadtamt den Verein, weil er Sittlichkeit und Fleiß unter den Gesellen gehoben habe.[88] Dies beeindruckte die Behörden jedoch nicht. Sie gingen der Weisung Bekks gemäß »mit aller Strenge«[89] gegen die Vereinsmitglieder vor. Nach der Auflösung am 16. März 1847 verwies die Regierung neun nichtbadische Gesellen in ihre Heimat. Diese als Diskriminierung empfundene Maßnahme stärkte noch den Zusammenhalt der Vereinsmitglieder. Gemeinsam zogen die Zurückgebliebenen zum Bahnhof Friedrichsfeld und verabschiedeten die Ausgewiesenen demonstrativ herzlich.[90] Fünfzig Gesellen veranstalteten außerdem einen Protestzug zum Amtshaus in Mannheim. Von der ursprünglichen Absicht, in Kolonne und mit Fahne zu marschieren, sahen sie auf Anraten Heckers aber ab, weil dies die Bürger eingeschüchtert und die von der Regierung auch aus taktischen Gründen geschürte Revolutionsfurcht noch vergrößert hätte.[91]

Die Handwerksgesellen mußten wiederholt ihre weitgehend rechtlose Stellung erfahren. Die unteren Behörden fühlten sich zu polizeistaatlichem und brutalem Vorgehen gegen sie ermutigt.[92] Die Proteste und Rechtsbeschwerden der Handwerksgesellen mußten sie nicht fürchten. Weder von einer konservativen Regierung noch von einem liberalen Minister, sondern allein von seiten der Radikalen konnten die Handwerksgesellen Unterstützung und Schutz erwarten.

Frühsozialistisches Gedankengut und revolutionäre Aktivität bei Handwerksgesellen und Arbeitern

Die kleine Bibliothek und das bei Handwerksgesellen gefundene Liedgut vermögen zwar wichtige Hinweise auf die politische Haltung der Gesellen zu geben, sie sollten jedoch nicht unabhängig von der bald nach dem Vereinsverbot einsetzenden revolutionären Aktivität der Gesellen interpretiert werden. Die Feststellung Hippels, daß die Handwerksgesellen verschwommen »von liberalen zu ›radikalen‹ bis zu frühsozialistischen« Anschauungen neigten und deswegen ein leichtes Opfer radikaler Agitation wurden[93], ist nur vordergründig plausibel. Sie verkennt, daß die Gesellen nicht, wie die bürgerliche Opposition, in der Tradition rationalistischer Aufklärung standen und schwerlich daran gemessen werden können, ob sie auch noch reimweise »präzise und differenziert zu argumentieren«[94] verstanden. Für sie, die in ihrer Existenz tiefgehend betroffen waren, stellte nicht das geschriebene oder gesprochene Wort die adäquate Ausdrucksform der politischen Haltung dar, sondern das gemeinschaftlich gesungene Lied und die solidarische Aktion. Neben den Liedern[95] soll daher auch die politische Aktivität der Handwerksgesellen und Arbeiter in der Revolution skizziert werden.

Während der Untersuchung förderte Riegel neben frühsozialistischen Schriften, die »Fürstenhaß, Communismus etc.« atmeten, auch noch andere, harmlose zutage. Aus verständlichen Gründen wollten die Gesellen während der Vernehmung belastende Texte bagatellisieren.[96] Die Vermutung, daß diese dennoch für die politische Gedankenwelt der Handwerksgesellen signifikant sind, stützt sich darauf, daß sich, wie aus den Wanderbüchern hervorging, »sehr viele Mitglieder längere oder kürzere Zeit in der Schweiz, insbesondere in Lausanne, Genf, La-Chaux-de-Fonds aufhielten und direkt hierher kamen oder vorerst noch in anderen Teilen Deutschlands verweilten«.[97] Zum anderen ging aus der Korrespondenz mit dem in Heidelberg bestehenden Gesellenverein hervor, daß »eine in Musik gesetzte Liedersammlung« mit einer Auswahl von Liedern, »wie sie in Schweizer Sammlungen von Lausanne, Zürich, Bern, Luzern und St. Gallen« vorhanden waren, von ihm hergestellt, zur Subskription angeboten und als Unterlage für gemeinsame Gesangsveranstaltungen benutzt werden sollte.[98] Der Bekenntnischarakter solcher Lieder dürfte zweifellos höher zu veranschlagen sein als die vielfach geschenkweise zusammengekommenen Titel der kleinen Bibliothek.[99]

Soweit die Herkunft der Lieder bekannt ist, liegt sie im Umkreis der Schweizer Arbeitervereine. Offensichtlich hatten wandernde Gesellen, die durch die »Schule« der Schweizer Vereine gegangen waren, diese Lieder mitgebracht. Das Gedicht *Zufriedenheit* stammt wohl aus Marrs *Blättern der Gegenwart für sociales Leben*.[100] Andere Gedichte belegen, daß der Verfasser dem Lausanner »Communistenverein« angehört hatte und mit seinen inneren Verhältnissen wohlvertraut war.[101] Das gesamte von Riegel aufgefundene Liedgut besitzt in Stimmung, Ausdruck und Tendenz einen einheitlichen Charakter. Andere Einflußlinien sind nicht erkennbar.

Der emotionale Gehalt der Lieder entbehrte durchaus nicht eines aufklärerischen Inhalts. Ja, sie überraschen durch sarkastischen Witz, durch die Schärfe ihrer Gesellschaftskritik und durch ein übernationales Empfinden, wie es wohl nur unter den besonderen Lebensbedingungen der Handwerksgesellen entstehen konnte. Ihre gesellschaftliche Randexistenz hatte das Solidaritätsgefühl geweckt und gegenüber politischer Unterdrückung sensibilisiert; das Wandern über Landesgrenzen hinweg hatte den Sinn menschheitlich gerichtet. Nicht der bodenständige Liberalismus oder Radikalismus Ba-

dens tritt uns in den Liedern entgegen, sondern ein emotional vorweggenommener Sozialismus, ein Menschheitstraum von der glücklichen, konfliktlosen Gesellschaft.
Die Radikalität des gesellschaftlichen Verständnisses schließt die liberale Kritik an politischer Unfreiheit, die demokratische Forderung nach Gleichberechtigung ein, geht aber, indem sie die Gesellschaft als ein Verhältnis von Herren und Knechten, von reich und arm, als einen Herrschafts- und Unterdrückungsmechanismus erkennt, der im Widerspruch zu Natur und Christentum stehe, darüber hinaus. In der »glücklichen Allgemeinschaft«, einer Eindeutschung des französischen »Communeauté«, sollen weder »Geburt und Stand« noch Vorurteile und Geld regieren, sondern die Arbeit und brüderliche Liebe. Dazu sei es nötig, »den Egoismus zu bezwingen«, um Rechte und Pflichten richtig zu erkennen.[102] Feinde dieser neuen Gesellschaft seien die »Reichen«, die »Fabrikanten«, die Fürsten und Soldaten, aber auch oft die »Pfaffen«.
Die neue Gesellschaft sollte ein vergrößertes Abbild der brüderlichen Gemeinschaft sein, wie es die Gesellen in ihren Schweizer Vereinen erlebt hatten. Dieses Erlebnis einer Schutz gewährenden und umhüllenden Gemeinschaft besaß für die Gesellen, wie aus den Liedern hervorgeht, einen grundlegenden und prägenden Charakter. Die Lieder in Erinnerung an den Communistenverein in Genf, das Lied *Sehnsucht*, in dem an

»Becker[103], der die Stunden gibt
und dich wie seinen Bruder liebt«

oder an die Hilfsbereitschaft des Vereinsvorstandes[104] erinnert wird, spiegeln das Sentiment, dem sich die Gesellen, fern von ihrem »Heimatverein«, gerne hingaben. Dieses gefühlsmäßige Moment der »Verbrüderung«[105] darf wohl als gemeinsames Band, als Keim einer kämpferischen Solidarität, wie es die Arbeitervereine während des badisch-preußischen Krieges 1849 bewiesen, kaum unterschätzt werden.
Wie anders ging dagegen die Welt draußen mit den Gesellen um! Das Lied *Zufriedenheit* beschreibt sarkastisch den Unterschied zwischen einem biedermeierlich-behäbigen und dem ungesicherten Leben des Gesellen:

»Wenn sie ins Wanderbuch euch schreiben
viel Schand und Schimpf und Schand,
wenn sie euch mit Gendarmen treiben
gleich Vagabunden aus dem Land...«

Es schließt mit dem Vers:

»Zufriedenheit sei meine Freud',
Zufriedenheit sei meine Lust,
in meinem abgeschabten Kleide
herrscht dies Gefühl in meiner Brust.
Und bin ich gleich verlumpt, verdorben,
vor Hunger endlich gar gestorben,

dann schreibt aufs Grab mir groß und breit:
der Kerl starb an Zufriedenheit.«

Steht hier noch ein hilfloses Leiden an der Gesellschaft im Vordergrund, so schlägt dies in anderen Liedern in Protest um, in einen – noch vorsichtig geäußerten – Willen zur Selbsthilfe, ja in ein Sendungsbewußtsein, einst zur Befreiung der Welt berufen zu sein.[106] Der Wille zur Selbsthilfe bedeutete aber die Bereitschaft zur Revolution! Der Umschlag von einer latenten zu einer manifesten Revolutionsbereitschaft konnte in einer angepaßt-unterdrückten Außenseitergruppe wie den Handwerksgesellen recht schnell geschehen und bedurfte keineswegs einer langfristigen Phase der Politisierung und Radikalisierung wie bei der Mehrzahl der bürgerlichen Revolutionäre.

Auch die radikale Opposition in Baden – mit Ausnahme Struves und Grohes – war von einer gewissen Berührungsangst gegenüber den Gesellen nicht frei. Struve hatte das revolutionäre Potential des Gesellenvereins erkannt und offensichtlich auch über das in Riegels Untersuchungsakten hinaus bekannte Maß gefördert oder fördern wollen. Die *Mannheimer Abendzeitung*, deren Redakteur Grohe Struve politisch nahestand, deutete Struves Intentionen an: Struve habe versucht, den Arbeiterverein »demokratisch einzurichten, ein Proletarierbewußtsein zu schaffen und die alte Idee der Almosenwohltat zu vernichten«.[107] Ein »Proletarierbewußtsein schaffen« hieß aber nichts anderes, als den Handwerksgesellen die Bestätigung ihrer gesellschaftlich-politischen Unterdrückung zu geben. War ein solches Gruppen- oder tendenziell »Klassenbewußtsein« entstanden, dann war es für die Handwerksgesellen nur ein kleiner Schritt zur revolutionären Selbsthilfe, um eine als ungerecht empfundene Gesellschaftsordnung zu beseitigen, welche für sie nur »Almosenwohltat« übrig habe.

Neben dem Mannheimer Gesellenverein bestand noch ein Heidelberger Schwesterverein. Durch die Maßnahmen gegen den Mannheimer Verein gewarnt, konnte er seine Spuren rechtzeitig verwischen.
Trotz des Verbots war der Mannheimer Verein nur der erste in einer Reihe nachfolgender Arbeiter- und Gesellenvereine. Noch Ende 1847 gründete Karl Blind in Karlsruhe einen Arbeiterverein, der bis Mitte 1848 bestand, vorübergehend verboten wurde, aber bald wieder auflebte.[108] In Lahr und in Wertheim bestanden noch kleinere Gesellen- oder »Arbeitsgehülfen«-Vereine.[109]
Der Mannheimer Verein war zwar verboten, seine Mitglieder wirkten aber in seinem Sinne weiter. Bald nach seiner Auflösung gingen Schneidergesellen wieder daran, unter dem Vorwand des Gesangs Zusammenkünfte abzuhalten.[110] Andere wanderten in die »obere Landesgegend«, um »als Freiheitsapostel zu wirken«.[111] Ein Mitglied des Vereins versuchte sogar, in Mannheimer Kasernen die Lehren Ronges zu verbreiten, soll aber

»zum Dank« hinausgeworfen worden sein.[112] Die Solidarität der Vereinsmitglieder war durch das Verbot des Vereins nicht zerstört, sondern gestärkt worden. Schneidergesellen gingen noch vor dem Jahre 1848 zu gewerkschaftsähnlichen Arbeitskampfmethoden über. Dreißig von ihnen stellten plötzlich ihre Arbeit ein, als ihnen von den Meistern der Lohn gekürzt wurde. »Denn zu Repressalien«, berichtete Polizeispitzel Benzinger, »glaubten sie sich nach sozialen Grundgesetzen berechtigt.«[113] Im Jahre 1848 nahmen die Mannheimer Handwerksgesellen den Namen Arbeiterverein an und organisierten sich gewerkschaftsähnlich.[114] Kein Geselle durfte von da an Arbeit erhalten, der nicht Mitglied des Vereins war. Insgesamt 1900 Gesellen wurden Mitglieder. Eine aktive Gruppe von 350 Gesellen nahm regelmäßig an den Versammlungen teil, von diesen »gehörten 288 der Schneiderzunft an«.[115] Vorhandene Gelder wurden zur Anschaffung von Waffen verwendet. Während der Revolution 1849 bildeten die Handwerksgesellen ein Arbeiterbataillon. Der Schneidergeselle Holstein, zuerst Vorstand des Arbeitervereins, wurde Chargierter des Arbeiterbataillons. Der Präsident des wiedergegründeten Mannheimer Arbeitervereins, Karl Jacoby, »vulgo Herzkübel«, ein »Schreiner und Deutschkatholik«, wurde am 3. September 1849 in Rastatt nach standgerichtlichem Urteil erschossen.[116] Auch der im März 1848 gegründete Konstanzer Arbeiterverein beteiligte sich tatkräftig an der Revolution. Gesellen stellten (21,7%) neben Handwerksmeistern (22,5%) das Hauptkontingent beim Hecker-Zug.[117]

Aus dem Liedgut wie aus den Aktivitäten der Handwerksgesellen geht hervor, daß sie in einem sehr schnellen Entwicklungsprozeß zu einem für vormärzlichen Staat und bürgerliche Gesellschaft »gefährlichen« Potential geworden waren. Ihre Radikalisierung wäre jedoch nicht zu verstehen ohne die allen deutschen Handwerksgesellen – in Baden wie in der Schweiz – *gemeinsame* gesellschaftliche Randexistenz. Aus dieser Lage erwuchsen ähnliche Formen des Zusammenschlusses, ähnliche politische Werthaltungen und Aktivitäten. So sah der jüngere Mannheimer Verein in den Schweizer Vereinen ein Vorbild und Modell, agierte aber völlig unabhängig. Eine organisatorische Verbindung und gar Abhängigkeit dürfte ziemlich sicher auszuschließen sein.[118]

Die Radikalisierung der Volksschullehrer

Plastischer als bei den Handwerksgesellen tritt der Radikalisierungsprozeß innerhalb der badischen Volksschullehrerschaft hervor.[119] Die Lehrer standen dem gesellschaftlichen Rang nach dem Proletariat vielfach näher als dem Kleinbürgertum.[120] Doch nicht nur ihre krasse soziale Unterprivilegierung, nicht nur die Vernachlässigung des Volksschulwesens durch die Regierung trieb sie in die Arme der Opposition, sondern auch die kirchliche Oberaufsicht über Schule und Lehrer. »Aufklärung und Volksbildung«, stellte die

Mannheimer Abendzeitung Anfang 1848 fest, sei »einer einflußreichen Partei unter den Geistlichen ein Dorn im Auge«.[121]
Die im Jahre 1843 den Kirchen überlassene Oberaufsicht fügte dem sozialen einen nicht minderen kirchenpolitischen Druck hinzu. Er verschärfte sich, weil sich die Kirchen vom »Zeitgeist«, vom Wandel der überkommenen Wertordnung, bedroht fühlten. Nach der Anordnung der kirchlichen Oberbehörden vom Jahre 1843[122] besaßen die Ortsgeistlichen ein Aufsichtsrecht über das moralische und politische Verhalten der Lehrer, welches bis in das Privatleben hineinreichte und als ein drückendes »Pfarrerjoch« empfunden wurde. Eine besonders verhaßte Verpflichtungsformel gebot strikten Gehorsam gegenüber Schulbehörde und Pfarrer.[123]
Der soziale und kirchliche Druck förderte die Radikalisierung und die Organisationswilligkeit der badischen Volksschullehrer. Welche Auswirkungen dieser Druck haben konnte, zeigt der Selbstmord des Lehrers L. Peter, der wohl einen symptomatischen Einzelfall darstellt: Der Lehrer in Bannholz bei Waldshut bekannte in einem Abschiedsbrief, das »Pfaffenjoch« habe ihn in den Tod getrieben, weil es »auch mir endlich unerträglich geworden«; und er fügte hinzu: »Wenn es in der anderen Welt auch Pfaffen hat, so werde ich mich noch einmal selbst entleiben.«[124]
Die seit dem Jahre 1835 bei jedem neuen Landtag eingereichten Petitionen um soziale, materielle und bildungsmäßige Verbesserung der Volksschullehrerschaft wurden im Jahre 1847 in einem nicht mehr bittenden, sondern fordernden Ton wiederholt. Beinahe die ganze Lehrerschaft stellte sich hinter die Denkschrift, in der die Verpflichtungsformel offen abgelehnt wurde.[125]
Die entschiedene Ablehnung der Denkschrift von konservativer Seite brachte die *Karlsruher Zeitung* zum Ausdruck.[126] Sie ließ einen loyalen Schullehrer zu Wort kommen, der sich zu den obrigkeitsstaatlichen Tugenden Demut, »Fleiß und Treue« bekannte, die ja schon lange nicht mehr in den Schulblättern – zu denen vorrangig das *Badische Volksschulblatt*, eine Beilage der radikalen *Mannheimer Abendzeitung*, gehörte – vertreten würden. Eine kirchliche Stimme wollte das bei anderen Schichten zu beobachtende »Unabhängigkeitsstreben« keineswegs auch für »Dienerverhältnisse« wie bei den Lehrern gelten lassen, weil dies »alle Bande der Ordnung auflösen müßte«.[127] Kirche und Obrigkeitsstaat sahen sich gefährdet, wenn sie sich nicht mehr darum kümmern dürften, »ob ein Schullehrer, dessen Liebhaberei es ist, politische Klubs zu besuchen und nach Kräften radikale Theorien auszustreuen, die Grundlagen des Staates, dessen Brot er ißt, untergräbt«.[128] Zwischen der alten Ordnung, die auf Gehorsam und kirchliche Botmäßigkeit baute[129], und der vormärzlichen Emanzipationsbewegung, zwischen der konservativ-kirchlichen und der radikalen Partei, tat sich eine unüberbrückbare Kluft auf.
Der antiklerikale Charakter der radikalen Bewegung dürfte nicht zuletzt auf den Einfluß der Lehrer zurückgehen. Die Offenburger Versammlung vom März 1848 forderte nicht

nur die Trennung von Kirche und Schule, sondern verabschiedete noch den Zusatzantrag: »Die Pfaffen haben zuviel und die Lehrer zu wenig.«[130]
Die Intentionen der radikalen Schullehrer zielten auf die Errichtung einer allen zugänglichen und kostenlosen Volksschule; diese sollte Staatsanstalt, die Lehrerschaft »Diener des Staates« werden.[131] Eine solche Höherbewertung von Volksschule und Lehrern konnte und wollte nur die demokratische Partei verwirklichen.
Kaum eine andere Berufsgruppe trat in ihrer überwiegenden Mehrheit so eindeutig als Träger der radikalen Bewegung in Erscheinung wie die Schullehrer. In den ländlichen Gegenden galten sie als maßgebliche Autoritäten der republikanischen Bewegung. Sie redigierten, wie Philipp Stay, der Herausgeber des *Volksführers*, vielfach örtliche Wochenblätter. Durch eine für untere Volksschichten bestimmte Schlagwort- und Schlagdrauf-Agitation trugen sie wohl nicht gering zu einer Radikalisierung der öffentlichen Meinung während der Revolution bei. In den demokratischen Volksvereinen des Jahres 1849, die beinahe in jedem Orte Badens bestanden, fungierte der Schullehrer neben dem Ratsschreiber gewöhnlich als Schriftführer des Vereins.[132] In einer von der nachrevolutionären badischen Regierung erstellten Liste mit den Hauptbeteiligten der Jahre 1848/49 nimmt das Kontingent der Volksschullehrer mit 10 Prozent den ersten Platz unter allen Berufsgruppen ein.[133] Der Truppenkommandant des im Herbst 1848 militärisch besetzten Seekreises, Roggenbach, war denn auch überzeugt, daß man die ganze revolutionäre Unterwühlung »einzig und allein einigen verdorbenen Schriftverfassern und noch mehr den Schulmeistern zu verdanken« habe.[134]

Die ideologische Spaltung des liberalen und radikalen Lagers – soziale Demokratie und bürgerliche Besitzstandswahrung

Die wirtschaftliche Krise, die ersten Spuren einer Sozialbewegung des vierten Standes, spaltete in der letzten Phase des Vormärz die politische Öffentlichkeit Badens in ein liberales und ein radikales Lager. Der Klassengegensatz[135] markierte eine Zäsur in der politischen Entwicklung Badens. Das bisher politisch führende, in einigen Teilen auch radikale Bürgertum wurde durch die als bedrohend empfundene soziale Frage in die Defensive gedrängt. Es verzichtete während der Revolution auf die Durchsetzung ursprünglicher Ziele. Die Sozialbewegung konnte zwar das fortschrittliche Bürgertum lähmen, war aber noch zu schwach, um selbst die Führung übernehmen zu können. Diese »tragische Verkettung« von unreifen Klassengegensätzen[136] bestimmte entscheidend den Revolutionsverlauf.
Der radikale Flügel der badischen Opposition nahm etwa seit dem Jahre 1845/46 gesellschaftliche Reformvorstellungen als konstitutives Element seines politischen Denkens auf[137] und unterschied sich damit vom gemäßigten Flügel nicht nur durch die Bereit-

schaft zu politisch-radikalen Mitteln, sondern auch in der »sozialradikalen« Zielsetzung, einer wesentlichen Voraussetzung für die Entstehung der radikalen Massenbewegung. Anhänger dieser Richtung, wie etwa Struve (am 21. 8. 1847 im *Deutschen Zuschauer*) nannten sich selbst »sozialradikal« oder »konstitutionell, demokratisch, sozial«. Hecker bezeichnete sich am 5. März 1848 öffentlich als einen »Social-Demokraten«.[138] Diese geschichtsträchtige Wortverbindung entsprang jedoch nicht allein Heckers Bestreben, sich an die Spitze des Fortschritts zu stellen, sondern kann, wie wir sehen werden, als konsequente Weiterentwicklung des badischen Radikalismus gelten. Sie brachte politisches Ziel und gesellschaftlichen Inhalt der radikalen Bewegung auf einen Nenner und unterschied sie zugleich von sozialistischen Richtungen.[139]

Der vormarxistische, auch sogenannte »kleinbürgerliche Sozialismus«[140] wurde neuerdings von Walter Grab in der Person des Achtundvierzigers Wilhelm Schulz dargestellt.[141] Weder in der Literatur der marxistischen Arbeiterbewegung[142] noch von liberalen Geschichtsschreibern wurde er eigentlich ernst genommen.[143] So blieb bisher weitgehend unbeachtet, daß führende badische und außerbadische Radikale in Beiträgen zur zweiten Auflage des *Staats-Lexikons* 1846 eine theoretische Grundlegung der sozialen und demokratischen Bewegung versuchten.

Diese Beiträge können als wichtige Quelle des sozialen Gedankens im Vormärz gelten, kamen doch im zensurfrei erscheinenden *Staats-Lexikon* mit Struve, Hecker, H. B. Oppenheim, G. Ch. Abt und Wilhelm Schulz anerkannte Sprecher der radikalen Opposition zu Wort.[144] Ihre Mitarbeit bedeutete einen »letzten Versuch« seitens der Herausgeber, die radikale Opposition wieder in den Rahmen des Lexikons einzuspannen[145], brachte aber nicht die erhoffte Angleichung der Standpunkte, sondern manifestierte die unüberbrückbare Spaltung innerhalb der Opposition[146].

Ausgangspunkt des »kleinbürgerlichen Sozialismus« ist die Erkenntnis der »wachsende[n] Ungleichheit in der Verteilung des geistigen und materiellen Besitzthums«.[147] In der Folge davon kehrten sich seine Vertreter von dem liberalen Grundprinzip der »scheinbar« freien Konkurrenz ab. Die freie Konkurrenz, die »als Heilmittel gegen alle früheren Mißstände pomphaft verkündet wurde«[148], habe aber mit der Auflösung der korporativen Gesellschaftsform auch ein schutzloses Proletariat geschaffen. Das Recht auf freie Konkurrenz »für Gebildete und Ungebildete, für Reiche und Arme« – so lautet der Kern der radikalen Kritik am Liberalismus – sei zum »schwersten Unrecht« ausgeschlagen[149], weil es »die Millionen, im Gegensatz zu den wenigen Begünstigten, an Händen und Füßen gebunden«[150] habe. Diese fühlten den »Hohn«, der selbst in der Anerkennung einer »*wertlosen* Freiheit, jener *scheinbaren* Gleichheit« seitens der Begünstigten »mit ihrem noch ungebrochenen Egoismus« liege.[151] Dies ist der Kern der radikalen Kritik am Liberalismus.

Ebenso entschieden wenden sich Schulz u. a. gegen »communistische Gaukeleien«, wie sie von den »communistischen Doktrinären Marx, Engels und Hess« vertreten würden, aber einem »klare[n] Bild einer möglichen besseren Zukunft der arbeitenden Classen« im Wege stünden.[152] Als Hauptvorwurf gegen den Communismus führen sowohl Schulz wie Abt an, daß er die »natürliche Seite des Menschen« verkenne; indem der Kommunismus nämlich den Egoismus aufheben wolle, »hebt er zugleich das Ich auf«.[153] Privateigentum gilt den Radikalen als Grundbedingung individueller und politischer Freiheit, als Garant gegen eine als bedrohlich erkannte kollektive Gesellschaftsform. Mit aller Schärfe hebt Abt den Unterschied zum frühen Kommunismus hervor:

> »Ich bin in einem Communistenstaate nicht mehr Ich, mit meinen individuellen Neigungen und Bedürfnissen, bin nicht mehr Selbstzweck und für mich bestehender Organismus, sondern bin nur ein Werkzeug für ein totes Abstraktum, bin Mittel geworden für das Gattungsleben und drehe mich in der großen Fabrikgesellschaftsmaschinerie als ein einzelnes Rad, das nur im Zusammenhang mit dem übrigen Mechanismus tätig sein kann.«[154]

Die sozial orientierten Radikalen verteidigen gegenüber dem frühen Sozialismus einen Grundwert des Liberalismus, die individuelle Freiheit und Selbstentfaltung. Zugleich halten sie dem bürgerlichen Liberalismus entgegen, daß Freiheit und Selbstentfaltung keine Privilegien des Bürgertums sein dürften, sondern auch für die Unterschichten gelten und praktisch erreichbar sein müßten. Zwar halten die »Sozial-Radikalen« am Institut des Privateigentums fest, räumen aber zugleich einem genossenschaftlichen Eigentum einen wesentlichen Platz in einer neugestalteten Gesellschaftsordnung ein.
Sollte die Aufrechterhaltung des Privateigentums vor einer Kollektivierung des Individuums schützen, so sollte die Einführung genossenschaftlichen Eigentums den unvermögenden Arbeiter nicht mehr »ans Messer des Capitals« liefern.[155] Als Kernpunkt dieses genossenschaftlichen »Sozialismus«, mit dem das System der Arbeit und Produktion neu geordnet werden sollte, führte Abt aus:

> »Der Macht des Capitals [. . .] muß die Macht der vereinten lebendigen Kräfte entgegengestellt werden. Diese Vereine der Arbeiter müssen an die Stelle des Capitals treten, müssen selbst Geschäftsherren werden, die den vollen Wert ihrer Arbeit selbst genießen und nicht an andere abgeben müssen. Es müssen also die einzelnen Arbeiter sich in Gesellschaften vereinigen, welche auf gegenseitiger Garantie errichtet und auf den Hauptgrundsatz basiert sind, daß jeder Einzelne den vollen Werth seiner Arbeit bekommt.«[156]

Neben der Produktion und dem Vertrieb sollten die Handwerker- und Arbeitervereine zugleich als demokratische Bildungseinrichtungen fungieren. Sie sollten – ähnliche Einrichtungen der englischen Arbeiterbewegung dürften dabei Pate gestanden haben – den Arbeitern »intellektuelle Ausbildung« vermitteln und ihnen Lesezimmer, Versammlungslokale und Bibliotheken zur Verfügung stellen.[157]

Der auch in der Literatur über den Vormärz kaum bekannte Gottlieb Christian Abt[158] – er trat meist nur mit dem Verfassernamen »Abt« auf – gehörte zu den maßgeblichen Theoretikern der frühen Demokratie. Seine brillante Argumentationsweise und polemische Feder stellte er in mehreren Beiträgen zum *Staats-Lexikon* wie in anderen Schriften unter Beweis.[159] Er stand den Mannheimer Radikalen um Grohe, den Herausgeber der *Mannheimer Abendzeitung*, nahe. Grohe schickte Abt und Blind Ende 1847 als Berichterstatter der 2. Kammer nach Karlsruhe[160], eine Maßnahme, die von seiten der Liberalen nur als Provokation empfunden werden konnte.

Die Reformvorstellungen Abts dürften für die Führungsgruppe der Radikalen um Hekker und Struve repräsentativ sein, vertrat doch Hecker auf der Offenburger Versammlung 1847 durchaus ähnliche Vorstellungen eines genossenschaftlichen »Sozialismus«.[161]

Mochten die sozialreformerischen Vorstellungen der Radikalen auch erst im Entstehen begriffen und teilweise verschwommen sein[162], so dienten sie doch dazu, den politischen Führungsanspruch der Radikalen zu untermauern. Die demokratische Partei, so verkündete Abt im *Staats-Lexikon*[163], sei daran zu erkennen, daß sie nicht Privilegien, sondern allgemein menschliche Interessen, nicht Vorteile einzelner Klassen, sondern das Wohl des Ganzen zum Ziele habe; er folgerte daraus: »Faktisch kann jede Partei herrschen, rechtlich nur die demokratische.«[164] Dieses revolutionäre, mit der »wahren« Einsicht in die Volksinteressen begründete »Recht« auf Herrschaft mußte mit dem liberalen Führungsanspruch wie mit den Klasseninteressen des Bürgertums kollidieren. Die von Struve geforderte »gänzliche Umwandlung unseres Steuerungssystems«, die Einführung einer progressiven Einkommens- und Erbschaftssteuer, schließlich sogar eine nach dem Vorbild des griechischen Sozialreformers Solon vorgeschlagene »Seisachtheia«, eine allgemeine Lastenabschüttelung[165], mußten zu einer tiefgreifenden Umwälzung der Gesellschafts- und Besitzordnung zugunsten der weniger Besitzenden und Besitzlosen führen.

Die Forderung nach Einführung einer »sozialen Republik«, die Revolutionierung des politischen *und* gesellschaftlichen Zustandes, besaß bis zur Offenburger Versammlung im Herbst 1847 – nicht zuletzt wegen der Zensur – eher einen literarisch-theoretischen Charakter. In der Öffentlichkeit klangen die Forderungen der Radikalen viel gemäßigter. In der Presse verlangten sie »Arbeit und Nahrung für das Volk«[166] sowie eine »materielle Gleichberechtigung der sogenannten unteren Volksklassen«[167]. Je mehr diese Forderungen aber bei den Angesprochenen auf Sympathie stießen, desto stärker wurden sie vom Bürgertum als Bedrohung ihres Besitzstandes angesehen und als »communistische« Enteignungsversuche bekämpft.[168]

Die Opposition schied sich letztlich an der sozialen Frage; denn diese erzeugte erst aus politisch-taktischen Meinungsverschiedenheiten innerhalb der Opposition die unüberbrückbare Kluft zwischen Verfechtern und Gegnern einer Revolution, die sich zumindest nicht mehr in Baden allein auf das politische Feld beschränken ließ.

Die ersten manifesten Spaltungserscheinungen traten im Herbst 1846 auf. Die Radikalen zeigten sich über den Ausgang des Landtags enttäuscht. Friedrich Hecker schloß sich den Presseangriffen der »Ganzen« Mitte Oktober auch in der Öffentlichkeit an. Dem »versöhnliche[n] Justemilieu« erklärte er den Kampf, denn es habe auf dem Landtag »übelangebrachte Mäßigung« verfolgt, das angeschlagene Regime wieder gefestigt und die Opposition um die Früchte ihres glänzenden Wahlsieges vom Frühjahr 1846 gebracht.[169] Hecker stellte sich damit an die Spitze der radikalen Opposition; neben Struve in Mannheim und Fickler im Seekreis galt er seitdem als ihr unbestrittener Wortführer.

Als erste Reaktion auf Heckers Angriffe trafen sich unter Ausschluß Heckers und Struves führende Liberale auf einer Versammlung Ende November 1846 in Durlach. Sie berieten hauptsächlich, wie sie ein publizistisches Gegengewicht gegen die radikale Presse schaffen könnten.[170] Sie faßten die Gründung einer liberal-nationalen Zeitung, der im Jahr darauf erscheinenden *Deutschen Zeitung*, ins Auge. Offenkundig rückten damit auch führende Liberale, wie Bassermann und Mathy, von einem strikten Oppositionskurs gegenüber der Regierung, wie sie ihn in der 2. Kammer vertreten hatten, ab. Persönliche Momente unter den führenden Männern der badisch-kleinstaatlichen Opposition bedingten zwar nicht ursprünglich die Spaltung zwischen Liberalen und Radikalen, gaben ihr aber – schlugen doch manche engen Freundschaften in intime Feindschaften um – eine besondere und wohl auch den Ablauf des Geschehens bestimmende Note. Die »Verhaftung« des früheren politischen Weggefährten Josef Fickler im April 1848 durch Karl Mathy – dessen Person, wie noch weiter unten darzustellen ist, gewissermaßen einen Drehpunkt für die Wendung der radikalliberalen bürgerlichen Opposition zur antirevolutionären Regierungspartei darstellt – dürfte aber nur das eklatanteste Beispiel sein, wie persönliche Feindschaften als Reflex politischer Differenzen entstanden. Ähnlich wie mit Fickler verfeindete sich Mathy, dessen frühere republikanische Gesinnung mehrfach bezeugt wird[171], Ende 1846 auch mit Struve.[172] Den cholerischen Hecker vermochte Mathy mit Zweifeln an dessen sozialer Haltung so zu reizen, daß es zur Forderung kam und die Stunde des Pistolenduells verabredet wurde, von dem beide kaum noch abgehalten werden konnten.[173]

Die Spaltung der Opposition erfaßte auch die Bevölkerung. In Mannheim schlossen sich im Oktober 1847 700 bis 800 »konservativ-liberale« Bürger, besonders aus dem Gewerbe- und mittleren Handelsstand, zusammen, um sich gegen »den Radikalismus und den Terrorismus der Häupter der hiesigen Umsturzpartei« zur Wehr zu setzen, erlitten bei

den Kammerwahlen aber eine empfindliche Niederlage.[174] Angeblich wurden sie vom nichtwahlberechtigten Pöbel am Wahltag derart behindert und eingeschüchtert, daß sie nur eine Wahlmännerstimme erringen konnten.[175] Der Protest änderte am überwältigenden Wahlsieg des von Karl Mathy vorgeschlagenen radikalen Advokaten Lorenz Brentano nichts, bewies aber, daß sich eine »Bürgerpartei« zu bilden begann. Sie konnte erst aus ihrer einflußlosen Position ausbrechen, als sich mit dem Beginn der Revolution Karl Mathy auf ihre Seite stellte und die Regierung Bekk unterstützte.
Welche Schichten der Gesellschaft wurden von der 1847 zuerst nur tendenziell erkennbaren Spaltung betroffen? Ein Interessenunterschied zwischen Bürgertum und Unterschichten liegt auf der Hand, ist aber mit der Unterscheidung Harnacks[176], der die politisch-gesellschaftlichen Interessen auf den Besitz von beweglichen und unbeweglichen Gütern bezieht, noch schärfer zu fassen. Die Spaltung verlief demnach mitten in den bürgerlichen Schichten. Der Besitz unbeweglicher Güter, der besonders »gefährdet« schien, habe demnach die Tendenz zur Aufrechterhaltung des Status quo und zur Unterstützung der Regierung verstärkt. Als Prototyp des Besitzbürgertums kann Bassermann gelten, der von einer radikalliberalen Haltung zu einer antirevolutionären und sozialkonservativen Richtung überschwenkte, das Dilemma der Liberalen aber auch wie kaum ein anderer sonst erlebte.[177] Das weniger an Besitz als an bewegliche Güter und berufliche Stellung gebundene Bürgertum, wie die Bürgermeister der kleineren Orte, die Landpfarrer, Gastwirte und Handwerksmeister, neigte ebenso wie das mittlere Bürgertum, die Ärzte und Advokaten, generell der radikalen Richtung zu oder wurde doch, ähnlich wie das höhere Bürgertum, neutralisiert.[178] Der liberale Historiker Häusser stellte denn auch nicht ohne Bitterkeit fest, daß »der mittlere und höhere Bürgerstand, auf den der Liberalismus seine Hoffnung gesetzt hatte, völlig versagte und sich kaum am politischen Leben beteiligte«.[179] Denn jede Unterstützung der Opposition, so mußten sie fürchten, käme den Radikalen zugute. »Überhaupt die Besitzenden«, charakterisierte Bürgermeister Hüetlin von Konstanz Mitte März 1848 die Situation, »schrecken vor dem Begehren der Republik mehr oder minder zurück, haben aber nicht den Mut, offen dagegen aufzutreten.«[180]

Die soziale und wirtschaftliche Krise der Vorrevolution machte die radikale Opposition erst zu einer radikalen »Bewegung«. Je nachdem ob nun die sozialen Ursachen der Revolution negiert oder als »prima causa« hingestellt werden, muß sich auch die Bewertung des Geschehens ändern. Sieht man im Sinne der altliberalen Historiker wie Ludwig Häusser von den sozialen Ursachen als auslösenden und verschärfenden Faktoren der Revolution weitgehend ab, billigt man vom Standpunkt des bürgerlich-elitären Kulturträgers den »kleinen Leuten« nicht einmal die Einsicht in die eigene Interessenlage zu, dann liegt es nahe, die Entstehung der Revolution mit dem von Häusser vielfach zitierten, »souveränen Unverstand« und der moralischen Minderwertigkeit der Radikalen zu erklären. Andererseits herrschten in Baden nicht jene berüchtigten sozialen Zustände, welche die schlesischen Weber zum Aufstand trieben.[181] Die Revolution war kein direkter Reflex einer historisch einmaligen, unerträglich gewordenen Notlage.[182] Soziale und wirtschaftliche Krisensituationen bestanden auch früher, sie wurden still hingenommen[183] oder führten zu Formen sozialen Protestes[184], nicht aber zum Versuch einer politischen Revolution.

Worin besteht die Differenz zwischen sozialem Protest und radikaler Bewegung? Gewiß spielten »historische Unwägbarkeiten« wie der »Einsatz einzelner Revolutionäre«[185], wie Fischer feststellt, mit. Doch auch dies läßt die Frage, warum diese gerade in Baden aufkommen bzw. solche Wirkung erreichen konnten, um so drängender erscheinen. Die Sozialgeschichte muß durch eine Erforschung des politischen Bewußtseinswandels ergänzt werden, sein Parameter ist die politische Presse und Öffentlichkeit. Die Gesellschaftskritik der Presse, die bisher auf Redaktionsstuben und radikale Zirkel beschränkt blieb, wurde vor dem Hintergrund der Sozialkrise zu einer massenwirksamen Kraft. Sie machte die soziale Unzufriedenheit erst bewußt und wirkte programmatisch richtungweisend. Einerseits war die radikale Presse destruktiv gegen alles, was mit dem herrschenden System in Beziehung gebracht werden konnte, andererseits vertrat sie, mochte dies auch agitatorisch entstellt sein, eine neue Wertordnung. Ihre Radikalität enthielt den demokratischen Gedanken. Sie wollte die alte Legitimität zerstören und eine neue schaffen.

Wo ihr dies glückte, wie etwa im Seekreis und im Schwarzwald, kanalisierte die Oppositionspresse die vorhandene Unzufriedenheit und leitete sie in organisierte Formen des Umsturzes über. Im Odenwald dagegen, wo die Bauern noch kaum an den Kommunikationskreis der politischen Presse angeschlossen waren, machte sich die ähnlich gedrückte Lage der Bauern in weitgehend ziellosen Unruhen und Exzessen Luft.[186]

Die politische Öffentlichkeit in der Vorrevolution

Presse und Vereinsgründungen stellen die tragenden Strukturelemente des Gebäudes politischer Öffentlichkeit im badischen Vormärz dar. In Anspruch genommene Presse- und Vereinsfreiheit bildeten publizistisch wie organisatorisch eine notwendige Voraussetzung für das Zustandekommen einer parteiähnlichen radikalen Bewegung, wie sie im Herbst 1847 in Baden entstand.

Die Presse- und Zensurverhältnisse

Die radikale Presse als dominierender Faktor der öffentlichen Meinung

Um die Wende 1845/46 hatte die badische Oppositionspresse vor allem durch Struves *Mannheimer Journal* einen entscheidenden Durchbruch im Kampf gegen die Zensur erzielt und einen dominierenden Einfluß in der Öffentlichkeit gewonnen.
Die publizistische Wirkung der badischen Oppositionspresse in der Phase der Vorrevolution soll anhand ihrer Auflagenhöhe sowie zeitgenössischer Urteile erläutert werden. Ihre politische Wirkung auf die Regierung wird sodann am Beispiel der führenden radikalen Blätter Badens, der *Mannheimer Abendzeitung* und des *Deutschen Zuschauer* von Gustav Struve, verdeutlicht.
Weil sich die badische Regierung nicht mehr auf die brüchiger werdende Zensur zur Eindämmung der radikalen Presse verlassen konnte, ging sie zu einer offensiven Pressepolitik über. Sie machte sich die Spaltungserscheinungen der Opposition zunutze und vermochte – nicht zuletzt wegen des Flankenschutzes durch die neugegründete *Deutsche Zeitung* – aus ihrer langjährigen publizistischen Isolierung auszubrechen und die öffentliche Meinung konservativ-bürgerlicher Kreise für sich zu gewinnen.
Spätestens mit der beginnenden Auflösung der oppositionellen Aktionseinheit seit dem Jahre 1846 profilierten sich liberale Kammer und radikale Presse als zwei unterschiedliche Träger der politischen Öffentlichkeit. Die Redakteure der Oppositionsorgane, insbesondere Gustav Struve (*Deutscher Zuschauer*), Johann Peter Grohe (*Mannheimer*

Abendzeitung) und Josef Fickler (*Seeblätter*) traten in Konkurrenz mit der bisher unangefochtenen liberalen Kammerführung. Ihr Einfluß wuchs in dem Maße, wie das Gewicht der öffentlichen Meinung zunahm. Mit der Entstehung der liberalen *Deutschen Zeitung* Mitte 1847 und der etwa gleichzeitig einsetzenden Gegenwirkung der sogenannten konservativ-liberalen Regierungspresse hoben sich die verschiedenen politischen Richtungen publizistisch »in keinem anderen Lande Deutschlands [. . .] so scharf« voneinander ab wie in Baden.[1]

Publizistische Wirksamkeit quantitativ darstellen zu wollen stößt besonders bei der Vormärzpresse auf Schwierigkeiten. Die angegebene Auflagenhöhe der Zeitungen kann vielfach nur als Schätzwert angesehen werden. Dennoch ist sie ein Indiz ihrer Wirksamkeit.

In Baden gab es 13 große Zeitungen, zu denen noch eine Reihe Lokalblätter zu rechnen sind.[2] Auf seiten der Regierung standen die *Karlsruher*, *Freiburger* und *Konstanzer Zeitung*, der ebenfalls in Konstanz erscheinende *Tagesherold* und die *Mannheimer Morgenzeitung* mit einer Gesamtauflage von etwa 6100.[3] Die gemäßigte liberale Presse wie die *Deutsche Zeitung*, das *Mannheimer* und *Heidelberger Journal* besaß eine Auflage von zusammen etwa 5800. Ihnen gegenüber hatten die drei führenden radikalen Zeitungen eine Auflage von etwa 5100; rechnet man noch die radikalliberale *Oberrheinische Zeitung* in Freiburg dazu, so erhöht sich die Auflage der entschiedenen Oppositionspresse auf immerhin 7100. Die Auflagenhöhe der konservativen, der konstitutionellen und der radikalen Zeitungsgruppe erscheint zwar etwa gleich groß, es wäre jedoch unzulässig, die zum Beispiel durch Gratisabonnements, durch kostenlose Verteilung als Amtsblatt hoch gehaltene Auflage der subventionierten Presse in ihrer politischen Wirkung der unabhängigen Presse gleichzusetzen. Die Regierungspresse konnte seit dem Beginn der vierziger Jahre ihre Auflagenhöhe nur dank direkter und indirekter Subventionen halten; fielen diese zu gering aus, wie etwa bei der *Freiburger Zeitung*[4], dann stagnierte die Auflage oder ging zurück.

Die radikale Presse, so konstatierte im Jahre 1846 der Heidelberger Staatswissenschaftler Dr. Ilse[5], habe »eine so große Gewalt erlangt, daß es kaum möglich sein möchte, daß sich ein conservatives Blatt ohne besondere Unterstützung allein durch Abonnentenzahlen erhalten könne«.[6] Die Feststellung Ilses umschrieb auf publizistischer Ebene den weitgehenden Legitimitätsverlust der Regierung in der Bevölkerung. Die Regierung mußte das Feld der öffentlichen Meinung, deren Bedeutung sie lange genug verkannt hatte, der Oppositionspresse überlassen. Sie entbehrte vorderhand selbst jeder Möglichkeit, ihr ein konservatives Publikumsblatt entgegenzustellen, weil dieses – wiederum auf Regierungssubventionen angewiesen – von der Öffentlichkeit abgelehnt worden wäre. Übereinstimmend verurteilten konservative Zeitgenossen die überaus starke Position der badischen Oppositionspresse. Der *Rheinische Beobachter* stellte Anfang 1847 sogar fest, »daß außer Baden kein Staat in Deutschland Blätter besitzt, welche so schamlos alle Ordnung und Sitte verhöhnen, wie die Seeblätter, die Abendzeitung und der Zuschauer«[7]. Wie zur Verdeutlichung dieser Worte druckte die *Mannheimer Abendzeitung* am 25. Februar 1847 einen indirekten Aufruf zum Fürstenmord, den sie erst gar nicht dem Zensor vorlegte: »Deutsches Volk! Kennst Du den gefährlichsten Feind Deiner Rechte und Deiner Freiheit? Lebt kein Tell . . .?«[8]

Die Wirkung der radikalen Presse beschränkte sich jedoch nicht auf Baden, hatte sie doch, wie ein Konfident beobachtete, »in Deutschland eine größere Verbreitung als fast in Baden selbst«.[9] Für die »Verbreitung« in Deutschland fehlen alle gesicherten Unterlagen, ihre außerbadische Wirksamkeit nahm aber zumal beim neugegründeten *Deutschen Zuschauer* Gustav Struves ungewöhnliche Formen an.

Die außenpolitische Wirkung der radikalen badischen Presse – das zensurpolitische Dilemma der Regierung Dusch–Bekk

Gustav Struves *Deutscher Zuschauer* erschien seit Anfang 1847 als Wochenblatt im Verlag Hoff in Mannheim.[10] Heinrich Hoff besorgte teilweise die Redaktion des Blattes. Der *Zuschauer* war einen Doppelbogen stark und erreichte in kurzer Zeit die beachtliche Auflage von 1200. In einem ersten Probeblatt des *Zuschauers* verkündete Struve ein liberal-nationales Programm und nahm darin einen »entschiedenen gesetzlichen Standpunkt« in Anspruch.[11] Das »radikale Prinzip«, stellte ein Metternichscher Beobachter fest, hätte von Struve »bei bestehender Preßfreiheit nicht schärfer« herausgestellt werden können.[12] Die zumindest außerhalb Badens weitgehend unverändert bis zum März 1848 gehandhabte Zensur[13] verlieh seinen Angriffen den Charakter einer politischen Sensation und brachte die Regierung Dusch–Bekk in Bedrängnis.

Die Angriffe der überregionalen badischen Oppositionspresse provozierten die Proteste Österreichs, Bayerns, Württembergs, Sachsens und besonders Preußens.[14] Die wöchentlichen Länderrubriken in Struves *Zuschauer* kamen nicht selten einem publizistischen Rundumschlag gleich. Polemisch und voll aggressiver Ironie befaßte sich Struve, unterstützt von der *Mannheimer Abendzeitung*, mit politischen Mißständen und Schwächen gekrönter Häupter in allen deutschen Ländern. Gezielt griff Struve Zustände des hessischen Nachbarlandes auf und beschwor damit Proteste Hessen-Darmstadts und einen diplomatischen Konflikt mit Kurhessen herauf. Die radikale badische Presse steigerte ihre Wirkung, indem sie einzelne Artikel, die in Baden die Zensur passiert und damit den Stempel der Glaubwürdigkeit erhalten hatten, massenweise auf kostenlosen Flugblättern im Nachbarland verbreiten ließ.[15] So geschah es auch mit einem Bericht der *Abendzeitung*, in dem zu lesen war, daß zwei angetrunkene Studenten in Gießen den inkognito reisenden hessischen Kurfürsten »mit Verbal-Injurien malträtiert« haben sollten.[16] Sie stilisierte den Studentenulk zum vorrevolutionären Ereignis. Der Bericht schien der hessischen Regierung gerade deswegen so gefährlich, weil er einer weitverbreiteten politischen Unzufriedenheit im Lande Nahrung gab und leicht zum Funken am Pulverfaß werden konnte. Ähnlich wie andere Regierungen auch ergriff sie Repressivmaßnahmen, um die *Abendzeitung* und den *Zuschauer* aus Hessen fernzuhalten. Bei ihrem Bezug drohte sie eine Strafe von 10 Talern an.[17] Das Verbot blieb aber wirkungslos, weil die Zeitungen per Briefpost oder durch Vermittlung der Angestellten auf den rheinischen Dampfschiffen verbreitet wurde.[18] Das begehrte Blatt wanderte dann vor allem »in den unteren Ständen« von Hand zu Hand.[19]

Am meisten fürchtete die kurhessische Regierung die beabsichtigte Veröffentlichung zweier Zensurbände des *Deutschen Zuschauer*, die alle von der badischen Regierung gestrichenen Artikel des Jahres 1847 enthalten sollten.[20] Diese Sammlung der schärfsten Angriffe und vermutlich peinlichsten Enthüllungen versuchte sie mit allen ihr zu Gebote stehenden Mitteln zu verhinden. Sie verlangte nicht nur von der badischen Regierung mit barschen Worten ein rechtlich zweifelhaftes Einschreiten, sondern stellte zugleich beim Bundestag den förmlichen Antrag, den *Deutschen Zuschauer* und die *Mannheimer Abendzeitung* zu unterdrücken.[21] Sie konnte sich der wohlwollenden Unterstützung zumindest Preußens, Sachsens und vermutlich Württembergs[22] sicher sein.

Die Haltung des liberalen Innenministers Bekk gegenüber der Pressefreiheit spiegelt das Dilemma wider, in dem sich das Zensurinstitut in Baden vor Revolutionsanbruch befand. Einerseits tolerierte die Regierung den Zustand annähernder Preßfreiheit, soweit er die Innenpolitik betraf; andererseits mußte sie der Presse, nahm diese die Freiheit der Kritik auch auf außenpolitischem Feld in Anspruch, Zensurfesseln anlegen, um sich nicht mit anderen deutschen Bundesstaaten und Fürstenhäusern zu überwerfen. So mußte die badische Regierung nicht nur die Nachteile einer annähernden Pressefreiheit, sondern auch den politischen Schaden, den die Zensur verursachte, in Kauf nehmen. Es gehört zu den tragischen, für die vorrevolutionäre Phase aber kennzeichnenden Aspekten, daß die innenpolitischen Reformbemühungen Bekks auf den Widerstand des Deutschen Bundes stießen, weitgehend scheiterten und Bekk selbst, der allein einer um sich greifenden Radikalisierung Widerstand bieten konnte, zu einem widersprüchlichen Taktieren zwischen liberaler Konzession und polizeistaatlicher Repression gezwungen wurde.

Dabei war sich Bekk der Berechtigung der badischen Pressekritik an Kurhessen, wie er in einer internen Mitteilung an Außenminister Dusch zu verstehen gab, durchaus bewußt:

»Die kurhessische Regierung scheint den Verhältnissen unserer Zeit nicht die gebührende Achtung zu tragen, wenn sie glaubt, es sei in einem Verfassungsstaat, in welchem sich das öffentliche Leben bis zu einem bestimmten Punkte entwickelt hat, möglich, freimütige, tadelnde oder mißbilligende Äußerungen der Presse über Vorfälle zu unterdrücken, die nun einmal bezüglich Kurhessen vorliegen.«[23]

Die liberal-konservative Regierung Bekk–Dusch reagierte auf die kurhessische Forderung, das Erscheinen von Struves Zensurbänden zu verhindern, mit der für sie typischen Zweigleisigkeit. Einerseits wies sie das kurhessische Ansinnen, das in recht ruppigem Ton vorgebracht worden war, mit ungewohnter Deutlichkeit zurück. Außenminister Dusch schloß seine Antwort an die kurhessische Regierung mit dem Satz, daß es »nicht unsere Art [ist], im Ton dieses Schreibens zu korrespondieren«.[24] Andererseits ordnete das Innenministerium an, daß die Polizeibehörde Mannheims Struves geplante Zensurbände beschlagnahmen solle, weil diese *vermutlich* strafbare Artikel enthielten.[25] Bekk trat zwar für ein gewisses Maß an innenpolitischer Pressefreiheit ein, konnte sich aber einen Skandal wegen der bundespolitischen Auswirkungen nicht leisten.

Es war nur zu verständlich, daß die badische Regierung einen Ausweg aus dieser Lage suchte und ihre innenpolitische Not zur außenpolitischen Tugend erhob. Sie warb und drängte bei den anderen Regierungen auf eine presserechtliche Neuregelung mit Repressivcharakter.[26] Die Zensur sollte abgeschafft und allein der Herausgeber für den Inhalt der Zeitung strafrechtlich einzustehen haben. Doch sie hatte damit keinen Erfolg. Eine solch dringend erforderliche neue Preßgesetzgebung erwies sich noch Anfang Februar 1848 als nicht durchsetzbar, weil maßgebliche deutsche Regierungen auf die Zensur als Faustpfand gegen die radikalen Blätter noch nicht verzichten wollten.[27] Dabei bot eine Repressivregelung, wie sie im März 1848 eingeführt und im Revolutionsjahr extensiv von Bekk angewandt wurde, recht wirksame Möglichkeiten, radikale Zeitungen durch Beschlagnahme ökonomisch zu treffen.[28]

Innenminister Bekk sah sich gezwungen, den massiven Protesten der ausländischen Regierungen, namentlich Preußens, Rechnung zu tragen und die Zensur um die Jahreswende 1847/48 wieder zu verschärfen. Die Zensurproteste des mit badischen Verhältnissen wohlvertrauten preußischen Gesandten am Bundestag, Radowitz, richteten sich vor allem gegen den *Deutschen Zuschauer*; dieser greife seine Regierung »am frechsten« an und übertreffe darin sogar noch die *Mannheimer Abendzeitung*.[29]

Als die verschärften Zensuranweisungen[30] ohne Erfolg blieben, ersetzte Bekk den Zensor der Mannheimer Presse, Amtmann Mallebrein, durch Stadtdirektor Kern. Die Proteste der auswärtigen Regierungen hielten dennoch an. Das Instrument der Zensur war unter dem Druck der Öffentlichkeit, durch die geschwächte Position des Zensors, der ein Institut verteidigen sollte, das selbst die Regierung abschaffen wollte, stumpf geworden. Bekk versuchte, den Zensor durch Androhung persönlicher Bestrafung, sollte dieser weiterhin gegen »Einsicht und Takt« verstoßen, wieder zu »festigen«.[31] Sanktionen gegen den *Zensor* statt gegen die Presse bezeugten, wie weit die Regierungsmacht bereits ausgehöhlt war. Solche Maßnahmen konnten, wie sich Bekk wohl bewußt war, die schwierige Übergangsperiode von der Zensur- zur Repressivgesetzgebung nur hinauszögern, nicht verhindern.

Den konservativen Regierungen in Deutschland dagegen erschien ein Zustand von Pressefreiheit und eine dann rechtlich zulässige Pressekritik wie ein drohender Dammbruch, mit dem sie sich keineswegs abfinden wollten. Sie schützten die »Verletzung der bundesrechtlichen Bestimmungen« vor[32] oder erklärten, wie der sächsische Bundestagsgesandte Nostiz, kritische Berichte über sächsische Zustände kurzerhand für Verleumdung[33]. Bekk versuchte, den leitenden Minister Dusch für einen Standpunkt gemäßigter Reform zu gewinnen. Er wies darauf hin, daß die eigentliche Ursache der Beschwerden vielfach »in Anführung von Tatsachen« liege; diese dürften aber nicht im voraus für verleumderisch erklärt werden, wäre doch hierdurch »das Recht auf Wahrheit ungebührlich beeinträchtigt«.[34]

Die Situation des liberalen Innenministers war äußerst prekär. Bekk bemühte sich zwar, der Presse in inneren Angelegenheiten »die tunlichste Freiheit zu lassen, weil ein System der Niederhaltung freier Meinungsäußerung nicht mehr haltbar« sei[35], in äußeren Angelegenheiten mußte er aber der Mannheimer radikalen Presse wieder eine strengere Zensur auferlegen, um öffentliche Kritik an deutschen Regierungen und Regenten – ungeachtet ihres Wahrheitsgehalts – zu verhindern.[36]

Innenpolitisch wirkte ein Wiederaufleben der Zensur verhängnisvoll. Sie verprellte die gemäßigten Liberalen, denen damit der Boden für eine Annäherung an die Regierung entzogen wurde[37], und stärkte die Position der Radikalen, schien dies doch ein Beweis für die von ihnen behauptete Reformunfähigkeit des bestehenden Systems.

Ob die dadurch hervorgerufene Schwächung des liberalen Innenministers von seiten der konservativen Regierungen, wie zum Beispiel Kurhessens, einkalkuliert, ja beabsichtigt war, mag dahingestellt sein. Mit badischen Radikalen allein, mochte ihnen scheinen, war eher fertig zu werden als mit einem halbparlamentarischen Ministerium, das in den Nachbarstaaten als nachahmenswertes Modell erscheinen mußte.

Die politische Schwäche der gemäßigten Mitte gab der radikalen Seite Auftrieb. Die von Struve seit Anfang 1846 verfolgte Konfrontationsstrategie konnte nun mit dem Anschein der Glaubwürdigkeit auch den gemäßigt-liberalen Innenminister Bekk einbeziehen. Der für die öffentliche Meinung am Vorabend der Revolution charakteristischen Scheidung von sogenannten Freunden und Feinden der Freiheit gab Struve eine moralisierende Wendung. Er stellte die Regierung Bekk »auf die Seite des Unrechts und des Lasters« und nahm für seine Partei »Recht und Sittlichkeit« in Anspruch. Ein revolutionärer Kampf erhielt damit seine scheinbare Rechtfertigung.[38]

Der Ausbruch der Revolution erlöste den liberalen Minister Bekk aus dem Dilemma, die Abschaffung der Zensur und eine presserechtliche Reform zu *wollen*, ihre Verschärfung im Interesse der herrschenden Mächte aber durchführen zu *müssen*. Zwischen Revolution und Reaktion wurde Bekks gemäßigte Politik aufgerieben.[39]

Die aktive Pressepolitik des Innenministeriums Bekk und die Gegenoffensive der *Karlsruher Zeitung* und der *Deutschen Zeitung*

Die pressepolitische Konzeption Minister Bekks sah einerseits eine relative Zensurfreiheit in inneren Fragen, andererseits den Aufbau einer regierungsfreundlichen Publikumspresse vor, welche das Feld der öffentlichen Meinung nicht mehr allein der radikalen Presse überlassen sollte. Der neugegründeten *Deutschen Zeitung* kam als Sprachrohr nach außen und der liberalisierenden *Karlsruher Zeitung* als Sprachrohr nach innen eine Schlüsselrolle zu. Die *Deutsche Zeitung* wurde von Bassermann finanziert, von Mathy organisatorisch vorbereitet und von Georg Gottfried Gervinus, einem der »Göttinger Sieben« und Heidelberger Historiker, redaktionell geleitet.[40] Sie war als Sprachrohr der liberalen »Partei« konzipiert und erschien am 1. Juli 1847 in Heidelberg. Ihre anfängliche Auflage von 1500 konnte sie nach einem halben Jahr bereits auf eine kostendeckende Auflagenhöhe von 3000, im Jahre 1848 auf 4000 steigern.[41] Als Vertreterin einer konstitutionellen Monarchie wandte sich die *Deutsche Zeitung* an die bürgerlichen Schichten von »Bildung und Geist«[42] in ganz Deutschland und gewann zunehmend an politischem Einfluß.[43] Sie wurde zum Hauptorgan der Mehrheit des Frankfurter Parlaments, teilte allerdings auch dessen Niedergang. Ende 1850 wurde sie eingestellt.[44]
Einfluß und Verbreitung der *Deutschen Zeitung* zogen ihr die Gegnerschaft deutscher Regierungen zu. In Österreich wurde sie sofort verboten[45], in Preußen wurde sie nur dank der Fürsprache der badischen Regierung von Unterdrückungsmaßnahmen verschont[46].
Die *Deutsche Zeitung* erscheint als Gegenbild der radikalen badischen Presse. Besaß die radikale Presse ihren langfristig erworbenen Einfluß vornehmlich im Großherzogtum selbst, so gelangte die *Deutsche Zeitung*, unterstützt durch die ideelle und finanzielle Hilfe einflußreicher bürgerlicher Kreise, sogleich zu gesamtdeutscher Wirkung. Ihr anspruchsvoller, akademischer Stil verschaffte ihr Eingang im Bürgertum, er bildete aber – zusammen mit der Abstinenz in sozialen Fragen – ein bewußt in Kauf genommenes Hindernis, was die Wirkung auf die Unterschichten betraf. In Mannheim wurde die *Deutsche Zeitung* Ende 1847 hauptsächlich in Wirtshäusern, selten von Privatleuten gehalten. Ihre »rein politisch theoretisierende und räsonierende Haltung« sagte nach Meinung der *Karlsruher Zeitung* dem »gewöhnlichen Leser« nicht zu.[47]
Die radikale Presse mußte einen Einbruch in ihre Leserschichten kaum befürchten, konnte sie doch die *Deutsche Zeitung* als Organ des »aufgeklärten Mittelstandes« an-

prangern, das einen »abgedroschenen« Hambacher Liberalismus vertrete und, um das Proletariat nicht emanzipieren zu müssen, dessen Existenz einfach leugne.[48]
Im Zuge einer neuorientierten, aktiven Pressepolitik der Regierung Dusch–Bekk sollte die *Karlsruher Zeitung* die Rolle eines Sprachrohrs bürgerlicher Schichten übernehmen, die politischen Reformen zwar nicht abgeneigt waren, vor sozialen Veränderungen aber zurückschreckten. Im Einvernehmen mit Bekk gestaltete der neue Redakteur Friedrich Giehne – der bereits in den Jahren zuvor sein publizistisches Talent beim *Freisinnigen* Rottecks unter Beweis gestellt hatte[49] – die *Karlsruher Zeitung* um. Sie erschien seit dem 1. April 1847 mit größerem Format, gefälligerer Gestaltung und forscherem Ton.[50] In einem programmatischen Brief an den neuen Redakteur, abgedruckt in der ersten neugestalteten Ausgabe, umriß Bekk die dezidiert antirevolutionäre, bürgerfreundliche und dem gesetzlichen Fortschritt verpflichtete Linie, mit welcher die Zeitung zu neuem Einfluß gelangen sollte.[51] Um sie vom Ruch eines willfährigen Regierungsblattes zu befreien, beteuerte Bekk, sich jeder Einflußnahme, auch durch die Vergabe amtlicher Bekanntmachungen, zu enthalten.[52]
Die *Karlsruher Zeitung* schürte nicht ohne Erfolg die Angst des Bürgertums vor einer gesellschaftlichen Umwälzung und griff dazu wieder auf vorliberale Positionen des historischen Rechts zurück. Sie warnte die »begüterten Stände« davor, sozialen Theorien und den Menschenrechten anzuhängen; sie würden damit nur das gegen sie selbst gerichtete »Messer wetzen«, um dann eines Tages staunend zu erwachen, »weil sich die philanthropischen Träume [. . .] zur rauhen Wirklichkeit ihrer Besitzlosmachung verwandelt« hätten.[53] Dem »bürgerlichen Mittelstand der Jetztzeit« solle das Beispiel des entmachteten Adels und weltlichen Klerus in Frankreich zur Warnung dienen, denn das »vielhändige Proletariat« wolle sich bereits bei einer »erträglichen Teuerung« am Privateigentum vergreifen.[54] Wenn der Mittelstand blind sei für »die Wahlverwandtschaft vieler scheinbar loyaler Oppositionsmänner und Publizisten mit dem kommunistischrevolutionären Extreme« oder gar selbst noch den Radikalismus unterstütze, der als letzten Zweck den »Umsturz aller Regierungen, [die] Nivellierung alles Privatbesitzes auf dem Wege der Gewalt« verfolge, dann stürze er sich selbst in den Abgrund.[55]
Der Wirksamkeit ihrer antirevolutionären Offensive sicher, verbreitete die *Karlsruher Zeitung* selbst die heimlich ins Land geschmuggelte Flugschrift *Zur Vorbereitung*, eine von Karl Heinzen verfaßte Anleitung zum bewaffneten Umsturz.[56] Die *Karlsruher Zeitung* konnte sich mit dem Hinweis begnügen, daß im Lande solch ein »Aufruf zum Fürstenmord, zum Umsturz von Thron und Verfassung, zu den furchtbarsten Greueln der Anarchie nicht nur ihren Zweck verfehlen, sondern den tiefsten Abscheu erregen« würde.[57] Sie erinnerte an die »heilige Pflicht« jedes Mitbürgers, »jenen Wühlern« entgegenzutreten, die die öffentliche Ordnung untergraben wollten. Der Stimme der Revolution war die Gegenrevolution dicht auf den Fersen.

Das Flugblatt Heinzens kompromittierte die entschiedene Opposition, denn Itzstein, der wiederholt badische Unterstützungsgelder für politisch Verfolgte angenommen und weitergeleitet hatte, hatte auch Heinzen Geldspenden in unbekannter Höhe zukommen lassen.[58] Dieser hatte sie für die geplante und massenhafte Verbreitung revolutionärer Flugschriften verwendet. Itzstein, dem Heinzens Flugblätterschmiede in der Schweiz nicht entgangen sein konnte, erklärte öffentlich, daß er keine Gelder mehr für Heinzen annehmen werde.[59] Um dem Skandal die Spitze zu nehmen, versuchte Heinzen – vermutlich auf Drängen der badischen Radikalen –, Itzstein in der *Mannheimer Abendzeitung* zu exkulpieren. Er habe nur einen Teil von Itzsteins Geldern, allerdings ohne dessen Wissen, für revolutionäre Propaganda verwendet.[60] Die *Seeblätter* in Konstanz hängten die für die Opposition schädlichen Revolutionsflugschriften ohne Umschweife den »Jesuiten und Pietisten« an.[61] Die *Karlsruher Zeitung* war unter Giehnes Leitung zum treffsicheren Instrument der offiziösen Gegenpropaganda geworden.

Die politische Polarisierung Badens am Vorabend der Revolution drückte sich nicht zuletzt im Pressewesen aus. Die politisch konkurrierenden Zeitungen suchten ihren jeweiligen Einflußbereich zu konsolidieren oder zu erweitern. Die Radikalen betrieben im Südbadischen den Boykott der *Karlsruher Zeitung* und konnten ihr einige hundert Abonnenten abspenstig machen[62], welche jedoch die *Karlsruher Zeitung* eigenen Angaben zufolge, vermutlich aus bürgerlichen Schichten, wieder hinzugewinnen konnte.[63] Die radikale Presse verstärkte die Werbung durch Sympathisanten und leistete sich gegenseitig Schützenhilfe.[64] Die radikale öffentliche Meinung ging über in den Zustand einer sich organisierenden »Bewegung«.

Die Formierung der Opposition – politische und gesellschaftliche Vereinsgründungen

Der Kampf um Vereinigungsfreiheit

Die sozialen und politischen Krisenerscheinungen hatten den Willen zu gesellschaftlichem Zusammenschluß und Selbsthilfe geweckt. Er stieß aber auf die Abwehr der Regierung, die sich während des ganzen Vormärz auf das bestehende Verbot insbesondere politischer Vereinigungen berief. Vereinsgründungen nahmen daher zuerst einen gänzlich unpolitischen Charakter an; sie gaben zunehmend die Hohlform ab, in welche oppositionelle Kräfte einströmten und sich erstmals organisieren konnten. Turn- und Gesangvereine ermöglichten der radikalen Opposition frühzeitig erste Zusammenschlüsse; Volksfeste und Volksversammlungen dienten ihr zu politischen Kundgebungen.

Die badische Regierung hatte auf das Hambacher Fest zuerst mit einem Verbot aller frei gebildeten Vereine reagiert[65], es am 26. 10. 1833 aber wieder etwas gelockert. Das im

Vormärz geltende Vereinsgesetz sah eine Abkehr von zwingenden Präventivmaßnahmen zugunsten umfassender Repressivbefugnisse vor.[66]
Die Vereinigungsfreiheit gehörte zu den »klassisch liberalen Grundrechtspostulaten neben der Meinungs- und Pressefreiheit«.[67] Welcker begründete im *Staats-Lexikon* die Vereinsfreiheit vernunftrechtlich als zur »Natur einer freien und rechtlichen Verfassung« gehörig.[68] Struve leitete sie aus einem vorstaatlich gegebenen Menschenrecht auf freie Entfaltung der Persönlichkeit ab.[69]
Die badische Verfassung räumte formal keine Vereinigungsfreiheit ein. Zwischen ihrer formalen Auslegung und ihrem konstitutionellen Gehalt klaffte aber ein Widerspruch, den sich die Liberalen durch eine schrittweise Ausdehnung praktischer Freiheitsrechte zunutze zu machen wußten. Die in Anspruch genommenen Rechte auf Preß- und Versammlungsfreiheit wurden dem Staat abgetrotzt; sie waren daher jederzeit revidierbar. Der Konstitutionalismus und die entstandene politische Öffentlichkeit drängten auf ihre Erfüllung und Fortsetzung in organisatorischen Formen.
Die ideengeschichtliche Affinität des Vereinigungsrechts ist zwar zum Radikalismus wie zum Liberalismus gegeben[70], es kam faktisch aber der radikalen Unterschicht besonders zugute, weil ihre sozialen und politischen Bedürfnisse in Vereinigung und Versammlung adäquaten Ausdruck finden konnten. Der politische Verein, die plebiszitäre Volksversammlung wurden zum eigentlichen Organisationselement der radikalen Bewegung, ähnlich wie das Medium der Presse für die politische Selbstverständigung des liberalen Bürgertums unabdingbar gewesen war. Den organisationsscheuen Liberalen[71] der 2. Kammer lag es fern, neben der 2. Kammer parteiähnliche Organisationsformen einzuführen, obwohl dazu bereits Ansätze bestanden[72]. Das organisatorische Übergewicht der Radikalen basierte spätestens seit Ausbruch der Revolution auf einem weiterverzweigten Netz von demokratischen Vereinen, dem die Liberalen eher lustlos die »Vaterländischen Vereine« entgegenstellten. Das Vereinigungsrecht als Grundlage einer direkten Demokratie widersprach den liberalen Vorstellungen einer Repräsentativverfassung. In der Verfassungsfrage spiegelte sich der aufbrechende Klassenkonflikt zwischen Bürgertum und Unterschichten.

Vom politischen Tarnverein zur paramilitärischen Turnvereinsorganisation

Gesellschaftliche Vereinigungen des frühen Vormärz wie die Museums- und Lesegesellschaften – die Ableger bürgerlicher Aufklärungsbestrebungen –, von denen außer in Konstanz[73] kaum politische Impulse ausgingen, schieden aufgrund ihrer hermetischen Abgeschlossenheit und klassenmäßigen Begrenzung als Träger oppositioneller Ideen weitgehend aus.[74] Ebensowenig eigneten sich dazu karitative Vereinigungen.

Wie in vielen anderen Orten Deutschlands wurde auch in Mannheim während der Wirtschaftskrise ein »Verein zur Beförderung des Wohls der arbeitenden Klassen« gegründet.[75] Der von Hecker und Struve am 8. November 1846 initiierte Verein fand zuerst großen Anklang. Zur Gründung erschienen etwa 1000 Personen.[76] Heckers naiv-sozialreformerischer Vorschlag, daß die wohlhabenden Einwohner die ärmeren zu Mahlzeiten einladen und außerdem eine »Volksküche« – nach Ansicht der Behörden »wie die Weitlingschen Speisetische«[77] – unterhalten sollten, stieß wegen des egalitären Beigeschmacks bei den Wohlhabenden auf Ablehnung[78]; in den eigenen Reihen fand er keine ungeteilte Zustimmung, weil das Almosengeben erniedrigend sei und das Selbstbewußtsein der Begünstigten untergrabe[79]. Um Hungerunruhen vorzubeugen, nahmen sich daraufhin der Gemeinderat und der Frauenverein der Armenfürsorge an.[80] Solch karitative Maßnahmen konnten die Kluft zwischen den Klassen aber nicht überbrücken.

Die Umwandlung von unpolitischen in politisch wirkende Vereine ist erstmals auf dem Höhepunkt des Mannheimer Zensurkampfes als Ergebnis der Politisierung durch die Presse zu beobachten. Die von Struve gegründeten oder initiierten Vereinigungen, der Volksleseverein, der Badeverein und der Turnverein, wollten nicht mehr allein das Bildungs- und Informationsbedürfnis bürgerlicher Kreise, sondern auch die Bedürfnisse breiter Bevölkerungskreise nach Geselligkeit und gemeinschaftlichem Erleben befriedigen. Sie erschienen den Behörden allein schon darum politisch gefährlich, weil sie »zahlreich von allen Volksklassen«[81] besucht wurden und die Möglichkeit politischer Verständigung und Artikulation boten.

Die Behörden wachten streng über den unpolitischen Charakter der sich bildenden Vereine und schritten bei Verdachtsmomenten sofort ein; so auch beim »Verein zur Förderung der Angelegenheiten Schleswig-Holsteins«.[82] Dieser in Mannheim gegründete Verein bekundete die Absicht, die staatsrechtliche Selbständigkeit des nördlichen Bundesstaates, die wegen der dort ausgebrochenen Erbfolgequerelen bedroht schien[83], überregional zu unterstützen. Die Förderung des Vereins durch die oppositionelle Presse, die angestrebte überregionale Verbreitung, die Mitgliedschaft Joh. Peter Grohes, des leitenden Redakteurs der *Mannheimer Abendzeitung,* wie überhaupt die Schleswig-Holstein-Frage, die den deutschen Liberalen zur Propagierung einer ersten Repräsentativverfassung in Deutschland und zur Förderung der Einheitsbestrebungen höchst gelegen kam[84], machte den Verein bei den Behörden gleich verdächtig. Der Mannheimer Stadtdirektor ließ die Versammlungen des Vereins von einem Polizeiassessor beobachten und bald darauf auflösen. Ein ansehnliches Polizeiaufgebot sollte etwaige Proteste und Tumulte sofort ersticken.[85]

Die Radikalen mußten daraus die Lehre ziehen, daß sie die Macht des Polizeistaates nur unterlaufen konnten, wenn sie den direkten Angriff vermieden und sich starke gesellschaftliche Bedürfnisse, wie sie zum Beispiel in der Turn- und Gesangvereinsbewegung zum Ausdruck kamen, zunutze machten. Die Vereine, wie sie in der letzten Phase des Vormärz entstanden, wandelten sich tendenziell zu politischen Tarnvereinen. (Der lange geheimgehaltene und ansonsten untypische Handwerksgesellenverein bildete davon keine Ausnahme.)

Der für die Phase der Vorrevolution charakteristische Autoritäts- und Machtzerfall des alten Obrigkeitsstaates korrespondierte mit der Formierung gesellschaftlicher und politischer Gruppen. Dies läßt sich insbesondere an der Entwicklung der Turnvereinsbewegung in Baden demonstrieren. Die badische Regierung sah sich außerstande, den in der Turn- und abgeschwächt in der Gesangvereinsbewegung zutage tretenden gesellschaftlichen Aufbruch zu unterdrücken; sie versuchte zwar, die Vereinsgründungen in politisch harmlose Bahnen zu lenken, konnte ihre Radikalisierung aber nicht verhindern.

Die Turnbewegung, die von »Turnvater Jahn« 1811 auf der Berliner Hasenheide ins Leben gerufen worden war, hatte sich trotz zwischenzeitlichen Verbots behaupten können.[86] Seit der Aufhebung des Turnverbots am 6. Juli 1842 in Preußen, dem die anderen Staaten bald nachfolgten, hatten die Turnvereine einen starken Aufschwung genommen. Sie verdankten ihn nicht zuletzt einer Turn-Ideologie, die davon ausging, daß Körperertüchtigung auf eine umfassende Emanzipation des Menschen hinauslaufe, in deren Gefolge sich von selbst auch freiere gesellschaftlich-politische Zustände herstellen ließen.

Die bald als egalitär verrufene Turnbewegung wurde um die Mitte der vierziger Jahre ebenso wie die deutsch-katholische Bewegung von Oppositionellen getragen, zu Gesangvereinen bestanden Querverbindungen.[87] In den größten badischen Turnvereinen, in Mannheim und Heidelberg, führte die politische Problematik des Vormärz zu heftigen Auseinandersetzungen. Die Frage, ob die Turnbewegung nur auf Körperertüchtigung beschränkt bleiben und im Sinne Jahns ein deutsches Nationalbewußtsein wecken sollte oder ob sie sich zu »demokratischen« Tarnvereinen umwandeln und die Republik anstreben sollte, wurde hier richtungweisend für die Turnbewegung ausgetragen.[88]

Hauptsächlich jüngere Leute schlossen sich den Turnvereinen an. Zwischen der Heidelberger Studentenschaft und dem dortigen Turnverein bestand eine enge Verbindung. Prominente Teilnehmer der Revolution, wie die Gebrüder Hexamer und der jüngere Schlöffel, gehörten dem Verein ebenso an wie der frühere Teilnehmer am Frankfurter Wachensturm, Rechtsanwalt Küchler.[89] In dem am 4. Januar 1846 unter Mitwirkung Struves gegründeten Mannheimer Turnverein gab bald Karl Blind[90], ein Parteigänger Struves und rühriger Agitator, mit seinem jungen Anhang, einem »hitzigen Völkchen«[91], den Ton an.

Zwei überregionale Feste der Turn- und Gesangvereine markierten die beinahe unaufhaltsame Politisierung und Radikalisierung, die vor allem die Jugend in den größeren Städten Badens ergriffen hatte: das Mannheimer Fest im Mai 1845 und das Heidelberger Fest im Juni 1847. Hatten bei dem ersten Fest noch die badischen Vereine sich der Meinung eines Heidelberger Studenten angeschlossen, daß Sängerfeste zu keinen »politischen Manifestationen« ausarten dürften und die Beteiligung an einer vom Esslinger Verein vorgeschlagenen – und dann auch allein durchgeführten Serenade für Itzstein verweigert[92], so ging es zwei Jahre später bereits um die von Struve aufgeworfene Frage, ob die Turnvereine zum revolutionären Einsatz bereit sein sollten.

Heftige Richtungskämpfe zwischen radikalen und gemäßigten Mitgliedern der Turnvereine waren dem vorausgegangen. Im Heidelberger Verein bekämpften sich Radikale und Anhänger des »Justemilieu«. Bei den Vorstandswahlen konnte sich der vorsichtig gewordene Küchler in einer Kampfabstimmung gegen eine starke radikale Minderheit durchsetzen.[93] Unmittelbar vor dem Heidelberger Turnfest verbot die Regierung den Mannheimer Verein wegen staatsgefährlicher Tendenzen.[94] Sie wollte damit einer drohenden Machtdemonstration der Radikalen in Heidelberg zuvorkommen. Als Anlaß benutzte sie eine vor Mannheimer Turnern gehaltene Rede des deutsch-katholischen Predigers Dowiat, der zum Heidelberger Fest angereist war. Dowiat hatte über eine in China(!) zu erwartende Revolution gesprochen und unter allgemeiner Heiterkeit der Gesinnungsfreunde betont, daß er allein China und nicht Deutschland meine.[95]

Während des von annähernd 1500 Teilnehmern aus Süddeutschland und der badischen Bevölkerung besuchten Heidelberger Turn- und Sängerfestes – die Anwesenheit bekannter Revolutionäre wie Germain Metternich wies auf die militanten Verbindungen der Radikalen hin[96] – brachen die Differenzen über die Aufgaben der Vereine zwischen Gustav Struve, dem Spiritus rector der radikalen Bewegung in Baden, und Küchler, dem Vorstand des Heidelberger Vereins, offen aus.[97]

Die von Struve seit Anfang 1846 eingeschlagene radikale Strategie war vermutlich zu diesem Zeitpunkt in das Stadium einer konkreten revolutionären Planung getreten, sie basierte auf einer bewaffneten Turnvereinsorganisation. Die in Heidelberg versammelten Turner und Sänger versuchte Struve mit einer kämpferischen Rede auf den, wie er meinte, unausweichlichen Kampf gegen den Polizeistaat einzustimmen. Die Gemäßigten griff Struve als Heuchler an, die unter dem Deckmantel der Vorsicht und Klugheit lediglich der Reaktion in die Hände arbeiteten.[98] Die »jakobinische« Rede Struves erregte großes Aufsehen.[99] Einige Turner bekundeten ihre Zustimmung, indem sie Struve einen Kranz aufs Haupt setzten.[100] Der Vorstand des Heidelberger Vereins, Küchler, trat Struve mit dem Prestige des ehemaligen Revolutionärs entgegen und warnte vor einer Radikalisierung, die nur zu verfrühtem Losschlagen führen könne.[101] Politische Tendenz wollte Küchler aus dem Turnverein verbannt sehen, ihr Zweck dürfe einzig körperliche Ertüchtigung sein. Das »befreiende Element« der Turnvereine, so Küchler,

60 Kritik an der Frankfurter Nationalversammlung: Die Beratung der Reichsverfassung ging nur langsam voran.

61 Karikatur von 1848: »Drei deutsche Professoren entwerfen den Entwurf des Entwurfs für die Reichsverfassung des deutschen Heeres«.

62 Friedrich Wilhelm IV. von Preußen festigte mit einem Doppelspiel wieder seine Macht. Die Kaiserkrone schlug er aus. (»Leuchtkugeln« 1849)

63 Die Nationalversammlung in Frankfurt ging auseinander. Das »Rumpfparlament« zog nach Stuttgart. (»Illustrierte Zeitung« 1849)

64 Warnung an die Paulskirche aus dem Jahre 1848: »Mutmaßliche Aussichten«, vorausdatiert auf den 1. Oktober 1849. Am 18. Juni 1849 ließ der württembergische Minister Römer das »Rumpfparlament« auseinanderjagen.

Feierliche öffentliche Erklärung der Heidelberger Bürgerwehr am 8. Mai 1849.

Wir, die hier versammelten sämmtlichen Bürgerwehrmänner der Stadt Heidelberg, erklären aus eigenem Antrieb, und freiem Willen, öffentlich und feierlichernst, daß wir die, von der deutschen verfassungsgebenden National=Versammlnng in Frankfurt a. M. geschaffene, und bekannt gemachte deutsche Reichsverfassung samt den Grundrechten und dem Wahlgesetz nicht nur für ganz Deutschland verbindlich anerkennen, sondern denselben auch all= gemeine Geltung zu verschaffen jeder Zeit bereit sind, und sie mit allen Kräften gegen alle hochverrätherische Pläne und Umtriebe, sie verfassungswidrig irgendwie abzuändern oder gar zu verdrängen, mag ein solches Beginnen kommen von wem oder von welcher Seite und unter welchem Vorwande es wolle, mit Leib und Leben, Gut und Blut zu schützen und zu vertheidigen. Obgleich wir diese Verfassung nur als das geringste Maß gerechter Forderungen ansehen, so begrüßen wir sie doch als das Band, womit vor der Hand das ganze deutsche Volk zu einem in Freiheit erblühenden Frei=Staaten=Bund geeinigt werden kann.

Treue diesem unserem deutschen Vaterland! Muth und Waffe gegen seine Feinde! Diesem geeinigten, freien, deutschen, großen Gesammt=Vaterland ein dreifaches, donnerndes

Hoch !!!

65 Die badisch-pfälzische Volksbewegung verteidigt die Reichsverfassung.

66 Amand Goegg (1820–1897) organisierte die demokratischen Volksvereine in Baden. Die 3. Offenburger Volksversammlung findet am 13. Mai statt.

67 *Militärmeuterei in Rastatt. Goegg spricht vom Rastatter Rathaus aus zu den Soldaten. Das badische Heer geht über zu den Aufständischen. Der Großherzog flieht. Baden ist Republik.*

68 *Lorenz Brentano (1813–1891) steht an der Spitze der Volksvereine.*

69 *Brentano zieht am 15. Mai mit dem Landesausschuß der Volksvereine als neue Regierung in Karlsruhe ein.*

70 Der polnische General Mieroslawsky (1814–1878) übernahm den Oberbefehl über Freischaren und badisches Heer.

71 Ansprache Mieroslawskys an seine Truppen nach der Heerschau in Mannheim. Im Hintergrund von links nach rechts: Blenker, Mieroslawsky, Sigel, Trützschler (zu Fuß).

liege allein in der egalisierenden Wirkung der Assoziation, »einer Association, in der man alle Unterschiede vergißt, in der die verwünschten Stände sich als solche selbst vergessen«.[102] Küchlers Hoffnung, das entstehende Vereinsleben könne die gesellschaftlichen Gegensätze harmonisieren, sollte sich aber bald als trügerisch erweisen.
Die Regierung hob das Verbot des Mannheimer Turnvereins kurz nach dem Fest im Juli 1847 wieder auf, nachdem ein neugewählter Vorstand mit den Liberalen Soiron und L. A. Bassermann (einem Bruder F. D. Bassermanns) unter Ausschluß Struves eine gemäßigte Richtung zu verbürgen schien.[103] Auch der Vertrauensmann des Innenministers Bekk, ein Redakteur der *Karlsruher Zeitung*, Wilhelm Obermüller[104], gehörte dem Verein an. Obermüller hatte Struves Konfrontationskurs in der *Karlsruher Zeitung* scharf kritisiert.[105] Er warf Struve vor, die Opposition gesprengt, den Mannheimer Arbeiterverein und den Turnverein zur Pflanzschule der Demokratie zu machen versucht und damit der Auflösung verursacht zu haben. Struve steuere auf die Revolution zu.[106]
Die *Mannheimer Abendzeitung* verteidigte Struve: Er habe gerade dadurch den politischen Fortschritt gefördert, indem er die Männer der Tat zur Trennung von den Maulhelden getrieben habe.[107] Die radikale Presse verheimlichte kaum noch, daß sie daranging, ihre Ideen offensiv zu vertreten, und deswegen bereit war, den starken Arm, gleich ob er sich von seiten der Handwerksgesellen oder der Turner bot, zu ergreifen.
Die Mannheimer Turner demonstrierten, auf wessen Seite sie standen; sie »rächten« sich an Wilhelm Obermüller, indem sie ihn auf Betreiben Blinds, des Mitarbeiters der *Abendzeitung*, aus dem Verein ausschlossen.[108] Auch der neugegründete Mannheimer Verein war damit in radikales Fahrwasser geraten. Selbst nach diesem deutlichen Affront wagte die Regierung nicht, den nunmehr offen radikalen Verein zu verbieten.
Die politischen Schritte Struves werden erst durch einen spätestens seit September 1847 bestehenden militant-revolutionären Plan verständlich, den er mit großer Wahrscheinlichkeit zusammen mit Germain Metternich entwickelt hatte.[109] Aus diesem von der Frankfurter Polizei entdeckten »Vorschlag zur Konstituierung einer allgemeinen deutschen Turnerschaft«, der in ganz Deutschland Verbreitung fand[110], ging die Absicht hervor, die Turnerschaft in eine paramilitärische geheime Organisation umzuwandeln und mit ihrer Hilfe die Republik einzuführen. Jeder Turner, hieß es darin, müsse für die Befreiung des Vaterlandes »von Tyrannen und Knechtschaft durch alle Mittel, die vonnöten«, eintreten.[111] Zeitgenössische Beobachter, wie Bassermann, hegten an der revolutionären Zielsetzung der Turnvereine keinen Zweifel:

> »Die jungen Turner wurden schon bald als die künftige Armee der radikalen Partei betrachtet, die Turnvereine, welche sich rasch ausgebreitet hatten, traten miteinander in Verbindung, sie übten sich in den Waffen, organisierten sich militärisch und es war für jedes Auge offenbar, daß ihr vorherrschender Zweck ein politischer, ein revolutionärer geworden.«[112]

Im November 1847 schlossen sich während eines Turnfestes in Heppenheim 42 Turner zu einem Freikorps zusammen, die zuerst den Schweizer Eidgenossen zu Hilfe ziehen wollten, dann aber die Bewegung in Deutschland unterstützten.[113] Struve und Hecker bauten beide auf die Turner als Stroßtrupp der erwarteten Revolution. Hecker soll auf der Volksversammlung in Offenburg den Turnern zugerufen haben, nur durch sie könne die Revolution gemacht werden; sie sollten seinem Ruf folgen, wenn die Stunde der Tat gekommen sei.[114]

Mitte März 1848 schlossen sich die badischen Turnvereine zum »Oberrheinischen Turnerbund« zusammen.[115] Sie forderten Bewaffnung und traten für die Republik ein.[116]

Die radikale Bewegung und die liberale »Partei« –
Programm, Organisation und Strategie

Die vorrevolutionäre Phase Badens ist, wie in den vorhergehenden Abschnitten dargestellt, durch bestimmte Momente gekennzeichnet: durch die soziale Unzufriedenheit breiter Schichten, die beginnende Spaltung der Opposition in eine liberale und eine radikale Fraktion und durch das Übergewicht der Radikalen im Presse- und Vereinswesen. Diese Momente bildeten die historischen Rahmenbedingungen für die Entstehung einer demokratischen Volksbewegung. Sie nahm mit der Offenburger Versammlung im September 1847 organisatorisch Gestalt an. Ihr stellte sich im Oktober 1847 eine Gruppe einflußreicher badischer und deutscher Liberaler in Heppenheim entgegen. Obwohl in der badischen Öffentlichkeit die Liberalen bereits in die Defensive gerieten, war ihr Einfluß im übrigen Deutschland im Wachsen begriffen; er basierte auf der ökonomischen Macht des Bürgertums wie auf einer politischen Konstellation in Deutschland, die den Wert der Liberalen als Bündnispartner der Herrschenden in dem Maße erhöhte, wie die Bedrohung etablierter Herrschafts- und Besitzverhältnisse durch eine Revolution von unten wuchs.
Die radikale »Bewegung« und die liberale »Partei« unterschieden sich, wie im folgenden darzustellen ist, in ihrer sozialen Programmatik, ihrer politischen Zielsetzung und Strategie, in der Haltung zur Revolution wie in der Klassenzugehörigkeit ihrer Anhänger. Obwohl die innenpolitische Entwicklung Badens weitgehend autonom verlief, bestimmten doch Vorgänge in den Nachbarländern Frankreich und der Schweiz den Zeitpunkt des radikalen Zusammenschlusses augenfällig mit.

In der zweiten Hälfte des Jahres 1847 äußerte sich Blittersdorff gegenüber dem österreichischen Staatsminister Münch-Bellinghausen, daß die »Fortschritte des Radicalismus« im südwestlichen Deutschland, die »täglich schwächer« werdenden Regierungen, eine »unwiderstehlich gewordene Richtung der Geister« anzeigten, welche nur zum Umsturz führen könne.[1] Was Blittersdorff als Repräsentant des alten Systems fürchtete, erhofften die Radikalen. Doch das Empfinden, »unter dem schwülen Drucke der politischen Atmosphäre« zu stehen, die zur Entladung dränge, war allgemein.[2]
Die *Karlsruher Residenzzeitung* blickte mit Bangen auf Frankreich, weil sie dort den

»Ausbruch des Vulkans [. . .], der schon lange in seinem Innern dröhnt«, befürchtete.[3] Die radikalen *Seeblätter* zeigten sich schon im Januar 1847 überzeugt, daß in Frankreich ein Umsturz bevorstehe. Die innere Lage Frankreichs, die Reformbankette zur Organisation des offenen Widerstandes, die Blindheit der Herrschenden, dies alles gleiche »aufs Haar« der Situation vor der Julirevolution.[4]

Während man von Frankreich das Signal zum Ausbruch einer Revolution erhoffte oder befürchtete, wirkte der Schweizer Sonderbundskrieg auf die Radikalen Süddeutschlands wie ein Modell für den eigenen Freiheitskampf.[5] Der von den Schweizer Demokraten 1847 erfochtene – die entscheidende Schlacht von Rotenberg fand am 23. 11. 1847 statt –, vom konservativen Sonderbund fast kampflos akzeptierte Sieg bewies, wozu ein Volksheer, moralisch unterstützt von einem einhelligen Volkswillen, fähig sein konnte.[6] Gegenüber einer entschlossenen Volksbewegung, die rasch zum Erfolg kam, war sogar der Deutsche Bund ohnmächtig. Preußen, im Besitz Neuenburgs, konnte in der Schweiz nicht mehr eingreifen.

Die »radikale Partei« in den süddeutschen Staaten, vor allem in Baden, fühlte sich nach preußischen Beobachterberichten durch die Vorgänge in der Schweiz stark ermutigt.[7] In zahlreichen Adressen zum Beispiel aus Mannheim, Heidelberg und Lahr bekundeten Abgeordnete und Volk, vornehmlich aber die Radikalen, ihre Sympathien für den Schweizer Freiheitskampf.[8]

Die Liberalen machten die Adressenbewegung bis auf einzelne Ausnahmen nicht mit. Im Gegenteil befürchteten sie, daß – wie das Gerücht ging – die bewaffneten Schweizer in Deutschland einbrechen könnten.[9] Die *Deutsche Zeitung* äußerte sich am 14. November: Sie könne nichts gegen eine Adresse an die Tagsatzung haben, »wir gestehen aber, daß wir auch nichts dafür haben«.[10]

Hecker nahm sich die Schweizer Freischarenzüge zum Vorbild seiner späteren Schilderhebung.[11] Baden war freilich nicht die Schweiz, der Deutsche Bund kein Schweizer Sonderbund.

Während sich die Ereignisse in Frankreich zuspitzten, betrieben die badischen Demokraten die Organisation einer potentiell revolutionären Bewegung. Beim Krähen des gallischen Hahns wollten sie, die Lehren der Julirevolution beherzigend, nicht unvorbereitet sein.

Die Anfänge einer radikalen Bewegung – das Offenburger Programm

Die Geburtsstunde der radikalen »Bewegung« in Baden war die Volksversammlung vom 10. September 1847 in Offenburg. Doch zuvor schon bestanden radikale Strömungen, aus denen sich das in Offenburg vorgestellte Programm entwickelt hatte. Der Begriff

»Bewegung« soll sowohl ein Weniger als auch ein Mehr gegenüber dem Begriff der später entstehenden »Partei«[12] bezeichnen: ein Weniger, weil sie aus einer zerstreuten Gesinnungsgemeinschaft entstand, welche vor Ausbruch der Revolution erst locker verbunden war; ein Mehr, weil die politische Vereinsorganisation der Jahre 1848/49 das ganze Land umfaßte und das Rückgrat des revolutionären Kampfes bildete. Das Ende dieser demokratisch-revolutionären Bewegung, der eigentlichen Trägerin der Revolution, kam mit der Beseitigung der republikanischen Regierung durch preußisches Militär im Juni 1849.

Radikale Abgeordnete und Redakteure verfolgten im Jahre 1846/47 zuerst die Absicht, die badische Regierung durch eine Obstruktionspolitik der 2. Kammer zu paralysieren und zu systemverändernden Konzessionen zu zwingen. Die Mehrheit der 2. Kammer ließ sich auf diese Strategie jedoch nicht ein. Daraufhin nahmen führende Radikale den Aufbau einer mit der Kammer konkurrierenden Volksorgansation in Angriff.

Die 2. Kammer besaß im verfassungsmäßigen Recht der Budgetverweigerung ihre schärfste Waffe. Im Falle der Verweigerung drohten der Regierung die Sperrung der Haushaltsmittel und die Lahmlegung des Staatsapparates. Ein staatsstreichähnliches Weiterregieren hätte der Opposition die Möglichkeit gegeben, moralisch legitimiert zur landesweiten Steuerverweigerung aufzurufen. Die badische Regierung setzte alles daran, eine solche Situation zu vermeiden[13], wußte sie doch, daß die Radikalen das Budgetrecht als Hebel benutzen wollten, um die volle parlamentarische Verantwortlichkeit der Regierung zu ertrotzen.[14]

Josef Fickler hatte in den *Seeblättern* bereits im Jahre 1842 dieses Vorgehen propagiert.[15] Nach dem überwältigenden Oppositionssieg im Frühjahr 1846 drängte eine radikale Minorität auf die Ablehnung des Staatsbudgets, konnte sich aber nicht durchsetzen.[16] Die liberale Majorität wollte den Radikalen nicht die Hand zum Schritt über den Rubikon reichen. Die Radikalen entschieden sich, ihn ohne die Kammer zu machen. »Wenn die Kammer nicht den Muth« habe, erklärte Fickler in einem *Glaubensbekenntnis*, »das fortschrittsfeindliche System der Regierung zu bekämpfen«, gebe er nicht viel auf sie.[17] Seit etwa Mitte 1847 begannen führende Radikale mit dem Aufbau einer außerhalb der Kammer stehenden basisdemokratischen[18] Oppositionsbewegung. Ein Netz radikaler Zirkel, politische Volksversammlungen, die nach dem Schweizer Vorbild auch bewaffnet sein konnten, sollten die Regierungsmacht unterlaufen und die Regierung einschüchtern; eine außerparlamentarische Kampagne zur Steuerverweigerung sollte ihr die Mittel entziehen.

Noch bevor die radikale Bewegung organisatorisch Gestalt annahm, besaß sie bereits in Friedrich Hecker und Gustav Struve ihre Führerpersönlichkeiten. Struve, der Protagonist der auf »Tat« drängenden Richtung, wirkte durch eine scharfe, aber spröde Intellektualität, durch die Kompromißlosigkeit seiner Ansichten, durch rastlose Energie; die

Schwächen des alten Systems machte er sich taktisch geschickt zunutze. An Struves Radikalität schieden sich die Geister der badischen Opposition; sein Aktionismus brachte ihm die Sympathie der jüngeren Generation, gerade der jungen Turner, ein, unter denen er seine verschworenen Anhänger fand, schreckte aber bürgerliche Kreise ab. Struve setzte auf die militante Turnvereinsbewegung als Stoßtrupp der Revolution.

Die breiten Schichten des Volkes identifizierten sich jedoch nicht mit Struve, sondern mit Hecker.[19] Hecker hatte, nachdem die 2. Kammer nicht auf die radikale Strategie eingeschwenkt war, Anfang März 1847 mit der Niederlegung seines Abgeordnetenmandats und einer Urlaubsreise nach Algier überrascht.[20] Nach einigen Monaten kehrte er aber wieder zurück und setzte sich an die Spitze der neuen Partei.[21]

Der aus einem stattlichen Bürgerhaus stammende, mit jungen Jahren schon erfolgreiche Anwalt konnte sich als mitreißender Kammer- und Volksredner landesweit einen Namen machen. Seine soziale und idealistische Haltung, sein jugendlicher Tatendrang, seine charismatische Ausstrahlung prädestinierten ihn zum Volksführer, der den Hoffnungen, die am Ende des Vormärz endlich Erfüllung suchten, Wort und Geste verlieh.

Weil Hecker zur Symbolfigur geworden war, lebte er als ein beinahe zeitloses Phänomen weiter[22], mochte er auch als Revolutionär versagt und der Heimat den Rücken gekehrt haben.[23] Wie konnte Hecker zur Symbolfigur werden? Hecker verstand sich nicht als radikaler Parteiführer, sondern als gleichsam über den Parteien stehender[24], von einer fortschrittlichen Mehrheit getragener Volksführer. Diese Rolle verlangte Rücksichtnahme auch auf liberale, antirepublikanische Strömungen, mußte aber auf die Dynamik der radikalen Bewegung – gerade bei Ausbruch der Revolution – lähmend wirken. Auf der anderen Seite drängte ihn Struves »Tat-Peitsche«[25] zum entschiedenen Handeln, wollte er seine Führungsrolle innerhalb der radikalen Bewegung nicht gefährden. War es der Rollenkonflikt zwischen dem integrierenden, charismatischen Volksführer und dem revolutionären Führer, der Hecker dazu verleitete, eine »Sternstunde« der badischen Revolution, die 2. Offenburger Versammlung im März, ungenutzt verstreichen zu lassen[26], im April aber, nach dem konterrevolutionären Schlag Mathys gegen Fickler, in einem höchst ungünstigen Augenblick zur revolutionären Erhebung aufzurufen?

In welchem Maße Hecker das (un)politische Bewußtsein breiter Schichten des Vormärz repräsentierte, bewies gerade der sogenannte Hecker-Putsch: Die Revolution sollte auf freiwilliger Teilnahme und Unterstützung beruhen, sie sollte keine Gewalt gegen Feinde, es sei denn aus Notwehr, kennen – es sollte eine edelmütige und keine gewaltsame Revolution sein. Der »losgelassene Hund« dürfe, soll Hecker geäußert haben, nur die »Kraft seiner Zähne zeigen«, dann solle er wieder »an die Kette« gelegt werden.[27] Hekker, der »edle Tor«[28], verkannte die realen Machtverhältnisse, er unterschätzte die Hartnäckigkeit des alten Systems, und er überschätzte die Macht der Worte, besonders seiner eigenen. Wenngleich sich hierin zeittypische Haltungen spiegeln, hatte doch Baden zugleich eine Reihe politischer Talente hervorgebracht, die, wie Itzstein und Mathy auf liberaler und Fickler in Konstanz auf radikaler Seite, realpolitischen Scharfsinn bewiesen. Wenn Hecker zum »Schicksal« der beginnenden badischen Revolution wurde, dann freilich auch, weil er ihre Widersprüche verkörperte.

Josef Fickler, der sich als Journalist und Agitator in Südbaden eine solide Basis geschaffen hatte, gehörte anfänglich nicht zur engsten Führungsgruppe. In dem Maße aber, wie sich Südbaden zur radikalen Hochburg entwickelte und sich Fickler als maßgeblicher Stratege und Praktiker der beginnenden Revolution bewährte, fiel ihm – wie noch später darzustellen ist – eine Schlüsselrolle in der Bewegung zu.

Diese Führungsspitze der Radikalen, verstärkt noch durch Mannheimer Radikale wie den Redakteur Grohe, den Verleger Hoff, den Abgeordneten Lorenz Brentano hatte zum 12. September 1847 Parteigänger aus dem ganzen Land nach Offenburg eingeladen. Mit dieser Versammlung von Vertrauensmännern konstituierte sich die radikale Bewegung in Baden. Die »13 Forderungen des Volkes«, die sie als Programm annahmen, gingen als Entwurf eines demokratischen und sozialen Staates in die Geschichte des Vormärz ein. Zuerst vertiefte sich die Kluft gegenüber den Liberalen, welche die Versammlung boykottierten.[29] Die Versammlung von 250 Anhängern Heckers, die sich noch durch örtliches Publikum auf zeitweise 800 bis 1000 Personen erweitert haben dürfte[30], fand im Gasthaus »Zum Salmen« in Offenburg statt.[31]

Obwohl die Radikalen ein Versammlungsverbot befürchtet hatten[32], kam es nicht dazu, weil Innenminister Bekk zuerst den Erfolg der radikalen Unternehmung, der ihm noch ungewiß schien, abwarten wollte. Er hatte aber Vorkehrungen getroffen und eine Anzahl »ruhiger, leidenschaftsloser, besonnener und mutiger Freunde der bestehenden Ordnung« in die Versammlung entsandt und war entschlossen, diese bei »Exzessen« sogleich auflösen zu lassen.[33]

Den Beobachtern Bekks bot sich ein revolutionäres Bild: Im Gasthaussaal drängten sich die geladenen »Heckerfreunde«[34]; die Galerie konnte die Zuhörer »aller Klassen, Handwerksgesellen, Hausknechte, Fuhrleute, Bauernknechte«[35], also das anwesende örtliche Publikum, kaum fassen.

Im Saal war eine Rednertribüne aufgebaut, die dahinter angebrachte Bildergalerie zeigte Großherzog Karl Friedrich, der die Verfassung gegeben hatte, den regierenden Großherzog Leopold im Verein mit Oppositionsmännern einschließlich Struves, die ebenso wie die Fürsten bekränzt waren.[36]

Die Staatsgefährlichkeit dieser Versammlung lag für die Behörden bereits darin, daß sie »nicht ausschließlich von Mitgliedern des gebildeten Standes« besucht wurde, sondern überwiegend vom »gemeinen Volk, das nur allzugern das Lied von Steuerbefreiung singen hört«.[37] »Die ganze Versammlung«, berichteten die Bekkschen Beobachter, habe bei den Reden Struves und Heckers »mit Ausnahme einiger weniger [. . .] wie von Revolutionsfieber vibriert«.[38] Sie wagten aber nicht einzugreifen.

Die Reden Struves und Heckers ließen an der revolutionären Zielsetzung der Versammlung keinen Zweifel.[39] Das Volk müsse aufhören, zu bitten, erklärte Struve; die Zeit der Tat sei gekommen. Er forderte zum Widerstand gegen das Heer der Beamten, gegen die stehenden Heere und gegen den Deutschen Bund auf; die Monarchie solle nach dem englischen Vorbild jeder Macht entkleidet werden. Hecker erläuterte die bereits von den Veranstaltern vorbereiteten »13 Forderungen des Volkes« und ging vor allem auf die sozialen Verhältnisse ein: Zwar sei das Sklaventum des feudalen Mittelalters dank der Aufklärung durch Presse und Schule nicht mehr möglich, doch es sei in neuer Gestalt wiedererstanden, nämlich »durch die Herrschaft des Kapitals«, welches ein »moralisches Sklaventum für die Arbeiter« erzeuge. Die Kleingewerbetreibenden sollten sich zum Schutz vor dem übermächtigen Kapital und der Fabrikkonkurrenz in Assoziationen vereinen. Im Interesse der arbeitenden Klasse forderte er die Begrenzung von Grundeigentum und Kapital. Ein sozialer Ausgleich – der auf eine Enteignung und Neuverteilung zumindest der großen, in Baden jedoch seltenen Reichtümer hinauslief – sei, wie Hecker ausrief, der einzige Weg gesellschaftlicher Reform; er müsse dies aussprechen, auch wenn sich viele, sollten sie auch nur *eine* Hose zu verlieren haben, vor solchen Worten grausen würden. Wie am 5. August 1789 in Frankreich müßten alle Frohnden und Zehnten mit einem Federstrich weggewischt werden; doch in Frankreich sei danach die Bourgeoisie zur Unterdrückerin des Volkes geworden, dies müsse in Deutschland verhindert werden.[40]

Nach der Rede Heckers nahm die Versammlung die »13 Forderungen des Volkes«, das sogenannte Offenburger Programm[41], einstimmig an. Dieses Programm stellte die Vorlage für die im März 1848 und im April 1849 verabschiedeten Offenburger Programme dar, die – im Kern gleich, im Ton aber deutlicher – die revolutionären Höhepunkte der badischen Demokratie bezeichnen.

Aus der Rückschau erhält das Offenburger Programm um so mehr Gewicht, als genau hundert Jahre nach dem Sieg der Reaktion die darin propagierte demokratische Sozialordnung im Grundgesetz der Bundesrepublik Deutschland verankert wurde.[42] Die aufsehenerregenden sozialreformerischen Forderungen des Programms waren auf dem Boden des badischen Radikalismus gewachsen und ähnlich schon von radikalen Autoren des *Staats-Lexikons* vorgetragen worden. Die Bedeutung geht also über die ihm gegebene »stark propagandistisch gefärbte« Form[43] hinaus. Man muß jedoch die Vorgeschichte wie die Erläuterungen Heckers und Struves in Offenburg berücksichtigen, um das Gewicht der sozialen Forderungen des Programms ermessen zu können. Wegen der verhüllt-demokratischen Tendenz dürften sowohl Bergsträßer als auch neuerdings Boldt[44], die dem Offenburger Programm einen eindeutig radikalen Charakter absprechen, zu ergänzen sein. Bergsträßer ist aber zuzustimmen, daß mit »Offenburg« noch nicht die Brücke zu den Liberalen abgebrochen werden sollte; dies geschah erst bei der zweiten Offenburger Versammlung am 19. März 1848.

Das Programm umschreibt eine demokratische und soziale Staatsreform, ohne die Republik beim Namen zu nennen. Es verlangt eine Lossagung der Regierung von den Karlsbader (1819), Frankfurter (1831 und 1832) und Wiener (1834) Ausnahmegesetzen (Art. 1) und damit die Beseitigung des alten Herrschaftssystems. Es fordert die Einführung der Preßfreiheit (Art. 2), der Gewissens- und Lehrfreiheit, die Gleichberechtigung der Glaubensbekenntnisse (Art. 3), die Gewährung persönlicher und gesellschaftlicher Freiheit; das Vereinsrecht solle »ein frisches Gemeindeleben« ermöglichen. Die Abschaffung des obrigkeitsstaatlichen Polizei- und Justizwesens (Art. 4 und 11), die Schaffung einer »volkstümliche[n] Wehrverfassung« und Volksbewaffnung (Art. 7) sollten den Boden für die »Selbstregierung des Volkes« (Art. 12) bereiten. Für die Offenburger Demokraten bildete die nationale Einheit Deutschlands (Art. 6) eine selbstverständliche Forderung. Es konnte aber kein Zweifel bestehen, daß sie – im Sinne der Rotteckschen Formel »Freiheit vor Einheit«[45] – eine nationalstaatliche »Einheit vor Freiheit«, wie sie unter preußischer Hegemonie tatsächlich eintrat, entschieden ablehnten.

Ein zweiter, der gesellschaftlichen Reform gewidmeter Teil des Offenburger Programms ging über den Liberalismus hinaus und artikulierte – erstmals in einem deutschen Parteiprogramm – den sozialen Solidarstaat. Neben der »Abschaffung der Vorrechte« (Art. 13), eine Forderung, die sich gegen die Adelsprivilegien richtete, treten zugleich Forderungen, die sich gegen die wirtschaftliche und bildungsmäßige Machtstellung der bürgerlichen Oberschicht richten.[46] Dazu gehörte die Einführung einer »progressive[n] Einkommensteuer« (Art. 8) sowie die Forderung, daß »Bildung durch Unterricht allen gleich zugänglich« sein und die Kosten durch »die Gesamtheit in gerechter Verteilung« aufgebracht werden sollten (Art. 9). Die noch vage Formulierung einer »Ausgleichung des Mißverhältnisses zwischen Arbeit und Kapital« zielt darauf ab, »die Arbeit zu heben und zu schützen« (Art. 10) und die Macht des Kapitals im Interesse der Unterschichten zu beschränken.

Das Programm hat einen demokratisch-revolutionären Charakter, es nimmt die Idee einer solidarischen, egalitären Sozialordnung vorweg, wie sie auch später nichtmarxistische Reformparteien vertreten haben. Insofern kann das Offenburger Programm als ein kühner Ansatz für eine sich politisch konstituierende Unterschicht gelten, welche nach den Kriterien Valentins «demokratisch im weitesten Sinne, das heißt national, parlamentarisch und sozial gewesen wäre und sich mit einem Volkskaisertum sicherlich gerne abgefunden hätte«.[47] Altliberale Historiker erkannten die zeitgemäße Fortentwicklung des liberalen Freiheitsbegriffes nicht, sie weinten der Zerschlagung der demokratischen Bewegung durch Preußen keine Träne nach.

Das Programm von Offenburg ging in die Geschichte des Vormärz ein. In weiten Teilen Deutschlands kursierten die »Forderungen des Volkes« auf Flugblättern, welche die Buchdruckerei von Heinrich Hoff in Mannheim hergestellt hatte.[48]

Aufgrund der starken Resonanz der Offenburger Versammlung wollten ihr Hecker und Struve eine Reihe weiterer folgen lassen; eine erste sollte bereits zwei Wochen später in Donaueschingen stattfinden, zu der sie »bewährte Volksfreunde«[49] einluden. Um der Organisation der Radikalen keinen Vorschub zu leisten, verbot Innenminister Bekk die Versammlung.[50] Zugleich leitete er gegen Hecker und Struve eine Untersuchung wegen hochverräterischer Äußerungen ein, ließ es aber nicht zu einem Prozeß oder zu einem persönlichen Vorgehen kommen[51], hätte dies doch leicht eine Welle der Sympathie mit den »Opfern« des Polizeistaates hervorrufen können. Die Regierung Dusch–Bekk war zwar stark genug, die offene Propagierung und Durchführung einer praktisch-revolutionären Strategie zu verhindern, einer stillen Organisation und verstärkten Presseagitation konnte sie aber nichts entgegensetzen.

Die Radikalen standen »unter dem Damokles-Schwert der Polizei«[52] und konnten eine offene Auflehnung gegen das Versammlungsverbot nicht wagen. Sie zogen sich daher wieder auf ihre unbestreitbare Domäne, die Presse, zurück. Anzeichen deuten darauf hin, daß die radikale Presse im Oktober 1847 zum Kristallisationskern einer landesweiten Organisation werden sollte. Anläßlich der bevorstehenden Ergänzungswahlen zur 2. Kammer verschickten Struve, Grohe und Fickler, die Redakteure der führenden radikalen Zeitungen, ein Rundschreiben an Gesinnungsfreunde und veröffentlichten es im *Deutschen Zuschauer*, in der *Mannheimer Abendzeitung* und in den *Seeblättern*.[53] Die Presseorgane, die über einen verzweigten Mitarbeiterstab bis auf lokale Ebene, über eine Abonnentenliste und nicht zuletzt über ein Redaktionsbüro als Anlaufstelle für Sympathisanten verfügten, konnten der entstehenden radikalen Partei damit ein wertvolles organisatorisches Gerüst bieten. Die Zeitungen riefen – wie die zensierte Wiedergabe erkennen läßt – die Angeschriebenen zur Weiterleitung wichtiger Informationen, zur Unterstützung radikaler Kammerkandidaten und zur Propagierung der Steuerverweigerung auf. Um aber gleich die Spreu vom Weizen zu scheiden, ließen sie an ihrer radikalen Zielsetzung keinen Zweifel:

> »Die Frage [. . .] ist nicht, ob diese oder jene untergeordneten Veränderungen eingeführt werden sollen oder nicht? Vielmehr handelt es sich jetzt besonders darum, ob das bisherige System zu stürzen ist, wie dieses auch schon [. . .] in der Offenburger Versammlung ausgesprochen wurde – die Steuerverweigerung.«[54]

Verwunderlich ist dabei weniger das Eingreifen der Zensur, sondern daß ein offener Aufruf zum Umsturz in der radikalen Presse verbreitet werden konnte.

Von der »Gründungsversammlung« der Radikalen in Offenburg am 12. September bis zu den überwältigenden Volksversammlungen in Südbaden im März 1848[55] dürfte sich die radikale Bewegung strukturiert und verdichtet haben. Quellen über die organisatorische Entfaltung der radikalen Bewegung sind verständlicherweise lückenhaft, bedurften diese doch des Schutzes der Geheimhaltung. Doch die Serie der südbadischen Volksversammlungen, die Errichtung von Orts- und Sicherheitsausschüssen im März und April vor allem im Seekreis[56], kurz: der nahtlose Übergang vorrevolutionärer in revolutionäre Aktivitäten seitens der Radikalen, lassen auf ein im Entstehen begriffenes Netz von organisatorischen Stützpunkten schließen. Es konnten dies sympathisierende Gemeindebehörden, Mitglieder und Vorstände von Turn- und Gesangvereinen ebenso wie informelle Zirkel mit dem Gasthaus als lokalem Versammlungort sein.

Während die Regierung schwächer wurde, gingen die Radikalen daran, »sich der Regierung selbst zu bemächtigen«, wie Blittersdorff im November 1847 feststellte.[57] In vielen Teilen des Landes, vor allem in den Zentren der radikalen Presse, in Südbaden und in Mannheim, aber ebenso in kleineren Städten, wie zum Beispiel Weinheim, hatte sich die öffentliche Meinung weitgehend als Gegenmacht zur Regierung formiert. Die demokratische Gegenorganisation im Seekreis hatte um die Jahreswende 1847/48 eine solche Wirksamkeit erreicht, daß die Behörden sich kaum mehr gegen einflußreiche Volksführer wie Josef Fickler in der Konstanzer und Engelwirt Weißhaar in der Schaffhausener Gegend durchsetzen konnten.[58] In dieser Situation gingen badische Radikale zur praktischen Vorbereitung der Revolution über. Führende Liberale schlossen sich im Gegenzug zur antirevolutionären Partei zusammen.

Die antirevolutionäre Verbindung der Liberalen

Der Aufbau der radikalen Bewegung vertiefte die Spaltung innerhalb der badischen Opposition und beschleunigte die Sammlung der Liberalen. Als ihren wichtigsten politischen Stützpunkt konnten sie die 2. Kammer im Kampf gegen die radikale Linke behaupten, doch der Niedergang der 2. Kammer, die 1848 quasi zum Regierungsorgan wurde und im Jahre 1849 gegen die offenkundige Mehrheit stand, zeichnete sich bereits ab.[59] Im Spätherbst 1847 stand die Ersatzwahl von 15 ausgeschiedenen Kammermitgliedern an. Die Radikalen erklärten die Wahl zur Entscheidung zwischen »Steuerverweigerern« und »Steuerbewilligern«[60], erlitten aber, durch das Wahlrecht bedingt, eine eindeutige Niederlage. Der durch die Presse favorisierte Struve fiel durch, gemäßigte Liberale rückten verstärkt in die 2. Kammer ein, die ähnlich wie im Jahre 1843 wieder eine ministerielle Mehrheit besaß.[61] Damit wurde zugleich der von den radikalen Demokraten artikulierte Anspruch der Unterschichten auf politische Mitsprache abgewiesen. Diese blieb, was sie als politisch vorwärtstreibendes oder retardierendes Moment während des ganzen Vormärz war: eine Vertretung des liberalen oder nunmehr »liberal-konservativen« Bürgertums, welches durch das Zensuswahlrecht begünstigt war.[62] Die radikale Bewegung warf ihre Schatten in den Ständesaal. Die *Mannheimer Abendzeitung* ermunterte die »linke Seite kräftigere Maßregeln« als bisher zu ergreifen, und warnte die Majorität:

> »Wenn die Liberalen diesmal *wieder* vermitteln und diplomatisieren: dann haben sie sich ihr Urteil selbst gesprochen. Das Volk verlangt Taten.«[63]

Eine Verschiebung der politischen Kräfteverhältnisse, neue Bündnisse deuteten sich zu Beginn der Session am 9. 12. 1847 bereits an. Großherzog Leopold erwies den Abgeordneten nach Jahren wieder die Gunst persönlicher Eröffnung. Er warnte vor jenen, »welche die Staatsordnung, ja selbst das Eigentum, diesen Grundpfeiler der bürgerlichen Gesellschaft« zu untergraben suchten. Er erklärte, die Pressezensur beseitigen und durch eine Repressivgesetzgebung ersetzen zu wollen, betonte aber zugleich das entschiedene Festhalten an Bündnispflichten.[64] Damit hatte der Großherzog Entgegenkommen in einer strittigen Frage, die einer Kooperation mit den bürgerlichen Liberalen entgegenstand, angedeutet. Auch die 2. Kammer, in der sich führende Liberale wie Bassermann, Mathy und Soiron zur Zusammenarbeit mit der Rechten bereit zeigten, hatte ihr Gesicht verändert. Liberale Motionen wie zum Beispiel auf Pressefreiheit, die früher ausführlich diskutiert worden waren, wurden ohne Aufhebens an die Kommissionen verwiesen.[65] Bei den Wahlprüfungen ließ die Mehrheit offensichtliche Verstöße der Behörden unbeanstandet.[66] Vermittelnde Positionen wie die von Itzstein und Welcker verloren an Gewicht. Die Polarisierung hatte auch die 2. Kammer erreicht. Die liberale Mitte schloß sich enger zusammen.

Am 10. Oktober 1847 trafen sich in Heppenheim an der Bergstraße führende Vertreter deutscher Kammern. Nach außen hin stand dieses Treffen in der Tradition der Hallgartener Versammlungen, die der badische Oppositionsführer Itzstein ins Leben gerufen hatte. Seit dem Jahre 1839 hatte Itzstein die parlamentarische Arbeit der deutschen Opposition »schwerpunktartig zu koordinieren«[67] versucht und zu diesem Zweck regelmäßig führende Parlamentarier auf sein Weingut im rheinischen Hallgarten – gegenüber dem Metternichschen Gut – geladen.[68] In geselliger Form und wohl mit manchem weinfeuchten »Pereat!« auf den Lippen trafen sich dort badische, württembergische, preußische und sächsische Abgeordnete. Das politische Spektrum reichte von Robert Blum bis Friedrich Bassermann. Dieser Hallgartener Kreis versuchte zu einer gemeinsamen Strategie in den Landtagen zu kommen und ein parlamentarisches Gegengewicht zum Deutschen Bund zu schaffen. Den Treffen haftete das Odium des Revolutionären und Illegalen an, weswegen sich gemäßigte Liberale wie Heinrich v. Gagern lieber fernhielten.[69] Freilich waren die Ansichten der Teilnehmer wie die Parlamente, denen sie angehören,

zu inhomogen, als daß daraus auf Dauer eine wirksame Gegenstrategie hätte entstehen können. Die Bedeutung des gemeinsamen Kennenlernens und Kontakteknüpfens darf unter den vormärzlichen Zuständen jedoch nicht unterschätzt werden. Freilich berechtigt dies, wie bereits von Wende festgestellt[70], noch nicht dazu, in den Treffen von Hallgarten eine Keimzelle des späteren demokratischen Radikalismus zu sehen.[71]
Doch bei der Versammlung in Heppenheim, die von Hansemann initiiert worden war, hatte nicht nur der Tagungsort gewechselt, sondern auch die politische Farbe der Teilnehmer; der Inhalt, die Stoßrichtung der Beratungen hatte sich verändert. Bei den Organisatoren der Heppenheimer Versammlung, Bassermann und Mathy, hatte Itzsteins Vorschlag, im odiösen Hallgarten zu tagen, »sogar Schrecken« erregt[72], hätte dies doch die Absichten der Liberalen in ein falsches Licht gerückt. Zu den 18 Teilnehmern der Versammlung, die sich in einem Heppenheimer Gasthaus trafen, gehörten neben Bassermann, Mathy, Soiron, Itzstein und Welcker aus Baden auch Gagern aus Hessen-Darmstadt, Römer aus Württemberg sowie die Repräsentanten des rheinpreußischen Unternehmertums, Hansemann und Mevissen[73], die Gall zur »opportunistischen Richtung« des Liberalismus zählt[74]. Linksstehende Politiker wie zum Beispiel der Sachse Blum, die Preußen Jacoby und Reichenbach wurden nicht eingeladen.[75] Die Versammelten repräsentierten »Reichtum und Intelligenz« des liberalen Bürgertums.[76] Der Gegensatz zum revolutionären und agitatorischen Charakter der Offenburger Versammlung war offenkundig und wurde auch noch durch den kommuniquéartigen Bericht der *Deutschen Zeitung* unterstrichen.[77] Die Versammlung erhob keine »Forderungen des Volkes«, sondern stellte, an die Adresse der Herrschenden gerichtet, ruhige Überlegungen an. Ihre Überzeugungskraft beruhte auf dem Zwang der politischen Verhältnisse am Vorabend der Revolution: Das alte System des Deutschen Bundes schien am Ende, hatte es doch, gemessen an den Bedürfnissen der Zeit – der nationalstaatlichen und wirtschaftlichen Einigung und der politischen Beteiligung des Bürgertums –, versagt. Die politische Gärung hatte nicht nur Süddeutschland in unterschiedlicher Stärke erfaßt, sondern griff auch auf Preußen über, wo der wiedereinberufene preußische Landtag »zum unmittelbaren Vorspiel der Revolution« wurde.[78]

Die Bedeutung des Heppenheimer »Programms«[79] liegt nicht nur in den politischen Zielvorstellungen, sondern auch in der darin zum Ausdruck kommenden Strategie, wie sie die führenden deutschen Liberalen in dieser Situation einzuschlagen gedachten. Kernpunkt des Programms ist die nationalstaatliche und wirtschaftliche Einigung, die aber, wie sich alle einig waren, nicht von unten durch Revolution, auch nicht von oben durch Gewalt, sondern durch die »Ausbildung eines Zollvereins zu einem deutschen Vereine« angestrebt werden sollte, ein Plan, den Hansemann und Mathy nach Diskussionen mit rheinischen Industriellen bereits vorbereitet hatten.[80] Ein solcher Zollverein würde durch die darin wirkenden Wirtschaftsinteressen von selbst zu einer inneren Einheitlichkeit beispielsweise im Steuer- und im Transportwesen finden und »durch solche Ausbildung zur Macht geworden [...] eine unwiderstehliche Anziehungskraft für den Beitritt der übrigen deutschen Länder«, einschließlich Österreichs, ausüben können. Dieser Weg zur deutschen Einigung baute auf zwei politischen Kräften auf: der preußischen Hegemonie im bestehenden Zollverein und dem ihn tragenden wirtschaftenden Bürgertum. Der Vorschlag präferierte die kleindeutsche Lösung und konnte als stilles Bündnisangebot der Liberalen an die preußische Monarchie verstanden werden. Die konstitutionelle Monarchie wurde nicht in Frage gestellt, doch sollte ihr ein »Zollkongreß«, »eine Vertretung von Notabeln, die von den Kammern und anderen Körperschaften« zu wählen seien, als Volksvertretung zur Seite gestellt werden. Eine solche Verfassungskonstruktion hätte den Weg zur politischen Partizipation des Bürgertums und der »Kammerliberalen« freigemacht[81] und die Risiken einer demokratischen Einigung Deutschlands von unten ausgeschaltet. Der Wert eines solchen Bündnisangebots mußte in dem Maße steigen, wie sich die Gefahr einer demokratischen Revolution für die Throne erhöhte und die Regierungen eines Partners bedurften, der nur mit »verfassungsmäßigen Mitteln« die Ansprüche des Volkes zu vertreten versprach.

Zu »ausführlicher Besprechung« kam in Heppenheim auch der Katalog liberaler und rechtsstaatlicher Forderungen wie Pressefreiheit und Trennung der Verwaltung von der Rechtspflege. Die soziale Frage, die »Zustände der ärmeren Klassen«, wurde auch angesprochen, aber vertagt. Eine Behandlung im Zusammenhang mit dem Armenwesen wurde angedeutet; dem notleidenden kleineren Mittelstand sollte mit Steuererleichterungen aufgeholfen werden. Insgesamt dürften diese Maßnahmen kaum über den Rahmen einer »begrenzten Sozialfürsorge«[82] hinausgegangen sein. Die ökonomischen Motive, die zur Einigung Deutschlands drängten, kamen dagegen »unverhüllt« zum Ausdruck.[83] Die Polemik der radikalen Presse hob besonders den sozialen Gegensatz zu den Liberalen hervor. Die *Seeblätter* schrieben im Februar 1848:

> »Wir wissen wohl welch ›ernstliche und warme‹ Teilnahme für das Los der Arbeiter bei den Herren der ›liberalen Presse‹ zu finden ist. Wir kennen wohl die theoretische Maske, mit der sie ihr interessiertes Geldaristokratengesicht verhüllen.«[84]

Das in Heppenheim verabredete gemeinsame Vorgehen in den deutschen Kammern sollte das liberale Bürgertum als handlungsfähigen politischen Faktor vor Augen führen; die zum Ausdruck gebrachte Ablehnung einer demokratischen Massenbewegung unterstrich zugleich die Loyalität gegenüber der bestehenden Herrschaft. Vor dem Hintergrund der anrollenden Revolution hatten die badischen Liberalen die Initiative ergriffen, um die Herrschenden für eine Vereinbarungspolitik zu gewinnen – oder auch dazu zu zwingen. Sie warben, aber sie konnten auch mit einem Zusammengehen mit den Radikalen drohen. Meister dieses doppelten Spiels war Karl Mathy; er brachte es fertig, sowohl von seiten der Radikalen als auch von seiten der Regierung umworben zu werden[85]; er konnte nach Ausbruch der Revolution den Regierungen vage mit »Wildheit außerhalb der Kammer« drohen und zugleich, wie etwa auf der 2. Offenburger Versammlung im März, die Radikalen abwiegeln[86]. Diese liberale Strategie zeitigte schnell Erfolge. Manche Repräsentanten des alten Systems wie der badische Gesandte am Bundestag, Blittersdorff, oder Minister Dusch zeigten sich jetzt von einer überraschenden »Bekehrungsfähigkeit«[87] und waren sich selbst in der Verurteilung des Bundestages einig[88]. Auf dem Höhepunkt der Revolution im April 1848 teilten sie, dankbar, der Entmachtung entgehen zu können, die Macht mit den Repräsentanten des bürgerlichen Liberalismus in Baden, mit Bassermann und Mathy.

Wie die Offenburger Versammlung eine politische Weichenstellung für die deutschen Demokraten bedeutete, so die Heppenheimer für die Liberalen.

Um die Jahreswende 1847/48 war in Baden eine klassisch vorrevolutionäre Situation entstanden. Eine gewaltsame Revolution wollten zwar weder die Liberalen noch – mit Ausnahme weniger »jakobinischer« Naturen – die Radikalen. Unter dem Zwang der Situation, angesichts einer spürbaren »Gewitterschwüle« mußten sie aber Vorbereitungen treffen, um bei einer drohenden Entladung gewappnet zu sein. Die Liberalen brachten ihr politisches Gewicht in Heppenheim zur Geltung. Die Radikalen gingen daran, das Volk zu organisieren; einige von ihnen trafen noch vor Ausbruch der Februarrevolution in Frankreich praktisch-revolutionäre Vorbereitungen. Liberale und Radikale wurden von dem Gefühl getragen, daß die Zeit für sie arbeite; ihrer Zuversicht stand ein tiefer Pessimismus der herrschenden konservativen Kreise gegenüber.

In Baden hatten sich in der vorrevolutionären Phase nicht nur die politischen, sondern auch die gesellschaftlichen Kräfte formiert. Es standen sich nicht mehr »Staat und Gesellschaft« nach dem in Deutschland vorherrschenden Muster gegenüber, vielmehr hatten sich »Staat und Gesellschaft« bereits aus der strikten Konfrontation gelöst. Die halbliberale Regierung und die sich formierende radikale Bewegung befanden sich gewissermaßen im »Clinch«; kein Teil war stark genug, den anderen in die Knie zu zwingen. Die Liberalen in der von beiden Seiten umworbenen Mittelposition konnten sich, obwohl ihre soziale Basis im Schrumpfen begriffen war[89], als maßgebliche politische Kraft und, im Jahr 1848, als Teilhaber der Regierungsmacht auch in Baden behaupten, weil Liberale und Radikale sich im übrigen Deutschland – erst Vorparlament und Paulskirche konnten dies beweisen – im umgekehrten Kräfteverhältnis wie in Baden gegenüberstanden.

Der badische Vormärz besaß die Charakteristika einer tiefgreifenden geschichtlichen Krisensituation.[90] Sie äußerte sich als politische Krise zwischen den politischen Machthabern und der Opposition, als soziale Krise innerhalb der Gesellschaft, zugleich aber auch als Krise der überkommenen Wertordnung, als Bewußtseinskrise. Das »Krisenempfinden« wurde selbst, bezieht man eine Beobachtung C. F. von Weizsäckers konkret auf den Vorabend der 48er Revolution, zur vorwärtstreibenden, politischen Kraft: »Die Wahrnehmung für das Negative wird vielfach erst durch die ahnende Wahrnehmung der jenseits der Negation wartenden neuen Möglichkeiten geschärft.«[91] Die Überzeugung vieler, daß der politische Druck aufgehoben, die materielle Lage entscheidend verbessert werden könne, ja daß eine Lösung greifbar nahe sei, machte die Situation, die früher eher stumm ertragen worden wäre, nunmehr unerträglich. Für viele spitzte sich die Lösung der Krise auf die Frage zu: »Volksstaat oder Einherrschaft«, »Monarchie oder Republik«.

Die im »frühentwickelten« Baden bereits im Entstehen begriffene radikale Organisation konnte bei Ausbruch der Revolution eine nicht wiederkehrende Sternstunde erleben: Die Regierungen waren weitgehend gelähmt, das Volk hatte in seiner Gesamtheit seinen Willen noch nicht bekundet. In dieser Situation konnte ein revolutionärer Handstreich, die Ausrufung der Republik ebenso wie die von Bassermann dann geforderte Schaffung eines deutschen Nationalstaates die künftige Gestalt Deutschlands präjudizieren.

Achtes Kapitel:
Revolution und Konterrevolution 1848/49 in Baden

Der Ausbruch der Revolution am 24. Februar 1848 in Paris, der schnelle Sturz des Königs Louis-Philippe und die Ausrufung der Republik kam für viele Deutsche zu diesem Zeitpunkt unerwartet, obwohl das Ereignis von nicht wenigen erhofft oder befürchtet worden war. Die ersten Kuriere kamen am Abend des 26. Februar über die Grenze; ihre noch vagen Nachrichten wirkten wie ein »elektrischer Funke«[1], der mit einem Schlage die zurückgestauten Kräfte der Erneuerung in Deutschland freisetzte, die dynastischen Mächte aber erstarren ließ.
Friedrich Hecker saß mit Gesinnungsgenossen im Gasthaus »Pariser Hof« in Karlsruhe, als er die Nachricht empfing.[2] Ein Schauspieler des Theaters – dorthin hatte sich der Kurier zuerst gewandt – platzte in die Runde. Die zuvor gedrückte Stimmung wich, nach den Worten Heckers, rasch einer Euphorie:

»Man sprang von den Sitzen auf, man umarmte sich, man stieß jubelnd an: ›jetzt rasch ans Werk für Deutschlands Befreiung, jetzt gehandelt‹, tönte es allenthalben.«[3]

Bereits am nächsten Abend, am 27. Februar, forderte eine Bürgerversammlung in Mannheim einhellig »allgemeine Volksbewaffnung, unbeschränkte Preßfreiheit, Schwurgerichte und deutsches Parlament«.[4] Diese Forderungen, vielfach zusammen mit den neuesten Pariser Nachrichten in Deutschland verbreitet, wirkten wie das politische Leitmotiv der beginnenden Revolution, die wie ein »Naturereignis« ausbrach.[5] Das Großherzogtum Baden besaß, wie ein zeitgenössischer Historiker berichtet, zu dieser Zeit eine »bedeutende Stellung« in Deutschland: »Nächst Paris waren die Blicke vorzugsweise nach Karlsruhe, Mannheim und Heidelberg gerichtet.«[6] Mit dem Monat März brach nach den Worten Veit Valentins die »große Geschichtswende der Deutschen im neunzehnten Jahrhundert« an[7]; der März gab der Zeit zuvor, dem »Vormärz«, wie der Revolution seinen Namen.
Der demokratische Radikalismus des Vormärz war die »Partei der Revolution«.[8] Bevor wir auf die Frage eingehen, *welche* Revolution die Radikalen wollten, soll der vieldeutige Begriff der Revolution hinsichtlich der historischen Situation von 1848/49 näher be-

stimmt werden.[9] Revolution bezeichnet allgemein die eruptive Phase eines strukturell langfristig angelegten politischen, sozialen und ökonomischen Wandlungsprozesses. Im engeren Sinne bedeutet Revolution den Kampf breiterer Schichten um die Übernahme oder doch Teilhabe an der politischen Macht. Der legalen Gewalt des Staates tritt die revolutionäre Gewalt der Volksbewegung gegenüber[10], die ihre Legitimation aus dem Wandel des politischen Wertbewußtseins bezieht.

Radikale Demokraten, die wie Karl Heinzen vor dem März 1848 für eine *gewaltsame* Revolution eintraten[11], waren die Ausnahme. Gustav Struve forderte zwar dazu auf, »in offenen Krieg mit den Machthabern« zu treten[12], einen gewaltsamen Umsturz betrachtete er jedoch, wie die radikale Opposition überhaupt, als letztes und möglichst zu vermeidendes Mittel[13]. In Struves Haltung zur Revolution spiegelte sich der aufgeklärte Zeitgeist, dem Anklänge an eine Revolution französischen Musters, an Pöbelherrschaft und Guillotine suspekt waren. Der Übergang zur Demokratie sollte durch einen fortschreitenden Prozeß der Aufklärung breiter Schichten, durch eine »allgemeine Bildungsrevolution«[14] vollzogen werden und möglichst unblutig verlaufen.

Obwohl Hecker und Struve als revolutionäre Anführer von Aufständen in die Geschichte eingingen und in Liedern als leibhaftige Revoluzzer fortlebten, war doch Gewaltanwendung keineswegs das entscheidende Merkmal der badischen Revolution. Selbst dem badisch-pfälzischen Aufstand schreibt der liberale Historiker Häusser einen durchaus »humanen« Verlauf zu.[15] Das entscheidende Ereignis des Revolutionsjahres, die Flucht des Großherzogs und die Übernahme der Regierungsgewalt durch die radikalen Demokraten 1849, vollzog sich nahezu ohne Waffengewalt. Durch die mächtige Demonstration der demokratischen Vereine in Offenburg und den Ausbruch der Militärmeuterei fiel den führenden Radikalen die Staatsmacht praktisch unangefochten zu. Es war, wenn es das gibt, eine »revolution by consent«.[16] Die vereinsmäßig organisierte politische Öffentlichkeit bestimmte den Verlauf der Revolution entscheidender als die spektakulären Aufstände des Jahres 1848. Die radikale Bewegung war zur maßgeblichen innenpolitischen Kraft geworden, der die bürgerlichen Schichten nach dem Scheitern der Paulskirche kaum mehr etwas entgegensetzen konnten oder wollten.

Mochten sich auch radikale Führer wie Lorenz Brentano im Glauben wiegen, in Baden könnte die in Deutschland schon halb verlorene Revolution gewissermaßen als großherzogliche Republik – nach der Zurückrufung des Großherzogs – überleben, so lag es doch in der zwingenden Logik der revolutionären und gegenrevolutionären Kräfte, daß Preußen eine solche Insel in Deutschland nicht dulden konnte. Es war die Lebensfrage der badischen Revolution, ob es ihr gelänge, die Bewegung erfolgreich über die Grenzen zu tragen und sich mit den radikalen Bewegungen der Nachbarländer zu verbünden. Doch dazu war die radikale Bewegung Badens nicht zuletzt wegen der Abspaltung der liberalen Kräfte zu schwach.

Die Entstehung von politischer Öffentlichkeit im Vormärz, das Anwachsen der radikalen Bewegung im Revolutionsjahr ist mit einem Strömungsvorgang vergleichbar: Die Zusammenflüsse im Vormärz, die Stauungen, hervorgerufen durch wirksame Gegenkräfte im Jahr 1848, das Anschwellen der Strömung nach dem Scheitern der Paulskirche im Jahre 1849, der Katarakt im badisch-pfälzischen Aufstand sind dramatische Momente einer, von ihren Triebkräften her, einheitlichen historischen Periode von 1832 bis 1849. Es soll hier nicht versucht werden, diese revolutionäre Strömung für das Jahr 1848/49 im einzelnen nachzuzeichnen. Doch die Triebkräfte der Revolution, die Strategie ihrer Führer, die Zielrichtung der radikalen Bewegung, die Chancen ihres Gelingens, schließlich die Gründe ihres Scheiterns – diese Momente sollen insoweit skizziert werden, als dadurch das bisherige Bild der Revolution ergänzt werden kann.

Die Konfrontation zwischen Liberalismus und Radikalismus

Die Offenburger Versammlung: Sternstunde der radikalen Bewegung?

Die für den Ausgang der Revolution entscheidende Differenz zwischen badischen Liberalen und Radikalen schien im März 1848 vorübergehend aufgehoben. Beide Richtungen agierten bis zum Vorparlament noch nicht erkennbar gegeneinander, teilweise sogar miteinander. Dennoch konnte an ihren unterschiedlichen Zielsetzungen kein Zweifel bestehen. Die Liberalen präferierten, wie dies schon in Heppenheim deutlich geworden war[1] und wie dies der nationale »Weckruf« Bassermanns am 12. Februar 1848 vor der 2. badischen Kammer nochmals bekräftigte[2], die nationale Einheit *vor* der demokratischen Freiheit. Die badischen Radikalen wollten jedoch, kurz gesagt, die demokratische Freiheit *vor* der nationalen Einheit. Dies war der strategische Scheidepunkt; seine weitreichenden Konsequenzen traten bereits in der liberalen und radikalen badischen Presse des März 1848 deutlich hervor.
Die *Deutsche Zeitung*, die Sprecherin der liberalen Bewegung in Deutschland, war bestrebt, die entstandene Volksbewegung in die Bahnen eines Repräsentativsystems zu lenken. Mit der Einladung der »früheren und gegenwärtigen Ständemitglieder« zum Frankfurter »Vorparlament« sollte die Entscheidung über den weiteren Weg in die Hände vornehmlich bürgerlicher Liberaler gelegt werden.[3] Das Bestreben, »die eingeleitete Umsturzbewegung zugleich einzudämmen und auszunutzen«[4], erklärte das scheinbar widersprüchliche Verhalten von führenden Liberalen zur Revolution.
Die *Mannheimer Abendzeitung* dagegen, die Sprecherin der badischen Radikalen, versuchte, die Revolution mit kämpferischen Beiträgen voranzutreiben, damit »die Bewegung in Süd- und Mitteldeutschland rasch an Boden gewinne«.[5] »Nur allgemeine kräftige Schilderhebung und Volksbewaffnung«, so äußerten die Konstanzer *Seeblätter*, könne »uns gegen äußere und innere Feinde« schützen.[6]

Obwohl mehrere badische Erhebungen scheiterten, sollten ihre Chancen nicht gänzlich unterschätzt werden. Eine erfolgreiche Erhebung hätte leicht zur Initialzündung für weitere Aufstände in Deutschland werden können. Ob diese aber bei der in Deutschland nun einmal vorhandenen politisch-gesellschaftlichen Struktur letztlich ebenso, wenngleich aus anderen Gründen wie die Paulskirche, gescheitert wäre, muß freilich offen bleiben.

Wenn es eine Sternstunde der Revolution gab, in der ein entscheidender Schritt zur Erringung von Freiheit und Einheit hätte getan werden können, dann im März und vielleicht im April 1848, als die herrschenden Dynastien, obwohl noch im Besitz ihrer Macht, an ihrem Überleben zweifelten. Berlin und Wien waren erschüttert. Vom Ausmaß der Empörung in Deutschland überrascht, hielt der nach Wien entsandte Radowitz, ein Vertrauter König Friedrich Wilhelms IV., das Schicksal Deutschlands bereits für besiegelt; er glaubte, daß ein »Kampf gegen das herannahende Verderben vergeblich sei«.[7] Der preußische Gesandte Arnim, der Nachfolger Radowitz' in Karlsruhe, befürchtete Anfang März in Baden bereits einen Umsturz, der für die großen Staaten die »gefährlichsten Folgen« nach sich ziehen könne.[8] Erst Mitte März zeigte die Revolution in Wien und Berlin ihre eigentliche Stärke. Der zum 19. März nach Offenburg einberufenen badischen Volksversammlung sah nicht nur die Regierung in Karlsruhe mit Bangen entgegen.

Welche Strategie setzten die badischen Radikalen den Liberalen entgegen? Besaßen sie eine Konzeption für die politische Neugestaltung Deutschlands? Friedrich Hecker, der anerkannte Sprecher der radikalen Bewegung und Wortführer der radikalen Minorität der 2. Kammer, baute zuerst auf einen parlamentarischen Sieg in Karlsruhe, dann in einem deutschen Parlament, das, wie er glaubte, der Einführung der Republik nichts in den Weg legen würde oder doch dem Druck der Volksbewegung nachgeben müsse.

Vor dem Hintergrund der überall in Baden stattfindenden Volksversammlungen konnte Hecker, unterstützt von Struve, die »Märzforderungen« – Volksbewaffnung, Preßfreiheit, Schwurgerichte, deutsches Nationalparlament – in der 2. Kammer leicht durchsetzen.[9] Am 9. März erhielt Baden ein liberales Kabinett unter Leitung des Innenministers Bekk.

Zur Einführung der Republik war es nur noch ein Schritt. Vermutlich wollte Hecker dieses badische »Modell« auch nach Frankfurt tragen. Die Kraft der Volksbewegung wollte er als Druckmittel benutzen[10], mit den Liberalen aber nicht brechen. Diese bedurften aber nur eines Zeitgewinns, um mit dem Zusammentreten des »Vorparlaments« die Initiative, die ihnen durch die Volksbewegung in Baden zu entgleiten drohte, für Deutschland zu gewinnen.

Hecker, der zündende Volksredner, besaß nicht, wie sich im Laufe der folgenden Monate herausstellte, den sicheren Blick für die politischen Kräfteverhältnisse, nicht das überragende strategische Geschick, wie es für ein erfolgreiches Agieren notwendig gewesen wäre. Vielleicht hatte unter den Revolutionären nur Josef Fickler eine erfolgversprechende Strategie, doch blieb auch er den Beweis dafür schuldig.

Ficklers Rolle als Agitator im Seekreis ist zwar bekannt, seine Rolle als Konspirateur und – wie erst hinlänglich aus seiner Tätigkeit in der provisorischen Regierung Brentano 1849 hervorgeht – als maßgeblicher strategischer Kopf der badischen Revolution ist entweder völlig unbekannt oder wurde bisher unterschätzt, obwohl bereits Hess[11] und Valentin, neuerdings auch Diesbach[12] und Tauschwitz[13] auf Ficklers Rolle hingewiesen haben. Von Ficklers konspirativer Aktivität vor dem März 1848 läßt sich aus verstreuten Hinweisen in Gesandtschaftsberichten, in Briefen und Konfidentenberichten ein ungefähres Bild gewinnen.

Am 15. März 1848 stellte der preußische Gesandte Arnim, der die konspirativen Wege Ficklers verfolgt hatte, in einem Bericht an seine Regierung lapidar fest: »Er steht an der Spitze der werdenden Republik.«[14] Eine solche Feststellung muß überraschen, erscheinen doch die Quellen, die Valentin erstmals zugänglich machte, auf den ersten Blick widersprüchlich zu sein. Wie konnte Fickler, der in den ersten drei Monaten des Jahres 1848 von Konstanz abwesend war, um, wie Valentin meint, von Köln aus seine Auswanderung in die USA vorzubereiten, nach seiner Rückkehr sogleich die Organisation der Bewegung im Seekreis in die Hand nehmen?

Fickler hielt sich nachweislich von Ende Dezember 1847 bis Anfang März 1848 zuerst in der Schweiz, dann in Straßburg und schließlich in Köln auf, wo er am längsten blieb.[15] Fickler bestätigte seine »fast dreimonatige« Abwesenheit von Konstanz nach seiner Rückkehr in den *Seeblättern*.[16] Wollte sich Fickler aus dem gärenden Deutschland absetzen? Mit Recht vermutet Diesbach dahinter eine »Finte« Ficklers[17], der seine Spuren geschickt – sogar noch vor späteren Historikern – verwischen konnte. Fickler reiste unbemerkt in die Schweiz. Der Zweck seiner Reise geht aus dem Besuch bei Wilhelm Snell, dem erfahrenen Freischarenführer gegen Luzern[18], hervor. Fickler suchte tatkräftige Unterstützung, die ihm auch von Snell, der seinen »Eisernen Männerbund« gegen die »Tyrannen« Deutschlands aufzubieten bereit war, zugesichert wurde.[19] Über die Begegnung mit Fickler äußerte sich Snell in einem vom 31. Dezember 1847 datierten Brief an Karl Mathy begeistert: »Er [Fickler] ist ein Mann, der den hüpfenden Punkt im Ei versteht, soweit Menschen ihn verstehen können, ehe sie ihn machen.«[20] Wenn dies nicht nur eine beiläufige Bemerkung gewesen sein sollte, was unwahrscheinlich ist, so konnte dieses chiffrierte Bild nur bedeuten, daß sich beide in der Beurteilung einig waren, an welchem Punkt der Hebel anzusetzen sei, um das alte System in Deutschland aus den Angeln zu heben, und daß sie dies auch *zu tun* gedachten.

Nach Hess[21] kann es als sicher gelten, daß Fickler den früheren Hambacher Johann Philipp Becker in Biel bei Bern aufgesucht hat, weist doch das Vorgehen Ficklers und Beckers, wie noch dargestellt wird, auf gemeinsame Absprachen hin. Becker, der Schweizer Staatsbürger geworden war, galt als einer der fähigsten Organisatoren eines schlagkräftigen eidgenössischen Volksheeres.[22] Am Erfolg des Sonderbundskrieges im Jahre 1847 hatte Becker als Offizier und Kommandant der 7. Division unter General Ochsenbein nicht geringen Anteil.[23] Becker hatte Biel zum Zentrum der revolutionären Vorbereitungen in der Schweiz für den erwarteten Freiheitskampf in Deutschland ausgebaut. Biel war der Sitz einer gut bewaffneten und organisierten, hauptsächlich aus deutschen Handwerkern bestehenden Legion, die über ein Verbindungsnetz bis ins Ausland verfügte.[24] Nach Ausbruch der Revolution stand sie auch mit Georg Herweghs deutsch-französischer Legion in Verbindung.[25] Der am 26. März aus einer Massenkundgebung deutscher Flüchtlinge in Biel hervorgegangene Wehrbund »Hilf Dir« war zum Einsatz in Baden bereit, der Hecker-Putsch wurde aber niedergeschlagen, bevor Becker mit seiner wohlgerüsteten Truppe hinzustoßen konnte. Während der Reichsverfassungskampagne organisierte Becker die Volkswehr und deckte den Rückzug der Revolutionsarmee. Seine herausragende Leistung ist dabei unbestritten.[26]

Fickler dürfte um die Jahreswende die Schweiz wieder verlassen haben und nach Rheinpreußen gereist sein, wo er sich, den Berichten Arnims zufolge, hauptsächlich in Köln aufhielt. Allein um seine Auswanderung zu betreiben, hätte Fickler kaum Monate benötigt. Über seine Tätigkeit in Köln kann es nur Vermutungen geben. Möglicherweise ging das Auftreten der Kölner Revolutionäre August v. Willich[27] und Karl v. Bruhn[28] in Baden auf Betreiben Ficklers zurück.[29] Willich und Bruhn begleiteten Fickler, als er in Karlsruhe »verhaftet« wurde. Sie konnten fliehen.[30] Die dreimonatige Reise Ficklers erscheint weniger rätselhaft, wenn man sie mit der Absicht erklärt, für die von ihm erwartete Revolution in Baden militärisch erfahrene Hilfskräfte zu gewinnen. Dabei dürfte Fickler die Verbindung zu Vertrauensmännern in Konstanz über Mittelsmänner und Deckadressen aufrechterhalten haben, die ihm nach seiner Rückkehr die sofortige Übernahme der Führungsrolle im Seekreis erlaubte.

Fickler verfolgte eine Doppelstrategie, die erst nach dem Ausbruch der Revolution deutliche Konturen annahm: Einerseits betrieb er – als Konsequenz der bestehenden politischen Öffentlichkeit – mit der Einberufung von Volksversammlungen und der Einrichtung von behördenähnlichen Ausschüssen einen demokratischen Aufbau von unten, andererseits bereitete er seit der Jahreswende 1847/48 auf seinen Reisen Bündnisse mit deutschen und ausländischen Freischarenführern vor, die in dem, wie Fickler glaubte, unausweichlichen Konflikt mit der Staatsgewalt Unterstützung bieten konnten.[31]
Aus Ficklers Artikeln in den *Seeblättern* und aus der von Becker initiierten *Offenen Erklärung der Deutschen in der Schweiz an das deutsche Volk* vom 19. März[32] – dem Tag der Offenburger Volksversammlung! – schließt Hess, daß sich Fickler und Becker zu einem gemeinsamen Plan der Republikanisierung Deutschlands verabredet hatten.[33] Jedoch sollte dies nicht mit Hilfe eines deutschen Parlaments – wie Fickler seine Absichten in den *Seeblättern* tarnte[34] – geschehen, sondern aufgrund von Revolutionen in einzel-

nen, der Republik zugeneigten Bundesstaaten. Die schweizerische Erhebung des Vorjahres dürfte diesem Plan als Vorbild gedient haben. Die Republikanisierung Deutschlands sollte erreicht werden, indem »Baden, Württemberg, die Rheinlande, Nassau, Hessen, die kleineren Staaten, kurz alle die, welche bereits zu reformieren begonnen haben [...] bei sich eine republikanische Regierung einsetz[en]«. Die von diesen bestimmten Repräsentanten sollten sich zum Beispiel in Frankfurt versammeln und eine provisorische Regierung für Deutschland errichten, »der sich alle die deutschen Volksstämme anschließen können, welche nach demselben Ziel streben [...]«.[35] In dem Augenblick, in dem Beckers Truppe[36], vom Odium fremder Zuzügler befreit, von einer Volksversammlung oder gar von einer revolutionären Regierung gerufen worden wäre, hätte dieser Plan bei den labilen inneren Verhältnissen Deutschlands zu einer ernsthaften Konkurrenz für die Absichten der Liberalen werden können.

Becker erläuterte in einem Brief an Karl Mathy, den er noch für einen Republikaner, für einen »teuern Freund« hielt, seine Überlegungen.[37] Sollte sich, schrieb Becker, auch nur das halbe Deutschland für die Republik entscheiden, woran er nicht zweifele, so würde es allein »durch die Macht des Gedankens, durch die Tatsache seiner Existenz« den restlichen monarchischen Teil erobern.[38] Den Einwand, welchen Mathy in einem Brief zuvor geäußert hatte, daß der »weitaus größte Teil des Volkes jetzt keine Republik« wolle, ließ Becker nicht gelten. Der Philister würde »zu den faits accomplis« schon ja sagen, besonders dann, wenn man ihm »etwas Besseres auf dem Präsentierteller« biete.[39] Würden dagegen »die Halben, die unentschiedenen Republikaner« sagen, »das Volk will eine Republik, und wir wollen auch eine«, so würden sie dadurch »Hunderttausende mit sich fortreißen«. Selbst wenn ein frei gewähltes Parlament die Republik proklamieren würde, könnte sie »nicht ohne Kampf ins Leben« treten; dies wäre »dann der Moment, wo die deutsche Legion der Schweiz ihr die Geburt erleichtern helfen müßte«.[40] Die Konzeption Beckers war freilich nur so lange realistisch, wie der norddeutsche Liberalismus sein Gewicht noch nicht voll zur Geltung gebracht hatte.

Auf der Volksversammlung von Offenburg wollte Fickler – und dies wohl in enger Absprache mit Becker – in Baden den »Anfang zum deutschen Freistaat« machen.[41] Gegen Hecker, der »innerlich unentschlossen, alle Hoffnungen auf Frankfurt gesetzt« hatte[42], konnte sich Fickler aber nicht durchsetzen.[43] Auch Karl Mathy, der wie Struve zum Vorbereitungskomitee gehörte, bot seinen ganzen Einfluß auf, einen solchen Schritt zu verhindern.[44]

Hecker und Fickler unterschieden sich in der Einschätzung der Liberalen: War mit ihnen, die doch »im Herzen« vielfach auch Republikaner waren[45], der Weg gemeinsam zu gehen oder nicht? Hecker wollte die scheinbar wiederhergestellte Einheit der badischen Opposition nicht aufs Spiel setzen; er täuschte sich aber in den tatsächlichen Absichten

72 *Johann Philipp Becker (1809–1886), Kommandant der badischen Volkswehren und der schweizerischen Legion, deckte den Rückzug der Revolutionsarmee.*

73 *Anweisung des »Civil-Comissärs« Trützschler in Mannheim.*

Alle zweirädrigen Kastenkarren in hiesiger Stadt sind bis Morgen den 15. Juni, früh 8 Uhr, auf hiesigem Schloßplatze abzuliefern. Dort werden dieselbe taxirt und die Eigenthümer mit Anweisungen versehen werden. Diejenigen, welche sich säumig erweisen, werden dem Kriegsgesetze gemäß bestraft werden.

Mannheim, den 14. Juni 1849.

Der Civil-Commissär.

A. A.

Trützschler.

Bekanntmachung.

Die Stadt Mannheim ist im Belagerungszustand.

Ich verkündige hiermit das Standrecht. Alle Verbrechen und Vergehen gegen die öffentliche Ordnung und Sicherhe[it], [na]mentlich jede Widersetzlichkeit gegen eine Militär- oder Civilbehörde wird den Kriegsgesetzen gemäß bestraft.

Mannheim, den 15. Juni 1849.

Der Ober-Commandant der badischen und rheinpfälzischen Truppe[n]

Mieroslawsky.

74 Aufruf zur Verteidigung Mannheims
75 Das Gefecht vor Mannheim. Badische Kanoniere beschießen am 17. Juni preußische Stellungen in Ludwigshafen. Mannheim wird genommen. Die Entscheidungsschlacht von Waghäusel geht verloren.

76 Die Reste der geschlagenen badisch-pfälzischen Armee ziehen am 11. Juli 1849 bei Baltenswil in die Schweiz.

Der Festungs-Bote.

Samstag, den   Nr. 1.   7. Juli 1849.

Anzeige und Einladung.

Im Einverständniß mit dem Kriegsminister-Stellvertreter Enno Sander sowohl, als mit dem Festungs-Gouverneur Oberst Tiedemann übernehme ich von heute an die Leitung dieser Zeitung, welche jeden Tag erscheint. Die Grundsätze, welchen ich dabei folge, sind ersichtlich aus dem nachfolgenden, leitenden Artikel, und ich fordere nun, in der Ueberzeugung, daß ich darin die Ansichten der Garnison und Bürgerschaft Rastatts ausspreche, Jedermann zu geeigneter Mitwirkung, insbesondere auch zu Verbreitung des „Festungsboten" auf.

Ernst Elsenhans,
Schriftführer im Kriegsministerium.

Die nächste Aufgabe der Garnison und Bürgerschaft von Rastatt.

Der Donner der Geschütze allein ist es, welchem die Fürsten ein geneigtes Ohr leihen. Sie haben ihn vernommen, diesen Donner, und beben auf ihren Thronen. Sie sind gestehen, um die Kosaken von der Spree an die lachenden Ufer des Rheins zu rufen, und ihren Einzelwillen den freien Männern Deutschlands aufzudrängen. In diesem Bestreben wurden sie unterstützt durch die Unfähigkeit, Halbheit, Niederträchtigkeit und Feigheit gewisser Leute, die bis vor Kurzem an der Spitze der badischen Angelegenheiten standen. Diese Leute wollten eine badische, eine After- oder auch gar keine Freiheit; ihr Gesichtskreis war zu klein, um zu begreifen, daß der Geist, der am ersten Schöpfungstage über dem Chaos schwebte, noch bis auf die heutige Stunde die Welt durchdringt, der Geist des Lichtes, der Wahrheit und Freiheit.

Für die allgemeine Freiheit, unter deren mächtigem Schatten alle Völker der Erde glücklich und friedlich neben einander wohnen können, nicht für die Freiheit Badens, der Rheinpfalz und Würtembergs, haben wir uns erhoben und die dermaligen Bewohner der hiesigen Stadt und Festung können als denkende, als gegen sich wie gegen Andere aufrichtige Männer nicht zugeben, daß ein paar Tausend gemiethete Soldknechte auf den Wink eines königlichen Theaterhelden und auf den Wunsch eines Fürsten, der seinen Posten verlassen hat, das schöne Baden zu einer Provinz Preußens und seine Bewohner zu einem Spott der Völker herabwürdigen. Dazu verpflichtet sie schon ihre politische Mündigkeit, ihr alter Ruf, demzufolge sie stets die Fahne der Freiheit dem übrigen Deutschland vorangetragen haben.

Nicht allein die Rücksicht auf die allgemeine Freiheit und das Vaterland aber ist es, welche wir uns vor Augen zu halten haben. Die Ehre, ohne welche ein Mann, weder im Soldaten-, noch im Bürgerrock gedacht werden kann, zwingt uns, Stand zu halten auf dem Posten, den wir inne haben.

Auch fehlt es dazu nicht an äußeren Mitteln. Hülfe aus dem Oberland wird nicht ausbleiben. Und ist die Festung nicht ausgebaut, so wohnen in ihr entschlossene Herzen genug, die ihre Brust dem Feinde entgegen tragen wollen, — ein undurchdringlicher Wall.

Damit aber das große Werk gelinge und unser ruhmreich auf die Nachwelt übergehe, damit wir die Prinzipien der allgemeinsten Freiheit, der Vaterlandsliebe und der Ehre mit Erfolg durchführen können, bedarf es vor Allem der Einheit und Einigkeit im Handeln. Stehen wir darum zusammen,

Ein fest geschloss'ner Bund von Brüdern,
Die nie sich trennen in Noth und in Gefahr.

Entsagen wir aller Stammes- und sonstigen Eifersucht; vergessen wir, daß der Eine von schwäbischer, der Andere von sächsischer Mutter ge-

77   Der »Festungs-Bote« von Rastatt ruft zur Verteidigung auf. Rastatt kapituliert am 23. Juli.

der Liberalen, die sich anschickten, zur »bürgerlichen Mittelpartei« zu werden.[46] In Karl Mathy sieht Huber wohl mit Recht »die Seele dieses Widerstandes« gegen die Revolution.[47]

Kaum war die Versammlung beendet, verbreiteten sich die ersten Nachrichten vom erfolgreichen Aufstand in Berlin. Die Ausrufung der badischen Republik hätte eine bedeutende Signalwirkung in Deutschland haben können. Umgekehrt dürften die Nachrichten aus Berlin, wären sie früher eingetroffen, ihre Wirkung auf die Offenburger Versammlung nicht verfehlt haben.

Es war, wie Huber zuzustimmen ist, ein »taktischer Fehler« Heckers, daß er zu lange mit dem ersten Schlag zögerte[48] und das Gewicht des badischen und süddeutschen Radikalismus nicht im geeigneten Augenblick zur Geltung brachte. Struve schloß sich auf der Freiburger Volksversammlung am 23. März offen der Forderung Ficklers nach Ausrufung der Republik an.[49]

Trotz ihrer Differenzen stimmten Hecker, Struve und Fickler darin überein, den ersten Schritt zur Selbstorganisation des Volkes zu machen. Die »Vaterländischen Vereine«, zu deren Obmann Hecker gewählt wurde, sollten die Kontrolle des öffentlichen Lebens übernehmen.[50] Die badischen Radikalen blieben damit ihrer schon im Vormärz meisterlich betriebenen Taktik treu, die bestehende Regierungsgewalt durch innere Aushöhlung zum Sturz zu bringen. Nach dem Scheitern der beiden Aufstände des Jahres 1848 griffen sie diese Taktik wieder auf und erzielten damit bei der dritten Offenburger Versammlung 1849 den entscheidenden Durchbruch.

Fickler wurde neben Hecker zur treibenden Kraft, weil er das psychologische Moment der beginnenden Revolution erkannt hatte, nämlich »dem Volk das Losungswort [zu] geben, das alle vereint«.[51] Dieses war nicht wie bei Bassermanns »Weckruf« die nationale Einheit, sondern die Republik. In seinem Bericht über die Offenburger Versammlung[52] zeigte sich Fickler überzeugt, daß er »noch nie einen richtigeren Blick in [seinem] politischen Wirken gehabt« habe als jetzt. Auch seiner am 24. März ausgesprochenen Warnung ist dieser Klarblick nicht abzusprechen:

> »Wenn ihr fortan zögert zu entscheiden, so werden die Fürsten sich rüsten, die Stämme aber nach und nach durch scheinbares Nachgeben sich zufriedenstellen, und sich von denen abwenden, an deren Kraft sie zweifeln; – denn in gefahrvollen Zeiten folgt das Volk dem Kühnen, wohl erkennend, daß in dem Muthe allein die Rettung liegt.«[53]

Die Begeisterung im März 1848 kam in den im ganzen Lande, vor allem in Südbaden, stattfindenden Volksversammlungen zum Ausdruck, die wie in Offenburg und Freiburg an die Größenordnung Hambachs heranreichten. In Mannheim, Heidelberg, Stockach, Donaueschingen, Grenzach, Meersburg, Waldshut und anderen Orten traten die Sympathien für die Republik mehr oder weniger offen hervor.[54] In der Freiburger Versammlung, bei der um 20000 Menschen teilnahmen, wurde Fickler, der als entschiedener Republikaner auftrat, begeistert begrüßt.[55] Vielerorts entstanden in diesen Wochen Vaterländische Vereine als Gegenbehörden.[56] Wie aus den Berichten und Ankündigungen der radikalen Presse hervorgeht, nahm der Aufbau von unten zuerst in Südbaden konkrete Gestalt an.[57] Die Regierung war wie gelähmt. Sie antwortete auf die offene Kampfansage mit der Hinzuziehung hessisch-darmstädtischer und württembergischer Truppen, denn auf badische konnten sie sich nicht mehr verlassen. Die fremden Truppen stießen teilweise, wie in Donaueschingen, auf die Gegenwehr bewaffneter Volksversammlungen.[58]

Der Wendepunkt: Karl Mathy als »Retter«

Die badische Revolution trieb auf einen Höhepunkt, den Sturz der Regierung, zu. Bevor dieser aber in greifbare Nähe gerückt war, trat der Wendepunkt ein. In den Geschehnissen und scheinbaren Zufällen der ersten Aprilwochen kulminierten die Tendenzen und Entwicklungen des Vormärz und der beginnenden Revolution. Sie personifizierten sich in Mathy und Fickler.

Am Vorabend der Volksversammlung von Achern, am 1. April, traf Fickler mit Abgesandten der Herwegh-Legion in Straßburg zusammen. Er stellte sie auf der Volksversammlung in Achern vor.[59] Wahrscheinlich traf er dort auch mit dem Anarchisten Michail Bakunin zusammen.[60] Wenige Tage darauf befanden sich Fickler und Bakunin in Frankfurt, wo sich seit dem 31. März das Vorparlament eingefunden hatte. Am 2. April stand die Niederlage der republikanischen Minorität unter Heckers Leitung fest.[61] Hecker war darüber sehr entmutigt.[62]

An diesem Tag rief Fickler in den *Seeblättern* das Volk mit wortgewaltigem Pathos zur Revolution auf:

»Raffet alle euere Kräfte zusammen, schüttelt ab das drückende Joch der Knechtschaft, der Tyrannei, das so lange Zeit auf euerm wundgedrückten Nacken ruhte, zersprenget die Fesseln und Ketten, welche eure Würger mit hartem Eisen geschmiedet, euch angelegt, stürzt herab von den entweihten, von mörderischen Händen besudelten Thronen die Verräter des Volkes, die euch alle zustehenden Rechte geraubt und euere Habe und euer Eigentum an sich gerissen, um ihre Maitressen, Spione und den Troß ihrer zu Verrätern gestempelten Dienerschaft in höchst untertäniger Dummheit zu erhalten und zu füttern! Nehmt aus den bluttriefenden Händen den Scepter, vernichtet, zertrümmert ihre teuflische Gewalt.«[63]

Zugleich hieß er die zum Einmarsch nach Baden bereitstehende Legion Beckers willkommen. Durch das Scheitern Heckers im Vorparlament fiel Fickler die entscheidende

Führungsrolle unter den badischen Radikalen zu, zumal er nicht nur eine organisierte politische Basis hinter sich hatte, sondern auch bereits die Aufstandsvorbereitungen getroffen hatte, auf die sich Hecker und Struve nun stützen wollten. Am 3. April beschlossen die Republikaner um Hecker und Struve, die sich von der Majorität des Vorparlaments brüskiert fühlten[64], die Vorbereitung eines bewaffneten Aufstandes, die beschleunigte Bewaffnung des Volkes und republikanische Agitation.[65]

Struve und Fickler übergaben dem neuen badischen Bundestagsgesandten Welcker in Frankfurt eine vom 5. April datierte »Denkschrift«, die die badische Regierung ultimativ aufforderte, innerhalb von acht Tagen über die Frage »Republik oder Monarchie?« abstimmen zu lassen.[66] Dem offenen Aufruhr sollte eine demokratische Legitimation gegeben werden. Bewaffnete Deutsche, hieß es, näherten sich von Frankreich und der Schweiz her Deutschland, »entschlossen, die Frage, ob Deutschland eine republikanische Verfassung erhalten solle, in Verbindung mit den in der Heimat lebenden Deutschen zur Entscheidung zu bringen«. Die Regierung solle die Entscheidung der Frage »vom blutigen Felde der Schlacht hinüberlenken auf das unblutige Feld des geistigen Kampfes«. Diese Entscheidung dürfe jedoch nur unter drei Voraussetzungen erfolgen: Erstens müsse sie aus der »innersten Überzeugung des Volkes« hervorgehen, zweitens solle Baden »nach wie vor ein Glied des Deutschen Bundes sein«; drittens müsse sich die Minderheit der Mehrheit des Volkes unterwerfen. In vier großen Urversammlungen sollten sämtliche volljährigen Staatsbürger nach öffentlichen und mündlichen Verhandlungen über die Frage der Einführung der Republik oder der Beibehaltung der Monarchie abstimmen. Am Ausgang der Entscheidung konnten keine Zweifel bestehen.

Fickler wollte nun von Frankfurt über Karlsruhe nach Württemberg reisen; dies konnte keinen anderen Zweck haben, als die württembergischen Radikalen zum Anschluß an die beginnende badische Revolution zu bewegen; durch Unruhen in Württemberg wäre das dortige Militär gebunden worden. Ficklers Begleiter, die militärisch erfahrenen Revolutionäre Bruhn und Willich, unterstrichen diese Absicht.[67]

Der Wendepunkt der badischen März/April-Revolution war ein beinahe stilles Ereignis. Die Konfrontation zwischen Mathy und Fickler auf dem Karlsruher Bahnhof war jedoch, so wenig dieser Ausgang der Ereignisse zwangsläufig war, nicht ohne innere Logik. Mathy, der kurz zuvor noch am Vorparlament in Frankfurt teilgenommen hatte und über die Pläne der Radikalen wohlinformiert war[68], fand sich während des Aufenthalts Ficklers am Karlsruher Bahnhof ein. An einen reinen Zufall, der Mathy gerade in diesem Augenblick zum Bahnhof geführt haben soll, mag man kaum glauben. Der Zeitpunkt der »Verhaftung« war zu geschickt gewählt. Mathy requirierte ein paar Soldaten, die ihm, der noch keine amtlichen Funktionen ausübte, auch folgten, und »verhaftete« Fickler.[69] Fickler blieb bis zum April 1849 im Gefängnis.[70]

Ficklers Verhaftung war nur außerhalb des Seekreises möglich; im Seekreis hätte sie nach den Worten Bürgermeister Hüetlins »das sofortige Signal zum Aufstand gegeben«.[71] Auch aus der Eingabe des Konstanzer Gemeinderats an die Regierung ging die große Popularität Ficklers hervor: Josef Fickler habe »in Mitten der heutigen Volksbewegung« eine solche Bedeutung gewonnen, »daß Tausende der Männer aus dem Volke, namentlich aus der Masse der Landsleute, allerwärts im Seekreis und auch in anderen Teilen des Landes, all dasjenige gegen sich gerichtet betrachten, was in irgend einer Weise von der Staatsregierung gegen Josef Fickler gerichtet werden möchte«.[72] Auch habe »Fickler nicht mehr und nicht minder gehandelt und zu verantworten [...] als Tausende und Abertausende unserer Mitbürger«.[73]

Mit diesem Coup entriß Mathy den Radikalen in Baden die Initiative und leitete eine gegenrevolutionäre Bewegung ein, die den Charakter des Revolutionsjahres 1848 in Baden weitgehend bestimmte. Struve und Hecker, die sich in Mannheim befanden, mußten ebenfalls fürchten, festgenommen zu werden[74], und reagierten im doppelten Sinne kopflos. Die Nachricht von Ficklers Verhaftung traf Hecker, einem Augenzeuge zufolge, wie ein »Donnerschlag«. »Ganz zerschmettert lief er im Zimmer auf und ab und rief: ›Jetzt gehen sie auch an mich, und die Kammer bewilligt meine Verhaftung!‹« Überstürzt reisten Hecker und Struve in den Seekreis, um den Aufstand zu beginnen. Im Seekreis fehlte Fickler, und in Mannheim, dem anderen revolutionären Zentrum, fehlte nun Hecker.

Die Gefangennahme Ficklers löste rasch einen Stimmungsumschwung aus. Bereits am selben Tag war die Kunde bis nach Offenburg gedrungen. Der Buchdrucker Otteni in Offenburg, Drucker des *Offenburger Wochenblattes,* von einem radikalen Vertrauensmann empfohlen, weigerte sich nun, einen flammenden Revolutionsaufruf des Literaten Michels zu drucken, obwohl Michels eigens angereist war. Fickler müsse erst befreit werden, sagte Otteni, und sie sollten anderntags sofort in den Seekreis reisen, weil sie nur noch dort sicher seien.[75] Nach Schluß des Vorparlaments warteten viele, die sich von einer republikanischen Erhebung zuvor vielleicht hätten mitreißen lassen, auf das Zusammentreten der Nationalversammlung. Bei einflußreichen Wortführern der Opposition wie Bürgermeister Hüetlin von Konstanz stieß Hecker auf »entschiedenen Widerstand«. Sie rieten von einem Aufstand dringend ab, weil die Stimmung wegen des hinzugezogenen Militärs sowie wegen der allgemeinen Hoffnungen auf die Nationalversammlung viel ungünstiger geworden sei.[76] Doch Hecker setzte sich über diesen Stimmungsumschwung hinweg und begann den Aufstand. Die Organisation zwischen den relativ klein gebliebenen aufständischen Gruppen erwies sich als sehr mangelhaft. Noch bevor sie sich vereinigen konnten, wurden sie aufgerieben.[77]

Wie Tauschwitz[78] aufzeigte, konnte die Regierung nach dem wohlgezielten Schlag Mathys die April-Revolte relativ leicht in den Griff bekommen. Die Regierung konnte sogar die Freischaren aus Frankreich und der Schweiz »absichtlich« hereinlassen, um, wie Mathy sich äußerte, »ihnen mit einmal den Garaus zu machen«![79] Mathys Tat wurde von den Liberalen als heroisch gefeiert, auf radikaler Seite als Tat eines Verräters verdammt.[80] Mathy erschien den Liberalen als der Retter vor »Anarchie« und »Pöbelherrschaft«. Auch deutsche Republikaner lehnten einen solchen Putschversuch ab. Johann Jacoby hielt es für »Tollheit [...], die Republik *machen,* sie einem großen Volke auf gewaltsame Weise *aufdrängen* zu wollen«, würde dies doch, wie er meinte, nur zur inneren und äußeren Zersplitterung führen.[81] Freilich wollte Jacoby lieber mit der »noch immer sehr schwachen republikanischen Partei gehen«, als mit einer »reaktionären Geldaristokratie unter dem Schilde der konstitutionellen Monarchie gegen sie kämpfen«. Er vertraute darauf, daß ein deutsches Parlament die Fürstengewalt beschneiden und mit freisinnigen Institutionen eine auf breiter gesellschaftlicher Basis beruhende konstitutionelle Monarchie als Vorstufe einer Republik schaffen werde[82]; doch er täuschte sich in der Bereitschaft der liberalen Mittelpartei dazu. Am Widerstand der Liberalen, der Reserve der Radikalen außerhalb Badens läßt sich eine Vorstellung gewinnen, auf welche Schwierigkeiten selbst ein Anfangserfolg bei der Realisierung des Bekker-Fickler-Planes gestoßen wäre. Es gibt keine Antwort auf die Frage, ob diese radikale Variante letztlich ebenso wie die liberale Variante der Paulskirche zum Scheitern verurteilt gewesen wäre oder ob sich eine süddeutsche Republik gegenüber einem monarchisch verfaßten Norddeutschland unter der Hegemonie Preußens hätte behaupten können.[83]

Obwohl der Hecker-Putsch niedergeschlagen wurde, waren die Sympathien für Hecker im Lande kaum gebrochen, der Druck auf die Regierung nicht geringer geworden. Die Lage der Regierung war, dem wohlinformierten Bassermann zufolge, »verzweifelt«.[84] Die Minister trugen sich mit dem Gedanken, zurückzutreten und, wie Bassermann sich ausdrückte, »einem Regiment von Anhängern der anarchistischen Partei« Platz zu machen.[85] Die Kammersitzung für die Bekanntgabe eines Regierungswechsels war bereits anberaumt.
In dieser Lage wurden die liberalen Kräfte Badens unter Führung Bassermanns und Mathys zur entscheidenden Stütze der wankenden Regierung Bekk. Ihr Einfluß beruhte mehr auf den in Deutschland vorherrschenden Kräfteverhältnissen als auf denen Badens.[86] Auf Betreiben Bassermanns wurde Mathy am 28. April zur Sitzung der Regierung geladen und ihm der Posten eines Staatsrates angetragen.[87] Diesen Tag erlebte Bassermann als schicksalhaft für Baden. Das Auftreten Mathys, sein Bericht über den in Mannheim von ihm eingeleiteten Umschwung – Bürgerwehr und Gemeinderat verbündeten sich gegen die radikale Partei – veränderte die Lage völlig. Mathy erklärte sich bereit, den Posten anzunehmen, wenn sofort energisch durchgegriffen würde. Dazu erhielt er freie Hand.

Die darauffolgende Sitzung der 2. Kammer wurde zum Triumph für Karl Mathy, der den Wandel der liberalen Opposition zum Regierungspartner durchgesetzt hatte. Die Bürgerschaft Karlsruhes, die schon das Schlimmste befürchtet hatte, »überließ heute die Galerien des Ständehauses nicht dem gewöhnlichen Publikum, sie füllte sie selbst«.[88]

»Als Mathy eintrat, erschallte ein donnerndes Hoch, wie es vielleicht noch keinem Fürsten zuteil geworden ist. Es wollte nicht enden, sich immer erneuernd [...]. Von allen Seiten beglückwünschte und dankte man Mathy wie einem Retter.«[89]

Am 1. Mai ließ Mathy Mannheim in den Kriegszustand versetzen, die Volksausschüsse und vaterländischen Vereine verbieten[90], er drängte auf die Bestrafung von Beamten, die mit den Radikalen gemeinsame Sache gemacht hatten, und ging gegen die radikale Presse vor. Mannheim wurde nach dem Belagerungsplan Mathys[91] mit nassauischen Soldaten und Kanonen umstellt und die Einwohner entwaffnet. Die Redakteure der radikalen Presse, Heinrich Hoff und J. P. Grohe, wurden verhaftet und nach Bruchsal geschafft.[92] Die *Mannheimer Abendzeitung* konnte erst einen Monat später »nach langer, durch äußere Gewalt erzwungener Pause« wieder erscheinen.[93] So lange hatte der Kriegszustand in Mannheim und die Besetzung mit fremden Truppen gedauert. Der Umschwung in Mannheim, so kommentierte Bassermann die Lage, ermutigte »um so mehr«, weil Mannheims politische Stimmung »tonangebend« im Lande geworden war.[94] Das Vorgehen in Mannheim werde auch in den Nachbarstaaten seine Wirkung nicht verfehlen, denn wenn das »Mannheimer Nest [...] noch vollständiger ausgehoben« sei, dann »entsinkt auch den Mainzern und Hanauern der Muth [...].«[95]

Gegen Ende Mai 1848 hatte sich die politische Situation in Deutschland im Vergleich zum März nicht unwesentlich zugunsten der herrschenden Dynastien verändert. Ein scharfer Beobachter wie der Berater des preußischen Königs, Radowitz, konnte wieder an die Errichtung des »wahren Königtums« denken[96]; er hielt dies unter zwei Voraussetzungen für möglich: »durch äußeren Krieg oder durch das offene Hervortreten der Republik«. Die größte Hoffnung setzte er auf den »Zusammenstoß des liberalen Konstitutionalismus mit dem radikalen Republikanismus«. Nur wenn der Bürgerstand »die hereinbrechende Republik vor Augen sieht und die Eigentumsfrage in deren Gefolge«, werde es seine konstitutionellen Freiheiten wieder dem König anvertrauen.[97] Die Entwicklung in Baden gab Radowitz recht. Baden war nicht nur durch den frühen Ausbruch der Revolution, sondern auch durch das rasche Einsetzen der gegenrevolutionären Bewegung den deutschen Verhältnissen vorausgeeilt.

Ganz im Gegensatz zu dem außerordentlich gestiegenen politischen Einfluß der badischen Liberalen stand ihre erheblich geschrumpfte Wählerbasis. Die Wahlen zur Frankfurter Nationalversammlung, wenige Wochen nach dem Hecker-Putsch, brachten den Radikalen einen überragenden Sieg: Von den 20 badischen Abgeordneten der Paulskirche waren 14 »mit Sicherheit der äußersten Linken zuzuzählen«, die übrigen dem Zentrum.[98] Bassermann und Mathy konnten nur außerhalb Badens einen Sitz erringen. Heckers Wahl im südbadischen Thiengen wurde von der Paulskirche für ungültig erklärt, er wurde dort aber trotz der »geeignete[n] Belehrung und Verwarnung an die Wähler«[99] demonstrativ wiedergewählt. Die Wahlen zur Nationalversammlung waren ein »einziges Mißtrauensvotum gegen den liberalen Konstitutionalismus«.[100]

Erneuter Aufstand oder politische Selbstorganisation?

Nach dem Hecker-Aufstand und dem gegenrevolutionären Schlag Mathys wurden die republikanischen Zentren des Landes von fremden Truppen besetzt. Die Führer der radikalen Bewegung waren geflohen oder im Gefängnis. Doch die Aktivitäten der Presse und der politischen Vereine konnten nur zeitweilig unterdrückt, in ihrer Wirkung aber nicht entscheidend getroffen werden. Die radikale Presse war durch die Aufhebung der Vorzensur geschützt, der Regierung standen aber von den Redakteuren gefürchtete Repressalien, wie die Konfiskation ganzer Ausgaben und Anklagen wegen Pressevergehens, zur Verfügung, die oft die Verurteilung zu mehrmonatigen Gefängnisstrafen nach sich zogen.[1]
Die größeren radikalen Presseorgane dominierten in den Städten, und sie drückten auch den kleineren Blättern auf dem Lande ihren Stempel auf, die aus ihnen »vornehmlich ihren Inhalt und ihre Artikel übernahmen«.[2] Nach Tauschwitz kann die Bedeutung der republikanischen Presse auf dem Lande »gar nicht hoch genug eingeschätzt werden«, weil diese vom »Landmann und Handwerker« gelesen wurde.[3] Vor der Mairevolution gab es auf dem Lande kaum eine liberale oder konservative Zeitung, weil »das Volk diesen Blättern zumeist mißtrauisch und feindlich gegenüberstand«.[4] Die praktisch kontinuierliche Wirksamkeit der radikalen Presse ist der Hintergrund, vor dem das Geschehen des Revolutionsjahres verständlich wird.
Die radikale Bewegung war zu stark, um unterdrückt zu werden; sie war aber auch zu schwach, um eine Entscheidung zu ihren Gunsten herbeizuführen. Vor dem Struve-Putsch erhob sich wiederum die Frage, welche Strategie die radikale Bewegung einschlagen sollte; konnte sie den gewaltsamen Umsturz von außen ins Land hineintragen, oder sollte sie die »stille« Machtübernahme von innen, wofür sich zuallererst die Gründung einer politischen Vereinsorganisation anbot, anstreben? Der Ausgang des Putsches hat diese Frage eindeutig beantwortet.

Der Struve-Putsch: Das Scheitern einer revolutionären Minderheit

Die radikale Bewegung Badens besaß nach dem Hecker-Aufstand keine einheitliche Führung. Die geflohenen Republikaner, Hecker und Struve, rivalisierten miteinander.[5] Mit Hecker war eine Zusammenarbeit sehr schwierig, doch ohne Hecker, schrieb der flüchtige preußische Revolutionär Corvin an J. Ph. Becker in Biel, »ist nichts zu machen, für das Volk ist er die ›Incarnation‹ der Republik«.[6] Zu Hecker in Muttenz nahe der badischen Grenze, wo er den *Volksfreund* herausgab, zogen viele Anhänger, darunter Lehrer mit ganzen Schulklassen[7], wie zu einem republikanischen Wallfahrtsort[8]. Doch Hecker, über die gegenseitigen Beschuldigungen nach dem gescheiterten Aufstand verärgert, grollte bald auch seinen eigenen Anhängern. Er faßte den Entschluß, in die USA auszuwandern. Erst als Heckers Abreise Ende August feststand[9], konnte Struve die Organisation der entlang der französischen und schweizerischen Grenze verstreuten Flüchtlinge forcieren.

Struves Stärke war die publizistische Agitation, nicht die Volkstümlichkeit. Nach dem Hecker-Aufstand war Struve zuerst nach Frankreich, dann in die Schweiz geflüchtet. In Birsfelden, unweit von Basel und Muttenz, ließ er sich im Sommer 1848 nieder, um wieder den *Deutschen Zuschauer* sowie ein *Staats-Lexikon der Neuzeit* herauszugeben.[10] Bevor sich Struve aber wieder zu einer «Tat [. . .] bestimmen lassen» wollte, wie er am 16. Juli an Herwegh schrieb, wollte er erst günstigere Zeiten abwarten.[11] Ähnlich äußerte er sich auch gegenüber J. Ph. Becker, der im nahen Biel ein intaktes Organisationszentrum der deutschen Flüchtlinge unterhielt.[12] Struve schloß seinen Brief an Becker mit den Worten: »Sobald übrigens *dringende* (!) Verhältnisse es erheischen, werde ich stets alles im Stich lassen [. . .], *um tätig zu wirken.*« Insbesondere würde er gerne mit Becker zusammenarbeiten.

Wie aus der Korrespondenz Beckers, die sich im »Internationaal Instituut voor Sociale Geschiedenis« in Amsterdam befindet, hervorgeht, ging die Initiative zum späteren Struve-Putsch von Becker aus. Die Antwort Beckers versetzte Struve in einen Zustand unruhiger Aktivität. Struve leitete sofort eine Versammlung enger Freunde, die wenige Tage darauf in der Nähe Zürichs stattfinden sollte, in die Wege.[13] Bei Becker sollte die militärische, bei Struve die politische Leitung des künftigen Aufstandes liegen.[14] Doch bei Struves weitgespannten politischen Zielsetzungen, bei seinem brennenden Ehrgeiz mußte er die Abhängigkeit von Becker als Fessel empfinden.

Struve war zu diesem Zeitpunkt in der radikalen Bewegung Badens ein Außenseiter. Von der Gruppe um Hecker erhielt Struve keine Unterstützung, vielmehr mußte er »befürchten, daß unsere ganze Organisation zusammenbricht, denn von der Gegenseite wird ihr ununterbrochen entgegengearbeitet«.[15] Mögling und Doll, welche die Nachfolge Heckers antraten, verfolgten mit einer relativ gut gerüsteten »bürgerlichen«

Gruppe Aufstandspläne, die auf einen politischen, nicht gesellschaftlichen Umsturz abzielten. Beide Gruppen wollten einander beim Losschlagen zuvorkommen.
Struve konnte in Baden noch auf die Gefolgschaft der Mannheimer Turner und vielleicht auch auf die Turner im Frankfurter Raum zählen. Publizistisch versuchte Karl Blind, der neben Struve eine maßgebliche Rolle beim Putschversuch spielen sollte, in der *Mannheimer Abendzeitung* den Boden für eine gewaltsame Erhebung vorzubereiten.[16] Die *Abendzeitung* rief am 16. September zu einer Delegiertenversammlung aller Turner Badens, Württembergs und Rheinbayerns auf, die in Baden stattfinden sollte.[17]
In Baden ließ Struve Gerüchte ausstreuen, daß es im Oktober »losgehe«.[18] Er schickte Michael Zeiler aus Schwetzingen zweimal auf die Rundreise durch Baden, damit er die Stimmung erkunde und zu Aufstandsvorbereitungen auffordere. Anlaufstellen Zeilers waren neben drei Advokaten vor allem die Gastwirte, darunter auch Wirt Herter auf Burg Windeck.[19] Von einer ausreichenden Vorbereitung und Organisation des Aufstandes konnte keine Rede sein. Zudem stieß Struves Radikalismus auf starke Vorbehalte in der Bevölkerung, auch dort, wo sie großenteils republikanisch gesinnt war.
Bald wurde dem Agenten Zeiler die Mission zu heiß. Vor der zweiten Rundreise vertraute er sich dem Bezirksamt in Lörrach an und stellte seine treuen Dienste der Regierung zur Verfügung, »denn auf das von Struve ausgestellte Zeugnis« hin fände er »bei allen Republikanern Eingang«.[20] Die Regierung wurde über die Schritte Struves gleichsam aus erster Hand informiert.
Struve machte aus seinen Plänen, die er in der Flugschrift *Zur Revolution und Republikanisierung Deutschlands* sowie im *Deutschen Zuschauer*, den er in Basel wieder erscheinen ließ, veröffentlichte, keinen Hehl. Er predigte revolutionären Terror und drohte, die Nationalversammlung zu sprengen.[21] Struve und Karl Blind[22] wollten Baden nach den Vorstellungen französischer Sozialrevolutionäre zu einer Republik eigener Prägung umgestalten. Ihre Feinde, die Anhänger der Monarchie, sollten verhaftet, deren Eigentum beschlagnahmt werden. Enteignungs- und Zwangsmaßnahmen, die Struve sofort nach Ausrufung der Republik am 21. September in Lörrach ergriff, ließen an seinem Willen zur diktatorischen Handhabung der Macht keinen Zweifel.[23]
Struves Pläne stießen bei führenden Republikanern auf große Zurückhaltung. Mitglieder der Linken der Paulskirche, die Hecker in Muttenz besuchten, nahmen von Struve keine Notiz. Itzstein besuchte zwar auch Struve, vermied aber jedes politische Gespräch und behandelte ihn »mit sichtlicher Kälte«.[24] Von einigen Radikalen wie Schlöffel, Ronge, Fröbel und anderen erwartete Struve Unterstützung, »wenn wir einen Anfang gemacht«, wie er gegenüber Becker äußerte.[25] Struve mußte alles daransetzen, daß er mit einem schnellen Erfolg die »Gesinnungsfreunde mit uns fort[zu]reißen vermöge«.[26] Struve steuerte auf eine Revolution zu, die nur von einer entschlossenen Minderheit in Szene gesetzt werden konnte.

Struve konnte sich allein auf die Komitees der Flüchtlinge an der Grenze stützen, denen er auch eine Mitsprache bei Programm und Organisationsplan einräumen wollte.[27] Ihrer Zustimmung konnte er sicher sein. Die Lage der Flüchtlinge war verzweifelt: Sie waren »geld- und kreditlos« und auf Kollekten mitleidiger Pfarrer in badischen Grenzorten angewiesen.[28] Die in Frankreich internierten Flüchtlinge der »Legion Willich« in Besançon, die größtenteils aus badischen Handwerkern bestanden[29], waren bereit, »unter allen Umständen, mit oder ohne Waffen nach Deutschland zu marschieren«.[30] Sie wollten sich dem anschließen, der den Aufstand anfangen würde.

In Erwartung des Struve-Putsches entstand in der republikanischen Presse eine Strategiediskussion, in die auch Grohe und Fickler aus dem Gefängnis heraus eingriffen. Grohe, der Redakteur der *Mannheimer Abendzeitung,* machte sich, ohne Struves Namen zu nennen, zum Fürsprecher einer Erziehungsdiktatur. Diese setzte allerdings den erfolgreichen Umsturz gegen den Willen einer überrumpelten Mehrheit des Volks voraus. Die *Mannheimer Abendzeitung,* die sich schon früh der junghegelianischen Richtung geöffnet hatte, ließ nun den Einfluß eines theoretisch konzipierten Radikalismus, wie er von den Kölner Kommunisten und der *Neuen Rheinischen Zeitung* von Karl Marx vertreten wurde, erkennen.[31] In seinen *Reflexionen aus dem Gefängnis* versuchte Grohe, die Konstruktion einer auf Struve zugeschnittenen »demokratischen Diktatur« zu rechtfertigen:

»Die Diktatur ist eine viel demokratischere Staatsform, als man im Allgemeinen glaubt. Die Masse des Volkes herrscht in derselben unmittelbar durch den Mann, welcher nur der Mund ist, der den Volkswillen ausspricht und welcher dem Volke für jedes Wort und jede Tat mit seinem Kopfe verantwortlich ist.«

Die Gesetze des Diktators seien aber nur, so verkündete Grohe, »Ausdrücke des souveränen Volkswillens«: »Durch diese erzieht er das Volk und gewöhnt es an die Freiheit.«[32] »Natürlich« solle die Diktatur nur für eine »Übergangsperiode« gelten; ihre Dauer deutete Grohe dezent mit einem Hinweis auf die vierzig Jahre »des auserwählten Volkes« in der Wüste an.[33]

In den *Seeblättern* riet Josef Fickler, der im März eine nicht wiederkehrende Chance zu einer erfolgreichen Revolution gesehen hatte, jetzt von einem »bewaffneten Angriff« ab, weil er an seiner »Zweckmäßigkeit« zum gegenwärtigen Zeitpunkt zweifelte:

»Offenbar ist der Zeitpunkt, an welchem eine bewaffnete Erhebung am Platze war, mindestens für die kleineren Staaten vorüber, und es arbeiten die kleinen Aufstände, welche da und dort auftauchen, mehr der Reaktion in die Hand, als sie nutzen können.«[34]

Die *Seeblätter* forderten zum »gesetzlichen Widerstand« und zur Steuerverweigerung durch die 2. Kammer – eine bereits im Vorjahr propagierte Idee Ficklers – auf.

Die ausbleibende Unterstützung republikanischer Wortführer in Baden ließ Struve sein Vorhaben nicht aufgeben. Die entscheidende Zusammenkunft des Flüchtlingskomitees sollte nach Absprache zwischen Becker und Struve am 29. September stattfinden. Bis dahin sollten auch die »Schuldscheine« auf die künftige Republik, mit denen Struve seinen Einfall finanzieren wollte, vorliegen. Becker sollte sie entwerfen und drucken lassen. Doch Becker zögerte wohl mit Absicht ihre Fertigstellung hinaus, weil er dadurch Struve noch in der Hand hatte.[35] Am 20. September erhielt Struve die Nachricht von einem angeblich geglückten Volksaufstand in Frankfurt. Noch am selben Tage teilte er Becker knapp mit, daß er am Tag darauf, »gedrängt durch die Macht der Verhältnisse«, in Baden einfallen werde. Becker solle nachkommen. Als Struve die Nachricht aus Frankfurt erhalten hatte, war der Aufstand bereits niedergeschlagen. In Baden erhielt Struve wenig Zulauf. Mögling und Doll, die Struve das Erstgeburtsrecht einer neuen Revolution streitig machen wollten, schlossen sich erst in letzter Minute dem Aufstand an und kamen zu spät, um Struve vor der Niederlage durch das rasch zusammengezogene Militär noch retten zu können.

Auf dem Höhepunkt der Erregung über den »kommunistischen« Aufstandsversuch Struves versuchte – vermutlich – Josef Fickler in den *Seeblättern*, die radikale Bewegung wieder zu integrieren und ihr eine Richtung zu weisen. Die Sozialrevolutionäre nahm er vorsichtig in Schutz, wies aber deren »gewaltsame Bestrebungen« zurück.[36] Er betonte »die Notwendigkeit einer naturwüchsigen, sozialen Reform« und warf – Cabet zitierend[37] – die Frage auf, ob »ein plötzlicher Sprung, *ohne Vorbereitung,* aus dem bisherigen Plunder in die [kommunistische] Gesellschaft möglich« sei. Und er gab mit den Worten Cabets eine Antwort:

> »Nein, wir brauchen dazu einen allmählichen Übergang, indem mehrere Generationen, durch dienliche Erziehung dazu gebildet, *alle* Männer stimmfähige Staatsbürger werden und die Freiheit zu Versammlungen und Diskussionen, d. h. zum ernsten Bedenken und Besprechen der Sache bekommen.«[38]

Eine Übergangszeit könne dreißig bis hundert Jahre dauern, diese sei »lang, aber notwendig«. Würde dagegen die herrschende, besitzende Klasse »mit Gewalt zum Einwilligen« gezwungen, würde sie »zur Verzweiflung und Empörung« getrieben. Mit einer klaren Ablehnung »alle[r] Putschversuche« zogen die *Seeblätter* einen Schlußstrich unter die Aufstandsversuche – »die Revolutionsepoche ist vorüber«[39] – und verwiesen auf die Wirksamkeit »gesetzlichen Widerstandes« und innerer Organisation. Der Aufbau einer politischen Vereinsorganisation entwickelte eine Dynamik, die im Frühjahr 1849 selbst die radikalen Führer überraschte.

Die demokratischen und konstitutionellen Vereine 1848

Der Schritt von einer landesweit dominierenden radikalen Presse zur Bildung einer radikalen Massenorganisation mag, aus historischem Abstand betrachtet, klein gewesen sein, er bedeutete nichtsdestoweniger einen revolutionären Akt, weil das Prinzip der Volkssouveränität damit erstmals zur demokratischen Gewalt wurde und zur konstitutionell-monarchischen Verfassung, in der König und Parlament souverän ihre Entscheidung treffen, in Widerspruch geriet. Zwar bildeten auch Vertreter des badischen Besitz- und Bildungsbürgertums politische Vereine, doch ihre lockere innere und äußere Struktur unterschied sich grundlegend von der in Baden ins Leben gerufenen demokratischen Großorganisation.[40]
Die demokratischen Vereine entwickelten sich mit dem beginnenden Jahr 1849 zum landesweiten Kampfverband, zur Gegenregierung, deren Zielrichtung eine straffe Gliederung notwendig machte. Die demokratische Volksvereinsorganisation Badens stellte den Kern der revolutionären Bewegung Badens während der Reichsverfassungskampagne dar. Ihre Führungsspitze übernahm die Regierungsgewalt, nachdem Großherzog Leopold und Regierung Anfang Mai geflohen und das badische Heer – ein bis dahin einmaliges Ereignis in der deutschen Geschichte – auf die Seite der Aufständischen getreten war.

Die historische und parteigeschichtliche Forschung hat die demokratische Vereinsorganisation Badens bisher weitgehend ausgespart.[41] Ihre Erforschung bietet aber einen Schlüssel für die zentralen Fragen der badischen Revolutionsgeschichte.
Im politischen Vereinswesen der Revolutionsjahre sind zwei Phasen zu unterscheiden: die Zeit vor und die Zeit nach der Verkündung der Grundrechte durch die Nationalversammlung. Die Grundrechte und mit ihnen die Vereinigungsfreiheit traten am 27. Dezember 1848, noch vor Verabschiedung der noch strittigen übrigen Teile der Paulskirchen-Verfassung, in Kraft.[42]
Innenminister Bekk hielt die Bestimmungen der Grundrechte für »sehr bedenklich«, weil sie ihn bereits vor ihrer Verkündung hemmten, »gegen einen Verein einzuschreiten, gegen den man vielleicht in einigen Wochen [...] gar nicht mehr einschreiten kann«.[43] Tatsächlich verschob das Grundrecht der Vereinigungsfreiheit das labile Gleichgewicht zwischen staatlicher Macht und demokratischen Kräften entschieden zugunsten der letzteren. Es entzog der Regierung Bekk–Dusch den Boden unter den Füßen und erlaubte letztlich eine legale Machtübernahme der Demokraten. Während des Jahres 1848 griff die Regierung Bekk–Dusch auf das obrigkeitsstaatliche Vereinigungsverbot vom 26. 10. 1833 zurück, konnte aber die in der Revolution entstandenen politischen Vereinigungen der Demokraten nicht mehr eindämmen.[44]
Die badischen Radikalen proklamierten während der Offenburger Versammlung vom

9. März 1848 die Gründung von politischen Vereinen (»Vaterländische Vereine«), welche »für die Bewaffnung des Volkes, die politische und soziale Bildung, für die Verwirklichung aller seiner Rechte Sorge tragen« sollten.[45] Sämtliche Vereine eines Wahlbezirks sollten einen Bezirksverein, diese einen Kreisverein, die vier Kreisvereine einen Landesverein bilden. An der Spitze eines jeden Vereins sollte ein leitender oder zentraler Ausschuß mit Vereinskasse stehen. Die Finanzierung erfolgte durch die Mitglieder. Die Aufforderung an die übrigen deutschen Länder, ebenfalls solche Vereine zu gründen, fiel zumindest in Sachsen auf fruchtbaren Boden.[46]

Die Offenburger Versammlung wählte zum »Obmann« des Landes Friedrich Hecker, zu Mitgliedern des insgesamt 17köpfigen Ausschusses Gustav Struve und Heinrich Hoff in Mannheim und Brentano in Bruchsal. In den größeren Städten wie Mannheim, Freiburg, Karlsruhe entstanden sofort »Vaterländische Vereine« mit straffer Führung.[47] Die Vereine im Oberland fungierten vor und während des Hecker-Zuges im April bereits als Orts- und Sicherheitsausschüsse, die sich an die Stelle der Behörden setzten, Volksversammlungen einberiefen und die Volksbewaffnung organisierten.[48] Der Fehlschlag des Hecker-Aufstandes führte am 4. Mai 1848 zum Verbot der politischen Vereine.[49]

Ermutigt durch einen in der *Mannheimer Abendzeitung* veröffentlichten Aufruf des provisorischen Ausschusses der demokratischen Vereine, die in Frankfurt einen Kongreß abgehalten hatten[50], traten auch in Baden wieder demokratische Vereine an die Öffentlichkeit. Sie konnten jedoch nur dort ihre volle Wirksamkeit entfalten, wo die großherzoglichen Behörden, wie zum Beispiel im Freiburger Raum, angesichts der »sehr stark[en] und ausgebreitet[en . . .] Sympathien für die Republik«[51] machtlos waren. Der Einfluß des im schweizerischen Grenzort ansässigen Friedrich Hecker erstreckte sich über das ganze südbadische Grenzgebiet. Die einflußreichen Fabrikanten Mayer und Rombach in Schönau und Todtnau waren als seine Anhänger bekannt. Der Schneidergeselle Wetzel fungierte als ihr »Stafettenträger« zu Hecker.[52]

Der Organisator der demokratischen Vereine für die Bezirke Lörrach, Schopfheim und Schönau, Max Fiala, rief alle republikanisch gesinnten Männer für den 18. Juni zu einer Volksversammlung in Zell im Wiesental auf.[53] Die Behörden vermochten weder eine Volksversammlung im Wiesental zu verhindern, noch einen Vikar, der aufrührerische Reden gehalten hatte, zur Rechenschaft zu ziehen. Oberamtmann Hiß in Schönau mußte den aufs Amt zitierten Vikar wieder entlassen, weil die Bevölkerung die Straßen besetzt hielt. Die Regierung enthob Hiß seines Amtes, schickte eine mobile Kolonne ins Wiesental und setzte Regierungsrat Stephani als Civilkommissär ein, der dem dort »überhandnehmenden Republikanismus« mit aller Kraft entgegentreten sollte.[54]

Die badische Regierung konsultierte eine Reihe ausländischer Regierungen, um ihr Vorgehen gegen die demokratischen Vereine, die in verschiedenen Orten, darunter auch in Mannheim, Heidelberg und Karlsruhe, entstanden waren[55], abzustimmen. Ermutigt

durch das positive Echo[56], verbot die badische Regierung am 22. Juli wiederum alle demokratischen Vereine[57]. Entdeckte die Regierung dennoch einen demokratischen Verein, so ging sie rigoros gegen ihn vor. Den demokratischen Verein in Karlsruhe löste sie auf und verwies führende Mitglieder und zufällige Besucher des Vereins, darunter fleißige und solide Arbeiter, aus der Stadt.[58] Vereinsmitglieder wurden beim Versuch, einen Maueranschlag anzubringen, festgenommen.[59]
Drei Monate nach dem erneuerten Vereinsverbot stellte die Regierung Bekk–Dusch, veranlaßt durch das Reichsministerium[60], Erhebungen über Verbreitung, Stärke, Aktivität und Einfluß der politischen Vereine in Baden an.[61] Diese Erhebung ist die wichtigste Quelle über das badische Vereinswesen des Jahres 1848. Man muß dabei allerdings berücksichtigen, daß die demokratischen Vereine vermieden, verfrüht – vor der erwarteten Verkündigung der Grundrechte – die Aufmerksamkeit der Behörden auf sich zu ziehen, und lieber ihre Existenz im geheimen fristeten.[62] Nur die demokratischen Vereine der größeren Städte wagten, offener aufzutreten. Die liberal-konstitutionellen Vereine wurden dagegen von der Regierung wohlwollend betrachtet.
Die demokratischen Vereine trugen den Namen (Volks-)Leseverein (5), Volksverein (5) oder Bürgerverein (3); die vier Turnvereine im Lande galten ebenso wie die zwei Arbeitervereine als demokratisch. Die Tendenz der »Vaterländischen Vereine« konnte sowohl republikanisch (3) als auch konstitutionell (5) sein. Die Bezeichnung »Vaterländischer Verein« war seit der Offenburger Versammlung im März den demokratischen Vereinen vorbehalten, wurde aber während der konterrevolutionären Phase nach dem Hecker-Putsch vom Begründer der konstitutionellen Vereine, dem Mannheimer Realschuldirektor Schröder, einem Freund Mathys, usurpiert.[63] Die »Freunde des gesetzlichen Fortschritts« nannten ihren Zusammenschluß auch »Neuer Vaterländischer Verein«. Die zum Austritt gezwungenen Republikaner gründeten nach dem Ende des Belagerungszustandes in Mannheim den »Volksverein«. Er übte bereits die Funktion eines Zentral-Vereins aus. In ihrem Organ, der *Mannheimer Abendzeitung*, erstatteten auch andere Vereine, so zum Beispiel der Vorstand des Karlsruher Volksvereins, Bericht.[64]
Die eng untereinander verbundenen Bürgervereine in Bruchsal (300 Mitglieder), Durlach (421 Mitglieder) und in Mannheim (ohne Angaben) galten als revolutionär und »destruktiv«. Ihre leitenden Mitglieder waren vielfach jene des Volksvereins. Die »besseren Bürger« hielten sich von den meist »jungen Leuten und Proletariern«[65], die »mit wenigen Ausnahmen wenig oder nichts zu verlieren haben«[66], fern.
Der Mannheimer Bürgerverein gliederte sich in einen engeren Ausschuß, dem nur zuverlässige Revolutionäre, die »Männer des vollen Vertrauens«, angehörten, und in das Gros der übrigen Mitglieder.[67] Der Tüncher Löwenhaupt, ein notorischer Radikaler schon seit dem Jahr 1839[68], gehörte dem Vorstand an, ein Ratsschreiber fungierte als Vereinssekretär[69].

Zentrum der radikalen Organisation Badens war bereits im Oktober 1848 der Volksverein in Mannheim. Sein Präsident war Florian Mördes; der Redakteur der *Mannheimer Abendzeitung,* Grohe und der Glashändler Roes waren führende Mitglieder. Sie gingen mit »mehr Behutsamkeit als früher« zu Werke.[70] Die Versammlungen und Beschlüsse des etwa 130 Mitglieder zählenden Vereins wurden kaum öffentlich bekanntgegeben. Der Einfluß auf die Bevölkerung, vor allem auf die »niederen Klassen«, hielt aber unvermindert an.[71] Durch Agitationsreisen auf dem Lande und Reden auf Volksversammlungen nahm er noch zu. Am rührigsten zeigte sich der Karlsruher Verein, der vermutlich auch geheime Verbindungen zu anderen demokratischen Vereinen, insbesondere zum Zentralmärzverein in Berlin, unterhielt.[72]

Der Turn- und Arbeiterverein in Mannheim war dem Volksverein praktisch affiliert. Doppelmitgliedschaften waren auch in Karlsruhe häufig. Glashändler Roes gehörte auch dem Vorstand des Arbeitervereins an. Der Turnverein wurde, wie die Mannheimer Behörde andeutete, »für jede Eventualität aufgespart, um sogleich benutzt werden zu können«.[73]

Die Frauen und Töchter der Volksvereinsmitglieder gründeten einen Damenverein, eine eher lose Vereinigung; sie übergaben dem Abgeordneten der Nationalversammlung, Itzstein, eine Petition mit der Bitte um allgemeine politische Amnestie. Außerdem befaßten sie sich mit der Unterstützung der politischen Flüchtlinge.[74]

Etwa 26 demokratischen und teilweise auch unverhohlen revolutionären Vereinen[75] standen etwa fünf konstitutionelle Vereine, die »Vaterländischen Vereine«, gegenüber. Sie zählten in Karlsruhe 300 bis 400, in Kandern, Kreis Lörrach 400, in Heidelberg 200 und in Rastatt 60, in Mannheim offenbar nur wenige Mitglieder.[76]

Die Regierung konnte nicht im Zweifel sein, daß die von ihr wohlwollend betrachteten »Vaterländischen Vereine« trotz der hohen Mitgliederzahlen ohne spürbaren politischen Einfluß waren. Die Behörden gaben, um den Grad ihres politischen Einflusses zu bezeichnen, »keinen« oder »kaum« an.[77] Der Karlsruher Verein, unter Vorsitz des Regierungsrats Christmar, »aus der Klasse der Bürger und Staatsdiener« bestehend, habe selbst durch die schrecklichen Mahnungen der vergangenen Zeit, bemerkt das großherzogliche Polizeiamt der Residenzstadt, noch nicht aus seiner »Lethargie« geweckt werden können.[78]

Die Tätigkeit der politischen Vereine in Baden charakterisierte Innenminister Bekk gegenüber dem Reichsministerium als »nicht besonders bemerkenswert«; die erwartete Vermehrung der politischen Vereine nach ihrer Legalisierung erschien ihm nicht besorgniserregend.[79] Entweder wollte Bekk gegenüber dem Reichsministerium die badische Lage beschönigen, oder er täuschte sich über die tatsächliche Gesinnung im Lande; vielleicht trifft auch beides zu. Die Stärke und Aktivität der politischen Vereine in den größeren Städten waren aber ein deutliches Indiz für die verbreiteten republikanischen

Sympathien. Die Erhebung der Regierung brachte nur die Spitze eines Eisbergs zum Vorschein.
Nachdem die Grundrechte der Paulskirchen-Verfassung und mit ihnen die Vereinigungsfreiheit in § 162 am 27. 12. 1848 in Kraft gesetzt worden waren, riefen die badischen Radikalen die landesweite Organisation der demokratischen Volksvereine ins Leben, deren straffe Gliederung und Umfang in Deutschland kein Vorbild hatte.[80]

Revolutionäre Demokratie, Reichsverfassungskampagne und badisch-pfälzischer Aufstand 1849

In der Geschichte der deutschen Freiheitsbewegungen nehmen die »Reichsverfassungskampagne« und der badisch-pfälzische Aufstand im Mai und Juni 1849 einen herausragenden Platz ein. Der Kampf um die Durchsetzung der Verfassung der Frankfurter Nationalversammlung vereinigte für kurze Zeit liberale, demokratische und sozialrevolutionäre Kräfte in Deutschland. Er erreichte in Baden, wo nach der Flucht des Großherzogs eine republikanische Regierung die Macht übernommen hatte und das aufständische Militär auf ihre Seite getreten war, einen Höhepunkt. Die Chancen für einen Sieg der 48er Revolution standen wohl nie so günstig wie während und besonders zu Beginn der Reichsverfassungskampagne. Vielleicht hätte der badisch-pfälzische Aufstand tatsächlich, wie der revolutionäre Demokrat Adolph Hexamer erhoffte, »eine für das Schicksal Deutschlands entscheidende Macht werden« können.[1] Unabdingbare Voraussetzung für einen Sieg der demokratischen Kräfte wäre der Anschluß Württembergs an die Erhebung gewesen. Doch dieser kam nicht zustande, weil die württembergischen Republikaner an die legale Auseinandersetzung fixiert blieben.[2]

Nicht wenige Revolutionäre waren sich des weltgeschichtlichen Augenblicks bewußt. Sie sahen sich in einer Reihe mit den »Volksmännern« Jan Hus, Thomas Münzer und Robert Blum.[3] Sie waren überzeugt, »daß in den kommenden Lenzes- und Sommertagen das Schicksal einer Welt, einer Reihe künftiger Geschlechter entschieden wird.«[4] Auf der anderen Seite zeigte sich auch die Führungsmacht Preußen entschlossen, »unsere Waffenerhebung gegen den süddeutschen Aufruhr«[5], wie sich Radowitz, »die Seele der Konterrevolution« in Preußen[6], ausdrückte, mit allen militärischen Mitteln zum Sieg zu führen, denn in der Zerschlagung der demokratischen Bewegung erkannte er »eine der Grundlagen unserer ganzen Zukunft«[7]. Das preußisch-monarchische und das demokratische Gestaltungsprinzip schlossen einander im Ringen um die Zukunft Deutschlands aus.

Die Niederschlagung des sächsischen Aufstandes Anfang Mai 1849, des ersten Aufstandes im Rahmen der Reichsverfassungskampagne, durch preußische Truppen ließ an der Entschlossenheit Preußens keinen Zweifel aufkommen.[8] »Die Grausamkeiten von Dresden«, bemerkte Ludwig Bamberger, ein Teilnehmer des badisch-pfälzischen Auf-

standes, »haben in der Pfalz und vielleicht in ganz Süddeutschland einen Schrecken verbreitet, der überall schon vor den Kanonen siegte.«[9]
Doch nicht der Feldzug des mit Reichstruppen verstärkten preußischen Heeres, nicht die überraschende und keineswegs chancenlose Gegenwehr des badisch-pfälzischen Revolutionsheeres, das gegen eine vierfache Übermacht schließlich nur den geordneten Rückzug auf sicheren Schweizer Boden antreten konnte, sollen beschrieben werden – diese Ereignisse haben schon vielfach ihre Chronisten gefunden. Hier soll, wenigstens in knappen Umrissen, geschildert werden, wie ein deutscher Teilstaat, Baden, zu einer demokratischen Lebensform überzugehen versuchte.

In Baden fand eine politische Revolution statt. Das Großherzogtum wurde faktisch zu einer Republik, der einzigen im Deutschland des 19. Jahrhunderts, die offiziell allerdings nicht proklamiert wurde. Sie war das Ergebnis einer, wie aufgezeigt werden sollte, im Vormärz und im Jahre 1848 entstandenen breiten demokratischen Öffentlichkeit, die schließlich 1849 in die Organisation der Volksvereine einmündete. Dieser fiel die staatliche Macht quasi legal, wie eine reife Frucht, zu. Charakteristisch für diese nach der Offenburger Versammlung am 12./13. Mai entstandene badische Republik war ihr Aufbau von unten, der Züge einer direkten Demokratie trug. In der vergleichsweise langen Zeit der »Selbstherrschaft« brachen soziale Spannungen zwischen Bürgertum, Kleinbürgertum und Unterschichten auf. Es war abzusehen, daß der politischen Revolution auch eine soziale Umwälzung folgen würde. Sie war programmatisch bereits vorbereitet.

Der Aufbau der demokratischen Volksvereine – das revolutionäre Zentrum Mannheim

Während in der Frankfurter Nationalversammlung nur eine bürgerliche Führungsschicht zu Wort kam[10], organisierte und artikulierte sich in den demokratischen Volksvereinen das politisch aktive Volk. War die Nationalversammlung eine Institution der repräsentativen Demokratie, so stellten die Zentralmärzvereine und Volksvereine, die mit Beginn des Jahres 1849, mit dem Inkrafttreten der Grundrechte, überall in Deutschland gegründet wurden, »eine Form der direkten Demokratie« dar.[11] Die badischen Volksvereine unterschieden sich von den »Märzvereinen« der Linken der Paulskirche jedoch durch ihre eigenständige Organisation wie durch ihren revolutionären Impetus. Seit dem Vormärz hatte sich Mannheim zum revolutionären Zentrum im deutschen Südwesten entwickelt. Besonders stark war der Einfluß auf die Pfalz. Pfälzer Republikaner bedienten sich in Volksversammlungen der Phraseologie der *Abendzeitung*.[12] Die Ereignisse in Mannheim – der »Hauptstadt der *ganzen* Pfalz«[13] – gaben auch der linksrheinischen »Bewegung« erneut Auftrieb.
Der demokratische Verein in Mannheim wurde zur Zelle einer neuen Vereinsorganisa-

tion in Baden, die in den ersten Monaten des Jahres 1849 das ganze Land erfaßte und sich bis in die entlegensten Dörfer ausbreitete. Die radikale Bewegung in Baden hatte damit organisatorisch die Form einer politischen Partei angenommen. Programmatisch blieb sie in der Kontinuität der Offenburger Versammlung von 1847 und 1848. Die Landesversammlung der Volksvereine verabschiedete bei der dritten Offenburger Versammlung ein Programm, welches die »Konsequenzen einer sozialdemokratischen Republik« enthielt.[14]

Die Gründungsversammlung der demokratischen Volksvereine in Baden fand am 2. Weihnachtsfeiertag in Renchen nördlich von Offenburg statt. Auf Einladung Amand Goeggs (1820–1897), der wie Lorenz Brentano zur neuen Führungsspitze der badischen Republikaner gehörte, kamen 150 angesehene »demokratische Bürger« zusammen, die einen »provisorischen Landesausschuß« der zu gründenden badischen Volksvereine wählten. Sie bestimmten Lorenz Brentano zum ersten und Amand Goegg[15] zum zweiten Vorsitzenden; dem Mannheimer Verein übertrugen sie die Federführung.

Lorenz Brentano war Mitglied der Paulskirche – er gehörte dem »Deutschen Hof« an – und der 2. badischen Kammer. Als Verteidiger von politischen Gefangenen, deren Prozesse breiter Anteilnahme sicher waren, hatte er sich große Popularität erworben. Amand Goegg betrieb die Organisation des Vereinswesens mit dem Geschick eines erfahrenen Kanzlisten. In der »Passage Roes« in Mannheim – Roes war führendes Mitglied des Mannheimer Vereins –, in der bereits Brentano Wohnung gefunden hatte[16], richtete Goegg sein »wohlorganisierte[s] Büro« ein.[17] Brentano und Goegg repräsentierten bald den rechten und den linken Flügel der neuen Partei.

Der »provisorische Landesausschuß« verschickte Anfang Januar an alle »tätigen Volksfreunde« die Aufforderung zur Gründung von örtlichen Volksvereinen.[18] In den beigelegten Statuten wurde der Zweck des Vereins mit Absicht verharmlost: Das Volk solle »eine Achtung gebietende Macht« und nach dem Vorbild der englischen Chartisten zur »Durchführung großer politischer und sozialer Reformen« fähig werden. Das Organisationsstatut verband eine zentralistische Führung mit einer demokratischen Kontrolle durch die Ortsvereine. Die Landesvereine waren in acht Kreisvereine aufgeteilt. Kreis- und Landeskongresse, aus Delegierten der Ortsvereine bestehend, besaßen die Befugnis, das Organisationsstatut zu ändern sowie den Landesausschuß zu wählen und zu kontrollieren. Die starke Stellung des Landesausschusses ergab sich zum einen aus der Verfügung über die zentrale Kasse, in welche die Mitgliedsbeiträge[19] fließen sollten, zum anderen aus der Bestellung bezahlter haupt- und nebenamtlicher Mitarbeiter, die als Emissäre und Agitatoren eingesetzt werden konnten; außerdem verfügte der Landesausschuß über ein Presse- und Propagandazentrum, das bald eine außerordentliche Massenagitation entfesselte.

Es war abzusehen, daß eine durch die Verkündung der Grundrechte legalisierte, mit

Konsequenz und Energie in Angriff genommene Parteiorganisation das instabile badische Regierungsgebäude über kurz oder lang zum Einsturz bringen konnte. Um die Gefährlichkeit der Volksvereine zu demonstrieren, übersandte Innenminister Bekk dem Reichsinnenminister Heinrich von Gagern die Abschrift des Organisationsstatuts und der Zirkulare des provisorischen Landesausschusses. Bekk vertrat die Auffassung, daß es sich bei den Volksvereinen

> »eigentlich um eine Organisation des Aufstandes [handle], so daß, wenn die Bewegung zum Ausbruch komme, jeder Kreis, jeder Bezirk und jeder Ort seine mit den andern in Verbindung stehenden Führer habe, um die Revolution gehörig zu leiten und zum erfolgreichen Ziele zu führen«.[20]

Bekk versuchte daher mit einer geschickten Interpretation der Ausführungsbestimmungen des Vereinsrechts (§ 130 der Grundrechte) wieder polizeistaatlichen Boden zu gewinnen. Seiner Auffassung nach sei das Vormärz-Gesetz vom 26. 10. 1833, welches alle staatsgefährlichen Vereine untersagte, durchaus mit dem neuen Grundrecht zu vereinbaren; es erlaube »repressive Maßnahmen« gegen die Vereinsbewegung.[21] Doch Gagern, der in einer demokratischen Selbstorganisation in Baden nur »ekelerregende Exzesse einer Pöbelherrschaft« sehen konnte, die ihm »den Schauer einer sozialen Revolution« über den Rücken jagten[22], mußte auf die demokratische Fraktion der Paulskirche, deren Unterstützung er zur Verabschiedung der Reichsverfassung benötigte, Rücksicht nehmen.[23] »Nach reiflicher Beratung«, ließ er Bekk wissen, halte sich das Reichsinnenministerium nicht zu einer authentischen Interpretation der Grundrechte befugt. Bekk solle auf dem Rechtswege gegen die Urheber einer Aufruhrorganisation vorgehen.[24] Der Staatsanwalt beim Hofgericht Mannheim, bei dem Bekk Antrag auf Verfolgung des provisorischen Landesausschusses gestellt hatte, teilte der Regierung nach geraumer Zeit lediglich mit, daß er keinen Grund zum Einschreiten erkennen könne.[25] Es blieb Bekk nichts anderes übrig, als alle Amtsvorstände auf »ihre moralische Mitwirkung zur Verhinderung« der Volksvereinsorganisation zu verpflichten; sie sollten auf Ortsvorgesetzte und einflußreiche Personen in seinem Sinne einwirken.[26] Die »vertrauliche« Anweisung war bald in der ganzen radikalen Presse zu lesen.[27]

In den ersten Monaten des Jahres 1849 ging eine politische Organisationswelle über das Land. Die angesehensten örtlichen Republikaner nahmen die Gründung eines Ortsvereins in die Hand. Es waren darunter auffallend viele Ärzte, Rechtsanwälte und Bürgermeister.[28] Auch bekannte Namen wie Ludwig Herr[29], der schon zur Zeit Hambachs zum politischen Fortschritt zählte, oder Rechtsanwalt Karl Rotteck, ein Sohn des berühmten Karl Rotteck, waren dabei. In Südbaden entstand binnen kurzer Zeit in den meisten Orten ein ansehnlicher Verein, dem sich oft noch, wie in Freiburg, der Arbeiterverein affiliierte, der energisch die Beschaffung von Waffen betrieb.[30]

Besonders mußte die rasche Bildung von Volksvereinen im traditionell konservativen nördlichen Landesteil, im Odenwald und badischen Bauland, überraschen. Bei einer Volksversammlung in Sindolsheim hielt Pfarrverwalter Vogt den Odenwäldern ihre politische Passivität vor. Wollten sie denn immer wie Schafe hinter dem Ofen liegenbleiben und sich von Pfarrern und Beamten verdummen lassen? Wollten sie denn nicht auch »aufgeklärt« werden?[31] Schließlich wurde auch hier ein Volksverein gegründet. Besonderen Eindruck machte das auf allen Versammlungen wiederkehrende Argument, daß 34 Fürsten zuviel seien, daß eine Republik billiger komme und alle dann weniger Steuern zahlen müßten. Schullehrer Söhner aus Hollerbach verglich die Fürsten mit Raubvögeln, sich selbst mit einem Maulwurf; er werde mit seiner Wühlerei so lange fortfahren, bis alle Insekten vertilgt seien. Hier wie andernorts ließen es die Volksredner nicht an der Beteuerung fehlen, daß erst in einer Republik wahre »Ruhe und Ordnung« herrschen könne, daß die Volksvereine nicht dem »Hirngespinst des Communismus« anhingen und auch keineswegs »Anarchie« mit Auflösung aller Familienbande bezweckten, wie es ihnen die »Reaktionäre« vorwürfen.[32] Derartige Volksversammlungen in Verbindung mit einer von vielen Sympathisanten getragenen Werbekampagne ließen die Zahl der Volksvereine »täglich« zunehmen.[33]

Der politische Charakter der Volksvereine war recht unterschiedlich. Waren auch viele ländliche Vereine, besonders in Nordbaden, in erster Linie für eine Senkung der Steuerlast, die sie sich in einer Republik erhofften – es durfte auch eine »Republik mit Großherzog« sein –, so zeugten doch Kundgebungen anderer Vereine von einem politischen Bewußtsein, das durchaus auf der Höhe der Zeit war. Die wenigsten Volksvereine besaßen jedoch einen offen revolutionären Charakter wie in St. Blasien. Dieser bestand hauptsächlich aus Arbeitern der dortigen Gewehrfabrik; sie stammten aus ganz Deutschland, hatten teilweise an den badischen Freischarenzügen teilgenommen und ihre Erfahrungen als politische Gefangene im Bruchsaler Gefängnis gemacht, waren in der Zwischenzeit aber amnestiert worden. Ihrer glaubte die Polizei nur durch »scharfe Maßnahmen« noch Herr werden zu können.[34]

Es konnte kein Zweifel bestehen, daß sich breite Bevölkerungskreise mit den Volksvereinen identifizierten. Im nordbadischen Bezirk Adelsheim veranstalteten die 22 dort entstandenen Volksvereine am 22. April eine von 6000 Menschen besuchte Volksversammlung.[35] Das politisch erstmals aktive Volk trug ein ganz neues Selbstbewußtsein zur Schau. Adelsheim präsentierte sich im festlichen Gewand. Die Ortsvereine zogen mit schwarzrotgoldner, der Verein von Sulzbach mit einer »blutigroten« Fahne ein, die Kampfbereitschaft signalisieren sollte.

Der Gesangverein stimmte ein Freiheitslied an, der Bürgermeister eröffnete die Versammlung. Brentano und andere Mitglieder der Paulskirche wurden erwartet, blieben aber aus. Schullehrer Letzeiser führte in einer großen Rede aus, daß das Frankfurter Parlament das Vertrauen des Volkes verloren habe, weil es für einen Erbkaiser gestimmt habe; doch die Reichsverfassung ermögliche auch die Schaffung einer Republik. Fürsten, Pfaffen und Beamte, die vom Blutkreuzer armer Tagelöhner lebten, müßten aber beseitigt werden. Als sich Widerspruch erhob, schränkte Letzeiser ein, er sei zwar nicht grundsätzlich gegen die Fürsten, doch sie müßten einfache Bürger werden.[36]

Die badische Regierung hatte ihre Warnungen vor den Volksvereinen mit drohender Gesetzlosigkeit, mit Ausschreitungen und Sachbeschädigungen begründet und die Gemeinden für die Wiedergutmachung von Schäden haftbar gemacht. Nicht zuletzt deswegen ließen die Gemeindebehörden keine Unruhe aufkommen. Die Staatsbehörden bestätigten übereinstimmend, daß »trotz des großen Andrangs« bei Volksversammlungen »die beste Ordnung« herrschte und »nicht die geringsten Exzesse« vorkamen.[37]

Die politische, organisatorische wie propagandistische Leitung der Volksvereinsbewegung lag in den Händen des etwa 2000 Mitglieder zählenden Mannheimer Volksvereins, dessen Vorstand zugleich den provisorischen Landesausschuß bildete.[38] Mit der Presse- und Propagandatätigkeit wurden Heinrich Hoff, J. P. Grohe und der Buchdrucker und Redakteur des *Heidelberger Journal* Oßwald beauftragt.[39] In der Druckerei Hoff in Mannheim wurden die »Flugblätter der Volksvereine« hergestellt; sie wurden der demokratischen Parteipresse beigelegt oder direkt über ein eigenes Vertriebssystem – vielfach besorgten Knaben das Austragen der Blätter – den Mitgliedern der örtlichen Vereine kostenlos zugestellt.[40] Diese Flugblätter wiesen mit Resolutionen und Berichten des Mannheimer Vereins der politischen Diskussion im Lande die Richtung. Zu »Organen der Volksvereine« wurde die republikanische Presse, die *Mannheimer Abendzeitung*, die *Seeblätter*, die *Oberrheinische Zeitung*, die *Republik* und der *Volksführer*, erklärt.[41] Die loyale Presse und die keineswegs geringe Flugschriftentätigkeit der »vaterländischen«, konstitutionellen Vereine konnten den Volksvereinen in der öffentlichen Meinung wenig entgegensetzen.[42] »Ihre *Reden* und *Aufsätze*« wurden zudem, bedauerte ein konservativer Zeitgenosse, »durch die *Taten* der Volksvereine schnell verwischt«.[43] Populär gehaltene, offen revolutionäre Blätter wie der *Volksführer* waren auf dem Lande, im Odenwald wie im Seekreis, »sehr verbreitet« und wurden »mit wahrer Begierde gelesen«; selbst »bei dem sonst ruhigen Bürger« fanden sie zunehmend Anklang.[44] Überall wurden radikale Blätter und Flugschriften »in bedeutender Menge« entweder kostenlos oder zu einem »Spottpreis« verteilt.[45] Die demokratischen »Lehren finden nach und nach auch bei dem Landvolk Eingang«, konstatierte die Behörde in Villingen.[46] Das Volk glaube »leider alles, was derartige Blätter zu Markte bringen«.[47] Die loyalen Zeitungen wurden kaum noch gekauft und noch weniger gelesen. Im Oberland, im Sigmaringischen, so klagte die dortige Behörde bereits Ende 1848, gäbe es keine Zeitung, »die zur Regierung steht«.[48] Das Organ der Regierung, die *Karlsruher Zeitung*, so stellte die Behörde in Meersburg Ende März 1849 fest, »ist nirgends als in den Händen einiger Staatsdiener zu finden, deshalb kommen auch deren vom Vaterländischen Verein ausgehende Beilagen nicht unter das Volk«.[49] In der Dominanz der republikanischen Parteipresse zeigte sich der Legitimitätsverlust der großherzoglichen Regierung.

Mit der Gründung der Volksvereine wurden die Demokraten in Baden zur maßgeblichen innenpolitischen Macht; die Volksvereine fungierten als örtliche Gegenbehörden. Schloß sich die Gemeindebehörde den Beschlüssen des Volksvereins nicht an, wurde dem Bürgermeister bedeutet, daß er durchaus »entbehrlich« sei.[50] Ein widerspenstiger Bürgermeister in Endingen am Kaiserstuhl wurde mit der Drohung, man werde sein vormärzliches Verhalten der Presse mitteilen, zum Rücktritt veranlaßt.[51] Ganz zutreffend beschrieb der Bezirksbeamte von Stockach unweit des Bodensees, daß sich die Volksvereine »als besondere Behörde neben den Communal-Behörden gerieren, daß sie sich der Gemeindeangelegenheiten zu bemächten suchen, so daß hierdurch die Grundpfeiler der Staatsordnung nach und nach immer mehr unterwühlt werden«.[52] Gegen Ende März war die landesweite Bildung von Volksvereinen so weit abgeschlossen, daß der provisorische Landesausschuß zur Abhaltung der statutenmäßig vorgesehenen Kreiskongresse aufrufen konnte. In den Entschließungen der Kreiskongresse, so in Nekkargemünd und in Donaueschingen, kehrte die Forderung an den Landesausschuß wieder, die »allgemeine Volksbewaffnung ohne Aufschub« herbeizuführen.[53] Vermutlich gingen diese Forderungen auf die Regie des linken Flügels des provisorischen Landesausschusses, namentlich auf Amand Goegg, zurück.[54] Brentano selbst verfolgte keine Strategie des Aufstandes. Er wollte mit Hilfe der Volksvereine einen Petitionssturm entfesseln, um die Einsetzung einer verfassunggebenden Versammlung zu erzwingen.[55] Eine neue, tatsächlich parlamentarische Verfassung auf der Grundlage allgemeinen und gleichen Wahlrechts – ein weitgehend entmachteter Großherzog wurde in Kauf genommen – hätte im Falle von Neuwahlen vermutlich den Weg für ein Ministerium Brentano freigemacht.

Ein Erfolg der Politik Brentanos wäre nach dem Inkrafttreten der Reichsverfassung ziemlich gewiß gewesen. Doch nach Ablehnung der Kaiserkrone durch Friedrich Wilhelm IV. war einer solch republikanisch gefärbten Vereinbarungspolitik der Boden entzogen. Es war das Verhängnis der badischen Revolution, daß Brentano sich über die Kompromißlosigkeit der preußischen Absichten täuschte und das revolutionäre Feuer zu dämpfen versuchte, um doch noch in letzter Stunde durch Zurückberufung des Großherzogs, dessen Schloß und Vermögen er nicht antasten ließ, Preußen zur Schonung der badischen Errungenschaften zu bewegen.[56]

Auch der revolutionäre Flügel der Volksvereine konnte, nach Meinung der *Deutschen Zeitung,* in den ersten Monaten des Jahres 1849 nicht daran denken, »den Putsch zu machen«, weil er das Militär nicht auf seiner Seite hatte.[57] Die Aufstände im Vorjahr waren gerade an der Loyalität des badischen Heeres gescheitert. Doch auch hier waren durch eine Verstärkung des Heeres und eine quasi allgemeine Wehrpflicht Veränderungen eingetreten.[58] Die neu einberufenen Rekruten waren überwiegend republikanisch gesinnt, das Unteroffizierskorps, im halbfeudalen Heerwesen benachteiligt, war ein Herd der Unzufriedenheit. Die Agitation der Volksvereine, verbunden mit trinkfreudigen »Verbrüderungsfesten« zwischen Bürgern und Militär, konnte hier mit durchschlagendem Erfolg ansetzen.[59]

Zwar redete die *Mannheimer Abendzeitung* unverhohlen von einer Neuauflage der 48er Aufstände[60], zwar machten sich die Republikaner Mut mit dem überall zu hörenden Wort, daß man *einen* Stab brechen könne, ein ganzes Bündel aber nicht, doch erst die Reichsverfassungskampagne, die in ganz Deutschland bereits das revolutionäre Feuer entfacht hatte, zwang die badischen Revolutionäre zum Handeln. Jetzt konnten sie nicht mehr »mit der Faust im Sacke« zuwarten, »daß man einen Stamm nach dem anderen todt schlug, bis die Reihe an uns selber« käme[61], jetzt blieb ihnen gar keine andere Wahl mehr, als die Herausforderung anzunehmen. Eine Woche vor der Offenburger Versammlung am 12./13. Mai riefen die *Seeblätter* die badischen Demokraten auf:

»Drum wählet euch eure Fahne selbst; sie sei die rothe; nur nach vollständigem Siege werde das Schwarz-roth-gold wieder entfaltet. Männer, Brüder! Bestellt euern Herd! Wir wissen nicht, wenn die Stunde ruft.«

»In Baden«, so faßte ein unabhängiger Augenzeuge wenige Wochen darauf seine Eindrücke zusammen, »ist ein ernsthafter, ein Verzweiflungskampf« im Gange.[62]

Die Machtübernahme der Volksvereine und die Zerschlagung des Aufstandes

Als Friedrich Wilhelm IV. von Preußen die ihm von einer Delegation der Paulskirche ehrerbietig angetragene deutsche Kaiserkrone, die doch in seinen Augen vom »Ludergeruch der Revolution« behaftet war[63], ablehnte, fühlten sich nicht nur die Abgeordneten düpiert, sondern auch viele bürgerliche Liberale, die ihre Hoffnung auf Deutschlands Einheit und Freiheit auf das Frankfurter Parlament gesetzt hatten. Es rächte sich nun, daß die Paulskirche aus »Republikfurcht«[64] die revolutionäre Volksbewegung zurückgestoßen und die bestehenden Gewalten nicht beseitigt hatte. War der »kühne Griff« Heinrich v. Gagerns nicht gerade deswegen zu einem »Griff ins Leere« geworden[65], weil sich die dynastischen Gewalten wieder konsolidieren und dem Zwang zur Vereinbarungspolitik entziehen konnten? Erzherzog Johann, der von der Nationalversammlung berufene »Reichsverweser«, in dem doch viele die Verkörperung der Vereinbarungspolitik, der Versöhnung zwischen Fürsten und Volk, gesehen hatten, düpierte das Parlament, das nun eine entschiedenere Haltung einnahm, ein zweites Mal. Er berief nach dem Rücktritt Gagerns ein Reichsministerium, das sich um den Willen der Paulskirche überhaupt nicht mehr kümmerte und bald auch den Einsatz von »Reichstruppen« gegen die »Aufständischen«, welche die Reichsverfassung retten wollten, sanktionierte.[66]

Doch der Nationalversammlung in Frankfurt war kein unvorhersehbares Mißgeschick widerfahren. Revolutionäre Demokraten erkannten mit gegnerischem Scharfblick, daß die Paulskirche das Opfer einer »schon historisch gewordenen Selbsttäuschung« zu werden drohe, weil sie »den Boden der Märzrevolution« verlassen habe und niemand sie vor der »seit Juni [1848] mächtig hereinbrausenden Reaktion zu retten vermöge«.[67] Ein Jahr nach Zusammentritt der Paulskirche äußerte der Heidelberger Volksverein in einer »offenen Erklärung« seine bittere Enttäuschung über die führenden badischen Parlamentarier in Frankfurt, über »die Herren Welcker, Bassermann, Mathy und Genossen«:

»Sie halfen eine ohnmächtige Centralgewalt schaffen, deren einzige Wirksamkeit darin bestand, die oberste Polizeibehörde in Deutschland zu machen und überall wo das getäuschte Volk *selbsthandelnd* nach Einheit und Freiheit strebte, mittelst Tausenden von Reichstruppen [...] die sogenannte gesetzliche Ordnung herzustellen d. h. das alte Joch wieder aufzuerlegen.«[68]

Die demokratische Linke der Paulskirche blieb von der Kritik nicht verschont. Dem Central-März-Verein, einer von der Linken Ende 1848 in ganz Deutschland aufgebauten politischen Vereinsorganisation, konnte in Baden nicht Fuß fassen.[69] Angesichts des Terrors in Wien und der Konterrevolution in Berlin komme der Märzverein »zu spät«; politische Tatkraft und Klarblick gehe ihren Gründern ab, das Beharren auf dem »gesetzlichen Weg« der Proteste und Proklamationen sei nur Ausdruck »politischer Kindlichkeit«.[70] Doch wenn Nationalversammlung und Märzvereine nicht nur ihre »Stimme[n] erhebe[n]«, sondern zur Tat schreiten würden, so gelobte der Mannheimer Arbeiterverein Mitte April 1849, dann wolle er »mit aller Glut, welche uns die Begeisterung für die Freiheit und der Haß gegen die Tyrannenherrschaft einflößt, die Nationalversammlung unterstützen«.[71] Die von der Paulskirche angenommenen Grundrechte wurden von den badischen Demokraten als »wichtige Abschlagszahlung« an das Volk begrüßt[72], doch mit der in der Reichsverfassung bestätigten monarchischen Herrschaft, mit der Übertragung der Kaiserkrone an den weithin unpopulären Friedrich Wilhelm IV. – den »bluttriefenden Komödianten von Charlottenburg«[73] – wollten sie sich nicht abfinden. Erst als dieser die Krone ablehnte und in weiten Teilen Deutschlands eine Kampagne zur Annahme der Reichsverfassung entstanden war, erwärmten sich auch die badischen Demokraten für sie. Die Reichsverfassungskampagne wurde von einer Welle der Empörung, die auch weite Teile des liberalen Lagers erfaßt hatte, getragen. Die Republikaner konnten sich ihr wie selbstverständlich an die Spitze stellen. *Die Mannheimer Abendzeitung* schlug nun ungewohnt süße Töne an:

»Mag auch der Schatz klein sein [. . .] so muß es doch jedem am Herzen liegen, sich diesen Boden zu gewinnen. Der eine möge dann von diesem Boden aus weiterstreben [. . .], der andere sich mit ihm begnügen.«[74]

Die großen Mittelstaaten Bayern, Sachsen und Hannover folgten der Ablehnung der Reichsverfassung durch Friedrich Wilhelm IV. Württembergs König wurde zur Annahme gezwungen, Baden wie auch die kleineren Staaten erkannten die Reichsverfassung bedingungslos an. Es war aber kein Geheimnis, daß diese Anerkennung wenig wert war, solange Preußen nicht ebenfalls zur Annahme bereit war.[75]

Vor die Wahl gestellt, mit den Republikanern in Baden ein zwar brüchiges Bündnis einzugehen, um die Anerkennung der Reichsverfassung zu sichern oder wieder vormärzliche Zustände hinzunehmen, zogen viele Liberale wenigstens vorübergehend ein Bündnis vor. Zu dem in Baden zu beobachtenden Stimmungsumschwung hat das Verhalten des preußischen Königs wohl ebenso beigetragen wie die Agitation der Volksvereine. Jetzt schlossen sich auch Leute, die »keiner revolutionären Tendenz für fähig erachtet wurden«, den Volksvereinen an. Der konservative C. B. A. Fickler, Altphilologe am Rastatter Lyzeum – ein Bruder des revolutionären Fickler in Konstanz – beschreibt in seinen Erinnerungen sehr anschaulich, wie die politische Wende in Baden zustande kam. Im Rastatter Vaterländischen Verein hatte sich unter der Leitung des Lyzeumsdirektors Kuhn eine »beträchtliche Anzahl« von Offizieren, Beamten und Staatsdienern zusammengeschlossen, die »entschieden Front gegen die demokratischen Tendenzen der Volksvereine« machten.[76] Im April 1849, berichtet C. B. A. Fickler, sei, als durch die »Ablehnung der Kaiserkrone« die »Durchführung der Reichsverfassung« fraglich wurde, »wie überall, seine [Kuhns] Sprache eine andere« geworden:

»Er wurde, wie uns scheint, aus seiner ursprünglichen Bahn herausgedrängt und mußte eingestehen, daß sein Feldgeschrei das nämliche sei, welches nun auch die Volksvereine, später auch die Revolutionäre, zur Maske ihrer Bestrebungen nahmen, – die Durchführung der Reichsverfassung«.[77]

Der Vaterländische Verein in Mannheim forderte sogar die übrigen politischen Vereine zu einer gemeinsamen Adresse auf; darin sollte die Reichsverfassung als »unveräußerliches Besitztum, für [das] ganz Deutschland in die Schranken treten« müsse, bezeichnet werden.[78] Doch der Volksverein in Mannheim, der den Vaterländischen Verein nicht aufwerten wollte, quittierte dieses Ansinnen mit »kolossalem Hohngelächter«.[79]

Amand Goegg berief für den 12. Mai den Landeskongreß der Volksvereine und für den Tag darauf eine Landes-Volksversammlung in das demokratische Offenburg ein. Die Vereinsorganisation war inzwischen auf etwa 400 Ortsvereine mit mehr als 35 000 Mitgliedern angewachsen.[80] Die Mitgliederzahl der konstitutionellen oder Vaterländischen Vereine in Baden dürfte dagegen 1849 »auf etwa 4000 gestiegen sein«.[81] Der Landeskongreß war über die Frage, ob am nächsten Tage eine Republik ausgerufen werden sollte, geteilter Ansicht. Goegg hatte, wie er im Cäsarschen Stil der dritten Person, doch nicht ohne Treuherzigkeit, erzählt, für den 12. Mai den Ausbruch einer Soldatenmeuterei in Rastatt verabredet. Die Nachricht sollte den etwa noch zögernden Landeskongreß mitreißen.[82] Doch Goegg mußte auf die Nachricht warten, weil in Rastatt Schwierigkeiten aufgetreten waren. Die Volksversammlung, von etwa 30000 Menschen besucht, wurde, wie der Augenzeuge Victor v. Scheffel beschreibt[83], zur größten Demonstration badischer Volkskraft in der Revolution. »Ehrenwerte, solide, handfeste Landleute, Wirte, Ortsvorsteher als Vertreter der Volksvereine« traten auf. Es war, nach einem Wort Scheffels, gesundes, »rotbackiges Volksleben«. Als endlich, am Sonntagnachmittag, die Nachricht von der geglückten Militärmeuterei in Rastatt eintraf, entschloß sich der neugewählte 12köpfige Landesausschuß, nach Rastatt zu gehen und sich an die Spitze der Revolution zu stellen. Ein »riesenhafter Bahnzug«, den Goegg bereits in Erwartung der Dinge hatte in Offenburg festhalten lassen, »vollgepropft mit Turnern, Freischärlern, Soldaten«, brachte den Landesausschuß nach Rastatt. Noch in derselben Nacht flohen Großherzog und Regierung. Der Landesausschuß der Volksvereine, mit Brentano und Goegg, Fickler und Peter an der Spitze, übernahm unangefochten die Regierungsgeschäfte. Den Einzug Brentanos und des regierenden Landesausschusses in Karlsruhe beschrieb der Revolutionär J. Ph. Becker als Augenzeuge mit deutlicher Ironie:

> »Die Bürgerschaft, erfreut darüber, daß Brentano der großherzoglichen Residenz seinen Schutz zugesagt hatte, begrüßte ihn festlich, gleich einem Souveräne [. . .], und der Jubel der Bourgeois, der Hofräte und Hofjuweliere, der Polizeidiener und Gendarmen war fast so groß wie zwei Monate später beim Einzug des Prinzen von Preußen.«[84]

Der Revolution stand das Heer und ein Barbestand von vier Millionen Gulden zur Verfügung.[85] »Welche Wendung hätte eintreten können«, schreibt Häusser,

> »wenn die badischen Revolutionäre gleich nach dem 13. und 14. Mai nach Württemberg vorgerückt, die Ungerüsteten überrascht, die Schwankenden fortgerissen und an den Sitz des Parlaments den Mittelpunkt der südwestdeutschen Bewegung verlegt hätten«.[86]

Auch während des Kampfes schwankte zuweilen, wie bei Waghäusel, der Erfolg; ein Erfolg hätte aber leicht zu einer neuen Phase der Erhebung überleiten können.[87]
Doch Brentano betrieb die Politik eines »großherzoglichen Nachlaßverwalters«[88], der sich nach dem Scheitern rühmte, kein Geld verschwendet zu haben[89]. Er verweigerte der aufständischen Rheinpfalz, die vor dem Bankrott stand, finanzielle Unterstützung, er stärkte die Bürgerwehren als Trumpf gegen die Revolutionäre, und er ging in der Regierung zu Alltagsgeschäften über.
Zwischen dem revolutionären und dem gemäßigten Flügel des Landesausschusses

drohte es zum Bruch zu kommen. Warum werde »der Schlag«, das Hinaustragen der Revolution über die engen badischen Grenzen, nicht getan, fragte die revolutionäre Presse. Und die *Republik*, eines der Organe der Volksvereine, rief verzweifelt aus: »Einen Revolutionär, ein Königreich für einen Revolutionär; Advokaten haben wir genug.«[90]

So stark auch der Wille zur politischen Selbstbestimmung in Baden war, der revolutionäre Kampf kam für viele doch sehr überraschend. Vielleicht hätte eine entschlossene Führung mitzureißen vermocht, vielleicht wäre der Aufstand, wie dies Ludwig Bamberger von der revolutionären Pfalz feststellte, dann aber »nicht an der Unentschiedenheit, [sondern] am Gegenteil« zugrunde gegangen.[91]

Fickler, gerade aus dem Gefängnis entlassen, konnte zwischen den Flügeln noch vermitteln und Brentano manchmal zu einer entschiedeneren Haltung verleiten.[92] Als Fickler am 2. Juni in Stuttgart von Stadtdirektor Seeger verhaftet worden war, kam es schließlich zwischen Brentano und Struve, den gemäßigten und revolutionären, den »weißen« und »roten Republikanern«[93] zum Bruch.

Am 15. Juni wurde Mannheim genommen. Mieroslawsky, der zu Hilfe gerufene und mit dem Oberbefehl beauftragte polnische General, konnte noch kurz Halt gewinnen, mußte dann aber, von Beckers Truppen gedeckt, den geordneten Rückzug durchs Neckartal antreten. Die revolutionäre Armee war geschlagen und löste sich Anfang Juli an der Schweizer Grenze auf. Am 11. und 12. Juli zog ihr Rest, etwa noch 11 000 Mann, mit einem geringen Handgeld aus der Regierungskasse ausgestattet, durch Konstanz und ins Schweizer Asyl. Elias Bloch, der Fahnenträger der Gailinger Freischaren, nahm die schwarzrotgoldenen Farben – »Für Deutschland Alles« lautete die Inschrift auf der einen, »Freiheit, Gleichheit, Bruderliebe« auf der andern Seite – mit ins Exil.

Vom Balkon des Konstanzer Rathauses hatte Goegg die Mannschaft mit einer kurzen Ansprache und einem »Lebehoch auf das künftige, einige, freie Deutschland« verabschiedet.[94] Becker hat die Szene nicht ohne Poesie festgehalten:

> »Die Trommeln wirbelten; die Soldaten umarmten sich und weinten. Doch der Morgenwind wehte frisch und blies die Hoffnung auf eine bessere Zukunft wach. Das war einer jener Momente, wo das Unglück sich in den Schleier der Schönheit hüllt, und anzieht, statt zu erschrecken.«[95]

Am 23. Juli kapitulierte die belagerte Festung Rastatt. Dies war das Ende der Revolution.

Ergebnis: Umbruch und neue Ordnung – die Umrisse eines demokratischen und sozialen Staates

Schreiben Sieger die Geschichte der Besiegten? Sieger schreiben – wenigstens zuerst – nicht Geschichte, sie prägen ein Geschichtsbild. Die standrechtlichen Hinrichtungen von 51 Aufständischen in Rastatt, Mannheim und Freiburg, einer »terroristischen Auswahl«[1], sollten ein Exempel statuieren und auf ihre Weise volkspädagogisch wirken. Tausende von aufständischen Soldaten und Freischärlern kamen in die Kasematten Rastatts oder in Internierungslager, sogenannte »Depots«.[2] Umfassende »Pazifizierungsmaßnahmen« unter preußischer Oberaufsicht[3] zerschlugen die Reste der demokratischen Bewegung. Das Singen des Heckerliedes wurde mit zwei Wochen Gefängnis bestraft, das Tragen roter Bänder verboten. 80000 Menschen wanderten aus Baden aus.[4] Die unausbleiblichen Schuldzuweisungen der geschlagenen Revolutionäre taten ein übriges, um in der – nun wieder – loyalen Presse die ganze Erhebung der Jahre 1848/49 der Lächerlichkeit preiszugeben.[5] Soweit die Volksbewegung in der späteren Geschichtsschreibung der borussischen Schule und der badischen Hofgeschichtsschreibung Beachtung fand, schrumpfte sie auf einen kläglichen Rest von Verführten zusammen, die fremden Ideen oder ausländischen Rädelsführern aufgesessen seien.[6]
Doch auch die marxistische Geschichtsschreibung, die sich der Aufarbeitung der frühen Arbeiterbewegung annahm, ließ, was die badische Revolution angeht, einen weißen Fleck. Engels' Beschreibung der Reichsverfassungskampagne geht der badischen Revolution noch heute nach. Engels hätte als Teilnehmer des Aufstandes und »honoris causa« auch als Korrespondent der *Neuen Rheinischen Zeitung*[7] gerne den Anfang einer ganzen Weltrevolution miterlebt. Die Schuld an der Niederlage gab Engels dem unentschiedenen Kleinbürgertum, der ausbleibenden »sozialistischen Agitation«, dem fehlenden revolutionären Proletariat. Er maß damit die soziale und demokratische Bewegung in Baden an einem Maßstab, dem sie ihrer Intention, ihrer bisherigen Entwicklung nach nicht entsprechen konnte. Die demokratische Potenz blieb ihm und späteren marxistischen Geschichtsschreibern verborgen.[8]
Auf der anderen Seite wollte die liberale, auf den Spuren Ludwig Häussers wandelnde Geschichtsschreibung gerade im Auftreten eines »utopischen«, den badischen Verhältnissen aufgepfropften Sozialismus »den Keim des Untergangs« erkennen[9], »lange bevor

die preußischen Bajonette [die Erhebung] niederkämpfen konnten«.[10] Gab nicht die Niederlage der Revolution in Baden beiden, der marxistischen wie der liberalen Geschichtsschreibung, scheinbar recht? Beide Deutungen sind teilweise richtig, doch sie verkennen den eigentlichen Charakter der demokratischen und neu auftretenden sozialen Bewegung in Baden. Diese trug nicht den »Keim des Untergangs« bereits in sich, sondern ließ, trotz eines in Gang gekommenen sozialen Umbruchs, bereits die Umrisse einer neuen, zukünftigen Ordnung erkennen.

Weitgehend unbehindert von staatlicher Repression entfaltete sich in Baden während der ersten Monate des Jahres 1849 ein freies Spiel der gesellschaftlichen Kräfte. Wie durch ein historisch seltenes Schaufenster sehen wir die gesellschaftlichen Bedürfnisse und Interessen der Mittel- und Unterschichten. Wohl zu keinem Zeitpunkt im 19. Jahrhundert bot ein deutscher Teilstaat den Anblick solch tiefgreifenden Umbruchs wie Baden. Es entstand eine soziale Bewegung, die sich der Mittel politischer Artikulation und Organisation bedienen konnte. Wie wirkte sie sich aus?

Wie Ende 1847 in Baden erstmals die Einführung einer Republik öffentlich diskutiert wurde, so zu Beginn des Jahres 1849 die Einführung einer »sozialen Republik«. Der Staat sollte nicht mehr ein »Privilegium des Besitzes« sein[11], eine Klassenherrschaft wie in Frankreich, die Entstehung einer neuen selbstsüchtigen Oligarchie wie in der Schweiz sollte verhindert werden[12]. Die Offenburger »Forderungen des Volkes« von 1847 enthielten den Gedanken eines freien Volksstaates.[13] Das Offenburger Programm von 1849 entfaltete die »Prinzipien einer demokratischen und sozialen Republik«.[14] Wie eine historische Suchbewegung hatten sich der Liberalismus und Radikalismus des südwestdeutschen Vormärz auf den programmatischen Zielpunkt von 1849 hinentwickelt. Dieses Programm, das auf allgemeinem und gleichem Wahlrecht basierte, strebte den Ausgleich zwischen Kapital und Arbeit, zwischen Arm und Reich innerhalb sozialstaatlicher Richtlinien an. Die Einführung einer progressiven Einkommensteuer sollte der Anhäufung großen Reichtums, die Schaffung eines »Landespensionsfonds«, aus dem arbeitsunfähige Bürger eine Rente erhalten sollten, der Verarmung vorbeugen.[15] Zur Förderung des Mittelstandes und des Kleingewerbes waren die Gründung von Gewerbekammern und die Errichtung einer Nationalbank beabsichtigt.[16] Gewerkschaftsähnliche Assoziationen für Handwerksgesellen und Fabrikarbeiter – die in größeren Städten bereits entstanden[17] –, Gewinnbeteiligung[18], genossenschaftliche Produktion[19] wurden diskutiert, hatten im Programm aber noch keinen Niederschlag gefunden.

Das soziale Programm der badischen Demokraten, wie überhaupt Vorstellungen eines Solidarstaates, galt in der konservativen Gegenpropaganda als sozialistisch oder kommunistisch.[20] Doch mit der prinzipiellen Anerkennung des Privateigentums hatte man schon im Vormärz eine Abgrenzung gegenüber kollektivistischen Vorstellungen gezogen und später bei der Diskussion über Louis Blancs Gemeinschaftsprojekte mit dem

Hinweis bekräftigt, daß »die Natur der Menschen und der Verhältnisse solche Einebnungsverfahren schwerlich lange ertragen würde«.[21]

Der Mannheimer Volksverein hatte sich Anfang März mit der Frage der künftigen Staatsform befaßt und dabei die Schaffung einer »social-demokratische[n]« Republik, die sich von der »sogenannten gemäßigten oder weißen« unterscheide, als Ziel bezeichnet.[22] Die entschiedenste Richtung der im Vormärz entstandenen badischen Volksbewegung hatte damit ihren Namen gefunden.

Je näher eine republikanische Machtübernahme Anfang 1849 in Baden rückte, desto mehr schien die »soziale Republik« den einen eine Verheißung, den anderen eine Bedrohung. Das Revolutionsjahr hatte, dies ein wesentliches Ergebnis, zu ersten gesamtdeutschen Organisationsversuchen der Arbeiter und Gesellen geführt, die auch in Baden einen kräftigen Widerhall fanden. So hielt der rührige Arbeiterbildungsverein von Heidelberg Ende Januar 1849 einen »Provinzial-Arbeiter-Congreß für Süd-West-Deutschland« ab[23], der die Gründung eines deutschen »Arbeiter-Bundes« und die Organisation der Vereine in Baden und Rheinbayern voranbringen sollte. Die Arbeitervereine unterstellten sich organisatorisch und programmatisch dem von Stefan Born geleiteten »Zentralkomitee der deutschen Arbeiterverbrüderung« in Leipzig und erklärten dessen Organ *Die Verbrüderung* zum Organ ihrer Vereine.[24] Das Ziel einer sozialen Reform und einer möglichst legalen Revolution lag durchaus auf der Linie der badischen Demokraten.

Auch den nichtorganisierten Unterschichten war der demokratische Gedanke »in Fleisch und Blut eingedrungen«; selbst nach der Besetzung durch Preußen, stellte Häusser fest, seien die Gefühle für die Revolution noch »umso stärker« gewesen, »je weiter man in die unteren Schichten bis zum Gesinde und Proletariat hinabging«.[25]

Es verwundert nicht, daß die Vaterländischen Vereine durch die aufkommende soziale Bewegung wieder Aufwind erhielten. Im Besitz- und Bildungsbürgertum stieß die als sozialrevolutionär empfundene Bewegung auf starke, ideologisch begründete Ablehnung. Die Aufhebung von Klassenschranken wurde als größerer Skandal empfunden als die Forderung nach einer Republik. Die Aufhebung »natürlicher Ungleichheit«, so äußerte die *Karlsruher Zeitung*, das offiziöse Regierungsorgan, könne nur den Köpfen »wahnsinnige[r] Weltverbesserer« entspringen und müsse zu Anarchie führen.[26] Die Vaterländischen Vereine warnten vor der Einführung eines allgemeinen und gleichen Wahlrechts, wie es die Demokraten in Baden forderten; allein dies hätte zu einer Schwächung des bisherigen politischen Status des Bürgertums führen müssen. An der Haltung zum Wahlrecht ist der Wandel der liberalen badischen Führungsschicht vom Träger des politischen Fortschritts im Vormärz zum Verteidiger sozialkonservativer Interessen deutlich erkennbar. Karl Mathy, der im Vormärz für ein fortschrittliches Wahlrecht plädiert hatte, trat am 19. Februar 1849 in der Paulskirche für ein allgemeines, aber un-

78 Trützschler leitete die Verteidigung Mannheims und fiel in preußische Hände.
79 Bekenntnis Trützschlers: »Wenn die Gewalt die Rechte des Volkes verletzt, dann ist der Aufstand das Heiligste der Rechte und die unabweislichste der Pflichten. Paulskirche den 26sten März 1849 Wilhelm Adolph von Trützschler aus Dresden Vertreter des 13ten sächs. Bezirks« (Stadtarchiv Mannheim, Kleine Erwerbungen 170,1)

80 Die Hinrichtung Adolph v. Trützschlers am 14. August 1849 in Mannheim.

81 Nach dem Aufstand wird die »Karlsruher Zeitung« wieder großherzogliches Regierungsorgan. Die »Mannheimer Abendzeitung« ändert ihre Richtung.

Karlsruher Zeitung.

Organ des Landesausschusses.

Dienstag, 15. Mai.

N. 1. 1849.

Vorausbezahlung: jährlich 8 fl., halbjährlich 4 fl., durch die Post im Großherzogthum Baden 8 fl. 30 kr. und 4 fl. 15 kr. Einrückungsgebühr: die gespaltene Petitzeile oder deren Raum 4 kr. Briefe und Gelder frei. Expedition: Karl-Friedrichs-Straße Nr. 11, woselbst auch die Anzeigen in Empfang genommen werden.

Karlsruher Zeitung.

Organ der provisorischen Regierung.

Sonntag, 3. Juni.

N. 18. 1849.

Vorausbezahlung: jährlich 8 fl., halbjährlich 4 fl., durch die Post im Großherzogthum Baden 8 fl. 30 kr. und 4 fl. 15 kr. Einrückungsgebühr: die gespaltene Petitzeile oder deren Raum 4 kr. Briefe und Gelder frei. Expedition: Karl-Friedrichs-Straße Nr. 11, woselbst auch die Anzeigen in Empfang genommen werden.

Karlsruher Zeitung.

Mittwoch, 27. Juni.

N. 151. 1849.

Vorausbezahlung: jährlich 8 fl., halbjährlich 4 fl., durch die Post im Großherzogthum Baden 8 fl. 30 kr. und 4 fl. 15 kr. Einrückungsgebühr: die gespaltene Petitzeile oder deren Raum 4 kr. Briefe und Gelder frei. Expedition: Karl-Friedrichs-Straße Nr. 11, woselbst auch die Anzeigen in Empfang genommen werden.

Mannheimer Abendzeitung.

Sonntag, den 24. Juni.

1849. **No. 150.**

Abonnement in Mannheim vierteljährlich 1 fl. 24 kr., durch die Post bezogen in ganz Baden vierteljährlich 2 fl. 30 kr. im Ausland erhöht sich das Abonnement um den Postaufschlag. Inserate die gespaltene Zeile in Petitschrift oder deren Raum vier Kreuzer. — Briefe und Gelder frei einzusenden.

An die Abonnenten und Leser der „Mannheimer Abendzeitung."

Plötzlich eingetretene Verhältnisse veranlassen mich, die einstweilige Fortführung der Redaktion dieser Blätter Herrn Friedrich Moriz Hähner zu übergeben, der für dieselbe gerne alle Sorge tragen wird.

Mannheim, den 22. Juni 1849.   J. P. Grohe.

Mannheimer Abendzeitung.

Neue Folge.

Freitag, den 29. Juni.

1849. **No. 154.**

Abonnement in Mannheim vierteljährlich 1 fl. 24 kr., durch die Post bezogen in ganz Baden vierteljährlich 2 fl. 30 kr. im Ausland erhöht sich das Abonnement um den Postaufschlag. Inserate die gespaltene Zeile in Petitschrift oder deren Raum vier Kreuzer. — Briefe und Gelder frei einzusenden.

Zur Nachricht an die verehrlichen Abonnenten der Mannh. Abendzeitung.

Seit dem 23. d. Mts. habe ich das Eigenthumsrecht der Mannheimer Abendzeitung wieder an mich gezogen. Die Zeitung erscheint von heute an unter meinem Namen und meiner eigenen Redaktion, und alle Ansprüche des seitherigen Redakteurs Herrn J. P. Grohe sind somit erloschen.

Mit dem Redaktions-Wechsel hört alles Insinuiren von Seiten des Herrn J. P. Grohe auf die politische Richtung der Zeitung auf. Wir betreten unsern eigenen Weg, den der strengen Wahrheit und Freisinnigkeit auf dem Boden des Gesetzes und der Ordnung, werden aber gerade deßhalb gegen jede Willkühr und Unterdrückungslust auf das Entschiedenste ankämpfen.

Friedrich Moriz Hähner.

Scenen aus dem badisch-pfälzischen Bürgerkriege.

I.

Verwundete und gefangene preußische Krieger in den Händen der badisch-pfälzischen Schreckensherrschaft.

II.

Verwundete und gefangene badisch-pfälzische Soldaten und Volkswehrmänner in den Händen der k. preuß. Regierung.

III.

Versöhnungsfest nach der Unterdrückung des Aufstandes und Wiederherstellung der Ruhe und der gesetzlichen Ordnung und der wahren Freiheit!

Die Besetzung Badens durch die Preußen.

Der badische Thron im ersten Jahre, der badische Thron im zweiten Jahre, der badische Thron im dritten Jahre **des preußischen Schutzes.**

82/83 Das Ende des badisch-pfälzischen Aufstandes
(Karikaturen aus den »Leuchtkugeln« 1849)

gleiches Wahlrecht ein, bei dem auf einen »Höchstbesteuerten« 19 übrige Wahlberechtigte kommen sollten.[27] Mit einer solchen Wahlrechtsregelung wären selbst Teile der bürgerlichen Schichten benachteiligt worden. Der badische Liberalismus stand »in bezug auf seine soziale Basis auf sehr unsicherem Boden«.[28]

Die soziale Bewegung war programmatisch in die demokratische integrierbar, doch hart im gesellschaftlichen Raume stießen sich die Konflikte. In den Volksvereinen traten deutliche Abstoßungs-, aber auch Anziehungsprozesse auf. In den ersten Monaten des Jahres 1849 wurde ein gesellschaftlicher Riß zwischen Besitz und Nichtbesitz, zwischen dem Mann »im zwilchenen Kittel und den rauhen Manieren eines Proletariers«[29] und dem republikanisch gesinnten Bürger erkennbar. Dieser Vorgang ist deutlicher im Norden als im Süden Badens zu beobachten. Vielfach zogen sich die »besseren Bürger« aus den Volksvereinen zurück, wenn ein Handwerker im Vorstand zu Einfluß kam.[30] Manche Volksvereine, wie zum Beispiel der Eberbacher Volksverein, an dessen Spitze ein Weinhändler stand, bemühten sich, »das leider in großer Zahl vorhandene Proletariat darniederzuhalten«, wie es im amtlichen Bericht hieß.[31] So setzten sie einen für beitrittswillige Arbeiter kaum aufzubringenden Beitragssatz fest, obwohl der Landesausschuß in Mannheim die Mitgliedschaft nicht an Beitragsleistungen gebunden wissen wollte.[32]

In den führenden Vereinen wie denen von Mannheim, Heidelberg und Freiburg kam es dagegen zur Verbrüderung mit Arbeitern; freilich nicht ohne guten Grund. Man brauchte die »Arbeiter und Proletarier«, um sich »bei geeigneter Gelegenheit« auf sie als militärische Hilfskräfte stützen zu können.[33] Die Arbeitervereine waren vielfach mit der Beschaffung von Waffen beauftragt. In Mannheim bildete sich ein Arbeiterbataillon, in anderen Orten verstärkten Handwerker die Freikorps. Laut Engels schloß sich ihnen nach Ausbruch der Kämpfe auch ein Teil der ärmeren Landbevölkerung, Landarbeiter und Kleinbauern, an.[34] Der revolutionäre Kampf erhielt durch sie seine Heftigkeit.

Vor Ausbruch des Aufstandes befand sich Baden in einem Zustand der inneren Gärung, der allerdings durch die politische Konfliktlage in Deutschland noch unübersichtlicher wurde. Die Volksvereine vereinigten in sich zwei Flügel, einen »social-demokratischen« und einen republikanischen. Der republikanische Flügel der »Volkshonoratioren« besaß, wie sich bei den Wahlen zum Landesausschuß – am Vorabend der Volksversammlung – in Offenburg und später bei der »Constituierenden Versammlung« herausstellte, die Mehrheit; Brentano war ihr Repräsentant. Der linke Flügel konnte aber in entscheidenden Momenten eine überraschende Dynamik entfalten. Die geschickte Führung Goeggs vermochte – in Brentanos Abwesenheit – die Offenburger Volksversammlung mitzureißen und das Geschehen zu bestimmen. Das »Volk« stürmte so lange über die »Volkshonoratioren« hinweg, bis Brentano sich an die Spitze der Bewegung stellte und mit taktischer Überlegenheit den revolutionären Flügel überspielte. Wie aus einer Analyse der politischen Führungsschicht der demokratischen Bewegung hervorgeht – siehe Anhang –, rekrutierte sich diese vornehmlich aus dem mittleren Bürgertum und Kleinbürgertum; die Unterschichten waren darin noch kaum vertreten. Diese *begannen* erst, sich zu artikulieren und um Führungspositionen zu kämpfen. Eine Klärung, ein Ausgleich zwischen beiden Flügeln der Volksvereine oder eine Abspaltung hätte aber Zeit gebraucht, die nicht zur Verfügung stand.

Sozialrevolutionäre Agitation, wie sie Marx und Engels in Köln mit großer Heftigkeit betrieben, fand unter den gegebenen Umständen allein schon deshalb in Deutschland Gehör, weil sie die einzige Antwort auf die preußische Reaktionspolitik zu sein schien. Marx und Engels gingen von dem theoretischen Konstrukt aus, daß das Proletariat am Beginn eines weltweiten revolutionären Klassenkampfes stehe und daß es nun darauf ankomme, ihm durch eine Verschärfung der gesellschaftlichen Spannungen die Führung zu sichern. Dadurch verkannten sie aber die realen Kräfteverhältnisse und konnten allzuleicht eine Gegenwirkung erzielen, welche die republikanischen Bewegungen gerade im Südwesten schwächte, statt sie zu stärken. Die erste öffentliche Stellungnahme Ficklers nach seiner Entlassung aus dem Gefängnis galt daher dem Versuch, die auseinanderstrebenden Kräfte zu integrieren und vor einer »Verdammung« des »langsameren Weges« »für gesellschaftliche Verbesserung« zu warnen:

> »Wenn wir die Neue Rhein. Ztg. durchlesen – sicherlich ein hochverdientes Blatt für den entschiedensten Fortschritt in politischer und gesellschaftlicher Richtung – so wären wir bei etwas minderer Gläubigkeit fast versucht, zu der Meinung zu kommen, daß die ganze Welt des Fortschritts ›am Schlepptau‹ der Herren Marx und Genossen hänge, und wer es wage, eigenes Fahrwasser zu suchen, unfehlbar an den Felsen stranden müsse.«[35]

Nur das Eintreten für die Reichsverfassung, nicht sozialrevolutionäre Agitation konnte, vor allem mit Rücksicht auf die angespannt-widersprüchliche Lage Württembergs, Erfolg versprechen. »Republik« hatte selbst bei bürgerlich-liberalen »Demokraten« einen sozialrevolutionären Beigeschmack.

Fickler und Hoff suchten am 27. Mai als Abgesandte des Landesausschusses in Baden die große Volksversammlung von Reutlingen und damit Württemberg zur bewaffneten Erhebung für die Reichsverfassung zu bewegen[36], doch vergebens. Die Ereignisse in Baden verschreckten manche, die zuvor König Wilhelm noch zur Annahme der Reichsverfassung gezwungen hatten. Der »März-Minister« Römer besaß in der Reichsverfassungskampagne im Mai und Juni 1849 eine politische Schlüsselstellung. Je mehr sich die Ereignisse im Nachbarland zuspitzten, desto mehr zog er sich – wie zuvor die liberalen Minister Badens – auf einen antirevolutionären »Rechtsboden«[37] zurück. *Konnte* er denn unter dem Zwang der »realen Möglichkeiten und Machtverhältnisse«[38] anders handeln? Offensichtlich *wollte* er nicht anders handeln, er *wollte* nicht das Gewicht Württembergs in die Waagschale gegen Preußen werfen und die Machtverhältnisse verändern.

Damit hatte die Reichsverfassungskampagne, die nach Ansicht von Zeitgenossen – sowohl Häussers wie Engels'[39] – das Blatt der Revolution noch hätte wenden können, erheblich an Chancen eingebüßt. Preußen wollte keinen Kompromiß mit der Nationalversammlung und noch weniger eine Schonung der demokratischen Bewegungen Süddeutschlands. Sie hätten eine Alternative zu den preußischen Unionsplänen in Deutschland[40] und eine fortwährende Beunruhigung und Bedrohung der inneren Verhältnisse Preußens selbst bedeutet. Die »Schule des Liberalismus«, die Baden nach einem Wort Schnabels im Vormärz darstellte, war für Preußens Führung lästig genug, jeden Ansatz einer »Schule der Demokratie«, zu welcher der deutsche Südwesten nach der Revolution hätte werden können, wollte sie unter allen Umständen verhindern. Über die preußische Kompromißlosigkeit täuschten sich Liberale und Demokraten in gleicher Weise. Die Regierung Brentano wollte den Erfolg von geheimen Verhandlungen mit der vermittelnden Zentralgewalt – die Reichskommissare Zell und Christ hatten vage Zusicherungen über einen Nichtangriff Preußens gegeben[41] – mit defensivem Wohlverhalten nicht gefährden, doch sie saß der Täuschung oder der Selbsttäuschung auf und paralysierte nur die eigenen Führungskräfte. Der innere Gärungsprozeß Badens kam hinzu. Das Zusammentreffen einer sozialen Umbruchsituation *und* einer immer ungewisser werdenden revolutionären Erhebung mußte die gegensätzlichen Richtungen polarisieren und die Kräfte des Landes zersplittern. Eine rechtzeitige Offensive, ein rettender Fanal-Erfolg waren unter diesen Umständen nicht möglich.

Doch bedeutsamer als die Eventualitäten eines Erfolges des badisch-pfälzischen Aufstandes ist aus heutiger Sicht, daß sich im Südwesten Deutschlands, von breiten Schichten der Bevölkerung getragen, eine demokratische Lebensform zu entwickeln begann. Die Emanzipation der gesellschaftlichen Kräfte vom Obrigkeitsstaat war vollzogen, im Umbruch wurde eine neue politische Form sichtbar. Drei politische und soziale Richtungen, deren gegenseitiges Kräfteverhältnis noch nicht bestimmt war, zeichneten sich ab: eine »social-demokratische«, geführt vom linken Flügel der Volksvereine, eine demokratische Mittelpartei und eine liberal-konservative Partei, wie sie sich in den Vaterländischen Vereinen organisiert hatte. Diese »Parteien« – nunmehr im parlamentarischen und nicht nur weltanschaulichen Sinne des Vormärz – hätten im Rahmen einer parlamentarischen Verfassung ihre Lebensfähigkeit beweisen können. Die Selbstverwaltung der Gemeinden und die örtlichen Volksvereine wurden als Basis eines neuen Staatsaufbaus erkennbar. Das Bild der Revolutionsperiode in Südwestdeutschland wäre aber unvollständig, berücksichtigte man nicht die eigenständigen Impulse zu einer politischen, sozialen und kulturellen Neugestaltung. Die »Heranbildung aller Bürger durch Erziehung und öffentliches Leben«, bemerkte ein führender Demokrat, könne die Möglichkeit schaffen, daß »das Volk nach und nach seine Verhältnisse *aus sich selbst* entwickle«.[42]

Dieses Wort könnte als Motto über der Geschichte des Vormärz und der Revolution in Deutschland, nicht zuletzt aber im deutschen Südwesten, stehen.

Anhang
Zur Sozialgeschichte der Revolution in Baden

1. Die 603 Hauptbeteiligten der Revolution 1848/49 ─────────
2. Die 74 Mitglieder der »Constituierenden Versammlung*« ─ ─ ─ ─ ─

Beruf	Anzahl	Vergleichende Darstellung
Jurist. Berufe, Advokat, Rechtsprakt.	68 / 17	
Lehrer (Volksschule)	61 / 10	
Kaufleute (Wein, Korn u. ä.)	55 / 3	
Bürgermeister, Gemeinderäte, -schreiber	48 / 10	
Wirte, Bierbrauer	48 / 3	
Ärzte (prakt.)	35 / 5	
Pfarrer (1 Rabbiner)	23 / 6	
Bauern	22 / 3	
Apotheker	13 / 1	
Soldaten (Unteroffz.)	13 / 2	
Schneider	13 / —	
Müller	13 / 1	
Schriftverf., Literat, Redakteur	12 / 3	
Polizei-, Amtsdiener	8 / —	
Posthalter, -expeditor	8 / 2	
Frauen	7 / —	
Fabrikant (Essig, Seide u. ä.)	5 / 2	
Tagelöhner	5 / —	
Andere Berufe (Förster, Buchhalter u. a.)	38 / 1	
Andere handwerkliche Berufe	98 / 3	

Als Hauptbeteiligte gelten:
»notorische Wühler«, Zivilkommissare der Revolutionsregierung 1849, Freischarenführer, Wehrausschußmitglieder.

Quelle:
GLA 236/8510 (Hauptbeteiligte),
Häusser, S. 517 f. (»Constituierende Versammlung«).

Handwerkliche Berufe:
Schuster, Maurer, Schmied, Wagner, Färber, Bäcker u. a.

* Die graphische Darstellung der 74 Mitglieder der »Constituierenden Versammlung« ist zur Zahl der Hauptbeteiligten ins Verhältnis gesetzt.

Die Träger der demokratischen und sozialen Bewegung

Die Frage nach den Trägern der revolutionären Bewegung insbesondere für das Jahr 1849 gehört zu den Kernfragen der 48er Forschung.[1] Die im Zuge der »Pazifizierungsmaßnahmen« in Baden angestellten umfangreichen Erhebungen über die Teilnehmer der Revolution[2] – sie dienten der gerichtlichen Verfolgung und der Haftbarmachung für Revolutionsschäden – verdienen eine ausführlichere Auswertung, als dies hier geschehen kann. Hier kann nur das besonders aussagekräftige Verzeichnis der »Hauptbeteiligten« der Revolution, das von den Behörden im ganzen Lande erstellt wurde und repräsentativen Charakter besitzt, näher betrachtet werden. In diesem Verzeichnis wurden die »notorischen Wühler«, führende Teilnehmer der drei Aufstände, Freischarenführer, Zivilkommissare der republikanischen Regierung, Vorsitzende und Mitglieder der Wehrausschüsse der Volksvereine, insgesamt 603 Personen, mit Namen und Berufsangabe erfaßt.[3]

Als Hauptträger der revolutionären Bewegung treten auf: juristische Berufe (Advokaten, Rechtspraktikanten) mit 11%; Volksschullehrer mit 10%[4]; Kaufleute (Wein-, Kornhändler u. ä.) mit 9%; Bürgermeister, Gemeinderäte und Ratsschreiber mit 8%; ebenso auch Wirte und Bierbrauer[5] mit 8%. Ebenso stark vertreten wie die beiden letzten Berufsgruppen waren auch die Ärzte (6%) und Apotheker (2%).[6] Der für die badische Revolution charakteristische Legitimitätsverlust der großherzoglichen Regierung kommt in der aktiven Beteiligung der Kommunalverwaltungen, in der Teilnahme der Soldaten (Unteroffiziere 2%) sowie von Polizei- und Amtsdienern (1,5%) zum Ausdruck. Überraschen muß ferner, daß auch Pfarrer und Kapläne (4%) entgegen dem Willen ihrer kirchlichen Obrigkeit den Umsturz unterstützten.[7]

Auch das soziale Erscheinungsbild der Vorstände der demokratischen Vereine[8], die über deren Ziel des politischen Umsturzes – wenngleich möglichst gewaltlos – nicht im unklaren sein konnten, lassen an der breiten Verankerung der Revolution keinen Zweifel. Die »klassische« Zusammensetzung bestand in Weinheim im Bürgermeister als erstem Vorsitzendem, dem Schullehrer als Schriftführer und dem Wirt als Kassierer; die Funktion des Schriftführers konnte auch der Ratsschreiber übernehmen. Je nach der Struktur des Ortes konnten auch handwerkliche Berufe wie in Säckingen[9] oder Bauern wie im Orts-

verein Freiburg Land die Leitung des Vereins ganz oder teilweise ausüben. Vermutlich gehörten sie zu den eher besitzenden Schichten. Hervorragenden Anteil nahmen die Landärzte, die vielfach den Vereinsvorstand stellten oder 1849 die Funktion eines Zivilkommissars übernahmen.
Gegenüber diesen mittleren Führungsschichten trat jedoch das eigentliche Kleinbürgertum, die handwerklichen Berufe (20,5%) und die Bauern (3,5%), deutlich zurück, es stellte aber immerhin – mit überdurchschnittlicher Beteiligung der Schneider und Müller – jeden vierten »Hauptteilnehmer« der Revolution. Die Zwischenschicht der Volksschullehrer fungierte vielfach als »Transmissionsriemen« zwischen mittlerem Bürgertum und Unterschichten.
Selbständige Handwerker und unselbständige, also Handwerksgesellen, die im »Verzeichnis« nicht unterschieden werden, gehörten überwiegend zum nichtbesitzenden Bürgertum oder zur Unterschicht, zum »Proletariat«[10]. War es unter den »Hauptteilnehmern«, den revolutionären Vertrauensleuten, bereits deutlich unterrepräsentiert, so war es in der Führungsschicht um Brentano, im Landesausschuß der Volksvereine und in der »Constituierenden Versammlung« von 1849[11] kaum noch vertreten. In der »Constituierenden Versammlung« von 1849, die unter Wahlenthaltung der liberalen und konservativen Schichten nach allgemeinem und gleichem Wahlrecht zustande kam und nach Ausbruch der Kämpfe am 10. Juni zusammentrat, schrumpfte sein Anteil (mit Bauern) von 24% auf 5,4%, während der Anteil der Advokaten von 11% auf 23% stieg. In diesem Zahlenverhältnis tritt die Zwiespältigkeit des badisch-pfälzischen Aufstandes deutlich hervor. Während die Führungsschicht der Erhebung die defensive Linie Brentanos unterstützte, erhielt sie durch die kaum in ihr vertretenen Unterschichten die revolutionäre Stoßkraft. Einen bedeutenden Anteil an der Revolution hatten auch junge Leute, die bereits mit 18 Jahren Mitglied der Volksvereine werden konnten. Rechtspraktikanten machten die Hälfte der aus juristischen Berufen kommenden »Haupttäter« aus. Itzstein beklagte sich über die »jungen Demokraten«, die alles besser wissen wollten.[12] Die Söhne gingen den von ihren Vätern eingeschlagenen Weg vielfach noch weiter. Der junge Dr. Welcker, der am Aufstand 1849 als Regimentsarzt teilnahm, nannte seinen Vater einen »Volksverräter«, weil er den Hecker-Aufstand verurteilte.[13]
Auch Frauen begnügten sich nicht immer mit dem Nähen von Fahnen und Uniformen, sondern griffen manchmal tatkräftig ins Geschehen ein. Angeführt von der ledigen Sofia Sieger, setzte eine Gruppe Frauen (Ehefrau des Lehrers, Tochter des Polizeidieners u. a.) während des Hecker-Aufstandes den Auszug der Bürgerwehr in Meßkirch durch.[14]

Anmerkungen

Einleitung: Welche Wege führen von Hambach nach Rastatt?

1. Karl Dietrich Bracher: Deutschland zwischen Demokratie und Diktatur. Beiträge zur neueren Politik und Geschichte, Bern/München 1964, S. 7; zum »Sonderweg« der neueren deutschen Geschichte vgl. Ernst Fraenkel: Historische Vorbelastung des deutschen Parlamentarismus, in: Theodor Eschenburg u. a., Der Weg in die Diktatur, München 1963, S. 32; Helmuth Plessner: Die verspätete Nation, Stuttgart 1959; Ralf Dahrendorf: Gesellschaft und Demokratie in Deutschland, München 1965.
2. Dieter Kakies (Hg.): Deutsche Verfassungen. Die grundlegenden Dokumente deutscher Demokratie von der Paulskirche bis zum Grundgesetz, München 1965, vgl. S. 29 ff., S. 110 ff.
3. Paul Wentzcke: 1848. Die unvollendete deutsche Revolution, München 1938.
4. Franzjörg Baumgart: Die verdrängte Revolution. Darstellung und Bewertung der Revolution von 1848 in der deutschen Geschichtsschreibung vor dem Ersten Weltkrieg, Düsseldorf 1976.
5. Veit Valentin: Geschichte der Deutschen Revolution 1848–1849, Köln/Berlin 1970, Bd. II, S. 548 (zit. Valentin).
6. Walter Grab (Hg.): Die Revolution von 1848/49. Eine Dokumentation, München 1980 (Einleitung).
7. Vgl. Wilhelm Keil: Lehren der Geschichte, S. 20, in: Deutschland 1848–1948. Beiträge zur historisch-politischen Würdigung der Volkserhebung von 1848/49, hg. von Wilhelm Keil, Stuttgart 1948; mit Beiträgen von Franz Schnabel: Das Land Baden und die Revolution von 1848/49, S. 56–70; Theodor Heuss: 1848 in Württemberg, S. 71–80; Erwin Schöttle: 1848. Hundert Jahre politischer Freiheitskampf der Deutschen, S. 136–141.
8. Manfred Botzenhart: Baden in der deutschen Revolution 1848/49, in: Oberrheinische Studien II, hg. von Alfons Schäfer, Karlsruhe 1973, S. 61–91.
9. Noch im Jahre 1845 wagte kein pfälzischer Abgeordneter in München Presse- und Gewissensfreiheit zu fordern. In einer Dankadresse des Landtags an den absolutistischen König Ludwig I. bekannten sie: »Untertan eines solchen Königs zu sein, ist der Bayern Stolz« (Georg Friedrich Kolb: Lebenserinnerungen eines liberalen Demokraten 1804–1884, hg. von Ludwig Merckle; Vorwort, Lebensbild Kolbs und Nachlaßbearbeitung von Elmar Krautkrämer, Freiburg 1976, S. 96 f.).
10. Heinrich v. Treitschke: Deutsche Geschichte im 19. Jahrhundert, 5 Bde., Leipzig 1927 ff.; Bd. V, S. 341.
11. Botzenhart, S. 74.
12. Bernhard Mann: Die Württemberger und die Nationalversammlung 1848/49, Düsseldorf 1975, S. 375.
13. Hans Herzfeld: Das Land Baden. Grundlagen und Geschichte, Freiburg 1948, S. 55.
14. Lothar Gall: Der Liberalismus als regierende Partei, Wiesbaden 1968, S. XII.
15. Valentin II, S. 535.
16. Otto v. Corvin, ehemals preußischer Offizier, entging in Rastatt nur knapp dem Standgericht.

17 Valentin II, S. 535.
18 Botzenhart, S. 61.
19 Valentin II, S. 540 und 552; in Baden wanderte jeder 18., im übrigen Deutschland nur jeder 40. im Jahrfünft nach 1849 aus.
20 Wolfram Fischer: Staat und Gesellschaft Badens im Vormärz, a. a. O., S. 144.
21 Vgl. S. 294 ff.
22 Fischer, a. a. O., S. 144 f.
23 Konrad Krimm, Herwig John: Herr Biedermeier in Baden, Stuttgart 1981.
24 Rottecks Schriften, Bd. IV, S. 313.
25 Richter, S. 387; noch heute in einigen Aspekten grundlegend: Rudolf Stadelmann: Soziale und politische Geschichte der Revolution von 1848, München 1948 (zitiert wird nach 2. Aufl. 1970); Ludwig Bergsträßer: Die parteipolitische Lage beim Zusammentreten des Vorparlaments, in: Zeitschrift für Politik 6, 1913, S. 594–620; Gustav Hebeisen: Die Kämpfe der politischen Parteien in Baden am Vorabend des Frühjahrsaufstandes von 1848, in: Zeitschrift der Gesellschaft für Beförderung der Geschichts-, Altertums- und Volkskunde von Freiburg 25, 1909, S. 1–50.
26 Franz Schnabel: Deutsche Geschichte im 19. Jahrhundert II, 1949, 2. Aufl., S. 226; Leonhard Müller: Badische Landtagsgeschichte, 4 Bde., Berlin 1900/1902; ders.: Die politische Sturm- und Drangperiode Badens (1840–1850), 2 Bde., Mannheim 1905/06; vgl. Valentin II, S. 609; Karl Ruckstuhl: Der badische Liberalismus und die Verfassungskämpfe 1841/1843, Heidelberg 1911.
27 Gall untersuchte den badischen Liberalismus als »regierende Partei« in der Periode zwischen Restauration und Reichsgründung und wies eingehend auf die strukturellen Schwächen des Großherzogtums seit seiner Gründung zu Beginn des Jahrhunderts hin (Lothar Gall: Der Liberalismus als regierende Partei. Das Großherzogtum Baden zwischen Restauration und Reichsgründung, Wiesbaden 1968). Die Regierungspolitik des Großherzogtums im Vormärz beleuchtet v. Hippel in seiner Biographie des führenden konservativen Politikers Badens, des Reichsfreiherrn v. Blittersdorff, und in der Untersuchung über den Mannheimer Gesellenverein 1844/1847 (Wolfgang v. Hippel: Friedrich Landolin Karl von Blittersdorff [1792–1861]. Ein Beitrag zur badischen Landtags- und Bundespolitik im Vormärz, Stuttgart 1967; ders.: Der Mannheimer Gesellenverein und seine Auflösung [1844/47]. Ein Beitrag zum Vereinswesen des Vormärz, in: Historia integra, Festschrift für Erich Hassinger, Berlin 1977, S. 219–249). Fischer stellt die Sozial- und Wirtschaftsgeschichte Badens im Vormärz dar (Wolfram Fischer: Staat und Gesellschaft Badens im Vormärz, in: Staat und Gesellschaft im deutschen Vormärz 1815–1848, hg. von Werner Conze, Stuttgart 1962, S. 143–171; ders.: Der Staat und die Anfänge der Industrialisierung in Baden 1800–1850, 1. Bd. Die staatliche Gewerbepolitik, Berlin 1962).
Unter ereignisgeschichtlichen Gesichtspunkten hat Karl-Georg Faber die badische Revolution ausführlich gewürdigt (Karl-Georg Faber: Restauration und Revolution. Von 1815–1851, S. 208 ff., in: Handbuch der deutschen Geschichte, Bd. 3/I, 2. Teil, Deutsche Geschichte im 19. Jahrhundert, hg. von Leo Just, Wiesbaden 1980); neue Akzente besonders zur Reichsverfassungskampagne und zum Vereinswesen 1849 setzte auch Franz X. Vollmer in der »Geschichte des Großherzogtums Baden«, in der auch Lothar Gall auf die strukturellen Probleme des Großherzogtums seit seiner Gründung hinwies (Franz X. Vollmer: Die 48er Revolution in Baden, S. 37–64; Lothar Gall: Gründung und politische Entwicklung des Großherzogtums Baden bis 1848, S. 11–36; in: Badische Geschichte. Vom Großherzogtum bis zur Gegenwart von Josef Becker, Lothar Gall u. a., hg. von der Landeszentrale für politische Bildung, Stuttgart 1979; ergänzend Hans Fenske: Der liberale Südwesten. Freiheitliche und demokratische Traditionen in Baden und Württemberg 1790–1933, Stuttgart 1981).
28 Vgl. Rainer Wirtz: »Widersetzlichkeiten, Exzesse, Crawalle, Tumulte und Skandale«. Soziale Bewegung und gewalthafter sozialer Protest in Baden 1815–1848, Frankfurt/M. 1981; Reinhold Reith: Der Aprilaufstand von 1848 in Konstanz. Zur biographischen Dimension von »Hochvrrath und Aufruhr«. Versuch einer historischen Protestanalyse, Sigmaringen 1982 (Konstanzer Geschichts- und Rechtsquellen, Bd. 28).
29 Vgl. dazu Utz Haltern: Politische Bildung und bürgerlicher Liberalismus. Zur Rolle des Konversationslexikons in Deutschland, HZ 223, 1976, S. 61–97.

30 Hanno Tauschwitz: Presse und Revolution 1848/49 in Baden. Literaturverhältnisse Mitte des 19. Jahrhunderts im deutschen Südwesten. Ein Beitrag zur Sozialgeschichte der periodischen Literatur Badens und zu ihrem Einfluß auf die Geschichte der badischen Revolution von 1848/49. Diss. Heidelberg 1981; Tauschwitz bietet einen wichtigen theoretischen Ansatz zur Genese der Revolution, überschätzt aber insgesamt wohl die Bedeutung der Presse für das Jahr 1848/49.
31 Eberhard Naujoks: Pressepolitik und Geschichtswissenschaft, in: Geschichte in Wissenschaft und Unterricht, Jg. 22, Heft 1, S. 17.
32 Mann, S. 16.
33 Manfred Overesch: Demokratie und Presse während der 48er Revolution in Preußen, in: Stadtverfassung, Verfassungsstaat, Pressepolitik; Festschrift für Eberhard Naujoks zum 65. Geburtstag, hg. von Franz Quarthal und Wilfried Setzler, Sigmaringen 1980, S. 361–380.
34 Auf die Notwendigkeit »pressegeschichtlicher Untersuchungen« zur Erforschung des sogenannten »kleinbürgerlichen Demokratismus« wurde neuerdings auch von DDR-Historikern wie Rolf Weber hingewiesen (Rolf Weber: Zur Frage der Annäherung von kleinbürgerlichen Demokraten an die Position der Arbeiterklasse, in: Jenaer Beiträge, Nr. 32/33, 1972, S. 59.
35 Overesch, S. 372.
36 Ralf Dahrendorf: Zu einer Theorie des sozialen Konflikts, S. 108 ff., in: Theorien des sozialen Konflikts, hg. von R. Zapf, Köln/Berlin 1969.
37 Vgl. S. 124 ff.
38 Vgl. S. 223.
39 Vgl. S. 223, 296.
40 Werner Boldt: Konstitutionelle oder parlamentarische Demokratie. Die Auseinandersetzung um die deutsche Nationalversammlung in der Revolution von 1848, in: HZ, Bd. 216, 1973, S. 584.
41 Bernhard Mann: Das Ende der deutschen Nationalversammlung im Jahre 1849, HZ 1972, S. 265–308.
42 Zum Begriff der Struktur vgl. Karl-Georg Faber: Theorie der Geschichtswissenschaft, München 1971, S. 113 f.
43 Zur Hermeneutik historischer Quellen vgl. Faber, S. 102 ff.

Erstes Kapitel: Bürger oder Untertan? Das Scheitern des Frühliberalismus und des Radikalismus zur Zeit des Hambacher Festes

Obrigkeitsstaat oder Demokratie – ein Paradigmenwechsel

1 Gustav Struve: Geschichte der drei Volkserhebungen in Baden, Bern 1849, S. 3
2 A. a. O.
3 Reinhart Koselleck: Die agrarische Grundverfassung Europas zu Beginn der Industrialisierung, S. 230 ff., in: Bergeron, Furet, Koselleck, Das Zeitalter der europäischen Revolutionen 1780–1848, Frankfurt 1969.
4 Herbert Stein: Psychoanalytische Selbstpsychologie und die Philosophie des Selbst, Meisenheim am Glan 1979, S. 36.
5 Ernst Bloch, in: Rainer Traub und Harald Wieser: Experimentum Mundi aus der Schwefelbude, Frankfurter Rundschau 39/15. 2. 1975/III, zit. nach Stein, S. 36.
6 Stein, S. 58.
7 Friedrich Hegel: Die Philosophen der Weltgeschichte, hg. von G. Lasson, Leipzig 1944, S. 926.
8 Dazu Karl Griewank: Der neuzeitliche Revolutionsbegriff. Entstehung und Entwicklung, 2. erw. Aufl. Frankfurt am Main 1969, S. 210 ff.; Jürgen Habermas: Hegels Kritik der Französischen Revolution, in: Theorie und Praxis, Sozialphilosophische Studien, 2. Aufl. 1967, S. 89–107.
9 Habermas, a. a. O., S. 89.

10 Immanuel Kant: Werke, hg. von Ernst Cassirer, Berlin 1912 ff., Bd. VII, Der Streit der Fakultäten, S. 391, 397.
11 Grundlegend zum Begriff des »Paradigmenwechsels« vgl. Thomas Kuhn: Die Entstehung des Neuen. Die Struktur wissenschaftlicher Revolutionen, Frankfurt/M. 1980, S. 106, 123.
12 Carl Friedrich von Weizsäcker: Der Garten des Menschlichen. Beiträge zur geschichtlichen Anthropologie, 6. Aufl., München 1978, S. 65.
13 v. Weizsäcker, a. a. O., S. 81.
14 Alexis de Tocqueville: Démocratie en Amerique, Paris 1835, 1840.
15 Carl Friedrich v. Weizsäcker: Wege in der Gefahr. Eine Studie über Wirtschaft, Gesellschaft und Kriegsverhütung, München 1976, S. 264; ders.: Der Garten des Menschlichen, S. 251.
16 v. Weizsäcker, Der Garten des Menschlichen, S. 508.
17 Stefan Leber: Selbstverwirklichung, Mündigkeit, Sozialität. Eine Einführung in die Idee der Dreigliederung des sozialen Organismus (Perspektiven der Anthroposophie), Frankfurt 1982.
18 Rudolf Steiner: Kernpunkte der sozialen Frage in den Lebensnotwendigkeiten der Vergangenheit und Zukunft, Dornach 1919.
19 Dazu grundlegend Leber, S. 39–55.
20 Helmuth Plessner: Grenzen der Gemeinschaft. Eine Kritik des sozialen Radikalismus (1924), S. 7–134, in: Gesammelte Schriften, Bd. V, Macht und menschliche Natur, hg. von Günter Dux, Odo Marquardt und Elisabeth Ströker (u. a.), Frankfurt 1981, S. 14.
21 v. Weizsäcker, Wege in Gefahr, S. 253.
22 Innenminister Winter drückte z. B. in einem Brief an Rotteck die Meinung aus, daß Radikale wie er und Reaktionäre einander bedingten, um »das Rad, das Sie, mein Herr Hofrath und Ihres Gleichen, in ihrer tollen Weise kopfüber, kopfunter den Berg hinuntertreiben, von Zeit zu Zeit etwas aufzuhalten, damit es nicht alles zerschmettert [. . .]« (Rotteck, Bd. IV, S. 144, Brief Winters vom 6. 6. 1835).
23 Vgl. S. 176.
24 Otto Dann: »Gleichheit«, in: Geschichtliche Grundbegriffe, a. a. O., Bd. II, S. 1030.
25 A. a. O., S. 1030.
26 A. a. O., S. 1030.
27 Werner Boldt: Konstitutionelle Monarchie oder parlamentarische Demokratie, in: HZ, Bd. 216 (1973), S. 560.
28 Dann, a. a. O., S. 1030.
29 Hans Maier, Christian Maier, Hans Leo Reimann: »Demokratie«, in: Geschichtliche Grundbegriffe, a. a. O., Bd. I, S. 884.
30 A. a. O., S. 884.
31 Vgl. S. 183.
32 Wilhelm Michael Schaffroth: Was ist radical? in: Vorwärts! Volkstaschenbuch für das Jahr 1847, hg. von Robert Blum, 5. Jg., Leipzig 1847, S. 208 ff.
33 A. a. O., S. 212.
34 Vgl. S. 223 ff.
35 Seebl. 227/22. 9. 1848.
36 Vgl. S. 293 ff.
37 Der Festungsbote 10/18. 7. 1849.
38 Valentin, Bd. II, S. 536.
39 Vgl. S. 301 ff.
40 Franz Schneider: Pressefreiheit und politische Öffentlichkeit. Studien zur politischen Geschichte Deutschlands bis 1848, Neuwied/Berlin 1966, S. 11 f., S. 55 ff.; Lucian Hölscher: Öffentlichkeit, in: Geschichtliche Grundbegriffe, Bd. IV, S. 413–467, besonders S. 444 ff.; »Öffentliche Meinung« und »Öffentlichkeit«, in: dtv-Wörterbuch zur Publizistik, hg. von Kurt Koszyk und Karl Pruys, 4. verb. Auflage 1976, S. 246–248.
41 Siegfried Landshut: Volkssouveränität und öffentliche Meinung, in: Gegenwartsprobleme des internationalen und öffentlichen Rechts und der Rechtsphilosophie, Festschrift für Rudolf Laun, Hamburg 1953,

S. 579–586; »öffentliche Meinung« soll im folgenden qualitativ, nicht demoskopisch verstanden werden.
42 Vgl. den Satz Immanuel Kants im Traktat »Zum ewigen Frieden«, 1795, zweiter Anhang: »Alle auf das Recht anderer Menschen bezogenen Handlungen deren Maxime sich nicht mit Publizität verträgt, sind unrecht.« Zu Kants Bejahung der Französischen Revolution vgl. Eberhard Naujoks: Die Französische Revolution und Europa, Stuttgart 1969, S. 80.
43 Vgl. Jürgen Habermas: »Öffentlichkeit« in Staat und Politik, hg. von Ernst Fraenkel und Karl Dietrich Bracher, Frankfurt 1964, S. 223.
44 Carl Friedrich von Weizsäcker: Wege in der Gefahr. Eine Studie über Wirtschaft, Gesellschaft und Kriegsverhütung, München und Wien, 1976, S. 259.
45 Vgl. Carl Friedrich von Weizsäcker: Der Garten des Menschlichen, S. 246 ff.
46 Naujoks, Die Französische Revolution und Europa, S. 78.
47 Peter Wende: Der Revolutionsbegriff der radikalen Demokraten, in: Ideen und Strukturen der deutschen Revolution 1848, a. a. O., S. 57–68.
48 Karl v. Rotteck: Gesammelte und nachgelassene Schriften mit Biographie und Briefwechsel, 5 Bde., hg. von Herrmann v. Rotteck, Bd. II, S. 407.
49 A. a. O.
50 Rolf Engelsing: Zur Sozialgeschichte deutscher Mittel- und Unterschichten. Kritische Studien zur Geschichtswissenschaft, 2. erw. Aufl., Göttingen 1978; Rudolf Stadelmann, Wolfram Fischer: Die Bildungswelt des deutschen Handwerkers um 1800. Studien zur Soziologie des Kleinbürgers im Zeitalter Goethes, Berlin 1955.
51 Jürgen Habermas, Strukturwandel der Öffentlichkeit. Untersuchungen zu einer Kategorie der bürgerlichen Gesellschaft, 2. Aufl., Neuwied/Berlin 1965.
52 Rotteck, Schriften, Bd. IV, S. 465.
53 Welcker verstand dies in einem wörtlichen und sehr wirkungsvollen Sinn. Er veröffentlichte die geheimen Schlußprotokolle der Wiener Konferenzen von 1834 sowie die vollständigen Protokolle der Karlsbader Konferenzen, die er aus dem Nachlaß des führenden Staatsrechtlers Johann Ludwig Klüber erhalten hatte (Klüber/Welcker: Wichtige Urkunden für den Rechtszustand der deutschen Nation, 1844); Treitschke, Bd. III, S. 322.
54 Vaterländische Hefte, Bd. 2: Die Verfassungsfeier in Baden am 22. August 1843, hg. von Karl Mathy, Mannheim 1843, Rede J. B. Bekks zur Verfassungsfeier, S. 16.
55 Artikel »Öffentliche Meinung« (Musemann) in: Allgemeine Enzyklopädie der Wissenschaften und Künste, hg. von J. S. Ersch, J. G. Gruber, M. H. E. Meier und L. F. Kaintz, 3. Sektion, 1.2. Teil, S. 52–54, Leipzig 1830; vgl. auch Art. »Öffentlichkeit«, ebd., S. 54–56.
56 »Der Leuchtthurm, ein politisches Tagblatt für Deutschland und die Schweiz«, hg. von Ignaz Vanotti in Konstanz, 1/20. 9. 1838.
57 Immanuel Kant: Vom Verhältnis der Theorie zur Praxis im Staatsrecht, 1793; Neudruck Hamburg 1959, S. 97 ff. Kant wollte damit gerade die gewaltsame »Wiedersetzlichkeit gegen die oberste gesetzgebende Macht«, also auch eine Revolution nach französischem Vorbild, ausschließen (vgl. Schneider, S. 98).
58 Deutsche Volkshalle, 5/7. 1. 1840.
59 Der im Vormärz übliche Ausdruck «Preßfreiheit« weist auf den Vorgang des Buchdrucks hin, bei dem durch »Pressen« das einzelne Blatt, auch das Zeitungsblatt, hergestellt wurde. Die wirksamste Kontrolle über Publikationen blieb lange die Überwachung der Buchdruckereien, zu deren Betrieb eine behördliche Konzession benötigt wurde. Die Veröffentlichung einer nicht gebilligten Schrift konnte durch Verbot des Drucks durchgesetzt werden (vgl. Balser, Erwachsenenbildung. S. 67).
60 Karl Theodor Welcker: Die ganze und vollkommene Preßfreiheit, 1832; ebenso sprach Rotteck vor der 2. Kammer von der »Heiligkeit der freien Presse« (Verh. 1839/40, Beilagenheft Nr. 2, Sitzung vom 24. 6. 1839, S. 276).
61 Das Staats-Lexikon. Enzyklopädie der sämtlichen Staatswissenschaften für alle Stände; hg. von Karl v. Rotteck und Karl Welcker, Altona 1835 ff., 1. Aufl., Bd. III, S. 336.
62 Gustav Struve: Positiv-rechtliche Untersuchung der auf die Presse sich beziehenden bundesgesetzlichen Bestimmungen und Bezeichnungen der Mittel, deren Freiheit zu erlangen, Kassel 1831, S. 8.

63 Karl Welcker: »Censur und Druckschriften«, S. 114–145, in: Staatslexikon, Altona 1846, 3. Aufl.; unveränderter Abdruck des Art. aus der 1. Aufl. von 1835.
64 Christian Friedrich Daniel Schubart (1739–1791) gründete 1774 die »Deutsche Chronik« (1775 in »Teutsche Chronik« geändert); 1777 wurde Schubart im Auftrag von Karl Eugen von Württemberg verhaftet und 10 Jahre lang auf dem Hohenasperg eingekerkert (Erich Schairer: Christian Friedrich Daniel Schubart als politischer Journalist, Diss. Tübingen 1914).
65 August Ludwig Schlözer (1735–1809), Professor in Göttingen, besonders bekannt geworden durch seine 1782 herausgegebenen »Sta(a)ts-Anzeigen«, die 1794 verboten wurden.
66 Teutsche Chronik vom 20. 5. 1776.
67 Irene Jentsch: Zur Geschichte des Zeitungslesens in Deutschland am Ende des 18. Jahrhunderts. Mit besonderer Berücksichtigung der gesellschaftlichen Formen des Zeitungslesens. Diss. Leipzig 1937, S. 124 f.; dazu auch Rolf Engelsing: Massenpublikum und Journalistentum im 19. Jahrhundert in Nordwestdeutschland. Schriften zur Wirtschafts- und Sozialgeschichte, Bd. 1, Berlin 1966, S. 37.
68 Eberhard Naujoks: Die offiziöse Presse und die Gesellschaft (1848/1900), S. 157, in: Presse und Geschichte. Beiträge zur historischen Kommunikationsforschung, München 1977, S. 157–170.
69 Wirth, Denkwürdigkeiten, S. 97.
70 Eine Verordnung der Heidelberger Polizei aus dem Jahr 1844, die den Handwerkern bestimmte Stunden des Wirtshausbesuches vorschrieb, empörte so sehr, daß sie zurückgenommen werden mußte (Verh., 11. Prot.h. 1843/45, Sitzung vom 13. 1. 1845, S. 88).
71 Grundlegend zur Presse Otto Groth: Die unerkannte Kulturmacht. Grundlegung der Zeitungswissenschaft (Periodik), Bd. 5, Das Wirken des Werkes, Berlin 1963, S. 85 ff.; Heinz-Dietrich Fischer: Die Zeitungen als Forschungsproblem, in: Deutsche Zeitungen des 17. bis 20. Jahrhunderts, hg. von Heinz-Dietrich Fischer, München 1972, S. 11–24; zur Definition der Zeitung besonders S. 13.
72 Karl Bücher: Gesammelte Aufsätze zur Zeitungskunde, Tübingen 1926, S. 22.
73 Rudolf Schenda: Die Lesestoffe der kleinen Leute, Studien zur populären Literatur im 19. und 20. Jahrhundert, München 1976, S. 58. Die Zahl der alphabetisierten Bevölkerung stieg zwischen 1830 und 1848 von 30% auf 50% (vgl. Rolf Engelsing: Analphabetentum und Lektüre, Stuttgart 1973, S. 96–100).
74 GLA 233/27585, MdI vom 4. 7. 1845 an den Großherzog.
75 Vorwärts! Volkstaschenbuch für das Jahr 1842, hg. von Robert Blum 1843, »Die deutsche Presse im Jahr 1842«, S. 109.
76 Glossy I, S. 21, Geheimbericht aus Mainz vom 24. 9. 1834. Die Geheimberichte der Jahre 1840 bis 1848 erschienen in der Reihe »Materialien zum Vorwärts«, herausgegeben von Hans Adler: Literarische Geheimberichte. Protokolle der Metternich-Agenten, Bd. I, 1840–1843, Köln 1977; Bd. II, 1844–1848, Köln 1981.
77 Habermas, Strukturwandel, S. 193 f.
78 Karl Friedrich Wilhelm Wander: Die Zeitung als Volksbildungsmittel und das Verhältnis der Volksschullehrer zu denselben, S. 69–87, in: Vorwärts! Volkstaschenbuch für das Jahr 1847, hg. von Robert Blum; Wander war 1848 Mitbegründer des Deutschen Lehrervereins.
79 Verh., 1. Prot.h. 1839, Sitzung vom 18. 7. 1839, S. 155.
80 Erika Anders: Ludwig Börne und die Anfänge des modernen Journalismus. Eine stilistische Untersuchung, Diss. Heidelberg 1933, S. 11; Robert Eduard Prutz: Geschichte des deutschen Journalismus, Hannover 1845. Prutz geht auf seine Zeit nur am Rande ein. Zu Prutz (1816–1872), einem führenden demokratischen Publizisten und Freund A. Ruges s. ADB Bd. 26, Leipzig 1888, S. 678–682; Glossy I, S. 335 f., 357.
81 Heinrich Wuttke: Die deutschen Zeitschriften und die Entstehung der öffentlichen Meinung, Leipzig 1875, S. 9; Wuttke, ein 48er, wurde Nachfolger Blums in der Paulskirche (Valentin II, S. 411).
82 Engelsing, Massenpublikum, S. 167.
83 Dieter Paul Baumert: Die Entstehung des deutschen Journalismus. Eine sozialgeschichtliche Studie, München/Leipzig 1928. Baumert kommt anhand von Biographien deutscher Journalisten des 19. Jahrhunderts zu diesem Ergebnis; für die Revolutionszeit gilt es nur beschränkt.
84 Vgl. Adler, Literarische Geheimberichte, S. 62, 75.

85 Vgl. S. 56.
86 Vgl. S. 121 ff.
87 GLA 236/253, Die Überwachung des »Volksfreunds« (konfiszierte Ausgaben der Zeitung inliegend).
88 Hans Wassmund: Revolutionstheorien. Eine Einführung, München 1978, S. 56, 64.
89 Vgl. S. 277.
90 Vgl. Tauschwitz, S. 214 ff.
91 Seebl. 194/15. 8. 1848, »Die arbeitende Klasse und die Besitzenden«.
92 Lothar Gall: Liberalismus und bürgerliche Gesellschaft, in: HZ 220, 1975, S. 324–356, hier S. 334.
93 Vgl. S. 234.
94 Vgl. Wilhelm Mommsen: Größe und Versagen des deutschen Bürgertums. Ein Beitrag zur politischen Bewegung des 19. Jahrhunderts, insbesondere zur Revolution 1848/49, 2. Aufl., München 1964.

Politische und gesellschaftliche Voraussetzungen einer oppositionellen Bewegung in Baden (1806–1833)

1 Dazu Lothar Gall: Der Liberalismus als regierende Partei. Das Großherzogtum Baden zwischen Restauration und Reichsgründung, Wiesbaden 1968; bes. S. 6 ff.; Wolfram Fischer: Staat und Gesellschaft Badens im Vormärz, in: Staat und Gesellschaft im deutschen Vormärz 1815–1848, hg. von Werner Conze, Stuttgart 1962; Willy Andreas: Geschichte der badischen Verwaltungsorganisation und Verfassung in den Jahren 1802–1818. 1. Band: Der Aufbau des Staates im Zusammenhang der allgemeinen Politik, 1913 (mehr nicht erschienen); Erwin Hölzle: Das napoleonische Staatensystem in Deutschland, in: Historische Zeitschrift, Band 148, 1933, S. 277–292.
2 A. Krieger: Badische Geschichte, Berlin/Leipzig 1921, S. 66 f.
3 Gall, S. 5.
4 So standen ehemalige Teile Österreichs unter josephinisch-aufgeklärter Verwaltung, kurpfälzische Gebiete waren von der Französischen Revolution beeinflußt; andere Gebiete wie die Reichsabteien, Reichsstädte, Löwensteinische und Fürstenbergische Besitztümer waren in rückständiger Verfassung.
5 Gall, S. 5.
6 Zu Reitzenstein s. Treitschke, Bd. II, S. 363, sowie v. Hippel, S. 74.
7 A. a. O.
8 Vgl. Conze, S. 217.
9 Gall, S. 19; Leonhard Müller: Badische Landtagsgeschichte, Band 1: Der Anfang des landständischen Lebens im Jahre 1819, Berlin 1900, S. 175.
10 Gall, S. 18 ff.; v. Hippel, S. 20 ff.
11 Reg.bl. 1819, Nr. XIV, Beilage; wieder abgedruckt in: Das staatsrechtliche Verhältnis der Standes- und Grundherren und die Lehensverfassung im Großherzogtum Baden, dargestellt in einer Sammlung der hierüber erschienenen Gesetze und Verordnungen in chronologischer Folge, Karlsruhe 1843, S. 67.
12 Die Grund- und Standesherren behielten Polizeirechte, Forstgerichtsbarkeit, Aufsicht über Gemeindeverwaltung, über Kirchen und Schulen, Vorschlagsrecht für Pfarrer, Ernennungsrecht für Schullehrer und niedere Geistlichkeit; Grund- und Standesherren mit mehr als 20000 Untertanen besaßen auch die Gerichtsbarkeit zweiter Instanz. An Abgaben blieben ihnen vielerlei Einkünfte wie die eingezogenen Zehnten samt den Neubruchzehnten und viele andere Abgaben, zu denen auch die Herrschaftsfrohnden gehörten (a. a. O.).
13 Ernst Rudolf Huber: Deutsche Verfassungsgeschichte seit 1789, 1. Band: Reform und Restauration 1789 bis 1830, Stuttgart 1960, S. 317.
14 Karl Friedrich Nebenius, in: Badische Biographien, hg. von Friedrich von Weech, Bd. 2, S. 99 ff.; Müller, Landtagsgeschichte, Bd. I, S. 40.
15 Zur Verfassungsfrage insbesondere Friedrich von Weech: Geschichte der badischen Verfassung. Nach amtlichen Quellen, 1868; sowie Willy Andreas, S. 396 ff.
16 Treitschke, Bd. II, S. 354.

17 Reg.bl. vom 24. 12. 1818.
18 Dazu Hans-Peter Becht: Die Abgeordnetenschaft der zweiten badischen Kammer von 1819 bis 1840. Beiträge zum Abgeordnetenbild, Abgeordnetentypus und Wahlverhalten im deutschen Vormärz, ZGO, Bd. 128 (1980), S. 345–401.
19 Manfred Botzenhart: Baden in der Revolution 1848/49, in: Oberrheinische Studien II, Neue Forschungen zu Grundproblemen der badischen Geschichte im 19. und 20. Jahrhundert, hg. von Alfons Schäfer, Karlsruhe 1973, S. 60–91, hier S. 75.
20 Häusser, S. 172.
21 Fischer, Staat und Gesellschaft Badens, a. a. O., S. 151.
22 Friedrich Lautenschlager (Hg.): Volksstaat und Einherrschaft. Dokumente aus der badischen Revolution 1848/49, Konstanz 1920, Einleitung S. 17; ähnlich stellt auch Conze (a. a. O., S. 219) fest: »1848 zeigte es sich, wie verhängnisvoll es gewesen war, daß die landesfürstlichen Regierungen sich von der konstitutionellen Idee abgewandt und damit eine politisch selbsttätig sich formierende Gesellschaft oder Nation abgelehnt hatten.«
23 Gall, S. 23.
24 Vgl. v. Hippel, S. 55.
25 Vgl. Werner Conze: Das Spannungsfeld von Staat und Gesellschaft im Vormärz, in: W. Conze (Hg.), Staat und Gesellschaft im deutschen Vormärz 1815–1848, Stuttgart 1962, S. 242 f.

Frühliberalismus in Baden nach der Julirevolution – sein Erwachen und seine Unterdrückung

1 Reinhart Koselleck: Die Julirevolution und ihre Folgen bis 1848, in: Das Zeitalter der europäischen Revolutionen 1780–1848, Fischer Weltgeschichte, Bd. 26, S. 263.
2 Theodor Schieder: Vom Deutschen Bund zum Deutschen Reich, in: Gebhardt, Handbuch der deutschen Geschichte, Bd. 2, Stuttgart 1960, S. 108.
3 Hermann von Rotteck (Hg.): Carl von Rottecks gesammelte und nachgelassene Schriften mit Biographie und Briefwechsel, Bd. IV, S. 386; Brief Siebenpfeiffers an Rotteck.
4 J. G. A. Wirth: Denkwürdigkeiten aus meinem Leben, Emmishofen 1844; zum »Nach-Hambacher« Wirth s. S. 107 ff.
5 J. G. A. Wirth: Deutschlands Pflichten; die Flugschrift wurde zuerst in der Deutschen Tribüne 29/3. 2. 1832 abgedruckt und dann in 50 000 Exemplaren verbreitet.
6 Wirth, Denkwürdigkeiten, S. 121.
7 Über das politische Geschehen in Baden nach der Julirevolution liegen ausführliche Untersuchungen vor. Besonders sei auf die Darstellung des Verhältnisses von Presse, öffentlicher Meinung und Regierung bei Gauer verwiesen. Wilhelm Gauer: Badische Staatsräson und Frühliberalismus um die Juliwende, Regierung, Presse und öffentliche Meinung in Baden 1830–1832, in: ZGO 84, 1934 (Diss. Heidelberg 1932). Peter Goessler: Der Dualismus zwischen Volk und Regierung im Denken der vormärzlichen Liberalen in Baden und Württemberg, Diss. Tübingen 1932; zu den Presseverhältnissen s. auch Koszyk, Bd. II, S. 69–77; zur Verfassungsgeschichte s. Huber II, S. 40 ff.; zur Regierungspolitik eingehend v. Hippel, S. 61 ff.
8 v. Hippel, S. 42 ff.
9 A. a. O., S. 63 ff.
10 Vgl. S. 146 ff.
11 v. Hippel, S. 62; hier eine ausführliche Charakterisierung Leopolds.
12 Carl von Rotteck: Geschichte des badischen Landtags von 1831, S. 17: ». . . In der Einstimmigkeit oder fast Einstimmigkeit aller Tendenzen und Beschlüsse in großen Dingen besteht der eigentümlichste und edelste Charakter der Badischen Volkskammer von 1831.« Zum badischen Landtag von 1831 vgl., neben Rotteck, Treitschke, Bd. I, S. 223 ff.
13 Häusser, S. 17.

14 Vgl. Friedrich Fröhlich: Die badischen Gemeindegesetze samt den dazugehörigen Verordnungen und Ministerialverfügungen, mit geschichtlichen und erläuternden Anmerkungen und Einleitungen, 2. Aufl. 1861; danach stieg die Zahl der Urwähler von 120 000 auf 200 000.
15 Karl Theodor Welcker: Die Vervollkommnung der organischen Entwicklung des Deutschen Bundes zur bestmöglichen Förderung deutscher Nationaleinheit und deutscher staatsbürgerlicher Freiheit (1831).
16 Gauer, a. a. O.
17 Welcker bezog sich in seiner Motion auf eine zuvor von ihm veröffentlichte Schrift: Die vollkommene und ganze Preßfreiheit nach ihrer sittlichen, rechtlichen und politischen Notwendigkeit und ihrer Übereinstimmung mit deutschem Fürstenwort und nach ihrer völligen Zeitgemäßheit dargestellt in ehrerbietigster Petition an die Hohe deutsche Bundesversammlung, Freiburg 1830; vgl. Verh. der 2. Kammer vom 24. 3. 1831.
18 Das Preßgesetz ist abgedruckt bei: Hermann Theodor Schletter: Handbuch der deutschen Press-Gesetzgebung, Leipzig 1846.
19 Den Behörden stand die polizeiliche Beschlagnahme von Presseorganen, die Verhängung empfindlicher Geld- und Haftstrafen bei Verstößen gegen einen Vorschriften-Katalog zu Gebote.
20 Koszyk, Bd. II, S. 71.
21 Prot. d. BV. vom 5. 7. 1832, S. 937 f.
22 A. a. O.
23 A. a. O., S. 939.
24 A. a. O., S. 941, S. 957 ff.
25 Vgl. Huber, Bd. II, S. 43 (»Bundesrecht bricht Landesrecht«); vgl. S. 714.
26 Prot. d. BV vom 5. 7. 1832, S. 941.
27 A. a. O., S. 962.
28 Prot. d. BV vom 31. 7. 1832, S. 1057 ff., S. 1085 ff.
29 Vgl. Koszyk, Bd. II, S. 72.
30 Bad. Reg.bl. vom 1. 3. 1838, S. 39; vgl. Tauschwitz, S. 165 ff.
31 Zum Pressewesen von 1832 s. Gauer, a. a. O., S. 377 ff.
32 Ein Korrespondent vom Bodensee drückte dies unverblümt so aus: »Das kleine Baden steht daher gegenwärtig als ein auf Recht und Wahrheit verfassungsmäßig gegründeter Musterstaat da und verkündet dem ganzen deutschen Volk das hell aufsteigende Licht der Wahrheit und des Rechts« (Der Freisinnige, 79/ 19. 5. 1832).
33 GLA 236/8487, Akte Herr, Verzeichnis; Schultheiß, Student in Tübingen, bemerkt in diesem Brief an Herr, der »Freisinnige« sei in Württemberg kaum verbreitet; auf dem Weg von Donaueschingen nach Tübingen hätte er in keinem Wirtshaus, außer im »Museum« in Tübingen, den »Freisinnigen« vorgefunden; der »Wächter« sei noch weniger bekannt.
34 Die Ausgaben des »Wächter am Rhein« befinden sich in der Universitäts-Bibliothek Heidelberg, die inkriminierten Ausgaben in den Zensurakten, GLA 236/233.
35 Bundesbeschluß vom 2. März 1832, Protokoll der BV, 1832, 9. Sitzung, § 67; Koszyk, Bd. II, S. 72 ff.
36 Wiltberger, S. 23.
37 Treitschke, Bd. IV, S. 244.
38 Zu Stromeyer s. neuerdings die aufschlußreiche Arbeit von Frank Thomas Hoefer: Pressepolitik und Polizeistaat Metternichs. Die Überwachung von Presse und politischer Öffentlichkeit in Deutschland und den Nachbarstaaten durch das Mainzer Informationsbüro (1833–1848), Diss. phil. Tübingen 1982, S. 125; vgl. außerdem die biographischen Angaben in: Die frühen Sozialisten, Dokumente der Weltrevolution, Bd. 2, hg., von Frits Kool und Werner Krause, München 1972. S. 444–448.
39 Gustav Freytag: Karl Mathy. Geschichte seines Lebens, 2. Aufl., Leipzig 1872, S. 50.
40 Wächter 76/17. 6. 1832.
41 GLA 236/233, Reg.dir. Dahmen, Mannheim, an MdI vom 4. 4. 1832; demnach gab es in Mannheim nur vier Abonnenten.
42 So wurden bereits in den ersten Tagen des Bestehens »über 1200« Probeblätter an das deutsche Publikum verteilt (a. a. O.).

43 Vortrag der Bundeszentralbehörde über den Vaterlands- oder Preßverein in Deutschland, in: Adam Sahrmann, Beiträge zur Geschichte des Hambacher Festes 1832, Landau/Pfalz 1930, S. 163; Wirth schätzte die Zahl der versandten Flugschriften auf über 100 000, darunter seien viele radikale Blätter wie der »Wächter« gewesen.
44 GLA 236/8172, Blittersdorff vom 8. 4. 1832 an MdI aufgrund einer Mitteilung des bayerischen Bundestagsgesandten von Lerchenfeld.
45 Wächter 100/30. 7. 1832; die Versammlung des Frankfurter Preßvereins fand am 27. 7. 1832 in Bockenheim statt; vgl. Sahrmann, a. a. O., S. 168.
46 Der Freisinnige 27/1832.
47 Wächter 1/1. 4. 1832, programmatischer Artikel »Einheit und Freiheit«.
48 A. a. O.
49 Wächter 79/20. 6. 1832, »Vorschlag an die Demokraten«.
50 A. a. O.
51 KAZ 150/30. 5. 1832.
52 Der Freisinnige 87/27. 5. 1832.
53 Prot. d. BV. 21. 4. 1832; der Vorname Schlunds ist hier mit Christoph angegeben.
54 GLA 236/223, Blittersdorff an MdI vom 12. 4. 1832.
55 GLA 236/223.
56 GLA 236/223, Innenmin. Winter vom 20. 4. 1832 an Reg.dir. Dahmen von Mannheim; ähnlich am 30. 4. 1832 an MdA.
57 GLA 236/223, Reg.dir. Dahmen an MdI vom 19. 6. 1832 und passim.
58 So wurde z. B. die Nr. 101 wegen des Artikels »Deutschland« eingezogen. Verfasser war der Heidelberger Student Heinrich Köhler aus Holstein, als führender Kopf auch bei der Burschenschaft bekannt. Köhler erhielt eine Zuchthausstrafe von zwei Jahren, die in 2. Instanz auf ein Jahr ermäßigt wurde (GLA 236/233).
59 GLA 236/233, Reg.dir. Dahmen an MdI vom 19. 6. 1832.
60 GLA 236/233, MdI vom 5. 4. 1832.
61 Bad. Reg.bl. vom 24. 7. 1832.
62 GLA 236/8725, Bericht des Polizei-Commissairs Hoffmann vom 26. 7. 1832, dort teilweise Wiedergabe des Flugblattes.
63 GLA 236/2251, MdI vom 25. 4. 1834 an MdA; abweichend davon gibt Wiltberger, S. 27, das Jahr 1833 als Zeitpunkt der Flucht an.
64 Vgl. Wirtz, S. 98 ff.
65 Der Freisinnige 83/23. 5. und 84/24. 5. 1832.
66 GLA 236/8158, Reg. d. Unterrheinkreises, Mannheim, vom 13. 5. 1832.
67 GLA 236/8158, MdI vom 13. 5. 1832.
68 Koszyk, Bd. II, S. 71.
69 Rotteck, Bd. IV, S. 378 ff.; auch für andere Deputierte wurde ein Empfang vorbereitet. Wie das Amt Kenzingen berichtete, organisierte der liberale Arzt Herr auch einen Empfang für heimkehrende Delegierte in Herbolzheim (GLA 236/8775 vom 18. 3. 1832).
70 Rotteck, Bd. IV, S. 378 ff.
71 Badisches Volksblatt 20/19. 6. 1832; vgl. Der Freisinnige 89/29. 5. 1832.
72 Politische Reden waren vor dem Fest durch Regierungserlaß untersagt worden.
73 Badisches Volksblatt 20/19. 6. 1832.
74 A. a. O.
75 Prot. d. BV. 30. 8. 1832, S. 1157.
76 GLA 236/8158.
77 Prot. d. BV., a. a. O.
78 Vgl. Kolb: Polenbild und Polenfreundschaft der deutschen Frühliberalen. Zur Motivation und Funktion außenpolitischer Parteinahme im Vormärz, in: Saeculum 26/1975, S. 111–127.
79 GLA 236/8172, Reg. d. Unterrheinkreises, Mannheim, vom 26. 6. 1832 an MdI.

80 KAZ 63/1832; demnach wurden die Polen »standesgemäß verpflegt mit jener Zartheit, die der Bildung, dem Unglück und dem Heldenmute gebührt«.
81 Einige Polen traten, einem Mannheimer Überwachungsbericht zufolge, auch »als Emissäre zur Aufreizung der Untertanen auf dem Lande« auf (GLA 236/8172, Reg. d. Unterrheinkreises, Mannheim, an MdI vom 26. 6. 1832). Auch am späteren Frankfurter Wachensturm beteiligten sich polnische Emigranten (Huber II, S. 165).
82 GLA 236/8172, Eingabe Professor Eisenlohrs aus Mannheim vom 26. 6. 1832 an die Kreisregierung von Mannheim; die Personalakte Eisenlohrs befindet sich im Stadtarchiv Mannheim, Kurfürst-Friedrich-Gymnasium, Zugang 40/1971, Nr. 105.
83 GLA 236/8172, Erlaß des Ministers des Innern, Karl Winter, vom 10. 8. 1832 (Erlaß Nr. 10892).
84 Bad. Reg.bl. vom 6. 7. 1832; vgl. Huber, Bd. II, S. 162.
85 Der Freisinnige 80/20. 5. 1832.
86 Der Freisinnige 134/14. 7. 1832.
87 Der Freisinnige 134/14. 7. 1832.
88 Der Freisinnige 130/10. 7. 1832.
89 GLA 236/8172, Reg. d. Unterrheinkreises, Mannheim, vom 31. 5. 1832.
90 GLA 236/8172, Universität Heidelberg, Bericht des engeren Senats vom 6. 6. 1832.
91 A. a. O.; auch in Mannheim sei von »höherer Behörde« ein Verbot gegen die Vereine zu Waffenübungen ergangen.
92 GLA 236/8172.
93 GLA 236/8158, MdI vom 26. 10. 1833.
94 Der Freisinnige 79/19. 5. 1832.
95 Der Freisinnige 79/19. 6. 1832, 130/10. 7. 1832.
96 Reg.bl. vom 30. 11. 1833. Die Strafen für die Teilnahme an oder für die Aufforderung zu Volksversammlungen sollten von weisungsgebundenen Behörden ausgesprochen und in letzter Instanz vom Hofgericht bestätigt werden; die Regierung mißtraute dem gewöhnlichen, teilweise von liberalen Richtern besetzten Rechtsweg.
97 GLA 236/8775, Reg.dir. Rettig von Konstanz an MdI vom 27. 7. 1832.
98 Badiches Volksblatt 18/1. 2. 1833. Besitzer der Zeitung und namentlich erwähnter »verantwortlicher Redakteur« ist M. Ruef, Advokat und Prokurator am Hofgericht Freiburg. Das »Volksblatt« wurde von einem anonymen »Verein von Vaterlandsfreunden« herausgegeben.
99 GLA 236/8158, Bezirksamt Freiburg.
100 GLA 236/8158, Erlaß des MdI an alle Kreisregierungen vom 2. 8. 1833.

Die Aporien des frühen Radikalismus (1832/33)

1 Huber, Bd. II, S. 126 f.
2 Der »deutsche Vaterlandsverein zur Unterstützung der fortschrittlichen Presse« wurde kurz »Preßverein« oder »Vaterlandsverein« genannt. Zur Gründung Gustav Heinrich Schneider: Der Preß- und Vaterlandsverein 1832/33. Ein Beitrag zur Geschichte des Frankfurter Attentats, Diss. Heidelberg, Berlin 1897, S. 292 ff.; sowie Glossy, S. 152 ff.; als Überblick H. Bock: Der deutsche Preßverein, in: Handbuch der bürgerlichen Parteien Bd. I, Leipzig 1968.
3 Aufruf »Deutschlands Pflichten« von J. G. A. Wirth, in: Deutsche Tribüne 29/3. 2. 1832.
4 Wilhelm Herzberg: Das Hambacher Fest, Geschichte der revolutionären Bestrebungen in Rheinbayern um das Jahr 1832, Ludwigshafen 1908, S. 77.
5 Schneider, S. 19 ff.; Koszyk, S. 75.
6 GLA 236/8172, MdI vom 17. 3. 1832, vgl. Erlaß Nr. 3751.
7 Sahrmann, Vortrag, S. 165.
8 Eduard Dietz: Das Frankfurter Attentat und die Heidelberger Studentenschaft, Heidelberg 1906.
9 Auf die Preßvereinsorganisation in Hessen geht neuerdings Thomas Michael Mayer ein: Büchner und

Weidig – Frühkommunismus und revolutionäre Demokratie, in: Georg Büchner I/II, Sonderband »Text und Kritik«, hg. von Heinz Ludwig Arnold, München 1979, vor allem S. 168 ff.
10 GLA 236/8487, die Akte Herr enthält die Korrespondenz sowie ein Verzeichnis, das vermutlich mit Angaben der Gerichtsakten ergänzt wurde (im folgenden zitiert als »Korrespondenz« bzw. »Verzeichnis«).
11 GLA 236/8775, Reg.dir. Dahmen Freiburg vom 22. 3. 1832 an MdI.
12 GLA 236/8487, Justizmin. Karlsruhe vom 13. 12. 1833.
13 GLA 236/8487, Verzeichnis Herr.
14 A. a. O., wie auch die weiteren Angaben.
15 Häusser, S. 395; dort als »Vertreter des Advokatentums« und zu den »gehorsamen Clienten« Brentanos gehörig, bezeichnet.
16 GLA 236/8487, Verzeichnis Herr.
17 GLA 236/8775, Bez.amt Lörrach an MdI vom 29. 4. 1833.
18 J. G. A. Wirth soll sich nach einem von bayrischen Spitzeln belauschten Gespräch mit dem Buchhändler und Mitherausgeber der »Deutschen Tribüne«, Sonntag, dem Redakteur Hain und dem als Emissär tätigen Schöpf dahin geäußert haben, der Preßverein solle sich bemühen, »größte Teilnahme besonders bei Capitalisten zu verschaffen« (GLA 236/8172, Blittersdorff vom 8. 4. 1832 an MdI Winter aufgrund der »zuverlässigen Nachrichten« des bayrischen Bundestagsgesandten von Lerchenfeld).
19 Koszyk, S. 68; Treitschke IV, S. 223; Cornelius gehörte zum engeren Hambacher Kreis.
20 GLA 236/8487, Justizministerium vom 13. 12. 1833 und Zentraluntersuchungsbehörde (ZUB) vom 4. 12. 1833; Postdirektor K. H. Freiherr von Fahnenberg verfaßte die Schrift »Aufruf zur Bildung eines Vereines zum Schutze und Schirme der Badischen freien Presse«, Karlsruhe 1832. Fahnenberg pries die Presse als »Lichtbringerin«, die dem Volksleben die »eigentliche Seele« einhauchen und, unterstützt von einer aufgeklärten Opposition, eine der Regierung erwünschte Bewegung hervorrufen solle.
21 Lahrer Wochenblatt 19/7. 3. 1832, in GLA 236/8172.
22 GLA 236/8172 MdI vom 17. 3. 1832, Erlaß Nr. 3751.
23 GLA 236/8487, Korrespondenz u. Verzeichnis Herr.
24 Korrespondenz Herr, Brief Ebners vom 25. 5. 1832 an Herr, a. a. O.
25 Korrespondenz Herr, Brief Buschs vom 19. 3. 1832 an Herr, a. a. O.
26 Korrespondenz Herr, Brief Torrents vom 9. 5. 1832 an Herr, a. a. O.
27 Verzeichnis Herr, a. a. O.; vgl. Sahrmann, Beiträge, S. 174.
27a Reinhard Müth: Studentische Emanzipation und staatliche Repression. Die politische Bewegung der Tübinger Studenten im Vormärz, insbesondere von 1825 bis 1837, Tübingen 1977, S. 135. Obermüller, Teilnehmer am Frankfurter Wachensturm, floh nach Paris und wandte sich dort dem Fourierismus zu; später war er Redakteur der Karlsruher (1847/48) und Frankfurter Zeitung (1848); vgl. Mann, S. 257.
28 GLA 236/8775, Reg. d. Seekreises, Konstanz, 30. 7. 1832; der junge Stralsunder Cornelius gab das »Constitutionelle Deutschland« heraus und arbeitete beim »Schwarzwälder« mit; vgl. Sahrmann, S. 166.
29 GLA 236/8792, MdI vom 14. 1. 1832.
30 Rauschenplatt, Leiter des Göttinger Aufstandes, ein führender Radikaler, der sich am Hambacher Fest und am Frankfurter Wachensturm maßgeblich beteiligte, ging nach 1840 in Straßburg in den Dienst der Metternichschen Geheimpolizei über und arbeitete 1848 gegen die badischen Revolutionäre. Danach stand er im Polizeidienst des Reichsverwesers (Huber II, S. 88). Der »Seitenwechsel« Rauschenplatts wird durch das Verhalten der badischen Behörden und des Großherzogs im Jahre 1847 bestätigt (GLA 236/8775). Rauschenplatt, seit 1834 in badischen Fahndungsblättern ausgeschrieben, lebte seit etwa 1837 in Straßburg. Seit spätestens 1845 besuchte er namentlich Kehl, Kork, Heidelberg und Freiburg, wobei er auf Weisung der Regierung ignoriert wurde. Als Rauschenplatt aber vom Garnisonskommando festgenommen worden war (Oberamt Kork vom 9. 4. 1847), stellte Innenminister Bekk zwar fest, daß zur polizeilichen Verhaftung kein Grund vorliege, räumte aber, um der Legalität zu genügen, dem Gericht eine eventuelle Untersuchung ein (MdI vom 12. 4. 1847, a. a. O.). Am 26. 4. 1847 schlug der Großherzog die Untersuchung gegen Rauschenplatt wegen seines, wie es hieß, seit vielen Jahren gezeigten »ruhigen Verhaltens« nieder (GLA 236/87751, MdI v. 26. 4. 1847). Rauschenplatt soll später eine Fürstenpension erhalten haben (Kowalski, Entstehung, S. 264).

31 Müth, S. 134; Die geheimen deutschen Verbindungen, S. 26.
32 GLA 236/8487, Korrespondenz Herr; Mitteilung Torrents vom 9. 5. 1832 an Herr über Empfang eines Briefes vom »Advokaten Savoye«.
33 GLA 236/8487, Brief Ebners aus Kork vom 25. 5. 1832 an Herr.
34 Sahrmann, Beiträge, S. 166.
35 GLA 236/8487, Brief Buschs an Herr vom 19. 3. 1832 aus Freiburg.
36 GLA 236/8487, Brief Ebners vom 25. 5. 1832 an Herr.
37 Vgl. Sahrmann, Beiträge, S. 162.
38 GLA 236/8487, Brief Ebners an Herr, Kork, 25. 5. 1832.
39 Darlegung der Hauptresultate, S. 16; J. G. A. Wirth macht diese Angabe in seiner Verteidigungsrede. Die Verteidigungsrede selbst wurde in 60 000 Exemplaren verbreitet (a. a. O.). In Nr. 67 der »Deutschen Tribüne« wurde angezeigt, daß durch Anschlüsse von Vereinen und Beitragsleistung 9000–10 000 Gulden zusammengekommen seien, wodurch die Finanzierung dieser Massenpropaganda erklärbar wäre.
40 Literarische Geheimberichte aus dem Vormärz, in: Jahrbuch der Grillparzer-Gesellschaft, 21. Jg., hg. von Karl Glossy, Wien 1912, S. 19 f.
41 GLA 236/8158, Polizeibericht aus Mannheim vom 9. 5. 1832.
42 A. a. O., Verzeichnis, Brief vom 19. 3. 1832 aus Lörrach.
43 A. a. O.
44 A. a. O.
45 GLA 236/8487, Akte Herr, Verzeichnis.
46 Antje Gerlach: Deutsche Literatur im Schweizer Exil. Die politische Propaganda der Vereine deutscher Flüchtlinge und Handwerksgesellen in der Schweiz von 1833 bis 1845, Frankfurt a. M. 1975, S. 40.
47 Deutsche Volkshalle 40/28. 2. 1840.
48 Gerlach, S. 40.
49 GLA 236/8775, Reg.dir. Dahmen, Freiburg, vom 22. 3. 1832.
50 GLA 236/8487, Brief Bodenheimers an Herr aus Freiburg vom 21. 3. 1832.
51 A. a. O., Brief Buschs an Herr, Freiburg, vom 19. 3. 1832.
52 A. a. O.
53 A. a. O.
54 GLA 236/8487, Reg. d. Oberrheinkreises, Freiburg, vom 19. 8. 1832.
55 GLA 236/8487, Reg. d. Oberrheinkreises, Freiburg, vom 1. 9. 1832; Reg. d. Seekreises, Konstanz, vom 22. 8. 1832; GLA 236/8792, MdI vom 14. 7. 1832.
56 Flugschrift »Empörung« in GLA 236/8487; Reg. d. Seekreises, Konstanz, vom 22. 8. 1832.
57 GLA 236/8487, Reg. d. Oberrheinkreises, Freiburg, vom 1. 9. 1832.
58 Treitschke, Bd. IV, S. 288 (mit 2. Version des Flugblattes).
59 GLA 236/8487, Verzeichnis Herr.
60 A. a. O.
61 A. a. O.
62 GLA 236/8487, Korrespondenz Herr, Brief vom 19. 3. 1832 aus Lörrach.
63 Walter Grab, Uwe Friesel: Noch ist Deutschland nicht verloren. Eine historisch-politische Analyse unterdrückter Lyrik von der Französischen Revolution bis zur Reichsgründung, München 1973, S. 117 f.
64 GLA 236/8487, Verzeichnis.
65 Harro Harring, einer der wirkungsvollsten politischen Dichter des Vormärz, 1798 in Schleswig geboren, stand durch sein »abenteuerliches Leben und seine engagierte Schriftstellerei« (Grab, Friesel, S. 86, 114) an den Brennpunkten der politischen Kämpfe seiner Zeit. Zuerst einer der »Unbedingten« um Follens »Schwarze von Gießen«; zog als Philhellene nach Griechenland. Im Winter 1831/32 edierte er »Das Constitutionelle Deutschland« und verfaßte viele Freiheitsgedichte (a. a. O., S. 114). Im Jahr 1846 stellte Marr (Das junge Deutschland, S. 68) fest, daß jeder Arbeiter Harrings Gedichte im Felleisen mit sich trage; sein Lied »Fürsten zum Land hinaus« sei bei Handwerkern ebenso berühmt geworden wie Goethes »Faust« bei den Gebildeten.
66 GLA 236/8587, Verzeichnis.

67 A. a. O.
68 Otto Wiltberger: Die deutschen politischen Flüchtlinge in Straßburg von 1830–1849, Berlin 1910; sowie Koszyk, Bd. II, S. 78 f.
69 GLA 236/8487, Harro Harring vom 8. 4. 1832 aus Straßburg an Herr.
70 GLA 233/34904 (Zusammenstellung der aktenmäßigen Ergebnisse über die revolutionären Umtriebe der Burschenschaften zu Heidelberg); Sahrmann, Beiträge, S. 18; einige Studenten zeichneten Aktien der »Deutschen Tribüne« und wurden namentlich erwähnt (36/10. 2. 1832).
71 Sahrmann, Beiträge, S. 165 ff.
72 Schneider, S. 78.
73 A. a. O. (Vernehmungsprotokoll des Vorstehers Aab); danach wurden vom »Wächter« 8, vom »Schwarzwälder« 12 bis 16 Exemplare verteilt und den Wirten zum halben Preis überlassen. Schneider, S. 78.
74 A. a. O.
75 GLA 236/8172, Universität Heidelberg, Engerer Senat vom 29. 5. 1832.
76 GLA 236/8172, Protestation (Abschrift der Unterschriftenliste inliegend).
77 A. a. O.
78 Huber II, S. 143.
79 A. a. O.
80 Als Flugschrift wurden z. B. »Die 6 Gebote des Deutschen Bundestages« verbreitet (GLA 236/8487, Oberamt Heidelberg vom 4. 8. 1832); außerdem wurde J. G. A. Wirths Aufruf »Deutschlands Pflichten« verteilt; Sahrmann, S. 182.
81 GLA 236/8487, Oberamt Heidelberg vom 4. 8. 1832.
82 A. a. O.
83 GLA 236/8487, Oberamt Heidelberg vom 4. 8. 1832.
84 Aufruf vom 31. 7. 1832, abgedruckt im Heidelberger Wochenblatt vom 3. 8. 1832 (GLA 236/8487).
85 A. a. O.
86 Darlegung der Hauptresultate, S. 29.
87 GLA 236/8172, Amt Neckarbischofsheim vom 27. 6. 1832 an MdI.
88 A. a. O.
89 GLA 236/8172, Protokoll der Bürgermeisterversammlung vom 23. 6. 1832.
90 A. a. O.
91 Vgl. Müth, S. 146; GLA 233/34904.
92 Müth, S. 145 f.
93 GLA 233/34903.
94 A. a. O.
95 A. a. O.; vgl. Müth, S. 143.
96 Vgl. S. 240 f.
97 Huber, Bd. II. S. 166; Wiltberger, S. 87.
98 Kurt Baumann (Hg.): Das Hambacher Fest 27. Mai 1832. Männer und Ideen, Speyer 1957; Wilhelm Herzberg: Das Hambacher Fest. Geschichte der revolutionären Bestrebungen in Rheinbayern um das Jahr 1832, Ludwigshafen a. Rh. 1908; Veit Valentin: Das Hambacher Nationalfest, Berlin 1932; Fritz Trautz: Das Hambacher Fest und der südwestdeutsche Frühliberalismus, in: Heidelberger Jahrbücher 1958/II; Huber, Bd. II, 133 ff.
99 Huber, Bd. II, S. 144 f.
100 A. a. O., S. 148.
101 Prot. d. BV, 17. 1. 1834, S. 845.
102 Rottecks Schriften, Bd. IV, S. 383.
103 Die Hambacher Pfarrer Hochdörfer, der Bürstenbinder Joh. Ph. Becker, der Jurastudent aus Köln Jakob Venedey wurden von Wirth 1840 wieder als Mitarbeiter der Deutschen Volkshalle herangezogen.
104 Huber, Bd. II, S. 142; Rottecks Schriften, Bd. IV, S. 387 f.; Valentin, Hambach, S. 399.
105 KAZ 156/5. 6. 1832.

106 Huber, Bd. II, S. 146.
107 Vgl. Rolf Engelsing: Zur politischen Bildung deutscher Unterschichten, in: HZ, Bd. 206, 1968.
108 Huber, Bd. II, S. 166.
109 Huber, Bd. II, S. 142.
110 Der Freisinnige 106/16. 6. 1832.
111 Rottecks Schriften, Bd. IV, S. 384.
112 Vgl. S. 53.
113 Badisches Volksblatt 45/14. 9. 1832.
114 Zur Biographie Itzsteins vgl. Roßkopf: Johann Adam von Itzstein. Ein Beitrag zur Geschichte des badischen Liberalismus, Mainz 1954; zum »Hallgartenkreis« s. S. 253 f.
115 v. Hippel, S. 39.
116 Treitschke, Bd. IV, S. 275; Innenmin. Winter an Otterstedt vom 18. 6. 1833.
117 Koselleck, a. a. O., S. 263.
118 Badisches Volksblatt 4/13. 7. 1832, »Das Unglaubliche ist geschehen« (Beilage).
119 Dahrendorf, Gesellschaft und Demokratie, S. 143.
120 Kolb, Lebenserinnerungen, S. 88 ff.
121 Kolb, a. a. O., S. 96.
122 Vgl. S. 283.

Zweites Kapitel: Zensur und Opposition im Vormärz – die Aushöhlung der Zensur

1 GLA 236/8777, Bericht eines Brigadiers vom 29. 5. 1835; über Umfang des Festes und Zahl der deutschen Teilnehmer wird nicht berichtet.
2 Vgl. Conze, a. a. O., S. 224 f.
3 Zu Metternichs »Mainzer Zentral-Überwachungs-Büro«, später »Mainzer Informations-Bureau« genannt, s. Hoefer, S. 115 ff.
4 Heinrich Ritter v. Srbik: Metternich, der Staatsmann und der Mensch, Bd. 1, München 1925, S. 396.
5 Schneider, Pressefreiheit, S. 247 f.
6 Vgl. S. 114, 164.
7 Vgl. S. 165 ff.
8 Vgl. die Reichsverfassung vom 28. März 1849 (Paulskirchenverfassung), Abschnitt VI (Die Grundrechte des deutschen Volkes), Art. IV: »Jeder Deutsche hat das Recht, durch Wort, Schrift und bildliche Darstellung seine Meinung frei zu äußern. Die Pressefreiheit darf unter keinen Umständen und in keiner Weise durch vorbeugende Maßregeln, namentlich Zensur, Konzessionen, Sicherheitsstellungen, Staatsauflagen, Beschränkungen der Druckereien oder des Buchhandels, Preßverbote oder andere Hemmungen des freien Verkehrs beschränkt, suspendiert oder aufgehoben werden« (Deutsche Verfassungen. Die grundlegenden Dokumente deutscher Demokratie von der Paulskirche bis zum Grundgesetz, hg. von Dieter Kakies, München 1965, S. 31).
9 Art. 118 der Weimarer Verfassung (a. a. O., S. 97) ergänzt die Garantie der Meinungsfreiheit durch die Bestimmung zur »inneren Pressefreiheit«, wonach »kein Arbeits- oder Anstellungsverhältnis« die Ausübung dieses Rechtes hindern dürfe. Im Bonner Grundgesetz (Art. 5, a. a. O., S. 111) ist diese Bestimmung nicht mehr enthalten.

Zensursystem und bundesstaatliche Repression

1 Einen Überblick über die Geschichte der Zensur bietet Joh. Goldfriedrich: Geschichte des deutschen Buchhandels vom Beginn der Fremdherrschaft bis zur Reform des Börsenvereins im neuen Deutschen Reiche (1806–1889). Neudruck der Ausgabe Leipzig 1913, Leipzig 1970; vor allem im Hinblick auf Österreich, U. Giese: Studien zur Geschichte der Pressegesetzgebung, der Zensur und des Zeitungswesens im frühen Vormärz, in: Börsenblatt für den Deutschen Buchhandel, 20. Jg., 1964, Nr. 12, S. 237–340. Eine kritisch-illustrative Darstellung der Zensur bei F. W. Held: Zensuriana oder Geheimnisse der Zensur. Allen Feinden der Censur mit dem Wunsch: ihre Zahl möge Legion sein!, Cassel 1844; Heinrich Hubert Houben: Hier Zensur – wer dort? Antworten von gestern auf Fragen von heute, 2. Aufl., Leipzig 1923; ders.: Der gefesselte Biedermeier. Literatur, Kultur, Zensur in der guten alten Zeit, Leipzig 1924. Grundlagen und Praxis der Zensur in Baden wurden bisher nur am Rande dargestellt, vgl. Scholtissek, S. 139–145; Tauschwitz, S. 152 ff.
2 Sie umfaßte neben Büchern und Broschüren unter 20 Bogen auch die Kontrolle der Buchhandlungen sowie den Kolportagehandel auf dem Lande; vgl. Schenda, Volk ohne Buch, S. 109.
3 Schneider, S. 243 ff.
4 Vgl. Schneider, S. 290.
5 A. a. O.
6 Johann Ludwig Klüber, Karl Theodor Welcker: Wichtige Urkunden für den Rechtszustand der deutschen Nation, 1. Aufl. Mannheim 1843, 2. Aufl. Mannheim 1845.
7 Schneider, S. 290 ff.
8 Vgl. Huber, Deutsche Verfassungsgeschichte, Bd. I, S. 732–753.
9 Schneider, S. 256 f.
10 Vgl. z. B. die Enthüllung des Falles Weidig im Deutschen Postillon.
11 Die Wiener Beschlüsse sind abgedruckt bei Klüber/Welcker, S. 350 ff.; Huber Bd. I, S. 123 ff.
12 Vgl. die Persiflage Heinrich Heines, die zwischen vielen Zensurstrichen nur die Worte enthält: »Die deutschen Zensoren [. . .] Dummköpfe« (Heine, Sämtliche Werke, ed. Walzel, Leipzig 1912, Bd. 4, S. 181 f.).
13 Giese, S. 254.
14 GLA 236/5750, Rechtsgutachten des Innenministeriums für das Staatsministerium vom 28. 8. 1834 (Hervorhebung wie im Original).
15 A. a. O.
16 A. a. O.
17 A. a. O., Winter setzte vor seine Unterschrift vom 30. 8. 1834 die distanzierende Randbemerkung »nach meiner Rückkehr aus dem Urlaub«.
18 A. a. O., Erlaß des Innenministeriums Winter vom 28. 8. 1834; gültig »ab 31. August«.
19 A. a. O., Erlaß vom 28. 8. 1834 an sämtliche Kreisregierungen.
20 A. a. O., Erlaß des MdI vom 29. 9. 1834.
21 GLA 236/4451, Reg. d. Seekreises, Konstanz, vom 28. 7. 1837; Förderer selbst wurde provisorisches Mitglied des Sicherheitsausschusses; vgl. Tauschwitz, S. 160.
22 Innenminister Winter setzte diese Methode erstmals für die gesamte Presse ein; vgl. Erlaß Winters vom 31. 3. 1832.
23 So z. B. beim Mannheimer Morgenblatt und der Oberdeutschen Zeitung; vgl. Hermann Baier: Freiherr v. Blittersdorff und die Mannheimer Zeitung, in: Mannheimer Geschichtsblätter, Jg. 33, Mannheim 1932, Heft 9/10, Sp. 174; Tauschwitz, S. 173.
24 GLA 233/27585, Min.dir. Rettig vom MdI am 18. 7. 1845.
25 GLA 52, Nachlaß Bekk 1,2; Schmelzer an Staatsrat Bekk, Mannheim, 27. 2. 1848.
26 A. a. O.
27 GLA 236/236, Riegel an MdI vom 29. 10. 1838.
28 A. a. O.

29 Vgl. S. 94 f.
30 GLA 236/233, Zensor Pfister an Verleger Vanotti, Konstanz, den 29. 1. 1839.
31 A. a. O., Zensor Pfister an MdI vom Januar 1839.
32 Vgl. S. 104.
33 Vgl. S. 165.
34 Verh., 1842, 5. Prot.h. (Sitzung vom 2. 9. 1842 mit Debatte über Zensur und Zensurinstruktionen), S. 58 f.
35 So Dekan Kuenzer vor der 2. Kammer; Verh. 1839/40, Beilagenheft 5/6. Beilage Nr. 2 vom 24. 6. 1839, S. 280.
36 Vgl. S. 232.
37 Giehne, Deutsche Vierteljahresschrift 1840, 1. Heft, S. 35.
38 Großherzl. Reg.bl. vom 7. 1. 1840, Instruktionen vom 31. 1. 1840.
39 A. a. O.
40 Vgl. Seebl. 5/12. 1. 1840.
41 So der Abgeordnete Sander; Verh. 1842, 5. Prot.h. vom 2. 9. 1842, S. 58.
42 Verh. 1840, 13./14. Prot.h. 1840, 15. 7. 1840; vgl. die Kritik Itzsteins, S. 90.
43 A. a. O.
44 »Instruktion für die Censoren« vom 4. 1. 1842; Verh. 1843/44, 13. Beilagenheft, S. 25—27.
45 A. a. O., §§ 1, 11.
46 A. a. O., § 99.
47 A. a. O., § 10.
48 So der Fall Jordan, Weidig und die Hannoversche Frage.
49 »Instruktion für die Censoren«, a. a. O., § 9.
50 A. a. O.
51 v. Rüdt: Über die Wahlen zum Landtag von 1842; vgl. die darin enthaltene Weisung an die Zensoren vom 23. 2. 1842; GLA 48/6095.
52 Mannheimer Journal 182/2. 7. 1845 bis 200/25. 7. 1845.
53 Actenstücke I, S. XLV – LI; II, S. XX f.
54 Actenstücke II, S. XXII; Bd. II/III, passim.
55 So durfte das Mannheimer Journal das für die Organisation der deutsch-katholischen Gemeinden grundlegende »Sendschreiben der Vorstände der deutsch-katholischen Gemeinden«, das für Nr. 200/25. 7. 1845 vorgesehen war, nicht drucken.
56 Actenstücke I, S. 49, vgl. Struve-Artikel »Concordia res parvae crescunt, discordia dilabunter« (gestrichen).
57 Actenstücke I, II passim.
58 Actenstücke I, S. LXXXVII.
59 Verh. 1846, Sitzung vom 20. 1. 1846.

Badens innenpolitische Offensive: Die 2. Kammer und die liberale Presse als Verbündete gegen die Zensur

1 Friedrich v. Gentz: Staatsschriften und Briefe, 2 Bde., hg. von Hans v. Eckart, München 1921, Bd. II, S. 26; abgedruckt bei Klüber-Welcker, S. 350.
2 Huber, Deutsche Verfassungsgeschichte, Stuttgart 1957 ff., Bd. I, S. 123 ff.; vgl. Groth, Die Zeitung, Bd. I, S. 788 ff.
3 Art. 26 und Art. 33 der Wiener Beschlüsse, Huber, a. a. O.
4 Verh., 1./2. Prot.h. 1837, S. 84—92 (Antrittsrede Mittermaiers).
5 A. a. O.
6 GLA 236/5750, MdI vom 23. 7. 1836 unter Berufung auf den Beschluß der Regierung vom 19. 5. 1835, Nr. 821.

7 A. a. O.
8 So Welcker in der 2. Kammer; Verh. vom 10. 4. 1839, 1. Prot.h. 1839, S. 56.
9 A. a. O.
10 Verh. vom 10. 4. 1939, 1. Prot.h. 1839, S. 192 f.
11 Verh. vom 6. 5. 1839, a. a. O., S. 194.
12 Die von der 2. Kammer selbst herausgegebenen Verhandlungsprotokolle wurden vom Karlsruher Verlag Gutsch gedruckt.
13 Verh. vom 18. 7. 1839, 4. Prot.h. 1839, S. 163; aus einer Wiener Korrespondenz für die Karlsruher Zeitung hatte der Zensor z. B. die Passage: »der als geistreicher Geschichtsschreiber wie als vorzüglicher Volksredner rühmlichst bekannte Hofrat v. Rotteck« so gestrichen, daß nur »der als Geschichtsschreiber bekannte . . .« übrigblieb.
14 Verh. a. a. O., vom 10. 4. 1839, S. 54 ff.; a. a. O., 4. Prot.h. 1839, 18. 7. 1839, S. 165.
15 A. a. O.
16 GLA 236/8768, Blittersdorff an MdI Winter vom 9. 11. 1837.
17 Verh. 1839, 4. Prot.h., Beilage Nr. 4, S. 186 f.
18 Verh., 4. Prot.h. 1839, 18. 7. 1839, S. 144–182.
19 A. a. O., S. 155.
20 A. a. O., S. 168
21 A. a. O., S. 147.
22 Verh. 15. 7. 1840, Beilagenheft 5, S. 333 (Commissionsbericht über die Motion Rottecks).
23 Verh. 1839/40, Beilagenheft 5/6; Beilage Nr. 2 zur Sitzung vom 24. 6. 1839, hier S. 276. Diese Motion trug Rotteck die heftige Kritik der Radikalen ein; vgl. S. 129.
24 Verh. 1839, 4. Prot.h., S. 155.
25 A. a. O., S. 150.
26 GLA 236/236, Zensor Riegel vom 29. 10. 1838 an MdI.
27 A. a. O., S. 147, 149, 180; Verh. 1842, 5. Prot.h., S. 65 (Bassermann).
28 Verh. 1839, 4. Prot.h., S. 145, 181.
29 DV 45/27. 2. 1840; Verh. 4. Prot.h 1839, S. 146.
30 Zur Zensur der Landtagszeitung s. Briefe Karl Mathys, im Stadtarchiv Mannheim, kleine Erwerbungen 533.
31 Verh. 1844, 2. Prot.h., 17. 2. 1844, S. 313 ff.
32 Verh., 1834/45, 11. Prot.h.; Sitzung vom 13. 1. 1845, S. 86 ff.
33 A. a. O., S. 86.
34 A. a. O., S. 115.
35 A. a. O., S. 100.
36 A. a. O., S. 115.
37 A. a. O., S. 92.
38 A. a. O., S. 105.
39 A. a. O., S. 104.
40 GLA 236/236, Zensor Riegel an MdI vom 16. 5. 1843 betreffend die Beschwerde der kgl.pr. Reg. gegen hiesige Tageblätter; Riegel konnte wie kaum ein anderer Zensor in Baden ein offenes Wort wagen; die Erwiderung Riegels stellt daher ein aufschlußreiches Dokument der Zensurverhältnisse dar.
41 A. a. O.
42 GLA 236/236, Riegel an MdI vom 29. 10. 1838.
43 Eine Untersuchung über Mannheimer Verlage im Vormärz und ihre politisch-literarische Bedeutung steht leider aus; zum Belle-Vue-Verlag in Konstanz vgl. die Monographie von Hermann M. Venedey, Belle-Vue bei Constanz.
44 GLA 236/236, Riegel an MdI vom 29. 10. 1838.
45 Nach der Aufstellung Riegels waren dies pro Woche: sechsmal das Mannheimer Morgenblatt und die Mannheimer Abendzeitung, siebenmal das Mannheimer Journal, dreimal Rheinische Blätter, zweimal die Schulzeitung, einmal das Schul- und Gewerbeblatt, außerdem eine Anzahl Broschüren u. a. vom Ver-

lag Bassermann, der manchmal innerhalb weniger Wochen sechs Werke unter 20 Bogen herausbrachte (GLA 236/236, Riegel an MdI vom 16. 5. 1843).
46 A. a. O.
47 A. a. O.
48 A. a. O.; so ließ Riegel z. B. in einem Artikel über den preußischen König den Ausdruck »sogen. Majestätsbeleidigung« passieren, was prompt preußischen Protest hervorrief.
49 A. a. O.
50 A. a. O.
51 A. a. O., Riegel an MdI vom 16. 5. 1843.
52 A. a. O.
53 A. a. O. So konnte Riegel auch im Hamburger Telegraph lesen: »Der Mannheimer Zensor streicht wie verrückt.«
54 So hatte der Leipziger Buchhändlertag 1841 beschlossen, »mit allen Zensoren in Deutschland außer allen Verkehr zu treten, man solle seine Verachtung überall gegen diese Menschen zeigen; dadurch würde niemand ein solches Geschäft annehmen mögen« (Glossy, S. 206, zitiert nach Schneider, S. 300).
55 Im Jahre 1843 erhielt der Zensor in Mannheim eine Dotation von 300 fl., die übrigen 150 fl., also etwa ein Drittel oder die Hälfte eines Monatsgehalts (GLA 236/237, Staatsministerium vom 26. 10. 1843). Doch die Regierung mußte die Dotation wiedereinstellen, weil die Budgetkommission der 2. Kammer äußerst heftig darauf reagierte (Bassermann, Denkwürdigkeiten, S. 35).
56 GLA 236/237, Reg. d. Seekreises, Konstanz, an MdI vom 14. 5. 1839.
57 GLA 236/236, Riegel an MdI vom 16. 5. 1843.
58 GLA 236/237, Reg. d. Unterrheinkreises, Mannheim, an MdI vom 6. 10. 1843.
59 GLA 236/227, Zensor Lamey von Mannheim an MdI vom 9. 11. 1846.
60 GLA 236/234, Zensor Vogel in Konstanz an MdI vom 1. 12. 1846; Vogel beteuerte darin seine »entschieden ausgeprägte Gesinnung« und wehrte sich gegen den Verdacht, er unterstütze mit einer nachsichtigen Zensur die radikale Partei.
61 Bassermann, Denkwürdigkeiten, S. 35.
62 A. a. O.
63 A. a. O.
64 A. a. O.
65 A. a. O.
66 A. a. O.
67 GLA 236/236, Reg.dir. Dahmen von Mannheim an MdI vom 2. 1. 1842.
68 Schneider, S. 301.
69 Verh. 1843/45, 11. Prot.h., 13. 1. 1845, S. 112.
70 Bassermann, S. 35.
71 GLA 236/236, v. Radowitz vom 25. 4. 1843.
72 Walesrode: Der Humor auf der Bank der Angeklagten, Mannheim 1844 bei Bassermann. Das »Buch« war 328 Seiten stark – 320 Seiten wären zensurpflichtig gewesen – und weitläufig auf Duodezseiten gedruckt.
73 Zur Verbindung Walesrodes mit der badischen Opposition vgl. S. 193 f.

Drittes Kapitel: Das Wiedererstehen von politischer Presse und Öffentlichkeit (1838–1840)

Presseverhältnisse in Deutschland um 1840

1 August Heinrich Hoffmann von Fallersleben: Die Zeitung, in: Unpolitische Lieder von 1842; ein Vers lautet: »Was haben wir heute nicht alles vernommen! / Die Fürstin ist gestern niedergekommen, / und morgen wird der Herzog kommen . . .« Vollständig wiedergegeben bei Elgar Böhm, Rolf Engelsing (Hg.): Die Zeitung. Deutsche Urteile und Dokumente von den Anfängen bis zur Gegenwart, Bremen 1967, S. 166.
2 Friedrich Giehne: Das deutsche Zeitungswesen, in: Deutsche Vierteljahresschrift 1840, Heft 1, S. 1–66. Giehne war bereits 1832 als Redakteur des »Freisinnigen« hervorgetreten (Protokolle der Deutschen Bundesversammlung vom Jahre 1832, S. 1089). Ab 1841 gab er die Oberdeutsche Zeitung heraus, die der badischen Regierung (nicht unkritisch) nahestand.
3 Giehne, S. 37; allgemein dazu Ludwig Salomon: Geschichte des deutschen Zeitungswesens von den Anfängen bis zur Wiederaufrichtung des Deutschen Reiches, Bd. 3: Das Zeitungswesen seit 1814, Oldenburg/Leipzig 1906; Kurt Koszyk: Deutsche Presse im 19. Jahrhundert. Geschichte der deutschen Presse, Teil II, S. 87 ff.; Johann Goldfriedrich: Geschichte des deutschen Buchhandels vom Beginn der Fremdherrschaft bis zur Reform des Börsenvereins im neuen Deutschen Reiche (1805–1898). Im Auftrage des Börsenvereins der deutschen Buchhändler hg. von der Historischen Kommission derselben, Bd. 4, Leipzig 1913.
4 Giehne, S. 44.
5 Rudolf Schenda: Volk ohne Buch. Studien zur Sozialgeschichte der populären Lesestoffe 1770–1910. Studien zur Philosophie und Literatur des 19. Jahrhunderts, Bd. 5, Frankfurt 1970, S. 327 f.
6 Nach einem halben Dutzend Postadministrationen betrug der »Postaufschlag« 100–150 Prozent; im Extremfall von Triest nach Hamburg sogar 500–600 Prozent; Giehne, S. 54 f.
7 Treitschke, Bd. V, S. 189.
8 Eine Auflagenhöhe von 2000–5000 sogar nach dem pressepolitischen Durchbruch der Revolution in den Mittelstaaten und Großstädten erscheint »durchaus beachtlich« (Naujoks, Die offiziöse Presse, S. 157).
9 Vgl. Schenda, S. 58, 452.
10 Robert Blum (Hg.): Vorwärts! Die deutsche Presse im Jahr 1842, Volkstaschenbuch 1843, S. 109.
11 Literarische Geheimberichte, Bericht Wilhelm Fischers; Mainz, Ende Januar 1842, S. 116.
12 Glossy, S. 62.
13 Literarische Geheimberichte, S. 75; Bericht aus Frankfurt vom 24. 1. 1841.
14 Häusser, S. 21.
15 Müller, Bd. IV, S. 48 ff.
16 Wolfram Fischer: Der Staat und die Anfänge der Industrialisierung in Baden 1800–1850, Bd. 1. Die staatliche Gewerbepolitik, Berlin 1962, S. 294 f.; die Angaben beziehen sich auf die Gewerbezählung von 1840.
17 Müller, Bd. IV, S. 95.
18 Fischer, a. a. O.
19 Müller, Bd. IV, S. 68.
20 Friedrich Walter: Mannheim in Vergangenheit und Gegenwart, Bd. II, Mannheim 1912, S. 217 ff., 237 f.
21 Zur Geschichte der Stadt Konstanz vor allem: Josef Laible: Geschichte der Stadt Konstanz, Konstanz 1896; ders.: Chronik des Bürgermuseums zu Konstanz von 1834–1884, Konstanz 1884.

Der Rheinische Postillon *in Mannheim und das »unruhige« badisch-hessische Grenzgebiet*

1 Stadtarchiv Mannheim, Bestand Kath. Bürgerhospital, Zugang 62/1970.
2 Thomas Michael Mayer: Büchner und Weidig – Frühkommunismus und revolutionäre Demokratie; Büchner-Chronik, in: Georg Büchner I/II, Sonderband »Text und Kritik«, hg. von Heinz Ludwig Arnold, München 1979, S. 156, 387.
3 Mayer, S. 156.
4 Mayer, S. 387.
5 Hoefer, S. 129; Adler, Staatsschutz im Vormärz, in: Literarische Geheimberichte, S. 39 ff.
5a Adler, S. 41.
6 A. a. O., S. 57; außerdem Agent »Lichtweiß«, Frankfurt, 21. 5. 1838, a. a. O., S. 56; Glossy, Frankfurt, 15. 5. 1838, S. 143. Zuerst gab Hoff als verantwortlichen Redakteur einen Professor Suchow an, einen Naturforscher aus Mannheim, der nie »auch nur eine Zeile« für den Postillon schrieb (88/6. 11. 1838). Bald bekannte sich Hoff als verantwortlicher Redakteur (50/24. 5. 1838). Vgl. Florian Waldeck: Alte Mannheimer Familien, 2. Teil, Schriften der Familiengeschichtlichen Vereinigung, Mannheim 1922, S. 36 f.
7 Salomon, S. 425. Während des Hannoverschen Verfassungskonflikts stand im Postillon als »Unverbürgte Nachricht« zu lesen: »In Göttingen soll ein Papagei arretiert worden sein, weil er Dahlmann gerufen« (4/14. 1. 1838).
8 Hoefer, S. 126.
9 Glossy, Frankfurt, 6. 9. 1838, S. 151.
10 A. a. O., S. 143.
11 Postillon, 24/25. 3. 1838.
12 Glossy, Wiesbaden, 13. 6. 1838, S. 145.
13 Postillon 42/5. 4. 1840; ein Beispiel sei genannt: Im Jahre 1832 war in Heidelberg durch Manipulationen höherer Beamter, vielleicht von Minister Winter selbst, eine Bürger-Petition um Preßfreiheit unterschlagen worden. Aufgrund der Enthüllungen des Postillons griff Itzstein diese Angelegenheit wieder auf und stellte Nebenius, den damaligen Präsidenten des Innenministeriums, zur Rede. In Heidelberg selbst löste die Angelegenheit heftige Auseinandersetzungen und, im Gefolge davon, eine Scheidung zwischen konservativen und liberalen Bürgern aus (Verhandlungen, 4. Prot.h. 1839, Sitzung vom 18. 7. 1839, S. 178; Postillon 11/26. 7. 1839; 16/7. 8. 1839).
14 Vgl. Treitschke, Bd. IV, S. 601 ff.
15 Zur Regierung du Thil vgl. Huber, Bd. III, S. 444; du Thil, seit 1821 Außenminister, von 1829 bis 1848 leitender Minister.
16 Vgl. Treitschke, Bd. IV, S. 602.
17 Protokolle der Deutschen Bundesversammlung vom Jahre 1838, Frankfurt a. M., Sitzung vom 29. 11. 1838, § 389 »Mißbrauch der Presse, insbesondere der Zeit- und Druckschriften: ›Der Rheinische Postillon‹, ›Der Leuchtthurm‹ und ›Deutschmann's Radicalreform‹ etc. betreffend«, S. 1049; Charakterisierung Georgis seitens der Preß-Kommission, die ihn gegen Angriffe des Rheinischen Postillon in Schutz nimmt.
18 Treitschke, Bd. IV, S. 602.
19 Leuchtthurm 49/6. 11. 1838.
20 Postillon 17/7. 2. 1840; zu ergänzen ist »D(armstädter)«.
21 »Reliquien Dr. Friedrich Ludwig Weidigs, gewesenen Pfarrers in Obergleen im Großherzogtum Hessen zum Besten der Witwe Weidigs« (Ankündigung des Verlags Heinrich Hoff), Rheinischer Postillon 89/7. 11. 1838.
22 Treitschke, Bd. IV, S. 601.
23 A. a. O., S. 603.
24 Rheinischer Postillon 5/14. 1. 1839.
25 Deutscher Postillon 16/7. 8. 1839; der hessische Großherzog hatte die Untersuchung wegen Fluchtbegün-

stigung gegen die Frau des geflohenen Dr. Schulz aus Darmstadt niedergeschlagen und ihr die Rückkehr erlaubt; vgl. Walter Grab: Wilhelm Friedrich Schulz (1797–1860). Ein bürgerlicher Vorkämpfer des sozialen und politischen Fortschritts, S. 98–136, in: Die frühsozialistischen Bünde in der Geschichte der Arbeiterbewegung. Vom Bund der »Gerechten« zum »Bund der Kommunisten« 1836–1847. Ein Tagungsbericht, bearb. und hg. von Otto Büsch und Hans Herzfeld, Berlin 1975, S. 108 f.

26 Vgl. Treitschke, Bd. IV, S. 602.
27 Wilhelm Schulz: Geheime Inquisition, Censur und Kabinettsjustiz im verderblichen Bunde. Schlußversammlung mit vielen neuen Aktenstücken über den Prozeß Weidig, Karlsruhe 1845.
28 Frankfurter Journal 220/11. 8. 1838, Beilage; Hessische Zeitung 223/13. 8. 1838.
29 Postillon 65/15. 8. 1838; vgl. Literarische Geheimberichte, S. 57.
30 Postillon 65/15. 8. 1838.
31 Vgl. S. 230 f.
32 Rheinischer Postillon 89/7. 11. 1838; Bekanntmachung Nr. 35 des Großherzoglich Hessischen Regierungsblattes vom 2. 11. 1839 seitens des Ministeriums des Innern und der Justiz. Der »Postillon« befaßte sich beinahe in jeder Ausgabe des Jahres 1838 mit der Taunuseisenbahn. Sein Verbot im Großherzogtum Hessen führte die Redaktion allein auf seine Veröffentlichungen über die Taunuseisenbahn zurück (89/7. 11. 1838).
33 Postillon 16/7. 8. 1839.
34 GLA 236/236, v. Blittersdorff an MdI vom 20. 11. 1839; Verbalnote des bayerischen Geschäftsträgers v. Oberkranz.
35 Protokolle der Deutschen Bundesversammlung vom Jahre 1838, Sitzung vom 29. 11. 1838, § 389, S. 1048–1053.
36 GLA 236/236, Blittersdorff an MdI vom 20. 11. 1838.
37 Protokolle der Deutschen Bundesversammlung, a. a. O., S. 1049.
38 A. a. O., S. 1049; GLA 236/236, v. Blittersdorff an MdI vom 5. 12. 1838.
39 A. a. O., S. 1049.
40 GLA 236/236, Rekurs des Buchhändlers Heinrich Hoff in Mannheim vom 25. 3. 1838; Hoff führte Beschwerde, weil der Zensor in der Mannheimer Stadtpost, einer Beilage des Postillon, einen langen Artikel über die Dampfschiffahrt auf dem Rhein gestrichen hatte. Dies könne man nicht zensieren nennen, so Hoff, dies sei eine »Unterdrückung aller öffentlichen Besprechung«. Das Ministerium des Innern gab als oberste Zensurbehörde einen Monat später den Artikel frei.
41 GLA 236/236, Beschwerdebriefe Heinrich Hoffs an MdI vom 16. 12. 1838 und vom 29. 12. 1838.
42 GLA 236/236, Zensor Riegel an MdI vom 14. 2. 1839.
43 Literarische Geheimberichte, vgl. darin z. B. Fischers Berichte, S. 95 f., 113–116; vgl. Hoefer, S. 116 f.
44 A. a. O., S. 56; Frankfurt, 30. 5. 1840 (Lichtweiß).
45 Stadtarchiv Mannheim, Verlag des Kath. Bürgerhospital, Zugang 2/1967, Nr. 161 (»Verzeichnis der Honorare für die Correspondenten am Mannheimer Journal«).
46 Literarische Geheimberichte, S. 57.
47 A. a. O., S. 62; Frankfurt, 5. 8. 1840.
48 Postillon 104/30. 8. 1840.
49 Florian Waldeck, Alte Mannheimer Familien, S. 62.
50 Postillon 141/25. 11. 1840.
51 Vgl. Hoefer, S. 134.
52 Tauschwitz, S. 182.
53 Literarische Geheimberichte, S. 56.
54 Zum Kolportage-Buchhandel, s. Schenda, Volk ohne Buch, S. 228.
55 Vgl. S. 98 f.
56 Literarische Geheimberichte, S. 57.
57 Hessisches Staatsarchiv Darmstadt, Abt. G2A, Konvolut 52, Fasz. 8: »Periodischer Übersichtsbericht der Bundeszentralbehörde vom 31. Jan. 1842 an den infolge Artikels 28 der Wiener Schlußakte erwählten Ausschuß mit Beilagen«, sowie Protokolle der deutschen Bundesversammlung vom Jahre 1840, Beilage

2–6, Bericht der Bundes-Centralbehörde an den in Folge Art. 28 der Wiener Schlußakte erwählten Bundestagsausschuß; Frankfurt, den 1. Oktober 1840, S. 583–621; insbesondere S. 590; Korrespondenz der hessischen Regierung du Thil mit der badischen in: GLA 236/8768; vgl. zum ganzen Vorgang den aufschlußreichen Parallel-Bericht des Konfidenten »Lichtweiß«, Literarische Geheimberichte, S. 56 ff., Frankfurt, 30. 5. 1840.
58 Literarische Geheimberichte, a. a. O.
59 Zu dem ganzen Vorgang siehe Bericht der Bundeszentralbehörde vom 1. 10. 1840, S. 590; GLA 236/8768, du Thil vom 20. 5. 1840; die Flugschrift »Deutsche Vaterlandsfreunde« liegt bei.
60 Frolinde Balser: Zur »Erklärung der Menschen- und Bürgerrechte«. Ein Beitrag zur Rolle der Menschenrechte im vormärzlichen Deutschland und in den frühen Arbeitervereinen, S. 94–98; in: Büsch/Herzfeld (Hg.), Frühsozialistische Bünde; Balser sieht darin die Grundlage für die »Arbeiterverbrüderung« von 1848.
61 Periodischer Übersichtsbericht der Bundeszentralbehörde vom 31. 1. 1842, S. 51, 53.
62 Diese Annahme stützt sich vor allem auf die Aussagen des relegierten Studenten und späteren Bäckers Adam Koch in Darmstadt, der weitreichende geheimbündlerische Beziehungen besaß und bereits 1833 als Student in Gießen Georg Büchner, »einen Mann von überwiegendem Geiste und einer hinreißenden Beredsamkeit« (a. a. O., S. 7), kennengelernt hatte, in dessen »Gesellschaft der Menschenrechte« er eintrat. Später war Koch Mitglied des Bundes der Geächteten. Rauschenplatt soll Kochs engen Freund, den Straßburger Lehrer Wolf, mit der Verbreitung der Flugschrift beauftragt haben. Koch beherbergte Wolf im Herbst 1839 in Darmstadt und erhielt von ihm einige dieser Flugschriften, die zweispaltig auf ein graues Quartblatt gedruckt waren (a. a. O., S. 65; Bericht der Bundes-Centralbehörde, 1. 10. 1840, Beilage 2–6, a. a. O., S. 611).
63 GLA 236/8768, du Thil vom 20. 5. 1840.
64 Gemeint war nach Adler, Literarische Geheimberichte, S. 58 (Anm.), von Albert Ludwig Grimm: Die romantischen und malerischen Stellen der Bergstraße, des Odenwalds und der Neckar-Gegenden, in ihrer Vorzeit und Gegenwart geschildert, 1.–4. Heft, Verlag Leske, Darmstadt, 1840.
65 Periodischer Übersichtsbericht der Bundeszentralbehörde vom 31. 1. 1842, S. 56.
66 A. a. O.
67 Literarische Geheimberichte, S. 58.
68 GLA 236/8768, Reg.dir. Dahmen an die Bundeszentralbehörde vom 1. 9. 1840.
69 Wirt Härter (1802–1867) zählte zu den politisch einflußreichen Personen Weinheims. Im Vormärz und in der Revolution vertrat er mutig die entschiedene Oppositionsrichtung. Im Revolutionsjahr 1849 fungierte Härter als Zivilkommissär der provisorischen Regierung. Das Ansehen, das er in seiner Gemeinde genoß, kam noch in der gedruckt vorliegenden Grabrede des Stadtpfarrers Zähringer im Jahre 1863 zum Ausdruck: Grabrede für einen Weinheimer 48er, in: Der Rodensteiner. Heimatbeilage für den Odenwald und die Bergstraße, vom 10. 10. 1952, 13. Jg. Der Grabstein Friedrich Härters, der im Jahre 1978 vor der Peterskirche in Weinheim wieder aufgestellt wurde, trägt die Inschrift: »Hier ruht ein Mann / Ein Freund von reiner Sorte / Und wer wie er geliebt / Volk, Vaterland, die Seinen / Der hat ein Recht darauf / daß alle ihn beweinen«. Vgl. auch I. G. Weiß: Geschichte der Stadt Weinheim, Weinheim 1911, S. 112 ff.
70 GLA 236/8768, du Thil, Darmstadt, den 20. 5. 1840.
71 GLA 236/8768, Reg.dir. Dahmen von Mannheim an MdI vom 26. 5. 1840; die Schreibweise des Namens Härter ist unterschiedlich, hier »Herter«. Zu Schlatter neuerdings Karl Dettling: Georg Friedrich Schlatter aus Weinheim 1799–1875. Ein Leben für Freiheit und Menschenwürde, in: ders., Die Revolution 1848–1849 im Amtsbezirk Eppingen. Mühlbacher Jahrbuch 1980, S. 89–139.
72 A. a. O., S. 97.
73 Häusser, Denkwürdigkeiten, S. 521.
74 Postillon 62/24. 5. 1839.
75 Dettling, S. 98.
76 MAZ/7. 11. 1844; viele Mannheimer, auch Hecker und Soiron, waren anwesend.
77 Der Aufruf im Postillon 62/24. 5. 1839: »Weinheim, Sonntag, 26. des Monats wird auf der wieder etwas verbesserten Burg *Windeck* ein Volksfest gefeiert. Mehrere Bürger.«

78 GLA 236/8768, Bericht des Brigadiers Stenz, Weinheim, den 29. 5. 1839.
79 A. a. O.
80 Vgl. S. 279.
81 GLA 236/8768, Bericht des Brigadiers Stenz, Weinheim, 29. 5. 1839.

Der Leuchtthurm *in Konstanz (1838–1839)*

1 GLA 236/233, Die in Konstanz erscheinenden Blätter »Leuchtthurm«, »Seeblätter«, »Deutsche Volkshalle« und deren Censur; Oberzensor Regierungsrat Rettig an das MdI vom 16. 12. 1838.
2 Rottecks Schriften, Bd. I, S. 429. Diese Bewegung war in Württemberg noch stärker. Dort stellten sich mit Römer, Pfizer und Uhland die führenden Köpfe der Opposition im Jahre 1838 nicht mehr zur Wiederwahl (Huber, Bd. II, S. 39).
3 Rottecks Schriften, Bd. I, S. 429.
4 Laible, Geschichte der Stadt Konstanz, S. 190; ders., Chronik des Bürgermuseums, S. 2; dem Abgeordneten der 2. Kammer und einflußreichen Beamten Aschbach von Konstanz war die Erhaltung des Vereins vornehmlich zu verdanken (Laible, Chronik, S. 55 f.).
5 Rotteck, Bd. IV, S. 472 f.
6 Laible, Geschichte der Stadt Konstanz, S. 202.
7 GLA 54/52, Bericht des Brigadiers Stolz an das Gendarmerie-Korps in Karlsruhe vom 11. 10. 1834. – Auch in späteren Jahren schritt die Polizei wiederholt gegen Veranstaltungen des Vereins ein oder drang ins Lesezimmer ein und riß beanstandete Blätter an sich. Die Proteste des Vorstandes gegen die »niedersten und rücksichtslosesten Diener der Staatsgewalt« blieben während der Regierung Blittersdorff unbeachtet, geschahen diese Aktionen doch auf höchste Weisung. Die Schilderung des Eingreifens der Polizeibehörden umfaßt 45 Seiten der Vereinsakten (Laible, Chronik des Bürgermuseums, S. 32).
8 Laible, Chronik, S. 60.
9 Im Lesezimmer des Vereins hing das Porträt Wirths neben dem Rottecks und Aschbachs (Laible, Chronik, S. 55).
10 GLA 236/234, Bezirksamt Konstanz vom 30. 1. 1814 an MdI.
11 A. a. O.
12 Vanotti stammte aus einer alteingesessenen Überlinger Familie, seine Vorfahren kamen vom Comer See (Laible, Chronik, S. 55 f.; ders., Geschichte der Stadt Konstanz, S. 208).
13 Zur Geschichte des Belle-Vue-Verlages s. Hermann M. Venedey: Belle-Vue bei Constanz. Gesicht eines politischen Verlages im Vormärz, 1840–1848; Gustav Keller: Die politischen Verlagsanstalten und Druckereien in der Schweiz 1840–1848, in: Berner Untersuchungen zur Allgemeinen Geschichte, H. 8., Bern/Leipzig 1935.
14 Vgl. Kurt Koszyk: Deutsche Presse im 19. Jahrhundert. Geschichte der deutschen Presse, Teil II, Berlin 1966, S. 55.
15 Verhandlungen, 4. Prot.h., 18. 7. 1839, S. 181.
16 Vgl. Josef Fickler in Seeblätter 110/13. 9. 1840.
17 Vanottis Verlag ging 1845/46 an Konstanzer Gesinnungsfreunde über; Venedey, S. 30.
18 Ignaz Vanotti in Leuchtthurm, 1. Probenummer/20. 9. 1838 und in Deutsche Volkshalle 31/24. 10. 1839, »Meine Absicht«; Deutsche Volkshalle wird im folgenden abgekürzt DV.
19 Keller, S. 33 f.
20 Vanottis Name findet sich z. B. nicht in Treitschkes namenreicher »Deutscher Geschichte im Neunzehnten Jahrhundert«; lokale Geschichtsschreiber wie Laible werden Vanottis politischer Bedeutung nicht gerecht; Keller und Venedey stützen sich auf Laible.
21 Möglicherweise ermunterte Karl Rotteck bei einem Besuch des »Museums« um Juli 1838 das Vorstandsmitglied Ignaz Vanotti zur Herausgabe einer Zeitung und sicherte ihm vermutlich auch den Schutz der 2. Kammer vor der Zensur zu (Laible, Geschichte der Stadt Konstanz, S. 184, 179).

22 GLA 236/233, 236/234.
23 DV, 1. Probenummer/20. 9. 1838.
24 GLA 233/34899, Die politischen Umtriebe verdächtiger Individuen (1833–1852); Brief Metternichs an den österreichischen Geschäftsträger in Karlsruhe, Baron Festa betr. Vanotti/Deutsche Volkshalle vom 5. 3. 1840.
25 Laible, Geschichte der Stadt Konstanz, S. 184.
26 A. a. O.
27 DV 31/24. 10. 1839.
28 GLA 236/233, Zensor Pfister vom 31. 3. 1838 an MdI.
29 GLA 236/233, a. a. O.
30 Leuchtthurm 16/5. 10. 1838; zur Person vgl. Keller, S. 35 f.
31 Elsners Schrift »Wichtige Tage aus dem Leben Napoleons« erregte Anstoß und wurde verboten (Protokolle der Deutschen Bundesversammlung vom Jahre 1838, S. 1962 f.). Elsners Napoleonkult empfahl ihn Prinz Louis Napoleon, dem späteren Napoleon III., der im nahen Schlößchen Arenenburg residierte und im Konstanzer »Bürgermuseum« gern gesehener Gast war (Keller, S. 35).
32 Seebl. 7/14. 1. 1844; vgl. Keller, S. 36. – Dies wird auch durch einen angeblichen Bestechungsversuch Elsners illustriert: Der Redakteur der Seeblätter enthüllte, daß er von Elsner mit der Summe von 200 fl. hatte bestochen werden sollen; die Seeblätter sollte er eingehen lassen und selbst künftig beim Leuchtthurm (für 1 Louisdor pro Bogen) mitarbeiten. Fickler bedauerte den Streit, da er die Haupttendenz des Leuchtthurms teile (Leuchtthurm 16/5. 10. 1838; Gegendarstellung Ficklers).
33 DV 31/24. 10. 1839.
34 Leuchtthurm 78/22. 3. 1839.
35 Im Jahre 1843/44 war Heinrich Elsner als Redakteur der Karlsruher Zeitung tätig, doch die Regierung war mit seiner politischen Haltung unzufrieden und erzwang die Kündigung Elsners (Tauschwitz, S. 181).
36 Leuchtthurm, 1. Probenummer/20. 9. 1838 (im Original gesperrt).
37 DV 31/24. 10. 1839.
38 A. a. O.
39 GLA 236/233, Minister des Großherzoglichen Hauses und der auswärtigen Angelegenheiten von Blittersdorff an Innenminister Nebenius vom 17. 11. 1838.
40 Vgl. S. 92.
41 Seebl. 40/4. 4. 1841.
42 GLA 236/233, Blittersdorff an Nebenius vom 17. 11. 1838.
43 GLA 236/233, Innenminister Nebenius vom 27. 11. 1838.
44 Vgl. S. 73.
45 GLA 236/233, Zensuranweisung des Innenministers Nebenius vom 11. 12. 1838.
46 GLA 236/233, Ignaz Vanotti an MdI vom 12. 12. 1838.
47 A. a. O.
48 GLA 236/233, Zensor Pfister an MdI vom 29. 1. 1839.
49 GLA 236/233, MdI an Zensor Pfister vom 8. 3. 1839.
50 GLA 236/233, MdI an Vanotti vom 19. 4. 1839.
51 Verhandlungen, 4. Prot.h., Sitzung vom 18. 7. 1839, S. 145; S. 144–182.
52 A. a. O., S. 180–184.
53 A. a. O., S. 146 f.

Viertes Kapitel: Nationalismus oder radikale Demokratie?
J. G. A. Wirth, Georg Herwegh und Josef Fickler

Die Deutsche Volkshalle *(1839–1841)*

1 Reinhart Koselleck: Die Julirevolution und ihre Folgen bis 1848, in: Fischer Weltgeschichte Bd. 26, »Das Zeitalter der europäischen Revolutionen. 1780–1848«, S. 277 f.; Treitschke, Bd. V, S. 60 ff.
2 Die »Deutsche Volkshalle« wurde bisher noch nicht eingehend bearbeitet. Keller, Politische Verlagsanstalten, S. 36–40, geht auf sie ein; Koszyk, Deutsche Presse, Bd. II, erwähnt deren Bestehen, S. 79 und 83.
3 Wolfgang Büttner: Georg Herwegh – ein Sänger des Proletariats. Der Weg eines bürgerlich-demokratischen Poeten zum Streiter für die Arbeiterbewegung, Berlin 1970, S. 21.
4 Rainer Rosenberg: Literaturverhältnisse im deutschen Vormärz, München 1975, S. 45.
5 Rosenberg, S. 44.
6 Büttner, S. 22.
7 Wolfgang Schieder, Handwerkervereine, S. 212, 217.
8 Lediglich bei Anton Doll: Philipp Jakob Siebenpfeiffer 1789–1845, Johann Georg August Wirth 1798–1848, S. 9–94, in: Das Hambacher Fest, 27. Mai 1832, Männer und Ideen, hg. von Kurt Baumann, Speyer 1957. Leider sind in dieser informationsreichen Veröffentlichung die Quellen nicht im einzelnen nachgewiesen.
9 Johann Georg August Wirth: Die politisch-reformatorische Richtung der Deutschen im XVI. und XIX. Jahrhundert. Ein Beitrag zur Zeitgeschichte, Druck und Verlag der deutschen Volkshalle in Belle-Vue, schweizerischen Cantons Thurgau, 1841; Wirth beendete das Werk im November 1840.
10 Vgl. S. 129.
11 In diesen Jahren des Exils konnte Wirth politisch nicht recht Fuß fassen. Er redigierte anonym von Nancy aus die literarisch-kritische Zeitschrift »Braga«, die seit 1838 bei Winter in Heidelberg erschien, aber bald nach Bestehen der »Volkshalle« aufgegeben wurde. Zusammen mit Rauschenplatt verfolgte er Anfang 1839 den aussichtslosen Plan, ein »deutsches Corps« aufzustellen, das zum Einfall nach Deutschland bereitstehen sollte (Doll, S. 86).
12 Laible, Geschichte der Stadt Konstanz, S. 181.
13 Vgl. dazu den anonymen Artikel »Vom Bodensee. Ein Besuch bei Dr. Wirth«, in: Der Pilot. Allgemeine Revue der einheimischen und ausländischen Literatur- und Völkerzustände, hg. von der Redaktion des Freihafens, 1840, Nr. 11, S. 126.
14 GLA 236/233, Zensor Fröhlich, Konstanz, an MdI vom 15. 11. 1839.
15 Zur Biographie Wirths s. Otto Heinrich Müller: Joh. Georg August Wirth und die Entwicklung des radikalen Liberalismus 1830–1848, Diss. Frankfurt/M 1926 (Masch.); als neuere Untersuchung Doll, a. a. O.; zur Beurteilung Wirths heute vgl. Wende, S. 41 ff., 198 f. – Von Wirth selbst stammt das autobiographische Bändchen »Denkwürdigkeiten aus meinem Leben«, Emmishofen bei Konstanz, Druck und Verlag des literarischen Instituts 1844; dem ersten Bändchen folgte kein zweites, es reicht nur bis in die Hambacher Zeit. Eine psychologisch orientierte Biographie Wirths wäre wünschenswert, Hinweise dazu bei Doll, a. a. O.
16 Johann Georg August Wirth: Fragmente zur Culturgeschichte. Erster Theil, 2. gänzlich umgearbeitete Auflage, Kaiserslautern 1836, 2. Bd.
17 Wirth vertrat u. a. die Ansicht, die Erde bestehe aus zwei beweglichen Hälften, die Ebbe und Flut verursachten; außerdem lehnte er die Newtonschen Gesetze ab. Die Kritik zeitgenössischer Fachleute darauf war vernichtend (Doll, S. 82).
18 Doll, S. 84; die von Charles Darwin (1809–1882) um 1835 entwickelte Abstammungslehre wurde erst 1859 veröffentlicht.
19 Doll, S. 94; Wirth beabsichtigte auch, die »Deutsche Tribüne« wieder herauszubringen (MAZ 143/20. 6. 1848).

20 Zum frühen Herwegh s. Agnes Ziegengeist: Die Literaturkritik des jungen Herwegh. Mit neuen Texten aus Herweghs Frühwerk, Diss. Berlin 1965; zur Biographie noch grundlegend Victor Fleury: Le poète Georg Herwegh (1817–1875), Paris 1911. Zur Wirkung Herweghs im Vormärz s. Valentin I, S. 264–268, vgl. auch die knappe und treffende Charakteristik des Freischarenführers Herwegh 1848, a. a. O., S. 486. – Georg Herwegh: Über Literatur und Gesellschaft (1837–1841). Bearbeitet und eingeleitet von Agnes Ziegengeist, Berlin 1971; außerdem Wolfgang Büttner: Georg Herwegh – ein Sänger des Proletariats; Friedrich Adolf Schmidt-Kunsemüller: Georg Herweghs Wandlung zum politischen Radikalismus, in: Heine-Jahrbuch 1965, Düsseldorf 1964, S. 68–81; ferner die neuere Arbeit, die sich bereits im Titel an die Beurteilung Herweghs durch Treitschke (»Trunkenbold der Phrase«, Bd. 5, S. 366) anlehnt: Jörg-Georg Forster: Phantasie, Phrasen und Fanatismus im Vormärz. Eine historische Untersuchung von Leben und Werk der Dichter Ferdinand Freiligrath und Georg Herwegh im Spiegel der Literatur, Diss. Würzburg 1977, Nürnberg 1978.
21 Georg Herwegh: Die deutschen Professoren. Eine zoologische Abhandlung, in: Gedichte und Aufsätze aus den Jahren 1839 und 1840 von Georg Herwegh, Teil II, S. 107–113, Belle-Vue bei Constanz, 1845.
22 Herwegh bezieht sich auf den »60. Brief aus Paris«.
23 Das Nationalfest der Deutschen zu Hambach. Unter Mitwirkung eines Redaktionsausschusses geschrieben von J. G. A. Wirth, Neustadt a. H., 1832.
24 Möglicherweise machte Herwegh bereits in seiner Maulbronner Schülerzeit Bekanntschaft mit Wirths früherer Zeitschrift »Kosmopolit«. Wirth gab sie vom 1. 1. 1831 an in sieben Folgen zweimal wöchentlich in Bayreuth heraus. Der erste Aufsatz lautete »Preßfreiheit« (Wirth, Denkwürdigkeiten, S. 108). Herwegh machte sich mit der Herausgabe der Schülerzeitung »Der lachende Kosmopolit« als Anhänger des Jungen Deutschland verdächtig; vgl. Ziegengeist, Literaturkritik, S. 17.
25 Georg Herwegh, Deutsche Professoren, a. a. O., S. 108.
26 Vgl. dagegen Forster, S. 57; es erscheint unzulässig, Herwegh nur mit der Elle militärischen Gehorsams, einer Sekundärtugend, zu messen, wie hier geschehen.
27 Büttner, S. 41.
28 Valentin I, S. 486.
29 Heinrich Heine widmete Herwegh, der »eisernen Lerche«, ein Gedicht, das mit dem Vers endet: »Nur in deinem Gedichte/lebt jener Lenz,/den du besingst.« Nicht nur Heine vermutete, Herwegh überschätze seine Wirkung und verwechsle seine Popularität mit Macht.
30 Johann Jacoby: Briefwechsel 1816–1849, Hg. und erl. von Edmund Silberner, Hannover 1974, S. 428; Georg Herwegh an Jacoby o. O., Mitte April 1848.
31 Die radikale Presse verurteilte Herwegh, »weil dieser angeblich politische Führer bei dem ganzen Zuge der Legion und bei deren Organisation eine so unglückselige Rolle gespielt, daß Anhänger und Gegner der republikanischen Partei darüber einig sind« (Seebl. 100/28. 4. 1849).
32 Vgl. Lothar Gall: Liberalismus und »bürgerliche Gesellschaft«. Zu Charakter und Entwicklung der liberalen Bewegung in Deutschland, in: HZ 22, 1975, S. 324 ff.
33 Zur politischen Lyrik im Vormärz, s. Jost Hermand (Hg.): Der deutsche Vormärz, Texte und Dokumente, Stuttgart 1967; Walter Grab: Noch ist Deutschland nicht verloren. Eine historisch-politische Analyse unterdrückter Lyrik von der Französischen Revolution bis zur Reichsgründung. Vorwort von Uwe Friesel, 3. Auflage, Berlin 1980.
34 Büttner, S. 37.
35 Ziegengeist, Georg Herwegh, S. 14 f.
36 Julius Fröbel: Ein Lebenslauf, Stuttgart 1890, 1. Bd., S. 75; vgl. Forster, S. 110 f. Herwegh wohnte im Hause Follens in Zürich, eines ehemaligen Burschenschafters, wo auch die »Gedichte eines Lebendigen« entstanden.
37 Die Redaktion der DV erklärte in 16/27. 9. 1839: »Dr. Heinrich Elsner hat nicht den geringsten Anteil an unserem Unternehmen.« Elsner gab ab Dezember 1840 die literarische Beilage der »Stuttgarter Allgemeinen Zeitung« heraus: »Die Waage. Blätter für die Unterhaltung, Kunst und Literatur«; Ziegengeist, Georg Herwegh, Einleitung S. 15.
38 Ziegengeist, Georg Herwegh, S. 215.

39 Literarische Geheimberichte, S. 96, Wilhelm Fischer im August 1841.
40 Ziegengeist, Georg Herwegh, S. 205–209.
41 Literarische Geheimberichte, Fischer, a. a. O., S. 96.
42 Georg Herwegh, Brief an Karl Gutzkow vom 29. 12. 1839, in: Berliner Tageblatt 1930, Nr. 148 (1. Beiblatt), zit. nach Ziegengeist, Georg Herwegh, S. 14.
43 Vgl. Schieder, S. 47; Protokolle der Deutschen Bundesversammlung vom Jahre 1842, S. 459, Beilage 6, S. 42 und 45; der Bund der Gerechten um 1836 ging aus dem Bund der Geächteten hervor, aus ihm entstand der Bund der Kommunisten.
44 GLA 236/233, Zensor Schütt an MdI vom 8. 1. 1840.
45 GLA 236/233, a. a. O.
46 GLA 236/234, Bezirksamt Konstanz an MdI vom 30. 1. 1841; Zensor Schütt vom 8. 1. 1840 an MdI.
47 GLA 236/234, Zensor Schütt an MdI vom 18. 1. 1841.
48 Glossy, Teil 1, S. 201.
49 DV 200/10. 11. 1840; nach einem Konfidentenbericht vom 19. 11. 1839 hatte die DV aber auch in Norddeutschland Eingang gefunden (Glossy, Teil 2, S. 168).
50 Glossy, Teil 2, S. 73; Straßburg vom 22. 1. 1841.
51 Schieder, S. 212; GLA 236/234, Zensor Schütt an MdI vom 18. 1. 1841.
52 Glossy, Teil 2, S. 168; Bericht aus Frankfurt, 19. 11. 1839.
53 Glossy, Teil 2, S. 73; Bericht vom 24. 1. 1841. Ausdrücklich heißt es darin, »die Volkshalle von Wirth«, in späteren Berichten wird sie abgekürzt nur noch »Volkshalle« genannt. Es ist also kein anderes gleichlautendes Blatt, wie es Adler (Literarische Geheimberichte, S. 55, Anm.) für möglich hält, gemeint.
54 Literarische Geheimberichte, S. 74; Bericht aus Frankfurt, 24. 1. 1841.
55 GLA 233/34899, Brief Metternichs an den österreichischen Geschäftsträger in Karlsruhe, Baron Festa, betr. Vanotti/Deutsche Volkshalle, vom 5. 3. 1840.
56 GLA 236/234, Zensor Schütt an MdI vom 18. 1. 1841.
57 GLA 236/234, Reg.dir. d. Seekreises Rettich an Innenminister von Rüdt vom 4. 2. 1841; Rüdt hatte eine weitere Stellungnahme zu den besorgniserregenden Vorgängen im Seekreis angefordert.
58 A. a. O.
59 Zum gesellschaftlichen Aufbau der Stadt Konstanz vgl. Heinz Krümmer: Die Wirtschafts- und Sozialstruktur von Konstanz in der Zeit von 1806 bis 1850, Konstanzer Geschichts- und Rechtsquellen Bd. XIX, hg. vom Stadtarchiv Konstanz, Diss. Konstanz 1972, Sigmaringen 1973, bes. S. 125. Zwischen 1836 und 1852 besaßen nur 22,2%–28,2% der männlichen Bevölkerung von Konstanz das aktive und passive Wahlrecht. Das Übergewicht der finanziell stärkeren Oberschicht machte sich auch durch ihre führende Rolle in der kommunalen Selbstverwaltung bemerkbar.
60 GLA 236/234, Leiter des Bezirksamtes Konstanz Pfister an MdI vom 30. 1. 1841.
61 GLA 236/234, Zensor Schütt vom 8. 1. 1841 an MdI.
62 GLA 236/234, Zensor Schütt, a. a. O., und der Leiter des Bezirksamtes Konstanz, Pfister, vom 30. 1. 1841 an MdI.
63 GLA 236/233, MdI vom 19. 3. 1839.
64 GLA 236/233, MdI vom 10. 4. 1840 an Zensor Schütt.
65 GLA 236/233, Zensor Schütt an MdI vom 8. 1. 1840.
66 »Vom Bodensee. Ein Besuch bei Dr. Wirth« (anonym), in: Der Pilot, a. a. O.
67 Georg Herwegh: Deutschlands Unglück, in: Gedichte und kritische Aufsätze, II. S. 113; diese Stelle hatte der Zensor in der »Volkshalle« offensichtlich gestrichen.
68 Georg Herwegh: Zur Geschichte des Dramas im neunzehnten Jahrhundert, DV 17 und 18/23. und 24. 1. 1840; in: Ischora oder die Eroberung Jerusalems oder Buch eines Autors der besser kein Autor wäre, DV 23/1. 2. 1840. Literarische Arbeiten und Naturaliensammlung schenkte Schütt später dem Großherzoglichen Naturalienkabinett; vgl. Gaston Meyer: Die Sammlung des Oberamtsrichters Dr. A. Schütt (1810–1888) in Bruchsal, in: Badische Heimat 58. Jg., Heft 1, März 1978, S. 135 ff.
69 »Vom Bodensee. Ein Besuch bei Dr. Wirth« (anonym), in: Der Pilot, a. a. O.
70 Z. B. in: DV 43/24. 11. 1839.

71 GLA 236/233, Zensor Schütt an MdI vom 3. 12. 1830.
72 Georg Herwegh: Gedichte und kritische Aufsätze aus den Jahren 1839 und 1840. Belle-Vue bei Constanz 1845.
73 Agnes Ziegengeist: Georg Herwegh. Über Literatur und Gesellschaft (1837–1841), vgl. S. 203 f.; die wichtigsten Lesarten sind besonders auf S. 226–230 wiedergegeben.
74 »Literatur und Volk« und »Die deutschen Professoren«, wiedergegeben in: Gedichte und kritische Aufsätze, Bd. I, S. 44–49, sowie Bd. II, S. 107–113.
75 Georg Herwegh: »Die Literatur im Jahre 1840«, Erstdruck DV 2/3. 1. 1840, ergänzter Zweitdruck in: Gedichte und kritische Aufsätze; vgl. Ziegengeist, a. a. O., S. 226.
76 GLA 236/233, Zensor Fröhlich an MdI vom 15. 11. 1839.
77 GLA 236/233, am 4. 11. 1839 wurde die Zensur verweigert, weil mit »Emmishofen« ein fingierter Druckort angegeben sei; dazu Ignaz Vanotti: Der Rechtszustand der deutschen Volkshalle. Eine rechtswissenschaftliche Erörterung, Beilage 2 der DV (Februar 1840).
78 H. M. Venedey, Belle-Vue bei Constanz, S. 23 und 27; danach befand sich Druck und Redaktion in dem weitläufigen Gebäude »Remisburg«, wegen seiner schönen Aussicht wurde es »Belle-Vue« genannt. Vanotti erbaute 1843 vor dem Kreuzlinger Tor auf Schweizer Gebiet die Villa Belle-Vue, für die er offensichtlich den alten Namen übernahm. Druckerei und Verlag, die hier ihren Platz fanden, wurden ebenso genannt; vgl. Laible, Geschichte der Stadt Konstanz, S. 190.
79 Ab DV 1/1. 9. 1839 lautet das Impressum »verantwortlicher Herausgeber Obergerichtsadvokat Vanotti«; vom 1. 1. 1840 an dagegen »im Verlag des Obergerichtsadvokaten I. Vanotti, verantw. Redakteur und Verleger«.
80 GLA 236/234, Bezirksamt Konstanz, Pfister, an MdI vom 30. 1. 1841.
81 Vanotti, Der Rechtszustand der deutschen Volkshalle, a. a. O.
82 Vanotti, a. a. O.; GLA 236/233, Ignaz Vanotti an MdI, Konstanz, den 2. 12. 1839.
83 GLA 236/233, Ignaz Vanotti an Großherzog Leopold vom 2. 12. 1839.
84 GLA 236/233, Justizminister Eichrodt, Dezember 1839.
85 Ignaz Vanotti, Der Rechtszustand der deutschen Volkshalle, a. a. O.
86 Nach dem gültigen § 39 des Preßgesetzes vom 28. 12. 1831 hatte die Polizeibehörde innerhalb von 24 Stunden dem zuständigen Gericht die Beschlagnahme zur Billigung vorzulegen.
87 GLA 236/233; der Min. d. Großherzogl. Hauses und der Auswärtigen Angelegenheiten (im folgenden MdA), Blittersdorff, regte beim Innenminister am 20. 2. 1840 an, das Gericht in Konstanz im Sinne der Regierung »aufzuklären«; Zensor Schütt beklagte wiederholt das zu geringe Strafmaß bei Preßvergehen, a. a. O., vom 19. 12. 1840.
88 GLA 236/233, MdI vom 15. 2. 1840, vgl. DV 45/27. 2. 1840; diese wie auch andere beschlagnahmte Ausgaben der DV befinden sich in den Jahrgangsbänden der Universitätsbibliothek Heidelberg. Sie konnten also ungehindert an private Abnehmer, z. B. durch Versendung im Brief, gelangen.
89 DV 45/15. 2. 1840.
90 DV 48/4. 3. 1840.
91 GLA 236/234, MdI vom 20. 2. 1841 an MdA Blittersdorff; demnach wurde die DV noch zu diesem Zeitpunkt im Kanton Thurgau »auf Rechnung« Vanottis gedruckt.
92 GLA 236/233, Zensor Schütt an MdI vom 28. 12. 1840.
93 GLA 233/34899, Brief Metternichs an den österreichischen Geschäftsträger in Karlsruhe, Baron Festa, vom 5. 3. 1840.
94 GLA 236/233, MdA Blittersdorff an MdI vom 20. 2. 1840.
95 GLA 236/233, MdA Blittersdorff an MdI vom 21. 3. 1840.
96 GLA 236/233, Zensor Schütts diesbezügliche Anfrage an MdI vom 19. 12. 1840; Bestätigung durch MdI vom 24. 12. 1840.
97 DV 224/15. 12. 1840.
98 GLA 236/233, Zensor Schütt an MdI vom 19. 12. 1840.
99 GLA 236/234, MdA Blittersdorff an MdI vom 29. 12. 1840.
100 GLA 236/233, MdI an Zensor Schütt vom 24. 12. 1840.

101 GLA 236/234, MdI an MdA Blittersdorff vom 20. 2. 1841; die Postverwaltung durfte keine Sendung zurückhalten, deswegen schritt die Polizei ein.
102 Vanotti gab in der DV 227/20. 12. 1840 zu verstehen, daß er noch »genügend Kraft zum Durchhalten« besitze. Die Behörden bestätigten dies; GLA 236/234, Reg.dir. d. Seekreises, Rettich, an MdI vom 4. 2. 1841.
103 GLA 236/234, MdI vom 6. 8. 1841.
104 GLA 236/234, Bezirksamt Konstanz vom 25. 10. 1840.

J. G. A. Wirth und die Deutsche Volkshalle *– die Scheidung des nationalen und demokratischen Radikalismus*

1 DV 200/10. 11. 1840 mit großformatiger Ankündigung des Werkes; Wirth hatte darin seine wichtigsten Aufsätze aus DV systematisch zusammengefaßt und neu bearbeitet.
2 DV 224/15. 12. 1840.
3 DV 51/30. 3. 1841; zur Beurteilung Wirths in der Forschung vgl. z. B. Brugger, S. 33: »Wirth stand in den Jahren 1839–41 auf dem äußersten linken Flügel des deutschen Liberalismus. Er strebte vor allem die Einheit Deutschlands an.«
4 Wirth, Politisch-reformatorische Richtung, S. I.
5 Wirth, Politisch-reformatorische Richtung, S. 182 f.
6 A. a. O., S. I, S. 143.
7 Vgl. Doll, S. 71; Müller, a. a. O., S. 161 f.
8 Wirth, Politisch-reformatorische Richtung, S. 49–65.
9 Schieder, S. 214.
10 Z. B. DV 226/19. 12. 1840.
11 Wirth, Politisch-reformatorische Richtung. S. 80.
12 Vgl. Huber, Bd. 2, S. 145.
13 Das Gedankengut Wirths Anfang 1830 wurde untersucht von Helmut Bock: Ludwig Börne. Vom Ghettojuden zum Nationalschriftsteller, Berlin 1962, insbes. S. 272–310.
14 Wirth, Politisch-reformatorische Richtung, S. 221 f.
15 Wirth, a. a. O., S. 317.
16 Wirth, a. a. O., S. 301.
17 Wirth, a. a. O., S. 214, 339.
18 Wirth, a. a. O., S. 205 ff.
19 Wirth, a. a. O., S. 206.
20 Wirth, a. a. O., S. 221.
21 Wirth, a. a. O., S. 162.
22 Wirth, a. a. O., S. 168.
23 Wirth, a. a. O., S. 152 f., 162.
24 Wirth, a. a. O., S. 150.
25 DV 226/19. 12. 1840.
26 Wirth, a. a. O., S. 290.
27 Wirth, a. a. O., S. 162.
28 Wirth, a. a. O., S. 163.
29 Zur »Versittlichung« des »Pöbels« vgl. Werner Conze: Das Spannungsfeld von Staat und Gesellschaft im Vormärz, in: Staat und Gesellschaft im Deutschen Vormärz 1815–1848, Stuttgart 1962, S. 258 f.
30 Vgl. Schieder, S. 217
31 DV 116/21. 6. 1840.
32 DV 226/19. 12. 1840.
33 Zum Denken in Kategorien nationaler Weltgeltung und zum deutschen Kulturdünkel, wie es in der Haltung einer breiten Mehrheit der Paulskirchenabgeordneten zum Ausdruck kommt, s. Günther Wollstein: Das »Großdeutschland« der Paulskirche. Nationale Ziele in der bürgerlichen Revolution 1848/49, Düs-

seldorf 1977. – Dagegen forderte die äußerste Linke, die Fraktion »Donnersberg«, »Emanzipation und Selbstregierung aller Völker«, »Eroberungs- und Unterdrückungsgelüste der Deutschen gegen ihre Nachbarn und nichtdeutschen Stammesgenossen sollten aufhören« (W. Boldt, Die Anfänge des deutschen Parteiwesens, S. 189).

34 Vgl. Helmut Plessner: Die verspätete Nation, Stuttgart 1959, S. 32.
35 Nikolaus Becker: Der deutsche Rhein, in: Hermand (Hg), Der deutsche Vormärz, S. 128.
36 Edgar Quinet: 1815 et 1840, in: Oeuvres complètes de Edgar Quinet en 11 vol., vol. X, Paris 1870.
37 J. G. A. Wirth: Unser Verhältnis zu Frankreich, in: DV 122/3. 7. 1840.
38 J. G. A. Wirth: Kriegsfrage, in: DV 143/8. 8. 1840.
39 DV 128/14. 7. 1840; DV 174/3. 10. 1840; der Straßburger Korrespondent nimmt später noch einmal differenzierend Stellung: Krieg bräche nur aus, wenn die antifranzösische Koalition, nicht Teile der französischen Presse, dies wolle; sogar ein Bündnis mit Frankreich sei möglich, doch Wirth wies dies schroff zurück (DV 192/29. 10. 1840).
40 J. G. A. Wirth: Das erwachte Selbstgefühl der Deutschen, in: DV 189/24. 10. 1840.
41 Weitling zieh Wirth öffentlich der Unredlichkeit, weil er französische Stimmen, die expansive Bestrebungen entschieden ablehnten, nicht in die »Volkshalle« aufgenommen habe (Barnikol, Christentum und Sozialismus, Bd. 6, S. 46).
42 Wirth, Das erwachte Selbstgefühl, DV 189/24. 10. 1840.
43 Niederrheinischer Courier vom 19. 11. 1840: »Von den Schmähungen des Dr. Wirth und der deutschen Zeitungen gegen Frankreich«, abgedruckt in: DV 209/ 24. 11. 1840.
44 Artikel des Niederrheinischen Courier vom 30. 10. 1840, abgedruckt in: DV 196/4. 11. 1840.
45 J. G. A. Wirth: Deutschland und Frankreich, DV 196/4. 11. 1840.
46 J. G. A. Wirth: Wird Deutschland endlich rüsten?, DV 198/7. 11. 1840; ders.: Notwendigkeit der Rüstung Deutschlands, DV 201/12. 11. 1840.
47 Die vollständigen Artikel des republikanischen »National« und die Entgegnung Edgar Quinets im gemäßigten »Siècle« sind wiedergegeben in: DV 207/ 22. 11. 1840 (»Über einen Ausfall des Herrn Wirth gegen den ›National‹«).
48 J. G. A. Wirth: Der Wendepunkt der europäischen Verhältnisse, DV 220/10. 11. 1840; ders.: Der wahre Bundesgenosse Deutschlands, DV 224/15. 12. 1840.
49 Vgl. Schieder, S. 213.
50 Joseph v. Radowitz: Nachgelassene Briefe und Aufzeichnungen zur Geschichte der Jahre 1848–1853, hg. von Walter Möring, Stuttgart/Berlin 1922, S. 21.
51 DV 224/ 15. 12. 1840.
52 A. a. O.
53 DV 51/30. 3. 1841; Rezension von Johann Philipp Becker: Ein Wort über die Fragen der Zeit, seinen Mitbürgern zum Geschenk, Konstanz/Belle-Vue 1840. – Becker, Pfälzer und »Hambacher«, hatte 1834 versucht, Wirth aus dem Gefängnis zu befreien (Doll, a. a. O., S. 80); Rolf Dlubek: Ein deutscher Revolutionsgeneral, in: Jahrbuch für Geschichte, Bd. 7.
54 J. G. A. Wirth: Letztes Wort der Volkshalle über die Stellung zu Frankreich, DV 44/18. 3. 1841.
55 Friedrich Engels: Der »welsche« Erbfeind, in: Hermand (Hg.), Der deutsche Vormärz, S. 139–142.
56 Karl Dietrich Bracher: Deutschland zwischen Demokratie und Diktatur. Beiträge zur neueren Politik und Geschichte, Bern/München 1964, vgl. S. 127.
57 Ziegengeist: Die Literaturkritik des jungen Herwegh, a. a. O., S. 53 f.
58 Georg Herwegh: Die Literatur im Jahre 1840, in: Ziegengeist, Die Literaturkritik des jungen Herwegh, S. 135. »Unser Glaube ist einer mit dem Glauben der Menschheit; das Schöntun mit schönen Träumen hat aufgehört, es ist etwas anderes als der alte Barbarossa, auf das wir warten.«
59 Büttner, S. 43; diese Zeitschrift scheiterte aber; Herwegh gab die eingegangenen Beiträge in den »Einundzwanzig Bogen aus der Schweiz«, Zürich/Winterthur 1843, heraus; vgl. Doll, a. a. O., S. 88.
60 Stadtarchiv Mannheim, Kleine Erwerbungen I, Hecker vom 7. 12. 1842 an das »Litterarische Comptoir« in Zürich.
61 Zu Rochau s. Kool/Krause, Die frühen Sozialisten, Bd. 2, Anmerkungen, S. 56; Rochau hatte unter dem

Pseudonym A. L. von Churoa eine »kritische Darstellung der Sozialtheorie Fouriers«, Braunschweig 1840, verfaßt; vgl. Koselleck, a. a. O., S. 277, sowie Literarische Geheimberichte, S. 80 f., 148.
62 DV 219/8. 12. 1840, »Antwort eines deutschen Flüchtlings auf die Rheingedanken des Herrn Edgar Quinet«, Paris, 18. 11. 1840; zuvor abgedruckt in der französischen Zeitung »Phalange«.
63 Georg Fein, Jurist und Schriftsteller, bürgerlich-republikanischer Agitator unter den deutschen Handwerksgesellen im Ausland, Mitglied und 1835 Präsident des Jungen Deutschland; »Gesellenvater« Fein; s. Otto Brugger: Geschichte der deutschen Handwerkervereine in der Schweiz 1836–1843. Die Wirksamkeit Weitlings (1841–1843), S. 199 f.; Wiltberger, S. 16 ff., 175 ff. Im Konfidentenbericht vom 25. 2. 1841 wie auch bei Brugger, S. 193 ff., wird eine Gesinnungsfreundschaft zwischen Wirth und Fein angenommen, die jedoch schon zerbrochen war.
64 Glossy II, S. 201; Konfidentenbericht vom 25. 2. 1841 aus Straßburg.
65 DV 232/29. 12. 1840 (im Original gesperrt).
66 A. a. O.
67 Marr, Das junge Deutschland, S. 77.
68 Werner Kowalski (Hg.): Vom kleinbürgerlichen Demokratismus zum Kommunismus. Zeitschriften aus der Frühzeit der Arbeiterbewegung (1834–1847), Berlin 1967; vgl. S. LXXV f., 124; Schieder, S. 218 f.
69 DV 232/29. 12. 1840, unterzeichnet mit »Pfarrer Hochdörfer, Genf, im Spätherbst 1840«.
70 Anm. der Red. der DV: »Natürlich nur, wenn Frankreich zuerst uns angreifen wird.«
71 DV 232/29. 12. 1840.
72 Hermann Venedey: Jakob Venedey. Darstellung seines Lebens und seiner politischen Entwicklung bis zur Auflösung der ersten deutschen Nationalversammlung, Diss. Freiburg 1927, Stockach 1930; Kowalski, Demokratismus, S. XXVII.
73 Doll, a. a. O., S. 88.
74 Jakob Venedey: Der Rhein, 2. Auflage, Belle-Vue bei Constanz 1841, Buchdruckerei der »Deutschen Volkshalle«, S. 67.
75 Wilhelm Schulz: Der Bund der Deutschen und Franzosen für Gründung eines nationalen Gütergleichgewichts in Europa, Straßburg 1841.
76 DV 44/18. 3. 1841.
77 Literarische Geheimberichte, S. 200, Bericht vom Februar 1843.
78 Seebl. 28. 1. 1841.
79 Seebl. 119/10. 10. 1841.
80 Vgl. Schieder, S. 139 ff.
81 A. a. O.
82 Brief Nils Schacks, eines Handwerksgesellen aus Kopenhagen, an den »Jungdeutschen« Julius Standau in Winterthur vom 24. 1. 1841; zit. nach Brugger, Handwerksgesellenvereine, S. 43 f.
83 Zur Biographie A. Beckers vgl. Kool/Krause (Hg.), Die frühen Sozialisten, Bd. 2, S. 469–471.
84 Brugger, Handwerksgesellenvereine, S. 90; Kowalski, Kleinbürgerlicher Demokratismus, S. LIII.
85 August Becker: Geschichte des religiösen und atheistischen Frühsozialismus, in: Christentum und Sozialismus, Quellen und Darstellungen, hg. von Ernst Barnikol, Bd. 6, Kiel 1932, S. IX, S. 23.
86 Vgl. Antje Gerlach: Deutsche Literatur im Schweizer Exil. Die politische Propaganda der Vereine deutscher Flüchtlinge und Handwerksgesellen in der Schweiz von 1833 bis 1845, Frankfurt 1975, S. 120.
87 Marr, S. 231, 236; Kowalski, Kleinbürgerlicher Demokratismus, S. LXXIV f.
88 Werner Kowalski: Vorgeschichte und Entstehung des Bundes der Gerechten, Berlin 1962, S. 164.
89 Wilhelm Weitling, in: Die junge Generation, Jg. 1, Lief. 4, S. 56–61; abgedruckt in Kowalski, Kleinbürgerlicher Demokratismus, S. 205–208.
90 Barnikol, Christentum und Sozialismus, Bd. 6, S. 54.
91 Rolf Dlubek: Ein deutscher Revolutionsgeneral. Johann Philipp Becker in der Reichsverfassungskampagne, in: Die bürgerlich-demokratische Revolution von 1848/49 in Deutschland, Bd. 1, Berlin 1972, Jahrbuch für Geschichte, Bd. 7. Becker, der mit seiner deutsch-schweizerischen Legion tatkräftig in den badischen Aufstand 1849 eingriff, trat später an der Seite von Karl Marx in London für die Kommunistische Internationale ein.

92 Wilhelm Schulz war Mitarbeiter der »Deutschen Tribüne« Wirths 1832. Nicht nur in der nationalen, auch in der sozialen Frage gelangte Schulz zu anderen Positionen (vgl. S. 223). Vgl. die Biographie von Walter Grab: Wilhelm Friedrich Schulz (1797–1860). Ein bürgerlicher Vorkämpfer des sozialen und politischen Fortschritts, in: Die frühsozialistischen Bünde, a. a. O., S. 98–135.
93 Kurt Baumann: Friedrich Schüler, Joseph Savoye, Daniel Pistor, in: Das Hambacher Fest, a. a. O., S. 95–181. Savoye schuf sich im französischen Exil eine angesehene bürgerliche Existenz und wurde nach Verleihung der französischen Staatsbürgerschaft im April 1848 zum Geschäftsträger der französischen Republik beim Deutschen Bundestag ernannt. – Philipp Jakob Siebenpfeiffer (1789–1845) erhielt nach seiner Flucht in die Schweiz einen rechtswissenschaftlichen Lehrstuhl an der Universität Bern, enthielt sich aber zunehmend jeglicher politischen Tätigkeit. Während einer Reise nach Baden im Frühjahr 1842 zeigten sich Spuren von Geisteszerrüttung, die einen Aufenthalt in einer Berner Irrenanstalt notwendig machten; von seiner Krankheit konnte sich Siebenpfeiffer nicht mehr erholen (Doll, a. a. O., S. 78 f.).
94 Gunther Hildebrandt: Die Stellung der Fraktion Donnersberg in der Frankfurter Nationalversammlung zur Reichsverfassungskampagne 1849, S. 504–556, bes. 527 ff., in: Jahrbuch für Geschichte, Bd. 8.
95 Vgl. Mannheimer Abendzeitung (im folgenden abgekürzt MAZ) 227/27. 9. 1842, »National oder liberal?«
96 Seebl. 11/26. 1. 1843; Fickler hatte die Augsburger Allgemeine Zeitung des Verlegers Cotta als ein zwar politisch gemäßigtes, für Deutschland aber unentbehrliches Organ verteidigt und Wirth zustimmend zitiert. Dieser verwahrte sich jedoch in der MAZ, eine solche Äußerung getan zu haben, worauf sich Fickler (Seebl. 23/23. 2. 1843) auf eine Äußerung Wirths bei einem früheren Besuch berief.
97 MAZ 43/20. 2. 1843, 62/16. 3. 1843, 63/17. 3. 1843, 64/18. 3. 1843.
98 MAZ 43/20. 2. 1843.
99 Alfred Diesbach: Die deutsch-katholische Gemeinde Konstanz 1845–1849, Mannheim 1971, S. 56. Max Wirth wurde später Vorsteher des Bundesamtes für Statistik in Bern (a. a. O.).
100 Zur Biographie Stromeyers insbesondere Kool/Krause, S. 444–448; Wiltberger, S. 27; vgl. auch Adler, Staatsschutz im Vormärz, in: Literarische Geheimberichte, S. 41 f. – Stromeyer wurde vom ehemaligen Teilnehmer des Frankfurter Wachensturms, Bernhard Lizius, der zum Metternich-Agenten »Schäfer« geworden war, angeworben. Stromeyer berichtete fortan unter dem Pseudonym »Lindner« und »Dr. West«. Aus dem Exil zurückgekehrt, veröffentlichte er im Jahre 1841 gehaltvolle Beiträge über die politischen Bewegungen Englands in der »Badischen« bzw. »Nationalzeitung«, die sein Schwager Mathy und Wilhelm Fischer, der bald darauf ebenfalls in Metternichs Dienste trat, redigierten (Literarische Geheimberichte, S. 90, Bericht aus Frankfurt vom 3. 6. 1841; Kool/Krause, S. 447). Danach bereiste Stromeyer im Auftrage des Mainzer Informationsbüros Frankreich und die Schweiz, um über das »kommunistische Sektenwesen« zu berichten (Kool/Krause, S. 447, Anm. S. 60). Nach 1845 schrieb er über die politischen Vorgänge in Baden und Württemberg. Offensichtlich beeinflußt von den französischen Fourieristen, ließ Stromeyer 1844 im Verlag Belle-Vue in Konstanz das im übrigen wohlfundierte Werk »Die Organisation der Arbeit« erscheinen. Er forderte darin eine soziale Reform und das Recht auf Arbeit. Zu diesem Zeitpunkt sind unredliche Motive für Stromeyers Konfidententätigkeit, der dadurch – ähnlich wie Wilhelm Fischer – vielleicht an höchster Stelle Einsicht für soziale Reformen wecken zu können hoffte, keineswegs zwingend. Ebenso naheliegend ist freilich der Verdacht, er habe seine Agententätigkeit nur tarnen wollen. H. M. Venedey (Belle-Vue Verlag in Konstanz, S. 57) führt die größer angelegte Konzeption der Publikation, von der nur die 1. Lieferung des 1. Bandes erschien, als Indiz für deren Tarncharakter an.
101 Ludwig Mathy (Hg.): Aus dem Nachlaß von Karl Mathy. Briefe aus den Jahren 1846–48, Leipzig 1898, S. 7; Brief Hüetlins an Mathy vom 24. 3. 1847.
102 Wilhelm Fischer: Das Jahr 1839. Politisches Taschenbuch auf das Jahr 1840, im Verlag von Heinrich Hoff, Mannheim 1840; Rezension in der DV 1. Teil in 28/7. 2. 1840; 2. Teil in 31/11. 2. 1840; 3. Teil in 32/ 12. 2. 1840.
103 Vgl. Literarische Geheimberichte, S. 57; eine enge Beziehung zwischen Hoff und Itzstein unterstellt ebenfalls die DV: Auch ohne die Lobeshymnen auf Itzstein, bemerkt sie über Fischer, »wäre Herr Hoff Ihr Verleger geblieben« (28/7. 2. 1840).

104 Fischer, Das Jahr 1839, S. 199, 205 f., 217.
105 DV 28/7. 2. 1840.
106 Seebl. 19/13. 2. 1840.
107 DV 35/15. 2. 1840; 46/28. 2. 1840, »Erwiderung auf die Replik der Seeblätter«.
108 A. a. O.; der Rezensent beklagte darin, daß er die Auseinandersetzung einstellen müsse, weil die Zensur nur die Seeblätter zu Wort kommen lasse.
109 DV 70/1. 4. 1840; Abdruck einer Rezension des »Politischen Taschenbuchs« von Wilhelm Fischer aus dem »Blatt für literarische Unterhaltung«.
110 DV 28/7. 2. 1840.
111 DV 36/16. 2. 1840, »Erwiderung auf die Seeblätter vom Correspondenten, welcher das politische Taschenbuch von 1839 von W. Fischer recensiert hat«.
112 W. Deutschmann (Pseudonym): Die Radical-Reform des Staats- und Privatrechts, ob und wieweit dieselbe rechtlich notwendig und zulässig sey, Mannheim 1838, Druck und Verlag H. Hoff. Der Verfasser konnte mit den Pseudonymen-Lexika nicht eruiert werden.
113 Protokolle der deutschen Bundesversammlung vom Jahre 1838, Frankfurt a. M., Sitzung vom 29. 11. 1838, § 389 »Mißbrauch der Presse, insbesonders der Zeit- und Druckschriften: Der ›Rheinische Postillon‹, ›Der Leuchtthurm‹ und ›Deutschmanns Radicalreform‹ etc. betreffend«, S. 1050.
114 A. a. O.
115 Leuchtthurm, vgl. S. 100 f.
116 Vgl. die sehr ähnlichen Anschauungen Rottecks; Conze, Spannungsfeld von Staat und Gesellschaft im Vormärz, a. a. O., S. 231.
117 Radical-Reform, S. 90.
118 A. a. O., S. 43.
119 A. a. O., S. 22.
120 A. a. O., S. 189; vgl. diesen Ausspruch bei dem Kammerabgeordneten Richter während der Verfassungsfeier; in: Karl Mathy, Die Verfassungsfeier 1843, S. 166.
121 Radical-Reform, S. 189.
122 A. a. O., S. 189.
123 A. a. O., S. 39.
124 Rotteck, Bd. 4, S. 455 f.; vgl. Verhandlungen der 2. badischen Kammer vom 18. 5. 1837
125 Wolfram Fischer: Staat und Gesellschaft Badens im Vormärz, S. 158, in: Conze, Staat und Gesellschaft im deutschen Vormärz, a. a. O.

Die Anfänge des innerbadischen Radikalismus – Josef Fickler und die Seeblätter

1 Karl Marx, Friedrich Engels: Die großen Männer des Exils, S. 316; in: MEW, Bd. 8, S. 233–335. Diese Streitschrift sollte die exilierten kleinbürgerlichen Demokraten lächerlich machen (vgl. a. a. O., S. 627, Anm.). Sie enthält tendenziös dargebotene, dennoch aufschlußreiche Insider-Informationen, u. a. über badische Revolutionäre.
2 Die führenden badischen Liberalen und Radikalen haben Erinnerungen geschrieben oder wurden in Biographien gewürdigt. Die »Zeit halber Vergessenheit, halber Verachtung« der 48er Revolution (Veit Valentin) traf Fickler beinahe bis in unsere Tage. Treitschke nennt Fickler kurz »demagogisch« (Bd. V., S. 321). In den »Badischen Biographien« wird Fickler nur im Zusammenhang mit seinem Bruder, dem Gymnasiallehrer C. B. A. Fickler (1810–1871), der sich politisch von ihm fernhielt, erwähnt (»ein talentvoller Agitator und Herausgeber der Seeblätter«; Badische Biographien, Bd. I, S. 247 f.). Die Broschüre C. B. A. Ficklers »In Rastatt« von 1853 bildet eine wichtige Quelle der revolutionären Ereignisse. – Die Verkennung des politischen Talents Ficklers spiegelt auch Ruckstuhls Charakterisierung (»kein großer und tiefer Geist«, Verfassungskämpfe, S. 77) wider. Im Gegensatz zu den romantisch verklärten Hekker und Struve blieb Fickler kaum in Erinnerung. Selbst in Konstanz (vgl. Diesbach, J. Ficklers Rolle in der

dritten badischen Volkserhebung, S. 193) ist er bis heute vergessen. Erst Veit Valentin rückte die Proportionen der Figur Ficklers zurecht (Bd. I, S. 346, 487, 490). Wesentliche Beiträge zu einer noch ausstehenden Biographie Ficklers lieferte in jüngster Zeit Alfred Diesbach, ehemaliger Bürgermeister von Konstanz: Josef Ficklers Rolle in der dritten badischen Volkserhebung, in: Badische Heimat, 1974, Heft 2, S. 193–220; ders.: Die deutsch-katholische Gemeinde Konstanz 1845–1849, Mannheim 1971, zeigt die enge Verknüpfung von religiöser und politischer Erneuerungsbewegung sowie die führende Rolle Ficklers darin auf; ders.: August von Willich: Preußischer Offizier, badischer Freischarenführer, Brigadegeneral in den USA, in: Badische Heimat, 1978, Heft 3, S. 481–498, geht auf Ficklers subversive Tätigkeit vor Ausbruch der Revolution ein; ders.: Treffpunkt deutscher »Achtundvierziger« in New York. Der Weg des Politikers Josef Fickler in Emigration und Isolation, in: Oberländer Chronik vom 12. 5. 1979, bringt neue Erkenntnisse über das Exil Ficklers in den USA; die eigentliche Motivation zum Bruch mit früheren politischen Überzeugungen und seine Verteidigung der südstaatlichen Sklavenhalterei wird aber durch die vorhandenen Quellen nicht endgültig geklärt.

3 Diesbach, vgl. u. a. Die deutsch-katholische Bewegung, S. 58.
4 Tauschwitz, S. 84.
5 Die Liberalen hatten die Judenfrage nicht aufgegriffen, sie war umstritten und unpopulär (vgl. Fischer, Staat und Gesellschaft Badens im Vormärz, a. a. O., S. 157). In Konstanz stieß sie auf den Widerstand der Gewerbetreibenden und kleineren Kaufmannschaft, von Leuten also, aus denen sich Ficklers Klientel rekrutierte. Wie umfassend und weitsichtig er die Judenfrage verstand, zeigte er in einer Serie der Seeblätter, mit der er wesentlich dazu beitrug, daß die Stadt Konstanz den Juden volles Bürgerrecht zugestand. Seebl. 78–100/1. 7.–27. 7. 1847; vgl. Diesbach, Deutsch-katholische Gemeinde, S. 48.
6 Erich Bloch: Geschichte der Juden von Konstanz im 19. und 20. Jahrhundert. Eine Dokumentation, Konstanz 1971, vgl. S. 7, 21; der Artikelserie der Seeblätter (wiedergegeben S. 226–244) sei auch heute »nichts hinzuzufügen«.
7 Vgl. S. 260 ff.
8 Häusser, S. 395 f.; auch passim.
9 Marx und Engels schildern Fickler folgendermaßen: »Josef Fickler hat, wie es einem biedern, entschiedenen, unerschütterlichen Volksmanne geziemt, ein feistes Vollmondgesicht, einen dicken Kehlbraten und entsprechenden Wanstumfang« (Die großen Männer des Exils, a. a. O., S. 316).
10 Seebl. 166/7. 10. 1847.
11 GLA 236/234, Reg.dir. Peter, Reg. d. Seekreises an MdI vom 19. 3. 1848.
12 A. a. O.
13 GLA 236/8520; Eingabe des Konstanzer Gemeinderats an die Regierung vom 9. 4. 1848.
14 GLA 240/434, der Anwalt Ficklers auf die Anklage-Rekursschrift (nach Ficklers Freilassung von 1849) vom 30. 9. 1850.
15 Gesandtschaftsbericht von Arnims vom 15. 3. 1848, nach Valentin I, S. 346.
16 So auch Friedrich Walter, Geschichte Mannheims, S. 335.
17 Friedrich Engels: Die deutsche Reichsverfassungskampagne, S. 136, in: MEW, Bd. 7, S. 111–197.
18 Mathys Leben und Werk wurden ausführlich dargestellt. Gustav Freytag widmete Mathy ein biographisches Meisterwerk: Karl Mathy. Geschichte seines Lebens, Leipzig 1870, 2. Aufl 1872; außerdem Heinrich v. Treitschke: Karl Mathy in: Historische und politische Aufsätze, 1. Ausgabe, Leipzig 1865, 2 Teile. – Mathys Sohn Ludwig gab aus dem Nachlaß seines Vaters Briefe heraus, die aber wohl unvollständig sind. Sie stellen eine wesentliche Quelle dar. Der Nachlaß Mathys befindet sich – bisher noch unerforscht – im Staatsarchiv Leipzig. Ludwig Mathy (Hg.): Karl Mathy aus dem Nachlaß. Briefe 1846–48, Leipzig 1898; ders.: Briefe von und an Karl Mathy aus dem Frühling 1849. Mit Erläuterungen. Deutsche Revue, Bd. 33, 2, S. 265–281; Bd. 33,3, S. 82–97, 1908; ders.: Zu Karl Mathys hundertstem Geburtstag. Mannheimer Geschichtsblätter, Bd. 8, H. 3, S. 51–65, 1907. – Karl Mathy (1806–1868), in Mannheim geboren, war während des Rechtsstudiums in Heidelberg Mitglied der Burschenschaft und wurde aus dem badischen Staatsdienst (seit 1829) wegen Teilnahme am Hambacher Fest entlassen. Nach der Flucht in die Schweiz schloß sich Mathy als vertrauter Mitarbeiter Mazzinis der radikalen Geheimbewegung des Jungen Deutschland an, ohne jedoch förmlich beizutreten (Freytag, S. 114 ff.). 1841 nach Baden zurückge-

kehrt, wurde Mathy 1842 Mitglied der 2. Kammer für Konstanz. 1848 wurde Mathy Unterstaatssekretär im badischen Finanzministerium, er gehörte dem Vorparlament und der Paulskirche (»Kasinopartei«) an. Nach dem Verlust seines badischen Amtes mit beginnender Reaktion seit 1855 Direktor verschiedener Banken, zuletzt in Leipzig. 1862 ging Mathy als Leiter der Hofdomänenkammer nach Baden zurück, 1864 wurde er Handelsminister, trat aber zurück, als sich Baden 1866 zum Kriegseintritt gegen Preußen entschloß. Nach dem preußischen Sieg bei Königgrätz übernahm er die Leitung des Kabinetts und führte Baden in der deutschen Frage an die Seite Preußens zurück.

19 Vgl. Erich Angermann: Karl Mathy als Sozial- und Wirtschaftspolitiker (1842–1848), in: ZGO Bd. 103 (NF 64), Karlsruhe 1955, S. 499–622.
20 Vgl. S. 267 f.
21 Badische Biographien, Bd. I, S. 247 (Karl Alois Fickler).
22 Das Manuskript »Généalogie des Fickler de Konstanz« von Mme. P. Fichet, Caen, Frankreich, wurde freundlicherweise von Herrn Alfred Diesbach zur Verfügung gestellt.
23 Die Badischen Biographien, Bd. I, S. 247, erwähnen lediglich, daß Jakob Fickler für Österreich gekämpft und vor Vollstreckung des Todesurteils fliehen konnte.
24 Nach der »Généalogie des Fickler de Konstanz« geht der Stammbaum der Ficklers, der sich auch im Germanischen Museum in Nürnberg befindet, bis ins Mittelalter zurück: Er weist Stadträte, Lehrer und Geschäftsleute, unter den Frauen viele Patriziertöchter auf. Zum Familienbesitz soll einst auch ein Landgut im Schwarzwald gehört haben. Die Eltern Josef Ficklers, noch zum reichen Stadtpatriziat von Konstanz gehörend, waren im Besitz gewinnbringender Vermögenswerte. Nach dem Frieden von Preßburg 1805 wendete sich das Schicksal der Familie. Konstanz, zuvor österreichisch, wurde zum Großherzogtum Baden geschlagen. Vater Jakob, ein Verehrer der Habsburger, der all seine Söhne nach Kaiser Joseph benannte, organisierte den Widerstand gegen Napoleon. Er bewaffnete die Schiffe auf dem Bodensee und kämpfte als Partisan. Nach dem Fehlschlag wurde er ins Gefängnis geworfen, die Stadt Konstanz mußte einen harten Kriegstribut an Napoleon bezahlen, woran man Jakob Fickler die Schuld gab. Jakob Fickler, nur knapp der Hinrichtung entgangen, weil er nach der Heirat Napoleons mit Erzherzogin Marie-Luise von Österreich unter die Amnestie fiel, wurde vom österreichischen Kaiser großzügig entschädigt. Unter anderem soll er seine Rettung mit einem pompösen Triumphzug gefeiert haben.
25 Vgl. ADB, Bd. VI, S. 775 f. Möglicherweise gehen sie aber auch auf einen Vorfahr namens Johann-Baptist Fickler, Protonotar beim Konzil von Trient, einen gebildeten Juristen und Sammler, zurück.
26 »La Généalogie des Fickler de Konstanz« sowie ein Brief Mme P. Fichets vom 20. 6. 1973 zählt dazu ein mittelalterliches Meßbuch, die Tiara und Urne der Papstwahl 1417 – sie erfolgte (Martin V.) während des Konstanzer Konzils – sowie bemalte Glasfenster, verschiedene Skulpturen und Ölgemälde. Der Bruder C. B. A. Fickler soll, um die »Familienschande« zu tilgen, das Antiquitätenkabinett der Stadt Konstanz im Jahre 1855 testamentarisch vermacht haben. Teile davon befinden sich heute im dortigen Rosgartenmuseum.
27 Marx/Engels, Die großen Männer des Exils, a. a. O., S. 316: »Aus seinem (Ficklers) früheren Leben ist nur bekannt, daß er mit einem Bildschnitzkunstwerk aus dem fünfzehnten Säkulum und mit Reliquien, die auf das Konstanzer Konzil Bezug hatten, eine livelihood gewann, indem die Reisenden und fremden Kunstliebhaber jene Merkwürdigkeit für Geld in Augenschein nahmen und nebenbei ›altertümliche‹ Andenken kauften, die Fickler, wie er mit bedeutendem Selbstgenuß erzählt, immer wieder aufs neue ›altertümlich‹ anfertigen ließ.«
28 Badische Biographien, Bd. I, S. 247.
29 Valentin II, S. 596; Tochter Bertha wanderte später nach Amerika aus.
30 Généalogie des Fickler de Konstanz.
31 Alfred Diesbach: Das Konstanzer Wochenblatt 1832–33. Das Porträt einer kämpferischen Zeitung, in: Hegau, 10. Jg., Singen 1965, H. 2 (20), S. 243–275.
32 Vgl. S. 148.
33 Vgl. S. 102.
34 Vgl. S. 148.
35 Abgedruckt in Seebl. 144/4. 12. 1842.

36 Seebl. 50/18. 12. 1842, »An die Leser!«
37 Vgl. Siegfried Schmidt: Robert Blum. Vom Leipziger Literaten zum Märtyrer der deutschen Demokratie, Weimar 1971.
38 Siegfried Schmidt: Der Hallgarten-Kreis 1839–47. Zur Genese der bürgerlichen Parteien im deutschen Vormärz, a. a. O., S. 224; vgl. ders., Robert Blum, S. 59.
39 Diesbach, J. Ficklers Rolle in der dritten badischen Volkserhebung, a. a. O., S. 208; Diesbach gibt das damalige Gerücht wieder, der württembergische König habe an Ficklers Charakter Gefallen gefunden und ihm Gelegenheit zur Flucht gegeben (Deutsch-katholische Gemeinde, S. 67).
40 Marx und Engels, gewöhnlich gut informiert, geben wieder, was zumindest als Gerücht in Emigrantenkreise gelten kann: Die württembergischen Demokraten hätten Fickler für eine Kaution von 1000 Gulden freibekommen, dieser hätte inkognito fliehen können (Marx, Engels, a. a. O., S. 316).
41 Marx, Engels, a. a. O., S. 325, 328, »Der Ritter vom edelmütigen Bewußtsein« (gegen August von Willich).
42 Alfred Diesbach: Treffpunkt deutscher »Achtundvierziger« in New York. Der Weg des Politikers Josef Fickler in Emigration und Isolation, a. a. O.
43 A. a. O.
44 Struve Nachlaß XXV/4, »Denkwürdigkeiten aus meinem Leben« (Abschrift), 3. Buch, 1. Kap.: »Einmal umschlossen und sozusagen gefangengenommen von den Vertretern der Sklavenhalterpartei, konnte er sich aus deren Schlingen nicht mehr losmachen.« Die Angriffe des politischen Gegners hätten ihm die Umkehr in das Lager der Freiheit vollends unmöglich gemacht.
45 Généalogie des Fickler de Konstanz.
46 In der Konstanzer Zeitung vom 29. 11. 1865 hieß es unter der Rubrik »Gestorben in Konstanz«: »Den 26. Nov.: Josef Fickler, Kaufmann, verheiratet, 57 Jahre 9 Monde 20 Tage alt.«
47 Fickler wurde in den Konstanzer Bürgerausschuß, später zum Obmann des engeren Ausschusses (Stadtverordnetenvorstand) gewählt; Laible, Geschichte der Stadt Konstanz, S. 205; vgl. Konstanzer Zeitung 7/1843.
48 Laible, Geschichte der Stadt Konstanz, S. 205.
49 Die Verkürzung des Begriffs der »öffentlichen Meinung« auf Produkte der »veröffentlichten Meinung« ist beinahe unumgänglich und bietet sich für den Vormärz in besonderer Weise an. In diesem relativ kurzen Zeitraum berührten sich beide zuvor weitgehend getrennten Bereiche gerade in den populären Blättern. – Allgemein dazu: Rudolf Stadelmann und Wolfram Fischer: Die Bildungswelt des deutschen Handwerks um 1800. Studien zur Sozialgeschichte des Kleinbürgers im Zeitalter Goethes, Berlin 1855; Rolf Engelsing: Zur Sozialgeschichte deutscher Mittel- und Unterschichten. Kritische Studien zur Geschichtswissenschaft, 2. erw. Aufl., Göttingen 1978; vgl. darin »Zur politischen Bildung der deutschen Unterschichten 1789–1863«, S. 154 ff. Die pauschal richtige Feststellung Engelsings: »Politische Unruhestifter standen zur Zeit des Vormärz ›noch außerhalb des Volkes‹« (S. 157), muß für Baden jedoch relativiert werden.
50 Ficklers Erscheinungsbild wie badisches Lokalkolorit bringt Laible, a. a. O., S. 206, zum Ausdruck: »Der wohlgenährte stattliche Mann von mittlerer Größe und breitem Gesicht, feingeschnittenem, vom Barte unbedecktem Munde, mit gespreizten Beinen unmitten einer Gruppe gestikulierend, mit seinem Humor selbst Gegner versöhnend [. . .]«
51 Ruckstuhl, S. 77; Koszyk, Deutsche Presse im 19. Jahrhundert, II. S. 115, erwähnt die Seeblätter lediglich als Gesinnungsschwester der demokratischen Mannheimer Abendzeitung; vgl. auch Kurt Koszyk, Karl H. Pruys (Hg.): dtv-Wörterbuch zur Publizistik, München 1976[4], Art. »Liberalismus«, S. 197; Tauschwitz geht auf die »Seeblätter« vor allem während der Revolutionsjahre ein.
52 Seebl. 80/14. 7. 1844, »Erklärung ans Publikum«.
53 Tauschwitz, s. Anhang, S. 22, 24.
54 MAZ, 23/23. 2. 1843.
55 Marx, Engels, a. a. O., S. 316.
56 GLA 236/233, MdI an Zensor Pfister in Konstanz vom 26. 1. 1839 und Erwiderung Pfisters; vgl. Seebl. 10/22. 1. 1840.

57 GLA 236/233, Zensor Schütt an MdI vom 21. 4. 1840; der Zensor hatte Anweisung, mißliebige Stellen zu streichen; dem Protest von Kammerabgeordneten, der von Fickler angeregt worden war, gab er aber nach.
58 Vgl. S. 79 f.; v. Hippel, S. 125.
59 Verh. 1839/40, Beilagenheft 5/6, Beil. Nr. 2, Sitzung vom 24. 6. 1839, S. 283.
60 Vgl. S. 200.
61 Bis Nr. 108/5. 5. 1848 gaben die Seeblätter Fickler als »Redakteur und Verleger« an; dann zeichnete B. Früh als verantwortlicher Redakteur; von 165/12. 7. 1848 an lautete das Impressum »Verleger J. Fickler, verantwortlicher Redakteur J. N. Letour, ab Nr. 20/24. 1. 1849 firmierte Ficklers Bruder Jakob als »Sitz-Redakteur«, der Verantwortung und eventuell Gefängnisstrafen stellvertretend zu übernehmen hatte.
62 Seebl. 170/18. 7. 1848 wurde z. B. beschlagnahmt, weil sie aus Heckers »Volksfreund« den Artikel »Der Reichsverweser Johann« u. a. übernommen hatte. Tauschwitz, S. 190 f., sieht in der Methode der Konfiskation die Fortsetzung der früheren Zensurpolitik.
63 Seebl. 241/9. 10. 1848.
64 Valentin II, S. 530, 532, 536.
65 Extrablatt der Seebl. vom 1. 12. 1848.
66 Von Nr. 285/29. 11. bis 286/18. 12. 1848 erschienen die Seeblätter nicht.
67 Stadtarchiv Mannheim, Kleine Erwerbungen Nr. 150, Brief Josef Ficklers an Letour.
68 GLA 236/233, Zensor Schütt an MdI vom 19. 12. 1840.
69 Seebl. 155/12. 1846.
70 Verh., 4. Protokoll 1839, S. 163; Itzstein in der Sitzung vom 18. 7. 1839.
71 Seebl. 80/14. 7. 1844, »Erklärung ans Publikum«; von dieser Summe waren Zensurstrafen und -gebühren ausgenommen.
72 Seebl. 7/14. 1. 1844; 80/17. 7. 1844.
73 Seebl. 7/14. 1. 1844.
74 GLA 236/234, Bezirksamt Konstanz vom 29. 3. 1841.
75 Die Voraussetzungen beider Blätter waren sehr unterschiedlich. Es sei ein »wesentlicher Unterschied«, bemerkte Fickler, »alleiniger Eigentümer eines Oppositionsblattes« zu sein oder »bloß bezahlter Redakteur« wie im Falle Karl Grüns von der MAZ; Seebl. 114/4. 12. 1842.
76 Seebl. 80/14. 7. 1844, »Erklärung ans Publikum«; die kostengünstig hergestellten Seeblätter konnten sich bei dieser Auflagenhöhe selbst tragen, während dies im allgemeinen erst bei einer Auflage von 1200 bis 1500 Exemplaren der Fall war.
77 A. a. O.
78 MAZ 2/3. 1. 1845.
79 GLA 236/233, Zensor Pfister an MdI vom 31. 3. 1838.
80 GLA 236/234, Bezirksamt Konstanz an MdI vom 30. 1. 1841.
81 GLA 236/234, Reg. d. Seekreises an MdI vom 6. 3. 1841.
82 GLA 236/234, Reg. d. Seekreises, Zensor Friedrich, an MdI vom 11. 2. 1847.
83 v. Hippel, S. 125.
84 GLA 236/234, Reg. d. Seekreises, Zensor Friedrich, an MdI vom 11. 2. 1847.
85 Elmar B. Fetscher: Die Konstanzer Seeblätter und die Pressezensur des Vormärz 1840/41, Konstanzer Geschichts- und Rechtsquellen, Bd. 23, hg. vom Stadtarchiv Konstanz 1981. Sosehr Fetschers Auffassung über die Bedeutung der Seeblätter zuzustimmen ist, Fickler war nach der »Rheinkrise« gegenüber der Zensurverschärfung unter Blittersdorff machtlos; Fickler konnte für sein Blatt, entgegen Fetscher, im Vormärz noch keine Meinungsfreiheit erkämpfen.
86 GLA 236/233, Zensor Schütt an MdI vom 8. 1. 1840 und 6. 4. 1840.
87 GLA 236/233, Zensor Schütt an MdI vom 3. 2. 1841.
88 GLA 236/233, Zensor Schütt an MdI vom 19. 12. 1840; das MdI hob später den Strich wieder auf.
89 A. a. O.
90 Seebl. 113/22. 9. 1842.

91 GLA 236/233, Zensor Schütt an MdI vom 3. 2. 1841.
92 GLA 236/233, Zensor Schütt an MdI vom 19. 12. 1840.
93 GLA 236/233, Zensor Schütt an MdI vom 3. 2. 1841.
94 GLA 236/233, Reg.dir. d. Seekreises an MdI vom 4. 2. 1841.
95 v. Hippel, S. 125, Anm.
96 GLA 236/233, MdA v. Blittersdorff an MdI vom 20. 2. 1840.
97 GLA 236/233, Zensor Schütt an MdI vom 19. 12. 1840.
98 Treitschke, Bd. III, S. 334.
99 Vgl. v. Hippel, S. 121.
100 GLA 236/233, Zensor Schütt an MdI vom 18. 1./3. 2./19. 6. 1841.
101 GLA 236/233, MdA v. Blittersdorff an MdI vom 29. 12. 1840.
102 Reg.bl. des Großherzogtums Baden vom 31. 12. 1842; Ordensbelohnungen für derartige »Gefälligkeiten« waren auch von seiten der hessischen Regierung wie von seiten Metternichs üblich (vgl. Hoefer, S. 132).
103 GLA 236/234, Zensor Schütt an MdI vom 19. 6. 1841; die Zensurverordnung Nr. 6670 wird darin erwähnt, doch sie »kam nicht zur Registratur«.
104 Seebl. 15/3. 2. 1842, »An die Leser«, sowie vom 4. 3. und 20. 3. 1842.
105 Seebl. 40/4. 4. 1841; bei der Wahlmännerwahl im März 1841 standen sich in Konstanz die siegreiche liberale »Umstürzlerpartei« mit Ignaz Vanotti und die konservative »Beamtenpartei« unter Leitung von Oberamtmann und Zensor Pfister gegenüber. Am Wahltag hatte Fickler auf dem Gemeindehaus die ankommenden Wähler besonders »traktiert« und ihnen Wahlzettel überreicht. Darüber empört, versuchte Pfister beim Innenminister eine Kassation zu erreichen, wurde aber abgewiesen, weil die zuständige Wahlkommission die Wahlen für gültig erklärte.
106 Seebl. 144/4. 12. 1842; Fickler verfaßte im Gefängnis eine Flugschrift, gedruckt im Belle-Vue-Verlag; um ihn am Schreiben zu hindern, hatte man ihm kein Licht erlaubt.
107 Seebl. 144/4. 12. 1842, »Die Stellung der Seeblätter in der badischen Presse«.

Entstehung und Konzeption einer radikalen Demokratie bei Josef Fickler

1 Conze, Spannungsfeld von Staat und Gesellschaft im Vormärz, a. a. O., S. 219.
2 Die Verfassungskämpfe in der Ära Blittersdorff wurden eingehend bearbeitet, so in Karl Ruckstuhl: Der badische Liberalismus und die Verfassungskämpfe 1841/43, Berlin/Leipzig 1911; eingehend auch bei v. Hippel, S. 112 ff.; Zusammengefaßt bei Huber, Bd. II, S. 441 f.
3 Friedrich Karl Landolin von Blittersdorff: Einiges aus der Mappe des Freiherrn von Blittersdorff, Mainz 1849, S. 26, vgl. S. 36 (zit. als Blittersdorff-Mappe). Diese Briefdokumentation Blittersdorffs, am Ende der Revolution herausgegeben, sollte seiner politischen Rechtfertigung dienen.
4 Zur Biographie Blittersdorffs vor allem Wolfgang v. Hippel: Friedrich Landolin Karl von Blittersdorff, 1792–1861. Ein Beitrag zur badischen Landtags- und Bundespolitik im Vormärz, Stuttgart 1967; Walter Bußmann: Artikel »Blittersdorff« in der Neuen Deutschen Biographie II (1955), S. 305; Friedrich v. Weech: F. K. L. v. Blittersdorff, in: Badische Biographien, Bd. I, 1875, S. 87 ff. – Friedrich v. Blittersdorff gehörte einem alten Adelsgeschlecht an. Er besuchte zunächst die Pagenschule am Karlsruher Hof, dann von 1809–1812 die beiden Landesuniversitäten Heidelberg und Freiburg zum Studium der Rechte. Im darauffolgenden Staatsdienst machte Blittersdorff rasch Karriere: Seit 1820 war er Bundestagsgesandter, 1835 übernahm er das Außenministerium und kehrte 1843, nach seinem Rücktritt, wieder auf seinen früheren Posten in Frankfurt zurück, behielt aber weiterhin einen starken Einfluß auf die Regierung in Karlsruhe. Den Frankfurter Posten mußte er im Jahre 1848 wiederaufgeben. Danach war er – er starb 1861 – schon zu Lebzeiten »ein fast vergessener Mann« (v. Hippel, S. 152).
5 Blittersdorff-Mappe, S. 27.
6 Blittersdorff gegenüber dem bayerischen Gesandten Gasser am 15. 1. 1836, zit. nach v. Hippel, S. 88.
7 Treitschke, Bd. 5, S. 320.

8 Bassermann, Denkwürdigkeiten, S. 21 ff.; Bassermann schildert den sogenannten Rastatter Kongreß von 1842, bei dem die Opposition ihren Wahlkampf organisierte.
9 Huber, Bd. II, S. 442.
10 Literarische Geheimberichte, S. 170; Anweisung Metternichs an den Leiter der Mainzer Zentrale, Joseph Clannern Ritter von Engelshofen, Wien, 29. 10. 1842.
11 Neuerdings werden den »Seeblättern« und der »Mannheimer Abendzeitung« »demokratische Grundsätze« zugeschrieben (Art. Liberalismus, S. 195–210, in: dtv-Wörterbuch zur Publizistik, hg. von Kurt Koszyk und Karl Hugo Pruys, 4. verb. Auflage 1976, München, S. 197).
12 Die Frage, ob im Vormärz neben dem liberalen auch ein demokratisches Programm entstand, wurde bereits in der Kontroverse Meinecke–Brandenburg aufgegriffen (Friedrich Meinecke: Zur Geschichte des älteren deutschen Parteiwesens, in: HZ, Bd. 118, S. 46–62, Jg. 1917; Erich Brandenburg: Zum älteren deutschen Parteiwesen, in: HZ, Bd. 118, S. 63 ff.). Zwar postuliert Huber (Bd. II, S. 125 ff., S. 402 ff.) einen vormärzlichen Radikalismus als politische Bewegung, doch ist dies, wie Wende (Radikalismus im Vormärz, S. 5) zuzustimmen ist, historisch noch nicht ausreichend belegt.
13 MAZ vom 4. 4. 1844.
14 Ruckstuhl, S. 89.
15 Seebl. 9/22. 1. 1843, 13/31. 1. 1843, 15/5. 2. 1843. Nach dem badischen Dreiklassenwahlrecht wählten die hoch, mittel und niedrig Besteuerten je ein Drittel, so daß die wenigen hoch Besteuerten das gleiche Stimmrecht hatten wie die vielen niedrig Besteuerten; vgl. Fischer, Staat und Gesellschaft Badens im Vormärz, a. a. O., S. 156.
16 Konstanzer Zeitung 7/10. 1. 1843.
17 Seebl. 57/26. 4. 1844, »Die badische Kammer«; vgl. auch 53/24. 4. 1844, »Was will das Justemilieu, was will die entschiedene Kammerrichtung?«
18 A. a. O.
19 A. a. O.
20 Seebl. 111/18. 9. 1842.
21 Seebl. 109/15. 9. 1842.
22 Seebl. 144/4. 12. 1842.
23 Seebl. 101–106/3.–14. 9. 1843, »Das Verfassungsfest in Baden«.
24 A. a. O.
25 A. a. O.
26 Seebl. 111/18. 9. 1842.
27 A. a. O.
28 A. a. O.
29 Vgl. Otto Dann: »Gleichheit«, in: Geschichtliche Grundbegriffe, Bd. II, S. 1029 ff.
30 Seebl. 5/11. 1. 1842.
31 Seebl. 150/18. 12. 1842.
32 Seebl. 3/8. 1. 1843; der Artikel, während des Kommunalwahlkampfes geschrieben, dürfte auf Ficklers Konstanzer Klientel berechnet gewesen sein.
33 Vgl. Ruckstuhl, S. 142.
34 Vgl. S. 129.
35 Seebl. 115/5. 10. 1843.
36 Seebl. 5/11. 1. 1842.
37 Dann, a. a. O., S. 1030.
38 Dann, a. a. O., S. 1029.
39 Dazu Hans Meier, Christian Meier u. Hans Leo Reimann: »Demokratie«, in: Geschichtliche Grundbegriffe, a. a. O., Bd. I, S. 821–899; Gustav Mayer: Die Anfänge des politischen Radikalismus im vormärzlichen Preußen, S. 87, in Gustav Mayer: Radikalismus, Sozialismus und bürgerliche Demokratie, Frankfurt 1969.
40 Heinrich Hubert Houben: Der gefesselte Biedermeier. Literatur, Kultur, Zensur in der guten alten Zeit, Leipzig 1924, S. 230.

41 Conze, Das Spannungsfeld von Staat und Gesellschaft im Vormärz, a. a. O., S. 231.
42 Vgl. zur Fortentwicklung des Radikalismus, S. 248 f.
43 Seebl. 80/14. 6. 1844, »Erklärung ans Publikum«.
44 Conze, Das Spannungsfeld von Staat und Gesellschaft im Vormärz, S. 232.
45 Vgl. S. 37.
46 Ruckstuhl, S. 143.
47 Seebl. 106/14. 9. 1843; ein Zeitungsprojekt, finanziell von Abgeordneten getragen, hätte als Stimme des Landtags seine Abnehmer gefunden. Vermutlich betrieb Fickler dieses Projekt nicht ohne eigene Absicht. Wäre die Redaktion Fickler übertragen worden, hätte er über einen nicht geringen publizistischen Einfluß verfügt, an dem die Kammer wohl kein Interesse hatte.
48 Ruckstuhl, S. 143.
49 Vgl. Brief Itzsteins an Heinrich v. Gagern vom 16. 5. 1841, in Wolfgang Klötzer: Um Freiheit und deutsche Einheit. Unbekannte Itzsteinbriefe aus dem Vormärz, S. 140; Darstellungen und Quellen zur Geschichte der deutschen Einheitsbewegung im 19. und 20. Jahrhundert, hg. von Paul Wentzcke, Bd. 1, Heidelberg 1957, S. 119 ff.
50 Seebl. 26/22. 2. 1844, »Kammerbilder«.
51 Seebl. 57/26. 4. 1844, »Die badische Kammer«; vgl. auch Nr. 53/24. 4. 1844, »Was will das Justemilieu, was will die entschiedene Kammerrichtung?«
52 A. a. O.
53 A. a. O.
54 Vgl. dazu die Rede Ficklers über den »Wehrstand«, zu dem er auch die Verteidiger der Volksrechte zählte, während des »Verfassungsfestes« (Seebl. 99/29. 8. 1843), außerdem seine Agitation gegen das stehende Heer (Seebl. 25/27. 2. 1845).
55 Gustav Mayer: Die Anfänge des politischen Radikalismus im vormärzlichen Preußen, in: Radikalismus, Sozialismus und bürgerliche Demokratie, Frankfurt 1969, S. 7–108 (zuerst abgedruckt in Zeitschrift für Politik, Bd. 6, Berlin 1913).
56 Mayer, a. a. O., S. 27.
57 MAZ 154/5. 7. 1842, Korresp. vom 2. 7. 1842.
58 Vgl. S. 169 ff.
59 Die Charakterisierung des Konstitutionalismus als »Zwitterding« war in der Rheinischen Zeitung üblich, vgl. Gustav Mayer, a. a. O., S. 81.
60 Conze, a. a. O., S. 248; vgl. Gustav Mayer, a. a. O., S. 55, 73.
61 Rheinische Zeitung/Beil. 5. 6., 16., 18., 21., 23. 8. 1842, »Das Juste-Milieu«.
62 Literarische Geheimberichte; Bericht Fischers, Mainz, August 1842, S. 158.
63 Seebl. 36/13. 3. 1844.
64 A. a. O.
65 Mayer, a. a. O., S. 85.
66 Häusser, S. 499.
67 Seebl. 144/4. 12. 1842.
68 Seebl. 111/18. 9. 1842.
69 Dazu Wilhelm Klutentreter: Die Rheinische Zeitung von 1842/43 in der politischen und geistigen Bewegung des Vormärz, Dortmunder Beiträge zur Zeitungsforschung, Bd. 10, Teil II, Dortmund 1966.
70 Seebl. 13/31. 1. 1843.
71 Seebl. 108/11. 9. 1842; im Gedicht forderte Prutz (Klutentreter, Teil II, S. 220; Rheinische Zeitung 247/4. 9. 1842) vehement politische und Preßfreiheit.
72 Seebl. 34/23. 3. 1843.
73 Seebl. 39/4. 4. 1843.
74 Groth, Die unerkannte Kulturmacht, Bd. II, S. 115–117; Friedrich Wilhelm IV. hatte am 10. 12. 1841 eine Kabinettsordre erlassen, in der die »freimütige Besprechung vaterländischer Angelegenheiten, insofern sie wohlmeinend und anständig« sei zugesichert; er nahm sie aber im Herbst 1842 teilweise, am 4. 2. 1843 ganz zurück; vgl. auch Treitschke, Bd. V, S. 189 f.

75 Rheinische Zeitung 269/26. 9. 1842, »Anständig und wohlmeinend«; zum Verf. vgl. Klutentreter, a. a. O., S. 191; abgedruckt in Seebl. 117/2. 10. 1842.
76 Seebl. 123/16. 10. 1842.
77 Seebl. 113/22. 9. 1842; 144/4. 12. 1842.
78 Seebl. 59/23. 5. 1843.
79 Seebl. 105/12. 9. 1843.
80 A. a. O.
81 Seebl. 3/8. 1. 1843, 15/15. 2. 1843.
82 Seebl. 103/7. 9. 1843.
83 Seebl. 105/12. 9. 1843.
84 Vgl. S. 169 ff.

Fünftes Kapitel: Presse und öffentliche Meinung als politische Kraft – die Pressestadt Mannheim im Vormärz

1 Vgl. Gall: Der Liberalismus; Conze, Spannungsfeld, a. a. O.
2 Mannheim hatte 23 500 Einwohner (Bevölkerungs-Ploetz, Bd. 4, 3. Aufl., Würzburg 1965, S. 24); dagegen hatte Hamburg rund 132 000 und Berlin rund 419 000 Einwohner.
3 Walter, Mannheim in Vergangenheit und Gegenwart, Bd. II, S. 21.
4 A. a. O., S. 217, 220.
5 Ihr Indikator ist der Güterumschlag im Mannheimer Hafen; er stieg von 1 276 897 Ztr. im Jahr 1842 auf 2 780 458 Ztr. im Jahre 1846 (Kühn, Mannheimer Unterschichten, S. 39).
6 Walter, S. 237.
7 Der Adel hatte Mannheim bis 1845 weitgehend verlassen (Walter, a. a. O., S. 317).

Die Mannheimer Abendzeitung (1842–1849) – die Herausforderung der Großmächte

1 Zu Karl Grün s. Kool/Krause (Hg.), Die frühen Sozialisten, informative Kurzbiographie, S. 495–500; vgl. ADB, Bd. 49, S. 583 ff.; außerdem Friedrich Wilhelm Reinhardt: Karl Theodor Ferdinand Grün, phil. Diss. Marburg 1922; Grün lebte zuvor in Frankreich, er stand dem »Jungen Deutschland« nahe; Mitte der vierziger Jahre entwickelte er den »wissenschaftlichen« oder »wahren Sozialismus« im Widerstreit zu Marx und Engels; vgl. S. 171 ff.
2 Mannheimer Journal 89/27. 3. 1842; vgl. Literarische Geheimberichte, S. 105, Frankfurt, 29. 10. 1841.
3 Karl Grün: Meine Ausweisung aus Baden, meine gewaltsame Entführung aus Rheinbayern und meine Rechtfertigung vor dem deutschen Volke, Zürich und Winterthur 1843; darin auch die wichtigsten Beiträge, die Grün für die MAZ verfaßte.
4 Literarische Geheimberichte, S. 155; Mainz, Juli 1842 (vermutlich Fischer); Konfident Singer in Leipzig, meinte – unter Berufung auf Dr. Rutenberg –, alle Artikel, für die Grün hätte büßen müssen, seien von Bassermann verfaßt worden (a. a. O., S. 179, Leipzig, 15. 12. 1842).
5 GLA 236/236, Reg.dir. Dahmen vom 2. 10. 1842 an MdI; dessen zustimmende Antwort vom 4. 10. 1842.
6 Grün, Meine Ausweisung, S. 126.
7 Literarische Geheimberichte, S. 178 f., Frankfurt, 11. 12. 1842; S. 183, Frankfurt, 31. 12. 1842 (Ebner).
8 Grün, Meine Ausweisung, S. 16.
9 Literarische Geheimberichte, S. 168, Mainz, 22. 10. 1842 (vermutlich Fischer); S. 196, Frankfurt, 21. 1. 1843 (Ebner).

10 A. a. O., S. 183, Frankfurt, 31. 12. 1842 (Ebner); Allgemeine Zeitung vom 17. 7. 1842; Koszik, Deutsche Presse, Bd. III, S. 100.
11 Glossy I, S. 338; Salomon, S. 324.
12 Literarische Geheimberichte, S. 183, Frankfurt, 31. 12. 1842 (Ebner).
13 MAZ 202/29. 8. 1842, »Badens Hort«.
14 MAZ 225/24. 9. 1842.
15 Friedrich Daniel Bassermann, aus einer reichen Mannheimer Kaufmannsfamilie stammend, seit 1841 Mitglied der 2. Kammer und führend in der liberalen Opposition; 1843 Gründung der Bassermannschen Verlagsbuchhandlung in Mannheim zusammen mit Karl Mathy; im Jahre 1847 Herausgabe der »Deutschen Zeitung« und Teilnehmer der Heppenheimer Versammlung. Berühmt wurde Bassermanns Antrag vom 12. 2. 1848 in der 2. Kammer auf Wahl einer deutschen Volksvertretung. Mitglied im Vorparlament und in der Nationalversammlung, von August 1848 bis Mai 1849 Unterstaatssekretär im Reichsministerium des Innern. Nach der Revolution zog er sich bald aus der Politik zurück und endete durch Selbstmord. – Bassermann, der reichste Deputierte der 2. Kammer (vgl. Glossy I, S. 102: »Seine Unabhängigkeit flößte ihm große Rücksichtslosigkeit in der Kammer ein«) galt im Jahre 1844 »in seinen Ansichten am meisten vorgerückt« (Jacoby, Briefwechsel, S. 248; Simon Meyerowitz an Jacoby, Bern, 15. 7. 1844), ging in der sozialen Frage aber konsequent nach rechts. Sein Zwiespalt zwischen radikalliberaler Fortschrittlichkeit und sozialkonservativer Beharrung war nicht ohne Tragik. Zu Bassermann vgl. Heinz Gollwitzer: Friedrich Daniel Bassermann und das deutsche Bürgertum, Mannheim 1955; Axel v. Harnack: Friedrich Daniel Bassermann und die deutsche Revolution 1848/49, München/Berlin 1920 (Historische Bibliothek, Bd. 44).
16 MAZ 223/22. 9. 1842, »Die öffentliche Meinung«.
17 MAZ 262/7. 11. 1842, »Position muß die Opposition ergänzen« von B.; vermutlich Bassermann.
18 Vgl. Lothar Gall, Liberalismus und »bürgerliche Gesellschaft«, S. 334, in: HZ 220 (1975), S. 324–356.
19 MAZ 227/27. 9. 1842, »National oder liberal?« v. K. Grün; vgl. Grün, Meine Ausweisung, S. 63, 73 f.
20 MAZ 223/22. 9. 1842, »Die öffentliche Meinung«.
21 Vgl. Ruckstuhl, S. 143: »Grün . . . hat ihm [dem Blatt] sehr rasch einen radikalen Charakter aufgeprägt, den es in den späteren Jahren behalten hat.«
22 MAZ vom 4. 3. 1843.
23 Literarische Geheimberichte, S. 176, Frankfurt, 11. 12. 1842.
24 A. a. O., S. 201, Frankfurt, 4. 2. 1843; S. 213, Frankfurt, 18. 3. 1843; S. 215, Fankfurt, 3. 4. 1843; und insbesondere S. 217, Mainz, 18. 4. 1843 (vermutlich Fischer).
25 MAZ 43/28. 2. 1843; abgedruckt bei Klutentreter, Bd. II, S. 239.
26 Literarische Geheimberichte, S. 215, Frankfurt, 3. 4. 1843.
27 Rheinische Zeitung 39/4. 4. 1843.
28 Karl Marx emigrierte 1843 nach Paris, dort gab er mit Arnold Ruge die »Deutsch-Französischen Jahrbücher« heraus; 1844 wurde er nach Brüssel ausgewiesen. Andere Mitarbeiter wie Bruno Bauer und Feuerbach veröffentlichten im »Schweizerischen Republikaner« (Literarische Geheimberichte, S. 215, Frankfurt, 3. 4. 1843).
29 A. a. O., S. 217, Frankfurt, 18. 4. 1843 (vermutlich Fischer).
30 A. a. O.
31 Gustav Mayer, Die Anfänge des politischen Radikalismus im vormärzlichen Preußen, a. a. O., S. 36.
32 Bernays ging Ende 1843 nach Paris, wo er neben Ruge, Herwegh, Heine und Marx an der Redaktion des »Vorwärts« mitarbeitete.
33 Edmund Silberner: Moses Heß. Geschichte seines Lebens, Leiden 1966; vgl. S. 145, 176.
34 Mathias Tullner: Die Entwicklung der »Mannheimer Abendzeitung« zum führenden Organ der süddeutschen kleinbürgerlichen Demokratie 1844–1847/48, Diss. phil. Magdeburg 1974 (masch.), S. 46 f.
35 MEW, Bd. 8, S. 313.
36 Literarische Geheimberichte, S. 204, Frankfurt, 8. 2. 1843.
37 Gian Mario Bravo: »Il communismo tedesco in Svizzera. August Becker 1843«, in: Annali, Jg. 6, Milano 1963, S. 521 ff. Barnikol, Christentum und Sozialismus, Bd. 6; vgl. S. XII.

38 Es ist nur in wenigen Fällen möglich, die Beiträge von Hess zu identifizieren. Zu ihnen gehört der Leitartikel »Paris und die Deutschen« vom 12. 9. 1843; darin wirft er deutschen Literaten vor, sie gäben sich, wie z. B. Gutzkow, in Paris kommunistisch, in Deutschland »diplomatisch« (vgl. Silberner, S. 145, 176).
39 Tullner, S. 336.
40 Glossy I, S. 118.
41 Glossy I, S. 133, Frankfurt, 10. 10. 1843.
42 Glossy I, S. 117, Leipzig, 15. 8. 1843.
43 Glossy I, S. 133, Frankfurt, 10. 10. 1843.
44 Vgl. v. Hippel, S. 138.
45 GLA, v. Radowitz vom 25. 4. 1843 an Staatsminister v. Dusch.
46 A. a. O.
47 Gustav Mayer, a. a. O., S. 47; vgl. Koszyk, Bd. II, S. 99.
48 § 4, § 5 der Karlsbader Beschlüsse vom 20. 9. 1819 boten dazu die Rechtsgrundlage; § 6 ermöglichte die Anrufung des Bundestages.
49 GLA, v. Radowitz vom 25. 4. 1843 an Staatsminister v. Dusch.
50 GLA 236/233, Riegel vom 16. 5. 1843 an MdI
51 GLA 236/236; vgl. Friedrich Walter, Mannheim in Vergangenheit und Gegenwart, Bd. II, S. 300 ff.
52 Treitschke, Bd. V, S. 189.
53 GLA 236/236, MdI vom 2. 1. 1844 an Staatsministerium.
54 GLA 236/236, Protest v. Radowitz' vom 20. 1. 1844; MdI vom 2. 1. 1844.
55 Zur innenpolitischen Situation vgl. Reinhard Koselleck: Staat und Gesellschaft in Preußen 1815–1848, in: Staat und Gesellschaft im deutschen Vormärz 1815–1848, a. a. O., S. 109.
56 MAZ 45/22. 2. 1844.
57 Vgl. § 6, der die Anrufung des Bundestages erlaubte.
58 GLA 236/236, v. Radowitz aus Frankfurt vom 3. 3. 1844.
59 GLA 236/236, Staatsminister v. Dusch an Innenminister Rüdt vom 6. 3. 1844.
60 GLA 236/236, Innenminister Rüdt an Staatsminister v. Dusch vom 9. 3. 1844.
61 A. a. O.
62 A. a. O.
63 Ferdinand Cölestin Bernays: Schandgeschichten zur Charakteristik des deutschen Censoren- und Redaktorenpacks, Druck und Verlag von F. L. Schuler, Straßburg 1843. Bernays zeigt darin in Dialogform einige »Schandgeschichten« der Zensur auf, so das Verbot der Rheinischen Zeitung, die Affäre Moritz v. Haber, den Konflikt Paulus und Schelling; auf mehr als 70 Seiten gibt er willkürliche und sinnlos gestrichene Stellen wieder.
64 GLA 236/236, Innenminister Rüdt an Staatsminister v. Dusch vom 9. 3. 1844.
65 A. a. O.
66 GLA 236/236, Zensor Fuchs an MdI vom 10. 4. 1844.
67 GLA 236/236, der katholische Oberkirchenrat vom 6. 8. 1844; der evangelische Oberkirchenrat vom 9. 8. 1844: »Die Bestrebungen der Mannheimer Abendzeitung die antichristlichen und atheistischen Grundsätze des sog. jungen Deutschland unter das Volk zu bringen betreffend«.
68 A. a. O.
69 A. a. O.
70 GLA 236/236.
71 GLA 236/236, insbesondere protestierte v. Radowitz gegen die Nr. 191 (Korresp. vom 1. 8. 1844), Nr. 192, Nr. 193 (Korresp. Preußen 13. 8. 1844), Nr. 200 (Korresp. Schlesien 16. 8. 1844), Nr. 204 (Korresp. Preußen 22. 8. 1844).
72 GLA 236/236.
73 Kurt Koszyk: Der schlesische Weberaufstand von 1844 nach Berichten der Mannheimer Abendzeitung, in: Jahrbuch der schlesischen Friedrich-Wilhelm-Universität zu Breslau, Bd. VII, Würzburg 1962.
74 Koszyk, a. a. O., S. 224; MAZ 143/16. 6. 1844.
75 MAZ 144/18. 6. 1844.

76 Treitschke, Bd. V, S. 261 ff.; der Storkower Bürgermeister Heinrich Ludwig Tschech hatte am 26. 7. 1844 in Berlin aus einem kohlhaasisch verletzten Rechtsgefühl heraus die Tat begangen.
77 So der Prediger Otto v. Gerlach, Treitschke, Bd. V, S. 264.
78 MAZ 200/22. 8. 1844.
79 GLA 236/236, Staatsminister v. Dusch vom 4. 10. 1844 an MdI.
80 A. a. O.
81 A. a. O., Innenminister Rüdt vom 15. 10. 1844 an Staatsminister v. Dusch.
82 Die Schreibweise des Namens variiert; häufig auch v. Uria-Sarachaga; v. Sarachaga kehrte nach seiner Verabschiedung als Mannheimer Zensor 1846 bald wieder nach Freiburg zurück. Als Stadtdirektor ließ er 1851 die vor der Universität aufgestellte Büste Rottecks bei Nacht und Nebel entfernen (Müller, Badische Landtagsgeschichte, Bd. IV, S. 140).
83 Vgl. Treitschke, Bd. V, S. 189.

Soziale Demokratie: Die Entwicklung der Mannheimer Abendzeitung

1 Zu dem hier verwendeten wertneutralen Begriff Ideologie vgl. Wende, Radikalismus im Vormärz, S. 19.
2 Die MAZ bezeichnete sich selbst als »sozialistisch«; wegen des sozialpolitischen, letztlich klassenversöhnenden Inhalts soll auch die Bezeichnung sozialdemokratisch bzw. soziale Demokratie verwendet werden. Zum Begriff »Frühsozialismus« vgl. Adler, S. 91 ff.; Huber II, S. 420 f.
3 MAZ 336/9. 12. 1846.
4 Die MAZ ging Ende 1847 in das Eigentum des Redakteurs Grohe über (vgl. Glossy I, S. 294).
5 Vgl. Dlubek: Ein deutscher Revolutionsgeneral, Johann Philipp Becker in der Reichsverfassungskampagne, a. a. O., Bd. I, S. 559.
6 Mathias Tullner: Die Entwicklung der »Mannheimer Abendzeitung« zum führenden Organ der süddeutschen kleinbürgerlichen Demokratie 1844–1847/48, Diss. phil. Magdeburg (masch.) 1974. Tullner konnte nicht auf badisches Archivmaterial zurückgreifen.
7 Friedrich Engels: Die deutsche Reichsverfassungskampagne, MEW Bd. 7, S. 111–197. Die badischen Kleinbürger und Bauern hatten danach nur das »Ideal der föderierten Tabak- und Bierrepublik« vor Augen (S. 139). Engels, der an der Reichsverfassungskampagne teilgenommen hatte, wurde von Marx zu der Schrift angeregt: »Du hast jetzt die schönste Gelegenheit, eine Geschichte oder ein Pamphlet über die badisch-pfälzische Revolution zu schreiben [. . .] Ohne Deine Teilnahme an dem Krieg selbst hätten wir mit unsern Ansichten über diesen Ulk nicht hervortreten können [. . .] Ich bin überzeugt, daß die Sache ziehn und Dir Geld einbringen wird« (Brief vom 1. 8. 1849 aus Paris, in: MEW Bd. 27, S. 139).
8 Tullner, S. 4.
9 Stadelmann, Soziale und politische Geschichte der Revolution von 1848, 2. Aufl., München 1970, S. 33.
10 Wende, Radikalismus im Vormärz, S. 19.
11 Zur Biographie von Karl Grün s. Kool/Krause, a. a. O., S. 495 ff.
12 Zur Biographie von Moses Hess s. Kohl/Krause, a. a. O., S. 500 ff.
13 Die Mitarbeit Grüns und Hess' geht aus MAZ 100/14. 4. 1844, 134/20. 5. 1845 und 142/28. 5. 1845 hervor.
14 MAZ 80/3. 4. 1844.
15 Tullner, S. 67 f.
16 A. a. O.
17 Lorenz Stein: Der Sozialismus und Kommunismus des heutigen Frankreich. Ein Beitrag zur Zeitgeschichte, Leipzig 1842.
18 Vgl. August Cornu: Karl Marx und Friedrich Engels, Leben und Werk, Berlin 1954, Bd. I, S. 434 ff.; Mayer, Radikalismus, Sozialismus und bürgerliche Demokratie, a. a. O., S. 94.
19 MAZ 2/3. 1. 1844, Korrespondenz aus Paris; MAZ 25/30. 1. 1844, Korrespondenz aus Berlin.
20 MAZ 25/30. 1. 1844.

21 MAZ 3/4. 1. 1844.
22 Karl Grün in: Neue Anekdota, hg. von Karl Grün, Darmstadt 1845, S. 283.
23 Karl Grün: Die soziale Bewegung in Frankreich und Belgien. Briefe und Studien, Darmstadt 1845; darin höchst informative Darstellung von Grüns Reise im Oktober 1844 und der Begegnung mit Proudhon, von dem er Schriften ins Deutsche übersetzt (vgl. Kool/Krause, S. 499).
24 Grün hielt die Vorträge vor einem Kreis westfälischer Demokraten und Sozialisten. Karl Grün: Über wahre Bildung. Eine Vorlesung gehalten den 28. April 1844 zu Bielefeld, zum Besten der armen Spinner in Ravensburg, Bielefeld 1844; abgedruckt bei Kool/Krause, a. a. O., S. 516–535.
25 Karl Grün: Politik und Sozialismus, in: Deutsches Bürgerbuch, Bd. 1, 1845, S. 111.
26 Grün, Über die wahre Bildung, a. a. O., S. 529 ff.
27 Moses Hess: Fortschritt und Entwicklung, in: Neue Anekdota, hg. von Karl Grün, Darmstadt 1845, S. 116–122.
28 Grün, Über wahre Bildung, a. a. O., S. 534.
29 MAZ 206/29. 8. 1844.
30 Vgl. Cornu, Karl Marx und Friedrich Engels, Bd. I, S. 434 ff.
31 Marx nannte Grün z. B. einen gefährlichen »literarischen Hochstapler«; vgl. die Auseinandersetzung mit Grün in: MEW Bd. 27, S. 443; aber auch MEW Bd. 3, S. 475–479, und Engels' Kritik an Grün MEW, Bd. 27, S. 32 f.
32 Wolfgang Mönke: Das literarische Echo in Deutschland auf Friedrich Engels' Werk »Die Lage der arbeitenden Klassen in England«, Berlin 1965, S. 9.
33 MAZ 136/8. 6. 1844.
34 Kühn, Mannheimer Unterschichten, S. 17.
35 MAZ Nr. 1/1. 1. 1846.
36 MAZ 321/24. 11. 1846.
37 A. a. O.
38 A. a. O.
39 A. a. O.
40 Tullner, S. 165.
41 Karl Heinzen: Die Opposition, Mannheim 1846, S. 57.
42 Vgl. S. 169 ff.

Gustav Struve und das Mannheimer Journal *(1845/46) – die Konfrontation von staatlicher Gewalt und öffentlicher Meinung*

1 Wichtigste Quelle der Ereignisse 1845/46 in Mannheim sind die von Gustav Struve zusammengestellten und herausgegebenen Zensurakten. Als Bände über 20 Bogen waren sie von der Vorzensur frei. Sie enthalten die vom Zensor gestrichenen Artikel des Mannheimer Journals, die Korrespondenz mit den Behörden sowie die Beschwerden der Mannheimer Bürgerschaft. Gustav Struve: Actenstücke der Censur des Großherzoglich Badischen Regierungs-Raths von Uria-Sarachaga. Eine Rekursschrift an das Publikum, Mannheim/Heidelberg 1845 (= Actenstücke I); ders.: Actenstücke der Mannheimer Censur und Polizei. Zweite Rekursschrift an das Publikum, Mannheim/Heidelberg 1846; ders.: Actenstücke der badischen Censur und Polizei. Dritte Rekursschrift an das Publikum, Mannheim/Heidelberg 1846 (im folgenden zitiert: Actenstücke I, II, III). Zu ihrer zeitgenössischen Wirkung vgl. Treitschke, Bd. V, S. 189.
2 Der Ablauf des Geschehens wird ausführlich dargestellt bei Friedrich Walter: Mannheim in Vergangenheit und Gegenwart, Bd. II, Mannheim 1912, S. 302 ff.
3 Walter, a. a. O., S. 302.
4 Vgl. Treitschke, Bd. V, S. 302.
5 Vgl. Wendes abgewogene und treffende Charakterisierung Struves S. 44, 199; demgegenüber die eher unterschätzende Darstellung bei Valentin I, S. 159 f.; ergänzend zu der älteren und überholten Biographie von Karl Ackermann: Gustav v. Struve mit besonderer Berücksichtigung seiner Bedeutung für die

Vorgeschichte der badischen Revolution. Diss. Heidelberg 1914; neuerdings von Jürgen Peiser: Gustav Struve als politischer Schriftsteller und Revolutionär, Diss. Frankfurt/Main 1973.
6 Florian Mördes: Die deutsche Revolution mit besonderer Berücksichtigung auf die badische Revolutionsepoche, Herisau 1849, S. 188. Zu Struves skurrilen Zügen gehörte, daß er mit missionarischem Eifer Phrenologie (Schädelkunde) betrieb und die vegetarische Ernährungsweise, der er anhing, zeitlebens zu einer neuen Weltanschauung erheben wollte.
7 Wende, Radikalismus, S. 199.
8 Vgl. Frank Deppe: Verschwörung, Aufstand und Revolution. Blanqui und das Problem der sozialen Revolution, Frankfurt 1970, S. 1; ein Vergleich Struves mit Blanqui liegt nahe.
9 Gustav Struve: Denkwürdigkeiten aus meinem Leben (Abschrift), in: Nachlaß Struves, Bundesarchiv Frankfurt (Außenstelle), Paket XIV, 11. Kap. Mathy, seit April 1845 mit Struve auch familiär verbunden, fungierte am 16. 11. 1845 als Trauzeuge Struves zusammen mit dem radikalen Dichter C. H. Schnauffer (a. a. O.).
10 A. a. O.
11 A. a. O.
12 A. a. O.
13 Gustav Struve: Grundzüge der Staatswissenschaften, Bd. 3, Mannheim 1847, S. 216 ff.; vgl. Werner Boldt: Deutsche Staatsrechtslehre im Vormärz, S. 222, und Wende, Radikalismus, S. 45.
14 Zur Entwicklung des Begriffs »bürgerliche Gesellschaft« vgl. Manfred Riedel, in: Geschichtliche Grundbegriffe, Bd. 2, Stuttgart 1975, S. 763 ff.
15 Zum Begriff der freien Assoziation vgl. Wolfgang v. Hippel: Der Mannheimer Gesellenverein und seine Auflösung (1844/47). Ein Beitrag zum Vereinswesen des Vormärz, in: Historia integra, Festschrift für Erich Hassinger, Berlin 1977, S. 219–249, hier S. 219 f.
16 Carl Welcker: »Association, Verein, Gesellschaft, Volksversammlung (Reden an Volk und collektive Petitionen), Associationsrecht«, in: Rotteck/Welcker, Staats-Lexikon, Bd. 2, S. 21 ff., Altona 1835[1].
17 Struve, Grundzüge der Staatswissenschaften, Bd. 4, S. 211, 252 f.
18 A. a. O., Bd. 3, S. 216.
19 A. a. O., Bd. 4, S. 253.
20 Walter, Mannheim in Vergangenheit und Gegenwart, Bd. II, S. 305.
21 Vgl. Actenstücke, Bd. II und III, passim.
22 Alexander Ruge: Briefwechsel und Tagebuchblätter aus den Jahren 1825–1880, Bd. I, Berlin 1886, S. 402, Brief an Robert Prutz aus Zürich vom 14. 1. 1846; Ruge hielt in Unkenntnis der Person Struves dieses Vorgehen für reine Taktik.
23 Actenstücke I, XVIII.
24 Vgl. Schneider, Pressefreiheit, S. 291.
25 Glossy III, S. 266, Frankfurt, 30. 11. 1846.
26 Actenstücke II, S. 3 f.; Mannheimer Journal/10. 9. 1845 (gestrichen).
27 Actenstücke III, Mannheimer Journal/31. 12. 1845 (gestrichen); zu Struves »Sozialismus« vgl. S. 224.
28 Eine wichtige pressegeschichtliche Quelle zum Vormärz ist der Bestand des »Verlags des Katholischen Bürgerhospitals« im Stadtarchiv Mannheim; der Verlag gab das »Journal« heraus. Diese Quelle gibt Einblick in die Interna eines Verlags; Geschäftsberichte, Ertragsberechnungen, Inventarlisten liegen zu den Jahren 1846–1848 vor (Nr. 39); Unterlagen zur Tätigkeit Struves, z. B. sein Vertrag mit dem Vorstand des Katholischen Bürgerhospitals, befinden sich in Nr. 40 und 45. Die Bestände können in diesem Zusammenhang nicht ausgeschöpft werden. Ein pressegeschichtlich seltener Beleg über die Honorare namentlich erwähnter Korrespondenten des Blattes im Jahre 1843/44, zu denen auch der Metternich-Agent Ebner gehörte (vgl. S. 95), ist in Nr. 161 enthalten.
29 Struve, Denkwürdigkeiten, a. a. O., Kap. 25/4.
30 Actenstücke II, Vorbericht des Herausgebers.
31 Stadtarchiv Mannheim, Zugang 2/1967, Nr. 161, Vertrag vom 21. 12. 1844 zwischen dem Vorstand des Katholischen Bürgerhospitals und der Regierung des Unterrheinkreises; die Zahl der Behörden-Abonnements betrug 380.

32 A. a. O.
33 Stadtarchiv Mannheim, Zugang 44/1968, Nr. 60, 15. 3. 1844; danach war die verkaufte Auflage vom 1. Halbjahr 1844 von 1857 Exemplaren auf 1730 Exemplare gesunken; davon wurden 690 bzw. 658 Exemplare mit der Post versandt.
34 Stadtarchiv Mannheim, Zugang 2/1967, Nr. 40, »Bemerkungen über die finanziellen Verhältnisse des Mannheimer Journals« vom 1. 7. 1846 von Gustav Struve.
35 Vgl. Treitschke, Bd. V, S. 189 mit Zensurbeispielen.
36 Actenstücke I, S. II f.; Struve lehnte eine Vorzensur von Beiträgen als Eingriff in die Freiheit des Redakteurs ab.
37 Vgl. Schneider, Pressefreiheit, S. 298.
38 Actenstücke I, S. CXXII.
39 Actenstücke I, S. 14.
40 Actenstücke III, S. 4; daneben erließ v. Sarachaga unmittelbare Weisungen an den Polizeikommissär wegen Beschlagnahme des »Journals« unter Umgehung des Stadtamtes, eine Maßnahme, die ihm rechtlich nicht zustand.
41 Actenstücke II, S. XXX ff.
42 Vgl. v. Hippel, S. 132 f.
43 Vgl. S. 81 f.
44 Actenstücke III, S. CXIV f.
45 Actenstücke II, S. XLIV.
46 So wurde von einem Bericht über die Zensur in Deutschland nur der Schlußsatz freigegeben: »Hoffen wir, daß die Zeiten sich bessern!« (Actenstücke II).
47 Treitschke V, S. 189.
48 v. Hippel, S. 133.
49 Actenstücke II, Vorbericht des Herausgebers, Brief der Regierung des Unterrheinkreises vom 16. 8. 1845 an den Vorstand des Bürgerhospitals.
50 Actenstücke II, S. XXXI f.
51 Stadtarchiv Mannheim, Zugang 2/1967, Nr. 161; Buchdruckerei an den Vorstand vom 10. 11. 1845. Vgl. Actenstücke I, S. XCVII; II, S. XXV; aufgrund der Anordnung des Innenministeriums wies z. B. die Direktion der Posten und Eisenbahnen am 10. 9. 1845 alle Dienststellen an, keine Kundmachungen in das »Journal« einzurücken.
52 Dazu Walter, Mannheim in Vergangenheit und Gegenwart, Bd. II, S. 307 ff., und Actenstücke, Bd. II und III.
53 Vgl. Schmidt, Robert Blum, S. 93 f.; bei der Demonstration am 12. 8. 1845 anläßlich eines Besuches von Kronprinz Wilhelm kam es, trotz der Warnung Blums, »den Boden des Gesetzes nicht zu verlassen«, zu einer nicht erlaubten Massendemonstration, auf welche das Militär das Feuer eröffnete.
54 Struve, Actenstücke II, CXXVI ff., Vorstellung und Bitte einer Anzahl Mannheimer Bürger, betreffend die Zusammenberufung des größern Ausschusses, am Tage der Leipziger Schlacht 1845.
55 A. a. O.
56 A. a. O.
57 Walter, a. a. O., S. 309.
58 Actenstücke, Bd. II, passim.
59 Walter, a. a. O., S. 307 f.
60 Vgl. Struve, Denkwürdigkeiten, a. a. O., Paket XIV, Kap. 11; Walter, a. a. O., S. 307.
61 Actenstücke, Bd. II, S. 137, MAJ/1. 11. 1845 (gestrichen).
62 A. a. O., S. 135, »Die Worthelden«, MAJ/1. 11. 1845 (gestrichen).
63 Verh. 1846, Sitzung vom 9. 12. 1846.
64 Struve, Actenstücke, Bd. III, S. 127, MAJ/5. 1. 1846; a. a. O., MAJ/30. 12. 1845.
65 Walter, a. a. O., S. 308; zur Solidarisierung der Stadt vgl. Struve, Actenstücke III, S. 64.
66 Struve, Actenstücke, Bd. II, S. 135, MAJ/1. 11. 1845, »Die Worthelden«.
67 A. a. O., S. 134, Korrespondenz aus Heidelberg, MAJ/1. 11. 1845.

68 v. Hippel, S. 136.
69 A. a. O., S. 138.
70 A. a. O., S. 141, Anm.
71 Struve, Denkwürdigkeiten, a. a. O., Paket XIV, Kap. 11.
72 J. Georg Günther: Die Ereignisse des Jahres 1846. S. 136 f., in: »Vorwärts!«, Volkstaschenbuch für das Jahr 1846, Leipzig 1846, hg. von Robert Blum.
73 Vgl. S. 201.
74 Actenstücke, Bd. II, S. 138, »Die Worthelden«, MAJ/1. 11. 1845.
75 Peiser, S. 39.
76 A. a. O.
77 A. a. O.

Sechstes Kapitel: Die Mobilisierung der Gesellschaft

Politische Öffentlichkeit als Gegenpol des Obrigkeitsstaates – Entstehung, Formierung und Differenzierung

1 Jacques Droz: Les révolutions allemandes de 1848. D'après un manuscrit et des notes de E. Tonnelat, Paris 1957, S. 590, 639. Droz hebt hervor, daß die demokratische Bewegung in den Teilstaaten ein Netz von Vereinen aufbaute, wie es nirgend sonst in Europa bestand, dabei bezieht er sich vor allem auf die deutsch-katholische Bewegung (S. 639). Bereits Stadelmann wies auf die Bedeutung vormärzlicher Vereinsgründungen hin.
2 So setzt Thomas Nipperdey sie für die 60er Jahre an; vgl. ders.: Die Organisation der bürgerlichen Parteien in Deutschland vor 1918, HZ 185, 1958, S. 551–602.
3 Theodor Schieder: Die Parteien im älteren deutschen Liberalismus. In: Th. Schieder, Staat und Gesellschaft im Wandel unserer Zeit, München 1958, S. 110–132; vgl. außerdem Gebhardt, Bd. 3, Th. Schieder: Vom Deutschen Bund zum Deutschen Reich, S. 95–184, hier S. 121 ff.
4 Koszyk, Deutsche Presse, Bd. II, S. 115.
5 Dazu insbesondere Peter Müller: Württemberg und die badische Erhebung 1848/49, Diss. Tübingen 1952; Paul Schraepler: Die öffentliche Meinung in Württemberg 1830–1848, Diss. Leipzig 1923; allgemein dazu Mann: Die Württemberger, S. 10.
6 Glossy III, S. 292, vom 24. 9. 1847.
7 Werner Boldt: Die württembergischen Volksvereine von 1848 bis 1852, Stuttgart 1970, S. 87, 124 ff.
8 Rolf Weber: Die Revolution in Sachsen 1848/49. Entwicklung und Analyse ihrer Triebkräfte, Berlin (Ost) 1970, S. VI; Treitschke bezeichnet »Sachsen neben Baden als das radikalste aller deutschen Länder« (Bd. V, S. 341).
9 Wenige Wochen nach Beginn der Revolution besaß Sachsen neben Baden die stärkste demokratische Regionalorganisation in Deutschland (Weber, S. 28).
10 Lothar Gall, Der Liberalismus, S. 4 ff.
11 Weber, S. 2.
12 Weber, S. 6.
13 Weber, S. 39.
14 Die deutsch-katholische Bewegung, die in Sachsen unter Leitung Robert Blums besonders stark war, hatte neben Leipzig ein zweites Zentrum in Konstanz. Zu Beginn der Revolution hatte z. B. die Aufforderung Struves und Heckers auf der 2. Offenburger Versammlung am 19. 3. 1848, eine demokratische Landesorganisation in ganz Deutschland zu bilden, besonders in Sachsen Widerhall gefunden (Weber, S. 27).
15 Allgemein dazu, Gustav Hess: Südbaden vor und während der Revolution im Frühjahr 1848, Diss. phil. Freiburg 1922.

16 So § 85 der badischen Gemeindeordnung.
17 Verh., 5 Prot.h. 1842, S. 226 (Bericht der Petitionskommission).
18 A. a. O.
19 GLA 236/8158, Korrespondenz des MdI mit Ortsbehörden im August 1842, u. a. Polizeibehörde von Emmendingen, vom 20. 8. 1842 an MdI.
20 Verh., 5. Prot.h. 1842, S. 226; S. 73 (14 Petitionen von Schullehrern um Revision des Schulgesetzes).
21 A. a. O., S. 232 (28 Petitionen wegen Straßenbau), S. 237 und 251 (5 Odenwaldgemeinden suchen Abhilfe vor Flurverwüstung durch wilderndes Wild aus feudalem Waldbesitz).
22 Verh., 1. Prot.h. 1843/44, S. 150, auf Antrag Heckers.
23 Verh., 5. Prot.h. 1842, S. 226; sie bestritten jegliche Beeinflussung der Wahlen durch Regierungsbeamte.
24 GLA 236/8158, MdI vom 7. 10. 1842.
25 A. a. O.
26 A. a. O.
27 Welcker hatte in einem ähnlichen Fall Verhöre, von denen er sowie andere Versammlungsteilnehmer betroffen waren, heftig kritisiert (Verh. 1842, 4. Prot.h., 19. 8. 1842, S. 62).
28 A. a. O., MdI vom 8. 12. 1842.
29 A. a. O., Oberamtmann von Jestetten an MdI vom 19. 7. 1842; die Versammlung fand in Riedern bei Waldshut statt.
30 A. a. O., MdI vom 12. 8. 1842 sowie vom 27. 7. 1842.
31 A. a. O., MdI vom 3. 8. 1842.
32 So geschah es dem Posthalter von Hüfingen, weil er Briefe an Kammerliberale zurückhielt (Itzstein am 19. 7. 1844; Verh. 1844, 9. Prot.h., S. 78).
33 A. a. O., Oberamtmann von Jestetten an MdI vom 19. 7. 1842.
34 A. a. O., MdI vom 26. 7. 1842 an Oberamtmann von Jestetten.
35 A. a. O., MdI vom 26. 7. 1842 an alle Regierungsämter und Amtsbezirke.
36 A. a. O., MdI vom 13. 8. 1842; die »silberne Bürgerkrone«, die Itzstein später auch überreicht wurde, und die »Lobeshymnen« auf ihn (a. a. O.) symbolisierten das Gegenprinzip der Regierung, die Volkssouveränität.
37 A. a. O.
38 A. a. O.
39 A. a. O., Oberamt Pforzheim an MdI vom 31. 10. 1843.
40 A. a. O., Seekreisregierung Konstanz, August 1842; das MdI wiederholte die Aufforderung mehrmals.
41 Straub hatte die Adresse (»Hohe Zweite Kammer der Stände! Stockach, den 20. 7. 1842«) drucken lassen und in Stockach und dem dazugehörigen Ämterwahlbezirk verbreitet. Die in »gehobener«, bilderreicher Sprache verfaßte Adresse fand jedoch beim Bürgermeister von Mößkirch keinen Anklang. Weil er glaubte, viele Leute verstünden die Adresse nicht, verfaßte er eine eigene, die dann besonders viele Unterschriften erhielt (GLA 236/8158, Korrespondenz des MdI mit den Ortsbehörden im Juli/August 1842; Polizeibehörde Emmendingen vom 20. 8. 1842).
42 A. a. O., MdI vom 8. 12. 1842.
43 A. a. O.
44 A. a. O., MdI vom 21. 1. 1844.
45 A. a. O.
46 A. a. O., MdI vom 8. 1. 1844 an alle Kreisregierungen.
47 A. a. O.
48 Vgl. Ruckstuhl, S. 136 ff.
49 A. a. O.
50 A. a. O.
51 Vgl. Ruckstuhl, S. 136 ff.
52 Ruckstuhl, S. 136.
53 A. a. O., S. 137.

54 Grün spricht sogar von 10 000 Personen (Grün, Meine Ausweisung aus Baden).
55 Wichtige unzensierte Quelle dazu, Karl Mathy (Hg.): Vaterländische Hefte, Bd. 2, Die Verfassungsfeier in Baden am 22. August 1843, Verlag Bassermann in Mannheim. Hierin sind die Reden und Reaktionen unzensiert wiedergegeben; vgl. Vorwort, S. VII.
56 A. a. O., S. 45.
57 A. a. O., passim.
58 A. a. O., S. 32; Hoffmann von Fallersleben, ein radikaler Nationaldemokrat (1798–1874), geb. in Fallersleben bei Braunschweig, wurde 1830 Professor für Sprache und Literatur in Breslau; wegen seiner »Unpolitischen Lieder« (1841/42) drohte ihm Amtsenthebung, daraufhin ließ er sich in Mannheim nieder; 1843 schrieb er das Deutschlandlied; er gehörte zu den populären Dichtern des Vormärz.
59 A. a. O., S. 34.
60 Vaterländische Hefte, Bd. 2, S. 34.
61 A. a. O., S. 253.
62 MAZ 197/24. 8. 1843; Forts. 198/25. 8. 1843.
63 Ludwig Walesrode, einer von »Jacobys Getreue[n]«, arbeitete an der Hartungschen Zeitung in Königsberg mit (Treitschke, Bd. V, S. 195).
64 Brief Walesrodes an Jacoby, Mannheim, 25. 8. 1843, in: Jacoby, Briefe, S. 205.
65 Walesrode an Jacoby, a. a. O., S. 206.
66 Briefe Karl Mathys, insbes. Brief vom 27. 7. 1843, in: Stadtarchiv Mannheim, Kleine Erwerbungen 533 (Kopien aus dem Nachlaß K. Mathys, Zentrales Staatsarchiv Potsdam).
67 Walesrode an Jacoby, a. a. O., S. 206.
68 Karl Mathy: Die Verfassung und der badische Landtag von 1842 mit Beziehung auf einige gegen die Mehrheit der zweiten Kammer gerichtete Schriften, in: Vaterländische Hefte, Bd. 1, S. 47–66.
69 A. a. O., S. 115.
70 Vaterländische Hefte, Bd. 2, S. 75.
71 A. a. O., S. 243.
72 A. a. O., S. 115.
73 A. a. O., S. 271; ausdrücklich wird dies von der großen Versammlung in Ettenheim nahe der Rheinebene und der französischen Grenze berichtet.
74 Walesrode an Jacoby, a. a. O., S. 205.
75 Mathy, Die Verfassungsfeier in Baden, a. a. O., S. 29 f.
76 Vaterländische Hefte, Bd. 1, S. 63.
77 Walesrode an Jacoby, Hallgarten, 15. 9. 1843, a. a. O., S. 213.
78 A. a. O.
79 GLA 236/8159, Amtsvorstand Hüfingen vom 6. 1. 1844 an MdI.
80 A. a. O.
81 GLA 236/8159, MdI vom 21. 1. 1844; so bildete sich eine Interessengemeinschaft Kinzigtaleisenbahn, die verhindern wollte, daß die künftige Trasse über schweizerisches Gebiet führe. Der Innenminister hatte gegen solche Zusammenkünfte nichts einzuwenden, solange nur keine »gehässigen« Themen behandelt würden und die Versammlungen, die in Villingen, Bonndorf und Offenburg zusammenkamen, eine »gehorsamste Vorstellung« an die Regierung, nicht an die 2. Kammer richteten (a. a. O.).
82 A. a. O.
83 Die Vaterländischen Hefte, Bd. 1, befaßten sich hauptsächlich mit der Lage der Volksschullehrer; (Karl Mathy) Beiträge zu den Verhältnissen der Volksschullehrer. Aus eingekommenen Mitteilungen zusammengestellt von dem Herausgeber, S. 292–300, S. 293.
84 Vgl. S. 219 ff.
85 Die 2. Kammer erhöhte 1843/44 die Gehälter auf 230 fl. und 200 fl., doch die Regierung kürzte die Gehälter wieder auf 200 fl. und 175 fl.; die Lehrer wußten, wer auf ihrer Seite stand (vgl. Müller, Sturm und Drang, S. 101).
86 Vgl. Mathy, Vaterländische Hefte, Bd. 1, S. 296.
87 Vgl. Stadelmann, S. 33; s. S. 209 f.

88 Süddeutsche Zeitung Nr. 588, 1846; vgl. Gansser, S. 56.
89 Vgl. Gansser, S. 57.
90 GLA 236/236, so die anonyme Zuschrift eines Bahnvorstandes an das MdI, der behördliche Schritte dagegen verlangte.
91 GLA 236/8159, Amtmann von Ettenheim an MdI vom 25. 3. 1844.
92 A. a. O.
93 A. a. O.
94 Häusser, S. 124.
95 A. a. O., Reg.dir. d. Seekreises an MdI vom 8. 1. 1844.
96 A. a. O.
97 Vgl. dazu die Bedeutung des »Kaffeehauses« bei Habermas, S. 46 f.
98 GLA 236/8158, Amtmann von Ettenheim an MdI vom 25. 3. 1844.
99 A. a. O., Korrespondenz der Oberämter mit MdI vom Frühjahr 1844, passim.
100 GLA 305, »Geständnis« von Valentin L., a. a. O.
101 GLA 236/8159, Reg.dir. d. Seekreises an MdI vom 4. 1. 1844.
102 v. Harnack, Bassermann, S. 44; Frankreich habe gerade in Baden »eine lebhafte, nicht wirkungslose Agitation«; vgl. v. Hippel, S. 118; Ruckstuhl, S. 86.
103 Verh., 1842, 4. Prot.h., S. 58; der Abgeordnete Vogelmann erklärte, ihm seien Schriften zugegangen, »die ganz bestimmt auch geeignet waren, Aufregung zu verbreiten, Schriften mit dem Titel das Elsaß an die badischen Stände, ferner, die Hochburg im Frühjahr 1842, ferner die No. 19 des Rheinboten, so geradezu förmliche Drohungen, und Aufforderungen zum Widerstand enthalten sind, ferner die Flugschriften mit dem Motto Freiheit, Gleichzeit, Humanität und diese Flugschrift enthält die revolutionäre Verfassung des Nationalkonvents von 1793 mit Erläuterungen. Sie schildert die Fürsten als Tyrannen und entwickelt wahrhaft jakobinische Grundsätze. Wer die Schriften verfaßt hat, weiß ich nicht.«
104 A. a. O.
105 Hans Gustav Keller: Die politischen Verlagsanstalten und Druckereien in der Schweiz 1840–1848. Ihre Bedeutung für die Vorgeschichte der Deutschen Revolution von 1848. Bern und Leipzig 1935, S. 111 f.
106 S. S. 212, 216.
107 Vgl. Naujoks, Die Französische Revolution, S. 101.
108 Eduard Kaiser: Aus alten Tagen. Lebenserinnerungen eines Markgräflers 1815–1875, Lörrach o. J. (1910), S. 300. Kaiser war Arzt und Mitarbeiter der Deutschen Zeitung.
109 Vgl. Wilhelm Kaiser: Die Anfänge der fabrikmäßig organisierten Industrie in Baden, in: ZGO Bd. 85, N.F. 46, Karlsruhe 1933, S. 630 f.
110 Zum politischen Katholizismus im Vormärz allgemein, Franz Schnabel: Deutsche Geschichte im neunzehnten Jahrhundert, 7. Bd., Die katholische Kirche in Deutschland, Freiburg 1965, S. 250 ff; Huber, Bd. II, S. 345 ff.; Treitschke, Bd. V, S. 270 ff. sowie Josef Becker: Liberaler Staat und Kirche in der Ära von Reichsgründung und Kulturkampf; Günther Kolbe: Demokratische Opposition im religiösen Gewande. Zur Geschichte der deutsch-katholischen Bewegung in Sachsen am Vorabend der Revolution von 1848/49, in: ZfG 1972, S. 1102–1112.
111 Treitschke, Bd. V, S. 329; innerhalb von 7 Wochen strömten über eine Million Katholiken nach Trier.
112 Becker, S. 20.
113 Nach dem Hecker-Aufstand eröffnete die Regierung auch Untersuchungen gegen katholische Geistliche; der Erzbischof von Freiburg suspendierte 36 Geistliche (Seebl. 158/4. 7. 1848). Darunter befand sich auch Pfarrer Josef Ganter, Volkertshausen a. d. Aach, der spätere Zivilkommissar des Seekreises und Vizepräsident der konstituierenden Landesversammlung; er hatte auf der Volksversammlung in Stockach am 9. 3. 1848 programmatisch die Trennung von Kirche und Staat gefordert (Alfred Diesbach, Josef Ficklers Rolle in der badischen Volkserhebung, a. a. O., S. 193 ff.).
114 Becker, S. 21.
115 v. Hippel, S. 97 f.
116 In den für moderne Handels- und Wirtschaftsentwicklung wichtigsten Gebieten mit Zentrum Mannheim (Rheinebene und angrenzender Kraichgau) lebten rund 95% der Protestanten, dagegen nur 50% der Ka-

tholiken (Becker, S. 14). Nimmt man das südliche Baden mit Schwarzwald, Bodenseegebiet und das nördliche mit Odenwald und Bauland, so hat man zwei höchst ungleich »politisierte« Bevölkerungsteile vorliegen. Das katholische Südbaden und das protestantische Mannheim als Zentren der oppositionellen Bewegung lassen jedoch die Zugehörigkeit zu einer Konfession für die Politisierung als sekundär erscheinen.

117 Schnabel, a. a. O., S. 252 f.; Huber, Bd. II, S. 370.
118 Huber, Bd. II, S. 370.
119 Vgl. Gansser, Die Süddeutsche Zeitung für Kirche und Staat; Fritz Laule: Die katholische Presse Badens im Verhältnis zur öffentlichen Meinung von 1848–1920, Diss. Heidelberg 1931.
120 Schnabel, a. a. O., S. 252.
121 Schnabel, a. a. O., S. 253; vgl. Buß' Schrift »Über den Einfluß des Christen auf Staat und Kirche«.
122 Vgl. die Schilderung einer Versammlung eines Pius-Vereins bei W. H. Riehl: Land und Leute, 1861, S. 415 ff. (Riehl war 1847/48 Redakteur der Karlsruher Zeitung).
123 Becker, S. 20.
124 Verh. 14. 3. 1846.
125 Treitschke, Bd. V, S. 382; vgl. J. Gildemeister und H. v. Sybel: »Der Heilige Rock zu Trier und die zwanzig anderen heiligen ungenähten Röcke«, die in kurzer Zeit mehrere Auflagen erreichen.
126 Das Leipziger Konzil der Deutsch-Katholiken entschied sich für die Synodal- und Presbyterialverfassung, für deutsche Liturgie, Beibehaltung der Taufe und des Abendmahls, aber Abschaffung des Zölibats und des Meßopfers (vgl. Huber, Bd. II, S. 266).
127 Seebl. 21/22. 5. 1848.
128 Vgl. Brief Blums an Itzstein von 1846, in: Stadtarchiv Mannheim, Kleine Erwerbungen, Nr. 70.
129 Vgl. G. G. Gervinus' Schrift über die »Mission der Deutsch-Katholiken«, 1845; G. Struve: Briefe über Kirche und Staat, 1846; Friedrich Hecker: Die Staatsrechtlichen Verhältnisse der Deutsch-Katholiken mit besonderem Hinblick auf Baden, 1845.
130 Zum Deutsch-Katholizismus in Baden vor allem Alfred Diesbach: Die deutsch-katholische Gemeinde Konstanz, 1845–1849, Mannheim 1971.
131 Seebl. 24/24. 2. 1845; 59/20. 5. 1845.
132 A. a. O.
133 Die Reform der Kirche von innen lag ganz im Sinne des in Konstanz lebenden Wessenberg. Dekan Kuenzer vertrat die Synodalbewegung in der 2. Kammer, die durch eine Versammlungs- und Petitionswelle aus dem Seekreis unterstützt wurde. Wessenberg hatte ebenfalls die Kritik Ronges an den Trierer Wallfahrten begrüßt, riet aber dringend von der Gründung einer Sekte ab, der er keine Chancen zubilligte (Diesbach, a. a. O., S. 13, 19).
134 Seebl. 25/27. 2. 1845.
135 Seebl. 24/24. 2. 1845, »Die deutsch-katholische Kirche«.
136 Die deutsch-katholische Gemeinde in Mannheim wurde vor allem von Struve und Dr. Hammer, einem Arzt, inspiriert; vgl. Struve, Actenstücke I, S. 145. Struve und Frau Amalie kehrten sich aber Anfang 1847 aus persönlichen Gründen wieder ab (Diesbach, a. a. O., S. 39 f.).
137 Valentin, Bd. I, S. 156.
138 Diesbach, a. a. O., S. 11; Treitschke, Bd. V, S. 332.
139 Julius Fröbel: Ein Lebenslauf, Bd. I, S. 147; Fröbel gibt allerdings als Zeit den Frühling 1846 an; vgl. Treitschke, Bd. V, S. 332.
140 Ruge, Briefwechsel, Bd. I, S. 405, Brief an Robert Prutz aus Zürich vom 14. 1. 1846.
141 Fröbel, Bd. I, S. 147.
142 Diesbach, a. a. O., S. 9.
143 A. a. O.
144 Diesbach, a. a. O., S. 26; die rechtliche Diskriminierung stützte sich auf die staatsrechtlich privilegierte Stellung der christlichen Konfession. Deutsch-Katholiken wurden den Juden gleichgestellt, die keine Ämter bekleiden durften.
145 Dies spiegelt die geringe Zahl ihrer Mitglieder. In Mannheim waren es 1846 183 und 1849 nur 178 Mitglieder, also mit 0,8% etwa ebenso stark wie die Juden (Kühn, Mannheimer Unterschichten, S. 21).

146 Treitschke, Bd. V, S. 341.
147 Müller, Sturm- und Drangperiode, S. 81 f.; am 15. 12. 1845.
148 Müller, Sturm- und Drangperiode, S. 83.
149 Becker, S. 21.
150 A. a. O.; Müller, Sturm- und Drangperiode, S. 83 ff.
151 Struve, Actenstücke III, S. 118 f.; MAJ vom 5. 1. 1846.
152 A. a. O., S. 159, MAJ vom 16. 1. 1846; S. 162, MAJ vom 23. 1. 1846; Karl Mathy erklärte vor der 2. Kammer, in Konstanz hätten auch Knechte, Mägde und Kinder sowie die Gemüsegärtner, Leute »ohne wissenschaftliche Befähigung«, unterschrieben (vgl. Freytag, Karl Mathy, S. 228; E. Angermann: Karl Mathy als Sozial- und Wirtschaftspolitiker, 1842–1848, in: ZGO 103, 1955).
153 Valentin, Bd. I, S. 156; als Großherzog Leopold anläßlich eines Landwirtschaftsfestes in einem Mosbacher Landhaus sein Frühstück einnahm, hörte er Kanonendonner; er ging ans Fenster, um sich der Menge zu zeigen, mußte aber sehen, wie ein geschmücktes Schiff, von der Bevölkerung umjubelt, mit Ronge neckarabwärts fuhr.
154 Graf Bismarck, Gesandter in Stuttgart, anläßlich des Besuches Ronges in Karlsruhe, Brief vom 20. 10. 1845 aus Karlsruhe; HStA Stuttgart, Verz. 33/Fasz. 11.
155 v. Hippel, S. 97 f.
156 Müller, Sturm- und Drangperiode, S. 85 f.
157 Vgl. Gansser, S. 103.
158 Vgl. Gansser, S. 104.
159 Die Furcht vor einem reaktionären Schlag in Deutschland gegen die liberalen Kammervertretungen war bei der badischen Opposition zu Beginn des Jahres 1846 weit verbreitet; vgl. Actenstücke III, S. 103; vgl. v. Hippel, S. 135 f.
160 Huber, Bd. II, S. 443.
161 Vgl. S. 128 ff.
162 Helmut Kramer: Fraktionsbindungen in den deutschen Volksvertretungen 1819–1849, Berlin 1968, S. 55 f.
163 Karl Mathy: Die Verfassung und der badische Landtag von 1842, in: Vaterländische Hefte, Bd. 1, S. 63.
164 Die Verfassungsfeier, a. a. O., S. 106.
165 A. a. O.
166 Struve, Actenstücke III, S. 122; MAJ/5. 1. 1846, »Was wir wollen«.
167 Vgl. Häusser, S. 322; Degen war Mitglied des 14köpfingen Landesausschusses der demokratischen Volksvereine im Jahre 1849.
168 MAJ/5. 1. 1846, »Was wir wollen«; Struve, Actenstücke III, S. 122.

Siebentes Kapitel: Vorrevolution und soziale Krise (1846–1848) – demokratische Bewegung oder liberale »Partei«?

1 Vgl. Valentin II, S. 597 ff., sowie Baumgart, verdrängte Revolution, a. a. O.
2 Vgl. z. B. Gall, Liberalismus und »bürgerliche« Gesellschaft, a. a. O., S. 334; Fischer, Die Industrialisierung Badens, a. a. O.
3 Stadelmann, S. 13 f.

1 Reinhart Koselleck: Die agrarische Grundverfassung Europas zu Beginn der Industrialisierung, S. 230–257, in: Das Zeitalter der europäischen Revolutionen 1780–1848, a. a. O., S. 235.
2 Grundlegend zur Wirtschafts- und Sozialstruktur Badens Wolfram Fischer: Der Staat und die Anfänge der Industrialisierung in Baden 1800–1850, 2 Bde., Berlin 1962; ders.: Staat und Gesellschaft Badens im Vormärz, S. 143–171, in: Staat und Gesellschaft im deutschen Vormärz, a. a. O.; Herbert Locher: Die wirtschaftliche und soziale Lage in Baden am Vorabend der Revolution von 1848, phil. Diss., Freiburg 1950 (Ms.); Sigmund Fleischmann: Die Agrarkrise von 1845–1855 mit besonderer Berücksichtigung von Baden, phil. Diss., Heidelberg 1902; D. Abegg: Zur Verarmungsfrage mit besonderer Berücksichtigung des Großherzogtums Baden, Rastatt 1849; F. Kistler: Die wirtschaftlichen und sozialen Verhältnisse in Baden 1849–1870, Freiburg i. B. 1954.
3 Deutsche Bevölkerungsverhältnisse, in: Die Gegenwart, Bd. 3, Leipzig 1849, S. 2; vgl. Fischer, Industrialisierung in Baden, S. 236.
4 Das Großherzogtum Baden in allgemeiner, wirtschaftlicher und staatlicher Hinsicht dargestellt, hg. von E. Rebmann, E. Gothein, E. v. Jagemann, Bd. I, Karlsruhe 1912, 2. Aufl., S. 360.
5 A. a. O., S. 360; Fischer, Staat und Gesellschaft Badens, S. 169.
6 Fischer, Industrialisierung Badens, S. 297 f.
7 Fischer, Staat und Gesellschaft Badens, S. 170.
8 Kühn, Mannheimer Unterschichten, S. 39.
9 Kistler, S. 20.
10 Fischer, Industrialisierung Badens, S. 299.
11 Locher, S. 169.
12 Fischer, Industrialisierung Badens, S. 368; Locher, S. 14.
13 KAZ 160/14. 6. 1847.
14 Fischer, Industrialisierung Badens, S. 297 f. Die Bedeutung des Handwerks in Baden geht daraus hervor, daß 15,5 Einwohner auf einen Handwerker kamen, ein Verhältnis, das nur noch von Sachsen übertroffen wurde: Sachsen: 13,4 E./1 Hw; Bayern: 16,2 E/1 Hw.; Preußen: 20,5 E/1 Hw; Kistler, S. 65; vgl. Albert Kotelmann: Vergleichende statistische Übersicht über die landwirtschaftlichen und industriellen Verhältnisse Österreichs und des deutschen Zollvereins, Berlin 1852.
15 Locher, S. 122.
16 KAZ 160/14. 6. 1847.
17 Locher, S. 37.
18 Fischer, Industrialisierung Badens, S. 297 f.
19 Locher, S. 14 f.
20 Fischer, Industrialisierung Badens, S. 313, 330. Im Oberrheinkreis mit Mannheim befanden sich die meisten Arbeiter, rund 7000 (Locher, S. 53). Die größte Zahl der Arbeiter in den Bezirken wurde in Pforzheim (Schmuckindustrie) sowie in den Ämtern Lörrach, Waldshut, Konstanz und Lahr gezählt. Badische Pendler arbeiteten dort in der grenznahen Schweizer Papier- und Textilindustrie (vgl. Wilhelm Kaiser: Die Anfänge der fabrikmäßig organisierten Industrie in Baden, in: ZGO Bd. 85, N.F. 46, Karlsruhe 1933, S. 630 f.; Locher, S. 53). Nahezu industriefrei waren noch die 11 Amtsbezirke im Odenwald, Bauland und Schwarzwald (Kaiser, S. 631).
21 Der Begriff des Pauperismus (vgl. Conze, Vom Pöbel zum Proletariat, a. a. O.) wurde ähnlich wie der des Proletariats (Fischer, Industrialisierung Badens, S. 335) von Behörden und radikaler Presse pejorativ gebraucht. Er bezeichnete zumeist die durch Eigenverschulden arbeitslosen, schädlichen, unnützen Mitglieder der Gesellschaft, die ihrer gesellschaftlichen Rechte verlustig gegangen waren (vgl. Seebl. 161/6. 10. 1847).
22 Vgl. Müller, Sturm- und Drangperiode, Bd. I, S. 167 f.; Fischer, Staat und Gesellschaft Badens, S. 167.
23 Locher, S. 155, 161; Angermann, Karl Mathy als Sozial- und Wirtschaftspolitiker, a. a. O. Nach einer heftigen Debatte quer durch die politischen Lager sprach sich die 2. Kammer mit 35:20 für eine Subven-

tion aus (Dreher, Anfänge der Bildung politischer Parteien, S. 90). Mathy, Welcker und die liberalen Industriellen sprachen sich für eine Unterstützung als einer volkswirtschaftlichen Notwendigkeit aus; doch die Wirtschaftsliberalen wie Bassermann, Soiron, v. Itzstein sprachen sich dagegen aus. Die Radikalen waren ebenso geteilt wie die Liberalen: Hecker wandte sich dagegen, Kapp dafür. Die Seeblätter hätten am liebsten gesehen, wenn die Arbeiter, unterstützt durch staatliche Kredite, die Fabriken in eigener Regie weiterbetrieben hätten (Seebl. 41/17. 2. 1848).
24 Die Petition der 63 Arbeiter an die 63 Abgeordneten wurde von Blind zumindest angeregt; die Eingabe erschien in der Mannheimer Abendzeitung (32/1. 2. 1848); vgl. darin den Bericht über die Arbeiterunruhen (35/4. 2. 48).
25 Fischer, Staat und Gesellschaft Badens, S. 168.
26 Seebl. 39/1. 4. 1847, »Deutschland«; die Seeblätter zitieren – wie damals üblich – ohne Nachweis (vgl. Struves Artikel »Proletariat«, Staats-Lexikon, Bd. 11, S. 213).
27 A. a. O.
28 Fischer, Staat und Gesellschaft Badens, a. a. O., S. 171.
29 A. a. O., S. 166 ff.
30 Neben dem Klassiker der historischen Revolutionsforschung Crane Brinton: Die Revolution und ihre Gesetze, Frankfurt 1959; Chalmers Johnson: Revolutionstheorie, Köln/Berlin 1971; James C. Davies: Eine Theorie der Revolution, in: Wolfgang Zapf (Hg.), Theorien des sozialen Wandels, Köln/Berlin 1969; Klaus v. Beyme (Hg.): Empirische Revolutionsforschung, Opladen 1973. – Zur Analyse der Ursachen eines »Ungleichgewichts« in einem sozialen System, was die vorrevolutionäre Phase Badens zweifellos darstellt, schlägt Johnson (S. 88) eine viergliedrige Typologie vor. In diesem Schema – endogene und exogene wertverändernde Kräfte und endogene und exogene umweltverändernde Kräfte – wäre die radikale Presse als endogen wertverändernde Kraft anzusehen. Die Rolle der Presse im Vormärz ist damit jedoch noch nicht ausreichend beschrieben, weil sie gerade in Baden als Kristallisationskern der radikalen Bewegung zugleich eine eminent exogen umweltverändernde Kraft darstellt. Die methodischen Schwierigkeiten einer Anwendung politologischer und soziologischer Kategorien auf einen ja noch zu erforschenden historischen Stoff, der nur in den seltensten Fällen quantifizierbar ist, liegt auf der Hand. Im übrigen ist die strukturelle Analyse, die Schematisierung historischer Vorgänge, wohl nicht unproblematisch, ihr heuristischer Wert soll damit aber keineswegs bestritten werden.
31 Zum Begriff vgl. Davies, S. 400.
32 Johnson, S. 141.
33 Von den vorgeschlagenen Indikatoren wie Kriminalitätsrate, Häufigkeit von Selbstmorden, erhöhte ideologische Aktivität – für das vormärzliche Baden offenkundig, aber schwer zu messen –, die allesamt einen Gradmesser der Auflösungstendenz einer Gesellschaft darstellen, dürfte sich die Auswanderungsquote am besten eignen.
34 Günter Moltmann (Hg.): Deutsche Auswanderer im 19. Jahrhundert, 1976, S. 201; Philippovich, Eugen (Hg.): Auswanderung und Auswanderungspolitik im Großherzogtum Baden, S. 131, in: Auswanderung und Auswanderungspolitik in Deutschland, Schriften des Vereins für Socialpolitik, Bd. 52, Leipzig 1892.
35 Philippovich, S. 156 f.
36 MAZ 49/18. 2. 1848.
37 Valentin II, S. 552; Seebl. 81/31. 7. 1848, »An die auswandernden Republikaner«.
38 A. a. O.; jeder vierzigste Einwohner Deutschlands verließ das Land. Valentin führt dies auf den verschärften Proletarisierungsprozeß nach der für die Unterschichten verlorenen Revolution zurück.
39 KAZ 25/26. 1. 1847.
40 Fischer, Staat und Gesellschaft Badens, S. 169.
41 Solche in Hessen diskutierten Pläne wurden von den Seeblättern abgelehnt (Seebl. 110/7. 8. 1847).
42 KAZ vom 1. 10. 1846; vgl. Fischer, Industrialisierung Badens, S. 387.
43 KAZ 42/12. 2. 1847, »Pauperismus«.
44 Fischer, Staat und Gesellschaft Badens, S. 169.
45 A. a. O.
46 KAZ 42/12. 2. 1847.

47 Fischer, Staat und Gesellschaft Badens, S. 169.
48 Gall, Liberalismus und »bürgerliche Gesellschaft«, a. a. O., S. 348 f.
49 Seebl. 32/16. 3. 1845.
50 GLA 236/8492 (Hungerrevolten); Locher, S. 146; Wirtz, S. 165 f.; Reith, S. 32 f. Die Getreidepreise waren innerhalb eines Jahres um das Doppelte, dann noch einmal um 50% gestiegen, von 11 Gulden für einen Ztr. Weizen auf 33 Gulden (Fischer, a. a. O., S. 167).
51 Locher, S. 146.
52 Liberale und Radikale bedauerten die Ausschreitungen. Die Seeblätter suchten über die Ursachen der Teuerung aufzuklären; sie führten das Unsinnige dieser Revolten vor Augen: Das Brot werde dadurch nicht billiger, daß man die Vorräte raube und zerstöre und die Verkäufer mißhandle (Seebl. 55/9. 5. 1847).
53 Wilhelm Schulz, Artikel »Communismus«, in: Staats-Lexikon, Suppl. Bd. 3, 1846, S. 290–339; Schulz leitete den Artikel mit der Wendung ein: »Seit wenigen Jahren ist in Deutschland vom Communismus die Rede und schon ist er zum drohenden Gespenst geworden, vor dem die Einen sich fürchten, womit die anderen Furcht einzujagen versuchen.«
54 Vgl. Lorenz v. Stein: Geschichte der sozialen Bewegung in Frankreich bis auf unsere Tage, 1842; Stein lenkte zum erstenmal in Deutschland die Aufmerksamkeit darauf.
55 GLA 236/8188, »Die Verbindungen zur Verbreitung des Communismus insbesondere in der Schweiz und die dort bestehenden Arbeitervereine 1843–1856«.
56 GLA 236/8188, Reg. d. Seekreises, Konstanz, vom 20. 6. 1845 an MdI; dazu Wolfgang Schieder, Die Handwerksgesellenvereine.
57 GLA 236/8188, Reg. d. Seekreises, Konstanz, vom 20. 6. 1845 an MdI.
58 GLA 236/8188.
59 GLA 236/8188, MdI vom 5. 8. 1845 an v. Dusch.
60 GLA 236/8188, Reg. d. Oberrheinkreises, Freiburg, vom 20. 5. 1845 an MdI.
61 GLA 236/8188, Reg. d. Seekreises, Konstanz, vom 20. 6. 1845 an MdI.
62 GLA 236/8188, MdI an v. Dusch vom 5. 8. 1845.
63 GLA 236/8188, Abschriften der badischen Gesandtschaftsberichte aus der Schweiz, Karlsruhe 22. 10. 1845. Nach der Revolution verschärften die deutschen Regierungen die Repression gegenüber Handwerksgesellen. Unter ihrem Druck wies der Schweizer Bundesrat am 22. 3. 1850 280 Mitglieder deutscher Arbeitervereine aus; unter ihnen waren immerhin 67 Badener, davon 29 Schneider, 22 Schuhmacher, 5 Schreiner u. a. Berufe (GLA 236/8188). Handwerksgesellen, die aus der Schweiz kamen, mußten nachweisen, daß sie nicht Mitglied eines Arbeitervereins gewesen waren. Schweizer Behörden, wie die Polizeidirektion der Stadt Basel, lehnten aber das von badischer Seite geäußerte Ansinnen, die Mitgliedschaft ins Wanderbuch einzutragen, wegen der ungewissen Folgen für die Gesellen ab (GLA 236/8188, Polizeidirektion Basel vom 18. 4. 1850).
64 GLA 236/8188, Min. v. Dusch vom 22. 10. 1845.
65 GLA 236/8188, Bezirksamt Konstanz vom 12. 11. 1843 an MdI.
66 GLA 236/8188, Reg. d. Seekreises vom 8. 8. 1844 an MdI.
67 GLA 236/8188, a. a. O.
68 A. a. O.
69 GLA 236/8188; Kool/Krause, Wilhelm Weitling, in: Die frühen Sozialisten, S. 465–469, S. 468.
70 Kool/Krause, a. a. O.
71 Kool/Krause, a. a. O.
72 GLA 236/8188.
73 Werner Conze: Vom »Pöbel« zum »Proletariat«. Sozialgeschichtliche Voraussetzungen für den Sozialismus in Deutschland, in: Vierteljahresschrift für Sozial-Wirtschaftsgeschichte, Bd. 41, Wiesbaden 1954, S. 333–364 (auch abgedruckt in: Moderne deutsche Sozialgeschichte, hg. von Hans-Ulrich Wehler, NWB Bd. 10, Köln–Berlin 1966, S. 112–136).
74 GLA 236/8196, Bericht Riegels vom 22. 2. 1847 an den Reg.dir. d. Unterrheinkreises, Schaaff.
75 Wolfgang v. Hippel: Der Mannheimer Gesellenverein und seine Auflösung (1844–1847). Ein Beitrag

zum Vereinswesen in der Zeit des Vormärz, in: Historia integra, FS für Erich Hassinger, Berlin 1977, S. 219–245; außerdem die ältere Darstellung bei Adler, S. 127 f., und Walter, Mannheim in Vergangenheit und Gegenwart, S. 316 ff.
76 GLA 236/8196, Bericht des Polizeiaktuars Benzinger aus Freiburg v. 30. 8. 1850.
77 GLA 236/8188, Bericht Riegels.
78 Wilhelm Marr: Das Junge Deutschland in der Schweiz. Ein Beitrag zur Geschichte der geheimen Verbindungen unserer Tage, Leipzig 1846.
79 A. a. O., S. 294 f., S. 298.
80 GLA 236/8196, Bericht Riegels.
81 v. Hippel, Mannheimer Gesellenverein, S. 226.
82 Marr, S. 124 f.
83 Bericht Riegels, a. a. O.
84 A. a. O.
85 Bericht Riegels, a. a. O.; das »Verzeichnis der dem Gesellenvereine angehörigen Bücher« ist abgedruckt bei v. Hippel, a. a O., S. 242; vgl. S 227.
86 v. Hippel, a. a. O., S. 223.
87 GLA 236/8196, Bekk an Reg.dir. Schaaff vom 27. 2. 1847.
88 GLA 236/8196; vgl. v. Hippel, a. a. O., S. 231.
89 GLA 236/8196, Bekk am 11. 3. 1847.
90 v. Hippel, a. a. O., S. 231.
91 v. Hippel, a. a. O., S. 232.
92 v. Hippel, a. a. O., S. 231.
93 GLA 236/8196, Bericht Riegels; v. Hippel, S. 241.
94 v. Hippel, S. 238, S. 241.
95 Die Liedtexte wurden von Wolfgang v. Hippel zusammengestellt und abgedruckt in ZGO, Bd. 125, 1977.
96 v. Hippel, a. a. O., S. 237.
97 Bericht Riegels, a. a. O.
98 Bericht Riegels, a. a. O.
99 Titel der Bibliothek abgedruckt bei v. Hippel, a. a. O., S. 242; es sind sozialkritische Titel wie Proudhons »Was ist das Eigentum?«, antiklerikale Titel (von Ronge), aber auch bildungsbeflissene darunter.
100 v. Hippel, S. 237 f.
101 A. a. O.
102 Vgl. das Lied »Stiftungsfest in Lausanne«.
103 Gemeint ist August Becker, vgl. Marr, S. 82 ff.; Schieder, S. 68 f.; Kowalski, S. L ff., LXXXV ff.
104 Gemeint ist z. B. Simon Schmidt; nach Marr, S. 84 ff., »recht eigentlich der Pflegevater des Communismus in der Schweiz«; vgl. v. Hippel, a. a. O., S. 238.
105 Vgl. Balser, Sozial-Demokratie 1848/49, S. 144.
106 Vgl. das Lied »Stiftungsfest in Lausanne 1846«.
107 MAZ 166/22. 6. 1847.
108 Balser, Sozial-Demokratie 1848/49, S. 346.
109 GLA 236/8196, Bericht Benzingers vom 30. 8. 1850.
110 A. a. O.
111 A. a. O.
112 A. a. O.
113 A. a. O.
114 A. a. O.
115 A. a. O.
116 A. a. O.; vgl. Valentin II, S. 537.
117 Reith, S. 23–25; GLA 236/8524.
118 v. Hippel, a. a. O., S. 241, bezeichnet den Mannheimer Verein als »eine Art Ableger der Schweizer Handwerkervereine«, was mißverständlich sein kann.

119 Eine systematische Darstellung der Rolle der badischen Volksschullehrer fehlt noch, trotz ausgezeichneter Quellenlage. Zu ihrem Verhältnis zur katholischen Kirche vor allem Gansser, S. 56 ff.; neuerdings Tauschwitz, S. 39 f.; Häusser (Denkwürdigkeiten), der nur von den »verdorbenen Volksschullehrern« spricht, und ähnlich Müller (Sturm- und Drangperiode II) betonen ebenfalls ihre führende Rolle.
120 Zur sozialen Lage, insbesondere »Über die Verhältnisse der Volksschullehrer« (Bericht des Abg. Zittel über 14 Petitionen von Schullehrern um Revision des Schulgesetzes) in: Vaterländische Hefte I, 1842, hg. von Karl Mathy, S. 34–47, sowie Karl Mathy (Hg.): Beiträge zu den Verhandlungen der Volksschullehrer. Aus eingekommenen Mitteilungen zusammengestellt, Vaterländische Hefte II, 1842, S. 292–300.
121 MAZ 38/7. 2. 1848, aus dem Unterrheinkreis.
122 Vgl. KAZ 29/30. 1. 1848; Anordnung des evang. Oberkirchenrats vom 15. 12. 1843.
123 A. a. O. und Seebl. 32/6. 2. 1848.
124 GLA 69, Nachlaß Geck, 18.
125 KAZ 29/30. 1. 1848.
126 A. a. O.
127 KAZ 137/19. 5. 1848.
128 KAZ 29/30. 1. 1848.
129 Vgl. Gansser, S. 58.
130 Hess, S. 83.
131 Adresse einer »großen Anzahl« badischer und einiger württembergischer Volksschullehrer an die Nationalversammlung, zwecks Aufnahme dieser Grundsätze in das Reichsgrundgesetz (KAZ 37/19. 5. 1848).
132 GLA 236/8509; s. Anhang, S. 302.
133 GLA 236/8510; s. Anhang, S. 301 ff.
134 GLA 236/8195, Meldung des Truppenkommandos des Seekreises, v. Roggenbach, Donaueschingen, 21. 8. 1848.
135 Vgl. Valentin II, S. 557.
136 Balser, Sozial-Demokratie 1848/49, S. 12; vgl. Engels, Revolution und Konterrevolution, a. a. O., S. 10 f.
137 Die Rezeption und kritische Auseinandersetzung mit den Ideen der französischen Sozialreformer hatte allerdings schon früher eingesetzt; vgl. die in Konstanz im Belle-Vue-Verlag erschienenen Publikationen Wilhelm Obermüller: Das Gütergleichgewicht. Eine Lösung der sozialen Frage: Wie ist dem Elend der arbeitenden Volksklassen abzuhelfen?, Konstanz 1840, sowie Franz Stromeyer: Organisation der Arbeit, Konstanz 1844; Karl Grün verbreitete sich besonders im Jahre 1843/44 in der MAZ über einen »wahren« und »wissenschaftlichen« Sozialismus; zur Kritik an den fourieristischen Schlagwörtern vgl. Seebl. 32/16. 3. 1845.
138 Vgl. Häusser, Gegenwart III, S. 458. Die Erklärung der Versammlung auf dem Heidelberger Schloßhof leitete das Vorparlament ein; vgl. Müller, Sturm- und Drangperiode II, S. 251; Valentin II, S. 556.
139 Die Begriffe Demokratie, Sozialismus und Communismus wurden im Vormärz noch nicht eindeutig auseinandergehalten. Friedrich Engels stellte 1846 fest: »Die Demokratie, das ist heutzutage der Kommunismus«, denn die Gleichheit liege in der Konsequenz der Demokratie (»Fest der Nationen in London«, S. 3, in: Hermann Püttmann [Hg.]: Rheinische Jahrbücher zur gesellschaftlichen Reform, Bd. II, Belle-Vue bei Constanz 1846).
140 Z. B. Scharp, Friedrich Hecker, bes. Kapitel 6.
141 Vgl. Walter Grab, Ein Mann, der Marx Ideen gab. Wilhelm Schulz: Weggefährte Georg Büchners, Demokrat der Paulskirche. Eine politische Biographie, Düsseldorf 1979; ders.: Wilhelm Schulz, in: Die frühsozialistischen Bünde, a. a. O., S. 98–135.
142 Vgl. dazu: Dorpalen, Andreas: Die Revolution von 1848 in der Geschichtsschreibung der DDR, in: HZ 210, 1970, S. 324–368.
143 Vgl. Müllers Ausdruck »sozialistische Experimente« (Sturm- und Drangperiode I, S. 155); teilweise hielt man die Radikalen auch lediglich zum pauschalen Opponieren fähig (Philippson, S. 52).
144 Wilhelm Schulz: »Communismus«, Bd. 3, S. 290–339; Gustav Struve: »Menschenrechte«, Bd. 3, S. 611–622; ders.: »Proletariat«, Bd. 3, S. 211–217; Friedrich Hecker: »Advokate«, Bd. 1, S. 149–171; Gottlieb Christian Abt: »Eudämonismus und Egoismus«, Bd. 3, S. 523–526; ders.: »Handwerker- und

Arbeitervereine«, Bd. 2, S. 430–435; ders.: »Gesetzlicher Fortschritt«, Bd. 2, S. 717–727; ders.: »Parteien«, Bd. 3, S. 490–496; H. B. Oppenheim: »Arbeiterunruhen«, Bd. 1, S. 255–258.
145 Hans Zehntner: Das Staatslexikon von Rotteck und Welcker. Eine Studie des deutschen Frühliberalismus, Jena 1929, S. 49.
146 A. a. O., S. 49; der »fühlbare Einfluß« des Staats-Lexikons auf die Forderungen der Achtundvierziger dürfte für die Liberalen wie für die radikalen Beiträge gelten. So wurden bei den Debatten über die Grundrechte oft wörtliche Zitate aus ihm entnommen; Zehntner, S. 94.
147 Schulz, »Communismus«, Bd. 3, S. 290–339, S. 291.
148 A. a. O., S. 292.
149 A. a. O.
150 A. a. O.
151 A. a. O.
152 A. a. O., S. 339.
153 Abt: »Eudämonismus«, Staats-Lexikon, Bd. 3, S. 525.
154 A. a. O., S. 525.
155 Abt: »Handwerker- und Arbeitervereine«, Staats-Lexikon, Bd. 6, S. 434.
156 A. a. O., S. 434.
157 A. a. O.
158 Abt stammte aus Esslingen in Württemberg (Mann: Die Württemberger, S. 115, Anm.).
159 Vgl. Abt: Die Revolution in Baden und die Demokraten. Vom revolutionären Standpunkt aus beleuchtet. Herisau 1849; Abt: Leopold von Baden gegen Gustav von Struve. Oder: Wie müssen politische Prozesse beurteilt werden? Ein Handbüchlein für Geschworene, Darmstadt 1849 (im Verlag des Verfassers).
160 Müller, Sturm- und Drangperiode I, S. 171.
161 Vgl. S. 248 f.
162 So Scharp, Friedrich Hecker, Kapitel 6.
163 Abt: »Parteien«, Staats-Lexikon, Bd. 10, S. 496.
164 A. a. O.
165 Struve: »Menschenrechte«, Staats-Lexikon, Bd. 9, S. 64–71, hier S. 70.
166 Seebl. 110/7. 8. 1846.
167 Seebl. 72/16. 6. 1847.
168 Vgl. die Diskussion zur Einführung einer Kapital-Steuer in der 2. Kammer am 12. 7. 1844, insbesondere die Äußerungen Bassermanns gegenüber kommunistischen und sozialistischen Bestrebungen; Verh. 1843/44, 5. Prot.h., S. 319 ff., sowie die Angriffe der Karlsruher Zeitung, Vgl. S. 235.
169 Seebl. 123/13. 10. 1846, »Die Halben«, von + § +, Signum Heckers.
170 Müller, Sturm- und Drangperiode I, S. 140; Bassermann, Denkwürdigkeiten, S. 6 ff.; Peiser, S. 40.
171 So Fröbel: Lebenslauf, S. 172, und in Struves Nachlaß, Paket XIV. Diese ohne apologetische Tendenz verfaßten Aufzeichnungen hat Struve im Jahre 1870, anläßlich des Erscheinens von Freytags Mathy-Biographie geschrieben. Ihre Angaben werden verschiedentlich bestätigt. Danach war Mathys Meinung zumindest bis 1845/46, wenigstens im Privatverkehr, weit schärfer als die Struves. Mathy soll Struve gegenüber auch erwähnt haben, er sei Republikaner gewesen, wie viele noch gar nicht gewußt hätten, was das sei.
172 Während Struves Gefängnishaft interimistisch mit der Redaktion des Mannheimer Journals beauftragt, griff Mathy Struve an und soll zu seiner Ablösung beigetragen haben (Struves Nachlaß, a. a. O.).
173 Gelegentlich eines Mittagessens bei Hecker, zu dem Bassermann und Mathy geladen waren, hatte Mathy mit süffisanten Fragen, wie denn die üppige Tafel zu Heckers täglich erhobenen Vorwürfen gegen »Fettbäuche und egoistische Geldsäcke« passe, einen Wutanfall ausgelöst (Bassermann, Denkwürdigkeiten, S. 26).
174 KAZ 284/16. 10. 1847; »Manifest an die gemäßigt-liberalen Urwähler Mannheims« verfaßt vom »verstärkten Wahlkomitee«, Mannheim, den 13. 10. 1847.
175 Die Wahlkommission unter Bürgermeister Jolly erklärte die in dem Manifest behaupteten Tatsachen kurzerhand für »Unwahrheiten« (KAZ 288/20. 10. 1847, Wahlkommission der Stadt Mannheim vom 18. 10. 1847).

176 Axel v. Harnack: Friedrich Daniel Bassermann und die deutsche Revolution von 1848/49, München 1920.
177 A. a. O.
178 Häusser, S. 103; vgl. Anhang.
179 A. a. O.
180 Brief Hüetlins an Karl Mathy vom 15. 3. 1848, in: Karl Mathy, Nachlaß, S. 132.
181 Vgl. die differenzierende Darstellung Fischers zur sozialen Lage Badens: »Man wird den besonders heftigen Ausbruch der Revolution in Baden nicht mit besonders mißlichen Zuständen im Lande begründen können.«
182 Vgl. die Feststellung Karl Obermanns: »Selten ist die Masse der Arbeiter und Handwerker so brutal von den Besitzenden ausgebeutet und ausgeplündert worden wie in der Krise von 1846/47« (Flugblätter der Revolution. Eine Flugblattsammlung zur Geschichte der Revolution von 1848/49 in Deutschland, München 1972, S. 18).
183 Stadelmann, S. 14 ff.
184 Wirtz, S. 13 ff.
185 Fischer, Staat und Gesellschaft Badens, a. a. O., S. 171.
186 So warnten die einflußreichen Seeblätter nachdrücklich vor den politisch schädlichen Folgen von Ausschreitungen der Bauern (Seebl. 66/17. 3. 1848); vgl. Valentin I, S. 346; Wirtz, S. 169 ff.

Die politische Öffentlichkeit in der Vorrevolution

1 Literarische Geheimberichte, Bd. II, S. 183 (Bericht Fischers etwa Ende September 1847).
2 Die folgenden Angaben stützen sich hauptsächlich auf die von Tauschwitz erarbeitete tabellarische Übersicht; a. a. O., Anhang, S. 21 ff. Die badische Tagespresse der Vorrevolution wurde verschiedentlich, allerdings mehr skizzenhaft dargestellt; Niebler, in: Die Pyramide, a. a. O.; Ursula (Leippe) Schmidt: Die badische Tagespresse 1848, Diss. Heidelberg 1952 (1939), mit konservativ-restaurativer Tendenz und zu enger Quellenbasis; Konfidentenbericht zur deutschen Pressesituation, Glossy III, bes. S. 293 ff.
3 Vgl. dazu Tauschwitz, S. 21 ff.
4 Die Freiburger Zeitung konnte von 1834 (Auflage 1035) bis 1839 auf etwa 1400 Leser steigern, stagnierte dann bis zum Jahre 1843 (Haffner, S. 33) und fiel im Jahre 1847 wieder auf unter 1000 zurück (Haffner, S. 40, gibt eine Auflage von 950, Lorck, Zeitungskatalog, von 700 an; die von der Rundschau 5/16. 1. 1847 angegebene Auflagenhöhe von 1400 dürfte dagegen zu hoch gegriffen sein).
5 L. Leopold Fr.(iedrich) Ilse veröffentlichte später in offiziösem Auftrag u. a. eine Geschichte der Deutschen Bundesversammlung, Marburg 1861.
6 GLA 236/6621, Vortrag Dr. Leopold Ilse, Neuenheim–Heidelberg vom 26. 9. 1846; außerdem dürfte seiner Ansicht nach, »die Anzahl der Abonnenten für ein conservatives Blatt in Deutschland resp. in den einzelnen deutschen Ländern sehr gering ausfallen« (a. a. O., »Mémoire über eine zu gründende conservative Zeitung im Großherzogtum Baden«, Neuenheim–Heidelberg, 4. 10. 1846).
7 Zit. nach Seebl. 7/17. 1. 1847.
8 MAZ 52/25. 2. 1847; GLA 236/250, Reg.dir. von Mannheim vom 28. 2. 1847.
9 Literarische Geheimberichte, Bd. II, S. 184 (Bericht Fischers etwa Ende Sept. 1847).
10 Das Original des Vertrages zwischen Struve und Hoff über die Herausgabe des Zuschauer befindet sich im Reiss-Museum, Mannheim. – Literarische Geheimberichte, Bd. II, S. 184 (Bericht Fischers etwa Ende Sept. 1847); nach dem fehlgeschlagenen Putsch im April 1848 – Struve floh in die Schweiz, Hoff wurde wegen Preßvergehens verhaftet – erschien das Blatt unter Verantwortlichkeit von Karl Hoff, dem Bruder H. Hoffs, und wurde seit dem 11. Mai 1848 von Sauerländer, Pelz und Mördes redigiert (GLA 236/250, Mai 1848; vgl. Heinrich Hoff: Meine Verhaftung; vgl. Tauschwitz, Anmerkungen, S. 15).
11 Probeblatt des Deutschen Zuschauers vom 21. 11. 1846, Beilage der Zensurakten in GLA 236/250; was Struve unter »Gesetzlichkeit« verstand, vgl. S. 177.
12 Literarische Geheimberichte, Bd. II, S. 184 (Bericht Fischers, etwa Ende Sept. 1847).

13 Vgl. Mann, S. 16; Overesch, a. a. O., S. 372.
14 GLA 236/250, MdI vom 26. 8. 1847.
15 GLA 236/250, Großherzogl.-Hess. MdA, Darmstadt, 14. 11. 1847 an die badische Regierung.
16 MAZ 333/6. 12. 1847, »Gießen«.
17 Literarische Geheimberichte, Bd. II, S. 187 (Engelshofen, 8. 10. 1847).
18 A. a. O.
19 A. a. O.
20 GLA 236/250, Großherzogl.-Hess. MdA 22. 1. 1848; die beiden Zensurbände sollten ähnlich wie Struves »Zensurakten« mit Artikeln des Mannheimer Journals über 40 Bogen stark – und damit zensurfrei – auf Subskription herauskommen.
21 GLA 236/250, MdA 1. 1. 1848.
22 GLA 236/250; vgl. Beschwerde der Kgl.-Württ. Reg. über den Deutschen Zuschauer 5/28. 1. 1848 vom 1. 2. 1848.
23 GLA 236/250, Bekk an Min. d. A. v. Dusch vom 5. 2. 1848; es geht zu weit, dies als »zynisches Leugnen der eigenen Vergangenheit« seitens der Regierung zu bezeichnen, wie dies Tauschwitz (S. 164) tut, denn Bekk war neu eingetreten.
24 GLA 236/250, v. Dusch an die kurh. Reg. vom 29. 1. 1847.
25 GLA 236/250, MdI vom 3. 1. 1848 an Reg.dir. d. Unterrheinkreises.
26 GLA 236/250, Bekk an v. Dusch vom 2. 1. 1848; Scholtissek, S. 144 f.; am 3. 11. 1847 bildete die Regierung eine Kommission, um – gestützt auf einen preußischen Entwurf – ein neues Pressegesetz auszuarbeiten; Müller, Sturm- und Drangperiode I, S. 165.
27 GLA 236/250 passim, Scholtissek, a. a. O.
28 Tauschwitz, S. 168.
29 GLA 236/250, Außenminster v. Dusch an Bekk vom 23. 8. 1847 aufgrund der preußischen Beschwerde vom 18. 8. 1847; Protestschreiben von Radowitz' an Dusch, Frankfurt, 9. 11. 1847.
30 GLA 236/250, MdI vom 26. 8. 1847.
31 GLA 236/250, MdI vom 4. 2. 1848 an Stadtamt Mannheim; MdI vom 5. 2. 1848.
32 GLA 236/250, v. Radowitz an v. Dusch, Frankfurt, 9. 11. 1847.
33 GLA 236/250, Bekk an v. Dusch vom 2. 1. 1848.
34 A. a. O.
35 GLA 236/250, MdI an Stadtamt Mannheim vom 5. 2. 1848.
36 GLA 236/250, MdI vom 7. 2. 1848.
37 Vgl. Mathy, Nachlaß, S. 47; Brief des Konstanzer Bürgermeisters Hüetlin an Mathy vom 26. 7. 1847.
38 GLA 236/250, Zensurbeschwerde Struves an MdI vom 17. 2. 1848.
39 Vgl. die Rechtfertigung Johann Baptist Bekks: Die Bewegung in Baden vom Ende Februar 1848 bis Mitte Mai 1849, Mannheim 1850.
40 Müller, Sturm- und Drangperiode I, S. 140 ff.; Programm der DZ, a. a. O., S. 179 ff.
41 Mathy, Nachlaß, S. 36; Koszyk, a. a. O., S. 12.
42 Programm der DZ, in: Müller, Sturm- und Drangperiode I, S. 179 ff.
43 Literarische Geheimberichte, Bd. II, S. 185 f. (Bericht Fischers, Ende September 1847).
44 Koszyk, Deutsche Presse II, S. 112.
45 Müller, Sturm- und Drangperiode I, S. 145.
46 Tauschwitz, S. 179.
47 KAZ 280/12. 10. 1847.
48 MAZ 9/9. 1. 1848; vgl. Seebl. 155/27. 12. 1846.
49 Vgl. Friedrich Giehne: Skizzen und Studien aus der Mappe eines Zeitschriftstellers, Karlsruhe 1844.
50 KAZ 90/1. 4. 1847.
51 A. a. O.
52 Diese neue Pressepolitik bekam auch der Verleger Macklot der KAZ zu spüren, dem Bekk die bisher reichlich geflossenen Subventionen strich.
53 KAZ 6/7. 1. 1848; aus der »Ulmer Chronik« entnommen.

54 A. a. O.
55 A. a. O.
56 Vgl. KAZ 77/19. 3., 105/17. 4. und 120/2. 5. 1847.
57 KAZ 77/19. 3. 1847.
58 KAZ 105/17. 4. 1847; Übernahme eines Artikels der Freiburger Zeitung; nach Meldung der Mannheimer Abendzeitung vom 30. 10. 1846 und vom 17. 1. 1847 hatte u. a. Itzstein Geldspenden »für den deutschen Bürger H.« weitergeleitet, womit Heinzen gemeint war.
59 KAZ 103/15. 4. 1847.
60 KAZ 120/2. 5. 1847.
61 KAZ 110/22. 4. 1847.
62 KAZ 11/12. 1. 1848, nach einem Bericht der Augsburger Oberpostamtszeitung.
63 A. a. O.
64 Seebl. 220/14. 12. 1847; Müller, Sturm- und Drangperiode I, S. 153.
65 Staats- und Großherzoglich-badisches Regierungsblatt 1833, 30. Jg., Nr. 31, S. 287 ff., S. 290 ff., S. 292.
66 A. a. O., 1833, Nr. 38; vgl. Müller, Korporation und Assoziation, S. 255.
67 Müller, a. a. O., S. 222, 265.
68 Theodor Welcker: »Association«, Staats-Lexikon, Bd. I, S. 723–747, S. 732.
69 Gustav Struve: »Menschenrecht«, Staats-Lexikon, 2. Aufl., Bd. 9, S. 64–72, S. 71.
70 Müller, a. a. O., S. 222.
71 Conze, Das Spannungsfeld von Staat und Gesellschaft im Vormärz, a. a. O., S. 23.
72 Vgl. S. 195.
73 Vgl. S. 101 f.
74 Ihre Loyalität geht auch daraus hervor, daß Großherzog Leopold zuweilen die Gesellschaft »Harmonie« in Karlsruhe mit einem Vortrag beehrte.
75 Walter, Mannheim in Vergangenheit und Gegenwart, Bd. II, S. 318.
76 A. a. O.
77 GLA 236/8196, Riegel vom 22. 2. 1847.
78 Bassermann, Denkwürdigkeiten, passim.
79 Wilhelm Schulz: »Communismus«, Staats-Lexikon, 2. Aufl., Bd. 3, S. 290–333, S. 293; MAZ 166/22. 6. 1847.
80 Walter II, S. 319.
81 GLA 236/8159, Stadtamt Mannheim vom 20. 8. 1846; Reg.dir. von Mannheim vom 21. 8. 1846.
82 A. a. O.
83 Treitschke, Bd. V, S. 572 f.
84 Treitschke, Bd. III, S. 580.
85 GLA 236/8159, Stadtdir. von Mannheim vom 21. 8. 1846.
86 Treitschke, Bd. I, S. 298, Bd. II, S. 378; Zur Darstellung der Turnbewegung vor allem Hannes Neumann: Die deutsche Turnbewegung in der Revolution 1848/49 und in der amerikanischen Emigration, Diss. phil., Schorndorf bei Stuttgart 1968.
87 Neumann, vgl. S. 13.
88 Neumann, S. 7–20.
89 Neumann, vgl. S. 13.
90 Karl Blind (1826–1907) vertrat kleinbürgerlich-soziale Ideen; er wurde Mitglied der provisorischen Regierung Badens 1849; in den fünfziger Jahren führend unter den emigrierten Demokraten in London; später wurde Blind Nationalliberaler und Anhänger Bismarcks.
91 Seebl. 166/7. 10. 1847.
92 HstA Stuttgart, Kgl. Gesandtschaft in Karlsruhe, v. Bismarck an Graf v. Beroldingen, Privatkorrespondenz aus den Jahren 1844–46, Karlsr. 17. 5. 1845.
93 Seebl. 60/20. 5. 1847.
94 Neumann, S. 17.
95 A. a. O., Walter, Bd. II, S. 316.

96 Neumann, S. 17; Metternich war 1848/49 Mitglied des provisorischen Zentralausschusses der demokratischen Vereine und später Mitglied des Bundes der Kommunisten.
97 Neumann, S. 17 f.; MAZ 165/21. 6. 1847.
98 MAZ 217/12. 8. 1847.
99 A. a. O.
100 MAZ 166/22. 6. 1847.
101 Neumann, S. 18.
102 Seebl. 60/20. 5. 1847.
103 Walter, Bd. II, S. 316.
104 Obermüller beteiligte sich ebenfalls am Wachensturm 1833 (vgl. MEW Bd. 7, S. 162 ff.).
105 Vgl. Neumann, S. 18 f.
106 MAZ 166/22. 6. 1847.
107 A. a. O.
108 Seebl. 162/7. 10. 1847.
109 Neumann, S. 13.
110 Joachim Paschen: Demokratische Vereine und preußischer Staat. Entwicklung und Unterdrückung der demokratischen Bewegung während der Revolution von 1848/49, München–Wien 1977, S. 27 (Studien zur modernen Geschichte, Bd. 22).
111 Zit. nach Neumann, S. 13.
112 Bassermann, Denkwürdigkeiten, S. 30.
113 Neumann, S. 17; vgl. auch Eduard Neuendorff: Geschichte der neueren deutschen Leibesübungen vom Beginn des 18. Jahrhunderts bis zur Gegenwart, Bd. III, Dresden 1932.
114 W. Blos, S. 17; vgl. Neumann, a. a. O.
115 Neumann, S. 20 f.
116 Neumann, S. 31.

Die radikale Bewegung und die liberale »Partei« – Programm, Organisation und Strategie

1 Brief v. Blittersdorffs an den Grafen von Münch-Bellinghausen über die vorrevolutionäre Stimmung in den deutschen Bundesstaaten, Frankfurt, den 27. 11. 1847, in: Historisches Lesebuch, S. 145–148, ebenso in »Blittersdorffs Mappe«, S. 63 ff.
2 Die Gegenwart, Bd. I, Leipzig 1848, S. V f. (abgedruckt in: Historisches Lesebuch, S. 148 f.).
3 Zit. nach MAZ 255/30. 8. 1847.
4 Seebl. 10/12. 1. 1847.
5 Dazu Werner Näf: Der schweizerische Sonderbundskrieg als Vorspiel der deutschen Revolution von 1848, in: Basler Zeitschrift für Geschichte und Altertumskunde, 19. Bd., 1. Heft, Basel 1919, S. 1 ff.
6 Dazu Werner Näf: Die Schweiz in der deutschen Revolution. Ein Kapitel schweizerisch-deutscher Beziehungen in den Jahren 1847–49, Frauenfeld–Leipzig 1929, S. 36.
7 Immediatsbericht des preußischen Gesandten Dönhoff in Frankfurt, vom 18. 11. 1847, zit. nach Jahrbuch f. Geschichte 7/1972, S. 230.
8 Immediatsbericht des preußischen Gesandten Dönhoff, a. a. O.
9 Näf, Die Schweiz, S. 37.
10 DZ/14. 11. 1847; vgl. Näf, Die Schweiz, S. 33.
11 Valentin I, S. 491.
12 »Partei« wurde im Vormärz als Bezeichnung für die diffuse Gesinnung der Liberalen bzw. Radikalen mit dem Beiklang des Staatsgefährdenden und Konspirativen gebraucht; Radikale bekannten sich zur »Partei«; vgl. die poetische Kontroverse zwischen Freiligrath (»Der Dichter steht auf einer höhern Warte/Als auf der Zinne der Partei«) und Herwegh (»Partei! Partei! Wer sollte sie nicht nehmen,/ Die noch die Mutter aller Siege war?«); in: Der deutsche Vormärz, Texte und Dokumente, hg. von Jost Hermand, S. 40 ff.; sowie Arnold Ruge: Wer ist und wer ist nicht Partei?, a. a. O., S. 31 ff.

13 HStA Stuttgart, Kgl. Gesandtschaft in Karlsruhe, Privatkorrespondenz aus den Jahren 1844–1846; Gesandter Graf v. Bismarck an den Grafen von Beroldingen, Karlsruhe, 29. 5. 1846: »Von Wahrung des monarchischen Prinzips und des damit verbundenen Ansehens der Staatsgewalt ist bei der Regierung nicht die Rede, sie will nur das Budget durchbringen.«
14 Seebl. 5/12. 1. 1847, »Glaubensbekenntnis«; das Ministerium sollte mit der Kammermehrheit »stehen oder fallen«.
15 Vgl. S. 154.
16 Müller, Sturm- und Drangperiode I, S. 154.
17 Seebl. 5/12. 1. 1847.
18 Vgl. Häusser, S. 119.
19 Zur Biographie Heckers: ADB 50, S. 93; Bd. Biogr. IV, S. 167; Ludwig Häusser, in: »Die Gegenwart« II, S. 357 f.; ders., Denkwürdigkeiten, S. 115; Müller, Sturm- und Drangperiode I, S. 31; neuerdings Lück, Friedrich Hecker.
20 Müller, Sturm- und Drangperiode I, S. 155; Lück, S. 23.
21 A. a. O.
22 Vgl. dazu das blutrünstige »Heckerlied« mit dem Refrain: »Er hängt an keinem Baume, / er hängt an keinem Strick, / sondern an dem Traume / der roten Republik«; und das ironische »Guckkastenlied vom großen Hecker«, abgedruckt in: 1848–1849, Bürgerkrieg in Baden, Chronik einer verlorenen Revolution, zusammengestellt von Wolfgang Dreßen, Berlin 1975, S. 56 f. und S. 70–75.
23 Dieses Hecker-Bild blieb von dem »zweiten Leben Heckers« in den Vereinigten Staaten, wo er während des Sezessionskrieges Oberst der Nordstaaten war, gänzlich unberührt; vgl. Heckers Schilderung seines mühsamen Farmerlebens in USA, in: Jörg Schadt (hg. und bearb.): Alles für das Volk, alles durch das Volk. Dokumente zur demokratischen Bewegung in Mannheim 1848–1948 (Sonderveröffentlichung des Stadtarchivs Mannheim Nr. 1, Stuttgart/Aalen 1977, S. 37; vgl. dazu Carl Schurz: Lebenserinnerungen, Bd. II, von 1852–1870, Berlin/Leipzig 1907, S. 31 f.
24 Valentin I, S. 490; Häusser, S. 120, betont besonders Struves zeitweiligen Einfluß auf Hecker.
25 Müller, Sturm- und Drangperiode I, S. 155.
26 Vgl. Valentin I, S. 347.
27 Valentin I, S. 346, nach einem Bericht v. Arnims vom 6. 3. 1848.
28 Valentin I, S. 490.
29 Struve, Nachlaß, III. Buch, 1. Kapitel.
30 Müller, Sturm- und Drangperiode I, S. 157.
31 Wichtigste Quelle der Offenburger Versammlung sind die Behördenkorrespondenzen sowie der Beobachter in GLA 236/8195; vgl. Lück, S. 182 f.
32 Struve, Nachlaß, III. Buch, 1. Kapitel.
33 GLA 236/8195, MdI Bekk an Oberamt Offenburg vom 9. 9. 1847.
34 Beobachterbericht an MdI Bekk vom 13. 9. 1847 in GLA 236/8195.
35 A. a. O.
36 A. a. O.
37 GLA 236/8195, Oberamt Offenburg an Bekk vom 13. 9. 1847.
38 Beobachterbericht an Bekk, a. a. O.
39 A. a. O., wie auch im folgenden.
40 A. a. O.
41 Abgedruckt in: Die Revolution von 1848. Eine Dokumentation, hg. von Walter Grab, München 1980, S. 28 f., sowie in Karl Obermann (Hg.): Flugblätter der Revolution. Eine Flugblattsammlung zur Geschichte der Revolution von 1848/49 in Deutschland, München 1972, S. 35 f., und in Huber, Bd. I, S. 261 f.
42 Vgl. Grab, S. 26 (Einleitung).
43 Valentin I, S. 162.
44 Ludwig Bergsträßer: Die parteipolitische Lage beim Zusammentritt des Vorparlaments, Zeitschrift für Politik, 6/1913, S. 594–620, insbes. S. 596; sowie Werner Boldt: Konstitutionelle Demokratie oder par-

lamentarische Demokratie, in: HZ, Bd. 216, 1973, S. 553–622, hier S. 561; Boldt bestätigt, daß lediglich die badischen Radikalen als »Partei« zu bezeichnen sind.
45 Vgl. Huber, Bd. II, S. 381.
46 Huber, Bd. II, S. 450.
47 Valentin II, S. 556.
48 Grab, Die Revolution 1848/49, S. 29.
49 GLA 236/8195, Beobachterbericht vom 13. 9. 1847.
50 GLA 236/8195; in Form eines Privatschreibens hatte Innenminister Bekk beim Oberamt Offenburg Informationen über die Wirkung der Versammlung eingeholt, und er verbot daraufhin am 21. 9. 1847 weitere Versammlungen (Seeblätter 155/22. 9. 1847).
51 Müller, Sturm- und Drangperiode I, S. 162.
52 MAZ 271/5. 10. 1847; es war datiert: Mannheim und Konstanz, 18. 9. 1847.
53 A. a. O.
54 A. a. O.; der Appendix »– die Steuerverweigerung« dürfte durch einen Zensurstrich entstanden sein.
55 Valentin I, S. 347, 488.
56 Philippson, S. 57; Tauschwitz, S. 179.
57 Brief v. Blittersdorffs an den österreichischen Staatsminister Graf v. Münch-Bellinghausen vom 27. 11. 1847; in Historisches Lesebuch, S. 145–148.
58 Vgl. Valentin I, S. 493; Weißhaar, Teilnehmer am Hecker-Zug, hatte einen Einflußbereich aufgebaut, der sich »weit in den Schwarzwald« erstreckte. Der hochkonservative Kritiker der Revolution, Freiherr v. Andlaw, schrieb über Weißhaar: »Überall habe ich unter dem Landvolk mit ungeteilter Achtung von ihm sprechen gehört und selbst Bedienstete haben sich an ihn gewendet [. . .]« (Andlaw, Der Aufruhr und Umsturz in Baden, 3. Abt., S. 61; die wohlwollende Bemerkung Andlaws stand freilich mit dem späteren politischen Rückzug Weißhaars in Zusammenhang).
59 Botzenhart, a. a. O., S. 78.
60 Müller, Sturm- und Drangperiode I, S. 163.
61 A. a. O., S. 164, 166.
62 Dazu ausführlich Botzenhart, a. a. O., S. 74 f.
63 MAZ 334/7. 12. 1847.
64 Valentin I, S. 166.
65 Müller, Sturm- und Drangperiode I, S. 167.
66 So hatte ein Amtmann in Tauberbischofsheim die Wahlmänner so lange eingesperrt, bis sie einen Regierungskandidaten gewählt hatten. Hecker und Welcker wollten vergebens beweisen, daß ein »eingesperrter Wahlmann kein freier sei«, wurden aber von der Rechten und der Mitte überstimmt (Müller, Sturm- und Drangperiode I, S. 167).
67 Wende, S. 11.
68 Schmidt, Robert Blum, S. 58, 102 f.; ders.: Der Hallgartenkreis 1839–1847. Zur Genese des bürgerlichen Parteiwesens im deutschen Vormärz, in: Wiss. ZS der Fr.-Schiller-Univ. Jena, Jg. 13, 1964, gesellschafts- und sprachwiss. Reihe, Heft 2, S. 221–228, an älterer Literatur vgl. Roßkopf, Adam Itzstein, S. 134–142.
69 Schmidt, Der Hallgartenkreis, S. 226 f.
70 Wende, S. 11.
71 Schmidt, Der Hallgartenkreis, S. 226.
72 Klötzer, Um Freiheit, S. 154; Schmidt, Der Hallgartenkreis, S. 226; zur Heppenheimer Versammlung: DZ 107/15. 10. 1847; vgl. Valentin I, S. 162 f.; Huber II, S. 450.
73 DZ 10/15. 10. 1847.
74 Gall, Liberalismus und »bürgerliche Gesellschaft«, S. 346.
75 Vgl. Schmidt, Der Hallgartenkreis, S. 227.
76 Denkschrift des württembergischen MdI vom 3. 1. 1848, zit. nach Valentin I, S. 162.
77 Valentin I, S. 163.
78 Gebhardt, Bd. III, S. 122.

79 Das Heppenheimer Protokoll ist abgedruckt bei Huber, Bd. I, S. 262; ebenso bei Grab, Die Revolution von 1848, S. 30 f.
80 Boldt, Konstitutionelle Monarchie oder parlamentarische Demokratie, S. 565 (Anm.); Bergsträßer, a. a. O., S. 597.
81 Die Kammern waren teils durch Zensuswahlrecht zustande gekommen, welches das Bürgertum bevorzugte, teils waren sie noch, wie in Württemberg, überwiegend eine Vertretung von Standesorganisationen.
82 Huber II, S. 451.
83 Boldt, a. a. O., S. 566.
84 Seebl. 42/18. 2. 1848 (während der Abwesenheit Ficklers).
85 Verh. 1847/49², Prot.h., S. 268.
86 Hess, S. 104 f.
87 Müller, Sturm- und Drangperiode I, S. 174, vgl. S. 175.
88 Valentin I, S. 163.
89 Botzenhart, Revolution und Gegenrevolution in Baden 1849, S. 76.
90 Vgl. Weizsäcker, Garten des Menschlichen, S. 86 f. (»Ebenen und Krisen«).
91 A. a. O.

Achtes Kapitel: Revolution und Konterrevolution 1848/49 in Baden

1 Struve, Geschichte der drei Volkserhebungen, S. 3.
2 Hecker, Die Erhebung des Volkes, S. 217.
3 A. a. O.
4 Valentin I, S. 340; Resolution abgedruckt in: Schadt, Alles für das Volk, S. 14 f.
5 A. a. O., S. 338.
6 Wilhelm Zimmermann, Die deutsche Revolution. Die Geschichte der deutschen Staaten von der Auflösung des Reiches bis auf unsere Tage, Bd. 4, Karlsruhe 1848, S. 36.
7 Valentin I, S. 338.
8 Wende, Radikalismus im Vormärz, S. 196 ff., 206.
9 Zum Begriff der Revolution vgl. Reinhart Koselleck: Der neuzeitliche Revolutionsbegriff als geschichtliche Kategorie, in: Studium Generale 22 (1969), Heidelberg, S. 825–838; Theodor Schieder (Hg.): Revolution und Gesellschaft. Theorie und Praxis der Systemveränderung, Freiburg i. B. 1973; ders.: Theorie der Revolution, a. a. O., S. 13–40; Andreas Dorpalen: Die Revolution von 1848, a. a. O., S. 97–113; Griewank, Der neuzeitliche Revolutionsbegriff, bes. S. 143 ff., 210 ff.; Immanuel Geiss, Rainer Tamchina (Hg.): Ansichten einer künftigen Geschichtswissenschaft 2, Revolution – ein historischer Längsschnitt, München 1974; dies.: Die Revolution in der Weltgeschichte, S. 11–33, bes. S. 11.
10 Zur Frage der Gewalt in der Revolution vgl. Hannah Arendt: Über die Revolution, München 1963, S. 41 f.
11 Wende, S. 199; vgl. S. 235.
12 Struve, Grundzüge der Staatswissenschaft, Bd. I, S. 314; vgl. Wende, S. 206.
13 Wende, S. 207.
14 A. a. O.
15 Häusser, S. 574; Valentin II, S. 583; zu den menschlichen und materiellen Kosten der Revolution in Deutschland überhaupt vgl. Valentin II, S. 550.
16 Vgl. Johnson, S. 21, der für solche evolutionären Vorgänge aber nicht den Begriff Revolution gebrauchen möchte.

1 Vgl. S. 253.
2 Valentin I, S. 340; Bassermanns Initiative erfolgte einer »bei der Heppenheimer Versammlung getroffenen Vereinbarung gemäß« (Bassermann, Denkwürdigkeiten, S. 31).
3 DZ 67/7. 3. 1848; Huber II, S. 593 f.
4 Huber II, S. 504.
5 MAZ 70/11. 3. 1848.
6 Seebl. 55/4. 3. 1848.
7 v. Radowitz, Briefe, S. 13 f. (Brief aus Wien vom 7. 3. 1848 an Friedrich Wilhelm IV.).
8 Zit. nach Valentin I, S. 443.
9 Huber II, S. 510; Valentin I, S. 341 f.
10 So äußerte Hecker z. B. bei der Heidelberger Versammlung vom 5. 3. 1848: »Wenn der losgelassene Hund die Kraft seiner Zähne gezeigt hat, kann man ihn vorläufig wieder an die Kette legen« (Valentin I, S. 346).
11 Gustav Hess: Südbaden vor und während der Revolution im Frühjahr 1848, Diss. phil., Freiburg 1922, S. 100 ff.
12 Alfred Diesbach: Josef Ficklers Rolle in der dritten badischen Volkserhebung, in: Badische Heimat, 54. Jg., 1974, H. 2, S. 193–220; ders.: August von Willich. Preußischer Offizier, badischer Freischarenführer, Brigadegeneral in den USA, a. a. O., S. 481 ff.
13 Tauschwitz (S. 84–87) hält Fickler für den »Kristallisationspunkt« der beginnenden Revolution; zur Popularität Ficklers, a. a. O., S. 94.
14 Zit. nach Valentin I, S. 236; Valentin hatte die Gesandtschaftsberichte v. Arnims vor 1930 im Geheimen Staatsarchiv Berlin benutzt. Dieses ist übergegangen in das Zentrale Staatsarchiv Merseburg (DDR). Nach Auskunft dieses Archivs vom 29. 12. 1980 befinden sich die Berichte v. Arnims nicht mehr dort; es konnte nicht festgestellt werden, ob sich noch Abschriften der Arnim-Berichte verstreut dort befinden.
15 Valentin I, S. 346.
16 Seeblätter 58/ 8. 3. 1848: »Ferne von der geliebten Heimat erhalten wir heute am 3. März die Kunde von der Wiederherstellung der Preßfreiheit in Baden«, und in 60/10. 3. 1848 heißt es: »Seit fast dreimonatiger Reise nach Hause zurückgekehrt [. . .]« Die Zeitung wurde in dieser Zeit wie auch während seiner Haft von Letour geleitet.
17 Diesbach, J. Ficklers Rolle, S. 194.
18 Die Brüder Wilhelm und Ludwig Snell waren zur Zeit der »Demagogenverfolgung« 1819 emigriert und Schweizer Staatsbürger geworden. Wilhelm Snell (1789–1851), zuletzt 1834 Professor in Bern, mit dem »Jungen Deutschland« locker verbunden, nach dem Freischarenzug gegen Luzern vom Lehramt suspendiert und ausgewiesen, nach dem Sonderbundskrieg 1847 jedoch rehabilitiert (Antje Gerlach: Deutsche Literatur im Schweizer Exil. Die politische Propaganda der Vereine deutscher Flüchtlinge und Handwerksgesellen in der Schweiz von 1833 bis 1845, Frankfurt a. M. 1975, S. 53).
19 Brief an Karl Mathy vom 30. 12. 1847, in: Aus dem Nachlaß Karl Mathys, S. 80; Mathy galt sowohl Snell wie Becker, der ihn ebenfalls noch im März über seine Absichten unterrichtete, als Gesinnungsfreund.
20 A. a. O.
21 Hess, S. 100.
22 Zu Becker s. Erich Schneider: Johann Philipp Becker 1809–1886, in: Das Hambacher Fest, a. a. O., S. 205–234; Rolf Dlubek: Ein deutscher Revolutionsgeneral. Johann Philipp Becker in der Reichsverfassungskampagne, JbfG, Bd. 7, 1972, S. 557–611; Valentin I, S. 485.
23 Schneider, S. 217.
24 Schneider, S. 219.
25 Schneider, S. 220.
26 Dlubek, S. 599 ff.
27 August v. Willich (1810–1878) verließ aus politischen Gründen den preußischen Militärdienst; 1849

Führer eines Freikorps im badisch-pfälzischen Aufstand; 1853 in die USA emigriert; im amerikanischen Bürgerkrieg General der Nordstaaten. Willich trat bei der Demonstration von Kölner Arbeitern am 3. März neben Dr. Gottschalk und Anneke als Hauptredner auf und wurde verhaftet. Fickler war zu diesem Zeitpunkt in Köln. Willich wurde am 21. März aus der Haft entlassen und reiste nach Frankfurt und von dort zusammen mit Bruhn und Fickler weiter nach Karlsruhe (Diesbach, August von Willich, S. 485; Valentin I, S. 416).

28 Karl v. Bruhn, geb. 1803, preußischer Offizier, später Redakteur der lassalleanischen Zeitung Nordstern in Hamburg; im Vormärz als Mitglied von Geheimbünden in Baden tätig; Teilnehmer der Aufstände in Baden und Frankfurt.
29 Hecker betraute Willich in Konstanz mit der militärischen Leitung des Aufstandes, ein Vorgang, den Diesbach auf vorherige Absprachen mit Fickler zurückführt (Diesbach, August von Willich, S. 482).
30 Struve, Geschichte der drei Erhebungen, S. 40; Willich und Bruhn stießen bei Offenburg auf den nach Konstanz reisenden Struve.
31 Die organisatorische Rolle Ficklers wird bestätigt bei Hecker, Die Erhebung des Volkes, S. 26, sowie Goegg, Nachträgliche authentische Aufschlüsse, S. 37.
32 Wiedergegeben bei Hess, S. 96 ff., sowie Einlage zum Brief J. Ph. Beckers an Mathy vom 28. 3. 1848 aus Biehl, Aus dem Nachlaß Karl Mathys, S. 152 ff.
33 Hess, S. 102.
34 Seebl. 70/22. 3. 1848; Hess, S. 100.
35 »Offene Erklärung«, Punkt VII.
36 »Wir Deutschen in der Schweiz«, schrieb Becker an Mathy, »rüsten uns unter vielen Begünstigungen der Behörden entschieden für die deutsche Republik, und zwar in Übereinstimmung mit den Deutschen in Frankreich. Es gibt eine schöne, gutbewaffnete, mit vielen Kanonen versehene Heeresmacht« (Brief Beckers an Mathy vom 28. 3. 1848, a. a. O., S. 152).
37 A. a. O.
38 Brief Beckers an Mathy vom 6. 4. 1848 aus Biehl, Aus dem Nachlaß Karl Mathys, S. 172 ff.
39 A. a. O., S. 173.
40 A. a. O., S. 174.
41 Seebl. 71/23. 3. 1848.
42 Freytag, S. 261.
43 Struve, Geschichte der drei Volkserhebungen, S. 15; Struves Nachlaß, Paket XIV; Valentin I, S. 347 f.; Huber II, S. 511. Nach Freytag (S. 261) stellte sich Hecker mit der Pistole neben Fickler und drohte, ihn bei Proklamation der Republik zu erschießen.
44 Struves Nachlaß, Paket XIV (in Übereinstimmung mit übrigen Quellen). Fickler hatte bereits nach seiner Rückkehr in Mathy seinen Gegenspieler erkannt und in den Seeblättern 60/10. 3. 1848 einen ganz neuen Ton gegen ihn angeschlagen: In seinem ersten Grußwort an die Leser der Zeitung nahm er die Angriffe zurück, die in seiner Abwesenheit gegen Mathy gerichtet worden waren, und betonte die »Verpflichtung, das Unrecht an Mathy wieder gutzumachen«; Mathy habe jetzt Äußerungen des Mutes gezeigt, die seine früheren Mißgriffe wieder ausglichen. War dies der letzte Versuch Ficklers, den persönlich empfindlichen Mathy, den Konstanzer Abgeordneten und früheren Kampfgefährten, wieder ins eigene Lager zu ziehen? Oder wollte er Mathy, der die scheinbar gebotene Freundeshand gar nicht mehr annehmen *konnte*, in der Öffentlichkeit den »schwarzen Peter« zuspielen?
45 v. Soiron verglich z. B. die Fürsten mit Hausmietern, denen von den Vermietern, dem Volk, auch gekündigt werden könne (DZ 67/7. 3. 1848; MAZ 308/25. 12. 1848).
46 Huber II, S. 511.
47 A. a. O.; ähnlich auch Valentin I, S. 480, der Mathy, vielleicht besser, ihren »Kopf« nennt.
48 Huber II, S. 511.
49 Hess, S. 104.
50 Vgl. S. 278.
51 Seebl. 78/31. 3. 1848.
52 Seebl. 72/24. 3. 1848; »Die Gefahren des Zauderns und der Nutzen des kühnen Handelns«.

53 A. a. O.
54 In Offenburg und Freiburg nahmen etwa 20000 Menschen teil (Hess, S. 104), in Donaueschingen um 4000 (Valentin I, S. 347); überhöhte Zahlenangaben bringt Struve (Geschichte der drei Volkserhebungen, S. 34).
55 Hess, S. 104.
56 Vgl. S. 278.
57 Vgl. Seebl. 79/1. 4. 1848.
58 Valentin I, S. 347.
59 GLA 236/8520, Bericht des MdI vom 10. 4. 1848; die Abgesandten Herweghs hießen Fuhrmann und Sturmfels; vgl. Valentin I, S. 487.
60 Peiser, S. 126; Michael Bakunin: Sozialpolitischer Briefwechsel, Stuttgart 1895, S. 9.
61 Das deutsche Vorparlament, in: Die Gegenwart II, S. 682 ff.; Ulrich Freyer, Das Vorparlament zu Frankfurt a. M. im Jahre 1848. Diss. phil., Greifswald 1913. – Nicht nur die Permanenzerklärung des Vorparlaments, wie Hecker wollte, wurde abgelehnt, es kamen in den 50er Ausschuß außer Itzstein keine badischen Radikalen. Hecker kam auf den 51. Platz (Freyer, S. 121).
62 Vorparlament, a. a. O., S. 689.
63 Seebl. 80/2. 4. 1848; dieser Artikel diente als einer der Anklagepunkte nach Ficklers Festnahme.
64 Struve, Geschichte der drei Volkserhebungen, S. 32.
65 Zimmermann, S. 419.
66 »Promemoria über die Entwicklung der Zustände unseres deutschen Vaterlandes«, Original in: GLA 236/8520; es ist datiert auf den 5. 4. und von Struve und Fickler unterzeichnet. Im Bericht des MdI vom 10. 4. wird der 8. 4. als Übergabetermin an Welcker genannt.
67 Diesbach, August von Willich, S. 481.
68 Mathy war Mitglied des Vorparlaments und besaß zumindest den Informationsstand Häussers (vgl. Vorparlament).
69 Freytag, Karl Mathy, S. 269 f.; vgl. Tauschwitz, S. 86 f.; Valentin I, S. 490.
70 Fickler wurde erst am 2. 4. 1849 vor Gericht gestellt; die Regierung fürchtete, im Revolutionsjahr mit ihrer Anklage – Hoch- und Landesverrat – zu scheitern (Goegg, S. 77).
71 Vgl. Tauschwitz, S. 88.
72 Eingabe des Gemeinderats Konstanz an das MdI vom 9. 4. 1848. Sie war einstimmig angenommen und vom Bürgermeister Hüetlin unterschrieben worden, in: GLA 236/8520.
73 A. a. O.
74 Abt, Die Revolution in Baden, S. 113, Anm.; vgl. Struve, Geschichte der drei Volkserhebungen, S. 40; Goegg, S. 39.
75 GLA 236/8520, Bericht des MdI vom 10. 4. 1848.
76 Valentin I, S. 491.
77 A. a. O., S. 490 ff.
78 Tauschwitz, S. 88 f.
79 Mathy, Nachlaß, S. 241; Bassermann, Denkwürdigkeiten, S. 143 (Brief vom 29. 4. 1848 an seine Frau).
80 Seebl. 89/13. 4. 1848.
81 Jacoby, Briefwechsel, Brief aus Frankfurt vom 12. 4. 1848, S. 420 ff.
82 Jacoby, Briefwechsel, a. a. O.
83 Vgl. v. Radowitz, Briefe, S. 63 (11. 9. 1848); Radowitz befürchtete, daß »im Norden ein Bund mit Preußen, im Südwesten ein Rheinbund« entstehen könne, wenn Preußen sich aus Deutschland zurückziehe; die Rheinlande würden sich selbst ebenfalls unabhängig machen. »Alle diese Teile des südlichen und westlichen Deutschlands mit Ausnahme von Altbayern schlagen in die Republik um.«
84 Bassermann, Denkwürdigkeiten, S. 129.
85 A. a. O.
86 Vgl. Botzenhart, S. 80.
87 Bassermann, Denkwürdigkeiten, S. 144 (Brief vom 30. 4. 1848 an seine Frau).
88 A. a. O., S. 129.

89 A. a. O.
90 Bad. Reg.bl., 5. 5. 1848, S. 143.
91 Freytag, S. 283; Bassermann, a. a. O.
92 Heinrich Hoff: Meine Verhaftung, Einkerkerung und fortgesetzte dauernde Gefangenhaltung zu Bruchsal wegen angeblichen Hochverrats durch die Presse und in der Rede, Mannheim 1848, S. 11 ff.
93 MAZ 122/28. 5. 1848.
94 Bassermann, Denkwürdigkeiten, S. 144.
95 A. a. O.
96 Radowitz, Briefe, S. 48; Brief vom 24. 5. 1848 aus Frankfurt an König Friedrich Wilhelm IV.
97 A. a. O.
98 Botzenhart, S. 73.
99 Aus dem Nachlaß Karl Marthys, S. 302; Brief Mathys an Ludwig Häusser, Karlsruhe, 13. 6. 1848.
100 Tauschwitz, S. 59.

Erneuter Aufstand oder politische Selbstorganisation?

1 Zum Pressewesen 1848/49 vor allem Tauschwitz, S. 186 ff.
2 A. a. O., S. 199.
3 A. a. O.
4 Nikolaus Niebler: Die radikale Presse in Baden während der Revolutionsjahre 1848/49, in: Die Pyramide. Wochenschrift zum Karlsruher Tageblatt. Jg. 13, Karlsruhe 1924, Nr. 33–35; hier Nr. 34, S. 165.
5 Valentin II, S. 170 f.
6 Internationaal Instituut voor Sociale Geschiedenis, Amsterdam (IISG), Collection Becker, D I, Brief v. Corvins an Becker vom 27. 7. 1848.
7 GLA 236/8525.
8 Valentin II, S. 171.
9 IISG, Coll. Becker, D II 1367; Struve an Becker, Rheinfelden, 27. 8. 1848; Hecker hatte Plätze für die Überfahrt bestellt und bezahlt.
10 IISG, Coll. Becker D II 1365/73; Struve an Becker, Birsfelden, 14. 7. 1848; Exemplare des Deutschen Zuschauers aus Basel befinden sich in GLA 236/250.
11 Georg Herwegh, Briefe, S. 246; Struve an Herwegh, 16. 7. 1848.
12 IISG, Coll. Becker, D II 1365/73, Struve an Becker, Birsfelden, 14. 7. 1848; Hervorhebungen sind im Original dreimal (!) und einmal unterstrichen.
13 IISG, Coll. Becker, D II 1366, Brief Struves an Becker aus Schaffhausen vom 1. 8. 1848.
14 Diese Absprache geht indirekt aus den Briefen Struves an Becker hervor.
15 IISG, Coll. Becker, D II 1370; Struve an Becker, 18. 9. 1848.
16 MAZ 212/15. 9. 1848 (Leitartikel, gezeichnet mit K.B. aus Paris); 225/20. 9. 1848 mit Blinds Namen gezeichnet.
17 MAZ 222/16. 9. 1848.
18 GLA 236/8525, Protokoll des Michael Zeiler, Bez.amt Lörrach, 9. 9. 1848.
19 A. a. O.
20 A. a. O.
21 Valentin II, S. 170, 173.
22 Blind hatte sich noch kurz zuvor in Paris als sozialistischer Agitator hervorgetan und entging nach seiner Ausweisung Ende August nur knapp der Auslieferung an Baden; im September bereitete er den Struve-Putsch vor (vgl. Seebl. 209/1. 9. 1848).
23 Valentin II, S. 176.
24 IISG, Coll. Becker, D II 1368; Struve an Becker, Rheinfelden, 10. 9. 1848.
25 A. a. O.

26 A. a. O.
27 A. a. O.
28 GLA 236/8525, Bez.amt Schopfheim vom 18. 8. 1848; vgl. Paul Neitzcke: Die deutschen politischen Flüchtlinge in der Schweiz 1848–1849.
29 IISG, Coll. Willich, Petition an die Frankfurter Nationalversammlung vom 28. 7. 1848 (Gesuch der Flüchtlinge um Amnestie, Hilfe und Erlaubnis zur Rückkehr). Von den 261 Unterzeichnern waren 113 Badener; von ihnen waren 17 Schneider, 11 Schreiner und 11 Schuhmacher.
30 IISG, Coll. Willich, Brief an Willich von Janzen, 14. 6. 1848.
31 Karl Blind war nach eigenen Angaben seit 1847 Mitglied des geheimen »Bundes der Kommunisten« (Karl Blind: Die badisch-pfälzische Gesandtschaft in Paris im Jahre 1849. Erinnerungen aus der Sturm- und Drangperiode, in: Die Gartenlaube, Weihnachten 1902, S. 845–848, S. 858–862, in: GLA Ch 271).
32 MAZ 198/19. 8. 1848; 200/22. 8. 1848.
33 Seebl. 219/13. 9. 1848, »Die Macht des Volkes«.
34 A. a. O.
35 IISG, Coll. Becker, D II 1368, D II 1370; Struve an Becker vom 5. 9. und 18. 9. 1848.
36 Seebl. 239/6. 10. 1848, »Der Kommunismus als Allerweltssündenbock«.
37 Etienne Cabet: Reise nach Ikarien, übersetzt von Wendel Hippler 1848 (Anm. der Seebl., a. a. O.).
38 A. a. O.
39 Seebl. 255/25. 10. 1848; vgl. Extrabeilage der Seebl. 22/1849 (zur Verhandlung gegen Fickler vom 4. 5. 1849), darin Fickler: »Hätte man mich freigelassen, so hätte der Aufstand [. . .] nicht stattgefunden. Ich wollte keinen Putsch.«
40 Paschen, Demokratische Vereine, S. 11; Gebhardt, Nationale Organisation, S. 157; vgl. Gall, Benjamin Constant, S. 283 ff.
41 Vgl. Tauschwitz, S. 54.
42 Vgl. Huber II, S. 776; § 162 lautet: »Die Deutschen haben das Recht, Vereine zu bilden. Das Recht soll durch keine vorbeugende Maßnahme beschränkt werden.«
43 Brief Bekks an Karl Mathy vom 3. 6. 1848, in: Mathy, Nachlaß, S. 307.
44 Vgl. Bekk, Die Bewegung in Baden, S. 227.
45 Hess, S. 82 f.; vgl. Grab, Dokumentation, Die Beschlüsse der Volksversammlung vom 19. 3. 1848, S. 61 ff., IV. Artikel.
46 Weber, S. 250 f.
47 MAZ 81/22. 3. 1848; Philippson, S. 59.
48 Bekk, Die Bewegung in Baden, S. 143; Mathy, Nachlaß, S. 136; die Seeblätter meldeten bereits am 7. 3. 1848, daß eine Volksversammlung in Konstanz ein permanentes Komitee gewählt habe, das »für Ruhe und Ordnung der Stadt, Sicherheit des Eigentums Sorge trägt« und im Sinne eines imperativen Mandats wöchentliche Volksversammlungen einberuft.
49 Vgl. Reg.bl., 5. 5. 1848.
50 MAZ 151/18. 6. 1848.
51 GLA 36/8199, Stadtamt Freiburg vom 10. 7. 1848 an MdI.
52 GLA 236/8199, MdI vom 6. 7. 1848 an Reg.dir. Marschall in Freiburg.
53 GLA 236/8199, Oberländer Bote 14. 6. 1848.
54 A. a. O.
55 GLA 236/8199; der Präsident des Mannheimer Vereins, Florian Mördes, verweigerte die vom Stadtamt verlangte Herausgabe der Mitgliederliste und der Statuten; Schreiben von Mördes an den Mannheimer Stadtdir. vom 7. 7. 1848.
56 GLA 236/8199, Bericht der badischen Gesandtschaft aus München vom 9. 7. 1848.
57 Grhzgl. Reg.bl. 51/22. 7. 1848.
58 HStASt, Gesandtschaft Württembergs in Karlsruhe, Verzeichnis 33/Fasz. 11, E 70.
59 A. a. O.; das Flugblatt trug das Datum 9. 8. 1848.
60 Die vom Reichsministerium des Innern (Schmerling) und der Justiz (von Mohl) am 3. 10. 1848 von den Einzelregierungen angeforderten Erhebungen befinden sich im Bundesarchiv, Außenstelle Frankfurt.

Vgl. dazu Paschen, Demokratische Vereine, S. 11; danach gab es 1200 politische Vereine (einschließlich der preußischen Ostgebiete außer Österreich), die Hälfte davon wurde demokratisch eingestuft, ihre Mitgliederzahl betrug etwa 300 000 = 4% der damals wahlberechtigten Bevölkerung.
61 GLA 236/8201 vom 25. 10. und 7. 11. 1848.
62 Vgl. GLA 236/8201; OA Bruchsal an MdI vom 15. 10. 1848.
63 Aufruf in der Deutschen Zeitung vom 18. Mai 1848; Mathy, Nachlaß, S. 246; vgl. Philippson, S. 72 f.
64 MAZ 210/2. 9. 1848.
65 GLA 236/8201, Erhebung des MdI vom 7. 11. 1848.
66 GLA 236/8201, OA Bruchsal vom 15. 10. 1848 an MdI.
67 GLA 236/8201, Stadtamt Mannheim vom 15. 10. 1848 an MdI.
68 Vgl. S. 99; s. Schadt, Alles für das Volk, S. 16.
69 GLA 236/8201 Stadtamt Mannheim vom 15. 10. 1848.
70 A. a. O.
71 A. a. O.
72 A. a. O.
73 A. a. O.
74 A. a. O.
75 So arbeitete der 30 Mitglieder zählende geheime Sinsheimer Verein auf eine soziale Republik hin; GLA 236/8206, MdI vom 7. 11. 1848.
76 GLA 236/8201, Grhzgl. Polizei-Amt der Residenz, Karlsruhe, 13. 10. 1848; Oberamt Heidelberg vom 12. 10. 1848; MdI vom 7. 11. 1848 an RMI.
77 GLA 236/8201, MdI vom 25. 10. und 7. 11. 1848.
78 GLA 236/8201, Grhzgl. Polizei-Amt der Residenz, Karlsruhe, 13. 10. 1848, an MdI; die Gegenseite nannte diese Vereine auch »vaterländische Ordnungs- und Beamten-Vereine« (Goegg, S. 90).
79 A. a. O.
80 Revolutionäre Vereinsgründungen entstanden wohl erstmals während des amerikanischen Unabhängigkeitskrieges; die »Korrespondenzkomitees« entwickelten sich zu Kontinentalausschüssen (Brinton, S. 185). Die Erinnerungen an die terroristischen »Wohlfahrtsausschüsse« der Französischen Revolution (vgl. Naujoks, Französische Revolution, S. 101) suchten die badischen Radikalen jedoch unter deutlichem Hinweis auf die englische Chartistenbewegung O'Connors abzuschwächen (vgl. Fischer Weltgeschichte, Louis Bergeron: England in der ersten Hälfte des 19. Jahrhunderts, S. 197).

Revolutionäre Demokratie, Reichsverfassungskampagne und badisch-pfälzischer Aufstand 1849

1 Demokratische Republik 4/4. 5. 1849 und 16/19. 5. 1849, »Südwestdeutschland und die deutsche Revolution« von Adolph Hexamer.
2 Zu Württembergs Verhalten vor allem Mann, Die Württemberger und die Deutsche Nationalversammlung 1848/49, S. 308; als maßgebende Darstellung zur Reichsverfassungskampagne kann Valentin II, S. 509 ff., gelten; zur Verfassungsgeschichte vor allem Huber II, S. 807 ff.; zur Revolution von 1849 in Baden vgl. Richter (Revolution und Gegenrevolution in Baden 1849, a. a. O.) und Botzenhart (Baden in der deutschen Revolution von 1848/49, a. a. O.).
3 Seebl. 92/19. 4. 1849.
4 Seebl. 107/7. 5. 1849.
5 v. Radowitz, Briefe; Brief vom 4./7. 6. 1849, S. 110; vgl. Richter, S. 388.
6 Friedrich Engels in der Neuen Rheinischen Zeitung (NRhZ) 286/1. 5. 1849 (MEW Bd. 6, S. 453).
7. v. Radowitz, a. a. O.
8 Valentin II, S. 485 ff.
9 Ludwig Bamberger: Politische Schriften von 1848 bis 1868 III; Erlebnisse aus der Pfälzer Erhebung, S. 85; vgl. Valentin II, S. 485 ff.

10 Vgl. Huber II, S. 610 (gesellschaftliche Gliederung der Nationalversammlung).
11 W. Boldt, Württembergische Volksvereine, S. 235 f.
12 Briefe eines Edenkobener Vikars aus den Jahren 1848/49, mitgeteilt und kommentiert von Alfred H. Kuby, in: Edenkobener Rundschau vom 7. 6. 1979 (Hinweis von Herrn Friedrich Teutsch, Stadtarchiv Mannheim).
13 Stadtarchiv Mannheim, Kleine Erwerbungen 132, Brief v. Soirons an (Dr. Wilhelm Adolf) Lette (ohne Ort und Datum); vermutlich zur Zeit der Nationalversammlung 1848/49 geschrieben, als Lette Mitglied der Casino-Partei war (ADB, Bd. 18, S. 459 f.).
14 Goegg, S. 105.
15 Zu Goegg s. Friedrich Lautenschlager: Amand Goegg, ein badischer Achtundvierziger, in: ZGO 96, 1948, S. 19–38; zu Brentano s. Valentin II, S. 519; Huber II, S. 411; zu seiner anfänglichen Hochschätzung bei Republikanern s. MAZ 204/ 26. 8. 1848.
16 MAZ 243/11. 10. 1848.
17 Goegg, S. 94.
18 MAZ 21/25. 1. 1849; Die Republik 22/26. 1. 1849; vgl. Vollmer, S. 57.
19 Die Beiträge betrugen zwischen 3 und 12 Kr. monatlich; in Säckingen wurde auf Antrag eines Schneidergesellen der Beitrag auf 6 Kr. ermäßigt (GLA 236/8209, Bez.amt Säckingen 13. 3. 1849).
20 GLA 236/8209, MdI Bekk an RMI v. Gagern vom 17. 1. 1849 und 21. 1. 1849.
21 A. a. O.
22 Zit. nach W. Boldt, Konstitutionelle Monarchie oder parlamentarische Demokratie, in: HZ 216, 1973, S. 560.
23 Vgl. Huber II, S. 809 ff.
24 GLA 236/8209, RMI v. Gagern an MdI Bekk, Frankfurt, 25. 1. 1849.
25 GLA 236/8209, MdI vom 13. 3. 1849 an MdJ.
26 236/8209, MdI an alle Amtsvorstände vom 26. 1. 1849.
27 Die Republik 51/1. 3. 1849.
28 Vgl. S. 301 ff.
29 GLA 236/8209, Gendarmerie von Appenweier vom 27. 2. 1849.
30 GLA 236/8209, Reg.dir. Riegel von Freiburg vom 13. 2. 1849 und vom 27. 2. 1849.
31 GLA 236/8195, Amt Adelsheim vom 3. 4. 1849.
32 Vgl. die Berichte vom 25. 3./31. 3./23. 4. 1849 sowie Amt Haslach vom 5. 3. 1849.
33 GLA 236/8195, Amt Adelsheim vom 3. 4. 1849.
34 GLA 236/8209, Gendarmerie von St. Blasien vom 26. 2. 1849.
35 GLA 236/8195, Amt Adelsheim vom 23. 4. 1849.
36 A. a. O.
37 A. a. O.
38 Goegg, S. 92.
39 A. a. O.
40 GLA 236/8209, Stadtamt Mannheim vom 5. 2. 1849.
41 Goegg, S. 92.
42 Häusser, S. 167 f., 171 und passim.
43 C. B. A. Fickler: In Rastatt 1849, Rastatt 1853, S. 14.
44 GLA 236/8209, Amt Neckarbischofsheim vom 6. 2. 1849.
45 GLA 236/8209, Bez.amt Meersburg vom 28. 3. 1849.
46 GLA 236/8209, Bez.amt Villingen vom 18. 3. 1849.
47 A. a. O.
48 GLA 236/8209, Bez.amt Meersburg vom 28. 3. 1849.
49 A. a. O.
50 GLA 236/8209, Amt Emmendingen vom 13. 3. 1849.
51 GLA 236/8209, Amt Emmendingen vom 18. 3. 1849.
52 GLA 236/8209, Bez.amt Stockach vom 25. 3. 1849.

53 Die Republik 85/11. 4. 1849; Donaueschinger Wochenblatt 32/20. 4. 1849.
54 Vgl. Goegg, S. 91 f.
55 A. a. O.; vgl. Richter, S. 390.
56 Vgl. Richter, S. 392 f.; Valentin II, S. 522 f.
57 DZ 72/13. 3. 1849; vgl. 53/22. 2. 1849.
58 Richter, S. 390 f.
59 Goegg, S. 96.
60 MAZ 64/16. 3. 1849; 66/18. 3. 1849.
61 Seebl. 107/7. 5. 1849.
62 Seebl. 107/7. 5. 1849; Briefe eines Edenkobener Vikars aus den Jahren 1848/49, a. a. O., vom 28. 6. 1979; Vikar Ernst Wündisch zeigt sich in seinen Briefen als kritisch-konservativer Geist; der Brief vom 21. 6. 1849 war an Kirchenrat Dr. Engelhardt, einen Abgeordneten der Münchner Ständeversammlung, gerichtet.
63 König Friedrich Wilhelm IV. an den Botschafter in London, v. Bunsen, vom 13. 12. 1848; wiedergegeben in Grab, Dokumentation, S. 225 f.
64 Vgl. W. Boldt, Konstitutionelle Monarchie oder parlamentarische Demokratie, a. a. O., S. 560.
65 Huber II, S. 856.
66 Huber II, S. 857 f.
67 MAZ 307/24. 12. 1848.
68 Revolution 1848/49, Flugschrift 2 (Universitätsbibliothek Heidelberg).
69 Die vom CMV Frankfurt übersandte Einladung zum Beitritt nahm der demokratische Verein in Mannheim nicht an, er lehnte sogar den Namen »Märzverein« ab, weil dieser nur ungute Erinnerungen an den März-Taumel wecke (MAZ 308/25. 12. 1848).
70 Seebl. 289/21. 12. 1848.
71 Der Arbeiterbildungsverein in Mannheim an den Central-März-Verein in Frankfurt vom 26. 4. 1849 (MAZ 100/28. 4. 1849).
72 Seebl. 16/18. 1. 1849.
73 Seebl. 120/22. 5. 1849.
74 MAZ 35/10. 2. 1849.
75 Valentin II, S. 495 f.; Huber II, S. 852.
76 C. B. A. Fickler: In Rastatt 1849, Rastatt 1853, S. 14.
77 A. a. O.
78 KAZ 100/28. 4. 1849.
79 Flugblätter der Volksvereine Nr. 1; Bericht vom 17. 2. 1849.
80 So die Angaben Goeggs; sie werden bestätigt bei Lautenschlager, Amand Goegg, a. a. O., S. 25; vgl. GLA 236/8208.
81 Gebhardt, Nationale Organisation, S. 69.
82 Goegg, S. 96.
83 Der Bericht J. V. v. Scheffels, der 1849 als Journalist auf konstitutioneller Seite tätig war, ist abgedruckt bei Lautenschlager, Volksstaat und Einherrschaft, S. 395 f.; vgl. Valentin II, S. 512, und die zuverlässige Beschreibung bei Goegg, S. 97 ff.; die Größenangaben schwanken zwischen 20 000 und 40 000; Goegg gibt letztere Zahl an.
84 Johann Philipp Becker: Geschichte der süddeutschen Mairevolution 1849, Genf 1849, S. 92.
85 Valentin II, S. 516; vgl. Goegg, a. a. O.
86 Häusser, S. 467.
87 Häusser, S. 575; Valentin II, S. 526 f.
88 Richter, S. 396.
89 Häusser, S. 642; darüber, daß Brentano die Revolution verpfuscht habe, so Häusser, »kann [. . .] kaum gestritten werden« (S. 503).
90 Die Republik, 37/15. 6. 1849.
91 Bamberger, a. a. O., S. 83.

92 So übereinstimmend Raveaux, S. 65, und Häusser, S. 499.
93 Die Unterscheidung zwischen roten und weißen (auch blauen) Republikanern kam Anfang 1849 auf; vgl. DZ 25/25. 1. 1849 und Seebl. 141/15. 6. 1849.
94 Becker, S. 438.
95 A. a. O.

Ergebnis: Umbruch und neue Ordnung – die Umrisse eines demokratischen und sozialen Staates

1 Valentin II, S. 537 ff.; Vollmer, S. 63; »Verzeichnis der standrechtlich Erschossenen«, in: Schadt, Alles für das Volk, S. 48 f.
2 Richter, S. 408; preußischen Wachmannschaften wurde wegen der eingetretenen Fraternisierung mit den Internierten Exekution angedroht.
3 Geheimrat Schaaff, der im preußischen Hauptquartier amtierte, wurde zum »Generalkommissar« für die Pazifizierungsmaßnahmen ernannt (Richter, S. 406). Schaaff war bereits im Vormärz als Vertreter einer reaktionären Richtung hervorgetreten (vgl. S. 175).
4 Vgl. S. 210, 235.
5 Vollmer, S. 64 f.
6 Vgl. Schöchlin, Geschichte des Großherzogtums Baden unter der Regierung des Großherzogs Leopold, z. B. S. 161 f.
7 Engels, MEW Bd. 7, S. 161.
8 Engels sprach später über die »badisch-pfälzische Revolutionsposse« (MEW Bd. 27, S. 509; Brief vom 24. 8. 1848), Marx über »diesen Ulk« (a. a. O., S. 139; Brief vom 1. 8. 1849 an Engels). Dlubek (ein deutscher Révolutionsgeneral, JbfG, Bd. 7, 1972, S. 559) spricht allerdings auch von der »ungenügenden Erforschung der demokratischen Bewegung Süddeutschlands überhaupt«.
9 C. B. A. Fickler, In Rastatt, S. 14.
10 Lautenschlager, Goegg, S. 27 (mit ähnlichen Wendungen wie C. B. A. Fickler); vgl. Gall, Liberalismus und »bürgerliche Gesellschaft«, HZ 22, S. 348 f.
11 Seebl. 185/4. 8. 1848.
12 Seebl. 158/30. 6. 1848.
13 Abgedruckt in: Schadt, Alles für das Volk, S. 31.
14 Huber II, S. 874.
15 Valentin II, S. 512 f.; Goegg, S. 100 ff.
16 A. a. O.
17 Vgl. S. 210.
18 Seebl. 37/12. 2. 1848, »Über die Organisation der Arbeit«; Gewinnbeteiligung wird mit der größeren Produktivität »zufriedener Arbeiter« begründet.
19 Wolfgang Schmierer: Die Anfänge der Arbeiterbewegung und der Sozialdemokratie in Baden und Württemberg – Vom Vormärz zum Sozialistengesetz von 1878, S. 35 ff., in: Schadt/Schmierer, Die SPD in Baden-Württemberg und ihre Geschichte, Stuttgart 1979.
20 KAZ/4. 1. 1849, Beilage 20; darin wird Kommunismus als »Aufhebung des Eigentums«, Sozialismus als inkonsequenter »Umweg« dazu verstanden; zur Assoziation seien nur selbständige Unternehmer fähig, bei Fabrikarbeitern und Tagelöhnern bedeute dies »Anarchie«.
21 Seebl. 155/30. 6. 1848, Beilage 21; vgl. S. 223.
22 Flugblätter der Volksvereine Nr. 3, Sitzung vom 8. 3. 1849 des Mannheimer Vereins.
23 Huber II, S. 684 f.; Valentin II, S. 452 f.; Aufruf der Republik zum Kongreß vom 16./20. 1. 1849.
24 Berichte der Republik 28/2. 2. 1849, 29/3. 2. 1849.
25 Häusser, S. 621.
26 Flugblätter des Vaterländischen Vereines, Mannheim, 13. 2. 1849; Beilage KAZ 65/17. 3. 1849.
27 Botzenhart, S. 83.

28 A. a. O., S. 78; vgl. Häusser, S. 94 ff.
29 Offene Erklärung des Volksvereines in Heidelberg (ohne Datum), in: Flugschriften 2, Revolution 1848/49 (Universitätsbibliothek Heidelberg).
30 GLA 236/8209, u. a. Bez.amt Säckingen, 13. 3. 1849; Adelsheim, 31. 3. 1849; Stadtdir. Riegel von Freiburg, 27. 2. 1849; Bez.amt Neckarbischofsheim, 28. 2. 1849.
31 GLA 236/8209, Bez.amt Eberbach, 28. 2. 1849.
32 MAZ 20/24. 1. 1849; 21/25. 1. 1849.
33 GLA 236/8209, Stadtamt Mannheim, 5. 2. 1849; Stadtdir. Riegel, Freiburg, vom 27. 2. 1849.
34 Engels, MEW Bd. 8, S. 98; dies wird mehrfach bestätigt, vgl. Goegg, S. 114 f.; Klessmann, S. 318 f.; Valentin II, S. 528; ähnlich auch in der Pfalz, vgl. Renner, S. 222 f.
35 Seebl. 113/14. 5. 1849.
36 Mann, Die Württemberger, S. 337.
37 A. a. O.
38 Paul Sauer: Revolution und Volksbewaffnung. Die württembergischen Bürgerwehren im 19. Jahrhundert, vor allem während der Revolution von 1848, Ulm 1976, S. 145; ähnlich Mann, Die Württemberger, S. 396 f.
39 Häusser, S. 467; Engels, MEW Bd. 8, S. 101; ebenso Goegg, S. 136; vgl. Valentin II, S. 496 ff.; dagegen Fenske, Der liberale Südwesten, S. 108.
40 Huber, S. 885 f.
41 Goegg, S. 136; Valentin II, S. 522 ff.
42 Seebl. 155/30. 6. 1848 (Beilage), »Offene Antwort auf das ›offene Schreiben‹ des Abgeordneten zur deutschen Reichsversammlung Carl Mez, an seine Wähler«; unterzeichnet mit »Karlsruhe, am 73. Tage der Untersuchungshaft wegen sogen. Hochverraths-Versuchs (20. Juni 1848) J. Fickler« (Hervorhebung wie im Original).

Anhang: Zur Sozialgeschichte der badischen Revolution – die Träger der demokratischen und sozialen Bewegung

1 Christoph Klessmann: Zur Sozialgeschichte der Reichsverfassungskampagne von 1849, in: HZ 218, 1974, S. 283–337; zur Diskussion über die Beteiligung der Unterschichten vor allem 1849, vgl. Hamerow, S. 194; Dorpalen, Die Revolution 1848 in der Geschichtsschreibung der DDR, S. 324 ff.; Balser, Sozialdemokratie 1848/49–1863, S. 47 ff.
2 Quellenverzeichnis (Ungedruckte Quellen), S. 385.
3 GLA 236/8510, Verzeichnis der Hauptbeteiligten der revolutionären Erhebungen.
4 Vgl. S. 219 ff., »Die Radikalisierung der Volksschullehrer«; in der Rheinpfalz war eine vergleichbare Beteiligung der Schullehrer zu beobachten (Renner, S. 222).
5 Vgl. S. 194, Das Wirtshaus als »Institution«.
6 Vgl. zur sozialen Schichtung S. 207 f.
7 Vgl. S. 197, Anm. 113.
8 GLA 236/8509; s. Quellenverzeichnis, S 385.
9 GLA 236/8209, Bez.amt Säckingen, 13. 3. 1849; Botzenhart, S. 78; vgl. Häusser, S. 94 ff.
10 Zum Begriff, S. 208, Anm. 21.
11 Vgl. die ausführliche Darstellung bei Klessmann, S. 326 f.
12 Volksführer 92/20. 4. 1849.
13 KAZ 123/5. 5. 1848; vgl. Fenske, Der liberale Südwesten, S. 97.
14 GLA 236/8510.

Quellenverzeichnis

Abkürzungen

Abt.	Abteilung
Art.	Artikel
BV	Bundesversammlung
DV	Deutsche Volkshalle
DZ	Deutsche Zeitung
GLA	Generallandesarchiv Karlsruhe
IISG	Internationaal Instituut voor Social Geschiedenis
JbfG	Jahrbücher für Geschichte
KAZ	Karlsruher Zeitung
MAJ	Mannheimer Journal
MAZ	Mannheimer Zeitung
MdA	Ministerium des großherzoglichen Hauses und der auswärtigen Angelegenheiten
MdI	Ministerium des Innern
MEW	Marx, Engels: Werke
Reg.	Regierung
Reg.bl.	Regierungsblatt
Seebl.	Seeblätter
Verh.	Verhandlungen
ZGO	Zeitschrift für die Geschichte des Oberrheins

I. Ungedruckte Quellen

Es werden nur die wichtigsten der benutzten Archivalien angegeben; ihre Titel werden stichwortartig zusammengefaßt, die Faszikelnummern möglichst zusammengezogen.

1. Badische Landesbibliothek Karlsruhe:
   Collectio Badensia, Sammlung von Flugblättern, Denkschriften und Regierungsblättern der provisorischen Regierung 1849
   Dokumente zur Revolution 1848/49

2. Universitätsbibliothek Heidelberg:
   Sammlung Häusser, Flugschriften
   Revolution. Sammlung von Broschüren und Gedichten zur Geschichte der Revolution von 1848/49 bes. Badens, 6 Bde.

3. Bundesarchiv Koblenz, Außenstelle Frankfurt/Main:
   Handschriftlicher Nachlaß von Gustav Struve, vor allem: Denkwürdigkeiten

4. Hauptstaatsarchiv Stuttgart:
   Kgl. württemb. Gesandtschaft in Karlsruhe, Privatkorresp. aus den Jahren 1844–46, v. Bismarck an Graf von Beroldingen
   (E 70 / Verz. 33)

5. Hessisches Staatsarchiv Darmstadt:
   Politische Umtriebe um 1840
   (Abt. G 2 A)

6. Internationaal Instituut voor Sociale Geschiedenis, Amsterdam:
   Nachlaß J. Ph. Becker, darin Briefe von Gustav Struve, Karl Blind, Karl Heinzen, Mieroslawsky, Mögling
   Nachlaß Willich: Kleine Korrespondenz

7. Stadtarchiv Mannheim:

   7.1. Zeitungen:
   Badisches Regierungsblatt 1848–50
   Großherzoglich Badisches Anzeigenblatt für den Unterrheinkreis 1848–50
   Großherzoglich Badisches Verordnungsblatt für den Unterrheinkreis 1848–50
   Amts- und Intelligenzblatt der provisorischen Regierung der Rheinpfalz 1849 (unvollständig)
   Deutsche Volkszeitung 1848, Red. Julius Fröbel (unvollständig)

   7.2. Plakatsammlung Nr. 2962–3094 (Maueranschläge, Aufrufe und Flugblätter aus Baden und Berlin 1847–52)

   7.3. Stadtratsprotokolle 1830–49
   (1834: den Verlag Hoff betreff., 1849: Beschreibung der Einnahme und Besetzung Mannheims)

   7.4. Depositum Industrie- und Handelskammer, Zugang 1966

   7.5. Nachlaß Daniel Krebs, Zugang 1958 (1827–1901, Teilnehmer am Heckerzug, später demokrat. Landtagsabg.; Schreiben von hauptsächlich südd. Liberalen und Radikalen)

   7.6. Kleine Erwerbungen, Briefe u. a. von Fr. D. Bassermann (1841–49); Karl Blind (22 Briefe, Druckschriften von 1849–94); Robert Blum (Brief von 1846); Josef Fickler (Brief von 1848); Friedrich Hekker (7 Briefe von 1842–75); Adam v. Itzstein (7 Briefe von 1812–49, 1 Albumblatt); Karl Mathy (2 Briefe 1852); Alexander v. Soiron; Valentin Streuber (Abschiedsbrief vor Hinrichtung 1849); Gustav v. Struve (13 Briefe von 1842–65); Adolf v. Trützschler (1 Albumblatt)

   7.7. Katholisches Bürgerhospital (Verlag und Druckerei, Mannheimer Journal), Zugang 2/1967; Nr. 35 (Beschwerde des Bürgerhospitals gegen Hoffsche Konkurrenzdruckerei 1834/35); Nr. 39 (Geschäftsberichte, Schriftverkehr des MAJ 1844–68); Nr. 40 (Tätigkeit Struves beim MAJ 1844/45); Nr. 45 (Dienstverträge und -instruktionen für Struve u. a.); Zugang 44/1969, Nr. 60 (Zensurangelegenheiten u. a.); Nr. 64 (Buchhaltung)

8. Generallandesarchiv Karlsruhe:

   8.1. Vormärz: 1832/33 Politische Unruhen, Geheimbünde, politische Flüchtlinge
233/34899	Politische Umtriebe 1833–52
233/34904	Die Burschenschaft Heidelberg 1832
236/8158/59	Verbot von Zusammenkünften zur Beratung von Staats- und Gemeindeangelegenheiten, sowie das Sammeln von Unterschriften, 1823–43 / 1844–65
236/8135–36	Aufhebung aller geheimen Verbindungen und Orden (Freimaurer-Loge in Mannheim) 1809–64

	236/8172	Verbot von Bildung von Preß- und Unterstützungsvereinen u. ä. 1832–40
	236/8407	Demagogische Umtriebe, 1832–50; Akte Ludwig Herr, mit »Verzeichnis«
	236/8492	Revolutionäres Treiben in einigen Gegenden des Großherzogtums (Plünderungen) 1847
	236/8775/77	Geheime Gesellschaften, Vereine
	236/8792/97	Geheime Verbindungen, Umwälzungen etc. 1832–42
	236/8807–10	Untersuchung gegen den Bund der Geächteten, 1840–47
	236/2253	Untersuchung gegen die Gesellschaft deutscher Vaterlandsfreunde, 1839

8.2. Frühe Organisationsversuche, Handwerkervereine, Communismus, Überwachung

	313/2900–06	Politische Flüchtlinge in der Schweiz, Arbeitervereine
	236/8146–49	Polizeiliche Aufsicht über wandernde Handwerksburschen, Pars II, 1835–49
	236/8155–87	Polizeiaufsicht von aus Frankreich kommenden deutschen Arbeitern, 1840–49
	236/8188–89	Die Verbreitung des Communismus in der Schweiz und die bewaffneten Arbeitervereine (1848)
	236/8196	Die Handwerksgesellenvereine und Arbeitervereine (in Baden, der Verein in Mannheim)
	236/8217	Die unter Handwerksburschen bestehenden demokratischen Vereine, 1850
	236/8750	Arbeitervereine 1850–55; darin Broschüre: Geschichte der Arbeitervereine (ebenso in 340/277)
	340/166–278	Namensliste der am 22. 3. 1850 vom Bundesrat ausgewiesenen Mitglieder deutscher Arbeitervereine
	49/1469	Maßregeln gegen politische Flüchtlinge in Frankreich und der Schweiz
	49/2381	Kommunistische Umtriebe deutscher Staatsangehöriger in der Schweiz, 1843–47

8.3. Vereinigungen, politische Vereine, Volksvereine: Vorrevolution und 1848/49

	236/8193	Die katholischen Vereine in Baden 1844–49
	236/8200	Die Vereine der gesetzlichen Ordnung: »Vaterlandsverein«
	236/8199	Die Bildung demokratischer Vereine 1848
	236/8201	Der Mißbrauch des Vereinigungsrechts
	236/8195	Politische Volksversammlungen 1847–49
	236/8209	Die (revolutionären) Volksvereine 1849
	236/8208	Die Auflösung der politischen Vereine 1849
	236/8491	Die Bildung eines allgemeinen deutschen Turnvereines 1848/49
	236/5196	Staatsgefährliche Tendenzen der Turnvereine 1847–48

8.4. Presse und Zensur: Vormärz und 1848/49

	236/233–240	Zensurakten der Seeblätter, des Leuchtthurms, der Deutschen Volkshalle, des Rheinischen/Deutschen Postillon, der Mannheimer Abendzeitung, des Mannheimer Journals
	236/250–256	Überwachung revolutionärer Zeitungen 1848/49: Der Freischärler, Die Deutsche Republik, u. a.

8.5. Baden und das Reich während der Revolution

	236/4234–65	Die Deutsche Nationalversammlung – Protokolle der Wahl in den 20 Wahlbezirken
	236/4223	Die Leitung der provisorischen Centralgewalt in Deutschland 1848/49
	236/4224	Die Reichsverfassung und deren Vollzug

8.6. Die Revolution: Der Hecker- und Struveputsch 1848, die Mairevolution und die republikanische Regierung 1849 – die Niederschlagung der Erhebungen

	48/5197	Die Versammlung von Heppenheim Oktober 1847, das Vorgehen der Bundesregierungen
	48/5460	Intus: Korrespondenz Dusch/Mathy 1848
	233/34891	Verbindung zwischen badischen und württembergischen Revolutionären
	237/6827–28	»Gärungen«, die Aufstände von Struve und Hecker

236/8491	Hochverräterische Umtriebe, Bildung von Freischaren
236/8492	Revolutionäres Treiben in Baden
236/8493	Umwälzungsversuche in Baden und das Verhalten der Behörden
236/8495	Die Freischaren von Struve und Hecker 1848
236/8496	Aufstand im See- und Oberrheinkreis, Gagerns Tod
236/8520–25	Hochverräterische Umtriebe, Untersuchung gegen Struve, Hecker und Fickler u. a. (bis 26. 4. 1848)
236/8506 ff.	Struveputsch 1848
236/8508	Sturmpetition der Umsturzpartei zur Republikanisierung Deutschlands; Stimmensammlung 1848/49
48/5475–77	Akten der republikanischen Regierung 1849 Sitzungsprotokolle des regierenden Landesausschusses (besonders wichtig, da sie die Fraktionskämpfe enthalten), der Abteilung für Krieg, Justiz, Inneres und Äußeres, Geschäftstagebücher der Finanzkommission; Geschäftsjournale des Landes-Ausschusses der prov. Reg.
236/8533	Die Mairevolution und die revolutionäre Volksregierung
236/8539–50	Generalakten des Generalkommissärs über den Aufstand in Baden 1848/49
233/33620	Unterdrückung der im Jahre 1849 ausgebrochenen Revolution

8.7. Teilnehmer der Revolution 1849: Zur Soziologie der Beteiligten
Die Gesamtkartei aller Teilnehmer der Revolution 1848/49 wird im GLA erstellt (Herr Raab); sie ist auf komplette Erfassung aller Teilnehmer angelegt, sie enthält bisher ca. 9000 Teilnehmer.

237/16844–45	Ersatzforderungen an Revolutionäre seitens des Finanzministeriums (erstellt 1852/53) 3732 Teilnehmer der Revolution, die rechtskräftig verurteilt sind, werden regreßpflichtig gemacht; die Angaben sind aufgeschlüsselt in: Name, Stand (Beruf), Wohnort, Amtsbezirk, Untersuchungsbehörde, Gerichtsurteil, Vermögensverhältnisse – vielfach genaue Angaben zum Besitzstand. Bemerkungen: z. B. flüchtig, abwesend, Verfolgung ruht.
236/8812	Verzeichnis der Teilnehmer an dem Aufstande in Baden, Angaben der gegen sie erkannten Strafen 1849 190 Hauptradelsführer der Revolution, die wegen »Hochverrats« verurteilt wurden, werden mit Name, Beruf, Urteil (von lebenslänglich bis zu einigen Jahren Zuchthaus oder Gefängnis) aufgeführt; fast alle in Emigration.
236/8509–10	Verzeichnis der Funktionsträger der demokratischen Volksvereine 1849 Enthält Name, Beruf, Wohnort, Amtsbezirk; Funktion: z. B. Präsident, Sekretär, Kassierer; 2823 Namen, davon ca. 2000 mit Berufs- und Funktionsangaben.
236/8774	Namensliste a) der verfassunggebenden Versammlung b) der führenden Zivilbeamten (Revolutionäre) c) der Zeitungsredakteure
48/3073–82	Revolutionäre Flüchtlinge in der Schweiz; Listen der Leiter und Beamten des Aufstandes; Listen der in der Schweiz verbliebenen Aufständischen (Grad ihrer Beteiligung, Rückkehr wegen geringer Beteiligung)
48/3073–82	Intus: Listen der Leiter und Beamten des Aufstandes 1849
236/8533	Listen der Civilkommissäre und Bediensteten des Aufstandes 1849
236/16383/29562	Beteiligte Schullehrer
234/447	Verhaftung von beteiligten Geistlichen
236/16007	Die beteiligten Ärzte

II. Gedruckte Quellen

1. Zeitungen (Erscheinungsort und benutzte Jahrgänge)

Die Badische / National-Zeitung	Karlsruhe	1841
Das Badische Volksblatt	Freiburg	1832–1835
Die demokratische Republik	Heidelberg	1849
Die Deutsche Volkshalle	Konstanz	1839–1841
Die Deutsche Volkszeitung	Mannheim	1848
Der Deutsche Zuschauer	Mannheim	1846/47–1848[1]
Der Festungsbote	Rastatt	7. 7.–22. 7. 1849
Der Freisinnige	Freiburg	1832
Die Karlsruher Zeitung	Karlsruhe	1832–1849[2]
Der Leuchtthurm	Konstanz	1838–1839
Die Mannheimer Abendzeitung	Mannheim	1842–1849
Das Mannheimer Journal	Mannheim	1844–1846
Das Mannheimer Morgenblatt	Mannheim	1845–1846
Die Oberdeutsche Zeitung	Karlsruhe	1842
Die Republik	Heidelberg	1848–1849
Der Rheinische / Deutsche Postillon	Mannheim	1838–1840
Der Schwarzwälder	Freiburg	1832
Die Seeblätter	Konstanz	1838–1849
Süddeutsche Zeitung für Kirche und Staat	Freiburg	1845–1848
Der Volksfreund	Lörrach	1848
Der Volksführer	Heidelberg	1848–1849
Der Wächter am Rhein	Mannheim	1832

[1] Nur im Reiss-Museum Mannheim vorhanden.
[2] Im Jahre 1849 Organ der revolutionären Regierung.

2. Allgemeine gedruckte Quellen

Abt, Gottlieb Christian: Die Revolution in Baden und die Demokraten vom revolutionären Standpunkt aus beleuchtet, Herisau 1849

Adler, Hans (Hg.): Literarische Geheimberichte. Protokolle der Metternich-Agenten, Bd. 1 (1840–1843), Bd. 2 (1844–1848). Köln 1977 und 1981

Allgemeine Deutsche Biographie. Hg. durch die Historische Commission bei der Königl. Akademie der Wissenschaften. Leipzig 1875–1912

Andlaw, Heinrich v.: Aufruhr und Umsturz in Baden als eine natürliche Folge der Landesgesetzgebung, 4 Bde., Freiburg 1850/51

Baden. Land – Staat – Volk 1806–1871. Hg. vom Generallandesarchiv Karlsruhe in Verbindung mit der Ges. f. kulturhistor. Dokumentation, bearb. von Kurt Andermann, Konrad Krimm und Hansmartin Schwarzmaier, Karlsruhe 1980

Das Großherzogtum Baden in allgemeiner, wirtschaftlicher und staatlicher Hinsicht dargestellt. Hg. von E. Rebmann, E. Gothein, E. v. Jagemann, Bd. I, 2. Auflage, Karlsruhe 1912

1848–1849: Bürgerkrieg in Baden. Chronik einer verlorenen Revolution. Zusammengestellt von Wolfgang Dreßen, Berlin 1975

Badische Biographien. Hg. von Fr. v. Weech, 6 Bde., 1875 ff.

Bamberger, Ludwig: Erlebnisse aus der pfälzischen Erhebung im Mai und Juni 1849, Frankfurt 1849

Bassermann, Friedrich Daniel: Denkwürdigkeiten 1811–1855. Hg. von F. v. Bassermann-Jordan u. Ernst v. Bassermann-Jordan, Frankfurt/M. 1926

Bauer, Edgar: Geschichte der constitutionellen und revolutionären Bewegungen im südlichen Deutschland, in den Jahren 1831–1834. 3 Bde., Charlottenburg 1845

Becker, J. P., und Chr. Esselen: Geschichte der süddeutschen Mai-Revolution des Jahres 1849. Genf 1849

Bekk, Johann Baptist: Die Bewegung in Baden von Ende Februar 1848 bis zur Mitte des Mai 1849. Mannheim 1850, 2. Aufl. 1852

Berichte des Generals Mieroslawski über den Feldzug in Baden. Bern 1849

Blittersdorff, Friedrich Karl Landolin v.: Einiges aus der Mappe des Freiherrn von Blittersdorff.

Bloch, Erich: Geschichte der Juden von Konstanz im 19. und 20. Jahrhundert. Eine Dokumentation. Konstanz 1971

Blos, Wilhelm: Badische Revolutionsgeschichten aus den Jahren 1848/49. Mannheim 1910

Böhm, Edgar, Rolf Engelsing (Hg.): Die Zeitung. Deutsche Urteile und Dokumente von den Anfängen bis zur Gegenwart. Bremen 1967

Born, Stephan: Erinnerungen eines Achtundvierzigers. Leipzig 1898, Neudruck 1978

Briefe von und an Karl Mathy aus dem Frühling 1849. Deutsche Revue. Hg. v. Richard Fleischer, 33. Jg., 2. Bd. 1908

Büchner, Alexander: Das tolle Jahr. Erinnerungen. Gießen 1904

Chezy, Wilhelm v.: Erinnerungen aus meinem Leben. 2. Buch, 4. Bd., Schaffhausen 1864

Closmann, A. de: Ma vie d'officier badois, de refugie politique et de journaliste. 1859

Corvin, Otto v.: Aus dem Leben eines Vorkämpfers. Erinnerungen. 1850

Darlegung der Hauptresultate aus den wegen der revolutionären Complotte der neueren Zeit in Deutschland geführten Untersuchungen. Auf den Zeitabschnitt mit Ende Juli 1838. Frankfurt/M. 1839

Degen, Ludwig: Zur Beurteilung der badischen Revolution, Leipzig 1850

Deutschmann, W. (Pseudonym): Die Radical-Reform des Staats- und Privatrechts, ob und inwieweit dieselbe rechtlich notwendig und zulässig sey. Mannheim 1838 (Druck und Verlag H. Hoff)

Deutsche Verfassungen. Die grundlegenden Dokumente deutscher Demokratie von der Paulskirche bis zum Grundgesetz. Hg. von Dieter Kakies. München 1965

Deutscher Zeitungskatalog für das Jahr 1848. 4. Aufl., Leipzig 1848

Dusch, Alexander v.: Zur Pathologie der Revolution. Erklärung und Abwehr, veranlaßt durch Bekks und Andlaws Schriften »Bewegung« und »Umsturz« in Baden. Heidelberg 1852

Engels, Friedrich: Die deutsche Reichsverfassungskampagne. In: MEW Bd. 7, Berlin 1969, S. 109–197.

Fenske, Hans (Hg.): Vormärz und Revolution 1840–1849. In: Quellen zum politischen Denken der Deutschen im 19. und 20. Jahrhundert, Freiherr-vom-Stein-Gedächtnisausgabe, Bd. 4, Darmstadt 1976

Fickler, C. B. A.: In Rastatt 1849. Rastatt 1853

Fickler, Josef (Hg.): Erinnerungen an den badischen Landtag von 1842. Belle-Vue bei Constanz 1842

Fischer, Wilhelm: Das Jahr 1839. Politisches Taschenbuch auf das Jahr 1840. Mannheim 1840 (Verlag Heinrich Hoff)

Förderer, Albert: Erinnerungen an Rastatt 1849. Lahr 1899

Fröbel, Julius: Ein Lebenslauf. Aufzeichnungen, Erinnerungen und Bekenntnisse. 1. Bd. Stuttgart 1890

Gagern, Heinrich v.: Deutscher Liberalismus im Vormärz. Heinrich von Gagern. Briefe und Reden 1815–1848. Hg. vom Bundesarchiv und der Hess. Hist. Komm. Darmstadt, bearbeitet von Paul Wentzcke und Wolfgang Klötzer. Göttingen 1959

Die Gegenwart. Eine enzyklopädische Darstellung der neuesten Zeitgeschichte für alle Stände. 12 Bde., Leipzig 1848–1856

Gentz, Friedrich v.: Staatsschriften und Briefe. 2 Bde., hg. von Hans v. Eckart, München 1921

Giehne, Friedrich: Das deutsche Zeitungswesen. In: Deutsche Vierteljahrsschrift 1840, Heft 1

Glossy, Karl: Literarische Geheimberichte aus dem Vormärz. Wien 1912 (Separatdruck aus dem Jahrbuch der Grillparzer-Gesellschaft, Jg. XXI–XXIII, 1912)

Goegg, Amand: Nachträgliche authentische Aufschlüsse über die Badische Revolution von 1848, deren Entstehung, politischen und militärischen Verlauf. Zürich 1876 (anonym erschienen)

Grün, Karl: Meine Ausweisung aus Baden, meine gewaltsame Entführung aus Rheinbayern und meine Rechtfertigung vor dem deutschen Volke. Zürich und Winterthur 1843

Grün, Karl: Die soziale Bewegung in Frankreich und Belgien. Briefe und Studien. Darmstadt 1845
– (Hg.): Neue Anekdota, Darmstadt 1845
–: Politik und Sozialismus. In: Deutsches Bürgerbuch, Bd. 1, 1845
–: Über wahre Bildung. Eine Vorlesung gehalten den 28. April 1844 zu Bielefeld, zum Besten der armen Spinner in Ravensberg. Bielefeld 1844
Häusser, Ludwig: Denkwürdigkeiten zur Geschichte der badischen Revolution. Heidelberg 1851
Hecker, Friedrich: Die Erhebung des Volkes in Baden für die Deutsche Republik. Basel 1848
Heinzen, Karl: Teutsche Revolution. Gesammelte Flugschriften. Bern 1847
– (Hg.): Die Opposition, Mannheim 1846
Hermand, Jost (Hg.): Der deutsche Vormärz. Texte und Dokumente. Stuttgart 1967
Herwegh, Georg: Gedichte und kritische Aufsätze aus den Jahren 1839 und 1840. Belle-Vue bei Konstanz 1845
Historisches Lesebuch, Bd. 1, 1815–1871. Hg. und eingel. von Werner Pöls, Frankfurt/M. 1966
Hoff, Heinrich: Meine Verhaftung, Einkerkerung und fortgesetzte dauernde Gefangenhaltung zu Bruchsal wegen angeblichen Hochverrats durch die Presse und in der Rede. Mannheim 1848
Houben, H. H.: Der gefesselte Biedermeier. Literatur, Kultur, Zensur in der guten alten Zeit. Leipzig 1924
Huber, Ernst Rudolf (Hg.): Dokumente zur deutschen Verfassungsgeschichte. Bd. I, Deutsche Verfassungsdokumente 1830–1850. Stuttgart 1961
Ilse, L. Fr.: Geschichte der politischen Untersuchungen, welche durch die neben der Bundesversammlung errichteten Commissionen, der Central-Untersuchungs-Commission zu Mainz und der Bundes-Central-Behörde zu Frankfurt, in den Jahren 1819 bis 1827 und 1833 bis 1842 geführt sind. Frankfurt/M. 1922
Jacoby, Johann: Briefwechsel 1816–1849. Hg. und erl. von Edmund Silberner. Hannover 1974
Kaiser, Eduard: Aus alten Tagen. Erinnerungen eines Markgräflers 1815–1875. Lörrach o. J. (1910)
Klüber, Johann Ludwig, u. Carl Welcker: Wichtige Urkunden für den Rechtszustand der deutschen Nation. Mit eigenhändigen Anmerkungen von J. L. Klüber, aus dessen Papieren mitgeteilt und erläutert von C. Welcker. 2. Aufl. 1845
Krimm, Konrad, u. John Herwig: Herr Biedermeier in Baden. Stuttgart 1981
Lammel, Inge (Hg.): Lieder der Revolution 1848. Frankfurt 1957
Lautenschlager, Friedrich (Hg.): Volksstaat und Einherrschaft. Dokumente aus der badischen Revolution 1848/49. Konstanz 1920
Löwenfels: Der zweite republikanische Aufstand in Baden. Basel 1848
Marr, Wilhelm: Das junge Deutschland in der Schweiz: Ein Beitrag zur Geschichte der geheimen Verbindungen unserer Tage. Leipzig 1846
Marx, Karl, Friedrich Engels: Die großen Männer des Exils. In: MEW Bd. 8
Mathy, Karl (Hg.): Die Verfassungsfeier in Baden am 22. August 1843. In: Vaterländische Hefte, Bd. 2, Mannheim 1843 (Verlag Bassermann)
Mathy, Karl: Aus dem Nachlaß von Karl Mathy. Briefe aus den Jahren 1846–1848. Mit Erl. hg. von Ludwig Mathy, Leipzig 1898
–: Badische Zustände zu Anfang des Jahres 1843. In: Konstitutionelle Jahrbücher, hg. Karl Weil, 1. Bd., Stuttgart 1843
Moegling, Theodor: Briefe an seine Freunde. Solothurn 1858
Mördes, Florian: Die deutsche Revolution mit besonderer Berücksichtigung auf die badische Revolutionsepoche. Herisau 1849
Morel, C.: Die März-Revolution und der badische Aufstand. St. Gallen 1849
Obermann, Karl (Hg.): Einheit und Freiheit. Die deutsche Geschichte von 1815–1849 in zeitgenössischen Dokumenten. Berlin 1950
–: Flugblätter der Revolution. Eine Flugblattsammlung zur Geschichte der Revolution von 1848/49 in Deutschland. Berlin 1970
Obermüller, Wilhelm: Das Gütergleichgewicht. Eine Lösung der sozialen Frage: Wie ist dem Elend der arbeitenden Klassen abzuhelfen? Belle-Vue bei Constanz 1840
Protokolle der Deutschen Bundesversammlung nebst den loco dictaturae gedruckten Separat-Protokollen und Beilagen. Frankfurt/M. 1832 ff.

Püttmann, Hermann (Hg.): Rheinische Jahrbücher zur gesellschaftlichen Reform, Bd. II. Belle-Vue bei Constanz 1846
Quinet, Edgar: 1815 et 1840. In: Oeuvres Complètes de Edgar Quinet, en 11 vol., vol. X, Paris 1870
Radowitz, Joseph v.: Nachgelassene Briefe und Aufzeichnungen zur Geschichte der Jahre 1848–1853. Hg. von Walter Möring. Stuttgart 1922
Regierungsblatt für das Großherzogtum Baden 1832 ff.
Rotteck, Carl v.: Geschichte des badischen Landtags von 1831, als Lese- und Lehrbuch für das Deutsche Volk. 1833
Rotteck, Hermann v. (Hg.): Carl von Rottecks gesammelte und nachgelassene Schriften mit Biographie und Briefwechsel. 4 Bde. 1841
Ruge, Alexander: Briefwechsel und Tagebuchblätter aus den Jahren 1825–1880. Bd. I. Berlin 1886
Sahrmann, Adam: Beiträge zur Geschichte des Hambacher Festes 1832. Landau/Pfalz 1930
Scherr, Johann, u. Georg Herwegh: Literatur und politische Blätter. Winterthur 1843
Schletter, Hermann Theodor: Handbuch der deutschen Press-Gesetzgebung. Leipzig 1846
Schulz, Wilhelm: Der Bund der Deutschen und Franzosen für Gründung eines nationalen Gütergleichgewichts in Europa. Straßburg 1841
–: Geheime Inquisition, Censur und Kabinettsjustiz im verderblichen Bunde. Schlußversammlung mit vielen neuen Aktenstücken über den Prozeß Weidig. Karlsruhe 1845
–: Briefwechsel eines Staatsgefangenen und seiner Betreuerin. 2 Bde., Mannheim 1846
Schurz, Carl: Sturmjahre. Lebenserinnerungen eines Achtundvierzigers. Hg. von Joachim Lindner. Berlin 1973
–: Lebenserinnerungen. Bd. II, Von 1852–1870. Berlin 1907
Sigel, Franz: Denkwürdigkeiten des Generals Franz Sigel aus den Jahren 1848 und 1849. Mannheim 1902
Staats-Lexicon oder Encyclopädie der Staatswissenschaften. Hg. von Carl v. Rotteck und Carl Theodor Welcker, 15 Bde. und 4 Suppl.-Bde., Altona 1834–1847; 2. Aufl., 12 Bde., Altona 1845–1848, 3. Aufl., 14 Bde., Leipzig 1856–1866
Stein, Lorenz: Der Sozialismus und Kommunismus des heutigen Frankreich, ein Beitrag zur Zeitgeschichte, Leipzig 1842
Stromeyer, Franz: Organisation der Arbeit, Belle-Vue bei Constanz 1844
Struve, Amalie: Erinnerungen aus den badischen Freiheitskämpfen. Hamburg 1850
Struve, Gustav: Die Grundrechte des deutschen Volkes, Birsfelden 1848
–: Geschichte der drei Volkserhebungen in Baden. Bern 1849
–: und Gustav Rasch: Zwölf Streiter der Revolution. Berlin 1867
–: Kritische Geschichte des allgemeinen Staatsrechts in ihren Hauptträgern dargestellt. Mannheim 1847
–: Actenstücke der badischen Zensur und Polizei. Bd. I und II. Mannheim 1845
–: Dritte Recursschrift an das Publikum. Mannheim und Heidelberg 1846
–: Plan zur Revolutionierung und Republikanisierung Deutschlands. An die Männer des gesunden Menschenverstandes in Teutschland (2 Flugschriften zus. mit Heinzen). 1849
Das staatsrechtliche Verhältnis der Standes- und Grundherren und die Lehensverfassung im Großherzogtum Baden, dargestellt in einer Sammlung der hierüber erschienenen Gesetze und Verordnungen in chronologischer Folge. Karlsruhe 1843
Venedey, Jacob: Der Rhein, 2. Aufl., Belle-Vue bei Constanz 1841
Verhandlungen der Stände-Versammlung des Großherzogtums Baden, zweite Kammer, 1838–1847
Vorwärts! Volkstaschenbuch für das Jahr 1845. Unter Mitwirkung mehrerer freisinniger Schriftsteller Deutschlands hg. von Robert Blum und Friedrich Steger, Leipzig 1845; sowie weitere Jge. bis 1847
Walesrode, Ludwig: Der Humor auf der Bank der Angeklagten. Mannheim 1844
Walter, Johann Philipp: Mannheims Denkwürdigkeiten. Mannheim 1855
Weech, Friedrich v.: Geschichte der badischen Verfassung. Nach amtlichen Quellen, 1868
Welcker, Karl Theodor: Die Vervollkommnung der organischen Entwicklung des Deutschen Bundes zur bestmöglichen Förderung deutscher Nationaleinheit und deutscher staatsbürgerlicher Freiheit. 1831
–: Die vollkommene und ganze Preßfreiheit nach ihrer sittlichen, rechtlichen und politischen Notwendigkeit

und ihrer Übereinstimmung mit deutschem Fürstenwort und nach ihrer völligen Zeitgemäßheit, dargestellt in ehrerbietigster Petition an die Hohe Deutsche Bundesversammlung. Freiburg 1830
Wermuth und Stieber: Die Communistenverschwörungen des neunzehnten Jahrhunderts. Im amtlichen Auftrag zur Benutzung durch die Polizeibehörden. 2 Teile, Berlin 1853
Wirth, Johann Georg August: Denkwürdigkeiten aus meinem Leben. Emmishofen bei Konstanz 1844
– (Hg.): Das Nationalfest der Deutschen zu Hambach. Unter Mitwirkung eines Redaktionsausschusses geschrieben von J. G. A. Wirth. Neustadt a. H. 1832
–: Fragmente zur Kulturgeschichte. Erster Theil, 2 Bde., 2. gänzlich umgearbeitete Auflage. Kaiserslautern 1836
–: Ein Wort an die Deutsche Nation. Karlsruhe 1848
–: Die politisch-reformatorische Richtung der Deutschen im XVI. und XIX. Jahrhundert. Ein Beitrag zur Zeitgeschichte. Druck und Verlag der Deutschen Volkshalle im Verlag Belle-Vue, 1841
Zittel, Karl: Die politischen Partheiungen in Baden. In: Jahrbücher der Gegenwart 1847

Literaturverzeichnis

Beiträge in Zeitschriften und Zeitungen sind im Anmerkungsteil enthalten.

Abegg, D.: Zur Verarmungsfrage mit besonderer Berücksichtigung des Großherzogtums Baden. Rastatt 1849
Adler, Georg: Die Geschichte der ersten socialpolitischen Arbeiterbewegung in Deutschland mit besonderer Rücksicht auf die einwirkenden Theorien. Ein Beitrag zur Entwicklungsgeschichte der socialen Frage. Breslau 1885, Nachdruck Frankfurt 1966
Anders, Erika: Ludwig Börne und die Anfänge des modernen Journalismus. Phil. Diss. Heidelberg 1933
Andreas, Willy: Geschichte der badischen Verwaltungsorganisation und Verfassung in den Jahren 1802–1818. 1. Band: Der Aufbau des Staates im Zusammenhang der allgemeinen Politik, 1913 (mehr nicht erschienen)
Angermann, Erich: Karl Mathy als Sozial- und Wirtschaftspolitiker (1842–1848), in: ZGO 103, 1955
Badische Geschichte. Vom Großherzogtum bis zur Gegenwart von Josef Becker, Lothar Gall u. a. Hg. von der Landeszentrale für politische Bildung, Stuttgart 1979
Balser, Frolinde: Sozial-Demokratie 1848/49–1863. Die erste deutsche Arbeiterorganisation »Allgemeine Arbeiterverbrüderung« nach der Revolution. Stuttgart 1962
Baumann, Kurt: Das Hambacher Fest, 27. Mai 1832. Männer und Ideen. Speyer 1957
Baumert, Dieter Paul: Die Entstehung des deutschen Journalismus. Eine sozialgeschichtliche Studie. München und Leipzig 1926
Baumgart, Franzjörg: Die verdrängte Revolution. Darstellung und Bewertung der Revolution von 1848 in der deutschen Geschichtsschreibung vor dem Ersten Weltkrieg. Düsseldorf 1976
Becker, Josef: Liberaler Staat und Kirche in der Ära von Reichsgründung und Kulturkampf. Geschichte und Strukturen ihres Verhältnisses in Baden 1860–1876. Mainz 1973
Bergeron, Louis, François Furet u. Reinhart Koselleck (Hg. und Verf.): Das Zeitalter der europäischen Revolution 1780–1848. Fischer Weltgeschichte Bd. 26, Frankfurt/M. 1969
Bergsträßer, Ludwig: Die parteipolitische Lage beim Zusammentreten des Vorparlaments. In: Zeitschrift für Politik 6, 1913
–: Die Heidelberger »Deutsche Zeitung« und ihre Mitarbeiter. In: Historische Vierteljahresschrift, Jg. 31, 1937
Blackbourn, David, u. Geoff Eley: Mythen deutscher Geschichtsschreibung. Die gescheiterte bürgerliche Revolution von 1848. Frankfurt, Berlin und Wien 1980
Blos, Wilhelm: Die deutsche Revolution. Geschichte der deutschen Bewegung von 1848 und 1849. Stuttgart 1893, Nachdruck Berlin und Bonn 1978
Blum, Hans: Robert Blum. Ein Zeit- und Charakterbild für das deutsche Volk. Leipzig 1878
–: Die deutsche Revolution 1848–1849. Florenz und Leipzig 1897
Bock, Helmut: Ludwig Börne. Vom Ghettojuden zum Nationalschriftsteller. Berlin 1962
Boldt, Hans: Deutsche Staatslehre im Vormärz. Düsseldorf 1975
Boldt, Werner: Die württembergischen Volksvereine von 1848 bis 1852. Stuttgart 1870
–: Konstitutionelle Monarchie oder parlamentarische Demokratie. Die Auseinandersetzung um die deutsche Nationalversammlung in der Revolution von 1848. In: Historische Zeitschrift 216, 1973

–: Die Anfänge des deutschen Parteiwesens. Fraktionen, politische Vereine und Parteien in der Revolution 1848. Paderborn 1971
Botzenhart, Manfred: Baden in der deutschen Revolution 1848/49. In: Oberrheinische Studien, Bd. II, hg. von Alfons Schäfer, Karlsruhe 1973
–: Deutscher Parlamentarismus in der Revolutionszeit 1848–1850. In: Handbuch der Geschichte des Deutschen Parlamentarismus, Düsseldorf 1977
Bracher, Karl Dietrich: Deutschland zwischen Demokratie und Diktatur. Beiträge zur neueren Politik und Geschichte. Bern und München 1964
Bravo, Gian Mario: Il communismo tedesco in Svizzera. August Becker 1843. In: Annali, Jahrg. 6, Mailand 1963
Brederlow, Jörn: »Lichtfreunde« und Freie Gemeinden. Religiöser Protest und Freiheitsbewegung im Vormärz und in der Revolution von 1848/49. München 1976
Brugger, Otto: Geschichte der deutschen Handwerkervereine in der Schweiz 1836–43. Die Wirksamkeit Weitlings 1841–43. Bonn und Leipzig 1932
Büsch, Otto: Die frühsozialistischen Bünde in der Geschichte der deutschen Arbeiterbewegung. Vom »Bund der Gerechten« zum »Bund der Kommunisten« 1836–1847. Hg. von Hans Herzfeld, Berlin 1975
Büttner, Wolfgang: Georg Herwegh – ein Sänger des Proletariats. Der Weg eines bürgerlich-demokratischen Poeten zum Streiter für die Arbeiterbewegung. Berlin 1970
Bußmann, Walter: Heinrich von Treitschke. Sein Welt- und Geschichtsbild. Göttingen 1952
Conze, Werner: Vom »Pöbel« zum »Proletariat«. Sozialgeschichtliche Voraussetzungen für den Sozialismus in Deutschland. In: Vierteljahresschrift Soziale Wirtschaftsgeschichte 41, 1954, Wiederabdruck in: Moderne deutsche Sozialgeschichte, hg. von Hans-Ulrich Wehler, 2. Aufl., Köln 1968
–: Das Spannungsfeld von Staat und Gesellschaft im Vormärz. In: Staat und Gesellschaft im deutschen Vormärz, 1815–1848, hg. von Werner Conze, 2. Aufl., Stuttgart 1970
Cornu, August: Karl Marx und Friedrich Engels. Leben und Werk. Bd. I, Berlin 1954
Dahrendorf, Ralf: Gesellschaft und Demokratie in Deutschland. München 1965
Davies, James C.: Eine Theorie der Revolution. In: Wolfgang Zapf (Hg.), Theorien des sozialen Wandels, Köln und Berlin 1969
Deppe, Frank: Verschwörung, Aufstand und Revolution. Blanqui und das Problem der sozialen Revolution. Frankfurt 1970
Derwein, Herbert: Heidelberg im Vormärz und in der Revolution 1848. Ein Stück badischer Bürgergeschichte. In: Heidelberger Jahrbuch 1958
Diesbach, Alfred: Die deutschkatholische Gemeinde Konstanz 1845–1849. Mannheim 1971
–: Josef Ficklers Rolle in der dritten badischen Volkserhebung. In: Badische Heimat, Heft 2, 1974
–: August von Willich: Preußischer Offizier, badischer Freischarenführer, Brigadegeneral in den U.S.A. In: Badische Heimat, Heft 3, 1978
Dietz, Eduard: Das Frankfurter Attentat und die Heidelberger Studentenschaft. Heidelberg 1906
Dlubek, Rolf: Johann Philipp Becker. Vom radikalen Demokraten zum Mitstreiter von Marx und Engels in der I. Internationale (1848–1864/65). Phil. Diss. Berlin (Ost) 1964
–: Ein deutscher Revolutionsgeneral. Johann Philipp Becker in der Reichsverfassungskampagne. In: Jahrbuch für Geschichte, Bd. 7, Berlin (Ost) 1972
Dorpalen, Andreas: Die Revolution von 1848 in der Geschichtsschreibung der DDR. In: Historische Zeitschrift 210, 1970
–: Die Revolution von 1848. In: Theodor Schieder (Hg.), Revolution und Gesellschaft, Freiburg, Basel und Wien 1973
Dreher E.: Anfänge der Bildung politischer Parteien in Baden. Ms. Diss. Freiburg 1952
Droz, Jacques: Les Révolutions Allemandes de 1848. Paris 1967
Dunn, John: Moderne Revolution. Analyse eines politischen Phänomens. Stuttgart 1974
Eichstädt, Volkmar: Die deutsche Publizistik von 1830. Ein Beitrag zur Entwicklungsgeschichte der konstitutionellen und nationalen Tendenzen. Berlin 1933
Eitel, Peter: Fahrende Gesellen. Beobachtungen zur Handwerksgesellenwanderung in der 1. Hälfte des

19. Jahrhunderts anhand von Ravensburger Quellen. In: Schriften des Vereins für Geschichte des Bodensees und seiner Umgebung 97, 1979.

Engelmann, Bernt: Trotz alledem. Deutsche Radikale 1777–1977. Hamburg 1979

Engelsing, Rolf: Massenpublikum und Journalistentum im 19. Jahrhundert in Nordwestdeutschland. Berlin 1966

–: Analphabetentum und Lektüre. Stuttgart 1973

Faber, Karl-Georg: Theorie der Geschichtswissenschaft. München 1971

–: Restauration und Revolution. Von 1815–1851. In: Handbuch der Deutschen Geschichte, Bd. 3/I, 2. Teil, Deutsche Geschichte im 19. Jahrhundert, hg. von Leo Just, Wiesbaden 1980

Fenske, Hans: Der liberale Südwesten. Freiheitliche und demokratische Traditionen in Baden und Württemberg 1790–1933. Stuttgart 1981

Fetscher, Elmar B.: Die Konstanzer Seeblätter und die Pressezensur des Vormärz 1840/41. Sigmaringen 1981

Fickert, A.: Montesquieus und Rousseaus Einfluß auf den vormärzlichen Liberalismus Badens. In: Leipziger historische Abhandlungen, Heft 37, 1914

Fischer, Wolfram: Staat und Gesellschaft Badens im Vormärz. In: Staat und Gesellschaft im deutschen Vormärz 1815–1848, hg. von W. Conze, Stuttgart 1962

–: Der Staat und die Anfänge der Industrialisierung in Baden, 1800–1850. 1. Bd., Die staatliche Gewerbepolitik, Berlin 1962

Fleischmann, Sigmund: Die Agrarkrise von 1845–1855 mit besonderer Berücksichtigung von Baden. Phil. Diss. Heidelberg 1902

Fleury, Victor: Le poète Georg Herwegh (1817–1875). Paris 1911

Förder, Herwig: Marx und Engels am Vorabend der Revolution. Die Ausarbeitung der politischen Richtlinien für die deutschen Kommunisten (1846–1848). Berlin 1960

Forster, J. G.: Phantasie, Phrasen und Fanatismus im Vormärz: Eine historische Untersuchung vom Leben und Werk der Dichter Ferdinand Freiligrath und Georg Herwegh im Spiegel der Literatur. Nürnberg 1978

Fraenkel, Ernst: Deutschland und die westlichen Demokratien. 4. Aufl., Stuttgart 1968

Fragen an die deutsche Geschichte. Ideen, Kräfte, Entscheidungen von 1800 bis zur Gegenwart, Historische Ausstellung im Reichstagsgebäude in Berlin, Katalog, 3. erw. Auflage, Bonn 1977

Freyer, Ulrich: Das Vorparlament zu Frankfurt a. M. im Jahre 1848. Phil. Diss. Greifswald 1913

Freytag, Gustav: Karl Mathy. Geschichte seines Lebens. 2. Aufl., Leipzig 1872

Fricke, Dieter (Hg.): Die bürgerlichen Parteien in Deutschland. Handbuch der Geschichte der bürgerlichen Parteien und anderer bürgerlicher Interessenorganisationen vom Vormärz bis 1945. 2 Bde., Leipzig 1968–1970

Fröhlich, Friedrich: Die badischen Gemeindegesetze samt den dazugehörigen Verordnungen und Ministerialverfügungen, mit geschichtlichen und erläuternden Einleitungen und Anmerkungen. 2. Aufl. 1861

Gall, Lothar: Der Liberalismus als regierende Partei. Das Großherzogtum Baden zwischen Restauration und Reichsgründung, Wiesbaden 1968

–: Liberalismus und »bürgerliche Gesellschaft«. Zu Charakter und Entwicklung der liberalen Bewegung in Deutschland. In: Historische Zeitschrift 22, 1975

Gansser, H.: Die Süddeutsche Zeitung für Kirche und Staat. Freiburg 1845–1848. Eine Studie über die Anfänge des politischen Katholizismus in Baden. Berlin 1936

Gauer, Wilhelm: Badische Staatsräson und Frühliberalismus um die Juliwende. Regierung, Presse und öffentliche Meinung in Baden 1830/1832. Ein Versuch. In: ZGO 84, 1932

Gebhardt, Bruno: Handbuch der deutschen Geschichte. Bd. 3. Von der Französischen Revolution bis zum Ersten Weltkrieg, hg. von Herbert Grundmann, Stuttgart 1960, 9. neu bearb. Aufl., Stuttgart 1973

Gebhardt, Hartwig: Revolution und liberale Bewegung. Die nationale Organisation der konstitutionellen Partei in Deutschland 1848/49. Bremen 1974

Geisel, Karl: Die Hanauer Turnerwehr. Ihr Einsatz in der badischen Mairevolution 1849 und der Turnerprozeß. Marburg 1974

Gerlach, Antje: Deutsche Literatur im Schweizer Exil. Die politische Propaganda der Vereine deutscher Flüchtlinge und Handwerksgesellen in der Schweiz von 1833 bis 1845. Frankfurt 1975

Geschichtliche Grundbegriffe. Historisches Lexikon zur politisch-sozialen Sprache in Deutschland. Hg. von Otto Brunner, Werner Conze u. Reinhart Koselleck, Stuttgart 1972 ff.

Giese, Ursula: Studien zur Geschichte der Pressegesetzgebung, der Zensur und des Zeitungswesens im frühen Vormärz. In: Börsenblatt für den Deutschen Buchhandel, 20 Jg. 1964, Nr. 12

Goessler, Peter: Der Dualismus zwischen Volk und Regierung im Denken der vormärzlichen Liberalen in Baden und Württemberg. Phil. Diss. Tübingen 1932

Goldfriedrich, Johann: Geschichte des deutschen Buchhandels vom Beginn der Fremdherrschaft bis zur Reform des Börsenvereins im neuen deutschen Reiche (1805–1898). Im Auftrage des Börsenvereins der deutschen Buchhändler hg. von der historischen Kommission derselben; Bd. 4, Leipzig 1913

Goldschmidt, Robert: Geschichte der badischen Verfassungsurkunde 1818–1918. Karlsruhe 1918

Gollwitzer, Heinz: Friedrich Daniel Bassermann und das deutsche Bürgertum. Mannheim 1955

Grab, W., u. U. Frisel: Noch ist Deutschland nicht verloren. Eine historisch-politische Analyse unterdrückter Lyrik von der Französischen Revolution bis zur Reichsgründung. Texte und Analysen. München 1973

–: Harro Harring: Revolutionsdichter und Odysseus der Freiheit. In: Literatur im historischen Prozeß, Bd. 3/2: Vormärz, hg. von G. Mattenklott und K. R. Scherpe, Kronberg 1974

–: Ein Mann, der Marx Ideen gab. Wilhelm Schulz, Weggefährte Georg Büchners, Demokrat der Paulskirche. Eine politische Biographie. Düsseldorf 1979

–: Die Revolution von 1848. Eine Dokumentation. 131 Dokumente und eine Zeittafel. München 1980

–: Radikale Lebensläufe. Von der bürgerlichen zur proletarischen Emanzipationsbewegung. Berlin 1980

– (Hg.): Jahrbuch des Instituts für Deutsche Geschichte, Bd. X und Bd. XI, Tel Aviv 1981, 1982

Griewank, Karl: Deutsche Studenten und Universitäten in der Revolution von 1848. Weimar 1949

–: Der neuzeitliche Revolutionsbegriff. Weimar 1955, Neuaufl. Frankfurt 1971

–: Ursachen und Folgen des Scheiterns der Deutschen Revolution von 1848. In: Historische Zeitschrift 170, 1950

Groh, Dieter: Basisprozesse und Organisationsproblem. Skizze eines sozialgeschichtlichen Forschungsprojekts. In: U. Engelhardt, V. Sellin und H. Stuke (Hg.), Soziale Bewegung und politische Verfassung, Stuttgart 1976

Groth, Otto: Die unbekannte Kulturmacht. 5 Bde., Berlin 1963

–: Die Zeitung. 4 Bde., Mannheim 1928–1930

Haag, Ferdinand: Die Universität Heidelberg in der Bewegung von 1848/49. Phil. Diss. Heidelberg 1934

Habermas, Jürgen: Theorie und Praxis. Sozialphilosophische Studien, 2. Aufl., Neuwied 1967

–: Strukturwandel der Öffentlichkeit. Untersuchungen zu einer Kategorie der bürgerlichen Gesellschaft. 2. Aufl. Neuwied und Berlin 1965

Hagelweide, Gert (Hg.): Deutsche Zeitungsbestände in Bibliotheken und Archiven. Düsseldorf 1974

Hamerow, Theodor S.: Restauration, Revolution, Reaction. Economics and Politics in Germany 1815–1871. Princeton 1958

Harnack, Axel v.: Friedrich Daniel Bassermann und die deutsche Revolution von 1848/49. München 1920

Hartwig, Helmut, u. Karl Riha: Politische Ästhetik und Öffentlichkeit. 1848 im Spaltungsprozeß des historischen Bewußtseins. Steinbach 1974

Hegel, Friedrich: Die Philosophie der Weltgeschichte. Hg. von G. Lasson, Leipzig 1944

–: Phänomenologie des Geistes. Frankfurt/M. 1973

Herzberg, Wilhelm: Das Hambacher Fest. Geschichte der revolutionären Bestrebungen in Rheinbayern um das Jahr 1832. Ludwigshafen 1908

Herzfeld, Hans: Das Land Baden. Grundlagen und Geschichte. Freiburg 1948

Hess, Gustav: Südbaden vor und während der Revolution im Frühjahr 1848. Phil. Diss. Freiburg 1922

Hildebrandt, Gunter: Die Stellung der Fraktion Donnersberg in der Frankfurter Nationalversammlung zur Reichsverfassungskampagne 1849. In: Jahrbuch für Geschichte 7, 1972

Hippel, Wolfgang v.: Der Mannheimer Gesellenverein und seine Auflösung (1844/47). Ein Beitrag zum Vereinswesen des Vormärz. In: Historia integra, Festschrift für Erich Hassinger, Berlin 1977

–: Friedrich Karl Landolin von Blittersdorff (1792–1861). Ein Beitrag zur badischen Landtags- und Bundespolitik im Vormärz. Stuttgart 1967

Hoefer, Frank Thomas: Pressepolitik und Polizeistaat Metternichs. Die Überwachung von Presse und politischer Öffentlichkeit in Deutschland und den Nachbarstaaten durch das Mainzer Informationsbüro (1833–1848). Phil. Diss. Tübingen 1982
Hölzle, Erwin: Das napoleonische Staatensystem in Deutschland. In: Historische Zeitschrift 148, 1933
Hofmann, Karl: Die Unruhen des Jahres 1848 und 1849 im badischen Frankenland. Leipzig 1911
Houben, Heinrich Hubert: Hier Zensur, wer dort? Antworten von gestern auf Fragen von heute. 2. Aufl., Leipzig 1923
Huber, Ernst Rudolf: Deutsche Verfassungsgeschichte seit 1789. 1. Band, Reform und Restauration 1789 bis 1830. Stuttgart 1957. 2. Band, Der Kampf um Einheit und Freiheit 1830–1850. Stuttgart 1960
Huber, Franz: Der 47er Ruf aus Offenburg. Die Versammlung entschiedener Verfassungsfreunde am 12. 9. 1847 in Offenburg. Offenburg 1931
Huber, Hans: Karl Heinzen (1808–1880). Seine politische Entwicklung und publizistische Wirksamkeit. Bern und Leipzig 1932
Jentsch, Irene: Zur Geschichte des Zeitungslesens in Deutschland am Ende des 18. Jahrhunderts. Mit besonderer Berücksichtigung der gesellschaftlichen Formen des Zeitungslesens. Phil. Diss. Leipzig 1947
Johnson, Chalmers: Revolutionstheorie. Köln und Berlin 1971
Kähni, Otto: Offenburg und die demokratische Volksbewegung 1848–1849. Offenburg 1947
Kapp, Friedrich: Die preußische Preßgesetzgebung unter Friedrich Wilhelm III. (1815–1840). In: Archiv für die Geschichte des Deutschen Buchhandels, hg. von der Historischen Commission des Börsenvereins der Deutschen Buchhändler II., Leipzig 1981
Kaschuba, Wolfgang, u. Carola Lipp: Provinz und Revolution. Kultureller Wandel und soziale Bewegung im Königreich Württemberg. Tübingen 1979
Keil, Wilhelm (Hg.): Deutschland 1848–1849. Beiträge zur historisch-politischen Würdigung der Volkserhebung von 1848/49. Stuttgart 1948
Keller, Hans Gustav: Die politischen Verlagsanstalten und Druckereien in der Schweiz 1840–1848. Ihre Bedeutung für die Vorgeschichte der Deutschen Revolution von 1848. In: Berner Untersuchungen zur allgemeinen Geschichte, hg. von W. Näf, H. 8, 1935
–: Das »Junge Europa«, 1834–1836. Zürich 1938
Kistler, F.: Die wirtschaftlichen und sozialen Verhältnisse in Baden 1849–1870. Freiburg i. B. 1954
Kittsteiner, Claus: 1848. Bibliographie zur bürgerlich-demokratischen Revolution 1848/49 in Deutschland. Berlin 1975
Klemm, Volker: Größe und Grenzen der kleinbürgerlich-demokratischen Bewegung in der Revolution von 1848/49 in Deutschland. Berlin (Ost) 1968
Klessmann, Christoph: Zur Sozialgeschichte der Reichsverfassungskampagne von 1849. In: Historische Zeitschrift 218, 1974
Klötzer, Wolfgang, Rüdiger Moldenauer u. Dieter Rebentisch (Hg.): Ideen und Strukturen der deutschen Revolution 1848. Frankfurt 1974
Klutentreter, Wilhelm: Die Rheinische Zeitung von 1842–1843 in der politischen und geistigen Bewegung des Vormärz. Dortmund 1966
Kobylinski, Hanna: Die Französische Revolution als Problem in Deutschland 1840–1848. Berlin 1933
Koch, Rainer: Demokratie und Staat bei Julius Fröbel 1805–1893. Liberales Denken zwischen Naturrecht und Sozialdarwinismus. Wiesbaden 1978
Kolbe, Günter: Demokratische Opposition in religiösem Gewande. Zur Geschichte der deutschkatholischen Bewegung in Sachsen am Vorabend der Revolution von 1848/49. In: ZFG 1972
Kool, Frits, u. Werner Krause (Hg.): Die frühen Sozialisten. Bd. 2, München 1972
Koselleck, Reinhart: Preußen zwischen Reform und Revolution. Allgemeines Landrecht, Verwaltung und soziale Bewegung von 1791 bis 1848. Stuttgart 1967
–: Staat und Gesellschaft in Preußen 1815–1848. In: Werner Conze (Hg.): Staat und Gesellschaft im deutschen Vormärz 1815–1848. 2. Aufl., Stuttgart 1970
–: Die Julirevolution und ihre Folgen bis 1848. In: Das Zeitalter der europäischen Revolutionen, Fischer Weltgeschichte Bd. 26, Frankfurt/M. 1969

Koszyk, Kurt: Deutsche Presse im 19. Jahrhundert. Geschichte der deutschen Presse. Teil II, Berlin 1966
Kowalski, Werner (Hg.): Vom kleinbürgerlichen Demokratismus zum Kommunismus. Zeitschriften aus der Frühzeit der deutschen Arbeiterbewegung (1834–1847). Berlin 1967
–: Vorgeschichte und Entstehung des Bundes der Gerechten. Berlin 1962
Kramer, Helmut: Fraktionsbindungen in den deutschen Volksvertretungen 1819–1849. Berlin 1968
Krämer, Hermann: Rastatt im Revolutionsjahr 1848/49. Rastatt 1949
Krause, Hans: Die demokratische Partei von 1848 und die soziale Frage. Ein Beitrag zur Geschichte der ersten deutschen Revolution. Frankfurt 1923
Krümmer, Heinz: Die Wirtschafts- und Sozialstruktur von Konstanz in der Zeit von 1806–1850. Phil. Diss. Konstanz 1972, Sigmaringen 1973
Kuczynski, Jürgen: Die wirtschaftlichen und sozialen Voraussetzungen der Revolution von 1848–1849. Berlin 1948
Kümhof, Hermann: Karl Marx und die »Neue Rheinische Zeitung« in ihrem Verhältnis zur demokratischen Bewegung der Revolutionsjahre 1848/49. Phil. Diss. Berlin 1961
Kühn, Peter: Materialien zur Geschichte der Mannheimer Unterschichten in der Zeit von 1835–1862 (1871). Frankfurt/M. 1974
Kühn, Reinhard: Formen bürgerlicher Herrschaft. Liberalismus – Faschismus. Hamburg 1971
Kulenkampff, Lina: Der vereinigte preußische Landtag 1847 und die öffentliche Meinung in Süddeutschland. Berlin und Leipzig 1912/13
Laible, Josef: Geschichte der Stadt Konstanz. Konstanz 1896
–: Chronik des Bürgermuseums zu Konstanz von 1834–1884. Konstanz 1884
Langewiesche, Dieter: Die Anfänge der deutschen Parteien. Partei, Fraktion und Verein in der Revolution 1848/49. In: Geschichte und Gesellschaft 3, 1978
Leber, Stefan: Selbstverwirklichung, Mündigkeit, Sozialität. Eine Einführung in die Idee der Dreigliederung des sozialen Organismus. Frankfurt/M. 1982
Ley, F.: Frankreich und die deutsche Revolution 1848/49. In: Preußische Jahrbücher 213, 1929
Locher, Hubert: Die wirtschaftliche und soziale Lage in Baden am Vorabend der Revolution von 1848. Phil. Diss. Freiburg 1950
Loech, J.: Das Zeitungs- und Zeitschriftenwesen im Deutschland des Biedermeier und Vormärz 1815–1843. Phil. Diss. Leipzig 1945 (masch.)
Löw, Adolf: Die Frankfurter Bundeszentralbehörde von 1833–42. Gelnhausen 1932
Lorenz, Erhard: Gruppenbildungen unter den badischen Abgeordneten in der Frankfurter Nationalversammlung 1848 bis zu den Septemberereignissen (nach nationalem und verfassungspolitischem Gesichtspunkt). Phil. Diss. Freiburg 1922 (masch.)
Lück, Andreas: Friedrich Hecker. Rolle, Programm und politische Möglichkeiten eines Führers der radikaldemokratischen Bewegung 1847/48 in Baden. Phil. Diss. Berlin 1979
Mann, Bernhard: Das Ende der Deutschen Nationalversammlung im Jahre 1849. In: Historische Zeitschrift 214, 1972
–: Die Württemberger und die Deutsche Nationalversammlung 1848/49. Düsseldorf 1975
Mattenklott, Gert, u. Klaus R. Scherpe (Hg.): Demokratisch-revolutionäre Literatur in Deutschland. In: Literatur im historischen Prozeß, Bd. 3,2: Vormärz, Kronberg 1974
Mayer, Gustav: Friedrich Engels. 2 Bde., Bd. I, Berlin 1920, Bd. 2, Den Haag 1934, Neudruck Köln 1970
–: Die Anfänge des politischen Radikalismus im vormärzlichen Preußen: In: Radikalismus, Sozialismus und bürgerliche Demokratie. Hg. von Hans Ulrich Wehler, Frankfurt/M. 1969
Mayer, Thomas Michael: Büchner und Weidig. Frühkommunismus und revolutionäre Demokratie. Zur Textverteilung des »Hessischen Landboten« in: Text und Kritik, Sonderbd. I u. II, München 1979
Meerwarth, Hermann: Die öffentliche Meinung in Baden von den Freiheitskriegen bis zur Erteilung der Verfassung 1815–1818. Phil. Diss. Heidelberg 1907
Mehring, Franz: Geschichte der deutschen Sozialdemokratie. Erster Teil, Von der Julirevolution bis zum preußischen Verfassungsstreit 1830 bis 1863. In: Gesammelte Schriften, Bd. I, Berlin 1960
Meinecke, Friedrich: Radowitz und die deutsche Revolution. Berlin 1913

–: 1848 – eine Säkularbetrachtung. Berlin 1948
Meyer, Hans-Friedrich: Zeitungspreise in Deutschland im 19. Jahrhundert und ihre gesellschaftliche Bedeutung. Münster 1969
Moltmann, Günter (Hg.): Deutsche Amerikaauswanderung im 19. Jahrhundert, Stuttgart 1976
Mommsen, Wilhelm: Größe und Versagen des deutschen Bürgertums. Ein Beitrag zur politischen Bewegung des 19. Jahrhunderts, insbesondere zur Revolution 1848/49. 2. Aufl., München 1964
Mönke, Wolfgang: Das literarische Echo in Deutschland auf Friedrich Engels' Werk »Die Lage der arbeitenden Klassen in England«. Berlin 1956
Müller, Friedrich: Korporation und Assoziation. Eine Problemgeschichte der Vereinigungsfreiheit im Deutschen Vormärz. Berlin 1965
Müller, Leonhard: Badische Landtagsgeschichte. 4 Bde., 1900–1902
–: Die politische Sturm- und Drangperiode Badens. 2 Bde., Mannheim 1905–1906
Müller, Otto Heinrich: Johann Georg August Wirth und die Entwicklung des radikalen Liberalismus von 1830 bis 1848. Phil. Diss. Frankfurt/M. 1935 (masch.)
Müller, Peter: Württemberg und die badischen Erhebungen 1848–1849. Phil. Diss. Tübingen 1952 (masch.)
Müller-Dietz, Heinz: Das Leben des Rechtslehrers und Politikers Karl Theodor Welcker. Freiburg 1963
Müth, Reinhard: Studentische Emanzipation und staatliche Repression. Die politische Bewegung der Tübinger Studenten im Vormärz, insbesondere von 1825 bis 1837. Tübingen 1977
Näf, Werner: Abrechnung mit der deutschen Revolution von 1848/49 (Aufzeichnung Carl Vogts). In: Berner Untersuchungen zur Allgem. Gesch. 9., 1936
–: Die Schweiz in der deutschen Revolution. Leipzig 1929
–: Der schweizerische Sonderbundskrieg als Vorspiel der Deutschen Revolution von 1848. In: Basler Zeitschrift für Geschichte und Altertumskunde, 19, 1. Heft, 1919
Naujoks, Eberhard: Pressepolitik und Geschichtswissenschaft. In: Geschichte in Wissenschaft und Unterricht, Jg. 22, 1971, H. 1
–: Die Französische Revolution und Europa 1789–1799. Stuttgart 1968
–: Die parlamentarische Entstehung der Reichspresse in der Bismarckzeit (1848–74). Düsseldorf 1975
–: Bismarcks auswärtige Pressepolitik und die Reichsgründung (1865–1871). Wiesbaden 1968
–: Die offiziöse Presse und die Gesellschaft (1848–1900). In: Presse und Geschichte, Beiträge zur histor. Kommunikationsforschung. München 1977
Neumüller, Michael: Liberalismus und Revolution. Das Problem der Revolution in der deutschen liberalen Geschichtsschreibung des 19. Jahrhunderts. Düsseldorf 1973
Niebler, H.: Die radikale Presse in Baden während der Revolutionsjahre 1848/49. In: Die Pyramide, Wochenschrift zum Karlsruher Tagblatt, 13. Jg. Nr. 33, 34, 35, Karlsruhe 1924
Nipperdey, Thomas: Die Organisation der bürgerlichen Parteien in Deutschland vor 1918. In: Historische Zeitschrift 185, 1958
–: Die Organisation der Deutschen Parteien vor 1918. Düsseldorf 1961
Obermann, Karl (Hg.): Flugblätter der Revolution. Eine Flugblattsammlung zur Geschichte der Revolution von 1848/49. München 1972
– u. a. (Hg.): Männer der Revolution von 1848. Berlin 1970
Otto H.: Wandlung, Problemstellung und Urteilsbildung der deutschen Geschichtsschreiber über 1848. Phil. Diss. Marburg 1953
Overesch, Manfred: Demokratie und Presse während der 48er Revolution in Preußen. In: Staatsverfassung, Verfassungsstaat, Pressepolitik. Festschrift für Eberhard Naujoks zum 65. Geburtstag, hg. von Franz Quarthal und Wilfried Setzler. Sigmaringen 1980
Paschen, Joachim: Demokratische Vereine und preußischer Staat. Entwicklung und Unterdrückung der demokratischen Bewegung während der Revolution von 1848/49. München und Wien 1977
Peiser, Jürgen: Gustav Struve als politischer Schriftsteller und Revolutionär. Frankfurt 1973
Philippovich, Eugen (Hg.): Auswanderung und Auswanderungspolitik im Großherzogtum Baden. In: Auswanderung und Auswanderungspolitik in Deutschland. Leipzig 1892
Philippson, Johanna: Über den Ursprung und die Einführung des allgemeinen gleichen Wahlrechts in

Deutschland mit besonderer Berücksichtigung der Wahlen zum Frankfurter Parlament im Großherzogtum Baden. Berlin 1913

Plessner, Helmuth: Grenzen der Gemeinschaft. Eine Kritik des sozialen Radikalismus (1924). In: Gesammelte Schriften, Bd. V, Macht und menschliche Natur, hg. von Günter Dux, Odo Marquard und Elisabeth Ströker. Frankfurt/M. 1981

–: Die verspätete Nation. Über die politische Verfügbarkeit bürgerlichen Geistes. 5. Aufl. Stuttgart 1969

Puls, Detlev (Hg.): Wahrnehmungsformen und Protestverhalten. Studien zur Lage der Unterschichten im 18. und 19. Jahrhundert. Frankfurt/M. 1979

Reith, Reinhold: Der Aprilaufstand von 1848 in Konstanz. Zur biographischen Dimension von »Hochverrath und Aufruhr«. Versuch einer historischen Protestanalyse. Sigmaringen 1982

Renner, Helmut: Die pfälzische Bewegung in den Jahren 1848/49 und ihre Voraussetzungen. Phil. Diss. Marburg 1955

Rheinöhl, Fritz: Die österreichischen Infobüros des Vormärz, ihre Akten und Protokolle, in: Archivalische Zeitschrift, 3. Folge, 5. Bd. 1929

Richter, Günter: Revolution und Gegenrevolution in Baden 1849. In: ZGO 119, 1971

Rosenberg, Rainer: Literaturverhältnisse im Deutschen Vormärz. München 1975

Ruckhäberle, Hans-J.: Flugschriftenliteratur im historischen Umkreis Georg Büchners. Kronberg 1975

Ruckstuhl, Karl: Der badische Liberalismus und die Verfassungskämpfe 1841/43. In: Heidelberger Abhandlungen zur mittleren und neueren Geschichte, H. 29, 1911

Rupieper, Hermann-Josef: Die Sozialstruktur der Trägerschichten der Revolution von 1848/49 am Beispiel Sachsen. In: H. Kaelble u. a. (Hg.): Probleme der Modernisierung in Deutschland. Opladen 1978

–: Die Polizei und die Fahndungen anläßlich der deutschen Revolution 1848/49. In: Vierteljahreshefte für Sozial- und Wirtschaftsgeschichte 64, 1977

Salomon, Ludwig: Geschichte des deutschen Zeitungswesens von den Anfängen bis zur Wiedererrichtung des Deutschen Reiches. 3. Bd., Das Zeitungswesen seit 1814, Oldenburg und Leipzig 1906

Sauer, Paul: Revolution und Volksbewaffnung. Die württembergischen Bürgerwehren im 19. Jahrhundert, vor allem während der Revolution von 1848/49. Ulm 1976

Schadt, Jörg: Alles für das Volk – alles durch das Volk. Dokumente zur demokratischen Bewegung in Mannheim 1848–1948. Stuttgart und Aalen 1977

– (Hg.): Wie wir den Weg zum Sozialismus fanden. Erinnerungen badischer Sozialdemokraten. Stuttgart 1981

– u. Wolfgang Schmierer (Hg.): Die SPD in Baden-Württemberg und ihre Geschichte. Von den Anfängen der Arbeiterbewegung bis heute. Stuttgart 1979

Scharp, H.: Friedrich Hecker, ein deutscher Demokrat (1811–1881). Phil. Diss. Frankfurt/M. 1923

Schenda, Rudolf: Volk ohne Buch. Studien zur Sozialgeschichte der populären Lesestoffe 1770–1910. Frankfurt/M. 1970

–: Die Lesestoffe der kleinen Leute, Studien zur populären Literatur im 19. und 20. Jahrhundert. München 1976

Schieder, Theodor (Hg.): Revolution und Gesellschaft. Theorie und Praxis der Systemveränderung. Freiburg i. B. 1973

–: Staat und Gesellschaft im Wandel unserer Zeit. Studien zur Geschichte des 19. und 20. Jahrhunderts. München 1958, 2. Aufl. 1970

Schieder, Wolfgang: Die Anfänge der Deutschen Arbeiterbewegung. Die Auslandsvereine im Jahrzehnt nach der Julirevolution von 1830. Stuttgart 1963

Schmidt, Siegfried: Robert Blum. Vom Leipziger Literaten zum Märtyrer der deutschen Demokratie. Weimar 1971

Schmitt, Herbert: Das vormärzliche Staatsdenken und die Revolution von 1848/49 in Baden. In: Baden im 19. und 20. Jahrhundert. Karlsruhe 1950

Schnabel, Franz: Deutsche Geschichte im 19. Jahrhundert. Bd. 7, Die katholische Kirche in Deutschland, Freiburg 1965

–: Deutsche Geschichte im 19. Jahrhundert. Band II und IV, 1. Aufl. 1933/37

Schneider, Franz: Pressefreiheit und politische Öffentlichkeit. Studien zur politischen Geschichte Deutschlands bis 1848. Neuwied und Berlin 1966
Schneider, Gustav Heinrich: Der Preß- und Vaterlandsverein 1832/33. Berlin 1897
Scholtissek, Marietherese: Die innere Verwaltung Badens unter Minister Bekk in der vormärzlichen Zeit. Phil. Diss. München 1959 (masch.)
Sell, Friedrich C.: Die Tragödie des deutschen Liberalismus. Stuttgart 1953
Seyfried, Karl: Mannheimer Zeitungen und ihre Geschichte. Mannheim 1969
Sieber, Eberhard: Stadt und Universität Tübingen in der Revolution von 1848/49. Tübingen 1974
–: Gottlieb Rau und »Die Sonne«, die erste republikanische Zeitung Württembergs. In: Zeitschrift für württembergische Landesgeschichte 23, 1974
Silberner, Edmund: Moses Hess. Geschichte seines Lebens. Leiden 1966
Srbik, Heinrich, Ritter von: Metternich, der Staatsmann und der Mensch. 2 Bde., München 1925
Stadelmann, Rudolf, u. Wolfram Fischer: Die Bildungswelt des deutschen Handwerkers um 1800. Studien zur Soziologie des Kleinbürgers im Zeitalter Goethes. Berlin 1955
Stadelmann, Rudolf: Deutschland und die westeuropäischen Revolutionen. In: Deutschland und Westeuropa, Laupheim 1948
–: Soziale und politische Geschichte der Revolution von 1848. München 1948. Neuaufl. 1973
Stein, Herbert: Psychoanalytische Selbstpsychologie und die Philosophie des Selbst. Meisenheim am Glan 1979
Steiner, Rudolf: Aufsätze über die Dreigliederung des sozialen Organismus und zur Zeitlage 1915–1921. Gesamtausgabe Bd. 24, 2. Aufl., Stuttgart 1982
–: Die Kernpunkte der sozialen Frage in den Lebensnotwendigkeiten der Gegenwart und Zukunft. Dornach und Basel 1919, Taschenbuchausgabe 1980
Stürmer, Manfred: 1848 in der deutschen Geschichte. In: Hans Ulrich Wehler (Hg.), Sozialgeschichte heute. Festschrift für Hans Rosenberg zum 70. Geburtstag, Göttingen 1974
Supper, Ottilie: Witz, Satire und Humor in der Publizistik Württembergs mit besonderer Berücksichtigung der schwäbischen periodischen Witzblätter. Phil. Diss. Würzburg und München 1938
Sutter, Otto Ernst: Die Linke in der Paulskirche. Frankfurt 1924
Tauschwitz, Hanno: Presse und Revolution 1848/49 in Baden. Literaturverhältnisse Mitte des 19. Jahrhunderts im deutschen Südwesten. Ein Beitrag zur Sozialgeschichte der periodischen Literatur Badens und zu ihrem Einfluß auf die Geschichte der badischen Revolution von 1848/49. Phil. Diss. Heidelberg 1981
Trautz, Fritz: Das Hambacher Fest und der südwestdeutsche Frühliberalismus. In: Heidelberger Jahrbücher 1958/II
Treitschke, Heinrich v.: Deutsche Geschichte im 19. Jahrhundert. 5 Bde., Leipzig 1927
Tullner, Mathias: Die Entwicklung der »Mannheimer Abendzeitung« zum führenden Organ der süddeutschen kleinbürgerlichen Demokratie 1844–1847/48. Phil. Diss. Magdeburg 1974 (masch.)
Valentin, Veit: Geschichte der deutschen Revolution 1848–1849. 2 Bde., 1930/31, Neudruck Köln 1970
–: Frankfurt am Main und die Revolution von 1848/49. Stuttgart und Berlin 1908
–: Baden und Preußen im Jahre 1849. In: Vom staatlichen Werden und Wesen, Festschrift für Erich Marcks, Berlin 1921
Venedey, Hermann: Jakob Venedey. Darstellung seines Lebens und seiner politischen Entwicklung bis zur Auflösung der ersten Deutschen Nationalversammlung. Phil. Diss. Freiburg 1927. Stockach 1930
Vollmer, Franz X.: Vormärz und Revolution 1848/49 in Baden. Strukturen, Dokumente, Fragestellungen. Modelle zur Landesgeschichte. Frankfurt/M. 1979
Voßler, Otto: Die Revolution von 1848 in Deutschland. Frankfurt/M. 1948, 2. Aufl. 1867
Waldeck, Florian: Alte Mannheimer Familien, 2. Teil, Schriften der Familiengeschichtlichen Vereinigung. Mannheim 1922
Walter, Friedrich: Mannheim in Vergangenheit und Gegenwart. 2 Bde., Mannheim 1912
Wassmund, Hans: Revolutionstheorien. Eine Einführung. München 1978
Weber, Rolf: Die Revolution in Sachsen 1848/49. Entwicklung und Analyse ihrer Triebkräfte. Berlin 1970
Wehler, Hans-Ulrich (Hg.): Moderne deutsche Sozialgeschichte. Köln 1966

Weiß, J. G.: Geschichte der Stadt Weinheim. Weinheim 1911
Weizsäcker, Carl Friedrich von: Der Garten des Menschlichen. Beiträge zur geschichtlichen Anthropologie. 6. Aufl. München 1978
–: Wege in der Gefahr. Eine Studie über Wirtschaft, Gesellschaft und Kriegsverhütung. München 1976
Wende, Peter: Radikalismus im Vormärz. Untersuchungen zur politischen Theorie der frühen deutschen Demokratie. Wiesbaden 1975
Wentzcke, Paul: 1848. Die unvollendete deutsche Revolution. München 1938
–: Ideale und Irrtümer des ersten deutschen Parlaments (1848–1849). Abgeordnete und Beobachter. Kurzbiographien und Literaturnachweise von Wolfgang Klötzer. Heidelberg 1959
–: Kritische Bibliographie der Flugschriften zur deutschen Verfassungsfrage 1848–1851. Halle 1911
Wild, Karl: Karl Theodor Welcker. Ein Vorkämpfer des älteren Liberalismus. Heidelberg 1913
Wiltberger, Otto: Die deutschen politischen Flüchtlinge in Straßburg 1830–1849. München und Berlin 1910
Wirtz, Rainer: »Widersetzlichkeiten, Excesse, Crawalle, Tumulte und Skandale« – Soziale Bewegung und gewalthafter sozialer Protest in Baden 1815–1848. Berlin 1981
Wollstein, Günter: Das »Großdeuschland« der Paulskirche. Nationale Ziele in der bürgerlichen Revolution 1848/49. Düsseldorf 1977
Wuttke, Heinrich: Die deutschen Zeitschriften und die Entstehung der öffentlichen Meinung. Ein Beitrag zur Geschichte des Zeitungswesens. Hamburg 1866
Zapf, Wolfgang: Theorien des sozialen Wandels. Köln und Berlin 1969
Zechlin, Egmont: Die deutsche Einheitsbewegung. Frankfurt/M. 1967
Zehntner, Hans: Das Staatslexikon von Rotteck und Welcker. Eine Studie des deutschen Frühliberalismus. Jena 1929
Ziegengeist, Agnes: Die Literaturkritik des jungen Herwegh mit neuen Texten aus Herweghs Frühwerk. Phil. Diss. Berlin 1965
Zimmermann, Wilhelm: Die deutsche Revolution 1848. Karlsruhe 1848

Sachregister

Adel, Feudaladel 34 f., 75, 131, 193
Adressen, politische 55, 189 f., 196
Agenten, literarische s. Mainzer Informationsbüro
Agitatoren, Agitation 193 ff., 273, 280, 284, 294
s. a. Emissäre
Arbeitervereine, s. Handwerksgesellenvereine
Assoziationen, s. Sozialreform, genossenschaftliche
Aufklärung
– philosophische 27
– politische 24, 31 ff., 258
Auswanderung 209 f., 294

Baden, Großherzogtum 34
– Bevölkerung 207
– geographische Lage 14 f.
– Heerwesen 277, 288 f.
– Regierung 45, 71, 182, 201 f., 212
– Republik von 1849 282–299
– Sonderrolle 33, 37
– Sozialstruktur 207 ff., 296 ff., 301 ff.
– Verfassung von 1818 36, 61
s. a. Odenwald, Südbaden
Badenweiler Fest 47
Badisch-pfälzischer Aufstand 13, 282–293, 303
Badische Zeitung/Nationalzeitung 95
Badischer Landtag
– Erste Kammer 35
– Zweite Kammer 28, 35, 40 f., 74, 78, 82, 117, 139, 190 f.
s. a. Konstitutionalismus
Badisches Volksschulblatt 220
Bauern, Bauernunruhen 207 f., 211, 227, 301 ff.
Bayern 36, 230
Belle-Vue-Verlag 101, 119
Bewegung, politische 16, 19, 236
– radikale, demokratische 15 ff., 135, 272, 294, 299
– soziale 297, 301 ff.
s. a. Konstitutionalismus
Bewußtseinswandel, politischer 17, 210, 227
– der Jugend 54, 279
– Paradigmenwechsel 23 f., 27
Bürgertum 37, 53 f., 111, 150 f., 193, 234, 253, 277, 296

s. a. Kleinbürgertum, Liberalismus
Bürokratie, badische 35, 73
Bundestag, s. Deutscher Bund
Burschenschaften 51 f., 176
– Heidelberger 60–64

Constituierende Versammlung 297, 301
Constitutionelles Deutschland 54

Demokratie 107, 112, 151, 224, 283
– radikale 146–150
– soziale 17, 169, 174, 206, 222, 284
s. a. Bewegung, demokratische
Deutsche Einheit, s. nationalstaatliche Einigung
Deutsche Tribüne 43, 55
Deutsche Volkshalle 28 f., 57, 101, 108 ff., 127
Deutsche Zeitung 229, 234, 260, 288
Deutsch-katholische Bewegung 136, 179, 187, 198 ff.
Deutscher Bund 35, 63 ff., 67 ff., 75, 149 f., 201
– Bundesintervention 42, 182 f.
– Bundestag 40, 48, 56
– Bundeszentralbehörde 68
– Preßkommission 70, 94 f., 130
Deutscher Zuschauer 159, 183, 228, 230 f., 250, 273 f.
Dreifabrikenfrage 208
Dreigliederung, soziale 24

Emigranten, s. Flüchtlinge, politische
Emissäre
– des Preß- und Vaterlandsvereins 54–59
– der Volksvereine 284 f.

Festungsbote Der 26
Feudallasten 35, 208 f.
Flüchtlinge, politische 128, 131, 138, 147, 275 f., 280
–, Straßburger 53, 59 f.
Flugschriften 53–58, 61, 97, 140, 196, 235 f., 274
Frankfurter Wachensturm 57, 63 f.
Frankreich 23, 122 f., 126, 197, 235, 244, 257, 273
– Februarrevolution 257
– Julirevolution 16, 21

401

– Rheinkrise 140
Freiburger Zeitung 229
Freischaren 263, 297
Freisinnige, Der 41 f., 48 f., 56

Gegenrevolution, s. Konterrevolution
Genossenschaften, s. Sozialreform
Geschichtsschreibung, -bild 15, 63, 97
Gleichheit 25, 44, 151, 172, 217, 222 f.
Grund- und Menschenrechte 13, 68, 126, 277, 281, 283 ff.
Grund- und Standesherren 34 f.
s. a. Adel

Hallgarten-Kreis 138, 235, 252 f.
Hambacher Fest 13, 21, 55 f., 63–66
– Liberale, Radikale 21, 39, 127
s. a. Liberalismus
Handwerker, badische 207, 301 ff.
Handwerksgesellenvereine 127, 211–216, 223, 275, 295 ff.
Hauptbeteiligte der Revolution 301 ff.
Hecker-Aufstand 219, 246, 263 f., 266–272, 303
Heidelberger Journal 229
Heppenheimer Versammlung 20, 206, 252–255
Hessen-Darmstadt 89–92, 230, 253
Hessischer Landbote 92
Hungertumulte 211, 238

Ideale, politische 23 f., 147
Industrialisierung Badens 89, 172, 207, 210

Journalisten s. Presse
Judenemanzipation 134
Jungdeutsche 44

Karlsbader Beschlüsse 41, 69
Karlsruher Zeitung 45, 74, 79, 139, 141, 210, 228, 234 f., 287, 296
Katholizismus, politischer 187, 197 f., 200 f.
– Trierer Rock 166, 197 f.
Klassengegensätze 126, 151, 218, 221, 283 f., 295–298
Kleinbürgertum 151, 190 f., 205, 294, 301 ff.
Kommunismus 17, 127, 163, 172 f., 211 ff., 222 f., 286
Konstanzer Wochenblatt 137
Konstanzer Zeitung 229
Konstitutionalismus 40, 66, 128 f., 147, 197, 237, 270
– Petitionen 189, 194, 200 f., 220, 288
– Wahlkämpfe 76, 99, 130, 144 ff., 148
Konterrevolution 259, 268, 270, 282

Legion Willich 275
Leuchtthurm 73, 92, 100–105
Liberalismus, Liberale 21, 39, 103, 127 f., 150 f., 154, 192, 222

– Konservativ-Liberale 182, 225
– Mittelpartei 162, 201 f., 205, 253, 269
– Radikalliberale 202
Literarisches Comptoir 125

Märzforderungen 261
Mainzer Informationsbüro 56, 96
– Konfidenten 91, 98, 128, 164
Mannheimer Abendzeitung 86 ff., 127 f., 159–173, 195, 230, 250, 278
Mannheimer Journal 72, 95, 175–183
Mannheimer Konflikt 72, 181 ff.
Mannheimer Morgenblatt 72, 179
Monarchie 131, 171
– konstitutionelle 152, 202, 269

Nationalismus 17, 107, 119, 124 f., 127
Nationalstaatliche Einigung 64, 121, 135, 238, 254, 260
Nationalversammlung von 1848 17, 234, 270 f., 274, 277, 282, 286 f., 289, 299

Oberdeutsche Zeitung 74
Oberrheinische Zeitung 229
Obrigkeitsstaat 23 f., 73, 95, 178, 185, 211, 299
– Legitimitätsverlust 27, 64, 206, 288
Odenwald 59, 63, 95, 192, 227, 286
Offenburger Programm 244 f., 248 f.
Offenburger Versammlungen 206, 247, 250, 265, 277 f., 283, 295–298
Öffentlichkeit, politische,
Öffentliche Meinung 27 f., 45 ff., 49, 83, 102, 158, 161, 176, 185, 258 f.
Österreich 36, 67 f., 167, 180, 230
Opposition, badische 207, 221 f.
s. a. Bewegung, Liberalismus Radikalismus

Partei 177, 285, 299
Paulskirche, s. Nationalversammlung
Pfalz, bayrische 21, 39, 272 ff., 283, 296
Pforzheimer Beobachter 55
Politisierung s. a. Bewußtseinswandel 114, 152 f., 196 ff., 240
Polizei, Polizeistaat 50, 189, 238
Polnischer Aufstand 48
Postwesen 117, 143 f., 166, 231
Preß- und Vaterlandsverein 17, 39 f., 43, 51–60
s. a. Emissäre
Presse, politische 16, 29 f., 33, 66, 81, 88 ff., 209, 228 ff.
– Auflage 228 f.
– Berufsverbote 43
– Insertionen 72, 160, 180
– Journalist, Redakteur 29, 31, 81, 102
– Konzession, Subvention 71 f.
– Pressegesetz 40 f., 69, 71, 85, 232, 252
– Pressefreiheit 29, 31, 48, 81, 176, 192, 232

– Pressepolitik 234 f.
– Presseverhältnisse 1840 79, 87 f.
– Regierungspresse 72, 287
Preußen 68, 77, 108, 164 f., 168, 180, 230, 254, 282, 288, 294 ff.
Privateigentum 295
Proletariat 171, 208, 213, 222, 279, 294
Propaganda, politische 32 f., 236, 284, 295

Radikalismus 17, 25 f., 44, 51, 109, 130, 206, 219
– badischer 60, 113, 144, 147, 156
– preußischer 147, 154 ff.
Rastatter Kapitulation 17, 49, 293
Reaktionspolitik 25, 36, 286, 298
s. a. Konterrevolution
Reformpolitik 39, 64 f., 120, 200 ff., 276
Reichsidee 120, 126
Reichsministerium 279, 285, 291
Reichsverfassung von 1849 277, 281 f., 287, 298
Reichsverfassungskampagne 14, 263, 282–294, 299
s. a. Badisch-pfälzischer Aufstand
Repräsentativsystem 28, 130, 237 f., 260
Republik Die 287
Republik, Republikanismus 21, 43, 134, 171, 202, 256, 269 ff.
– rote, weiße 26, 293 ff.
– sozial-demokratische 222, 284, 296 f.
Revolution 14 f., 23, 35, 61, 178, 258, 283 ff.
Revolutionsforschung 209 f.
Revolutionsfurcht 25, 35, 215, 235, 289
Rheinische Zeitung 19, 86, 137, 141, 155, 159, 163
– Neue Rheinische Zeitung 275, 294, 298
Rheinischer Deutscher Postillon 90–100

Sachsen 186, 230
– Aufstand von 1849 282 f.
Sächsische Vaterlandsblätter 141, 146
Schweiz 197, 244, 265, 273
– Sonderbundskrieg 263
Seeblätter 19, 26, 107, 133–158, 199 f., 228, 260, 287
Selbstverwaltung 130, 299
Soziale Frage 131, 221, 225, 254
Soziale Krise 205–211
Sozialismus, Frühsozialismus 26, 154, 169–174, 215 ff., 294
Sozialreform, genossenschaftliche 26, 222 ff., 295

Staatslexikon 211, 222 ff., 237
Struve-Aufstand 273–276
Südbaden 51 f., 134 f., 187, 190, 227, 260, 270, 278
Südwesten, deutscher 185, 205, 243, 253, 283, 298 f.

Tages-Herold, Der 128
Turn- und Gesangvereine 177, 240 ff., 246, 274 f.

Verbindungen, geheime 57, 63, 97
– Gesellschaft der Menschenrechte 91 f.
– Bund der Geächteten 97
Verbrüderung 217, 296
Vereinbarungspolitik 129, 152 f., 193, 202, 288 f.
Vereine, politische 185 f., 196, 236 f., 272, 276–281
– Vaterländische 270, 278, 288–291
– Volksvereine 16, 277, 283–291
Verfassungsfest von 1843 153, 187, 191 f.
Verlag Kath. Bürger-Hospital 178, 182
Versammlungs-, Vereinigungsrecht 49, 237, 277, 281
Volksbewaffnung 49, 131, 278, 285, 297
Volksfeste, politische 47, 99, 191 ff.
s. a. Hambacher Fest
Volksfreund 273
Volksführer 287
Volksversammlungen 188 f., 266 f., 286, 298
Volksschullehrer 194, 211, 219 f., 301 ff.
Vormärz 15 f., 35 ff., 67, 111, 141, 205, 220, 257
Vorparlament 255, 260, 266 ff.
Vorrevolution 205 f., 226
Vorwärts 30

Wächter am Rhein 40–45
Wahlrecht 36 f., 252, 288, 295 f., 297, 303
Weberaufstand von 1844 167, 172
Wiener Kongreß 21
Wiener Beschlüsse 71
Wirtshäuser 61, 142, 193–196
Württemberg 16, 42, 185, 230, 267, 274, 282, 298

Zeitgeist 55
Zeitung, s. Presse
Zensur, Vorzensur 16, 67–77, 166, 175, 230
– Zensurumgehung 84, 143
– preußische 68, 74, 83 ff., 115
Zentralmärzverein 280, 283

Personenregister

Aab, Ludwig Friedrich 60
Abt, Gottlieb Christian 222 ff.
Andlaw, Heinrich Frhr. von 183, 198
Arnim, Siegismund von 14, 135, 261 f.
Arnoldi, Wilhelm 198
Aschbach, Georg Adolph 80 f., 105
Au, Josef 194

Bakunin, Michail 266
Bamberger, Ludwig 282 f., 293
Barth (Postmeister) 144
Bassermann, Friedrich Daniel 25, 81 f., 84 f., 160, 162, 177, 181, 198 f., 202, 225, 234, 241 f., 252 f., 255 f., 269 ff., 290
Bassermann, Ludwig A. 241
Bauer, Bruno 155 ff.
Bauer, Edgar 155
Baur, Ludwig 61
Becker, August 126, 163
Becker, Johann Philipp 111, 127, 262 ff., 273 f., 276, 292 f.
Bekk, Johann Baptist 28, 72, 148, 153, 170, 201, 215, 230–235, 247, 250, 261, 269, 277, 280, 285
Benzinger (Polizeiaktuar) 213 f., 219
Bernays, Ferdinand Cölestin 163, 166
Blanc, Louis 295 f.
Blind, Karl 208, 218, 224, 239, 241, 274
Blittersdorff, Friedrich Karl Landolin von 28, 31, 40, 45, 74 ff., 79 ff., 94, 103 ff., 117 f., 139, 141, 143 f., 146 ff., 153, 159, 164, 176, 179, 182, 201, 243, 251, 255
Bloch, Elias 293
Bloch, Ernst 23
Blum, Robert 26, 30 f., 88, 137 f., 141, 146, 198 f., 252 f., 282
Bodenheimer (Arzt) 57, 59
Born, Stefan 296
Braun, Jakob 59
Brentano, Lorenz Peter 134 f., 140, 169, 182, 226, 247, 258, 278, 284, 286 ff., 292 f., 297 ff.
Brüggemann, Karl Heinrich 61, 64
Bruhn, Karl von 263, 267
Büchner, Georg 91 f.
Bürger, Gottfried August 97
Busch (Rechtspraktikant) 53–56, 58 f.
Buß, Franz Joseph 198, 200 f.

Cabet, Etienne 171, 276
Christ, Anton 299
Christmar (Regierungsrat) 280
Cornelius, Ewald 54 f.
Corvin-Wiersbitzky, Otto von 14, 273

Dahmen, Josef Alexander 45, 98, 161
Degen, Philipp 203
Doll, Friedrich 273 f., 276
Dömherz, Frhr. von 144
Dowiat (deutsch-kath. Reformator) 200, 214, 240
Dr. Lichtweiß (Pseudonym für Ebner, H. F. G.) 91, 95 f.
Dusch, Alexander von 82, 165 f., 212, 230–233, 255
du Thil (s. unter Thil)

Ebner, Hermann Friedrich Georg 91, 95 f., 98
Ebner, Philipp 55 f., 59
Egenter, Franz Josef 140
Eichrodt, Ludwig Friedrich 116
Eimer (Rechtspraktikant) 54
Eisenlohr, Wilhelm 48
Eller, Elias 181 f., 193
Elsäßer (Lehrer) 98
Elsenhans, Ernst 140
Elsner, Heinrich 102, 112, 137
Engels, Friedrich 124, 135, 170, 223, 294, 297 ff.
Erzherzog Johann 289

Fahnenberg, K. H. Frhr. von 54
Fein, Georg 125 ff., 147, 162
Feuerbach, Ludwig 167, 171
Fiala, Max 278
Fickler, C. B. A. (Karl Borrmäus Alois)
Fickler, Eva und Jakob (Eltern von Fickler, Josef) 136
Fickler, Josef 19, 31 ff., 79, 81, 104 f., 107, 126, 128, 133–145, 147–158, 195, 199 f., 202, 211, 225, 229, 245 ff., 250 f., 261–268, 275 f., 292 f., 298
Fischer, Wilhelm 88, 90 f., 95 f., 98, 112, 128 f., 155, 163, 209, 227
Förderer (Verleger) 71 f.
Frey, Ludwig 60
Freytag, Gustav 43
Friederich, Franz Edward von 142 f.
Friedrich Wilhelm IV. 16, 168, 288–291
Fröbel, Julius 140, 200, 274

Fröhlich, Friedrich Wilhelm 114
Früh, Benedikt 140
Fuchs, Friedrich Wilhelm 165 f., 168

Gagern, Heinrich Frhr. von 252 f., 285, 289
Gentz, Friedrich von 78, 80
Georgi, Ludwig 92 f.
Gervinus, Gottfried Georg 199, 234
Giehne, Friedrich 43, 74, 87, 235 f.
Gillig (Schneidermeister) 99
Goegg, Amand 284, 288, 291 ff.
Grohe, Johann Peter 52, 169, 181, 214, 218, 224, 228 f., 238, 247, 250, 270, 275, 280, 287
Großherzog Karl Friedrich 35 f.
Großherzog Leopold 40, 42
Großherzog Ludwig 40
Grün, Karl 19, 127, 160–164, 169–173
Gutzkow, Karl 112, 163

Haarbarth, Friedrich Wilhelm 60
Hähner, Moritz 160
Hansemann, David Justus 25, 253
Harring, Harro 53, 59 f.
Härter, Friedrich 96, 98, 274
Häusser, Ludwig 40, 134, 195, 226 f., 258, 292, 294 ff., 299
Hecker, Friedrich 15, 17, 26, 32 f., 82, 110, 125, 133 f., 137 f., 140, 153, 176, 181, 188, 199, 202, 214 f., 222, 224 f., 238, 242, 244–248, 250, 257 f., 261, 264–269, 271, 273 f., 278
Hegel, Georg Wilhelm Friedrich 23
Heinzen, Karl 90, 163, 173 f., 235 f., 258
Helbing (Pfarrer) 188
Herold, Johann Kaspar Georg 51, 53, 57 ff.
Herr, Franz Ludwig 17, 51–54, 56–60, 285
Herwegh, Georg Friedrich 18, 57, 103, 107–112, 115, 124 f., 128, 147, 263, 273
Hess, Moses 19, 163 f., 169 f., 223, 262 ff.
Heuser, Carl 90–96, 98
Hexamer, Adolph 239, 282
Hiß (Oberamtmann) 278
Hochdörfer (Pfarrer) 125 f.
Hoff, Heinrich 32 f., 90, 95–98, 128, 130, 181, 230, 247, 270, 278, 287, 298
Hoffmann von Fallersleben, August Heinrich 87, 192
Hollinger, Fidel 196
Hollinger, Konradt 196
Holstein (Schneidergeselle) 219
Hude, Ernst Ludwig v. d. 60
Hüetlin, Karl 128, 226, 268
Hunzinger (Landgerichtsaktuar) 96 f.
Hus, Jan [Johann] 282

Ilse, L. Fr. 229
Itzstein, Johann Adam von 25, 48, 65, 75, 79, 99, 128, 130, 138, 144, 146 ff., 153, 181 f., 188, 191 f., 202, 214, 236, 247, 252 f., 274, 280, 303

Jacobi, Johann 111, 146, 177, 192 f., 253, 269
Jacoby, Karl 219, 253
Jolly, Isaak 181 f.

Kaiser, Eduard 197
Kant, Immanuel 23, 27, 29
Kern, Josef 232
Kirn (Polizeihauptmann) 46
Klein (Zeitschriften-Kolporteur) 96 ff.
Kotzebue, August von 35
Kraft (Bürgermeister) 99
Kröll (Diakon) 53
Küchler (Rechtsanwalt) 62 f., 202, 239 f.
Kuenzer, Dominikus 74, 141
Kuhn (Lyzeumsdirektor) 291

L. [. . .], Valentin 190 f.
Lamey, Ernst 84
La Roche 59
Leske, C. W. 90
Letour, Johann Nepomuk 140
Letzeiser, Willigis 286 f.
Löwenhaupt (Tüncher) 99, 279

Mallebrein, Joseph 232
Malsch & Vogel 85
Marr, Wilhelm 214
Marx, Karl 19, 133, 136 f., 139, 141, 146, 156, 159, 171 f., 223, 275, 298
Mathy, Karl 25, 32 f., 43, 55, 61, 77, 81–85, 95, 133, 135, 153, 176 f., 181 ff., 192, 199, 202, 210, 214, 225 f., 234, 246 f., 252–255, 262, 264–271, 290, 296 f.
Mayer (Fabrikant) 278
Metternich, Clemens Lothar Fürst von 21, 37, 56, 65, 67, 69, 88, 95, 102 f., 114, 117, 147, 164, 182, 201
Metternich, Germain 240 f.
Mevissen, Gustav von 253
Meyen, Eduard 163
Michels (Literat) 268
Mieroslawsky, Ludwik von 293
Mittermaier, Karl Joseph 78
Mögling, Theodor 273 f., 276
Mördes, Florian 280
Müller, Johannes 53
Münch-Bellinghausen, Joachim Ed. Graf von 243
Mün[t]zer, Thomas 282

Nebenius, Karl Friedrich 36, 74, 81, 103 ff., 212
Nostiz, von (sächsischer Gesandter) 233

Oberkranz, von (bayerischer Geschäftsträger) 94
Obermüller, Wilhelm 43, 53, 55, 183, 241
Ochsenbein, Ulrich 263
Oppenheim, Heinrich Bernhard 222
Oßwald (Redakteur) 287
Otteni (Buchdrucker) 268

405

Peter, L. 220, 292
Pfister, Franz Joseph 73 f., 102 ff., 114, 116, 142
Proudhon, Pierre Joseph 171
Prutz, Robert 200

Quinet, Edgar 122 f.

Radowitz, Josef Maria von 68, 124, 164 f., 232, 261, 270, 282
Rauschenplatt, Ernst Joh. Hermann von 53, 55, 57, 63 f., 97, 127
Reichenbach, Oskar Graf von 253
Reinganum, Maximilian 48
Reitzenstein, Sigismund von 34, 70
Rettig, Friedrich Christian 72, 82, 100
Riegel, Joseph 73 f., 82 ff., 95, 104, 161, 165, 181 f., 213–216
Ritter (Emissär) 53
Rochau, August Ludwig von 125
Roes (Glashändler) 280, 284
Roggenbach, August von 221
Rombach (Fabrikant) 278
Römer, Friedrich von 14, 133, 298 f.
Ronge, Johannes 198–201, 214, 274
Rotteck, Karl Wenzeslaus von 25, 27 f., 31, 39, 41 f., 47, 57, 64 f., 79 ff., 100 f., 105, 121, 130 f., 139, 141, 152
Rousseau, Jean Jacques 28, 44
Rüdt, Franz Frhr. von Collenberg 75, 116, 144, 165 f.
Ruef, M. 53, 65
Ruge, Arnold 138, 146, 155, 171, 177, 200
Rutenberg, Adolf 163

Sander, Adolf 80, 82, 148, 202
Sarachaga, von (s. unter Uria-Sarachaga, von)
Savoye, Joseph 52, 54 f.
Schaaff, Friedrich Theodor 76, 175, 180, 182
Schack, Nils 126
Scheffel, Joseph Victor von 292
Schilling (Arzt) 53
Schlatter, Georg Friedrich 98 f.
Schlöffel, Gustav Adolph 239, 274
Schlözer, August Ludwig 29
Schlumpf, P. 116
Schlund, Franz 43, 45
Schmelzer (Verleger) 72
Schröder, Georg Friedrich Heinrich 279
Schubart, Christian Friedrich Daniel 29, 87
Schüler, Friedrich 43, 52, 54, 127
Schulz, Wilhelm 93, 126 f., 147, 222 f.
Schund, Karl Eugen 52
Schurz, Carl 138
Schütt, Adolf 114 f., 117
Seeger, Adolf 293
Siebenpfeiffer, Philipp Jakob 39, 43, 51, 56, 64, 109
Sieger, Sofia 303
Sigel, Franz 138

Snell, Wilhelm 262
Söhner (Lehrer) 286
Soiron, Alexander von 241, 252 f.
Stay, Philipp 221
Stein, Lorenz 170
Steiner, Rudolf 24
Stemmele (Pfarrer) 58
Stenz (Gendarm) 99
Stephani, Ludwig 116, 278
Stolz (Gendarm) 101
Straub (Rechtspraktikant) 189
Stromeyer, Franz 43, 45 f., 52, 55, 63, 128
Struve, Johann von 176
Struve, Gustav 19, 23, 25 f., 29, 32 f., 46, 68 f., 76 f., 82, 90, 109, 133 f., 138, 151 f., 159 f., 168 f., 175–180, 182 f., 199, 201 f., 209, 214, 218, 222, 224 f., 228 ff., 233, 237–242, 245–248, 250 f., 258, 261, 264 f., 267 f., 273–276, 278, 293
Sue, Eugen 200

Thil, Karl Wilhelm Heinrich du Bos du 92 ff., 97
Tocqueville, Alexis de 24
Torrent, Gerwas 54 f.
Tschech, Ludwig 167 f.
Türckheim, Johann Frhr. von 40

Uria-Sarachaga, von 19, 68, 76, 81, 84 f., 164, 168, 175 f., 179, 183
Utmann (Mitgl. des Preßvereins in Lahr) 54

Vanotti, Ignaz 81, 101–105, 109, 112, 114–118, 130 f., 148, 212 f.
Venedey, Jakob 43, 126 f.
Vicari, Hermann von 200
Vogt (Pfarrverwalter) 286
Vulpius (Apotheker) 57, 59

Walesrode, Ludwig 86, 192 f.
Weidig, Ludwig 92 f.
Weißhaar (Gastwirt) 188, 251
Weitling, Wilhelm 127, 213
Welcker, Karl Theodor 29, 32 f., 39, 41, 47, 69, 79–82, 93, 99, 130, 137, 148, 155, 177, 182, 188, 237, 252 f., 267, 290, 303
Wetzel (Schneidergeselle) 278
Willich, August von 263, 267
Willmann (Rechtskandidat) 194
Winter, Ludwig 40, 45, 48, 54, 65, 70, 73, 80 f.
Wirth, Johann Georg August 17 f., 29 f., 32, 39, 43, 51, 54, 56, 64 f., 97, 101, 103, 107–110, 112 f., 115–128, 162
Wirth, Max 128

Zeiler, Michael 274
Zell, F. 299
Zimmermann (Domänenrat) 54
Zittel, Carl 188, 200

Bildnachweis

Badisches Generallandesarchiv, Karlsruhe: 66
Erinnerungsstätte für die Freiheitsbewegungen der deutschen Geschichte: 1, 37
Fliegende Blätter, München: 3–6, 17, 18, 23, 40, 41, 51, 52, 60
Illustrierte Zeitung, Leipzig: 47, 63, 72
Kurpfälzisches Museum, Heidelberg: 12, 16, 32, 38
Landesbildstelle Württemberg: 30
Leuchtkugeln: 19–21, 24, 39, 46, 62, 82, 83
Leuchtthurm, hg. von Ernst Keil: 43
Private Leihgeber: 33, 44
Reiss-Museum, Mannheim: 35, 55, 68, 71, 75
Rosgarten-Museum, Konstanz: 25, 26
Stadtarchiv Mannheim: 10, 11, 14, 15, 27, 29, 31, 48, 53, 56, 57, 61, 73, 74, 78–80
Universitätsbibliothek Heidelberg: 7–9, 13, 28, 34, 64, 65, 76, 77, 81
Verein zur Darstellung der deutschen Sozialgeschichte, Mannheim: 49, 50
Verlag für Dokumentation, H. J. Weineck, Heidelberg: 2, 22, 36, 45, 54, 58, 59, 67, 69, 70